“ 심리상담효과의 비밀 ”

애착 정신화하기 인간중심의 상담

Jon G. Allen, Ph. D. 저 | **최희철** 역

Restoring Mentalizing in Attachment Relationships

-Treatig Trauma with Plain Old Therapy-

학지사

Restoring Mentalizing in Attachment Relationships:
Treating Trauma With Plain Old Therapy
by Jon G. Allen, Ph.D.

역자 서문

다양한 상담이론들과 기법들이 연일 쏟아져 나오고 있다. 이런 현실이 기쁘면서도, 달갑기만 한 것은 아니다. 오히려 당황스러움이 느껴질 때도 있다. 어려움에 처한 사람들을 도울 방법들이 풍부해지는 것은 환영할 일이지만, 새로이 익혀야 할 것들이 너무 많다는 사실은 부담으로 다가온다. 계속 출현하고 있는 새 이론들과 기법들의 대부분을 익히겠다는 포부를 품는 것이 바람직하나, 그 포부를 실현하는 것은 쉽지 않으리라! 수백 가지가 넘는 상담이론들이 범람하게 된 것은 제각기 독특하고, 전문화된 방식으로 다른 상담이론들보다 더욱 효과가 좋은 상담을 하려는 상담자들의 포부와 노력 덕분일 것이다. 이런 노력은 한 걸음 더 나아가 장애 특이적인 증거기반 상담들이 발달되는 토대를 마련하였다. 그러나 일찍이 Frank는 상담효과는 각 상담이론을 구별 짓는 특징보다 서로 간에 공통된 특징에서 발생한다는 과감한 주장을 한 바 있다. 이후 Norcross와 동료들의 연구는 모든 상담에서 공통되는 '상담자–내담자 관계'라는 공통요인이 상담효과의 가장 큰 원천이란 결과를 제시하였다.

저자 Allen은 상담자–내담자의 관계에서 상담효과가 발생하게 만드는 비법 요인들을, 1) 상담자–내담자 사이의 안정 애착 관계, 2) 상담자의 정신화하기 능력, 즉 마음으로 마음을 헤아리는 조율 능력, 3) 애착 관계와 상담자의 정신화하기 능력을 바탕으로 성장하는 내담자의 안정 애착과 정신화하기 능력, 4) 장애중심이 아닌 인간중심의 상담이라고 제안한다. 그는 이 비법들이 복합 외상 스트레스 장애들에 어떻게 적용되는지를 자신의 전문 지식과 상담 경험을 바탕으로 친절하게 보여 준다. 그는 안전기지와 안식처의 역할을 하면서, 자신의 마음으로 내담자의 마음을 헤아리고 탐색하는 과정에서 내담자의 애착 패턴이 안정 애착으로 변화되고, 정신화하기 능력이 성장하며, 상담자라는 전문적 역할을 넘어 한 인간으로서 내담자를 공감하고, 수용하며, 진솔하게 대하는 태도로 만나고자 하는 자신의 상담방법을 'Plain Old Therapy'로 부른다.

역자는 이 책을 번역하는 동안 'Plain Old Therapy'라는 용어에 적절한 한국어를 찾느라고 상당한 곤란을 겪었다. '평범한 전통 치료, 유서 깊은 전통 치료 등' 여러 가지 방식으로 고민을 해 보았으나 어떤 것도 맘에 들지 않았다. 그러던 중에 저자 Allen과 격려의 글을 쓴 Fonagy의 가장 중요한 두 가지 진술을 바탕으로 '공통요인상담'으로 옮기기로 결정하였다. 두 가지 진술은 다음과 같다. 첫째, 서두의 개관 부분에서 Allen은 "Plain Old Therapy란 수천 년간 인류를 생존하게 만든 평범한 돌봄을 제공하는 관계들이 현대 사회에서는 전문적 돌봄을 제공하는 관계들로 변화된 것이라고 보면 된다."라고 하였다. 이 진술에 의하면, 그가 강조하고 싶은 것은 전문화된 처치가 아니라 상담자-내담자 관계를 바탕으로 한 상담인 것이다. 둘째, Fonagy는 "격려의 글"에서 Allen의 상담방법은 상담이론들 간에 공통된 상담 실제와 심리학적 과정을 축약한 근본 이론이라고 극찬하였다. 이런 두 진술들을 고려하여 본 역자의 눈에는 'Plain Old Therapy'에 잘 어울리는 용어가 '공통요인상담'이었다.

공통요인상담은 상대적으로 순수하고 특별한 형태의 장애들을 가진 내담자를 접하는 학문 영역에서 증거기반 상담의 실행이 중요하여도, 상담현장에서 특별한 장애만을 가진 내담자를 찾아보기 어렵다는 현실에 주목한다. 공통요인상담은 또한 Norcross와 Lambert의 진술을 원용하여 다음처럼 증거기반 상담의 문제점들을 지적한다. 즉, 증거기반 상담의 매뉴얼 혹은 지침들에서 DSM의 장애들을 처치하기 위한 상담 절차에 묘사된 상담자의 모습은 상담을 대인 관계적이며, 심도 있는 정서 경험으로 여기는 상담현장 실무자들의 생각과 상당한 괴리가 있다. 이러한 괴리를 극복하기 위해 공통요인상담은 장애 특이적인 전문화된 처치보다 정서적 고통을 겪고 있는 사람들이 고통을 견디고 이해할 수 있게 돕고, 그들을 돌보며 공감하는, 다시 말해 애착 안정감을 제공하는 상담관계에 초점을 맞춘다. 역설적으로 사람들은 때때로 애착 안정감의 주요 원천이 되어야 할 가족, 친구, 성직자, 낭만적 파트너와 관계하는 동안 정서적 고통을 경험한다. 이런 경우에 사람들은 애착 안정감을 찾고, 정서적 고통을 해소하기 위해 그들에게 기댈 수 없다. 공통요인상담은 이런 간극을 메우기 위해 전문적 관계로 맺어진 심리 상담이 발달되었다고 본다.

결국 공통요인상담은 'Plain Old Therapy'라는 원 명칭이 시사하듯 Rogers가 강조한 오랜 전통이자 누구나 알고 있다고 여겨지는 평범한, 그러나 정말로 중요한 인간중심의 대화상담(talk therapy)을 부활하여 상담 실제에서 차지하는 중요성을 새삼 강조한다. 그러나 인간중심 상담이란 용어 대신 사용되는 공통요인상담이란 명칭이 보여 주듯, 공통요인상담은 그동안 축적된 과학적 상담 성과 연구, 애착 패턴 연구, 발달심리학의 정신화하기 능력 관련 연구의 결과들을 바탕으로 새로운 무장을 하였다. 다시 말해, 공통요인상담은 전통적으로 중요시되어 온 Rogers의 상담자-내담자 관계 방식, 작업동맹과 더불어 1) 상담자-내담자 사이의 애착 관계, 2) 내담자의 애착 패턴이 상담에 미치는 영향, 3) 내담자의 애착 패턴과 그에 적절한 상담자 처치의 초점, 4) 마음으로 마음을 헤아리는 정신화하기로 내담자의 마음의 고통에 조율하기, 5) 상담자가 전문가 역할을 넘어 한 인간이 되는 기술이 상담에서 어떻게 활용되는지를 보여 준다. 놀라운 것은 저자가 공통요인상담의 상담관계를 강조하면서도 증거기반 상담의 전문화된 처치에 대한 연구 결과들을 결코 소홀히 하지 않고 있다는 것이다(4장 참조). 이는 공통요인상담자들이 상담관계를 중요시 하더라도 전문화된 처치를 요하는 내담자들을 위한 준비를 게을리해서는 안 된다는 것을 시사한다.

마지막으로, 저자 Allen은 극심한 스트레스 사건이 심리적 장애를 일으키는 것 외에 내담자의 실존적-영성적 관점에 부정적 영향을 끼칠 수 있다는 점에 주목한다. 다시 말해, 극심한 스트레스 사건을 겪은 내담자들 중 일부는 자신이 믿어 온 신에 대한 애착뿐 아니라 영성과 관련하여 심각한 타격을 입을 수 있다. 이와 관련하여 Allen은 내담자가 겪는 실존과 영성의 문제를 상담에서 어떻게 다루고 통합해야 할지를 보여 주고 있다.

이 책을 번역하고, 교정하고, 재교정하는 과정에서 즐거웠다. 처음 읽었을 때 참 쉽게 쓰였고, 저자가 의도한 것들을 다 이해한 것 같았다. 그러나 시간이 지나면서 그런 느낌은 조금씩 줄어들었다. 행간에 숨은 의미가 너무나 많았기 때문이다. 일찍이 이덕무는 이런 마음 상태를 "마치 기분 좋게 스스로 깨달은 것이 있는 것 같다가 다시 그곳을 알려고 하면 도리어 아득해지고 만다."[1]라고 표현한 적이 있다. 저자 또한 "구조화된 상담을 열렬히 바라는 나의 바람에도 불구하고, 유행하고 … 경험적으로 지지되고

1) 한정주 역(2018). 문장의 온도: 지극히 소소하지만 너무나도 따스한 이덕무의 위로. 서울: 다산북스.

매뉴얼이 … 있는 인지행동상담의 다양한 변형들(은) … 나를 매료시키지 못했다 … 상담을 한다는 것은 상당한 정도로 단지 나 자신이 되는 것을 필요로" 한다고 말했다. 역자를 포함해 이 책을 읽는 독자들이 공통요인상담을 바탕으로 자기 자신으로 상담할 수 있는 길을 잘 찾아가기를 바란다.

2019년 2월

역자 최희철

저자 서문

이 책은 주요한 건강 문제인 애착 관계 외상을 다룬다. 애착 관계 외상의 극단적인 경우는 아동기 학대와 방임이다. 외상을 입은 내담자들과 이들을 돕기 위해 노력하는 상담자들은 외상이 일으키는 여러 가지 심리장애들을 다루어야 하는데, 대표적인 것은 외상 후 스트레스 장애이다. 외상으로 인한 장애는 복합적이며, 또한 이런 상황에 직면한 상담자들이 알아야 할 처치 방법은 너무 많다. 여러 가지 심리장애들에 적용할 수 있는 처치 방법들이 많으며, 외상 후 스트레스 장애 한 가지에 대한 처치 방법들도 많다. 전문 영역이 너무나 확고하게 나누어져서, 우리 상담자들과 내담자들은 외상과 그 처치에 대한 본질을 잊어버릴 수 있다.[1] 기존의 입장들에 도발하는 것을 목표로 한 나는 우리가 '공통요인상담'의 가치에 무게를 실어야 한다고 주장한다.

나는 경솔한 행동을 하겠다는 의미가 아니다. 오히려 나는 전문 심리상담이 생기기 오래 전에 있었던 치유력을 가진 관계의 유서 깊은 특징들을 지지하는 연구기반 사례들을 제시하는 것이 목표이다. 그러나 나는 또한 우리가 애착 관계 연구에서 밝혀진 새 지식들에 근거해서 치유력 있는 관계들을 제공할 수 있는 우리의 능력을 세련되게 만들고

1) 상담기법에 치중한 나머지 상담관계를 소홀히 할 수 있다. 저자는 상담자—내담자 관계에서 내담자가 안정 애착을 형성하고 정신화하기 능력을 획득하는 것이 중요하다고 이 책 전체에서 강조한다.

자 한다. 이 연구들은 우리에게 외상이 관계에서 개선될 수 있는 방법들뿐 아니라 애착 관계에서 외상의 본질이 무엇인지에 대한 정보를 우리에게 제공한다.

더욱 구체적으로 정신화하기(menatlizing)—자기와 타인의 사고와 감정 같은 정신 상태들에 주의를 기울이는 것—의 중요성에 대한 이해가 성장하고 있다는 사실이 내가 외상에 대한 열쇠이자 회복하기 위한 통로라고 믿는 '애착 관계에서 정신화하기'의 터전을 우리가 마련하는 것을 가능하게 한다. 정신화하기를 포함하여, 애착이론과 연구는 우리 상담자들과 내담자들에게 우리가 하고 있는 것이 무엇인지에 대한 분명한 아이디어를 제공하는 외상 처치에 대한 견고한 토대를 제공한다.

이 책이 겨냥하는 독자는 폭넓다. 내담자들을 위해 외상에 대처하기라는 책[2]을 쓴 나는 상담자들 또한 그 책을 좋아한다는 것을 알고 기뻤다. 상담자들이 그 책을 좋아한 이유는 쉬운 말로 설명하고, 내담자들의 경험들을 제시하였기 때문이다. 그래서 나는 내담자들뿐 아니라 상담자들을 염두에 둔 외상에 대한 두 번째 책을 썼는데 그 책이 이 책이다. 마찬가지로 나는 이 책을 전문가와 보통 사람 모두를 위해 썼으며, 이 책에서 내가 표현하고 싶었던 나의 신념은 우리 모두 보통의 언어로 이야기를 나눌 필요가 있다는 것이다. 비록 이 책이 철저하게 이론과 연구에 토대하였어도 문체는 대화체이며, 이 책을 이해하기 위해 특별히 필요한 전문 배경지식은 없다. 내가 개관의 부분에서 설명하는 것처럼 이 책은 가장 요긴한 상식을 도출하고자 하였다.

삼십여 년 동안 메닝거 상담센터에서 일한 경험은, 내가 외상에 대해 연구하고 내가 알게 된 것을 폭넓은 독자층에게 발표할 기회를 내게 제공하였다. 나는 외래 내담자와 입원 내담자를 대상으로 장기 심리상담을 수행하였다. 최근에 나의 상담 실제는 집중 입원 처치를 위한 몇 주 동안에 상담을 제공하는 것으로 채워졌다. 이는 현대 병원 정신의학에서 경험하기 힘든 사치의 하나이다. 게다가 메닝거 상담센터에서 나의 직무는 외상, 우울, 애착, 정신화하기에 관한 심리교육 집단을 개발해서 운영할 수 있는 특별한 기회를 제공하였다. 나는 내담자들을 가르치는 것이 그들에게 배울 수 있는 가장 좋은 방법 중의 하나란 것을 발견하게 되었다. 그들은 진정한 전문가들이고, 그들은 그들의 지식을 공유하는 데 아주 자비롭다. 이 책에서 나는 최근에 메닝거 상담센터에서 했던 일들에서 도출된 많은 사례들을 사용하였다. 이 사례들의 세부 사항들은 변경되었고, 비밀 보장을 하기 위해 다양한 내담자들의 사례들을 조합하여 사용하였다.

---

2) 『트라우마 치유하기』로 학지사에서 출간되어 있다.

감사의 말

나는 이 책을 쓰는 과정에서 원고의 다양한 부분을 검토해 준 많은 동료들에게 감사한다. Chris Freuch, Chris Fowler, Daniel Garcia, Len Horowitz, Jim Lomax, Mario Mikulincer, Elizabeth Newlin Ken Pargament, Debbie Auackenbush, Shweta Sharma, 그리고 Rebeca Wagner에게 감사한다. 나는 내담자들을 교육하려는 우리의 노력들을 열광적으로 받아들인 Flynn O'Malley, Michael Groat, Harrell Wodson과 함께 일하면서 정신화하기를 적용하기 위한 나의 이해의 폭을 계속 넓힐 수 있었다. 나는 또한 Tom Ellis와 John Hart에게 감사한다. 그들은 인지행동접근에 대한 그들의 전문성을 나에게 빌려주었다. 나의 동료인 Roger Verdon에게도 감사한다. 그는 메닝거 상담센터 마케팅부의 수석 편집자이다. 그는 내가 책을 쓰는 동안에 나의 긴 초고를 검토하였고, 그의 전문성의 갖춘 자문을 내 노력이 지속되게 하였다. 나는 Peter Fonagy에게 아주 큰 빚을 졌는데, 그것은 이 책의 여러 곳에서 나타난다. 그는 천재성뿐 아니라 관대함을 가지고 있다. 나는 지난 20년간 더 나은 쪽으로 그의 업적에서 이득을 챙기는 특권을 누렸다. 나는 또한 Anthony Bate과 함께 상의하고 가르치며 원고를 작성하는 등의 일을 할 수 있는 운을 누렸다. 그의 견실한 상담접근은 공통요인상담에 내가 매력을 느끼는 입장을 지지해 주었다.

나는 아내 Susan에게 가장 감사한다. 아내의 안목 있는 열광과 비판은 이 책 내용의 가독성이 좋아지게 하는 데 아주 큰 공헌을 하였다. 또한 나는 메닝거 상담센터 행정실의 지지가 없었다면 이 책을 쓰지 못했을 것이다. 행정실은 나에게 책을 쓰는 데 필요한 시간을 허락해 주었다. 이러한 점에서 나는 특별히 Ian Aktken 회장에게 감사를 드린다. 그리고 John Oldham 수석참모, Sue Hardesty 의료이사에게 감사를 드린다.

격려의 말

이 책을 읽기로 생각한 사람은 책을 읽는 동안 매우 놀라게 될 것이다. 수십 년 전 내가 런던에서 태어나서 청소년으로 성장했을 당시 런던 소재 영국 방송은 아동을 위한 공상 과학 연속물을 방영한 적이 있다. 이 드라마의 주인공 영웅 Dr Who[1)]의 우주선은 밖에서 안을 들여다볼 수 있는 공중전화 부스 모양이었다. Dr Who가 그 부스 속으로 들어가자마자, 시청자들은 마치 자신이 시간 여행을 위한 이동 장치인 Tardis 속에 들어간 것처럼 느꼈다. 『애착 정신화하기 인간중심의 상담(심리상담효과의 비밀)』은 내게 그런 느낌을 주었다. '공통요인상담'이란 이름이 평범해 보이나, Jon Allen은 눈이 번쩍 뜨이게 할 매우 특별하고 전망 밝은 상담방법과 상담과학의 미래를 개척하고 있다. 그는 외상이란 심리적 고립 상태에서 경험하는 마음의 고통의 결과로 이해된다는 간명한 아이디어에 근거하여 발달, 외상 발생, 상담의 상호작용에 새로운 전망을 제공하는 탁월한 지식과 심리사회적 처치의 과학적 토대가 되는 다차원의 통합이론을 새롭게 창조하였다.

탄생 후 빠르게 세력을 확장한 여러 전통 상담이론들 간에 공통된 근본 이론을 발견하는 것이 지난 세기의 주요 과제였다. 우리는 수백 가지의 '상담이론들'이 각자의 독특한 심리학적 과정(Kazdin, 2009)에 기반하지 않는다는 의구심을 품고 공통기제(common

1) 시간 여행을 정복한 사람으로 드라마 속 영웅의 이름이다.

mechanisms)를 찾는 노력을 했으나 결실을 맺지 못했다(예: Frank, 1988; Frank & Frank, 1991). 그러나 내 생각에 이 책에서 Allen이 제안한 공통요인상담은 우리가 많은 상담이론들 간에 공통된 상담 실제와 심리학적 과정을 몇 가지로 축약하기 위해 찾아왔던 근본 이론에 가장 가깝다. 다시 말해 Allen의 공통요인상담은 많은 상담이론들을 정제하여 얻어진 추출물인 것이다. 공통요인상담은 설득력 있고, 증거에 근거하고, 내담자와 상담자 모두의 이해를 이끌어 내고, 그들의 학습을 촉진하고, 상담 실제에 도움이 된다는 면에서 유용하다. Allen의 단행본 논문들(Allen, 1995, 2001, 2005, 2006; Allen et al., 2008)은 John Bowlby(1969), Aaron Beck(1976), Marsha Linehan(1993), Sidney Blatt(2008)의 저작과 어깨를 나란히 하며, 상담이론과 실제에 많은 기여를 하였다. 이 책은 이 단행본 논문들에서 추출된 핵심들을 묶어 외상 관련 심리장애와 그 상담방법을 이해하게 만드는 큰 변화를 이뤄 냈다.

모든 중요한 다른 상담이론과 마찬가지로, Allen은 상담방법을 간단명료하게 보여주는 한편 새롭고 상당한 수준의 전문 지식을 제시하였다. 그의 상담모델은 돌보미와 무력한 유아 사이의 관계가 모든 친밀한 상호작용 관계의 틀이 된다는 애착이론의 신념에 근거하는데, 이런 신념에 나도 동의한다. 모든 친밀한 관계는 정서 반응에 영향을 미치며, 자기와 타인이라는 각각의 입장에서 이루어지는 주관적 경험의 관점에서 행동을 이해하는 능력이 출현되게 하는 촉매이다. 실제로, 인간 종의 정교한 사회 인지 능력이 별 관계가 없을 것 같은 인간 종의 또 다른 특징인 유아기의 무력함, 긴 아동기, 집중 양육 기간의 출현[2]과 밀접한 관계를 맺으며 진화했다는 것은 상담자들에게 아주 중요할 수 있다.

애착 관계는 사회적 뇌가 충분히 발달하는 것을 가능하게 한다. 물론 이렇게 단정 짓는 것은 유아-부모 관계가 유아에게 마음을 가르치는 훈련의 장이라고 규정짓는 것이다. 다수의 성인이 제공하는 집중 양육이 유아에게 제공하는 이득은 사회 유능성에 관계된 신경 인지가 충분히 발달할 기회를 제공한다는 것이다. 유아가 행동으로 자신을 알고자 시도할 때 애착인물에게서 마음을 발견하게 된다. 유아는 그 과정에서 정신 상태의 본질을 배우고, 구체적인 정신 상태들을 상징[3]으로 표상하는 것을 배운다.

---

2) 이 세 가지 특징으로 인해 유아를 위험과 위협에서 보호하는 안식처로 기능하고, 탐색 활동에서 학습할 수 있는 안정감을 제공하는 안전기지로 기능하는 애착 관계의 형성이 필요했으며, 그 결과 정교한 사회 인지 능력이 발달했다는 뜻이다.

3) 예를 들면, 언어를 뜻한다.

그러나 Allen은 이 이야기에서 한 걸음 더 나아간다. 자기자비가 애착과 관계가 있다고 본 그는 정신화하기, 알아차리기 그리고 애착 문헌들을 명석하게 연결하여 완전한 통합이론을 발전시켰다. 그는 다음과 같이 말하였다. "종합하면, 알아차리기, 정신화하기, 수용은 세심한 반응의 전형이다. 이 세 가지는 부모–아동 관계, 우정 관계, 애정 관계, 공통요인상담관계에서 안정감을 구성하는 핵심이다"(p. 31). 이 말은 명석한 통찰이다. 왜냐하면 이 말은 개인의 정신화하기 능력을 향상시키는 것에 초점을 두는 상담 접근에 수용의 가치를 알려 주기 때문이다. 내담자의 눈으로 세상을 보는 교만하지 않은 호기심과 끈덕진 결단력을 사용해서 '공통요인상담자'는 내담자의 주관적 경험에 대해 암묵적 · 명시적으로 인내, 자비, 수용의 태도를 취할 것이다. 이런 태도는 우리의 감정들 때문에 우리 스스로를 경멸하는 경향성이 점진적으로 사라지게 만든다.[4)]

상담이론과 Allen 자신의 20여 년의 실제 상담 경험에 근거하여 쓰여진 이 탁월한 책에서 완전하게 표현된 그의 명석한 통찰은 정서조절과 타인의 이해가 동시에 이루어지면 정상적으로 발달하고, 그렇지 못하면 외상이 발달한다는 것이다. 비록 부정적 정서가 타인의 세심한 반응으로 적절하게 조절되더라도, 상실에 대한 반응으로 생기는 공포감 혹은 비탄(grief)이 적절히 조율된 위로로 조절되지 않으면 마음 상태에 어떤 일이 생길까? 견디기 어려운 정서 상태가 계속해서 누군가의 도움으로 감정 반영이 되지 않으면 사람들은 외상을 입게 된다. 다시 말해, 고통의 심경을 알아주고, 공감하고, 적절하게 반응하는 타인들이 곁에 없으면 사람들은 외상을 입는다. Allen은 외상 후 스트레스 장애와 외상은 다름 아닌 정신화하기가 실패했기 때문에 발생하는 것으로 본다. 정신화하기가 실패했다는 것을 보여 주는 대표적 사례는 외상 후에 나타나는 외상 사건의 회상(flashback)이다. 한 사람이 외상 사건의 회상으로 재경험하는 기억들은 그 사람의 평소 심리 상태와 거리가 있는데도 완전히 현실인 것처럼 경험된다. 해리 이탈에서 정서를 정신화하는 데 실패하면 비현실감(feeling of unreality)이 발생한다. 상담은 적절하게 세심한 사람이 내담자가 느끼는 주관적 불편감에 자비(알아차리는 수용)로 반응하는 상황을 재현한다. 상담은 내담자가 지속적으로 피했던 주관적 상태를 충분히 경험하고, 표현하고, 이해하고, 성찰하는 것을 가능하게 한다. 한마디로 말하자면, 상담은 수용하는 것을 가능하게 한다.

---

4) 상담자의 인내, 자비, 수용의 태도를 경험하고, 이런 태도를 우리 스스로에게 취할 수 있게 되면, 또한 스스로를 경멸하는 경향성이 점진적으로 줄어들 것이다.

이 책은 외상을 기본으로 다루면서 발달정신병리가 심각한 역경과 결부될 경우에 발생하는 여러 가지 심리장애들(Cicchetti & Valentino, 2006)을 다룬다. Allen이 불안, 우울, 자해, 섭식장애, 자살 사고를 인간중심접근이라는 하나의 틀 속으로 통합하는 재능은 마법에 가까우며, 이는 때때로 독자들로 하여금 숨이 막히게 할 지경이다. 그러나 그의 격조 높은 글의 정점은 앞서 말한 모든 심리장애들이 공통요인상담을 필요로 하는 전형이라는 주장에 있다. 그에게 공통요인상담은 다름 아닌 정신화하기가 이루어지는 관계이다. 이 관계에서 상담자의 공감은 내담자가 고통스러운 정서 속에서 혼자라고 느끼게 하지 않는다.

이와 같은 양자(dyadic) 관계에 내재되어 있는 난제들을 탐색하는 것이 이 책이 당장 보여 주는 실용성이다. 생생한 사례들을 활용해서, Allen은 내담자들의 증상들로 인해 나타나는 유해한 행동이 그들의 지인들로 하여금 견디기 어려운 정서 상태를 경험하게 만들고, 이런 경험이 다시 안정 애착의 가능성을 파괴한다는 것을 보여 준다. 그리고 다른 한편으로, 그는 안정 애착으로 정신화하기 능력을 재점화하는 방법을 보여 준다. Allen이 우리에게 제공하는 중요한 교훈은 외상을 입은 사람이 경험하는 외상 후의 충격 증상들이 타인에게 부정적 영향을 끼치고, 이는 다시 내담자를 고립시키기 때문에(정서적 고통을 가진 채 혼자가 된다는 의미에서) 외상이 더욱 심해진다는 설명이다. 내담자의 가족과 마찬가지로 내담자의 증상들에 놀라서 감당하기 어렵다고 느끼는 상담자는 자비로운 이해 능력을 발휘하기 어려울 것이다. 이는 오히려 내담자를 더욱 악화되게 만들 것이다.

이 책은 상담처치에 대한 새로운 이해를 제시한다. 경이로운 Allen의 통합 능력뿐 아니라 인식론, 상담학, 경험 사이의 경계를 허무는 그의 능력은 21세기 상담실에 새로운 종류의 상담지식을 제공하고 있다. Allen이라는 '공통요인상담자'는 평범하지 않으며, 자기의 방식만 고집하지 않는다. 그는 증거기반 상담, 심리장애에 관련된 생물학, 현상학 전통에서 출발한 진단의 전통, 발달 및 성격 연구에 근거한 복잡한 심리 모델, 뇌영상 연구와 전염병학뿐 아니라 지난 세기까지 거슬러 올라가야 하는 정신역동 사상을 잘 알고 있다. 놀랍게도 그가 주창하는 상담접근은 이 모든 전통에서 발달한 지식을 존중한다.

Allen은 또한 이런 전통 지식이 한계가 있다는 것을 우리에게 주지시킨다. 예를 들어, 그는 정신의학의 진단 방법이 애착 외상의 충격에 대한 연구에 기여한 바가 크다는 것을 우리가 인식하게 한다. 다른 한편 그는 정신의학의 진단 방법이 한 개인이 복합

(multiple) 장애들을 가진 것으로 진단하는 것은 그 개인을 일관성 있게 이해하는 것을 어렵게 만든다는 것을 우리가 인식하게 만든다. 그는 사회 정신의학의 전통을 완전히 개작하는 것을 삼가하는 한편, 복합 외상 스트레스의 다양한 영역을 외상이란 하나의 개념으로 통칭하는 것을 마땅찮게 여긴다. 그는 심리장애를 엄격하게 인간중심의 발달 접근에 기초해서 이해한다. 증거기반 상담이라는 영역을 우리에게 능숙하게 안내하면서 Allen은 '공통요인상담' 방법을 제시한다. '공통요인상담'은 알아차리기, 정신화하기, 애착기반 상담을 새롭게 조합한 방법이다. 공통요인상담은 상담자와 내담자가 암묵적 혹은 명시적으로 함께 얻고자 하는 심리장애에 대한 진단적 이해를 제공한다.

이 책은 새로운 형태의 처치를 시도한다. 이 접근은 모순되게 들리겠지만 엄격한 유연성(rigorous flexibility)을 특징으로 한다. 이 접근은 명민한 지성으로 이뤄진 탁월한 접근이다. Allen은 이전의 책들에서, 상담 실제에 적용 가능하고, 전문가와 일반인 독자 모두에게 의미가 있으며 도움을 주는 여러 아이디어를 창의적으로 제시하였다. 그는 과학을 신중하게 사용하여 우리에게 정보를 제공하고, 우리를 안내하며, 우리가 모호한 현상을 이해하고, 필요한 곳에서 우리의 상식을 강화하고, 무엇보다 우리가 여전히 무지해서 현상을 체계적으로 이해하는 데 실패하고 있다는 것을 인정하게 만든다. 이런 사실이 우리로 하여금 그의 저서들에 기적적으로 다가서게 만들고, 그가 상담자이자 과학자로서 자신의 정체성의 핵심에 교육(pedagogy)을 두는 것을 정당하게 만든다. 이전의 책들과 마찬가지로 이 책은 상담현장과 현상에 대한 과학적 관찰을 단순히 요약하고 설명하는 수준을 훨씬 넘어선다. 공통요인상담은 내가 보기에 가장 적절해 보이는 '통합 상담이론'이다. 이 책에 기술된 내용들은 거대한 하나의 성취이다. 나는 Allen 박사의 성취를 축하하고 싶다. 그의 업적은 우리가 이뤄 냈다는 느낌을 준다.

Peter Fonagy, Ph.D., F.B.A.
런던대학 Freud 기념 정신분석 교수
런던 Anna Freud 센터의 소장

Allen JG: Coping With Trauma: A Guide to Self-Understanding. Washington, DC, American Psychiatric Press, 1995

Allen JG: Traumatic Relationships and Serious Mental Disorders. Chichester, UK, Wiley, 2001

Allen JG: Coping With Trauma: Hope Through Understanding, 2nd Edition. Washington, DC, American Psychiatric Publishing, 2005

Allen JG: Coping With Depression: From Catch-22 to Hope. Washington, DC, American Psychiatric Publishing, 2006

Allen JG, Fonagy P, Bateman A: Mentalizing in Clinical Practice. Washington, DC, American Psychiatric Publishing, 2008

Beck AT: Cognitive Therapy and the Emotional Disorders. New York, International Universities Press, 1976

Blatt SJ: Polarities of Experience: Relatedness and Self-Definition in Personality Development, Psychopathology, and the Therapeutic Process. Washington, DC, American Psychological Association, 2008

Bowlby J: Attachment and Loss, Vol 1: Attachment. London, Hogarth Press and the Institute of Psycho-Analysis, 1969

Cicchetti D, Valentino K: An ecological-transactional perspective on child altreatment: failure of the average expectable environment and its influence on child development, in Developmental Psychopathology, 2nd Edition, Vol 3. Edited by Cicchetti D, Cohen DJ. New York, Wiley, 2006, pp 129-201

Frank JD: Specific and non-specific factors in psychotherapy. Curr Opin Psychiatry 1:289-292, 1988

Frank JD, Frank JB: Persuasion and Healing: A Comparative Study of Psychotherapy. Baltimore, MD, The Johns Hopkins University Press, 1991

Kazdin AE: Understanding how and why psychotherapy leads to change. Psychother Res 19:418-428, 2009

Linehan MM: Cognitive-Behavioral Treatment of Borderline Personality Disorder. New York, Guilford, 1993

차례

역자 서문 _ 3
저자 서문 _ 7
감사의 말 _ 9
격려의 말 _ 11
개관 _ 21

1부 / 애착 외상과 심리장애

1장 애착, 정신화하기 그리고 외상 • 29

아동기 _ 30
성인기 _ 38
애착 관계 내에서 정신화하기 _ 56
애착 외상 _ 62
종합 _ 75

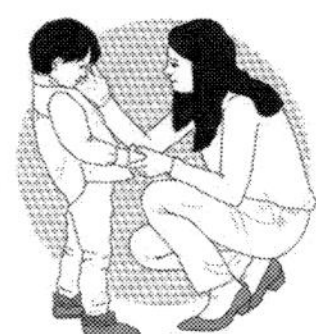

2장 외상 후 스트레스 장애와 해리장애 • 79

외상 후 스트레스 장애 _ 80
해리장애 _ 108

3장 복합 외상 스트레스 장애들 • 131

우울 _ 132
불안 _ 138
물질남용 _ 140
좋지 못한 건강 _ 145
섭식장애 _ 146
자살 의도가 없는 자해 _ 148
자살 상태 _ 154
성격장애 _ 162
복합 외상 스트레스 장애들 진단하기 _ 168
진단을 이해하기 _ 171

2부 / 상담과 치유

4장 증거기반 처치 • 179

외상 후 스트레스 장애를 위한 처치들 _ 180
경계선 성격장애에 대한 상담방법들 _ 193
복합 외상 스트레스 장애들에 대한 상담방법들 _ 199
부모–아동 개입들 _ 201
결론 _ 206

5장 공통요인상담 • 209

증거기반 상담의 한계 _ 210
공통요인상담: 정의 _ 213
상담 성과에 기여하는 요인들 _ 217
상담에서 애착 _ 226
상담과 정신화하기 _ 246
공통요인상담에 대한 욕구 _ 268
공통요인상담은 어떻게 작동하는가? _ 269
인간이 되는 기술 _ 272

6장 실존적-영성적 관점 • 277

악행의 문제 _ 280
신 애착과 영성의 연결 _ 296
희망을 일구기 _ 312

후주 _ 323
참고문헌 _ 341
찾아보기 _ 375

개관

이 책은 널리 활용되고 있는 상담 실제, 즉 상담자가 심리장애 진단을 한 뒤 증거기반 처치를 하는 식의 구조화된 접근에 도전한다. 증거기반 처치를 하는 구조화된 접근은 실험연구를 사용하여 그 처치가 장애의 개선에 효과가 있다는 증거를 제시해 왔다. 이보다 더 합리적인 접근이 있을까? 지난 수십 년간 심리장애 진단과 증거기반 상담은 토끼가 번식하듯 급증하였다. 내가 '두문자어 열광증'이라고 부르는 골칫거리 현상도 급증하였다. 우리는 여러 가지 장애를 PTSD, GAD, OCD, MDD, SAD, DID, BPD 등의 두문자어로 부른다. 우리는 또한 경험적으로 지지된 처치 방법도 두문자어로 부른다. 예를 들면, PE, EMDR, ERO, CBT, EFT, SIT, DBT, DIT, TPP, PCT, IPT 등이다. PTSD 처치 방법인 EMDR, BPD 처치 방법인 DBT와 같이 두문자어로 불리는 장애들과 그 처치 방법들을 조합하여 부를 수도 있다. 누가 그 모든 것을 기억할 수 있으며, 누가 두문자어로 불리는 이 모든 처치 방법들을 실행할 수 있을까? 그러나 두문자어로 불리는 처치 방법을 선택하지 않은 상담자는 정체성의 부족을 느낄 수 있다. 이 책에서 나는 상담자가 상담 영역을 지나치게 전문화하는 것을 좋아하지 않는 나의 견해를 숨기지 않는다. 다시 말해, 나는 아주 많은 심리장애들 각각에 아주 많은 전문화된 처치 방법을 추구하는 것을 좋아하지 않는다. 그러나 상담자들이 치료적 정체성을 분명히 하기 위한 욕구가 있다는 것에 극단적으로 저항하지 않는 나는 스스로를 '공통요인상담자'라고 선언한다. 나는 '공통요인상담'을 두문자어로 부르지 않을 것인데, 이는 독자들이 이 방법을 최신 유행하는 방법으로 착각하는 것을 방지하기 위함이다.

나는 메닝거 상담센터에서 내담자들의 가족을 위한 워크숍을 진행하는 동안 이뤄졌던 대화의 마지막 순간을 생생하게 기억한다. 내가 가족들에게 질문이나 피드백을 말해 달라고 요청했을 때, 뒤쪽에 있던 한 아버지가 일어서서 "당신이 말한 모든 것은 상식인 것 같은데요?"라고 말했다. 나는 기뻐하며 "아버님은 제가 드린 말씀들을 완전히 이해하셨군요."라고 응답했다. 그러나 나는 상식이란 어떤 분야에서 도달해야 할 높은 포부를 의미한다고 말하였다. 나는 공통요인상담을 잘 모르는 상태에서 공통요인상담의 길로 들어섰었다. 이 책의 길이와 복잡함이 보여 주듯 그 길은 짧지도, 간단하지도 않다. 그 길을 보여 주는 한편 독자들에게 내가 전체 정신의학 분야를 묵살하지 않는다는 것을 보여 주기 위해, 나는 외상과 처치에 관한 상식적 이야기를 말하는 것으로 시작한다.

애착 관계의 안정감은 불편한 정서를 조절하기 위한 우리의 최고의 수단이다. 우리 모두는 '놀란 아이를 위로하는 어머니'의 원형을 마음속에 간직하고 있다. 어머니는 아동의 불편감을 마음으로 조율하여 자녀를 진정시킨다. 엄마의 공감을 기대하는 아이는 안정 애착을 형성하게 된다. 즉, 그 아이는 불편감을 느낄 때 어머니에게 의지할 수 있다는 자신감을 갖게 된다. 나의 견해에서 외상은 견딜 수 없는 정서적 고통에서 심리적으로 혼자되어 남겨진 상태를 반복 경험하는 것에서 기인한다. 초기의 애착 외상, 다시 말해 학대는 이와 같은 점에서 가장 치명적이다. 왜냐하면 아동의 마음속에 있는 애착 인물의 자연스런 기능은 편안함과 안정을 제공하는 것인데, 실제는 그렇지 않기 때문이다. 즉, 외상이 되는 애착 관계는 정서에 불편감을 일으키는 한편 그 불편감을 진정시키지 못한다. 이런 상황은 결국에는 아동이 애착을 필요로 하나 애착을 두려워하는 곤경에 처하게 만든다. 이런 경험의 외상적 결과는 상담자에게 골칫거리가 된다. 왜냐하면 상담의 효과는 신뢰로운 관계에 의해 발생하는데, 내담자가 타인을 신뢰하는 것은 쉽지 않기 때문이다.

전문 용어처럼 보일지라도, 나는 '정신화하기(mentalizing)'라는 용어가 애착 외상을 이해하고 처리하는 데 없어서는 안 될 개념이란 것을 알게 되었다. 간단히 말하자면, 정신화하기는 자기와 타인의 정신 상태에 조율하는 것을 의미하며, Peter Fonagy는 아주 적절한 어구로 '마음으로 마음을 헤아리기'라고 표현하였다. 상식적인 이야기를 계속하자면, 정신화하기가 정신화하기를 낳는다. 아동에게 정신화하기를 하는, 즉 마음으로 아동의 마음을 헤아리는 부모는 아동을 편안하게 할 뿐 아니라 아동이 자신의 감정을 이해하는 데 도움이 된다. 상담심리학의 관점으로 생각하면, 아동은 감정들에 조율되고, 궁극적으로 애착 관계의 도움이 있든 없든 정서를 조절할 수 있게 된다. 아동은 또한 타인에 대한 더 큰 공감 능력을 개발하고, 궁극적으로 자신의 자녀에게 안정 애착 관계를 제공하는 공감을 잘하는 부모가 된다. 간단한 사회학습의 과정으로, 한 세대에서 다음 세대로 이어지는 정신화하기는 정신화하기를 낳고, 부수적으로 안정 애착은 안정 애착을 낳는다. 반면에 애착 외상은 정신화하기와 안정 애착의 발달을 약화시키고, 그래서 애착인물의 도움이 있든 없든 정서적 불편감을 조절할 수 있는 능력을 손상시킨다. 애착 외상과 손상된 정신화하기는 안정 애착과 정신화하기처럼 한 세대에서 다른 세대로 전수될 수 있다.

상식적 이야기의 결론을 내리면, 외상에 대한 해독제 그리고 외상이 한 세대에서 다음 세대로 전수되는 것을 막는 수단은 정서적 고통에 정신화하기를 함으로써 안정 애착의 능력을 강화하는 것이다. 평범하게 말하면, 외상을 입은 사람은 정서적 고통을 견디고 이해할 수 있게 도움을 주는, 돌보고 공감하는 관계를 필요로 한다. 감사하게도 애착 안정감은 돌봄을 제공하는 다양한 관계에서 강화될 수 있는데, 확대가족, 친밀한 친구, 성직자, 낭만적 파트너들이 그런 역할을 할 수 있다. 슬프게도 애착 외상이란 고립되는 것이며, 고립은 치유할 수 있는 일상의 관계들을 차단할 수 있다. 지난 세기의 심리상담은 이러한 간극을 메우기 위해서 발달되었다. 그러나 나의 관점에서 심리상담에서 외상을 치유하기 위해 사용하는 수단들은 다른 애착 관계에서 사용되는 수단들과 근본적으로 다르지 않다. 그 수단들에서 핵심은 정신화하기이다. 공통요인상담은 수천 년간 인류를 생존하게 만든 평범한 돌봄을 제공하는 관계들이 현대 사회에서는 전문적으로 돌봄을 제공하는 관계들로 변화된 것이라고 보면 된다.

이런 상식을 이미 무장한 사람들은 여기서 이 책을 그만 읽어도 된다. 그러나 상식은 과학의 대체물이 아니다. 이 상식적 이야기가 건전하다는 나의 믿음과 심리상담 실제에 이런 상식이 갖는 의미는 엄청나게 성장한 애착 연구들로 굉장히 강화되고 있다. 나는 애착 연구들을 상당히 상세히 검토함으로써 외상과 심리상담에 대한 이 책의 사고방식을 독자들이 채택하도록 설득하고자 한다. 애착과 정신화하기에 대한 나의 열정이 선교사의 열정 같다는 인상을 주더라도, 나는 당신을 공통요인상담자로 전향하게 만들려는 바람은 없다. 나는 다른 사고방식들에 도전하거나 반박하는 것이 아니라 오히려 그 사고방식들이 더 풍부해지게 만드는 것을 목표로 한다. 나는 서로 동떨어진 상담이론들이라는 섬에 서식하는 게 아니라 그 섬들을 연결하는 교량을 만들고 싶다. 그래서 나는 애착 외상의 관점에서 심리장애와 전통적 심리상담이론들에 관한 문헌들을 검토하고 새로운 개념의 렌즈를 제공한다.

계획은 간단하다. 1장에서 나는 애착 외상의 기본 개념을 제시하는 것으로 토대를 세운다. 그러나 나는 점진적 방식으로 그렇게 할 것이다. 1장의 초반부는 유아기 및 아동기 애착의 원천을 다룬다. 아동기 애착 연구들은 안정 애착과 불안정 애착의 극명한 원형들을 밝혔으며, 그 원형들은 성인 애착에서 마찬가지로 극명하게 드러난다. 좋든 싫든 애착 연구들이 보여 준 것처럼 애착 패턴들은 한 세대에서 다음 세대로 전수될 수 있다. 애착의 발달과 세대 간 전수는 내가 자세히 설명하는 것처럼 정신화하기와 매우 관련이 있다. 상담이론들을 연결하는 교량을 세우고자 하는 나는 정신화하기를 검토하면서 알아차리기를 함께 검토한다. 공통점을 갖고 있는 이 두 개념들은 서로를 향상되게 하기 때문이다. 애착 외상은 아동기에 발달하며 성인이 되는 과정에 영향을 미치기 때문에, 애착과 정신화하기의 이론적 토대는 독자들이 애착 외상을 이해할 수 있는 입장에 서게 할 것이다.

심리장애에 맞춰 처치 방법을 개발하는 방식으로 진화해서 제대로 자리를 잡은 정신의학 분야에 종사하고 있는 우리 상담자와 내담자는, 이제는 애착 외상의 렌즈를 사용하여 현상을 다각적 관점에서 보는 시각을 가질 필요가 있다.[1] 종종 외상은 외상 후 스트레스 장애와 동등하게 여겨진다. 외상 후 스트레스 장애와 유사하게 해리장애는 흔히 외상에서 기인하고, 해리는 외상 후 스트레스와 무척 관계가 있다. 따라서 나는 2장에서 외상 후 스트레스 장애와 해리장애를 다룬다. 그러나 애착 외상은 사람들이 외상 후 스트레스 장애와 해리장애를 넘어 여러 가지 다른 심리장애를 겪을 가능성을 증가시키는데, 이는 복합 외상 스트레스 장애들이란 개념을 도입하게 만든다. 이는 3장에서 다룬다.

다각적 관점의 시각에 의지하면서, 아슬아슬하게 줄 위를 걷듯, 나는 4장과 5장을 외상의 처치에 대해 이야기한다. 외상이 외상 후 스트레스 장애로 환원될 수 없더라도, 심리장애 진단으로서 외상 후 스트레스 장애를 공식적으로 인정하는 것은 여러 가지

1) 앞서 두문자어로 표현된 장애와 그 장애의 처치를 위한 두문자어 처치 방법의 관점에서만 생각할 것이 아니라, 하나의 심리장애는 다른 심리장애들과 공통점을 갖고 있거나 다른 심리장애들과 관계가 있는데, 애착 외상의 렌즈로 보면 그 핵심에 애착 외상이 있다. 따라서 외상과 관련된 장애로 외상 후 스트레스 장애만 고려해서는 안 되며, 3장의 [그림 3-1]처럼 다양한 관점에서 이해해야 할 필요가 있다.

처치 방법들을 개발하고 그 효과를 검증하는 연구들이 진행되게 하는 자극제가 되었다. 내담자와 상담자 모두는 증거기반 상담에 관련된 정보를 알 필요가 있으며, 나는 4장에서 이를 다룬다. 그러나 애착 외상은 외상 후 스트레스 장애보다 경계를 넘는 더 넓은 개념이며, 특이한(specific) 심리장애, 처치 방법들, 이론학파들을 초월하는 통합적 처치접근을 요청한다. 긴 여정의 끝자락에서 나는 애착과 정신화하기에 관한 최신 연구뿐 아니라 상담관계가 처치 성과에 미치는 영향을 알아본 유서 깊은 연구들을 기초로 공통요인상담에 대한 나의 주장을 펼친다. 내가 마음속으로 그린 것처럼 공통요인상담은 쉽게 이해할 수 있는 것도 아니며, 세월에 뒤처진 것도 아니다. 우리는 계속된 연구로 공통요인상담을 세련되게 만드는 데 기여하여야 한다. 이 책에서 나는 애착 외상의 처치 방법으로 공통요인상담을 제안하여도, 두 가지 토대에 근거하여 이 책을 두 가지 측면에서 더욱 일반적으로 적용할 의도를 갖고 있다. 첫째, 나는 외상에 대한 광의의 관점을 취한다. 둘째, 심리상담에서 애착과 정신화하기의 역할을 이해하는 것은 내가 만나는 모든 내담자들을 위한 상담을 더욱 향상시킨다는 것을 나는 알게 되었다.

지금 내가 이 책의 총체적 목적을 아주 간단하게 진술하면 다음과 같다. 일반 의학에서 그런 것처럼, 심리상담의 분야도 일반 상담자와 전문 상담자를 필요로 한다. 표면상 우리의 심리상담 분야에서, 전문 상담자들은 과학에 근거한 증거기반 상담이라는 다양한 상품이 진열된 매점을 차렸다고 볼 수 있다. 내가 보여 주고 싶은 것은 전문 상담자들이 차린 매점의 진열대와 다르게, 어떤 이름으로 불리든 일반 상담자인 공통요인상담자 또한 상담 실제에 대한 과학적 증거에 기반한 확고한 토대를 갖고 있다는 것이다.

더군다나 과학에 의한 정보에 근거하여 상담을 하더라도, 나는 공통요인상담의 실제는 모든 조력 관계와 마찬가지로 윤리적 노력을 요하는 것으로 간주한다. 그래서 우리는 과학뿐 아니라 철학에서 배울 것이 많다. 이런 관점에서 이 책의 마지막 부분인 6장은 과학에 근거한 지식에만 의지하지 않고 열린 접근을 한다. 6장은 정신의학의 경계를 넘어 외상의 실존적-영성적 측면들을 다룬다. 나는 외상의 영성적-실존적 측면을 다루는 것이 모든 심리장애보다 더 도전적인 과제라고 생각한다.

1부

애착 외상과 심리장애

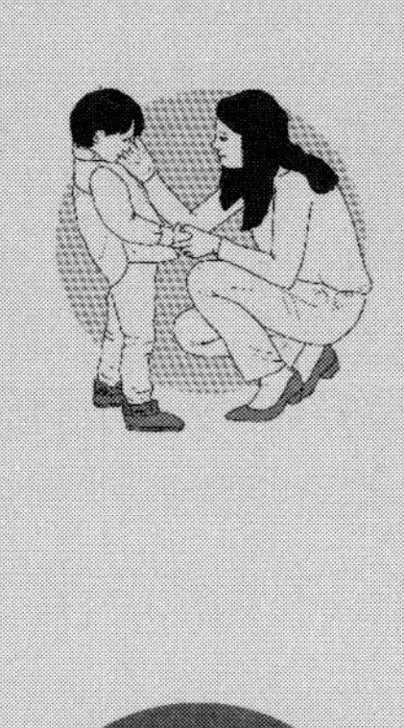

1장

애착, 정신화하기[1] 그리고 외상

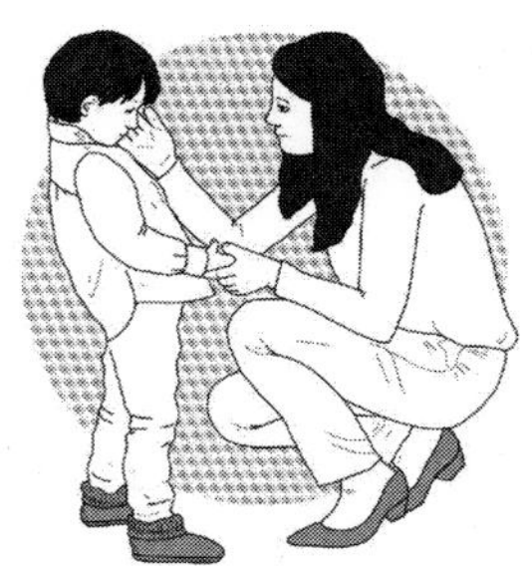

1장은 이 책의 근간이 되는 주요 개념을 다룬다. 이 책의 발달적 관점을 굳건히 세우기 위해 이 장의 첫 번째 부분에서 나는 아동기 애착 개념부터 검토한다. 많은 연구에 의해 우리는 마음의 고통(distress)을 관리하기 위해서든 아니든, 타인에게 의지하는 방식의 토대가 되는 안정(secure)[2] 및 불안정(insecure) 애착의 원형들을 알게 되었다. 이 장의 두 번째 부분에서 나는 성인기 안정 및 불안정 애착 패턴을 설명한다. 성인기 애착 패턴이 아동기 초기의 애착 패턴과 유사하다는 것은 매우 놀랍다. 물론 한 사람의 애착은 생애의 다른 시점에서 극적으로 변화하기도 한다. 그러나 유아기 애착의 기본 기능은 변화하지 않는다. 그래서 성인기 애착 패턴과 아동기 애착 패턴을 비교하는 것은 가치 있는 일이다.

이 장의 세 번째 부분은 내가 애착 관계를 형성하는 심리적 아교로 생각하는 것들을 설명한다. Mary Ainsworth(Ainsworth et al. 1978)는 타인의 상태를 헤아리는 세심한 반응성(sensitive responsiveness)을 심리적 아교로 간주한다. Peter Fonagy는 심리적 아교를 정신화하기로 개량하였고(Fonagy et al. 2002), 나는 정신화하기를 알아차리기[3]와 혼용한다. 나는 외상 애착(traumatic attachments)이 정신화하기의 실패에서 발생하며, 정신화하기가 실패하는 관계는 서로 간에 접착되지 않는다고 제안한다. 공통요인상담

(plain old therapy)[4]은 문제 있는 애착을 복구시키는 한 방법이다.

아동기

이 절은 애착이론의 기본 개념을 설명하는 것으로 시작한다. 애착이론의 모든 개념은 애착의 주요 기능인 정서조절을 설명하기 위한 것이다.[5] 애착이론의 기본 개념은 세 가지 전형적 애착 패턴을 논의하기 위한 기초를 제공한다. 간단히 말하면 **세심한 반응성이 안정 애착**[6]을 증진시킨다. 세심한 반응성이 제공되지 않을 때 아이는 두 가지 대안을 선택할 수 있다. 하나는 세심한 반응성을 얻기 위해 열심히 노력하는 것(양가 애착)이고, 다른 하나는 혼자서 잘하기로 하는 것(회피 애착)이다. 나는 이 절에서 세 가지 애착 패턴들과 이 패턴들이 형성되는 데 양육자가 기여하는 방식을 기술한다. 나는 애착의 안정성(stability)과 변화(change)에 영향을 미치는 아동의 기질(temperament)과 환경적 맥락의 돌봄을 또한 고려할 것이다. 이 절은 애착 안정감(security)이 발달하는 것의 이득을 요약하는 것으로 결론을 내린다.

주요 개념

애착 관계는 다른 친밀한 관계처럼 정서적 유대(Ainsworth, 1989)를 포함한다. 정서적 유대는 친밀감에 대한 바람, 분리 시의 마음의 고통, 재회의 기쁨, 상실시의 슬픔으로 표현된다. 그러나 애착 관계는 마음의 고통을 느끼는 상황에 처했을 때 안정감과 위로감(comfort)을 제공한다는 점에서 정서적 유대와 구별된다. 안정감과 위로감은 외상에서 회복하는 데 중심 역할을 한다. 유아기에 시작되는 애착은 목표 수정적 동반자 관계(goal-corrected partnership)의 맥락에서 발달한다(Bowlby, 1982). 목표 수정적 동반자 관계에서 두 가지 행동 체계(behavioral systems)가 조화를 이루게 된다. 유아의 애착 행동 체계와 부모의 보살핌(caregiving) 행동 체계가 조화를 이루게 된다. 유아는 부모에게 애착을 하고, 부모는 유아와 유대를 맺는다. 유아가 애착 안정감과 불안정감에 대처하는 전략은 부모가 제공한 보살핌의 질과 매우 관계가 있다. 특히 부모가 자녀와 정서적 유대를 형성해야 하는데, 반대로 부모가 자녀에게 안정감과 위로감을 받기 위해 의지하는 상황이 발생하기도 한다. 이는 이례적이며 문제의 여지가 많다.

애착 관계는 내적 작동모델들(internal working models; Bowlby, 1982)[7]에 근거하여 패턴화된다. 다시 말해 상대적으로 안정성 있는 정신 표상들(mental representations)이 아동-돌보미(caregiver) 사이에서 반복된 상호작용에 기초하여 형성된다. 이 정신 모델들은 돌보기 표상(예: 애정 어리고 기댈 수 있는)과 자기표상(예: 사랑스럽고 돌봄을 받을 만한 자격이 있는)을 포함한다. 다른 표상들, 예를 들어 지도(maps)와 마찬가지로 이 내적 작동모델은 거의 정확하지만 왜곡된 면도 있다. 그러나 John Bowlby(1973)는 내적 작동모델이 대개 현실을 반영한다고 보았다. 그는 "여러 개인이 미성숙한 시기에 발달시킨 애착인물의 접근 가능성(accessibility)과 반응성[8]에 대한 다양한 기대는 그 개인이 실제로 애착인물과 겪었던 경험을 어지간히 정확하게 반영하고 있다."라고 하였다(p. 202, 강조는 첨가함).[9]

내적 작동모델은 명시적(explicit)이면서 암묵적(implicit)이다. 명시적 모델은 의식 가능하며(conscious) 생각해서 말로 표현할 수 있다. 예를 들어, "어머니가 무정하고 경멸하는 눈초리로 나를 노려보아서 나는 바퀴벌레처럼 느껴졌다."와 같이 표현할 수 있다. 암묵적 모델은 의식 가능하지 않다(unconscious). 암묵적 모델은 인식 없이 행동을 안내하는 자동적인 상호작용 절차들로 구성된다. 암묵적 모델은 절차적 학습(procedural learning)과 기억에 근거하며, 비유하면 자전거 타기와 비슷하다. 그래서 아동은 암묵적 모델을 생각을 통해 학습하는 것이 아니다. 예를 들어, 아동이 환심을 사는 행동, 항상 기쁘게 하려고 노력하는 방식을 사용하여 어머니의 경멸을 피하는 것을 학습했다면 이것은 생각을 통해 학습된 것이 아닐 수 있다.

Bowlby(1982)의 작동모델 개념은 중요하다. 작동모델은 유연하게 형성되었을 가능성이 있기 때문에 수정이 가능하다. 상담에서 암묵적 모델을 변화시킬 수 있는 한 방법은 내담자에게 암묵적 모델을 설명해 주는 것이다. 예를 들면, 내담자와 상담자 관계에서 환심 사기 행동을 찾아, 토의하여, 타파하는 것이다. 깊은 수준의 변화는 관계 변화의 과정에서(예: 어머니가 화를 적게 내고 더욱 일관성 있게 다정해짐) 혹은 새로운 관계(예: 성격이 침착한 파트너와 함께하는 관계)에서 인식 없이 암묵적으로 수정되는 것을 필요로 한다.

애착의 본보기가 되는 원형은 놀라거나 마음의 고통을 느끼는 유아를 가슴에 안고 사랑스럽게 달래 주는 엄마이다. 이 원형은 애착의 근본 기능을 가장 잘 보여 주는 본보기이다. 애착은 유아를 위험에서 보호하는 안식처(safe haven)를 제공한다. Bowlby(1958)는 애착이 포식자와 같은 위험에서 보호를 제공하기 위해 여러 종들, 특히 포유동물에게 진화되었다고 제안하였다. 엄마는 자연스럽게 유아와 가까이 있으려는 동기를 갖고 있고, 유아도 엄마 가까이 있으려고 한다. 예를 들어, 엄마와 유아 두 사람은 서로 분리되어 있어도 유아가 놀라서 울면 재결합한다. 신체를 보호하는 것이 보살핌의 중요한 기능이지만, 애착 연구는 안정감을[10] 회복하는 것에 가치를 두게 되었다(Sroufe & Waters, 1977). 안정감은 앞서 언급된 애착의 가장 중요한 기능인 정서조절과 관련이 있다. 내가 정신화하기의 맥락에서 논의할 때("애착 관계 내에서 정신화하기"라는 절을 읽어 보라) 인간이 보호자에게 장기간 의지하는 현상을 더 자세히 설명하는데, 이 의지 기간은 필요한 보호와 안정감을 제공하면서 사회학습(social learning), 즉 다른 사람과 관계하면서 사람이 되는 것을 학습하는 것에 토대가 된다(Fonagy et al., 2002).

애착의 안식처 기능이 직관상 자명해도, 애착이론에 친근하지 않은 사람은 안식처와 상호 보완하며 작용하는 애착의 탐색을 위한 안전기지(secure base)[11]라는 또 다른 기능과 그것의 진가를 알지 못할 수 있다. Bowlby(1988)는 "애착 관점의 개념들에서 안전기지보다 발달 정신의학에 더 중요한 개념은 없다."(p. 202)라고 하였다. 운동장에서 아장아장 걷는 아이와 함께 있는 엄마의 모습을 상상해 보라. 유아는 엄마가 가용한지(available) 정기적으로 확인하면서 운동장을 자신감 있게 탐색한다. 엄마가 시야에서 보이지 않으면 아이는 놀이를 멈추고 아마 울면서 엄마를 찾기 시작할 것이다. 혹은 이 아이는 짖어 대는 개가 주변에 없는 한 열정적으로 놀 수도 있다. 다른 경우에 아이는 안정감을 회복하고 마음의 고통을 덜어 내기 위해 어머니의 위로라는 안식처를 추구할 수 있다. 안식처와 안전기지가 연합하여 마음의 안정감, 다시 말해 애착 안정감, 탐색 안정감, 자신감, 타인에 대한 자신감을 제공할 수 있다(Grossman et al., 2008).

Mary Ainsworth(Ainsworth et al., 1978)는 우간다와 볼티모어의 여러 가정에서 관찰된 엄마-유아의 상호작용에 근거하여 실험실에서 유아의 애착 안정감을 평가할 수 있는 20분짜리 실험 절차를 개발하였다. 이 절차는 앞서 말했던 운동장에서 관찰된 것을 알아보기 위한 실험 방법이다. Ainsworth는 낯선 상황이 유아에게 적절한 정도의 스트레스가 될 수 있게, 한 명의 낯선 사람과 장난감이 있는 놀이방에서 유아가 엄마와 두 번의 분리를 경험하는 절차를 고안하였다(〈표 1-1〉 참조). 유아가 엄마와 분리될 때 보이는 반응이 애착 안정감을 평가하는 데 중요한 역할을 한다. 하지만 가장 중요한 질문은 재회 시에 유아가 보이는 반응과 관련된다. 재회 시에 두 사람 사이에 이루어지는 상호작용은 유아의 마음의 고통에 어떻게 영향을 미치는가? 이 평가 절차는 동반자 관계, 즉 어머니의 행동에 관련된 유아의 행동을 평가한다. 훈련을 받은 검사자는 낯선 상황에서 세 가지 기본 애착 패턴을 식별할 수 있다. 나는 이 세 패턴을 이상화된 형태로 묘사할 것이다. 독자들은 이 세 범주가 이론상 분명하게 구별되어도 현실에서 구별되지 않을 수 있음을 염두에 두기 바란다.[12]

〈표 1-1〉 낯선 상황 절차

1. 유아와 엄마는 장난감이 구비되어 있고, 친근하지 않지만 편안한 놀이실로 들어온다.
2. 유아는 장난감을 가지고 놀 수 있고, 가능하면 엄마와 함께 놀 수 있는 기회를 제공받는다.
3. 낯선 사람이 놀이실로 들어와 유아와 함께 놀이를 한다.
4. 엄마가 놀이실을 나가고, 유아는 낯선 사람과 장난감이 있는 놀이실에 남는다.
5. 엄마가 되돌아온다. 엄마는 잠시 멈춰 서서 유아가 돌아온 엄마에게 반응할 수 있는 기회를 제공한다. 낯선 사람이 놀이실을 나간다.
6. 엄마는 놀이실에 유아를 혼자 남겨 둔다.
7. 낯선 사람이 놀이실로 되돌아와 유아와 상호작용을 한다.
8. 그때 어머니가 되돌아온다. 낯선 사람이 놀이실을 나간다.

안정 애착

엄마와 함께 놀이실로 안내된 안정 애착 아동은 장난감을 탐색하고 놀이를 한다. 때때로 안정 애착 아동은 어머니의 도움을 받으며 낯선 사람과 상호작용을 한다. 낯선 사람과 혼자 남겨진 안정 애착 아동은 제각기 정도는 다르나 고통스러워하며, 엄마와 함께 있을 때보다 놀이에 대한 관심은 줄어든다. 유아는 낯선 사람이 달래 주면 어느 정도 받아들이지만, 엄마가 돌아오면 엄마가 달래 주는 것을 훨씬 더 좋아한다. 두 번째 분리 상황에서 엄마와 떨어져 혼자 남게 되면 유아는 마음의 고통을 더 심하게 느낄 수 있고, 더 많은 위로를 필요로 할 수 있다. 분리되었다가 엄마와 재회할 때 안정 애착 유아는 엄마에게 근접성(proximity)을 추구하며 대개 친밀한 신체 접촉을 하기를 바란다. 안정 애착 유아의 어머니는 위로와 안심시키기를 효율적으로 제공하며, 이때 유아는 진정되어 다시 탐색하고 놀이에 참가한다.

많은 연구 결과는 돌보미의 세심한 반응이 유아의 안정 애착에 기여한다는 Ainsworth의 기발한 관찰을 지지한다(Weinfield et al., 2008). 세심한 반응이란 어머니가 온정이 있고, 애정 어리며, 유아가 마음의 고통을 느낀다는 신호에 조율하며, 그 신호를 정확하게 해석해서 즉각 적절한 반응을 보이는 것을 뜻한다. 이런 세심한 반응은 안식처의 토대가 된다. 세심한 반응은 또한 유아가 활동을 할 때 엄마가 유아의 의도를 방해하지 않으면서 협동하고 도움을 제공하는 방식으로 유아의 활동에 참여하는 것을 뜻한다. 이런 세심한 반응은 탐색을 위한 안전기지를 제공한다.

양가-저항 애착

양가 애착 유아는 안식처인 엄마와 떨어지지 않으려 하며, 탐색 행동보다 애착 행동을 두드러지게 나타낸다. 양가 애착 유아는 분리되는 것을 매우 불편해한다. 양가 애착 유아는 재회시에 보살핌을 요구하는 한편, 화가 나서 엄마의 위로를 받아들이는 데 저항한다. 그가 절실히 필요로 하는 보살핌을 거부할 때, 양가감정은 요란하게 표현된다. 유아는 진정시켜 줄 것을 바라면서도 엄마를 밀어젖히고, 엄마가 잡으려 하면 몸부림치면서도 엄마에게 계속 매달린다. 그래서 양가 애착 유아는 마음의 고통을 느끼지만 그의 좌절이 슬픔을 가눌 수 없게 만든다.

Ainsworth와 동료들(1978)은 양가 애착 유아의 엄마는 지속적으로 세심한 반응이 부족하거나 일관성이 부족한 보살핌을 제공한다는 것을 관찰하였다. 그래서 양가 애착 유아가 마음의 고통을 증폭시켜 화를 내는 항변 반응(예: 한바탕 성질부리기)을 보이는 것은, 주의를 끌고 유아의 마음에 잘 조율하지 못하는 돌보미의 더 많은 반응을 끌어내기 위해 학습한 암묵적 전략들이다. 그래서 양가 애착 유아는 애착 욕구를 과잉활성화시킨다. 사실상 양가 애착 유아는 돌봄을 끌어내기 위한 요청을 소리 높여 표현한다. 간헐적으로 돌봄이의 반응을 끌어내는 데 성공하면 이 전략은 강화받는다. 그러나 애착은 양가 형태로 형성된다. 다시 말해 돌봄을 받으려는 욕구는 박탈과 좌절의 느낌과 결부되고, 요구하는(coercive) 행동은 분노와 결부되어 인간관계에 스며든다.

회피 애착

양가 애착 유아가 안식처에 무익하게 매달리는 반면, 회피 애착 유아는 탐색에 몰입한다. 사실상 혼자서 놀이를 한다. 회피 애착 유아가 낯선 상황에서 혼자 노는 것은 조숙해 보일 수 있다. 그들은 표면적으로 엄마가 없는 것처럼 무시한다. 안정 애착 유아와 대조되는 회피 애착 유아는 혼자서 하는 놀이를 더 즐긴다. 양가 애착 유아와 대조되는 회피 애착 유아는 엄마가 놀이실 밖으로 나가도 마음의 고통을 밖으로 드러내지 않는다. 엄마가 돌아올 때 회피 애착 유아는 접촉하고 싶다는 바람을 보이지 않는다. 만약 엄마가 들어 올려 안아 주려고 하면 회피 애착 유아는 반응을 보이지 않고, 놀이를 계속할 수 있게 자신을 내려놓아 주기를 바란다.

Ainsworth는 회피 애착 유아들의 엄마들이 미묘하게 거부적이고, 신체 접촉을 싫어하고, 아이들로 인해 화가 나지만 억압한다는 것을 관찰하였다. Ainsworth는 또한 회피 애착 유아의 엄마가 경직되고, 강박적으로 행동하며, 자신들의 활동을 아이가 방해하지 않기를 바라며, 유아가 엄마의 바람에 즉각 순종하지 않을 때 빠르게 좌절하는 현상을 관찰하였다. 회피하기는 유아가 일관성 있게 정서적으로 가용하지 않고, "너의 욕구와 마음의 고통으로 나를 괴롭히지 마라."라는 의사를 전달하는 미묘하게 화난 돌보미와 관계하면서 마음의 고통을 관리하기 위해 발달된 전략이다. 유아는 엄마를 회피하고, 애착 욕구를 비활성화시키며 돌봄을 끌어내기 위한 요청을 소리 내어 표현하기보다, 할 수 있는 한 자신의 마음의 고통을 스스로 조절하고자 한다.

아이의 기질

초기 애착 연구는 유아의 기질이 연구 결과에 영향을 미쳤다는 강한 논쟁을 불러일으켰다(Karen, 1998). 예를 들어, 한 사람은 직관에 근거해서 기질적으로 불안하고, 마음의 고통을 느끼며, '다루기 어려운' 유아가 양가 애착을 발달시킬 후보가 될 것이라고 기대할 수 있다. 기질과 보살핌이 애착 패턴의 형성에 미치는 영향에 대한 논쟁은 더 많은 연구가 이루어지게 하였고, 그 결과는 놀랄 만하다. 이미 기술한 보살핌의 패턴이 아이의 유전 혹은 기질적 요인에 비해 애착 패턴의 분류에 미치는 영향력이 더 강하였다. 그러나 이런 대강의 결론은 복잡한 것을 이해하는 데 도움이 되지 않는다(Vaughn et al., 2008).

비록 기질이 유전 및 생리적 특성(characteristic)에 뿌리를 두고 있어도 변화하지 않는 것은 아니다. 오히려 기질은 환경의 영향, 특히 보살핌의 영향을 받는다. 유아의 기질도 부모의 보살핌 행동에 영향을 미칠 수 있다. 예를 들어, 더 많은 마음의 고통을 느끼는 경향이 있는(distress-prone) 유아는 스트레스로 지친 부모를 과민하게 만들고 비일관적으로 양육하게 만들 수 있다. 유전적 차이로 어떤 아이는 다른 아이보다 보살핌에 더 잘 반응한다(Belsky & Fearon, 2008). 애착 패턴을 형성함에 있어 유전적으로 보살핌에 더 잘 반응하는 아이는 잘 반응하지 않는 아이보다 유전 혹은 기질적 요인이 아닌 보살핌 요인에 의해 더 강하게 영향을 받을 것이다.

환경이 보살핌에 미치는 영향력

애착 연구자들은 부모, 특히 어머니를 비난한다는 비평을 받는다. 보살핌을 둘러싼 환경 맥락을 고려하면 어머니는 연민 어린 이해를 받아야 한다. 세심한 반응 혹은 반응 부족은 진공 상태에서 발생하지 않는다. 많은 요인들이 보살핌과 애착에 영향을 미친다. 예를 들어, 부모의 나이, 교육 수준, 사회경제적 지위, 부모의 심리장애, 스트레스 환경도 영향을 미친다. 어머니의 애착 안정감도 그녀의 보살핌에 영향을 미친다. 한 부모(single parent)이고, 결혼 생활에서 갈등을 겪고 있거나 사회적 지지원이 풍부하지 않은 엄마에게 아이는 불안정 애착을 형성할 가능성이 높다(Belsky & Fearon, 2008). 분명히 여러 가지 양육 관련 취약성이 누적되면 애착 안정감에 손상이 생길 가능성이 높다(Belsky, 2005). 예를 들어, 가난하고, 결혼 생활에서 잦은 갈등을 경험하고, 비밀을 터놓을 만한 절친한 친구가 없는 어머니들의 경우 그렇다고 볼 수 있다.

그래서 내가 이 장에서 탐색하는 것처럼 상담자는 자신을 둘러싼 돌봄의 맥락을 알아차려야 한다. 인간의 애착 및 정신화하기 능력은 공동 보살핌(communal caregiving)이란 맥락에서 진화되었다(Hrdy, 2009). 공동 보살핌 맥락에서 다수의 돌보미가 아이의 엄마를 도울 수 있다. 반면에 우리 문화에서 아이를 혼자 양육하는 엄마 혹은 다른 돌보미는 일관성 있는 세심한 반응을 제공하는 데 어려움 겪을 수 있다. 좋건 나쁘건 결혼은 중요한 역할을 한다. 부부는 서로 지지할 수 있고, 상대의 약점을 보완할 수 있으며, 혹은 서로를 손상시킬 수 있고, 상대의 약점을 악화시킬 수 있다(George & Solomon, 2008).

안정성과 변화

애착의 안정성[13)]이란 개념은 애착을 어떤 패턴으로 분류하는 것을 타당하게 만든다. 애착의 변화 가능성이란 개념은 우리가 상담으로 애착 패턴을 변화시키려는 노력을 타당하게 만든다. 유아기에서 성인전기까지 애착의 안정성을 살핀 종단연구는 애착 패턴이 변화하는 한편, 상당 기간 지속된다는 결과를 제시하였다(Thompson, 2008). 중요한 것은 애착 패턴의 안정성과 변화가 환경의 안정성과 변화에 연계되어 발생한다는 것이다.

20분짜리 실험실 관찰에서 나타난 유아기 애착 행동과 오랜 세월 뒤 성인 애착 면접으로 측정된 애착 안정감 사이에 보통 정도의 일치율이 있다는 것은 놀랄 일이라고 나는 생각한다. 생후 12개월 당시 낯선 상황 절차에 의한 애착 분류는 19세(Main et al., 2005), 21~22세(Croswell & Waters, 2005), 26세(Sroufe et al., 2005)에 면접 방법으로 시행된 애착 평가와 일치하였다. 다른 관점에서 보면 이 연구들에서 유아기 애착 분류와 이후 애착 분류가 완벽하게 일치하지 않는 것은 애착 패턴이 변화한다는 것을 뜻한다. 예를 들어, 애착 안정감에 손상을 가하는 변화들은 외상, 스트레스가 되는 삶의 사건들, 이혼, 부모의 죽음, 아동 혹은 부모의 심각한 질병 등이다. 다행히도 상담(Sroufe et al., 2005)뿐 아니라 부모–유아 개입들(Belsky & Fearon, 2008) 또한 애착 안정감을 향상시키는 잠재력을 갖고 있다.

애착 안정감의 발달상의 이득들

유아기 애착이 이후의 발달에 미치는 영향을 알아본 종단연구에 근거하여 Alan Sroufe와 동료들(2005)은 "삶의 초기에 유아가 부모에 의해 양육되는 방식보다 아동의 발달에 더 중요한 것은 아무것도 없다."(p. 288)라고 강하게 주장하였다. 유아기 애착 안정감이 이후 발달 시기에 제공하는 이득이 무엇인지 알아보기 위해 걸음마기, 학령 전기, 중기 아동기의 아이들을 대상으로 한 연구가 이루어졌다.

안정 애착은 여러 형태의 적응과 관련이 있다(Berlin et al., 2008). 안정 애착 아동은 불안정 애착 유아와 비교했을 때 돌보미의 도움 혹은 자력으로 불편한 정서를 더 잘 조절하였다. 안정 애착 아동은 상대적으로 마음이 태평하고, 사회관계를 형성하는 데 더 유능하고, 공감을 더 잘하고, 돌보는 일을 더 잘 하였다. 그리하여 안정 애착 아동은 형제, 또래, 친구, 교사와 긍정적 관계를 맺었다. 안정 애착 아동은 탐색 안정감이 높아 상대적으로 호기심이 많고, 문제해결에서 더 끈기가 있으며, 도움이 필요할 때 도움을 잘 추구하였다. 그런 이유로 안정 애착 아동의 안정감은 인지 및 학업 발달을 증진시킨다.

우리는 자연스럽게 안정감과 독립(independence)이 관계가 있다고 본다. 그러나 이렇게 결부시키는 것은 오해의 소지가 있다. 안정 애착은 **효율적인 의지**(dependence)를 의미하며, 이는 또한 효율적인 독립을 증진시킨다. 안정 애착 아동과 비교해서 양가–저항 아동은 불안이 더 심하고, 더 쉽게 좌절하며, 더 수동적으로 무기력하고, 지나치게 의지하며, 적극적인 숙달 노력과 새롭고 인지적인 도전을 요구하는 상황에서 잘 수행하지 못한다. 양가–저항 애착 아동은 상대적으로 미성숙하고 수동적이지만, 회피 애착 아동에 비해 사회적 고립이 더 심하지 않다. 회피 애착 아동은 적대하고 공격하는 행동을 더 많이 나타내는 경향이 있고, 감정이 풍부하지 않고 표현을 잘 하지 않는다. 회피 애착 아동은 양가-저항 애착 아동들을 괴롭히고 피해를 입힐 것 같다. 급우들과 교사는 회피 애착 아동이 호감이 가지 않는다고 지목한다. 결국 안정 애착은 여러 측면에서 발달을 향상시키는 반면, 불안정 애착은 발달을 저해한다.

성인기

발달 과정에서 중요한 변화들을 설명한 Bowlby(1988)는 "애착 행동은 … **요람에서 무덤까지** 우리의 전 생애에 걸친 인간 본성(nature)의 특징"이라고(강조는 첨가함) 주장하였다. 비록 애착 현상이 다양한 유형의 관계에서 관찰되어도, 아동기 부모-아동 관계는 애착의 전형이며, 커플 관계(romantic relationship)[14]는 아동기 부모-아동 관계에 상응하는 성인기 전형이다. 나는 이와 같은 점에 주목하고 이 절을 시작한다. 그러나 성인은 아동기 부모에게 형성된 애착의 내적 작동모델을 유지하고 있고, 이 모델은 우리의 자녀를 양육하는 보살핌 패턴 및 연인 관계에 영향을 미친다. 그런 이유로 성인 애착에는 두 가지 연구 영역이 존재한다. 두 영역은 애착 외상을 다루는 데 중심을 두고 있으며, 나는 각 영역의 연구 방법을 구별한다. 이에 근거하여 나는 두 영역(성인의 커플 관계와 성인의 아동기 부모 관계)과 세 가지 기본 애착 패턴(안정 애착, 양가-저항 애착, 회피 애착)을 설명한다.

이 시점에서 독자들은 두 가지 문제에 귀를 기울이면 좋다. 첫째, 우리는 애착 안정감을 평가하는 여러 방법과 짝지어진 세 가지 주요 영역을 알면 좋다. 다시 말해, 낯선 상황을 사용한 유아 애착 평가, 질문지에 의한 커플 애착 평가, 성인 애착 면접(Adult Attachment Interview)으로 이루어지는 성인의 아동기 부모에 대한 애착 평가를 알면 좋다. 여러 애착 패턴에 대한 명칭이 각 영역과 평가 방법에 따라 다르게 사용된다. 둘째, 내가 애착 외상과 결부지어 나중에 논의할 텐데, 학대를 받은 경우에 형성되는 제4의 매우 불안정한 혼란된 애착 패턴[15]이 뒤늦게 나타났다. 〈표 1-2〉는 평가 방법의 변화에 따른 애착 패턴의 명칭을 요약하고 있다.

〈표 1-2〉 애착 분류에 사용되는 용어의 정리

평가 방법 : 영역	사용되는 용어			
낯선 상황 절차 : 유아의 부모 애착	안정 (secure)	양가-저항 (ambivalent-resistant)	회피 (avoidant)	혼란된 (disorganized-disoriented)
질문지 : 성인의 커플 애착	안정 (secure)	양가-불안 (ambivalent-anxious)	회피 (avoidant)	두려운 (fearful)
성인 애착 면접 : 성인의 아동기 부모 애착	안정-자율 (secure-autonomous)	몰두 (preoccupied)	무시 (dismissing)	미해결-비조직 (unresolved-disorganized)

세 가지 애착 패턴을 검토한 후에 나는 성인 애착의 관계 특이적(specific) 속성, 커플 관계에서 애착 패턴의 일치 및 불일치의 중요성, 성인기 애착 패턴의 안정성과 변화의 증거를 설명한다.

커플 관계에서 애착

Debra Zeifman과 Cindy Hazan(2008)은 애착 관계를 정의하는 네 가지 특징을 평가하는 면접 방법을 개발하였다. 다시 말해, 1) 마음의 고통을 느낄 때 근접성 추구하기, 2) 분리 시에 마음의 고통을 느끼기, 3) 위로받기 위해 관계를 안식처로 활용하기, 4) 탐색을 위한 안전기지로 관계에 의지하기를 평가하는 면접 방법을 개발하였다. 그들은 아동이 부모에게만 명백한 애착(즉, 네 가지 특징 모두)을 보이는 한편, 거의 대부분의 청소년은 또래, 즉 남자 친구나 여자 친구에게 명백한 애착을 보인다는 것을 발견하였다. 18~82세 사이의 성인을 면접한 결과에 의하면, 애착의 네 가지 특징 모두 관찰되는 관계는 2년 이상 지속된 커플 관계였다. 우리는 빠르게 이성에게 매료되지만 훨씬 더 천천히 애착되는 것을 알 수 있다.

막 이야기한 것처럼 애착은 성인 커플 관계를 나타내는 한 측면일 뿐이다. 성, 보살핌, 이외의 것들 또한 성인 커플 관계에 관련된 측면들이다. 우리 인간은 다른 종과 비교해 대개 일부일처제를 유지한다. 결국 성관계, 애착, 보살핌은 종종 동반자 관계가 형성되게 만든다. 그러나 커플 관계의 특징은 매우 다양해서 이 세 측면은 어느 정도

독립적이다. 예를 들어, 한 사람은 배우자에게 애착되었으나 다른 사람과 친밀한 신체 접촉을 하기도 한다. 사람들 간에 발생하는 이런 차이가 이성애 관계에서 일어나는 것처럼 동성애 관계에서도 나타난다(Mohr, 2008).

커플 관계에서 성인 애착 측정하기

Philip Shaver와 Hazan은 사람들이 자신의 애착을 자가 진단할 수 있는 방법을 개발하였다. 그들은 Ainsworth의 세 가지 애착 범주에 상응하는 간단한 진술문을 만들었다(Hazan & Shaver, 1987, p. 515).

- 안정 애착: 나는 다른 사람에게 가까이 다가가고 의지하며, 다른 사람이 나에게 의지하는 것이 대개 편안하다. 나는 버림받거나 다른 사람이 나와 가까워지는 것을 흔히 걱정하지 않는다.
- 양가 애착: 나는 다른 사람이 내가 좋아하는 만큼 가까워지는 것을 꺼린다. 나는 파트너가 나를 정말로 사랑하지 않거나 나와 함께 있는 것을 원치 않을까 봐 종종 걱정한다. 나는 다른 사람과 완전히 한속이 되기를 바라며, 이런 바람은 종종 타인을 불편하게 만들어 거리가 멀어지게 한다.
- 회피 애착: 나는 다른 사람과 가까워지는 것이 약간 불편하다. 나는 타인을 완전히 신뢰하는 것이 어렵다. 나는 타인에게 의지하는 것이 어렵다. 누군가 나와 너무 가까워질 때 나는 편치 않다. 사랑하는 파트너들은 내가 편안하게 느끼는 것보다 더 친밀해지기를 바란다.

Hazan과 Shaver는 이 진술문들을 '사랑 퀴즈'로 명칭하며 지역 신문에 실었다. 그들은 신문을 본 사람들에게 가장 중요한 관계가 이 표현들 중 어느 것에 가장 적합한지 우편으로 회신해 주라고 요청하였다. 그렇게 해서 그들은 성인 애착 연구에서 가장 많이 사용되고, 많은 정보를 제공하며, 자기보고 방식으로 이루어지는 애착 연구 전통이 시작되게 하였다(Mikulincer & Shaver, 2007a).

이후에 성인 커플 애착을 측정하는 더 세련된 자기보고 질문지들이 개발되었다(Crowell et al., 2008). 이 질문지들은 다양한 수준에서 애착 안정감을 평가하는 질문들로 구성되어 있다. 이 질문지들은 불안과 회피라는 두 차원에서 채점된다(Brennan et al., 1998).[16] 나는 내담자에게 애착을 교육할 때 [그림 1-1]을 이용해 애착 차원을 설명한다. 안정 애착은 불안과 회피 차원 모두에서 낮은 점수를 보이는 경우이다(즉, 친밀감을 바라며 분리에 편안한). 양가 애착은 불안 차원에서 높은 점수를, 회피 차원에서 낮은 점수를 보이는 경우이다(즉, 친밀감을 바라며 분리에 불안한). 회피 애착은 불안에서 낮은 점수를, 회피에서 높은 점수를 나타낸다(즉, 거리를 두기를 바라며 분리에 편안해하는). 이런 설명은 또한 두려운(fearful) 애착이라는 네 번째 애착 범주를 형성한다. 두려운 애착은 불안 차원과 회피 차원 모두에서 높은 점수를 보인 경우다. 분리의 두려움을 느끼며 혼자라고 느끼는 역경은 애착 외상의 전형이며, 나는 이 장 후반부의 애착 외상의 절에서 자세히 설명할 것이다.

[그림 1-1]의 도해는 4가지 애착 범주가 다르고, 애착 범주에 따라 안정감과 불안정감에 차이가 있다는 것을 내담자가 이해할 수 있게 돕는다. [그림 1-1]은 또한 시간이 경과되면 애착 범주들이 변화되어 안정감에서 차이가 발생할 수 있음을 보여준다. 예를 들면, 메닝거 상담센터에서 위기에 처한 전문가들을 위한 집단에서 애착과 정신화하기에 대한 심리교육을 할 때 우리는 우-상 사분면 회피 애착 수준에서 잘 기능하던 내담자가 심한 스트레스 상황에 직면하면 우-하 사분면 두려운 애착 수준으로 어떻게 주저앉을 수 있는지 자유롭게 논의한다. 부분적으로 그런 주저앉기는 안정 애착이 제공할 수 있는 지지가 부족할 때 발생한다. 우리는 또한 안정 애착(예를 들어, 도해에서 점

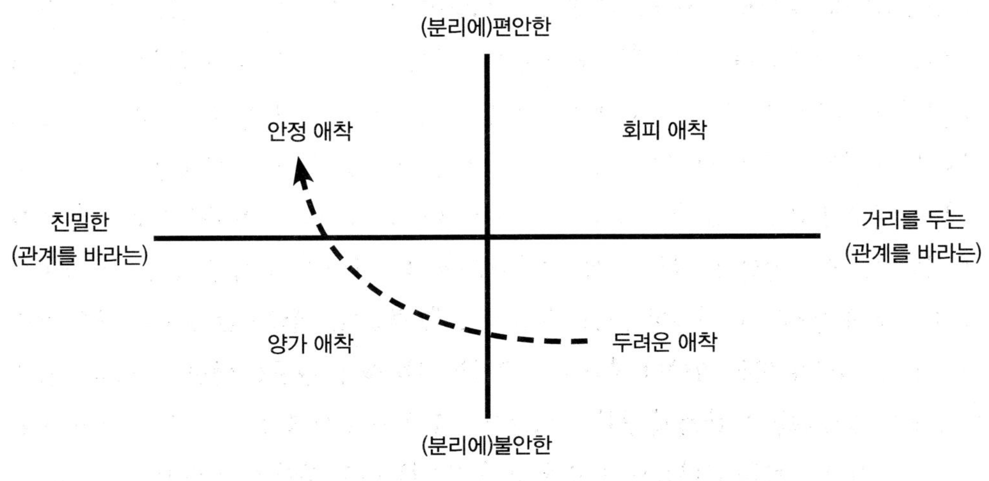

그림 1-1 내담자 교육 자료: 애착 범주들에 대한 2차원 관점[17]

점선은 두려운 애착에서 양가 애착을 거쳐 안정 애착으로 이동하는 것을 나타낸다.

선에 의해 예를 든 것과 같이)으로 가는 경로들을 강조하기 위해 [그림 1-1]을 사용한다. 애착을 회피하는 것은 이전의 고통스러운 애착 경험에 뿌리를 두고 있다. 따라서 회피 애착의 경우 친밀해지는 것을 바라지 않는다는 것을 고려하면, 우리는 집단에서 회피 애착 혹은 두려운 애착이 안정 애착으로 변화하기 위해 그 과정에서 불안 애착을 경험해야 한다고 제안한다.

성인의 부모 애착 측정하기

사회 및 성격심리 연구에서 질문지를 사용하여 커플 애착을 평가하는 방식과 대조적으로, Mary Main과 동료들은 성인이 자신의 부모와 경험했던 애착을 평가하기 위한 상담면접을 개발하였다(Hesse, 2008). 상당한 시간과 노력을 요하는 성인 애착 면접은 고통스러운 기억과 강렬한 감정을 자극하여 정서를 유발하려는 의도로 제작되었다. 성인 애착 면접은 내담자가 가족을 소개하게 하는 것으로 시작해서 어머니와 아버지의 특징을 나타내는 다섯 개의 형용사를 말할 것을 요청한다(예: 다정한, 거리가 있는, 통제하는). 내담자는 각 부모에 대해 자신이 제시한 형용사와 관련된 구체적 예시를 이야기해 달라는 요청을 받는다. 즉, 자신이 말한 형용사에 적절한 전형적인 예가 되는 사건과 관련 기억을 자세히 이야기해 달라는 요청을 받는다(예를 들면, 부모님이 "통제하고자 했다고" 말씀하셨는데 어떤 일로 그러셨나요?). 게다가 내담자들은 부모에 대한 친밀감, 마음이 불편하거나 질병에 걸렸을 때 부모가 반응했던 방식, 부모님에 의해 거부되거나 위협받았던 느낌들에 대한 질문을 받는다. 성인 애착 면접은 아동기에 다른 성인과 경험했던 애착뿐 아니라 지금까지 살면서 경험한 중요한 상실 경험도 물어본다. 상담 실제에서 흔히 그런 것처럼 모든 경험이 자세히 탐색되며, 그 과정에서 구체적인 기억들이 도출된다.

성인 애착 면접은 또한 내담자의 삶의 초기 경험과 그 경험이 장기적으로 끼친 영향을 성찰하도록 요청한다. 예를 들어, 내담자들은 그들의 부모가 어떤 방식으로 행동했다면 그 이유가 뭐라고 이해하는지를 묻는 질문을 받는다. 내담자들은 초기 애착 경험이 그들의 성격에 미친 영향이 뭐라고 생각하는지를 묻는 질문을 받는다. 내담자들은 발달 과정에서 그들의 관계에 변화가 있었는지를 묻는 질문을 받는다. 그 면접은 또한 실제든 예상하는 바든 자녀들과 관계가 어떤지도 묻는다. 성인 애착 면접은 상실뿐 아니라 방임(neglect)과 학대(abuse)와 관련된 외상 경험도 묻는다. 비록 성인 애착 면접이 실제 일어난 관계의 질을 추정하는 질문들을 포함하지만(예: 각각의 부모는 어느 정도로 애정 어렸는지?), 평가는 이 추정에 근거하기보다 내담자의 애착에 관련된 현재의 총체적 마음 상태에 근거하여 이루어진다. 그래서 학대와 방임을 경험한 일부 내담자는 과거의 외상 경험에도 불구하고 애착 평가에서 안정 애착을 보이고, 그들의 애착 관계를 정서적으로 풍부하고 일관성 있게 설명하는 능력을 보일 수 있다. 외상 경험에도 불구하고 그들이 보이는 이런 안정 애착은 우리 상담자들이 상담으로 성취하고자 목표하는 마음 상태이다. 성인 애착 면접 연구 또한 유아 애착 연구와 유사하게 애착 패턴을 분류하였다. 하지만 〈표 1-2〉에 제시한 것처럼 애착 분류는 약간 다른 용어로 명명되었다. 안정 애착에 상응하는 안정-자율(secure-autonomous), 양가 애착에 상응하는 몰두된(preoccupied) 애착, 회피 애착에 상응하는 무시(dismissing) 애착이다.

분명히 하고 싶은 것은, 1) 커플 애착에 관련된 질문지와, 2) 부모 애착에 관련된 마음의 상태를 평가하는 상담면접으로 실시되는 두 가지 애착 평가 전통은 Ainsworth의 세 가지 애착 범주에 상응하는 성인기 애착을 측정하고자 개발된 것이다. 두 전통 모두 애착 분류를 목적으로 하나 서로 다른 평가 방법을 사용하며(질문지 대 면접), 다른 관계를 평가한다(커플 대 부모). 더군다나 두 전통은 개발된 목적이 다르다. 질문지 방법은 애착 안정감이 성인 커플 관계의 다른 측면 및 일반 적응과 관계가 있는지를 알아보기 위해 개발되었다. 반면에 성인 애착 면접은 부모 자신의 아동기 애착에 관한 이야기와 낯선 상황 절차에서 유아 자녀가 나타내는 애착 안정감 사이의 일치성을 알아보기 위해 개발되었다. 결국 일치율에 차이가 있어도 아동의 부모에 대한 애착 분류와 성인 애착 면접에서 확인된 부모의 애착 분류 사이에 일치하는 경향이 있다.

애착 평가를 위한, 1) 질문지와, 2) 성인 애착 면접의 측정 방법, 대상, 목적이 다르다는 것을 고려하면, 이 도구들로 평가된 애착 분류가 완전히 일치하지 않는 것은 놀라운 일이 아니다(Mikulincer & Shaver, 2007a). 이 도구들로 평가된 애착 분류가 약간 불일치하여도 나는 각 연구의 전통이 주요 애착 유형과 관련하여 밝힌 연구 결과들을 비교 대조하는 것이 의미 있다고 생각한다. 다음 절에서 나는 이상화된 애착 유형을 제시할 것인데, 현실에서는 그렇게 분명하게 분류되지 않을 수 있다. 나는 각 애착 범주의 커플 관계 애착을 설명하고, 성인의 아동기 부모 애착을 평가하는 성인 애착 면접을 논의한다. 외상 상담의 근본 목적이, 1) 부모, 파트너, 아동 등 누가 되었건 간에 안정 애착 능력을 향상시키고, 2) 내담자-상담자 관계에 안정감을 확립하여 안정 애착 능력을 향상시키는 것이므로, 우리 상담자들은 성인의 안정 애착 관계를 분명하게 이해할 필요가 있다.

성인의 안정 애착

사례

Aaron은 40대 중반에 처음으로 우울이 심각해져 병원에 입원하였다. 그는 우울에 의해 습격당했다고 느꼈고, 자신은 대개 외향적이고 긍정적인 사람이라고 하였다. 그러나 그는 몇 번의 상실을 겪었고, 아내가 갑자기 병에 걸렸는데 그 병이 너무 심각해서 우울이 심해지는 데 마지막 결정타가 되었다고 하였다. 이후 그는 모든 사회 활동에 소극적이 되었으며, 결국에는 매우 성공한 부동산 사업을 더 이상 꾸려 나갈 수 없었다.

Aaron은 친밀하고 애정 넘치는 가정에서 자랐으나, 대학에 입학했을 때 부모님과 두 여형제와 멀리 떨어져 살며 자신의 경력을 쌓아 갔다. 그의 부모님은 젊어서 세상을 떠났다. 아버지는 Aaron이 20살일 때, 어머니는 그가 30살일 때 세상을 떠났다. 뒤늦게 그는 자신의 우울이 사업 동료가 죽은 뒤 시작된 것으로 생각하였는데, 사업 동료는 Aaron이 입원하기 2년 전 심장마비로 죽었다. 사업 동료는 그보다 몇 살 위였고, 그에게 손위 형과 같은 존재였으며, 아버지가 세상을 떠난 이후로 그가 의지했던 멘토이자 절친이었다.

Aaron은 사회 활동을 왕성히 하였고 알고 지내는 사람이 많았다. 그러나 그는 사업 동료가 세상을 떠난 뒤에 사회 활동에 대한 열정을 잃었다. 이후 그는 집에서 많은 시간을 보냈다. 그는 아내와 친밀하고 애정 어린 사이로 지냈으며, 청소년기 두 자녀와 왕성한 가족 상호작용은 Aaron이 사람들과 소원해지지 않고, 일상적인 활동을 유지하는 데 도움이 되었다. 그러나 그가 병원에 입원하기 세 달 전에 아내가 뇌일혈을 겪었고, 그는 자신이 받아 오던 지지가 갑자기 없어진 것 같다고 말하였다. 과거에 부모님을 상실하고, 현재에 사업 동료를 심장마비로 상실한 그는 아내가 뇌일혈을 이겨 내고 있음에도 불구하고 아내마저 세상을 떠날까 봐 매우 무서워하였다.

Aaron은 특히 부모님이 세상을 떠나고, 사업 동료가 세상을 떠난 뒤 딜레마에 직면하였다. 왜냐하면 그는 아내에게 항상 많은 이야기를 털어놓고 위로를 받았는데 아내가 죽을 수 있다는 자신의 두려움을 아내에게 말할 수 없다고 느꼈고, 아내를 위해 자신이 '강해질' 필요가 있다고 믿었다. Aaron은 지지받기 위해 다른 사람에게 기대곤 했기 때문에, 입원은 그에게 피난처가 되었다. 병원에는 그가 겪었던 상실과 두려움을 터놓고 이야기하는 것을 가로막는 장애물이 없었기 때문이다. 그는 자신의 고립을 극복하기 위해, 삶에서 자신의 사회 활동이 차지한 가치를 재획득하기 위해 개인상담, 집단상담, 입원한 동료 내담자들과 개인적 접촉을 하는 것에 의지하였다.

결혼상담의 도움으로, Aaron은 자신이 아내와 거리를 두는 것을 불편해한다는 것을 알게 되었다. 그가 아내와 거리를 둔 것은 자신의 우울이 심각하고, 죽음에 대한 두려움을 아내와 이야기하는 것을 꺼렸기 때문이다. 그는 아내 또한 '강할 수' 있고, 아내가 그의 두려움을 수용할 수 있을 뿐 아니라 아내가 자신의 두려움을 그와 터놓고 이야기할 수 있다는 것을 깨닫게 되었다. 동시에 그는 두 명의 친구를 사귀게 되었고, 그들에게 우울한 것과 입원 생활을 이야기하였다. 그는 그들이 이해심이 있고, 그가 사회생활을 재개하는 것을 기꺼이 돕기를 바란다고 생각하였다. 결국 정서적으로 지지받는 관계를 맺을 수 있는 그의 능력이 몇 주 만에 그가 심한 우울에서 회복하는 것을 가능하게 하였고, 그 시점에서 그는 자신이 삶을 "되찾을 수 있다."라고 말하였다.

아동기 안정 애착의 특징들을 고려하면, 성인기 안정 애착에 대해 놀랄 것이 없다. 더군다나 Aaron의 경험이 입증하듯이, 안정 애착이 아동기 적응에 이득이 된 것처럼 성인기에도 이득이 된다.

안정 애착 커플 관계의 주 특징은 신뢰, 헌신, 안정성, 정서를 터놓는 의사소통, 파트너의 마음의 고통에 위로를 제공하는 정서적 가용성, 성 친밀감과 일부일처제, 호혜(reciprocity)와 상호 의지, 높은 수준의 관계 만족이다. 안정 애착 관계는 갈등을 겪지 않기보다 오히려 갈등 뒤에 의사소통, 타협, 용서 경향을 촉진하는 신뢰 수준을 수반한다. 따라서 애착 안정감은 관계 문제가 처리되고, 해결될 수 있다는 자신감을 촉진하며, 결국에는 관계에 안정성을 증진시킨다. 애착이론이 애착을 성, 사랑, 탐색, 보살핌과 구별하여도, 애착 안정감은 커플 관계에서 이 측면들이 서로 접착되게 한다. 물론 애착 안정감이 관계 불화에 면역을 제공하는 것은 아니다. 그러나 애착 안정감은 부분적으로 한 사람이 다른 관계에서도 정서 지지를 사용하는 것을 가능하게 하여 회복력(resilience)을 촉진한다.

Jim Coan과 동료들(2006)은 뛰어난 실험을 하였는데, 나는 마음의 고통을 조절하는 데 애착이 중요하다는 것을 내담자와 동료들에게 보여 주기 위해 그 결과를 즐겨 사용한다. 이 연구자들은 결혼에 만족하는 커플들을 모았다. 연구자들은 각 커플의 아내를 충격스러운 위협에 노출시켰고, 몇 차례 더 그 충격을 강화하였다. 아내들은 서로 다른 세 조건에서 그 위협을 경험하였다. 실험과 동시에 연구자들은 아내들의 뇌 활동을 모니터링하였다. 세 조건은, 1) 남편 손을 잡고 있기, 2) 낯선 사람 손을 잡고 있기, 3) 누구의 손도 잡고 있지 않기였다. 간략하게 말하자면, 위협은 뇌의 두 과정을 활성화한다. 하나는 스트레스 반응이고, 다른 하나는 마음의 고통을 약화시키려는 노력으로 반응하기이다. 연구자들은 이런 두 가지 뇌 활동 패턴이 아내들이 남편의 손을 잡고 있을 때 가장 낮고, 아무 손도 잡고 있지 않을 때 가장 높다는 것을 발견하였다. 게다가 아내가 결혼에 만족할수록, 남편 손을 잡고 있는 동안의 뇌 활동 수준이 더 낮았다. 그래서 Coan(2008)은 마음의 고통을 조절하는 데 가장 효율적인 방법은 안정 애착이라는 확실한 사례를 제시한 것이다. 내가 간단하게 검토한 것처럼 애착은 뇌가 스트레스를 경험하고 관리하는 긴장에서 벗어나 휴식할 기회를 제공한다.

암묵적 · 명시적으로 안정 애착의 사람은 다른 사람이 호의적이고 신뢰할 수 있다는 작동모델을 갖고 있다. 이 작동모델은 커플 관계에 적용될 뿐 아니라 인간 본성을 긍정적 관점으로 보게 만든다. 파트너들이 선하고, 의지 가능하고, 용서하는 사람이란 기대를 갖는 것은 관계에서 문제해결을 촉진한다. 아동기와 마찬가지로 성인기 안정 애착은 자기는 가치가 있고 사랑받을 만하다는 작동모델과 관계가 있다. 안정 애착은 장밋빛 안경을 쓰고 관계를 보는 것을 뜻하지 않는다. 반대로 애착 안정감은 비난과 자기비난을 여유 있게 받아들여, 타인과 자신을 균형 잡힌 관점에서 보게 한다. 다시 말해 긍정적인 것뿐 아니라 부정적인 것을 견디는 능력을 갖게 되어, 결국에는 영향력과 변화에 열려 있는 마음으로 대처할 수 있다.

질문지 방법을 사용한 연구들에 따르면, 커플 관계 애착에서 애착 안정감을 보인 사람 또한 그들과 부모 사이의 관계의 주된 특징이 따뜻하게 지지하는 것이라고 말하였다. 그러나 내가 앞서 언급했던 것처럼, 성인 애착 면접은 실제 과거 경험에 초점을 맞추기보다 면접에서 내담자가 과거 경험을 이야기하는 방식에 초점을 맞춘다. 더욱 구체적으로, 안정-자율 애착은 이야기에 일관성이 있다는(narrative coherence) 것이 특징이다. 이 개념은 상담 실제에서도 마찬가지로 적용된다. Main과 동료들(2008)은 면접 내용에서 몇 가지 핵심 특징을 조사한다. 그들은 면접 내용이 구체적 증거로 지지되는 신뢰성, 완전함(completeness), 적합함(relevance), 간결함, 명료함, 체계성(organization)이 있는지 조사한다. 이런 관점과 일치되게 안정 애착의 아동기 경험 면접 내용은 정서적으로 근거가 있고 확신을 주는 설명을 특징으로 하며, 이야기 내용에 신선함(freshness)이 있다. 즉, 참가자들은 적극적으로 성찰하고, 결정이나 반응을 빠르게 하며, 때때로 새로운 관점과 깨달음을 생각해 낸다. 이것 또한 상담에서 우리가 성취하기를 바라는 과정이다. 신선함의 반대는 진부한 설명이다. 진부한 설명은 과잉 일반화 혹은 상투적 생각들(cliches)로 가득 차 듣기에 지루할 수 있다. 이는 상담이 거리감(distance)이 있고 불안정(insecurity)하다는 신호이다.

더욱 일반적으로 애착 안정감을 보이는 사람은 애착에 긍정적 태도를 보인다. 즉, 삶의 초기 경험의 본질에 관계없이 그들은 애착 관계에 가치를 둔다. 마찬가지로 성인 애착 면접에서 나타난 대로 안정-자율 애착은 자녀가 낯선 상황 절차에서 보일 유아기 애착 안정감을 예측한다. 이는 애착 패턴이 세대 간에 전수된다는 것을 보여 주는 전형이다(〈표 1-3〉 참조). 나는 부모의 애착 안정감과 유아의 애착 안정감 사이에 유의한 관계가 있는 이유를 정신화하기의 맥락에 근거하여 이 장 후반부에서 논의한다("애착 관계 내에서 정신화하기" 절을 보라).

〈표 1-3〉 발달 경로의 전형: 안정 애착

부모의 아동기 애착 이야기	일관성 있는, 편안한, 개방적인, 탐색이 자유로운, 고통스러운 감정과 경험을 논의하는 것이 편안한, 자기와 타인에 대한 관점에서 균형이 잡힌
부모의 유아에 대한 행동	민감하게 반응하는, 일관성 있게 정서적으로 가용한
유아의 부모에 대한 행동	환경을 탐색하고 부모가 있는지를 확인하는, 분리시에 부모에게 초점을 맞추는, 부모의 행방을 찾는, 재회시에 접촉을 주도하는, 부모와 환경 모두에 유연하게 주의를 기울이는
발달 결과들	의지하는, 효율적으로 의지하고 독립적인, 자기가치감과 자신감이 있는, 다른 사람을 공감하고 돌보는, 신뢰하고 친밀감을 형성할 능력이 있는, 긍정적 · 부정적 정서 모두를 받아들일 수 있는, 정서를 조절하는 데 능숙한, 위로가 되는 애착 관계 기억들을 갖고 있는

성인 양가-몰두 애착

사례

Bruce는 두 번째 결혼 생활에서 갈등이 심각할 때 불안과 우울로 고통을 겪었다. 그는 이러한 정서 불안정이 고등학교 때 부모님의 떠들썩한 결혼 생활이 이혼으로 끝난 것과 관련된다고 보았다. Bruce는 기억을 돌이켜 보면 자신은 수줍어하고, 사회생활에서 '불안정한' 사람이라고 말했다. 그리고 그는 갑자기 화를 버럭 내는 자신의 어머니를 꼭 닮았다고 말했다.

고등학교 3학년 때, Bruce는 처음으로 Clarissa와 진지하게 사귀었다. Clarissa의 가정 또한 떠들썩했는데, 부모님의 결혼은 아버지의 알코올 중독으로 파경을 맞았다. Bruce에 의하면 그와 Clarissa는 '찍찍이'처럼 붙어서 떨어지지 않았다. Bruce와 Clarissa는 같은 대학에 입학해서 졸업 전에 결혼하였다. 그들의 결혼에 문제가 생기기 시작한 것은 Clarissa가 아들을 낳고 난 뒤였다. Bruce는 아들이 "자신의 자리를 차지했다."라고 불평하였다. 그들은 2년 뒤에 이혼하였고,

Clarissa가 아들을 돌보았다.

Bruce는 이혼 후에 술을 더 많이 마셨고, 몇 달 지나지 않아 술집에서 Donna를 만났다. 그녀는 '마음이 통하는' 여성이었는데, Bruce의 분노에 찬 마음은 그녀의 분노에 찬 마음과 쉽게 공감대를 이루었다. 그는 그것을 "세상에 대한 우리의 봉기"라고 말하였다. Bruce와 Donna는 만난 지 몇 달 뒤에 재혼하였다. 그러나 그 결혼은 Bruce가 직장을 그만두고 새로운 직장을 찾는 것에 절망한 뒤에 내리막길을 걸었다. Bruce는 점점 무력하다고 느끼는 한편, Donna를 '싸움꾼'으로 보았고, 그녀는 겨우 먹고 살 만한 두 번째 직업을 찾았다. Donna가 일하는 동안 Bruce는 집에서 한가롭게 지내며, 텔레비전을 보고, 건성으로 일자리를 알아보며 지냈다. 생활비가 필요했지만 Bruce는 Donna가 직장에서 너무 오래 근무한다며 Donna에게 점점 심하게 화를 냈고, 저녁과 주말에 더욱 그랬다. 그는 Donna에게 일을 줄이라고 요구하였다. Bruce는 자신이 Clarissa에게 매달렸던 것처럼, Donna에게도 '찍찍이'처럼 매달린다는 것을 인정하였다. 그러나 Donna의 부재는 그들을 갈가리 찢어 놓았다.

한번은 출근하는 Donna의 팔을 Bruce가 잡았을 때, 그녀는 무심결에 Bruce의 '빈둥거리는 꼴'을 보지 않기 위해서라도 세 가지 일을 해야겠다고 말하였다. 그 시점에서 Bruce의 불안과 절망이 견딜 수 없을 정도로 심해져 그는 자살을 생각하기 시작하였고, 마침내 Donna의 면전에서 수면제 한 병을 먹었다. 결국에 그는 절망하여 상담을 받기로 하였다.

Bruce의 경험이 보여 주는 바와 같이 커플 관계에서 양가 애착은 관계가 빠르게 진전되는 것과 관련이 있다. 그들은 빠르게, 열정적으로, 아마도 분별없이 사랑에 빠진다. 이 빠른 진전에는 과감하게 자기의 정서와 이야기를 터놓고 노출하는 것도 포함된다. 그리고 너무 많이 너무 빨리 진행되는 성 친밀감도 포함된다. 둘 사이의 차이를 최소화하고 파트너를 이상화하는 것, 즉 완벽한 사랑에 대한 설정은 환상에 불과하다. 아동기에 그런 것처럼 버림받는 두려움은 친밀 욕구에 동기를 부여한다. 그러나 파트너를 소유하고 통제하는 행동을 겸비한 친밀 욕구는 파트너를 멀어지게 할 수 있다. 파트너가 거리를 두게 되면 다시 불안하게 매달리는 것이 더욱 강화되는 악순환이 일어날 수 있다.

아동기처럼 성인의 양가 애착은 불안, 박탈 감정, 좌절과 관련이 있다. 나의 동료인 Hellen Stein은 그것을 **차고-매달리는**(kick and cling) 패턴이라 부른다. 양가 애착의 파트너는 분노를 직접 표현하는 것을 억압할 수 있다. 그래서 분노가 쌓여 간접적으로 표현되거나(예: 시무룩해서 관계에서 철수하기), 정기적으로 분노가 폭발할 수 있다. 그러한 분노 폭발은 아동기와 마찬가지로 성인기에 동일한 기능, 즉 파트너가 반응하지 않을 경우 주의를 끌기 위한 항변으로 작용한다. 물론 그 전략은 단기 효과가 있지만 장기적으로 파트너를 멀어지게 해서, 서로 화를 내게 만들 수 있다. 더군다나 양가 애착의 특징인 의존하고 무력해하는 자세는 자율과 유능성의 발달을 약화시키고, 결국에 의존하는 것을 강화하고, 버림받는 두려움과 자신을 조절할 수 없다는 무능함에 불을 지핀다.

양가 애착은 애착인물이 돌봄을 제공하지만 의지할 수 없다는 작동모델에 뿌리를 두고 있다. 그래서 양가 애착은 희망과 실망의 기대를 동시에 갖고 있다. 양가라는 개념에는 갈등과 모순의 뜻이 내포되어 있는데, 양가 애착은 파트너가 애정을 보이면서 다른 한편으로 거부할 것으로 기대한다. 양가 애착에 내포된 불안은 경계심(wariness)과 위험에 대한 과민함을 초래하고, 양가 애착 파트너는 계속해서 거부와 잠재적인 버림의 단서를 찾는다. 그러한 과민함은 관계에서 흔히 일어나는, 즉 감정을 잘 헤아리지 못하거나 요구에 적절하게 반응하지 못하는 상황을 오해해서 과도한 반응을 하게 만든다(예: 파트너가 어떤 활동에 몰입한 상태를 자신에 대한 무관심으로 해석하기). 사소한 문제가 중요한 갈등으로 증폭되면 이는 자기충족 예언이 되어 양가 애착 작동모델을 강화한다.[18] 양가 애착 작동모델은 높은 수준의 자기비난을 포함하고 있다. 즉, 자신이 부적절하고, 가치가 없고, 약하고, 사랑스럽지 않다는 느낌을 포함하고 있다. 그러한 자기비난의 느낌은 거부와 비평에 민감하게 반응하게 불을 지피고, 갈등을 일으키며, 더 많은 자기충족 예언을 하게 만든다. 부적절하다는 느낌은 의지하려는 마음에 불을 지펴 능력과 자립의 발달을 가로막고, 이는 다시 자기에 대한 긍정적인 작동모델을 개발하는 것을 가로막는다.

비록 내가 양가 애착의 매력 없는 측면들을 설명했지만, 양가 애착에도 긍정적 측면들이 있다. 즉, 양가 애착은 애착 관계를 맺고 유지하려는 끈기가 높다. 그래서 양가 애착은 안정 애착을 발달시킬 문을 열어 놓고 있는 셈이다. 앞서 '커플 관계에서 성인 애착 측정하기'라는 절에서 언급했던 것처럼, 양가 애착은 회피 애착에서 안정 애착으로 가는 경로에 있다.

이름이 시사하고 성인 애착 면접에서 조사된 것처럼, 몰두된(preoccupied) 애착은 애착 관련 고통에 계속 매여 있어 초기 애착과 관련된 갈등과 좌절에서 벗어날 능력이 부족하다. 몰두된 애착의 면접 내용은 일관성(coherence)이 부족하고, 산만하고, 모호하며, 지나치게 자세하고, 이야기가 도중에 옆길로 새서 이해하며 따라가기 어렵다. 면접 내용에서 화난 내용의 이야기가 계속되며, 비난, 즉 부모에 대한 비난과 자신에 대한 비난, 부모의 실패에 대한 불평의 이야기가 나타난다. 이 면접 결과들이 보여 주는 것처럼 아동기 애착 관계를 생각하는 것만으로 마음에 고통의 감정이 생기고, 결국에는 충족되지 못했던 욕구와 관련된 좌절뿐 아니라 애착 욕구가 활성화된다.

안정 애착과 마찬가지로 아동의 불안정 애착 분류는 부모의 불안정 애착 분류와 관계가 있다. 〈표 1-4〉에서 요약한 세대 간 패턴이 보여 주었듯이 성인 애착 면접에서 평가된 부모의 몰두된 애착은 낯선 상황에서 평가된 유아의 양가 애착과 관계가 있다. 유아의 마음의 고통과 애착 욕구는 몰두된 애착 유형인 부모의 애착 및 정서조절에 계속 문제를 일으킬 것 같다. 이런 상태는 결국 몰두 애착 유형 부모가 유아의 마음의 고통에 세심하고 일관성 있게 반응할 수 있는 능력을 발휘하지 못하게 할 것이다.

〈표 1-4〉 발달 경로의 전형: 몰두된 양가 애착

부모의 아동기 애착 이야기	이야기에 초점이 부족한, 길고 장황한, 모호한, 부모에 대한 분노에 몰두된, 비난 및 자기비난을 하는
부모의 유아에 대한 행동	일관성이 없는, 가용하지 않는, 반응이 부족한, 관여가 부족한
유아의 부모에 대한 행동	경계하거나 마음의 고통을 보이는, 놀이를 하지 않고 부모에게 주의를 맞추는, 재회 시에 진정시키거나 위로하기가 어려운, 접촉을 유지하려는 노력과 함께 분노를 보이는
발달 결과들	불안해하는, 과잉 경계하는, 애착인물의 가용성과 반응성을 걱정하는, 돌봄을 끌어내기 위해 위협과 두려움을 과장하는, 자기와 세상에 부정적 신념들을 갖고 있는, 애착인물의 비가용성을 줄이기 위해 애착인물을 처벌하는

양가 애착의 긍정 측면이 커플 관계에서 나타나는 것처럼 양육에서도 나타난다. 즉, 비일관적이어도 부모는 유아의 정서를 조절하려고 할 것이다.

성인의 회피-무시 애착

● 사례 ●

Elaine은 밝고 명랑한 30대 초반 여성인데 알코올 문제가 심해졌다. 새벽 두 시에 몇 차에 걸쳐 술을 마신 뒤 음주 운전으로 체포되어, 한밤에 감옥에 투옥된 뒤 상담을 신청하였다. 이 사건으로 그녀는 굴욕스러워했다. 왜냐하면 그녀는 법률 회사에서 '떠오르는 스타'였기 때문이다.

자신의 삶이 '통제되지 않고 있다'는 것을 인식한 Elaine은 상담을 신청하였다. 그러나 그녀는 모든 회기에서 자신을 명랑하고 기쁜 사람으로 보이려고 하였고, 대개 모든 것이 "잘 나가고 있다."라며 미소 지으며 말하였다. 마음이 고통스럽다는 기색을 보이지 않으면서 그녀는 가정 안팎에서 자신이 겪었던 고통스러운 감정을 소통하지 못했던 경험이 어땠는지 이야기하였다. 그녀는 멀리서 아버지를 존경하였다. 비록 그녀가 아버지를 닮았으나, 그녀는 아버지에 대해 거의 알지 못했다. 그는 '영향력이 큰' 변호사였고, 거의 집에 없었으며, 집에 와서도 가족과 친밀하게 지내지 않았다. 그래서 그녀는 어머니의 수중에 남겨졌고, 그녀는 어머니를 요구가 많고 완벽을 요구하는 '냉혈한'이라고 표현하였다.

Elaine은 학교에 다니는 동안 친구들과 잘 어울리지 않았다. 예외적으로 한 여학생과 친하게 지냈는데 둘은 관심사가 비슷했다. Elaine은 두 사람이 '비열하고 잔인하고', 그들이 또래들에게 했던 '장난'을 즐거워했다는 점에서 닮았다고 말했다. Elaine은 머리가 좋아서 학교생활을 그럭저럭 해냈다. 그녀는 학급에서 1등에 가까운 성적으로 졸업을 하였다. 그녀는 '문제에서 비켜나기 위해' 선생님들의 비위를 맞추는 것을 학습하였다고 말했다.

'재치와 매력'에 의지해서 Elaine은 대학과 법학 대학원에서 두각을 드러냈다. 그녀는 커플 관계에 대해 말하면서, 정서 교류가 별로 없는 여러 번의 흥분되는 '잠깐 동안의 정사들'에 만족했다고 이야기하였다. 그러나 그녀는 한 회기에서 스스로 놀랐는데, '감당하기 어려웠던' 이성 교제 이야기를 하다가 눈물이 어렸기 때문이다. 가볍게 '섹스를 즐긴' 관계들과 대조적으로, 그녀는 관계가 '좋았다 나빴다 했지만' Fred와 3년간 데이트를 하였다. 둘이 함께 있을 때 그녀는 그에게 '이야기를 터놓곤' 했으나 이내 다시 거리를 두었다. 그녀는 아기를 갖는 상상을 한 것을 인정하였으나, 그녀는 이것을 "흰 펜스 울타리를 가진 집을 갖는 꿈"을 꾸는 것이라고 말했다. 그녀는 Fred가 약혼반지를 가져와서 결혼을 제안한 뒤에 그와 떨어져 일주일을 보낸 일을 이야기하다 울었다. 그녀는 '놀랐고(panicked)', Fred와 관계를 끊었으며, 그 시점에서 음주량이 늘었다.

Elaine의 경험이 보여 주듯이 친밀함, 가까움, 호감, 헌신, 감정을 털어놓고 의지하는 일이 별로 없는 것이 회피 애착[19]의 특징이다. 회피 애착은 자급자족하며(self-sufficient) 혼자 있기를 좋아하는 사람(loner)이다. 이것은 회피 애착인 사람이 사교를 좋아하지 않는다고 말하는 것이 아니다. 반대로 회피 애착인 사람들은 외향의 성격일 수 있는데, 그들은 매우 매력 있고 재치가 많을 수 있다. 그러나 그들은 관계를 깊게 하지 않고, 감정을 터놓거나 위로를 구하는 일을 별로 하지 않는다. 회피 애착은 사랑 없이 성관계를 갖기도 한다. 그들은 상대를 가리지 않는 가벼운 성관계, 낯선 사람과의 성관계, 하룻밤 성관계를 하는 것에 긍정적 태도를 갖고 있다. 성관계를 자기 이미지를 고양하기 위한 목적으로 사용하기도 하는데, 이것은 강제로 성관계를 가지거나 이성을 정복했다는 방식으로 자랑하는 것으로 나타난다. 더군다나 회피 애착은 돌봄과 양육을 제공하는 것과 반대되며, 그들은 파트너가 마음의 고통을 호소하는 경우에 심정(心情)을 받아 주는 데 도움이 되지 않거나 파트너가 호소하는 마음의 고통에 적개심으로 반응할 수 있다.

유아기처럼 성인기의 회피도 애착 전략이다. 회피는 거리를 두는 형태로 애착을 유지하는 방식 혹은 거부당하는 것을 최소화하면서 연결을 유지하는 방식이다. 앞서 언급했던 것처럼, 회피 애착 아동들은 "당신의 불행으로 나를 괴롭히지 마라."라는 부모의 암묵적 명령을 따른다. 성인기에 이 전략은 두 가지 방식, "나는 당신을 괴롭히고 싶지 않다. 그리고 나는 당신이 나를 괴롭히는 것을 원하지 않는다."라는 방식으로 계속된다. 더군다나 애착 욕구들이 충족되지 않는 경험을 반복했다는 사실을 고려하면, 회피 애착의 사람은 마음의 고통을 표현하는 것(expression)뿐 아니라 마음의 고통을 경험하는 것(experience)을 억제한다. 마음의 고통은 약함, 취약함, 열등감과 관계있다. 그래서 회피 애착의 사람은 마음에 고통을 일으키는 모든 감정을 인식하는 것을 차단하는데, 이 감정들에는 불안, 두려움(fear), 수치심, 죄책감, 외로움, 슬픔 등이 포함된다. 격분(irritation)과 화는 예외적으로 제외된다.

명백히 회피 애착은 타인에 대한 부정적 작동모델과 관계가 있다. 즉, 회피 애착은 다른 사람이 거부하거나 가용하지 않을(unavailable) 것으로 계속 기대한다. 더욱 일반적으로 회피 애착은 의심, 불신과 관계가 있는 것 같다. 의심과 불신은 적개심을 초래한다. 타인의 의도를 부정적으로 귀인하는 것은 자신의 부정적 측면을 타인들에게 투사한다는 것을 뜻한다. 물론 그러한 귀인은 자기충족 예언이 된다. 다시 말해 적개심과 의심이 거부를 초래한다. 회피 애착은 명백히 자기를 보호하는 데 방어적이며, 이런 방어는 회피 애착인 사람의 자기지각에서도 관찰된다. 즉, 회피는 외현화를 선호하는 방어적 자기고양(self-inflation)과 관계가 있다. 그들은 문제에 대한 비난을 타인에게 전가시키는 방식으로 자기를 고양시킨다. 대인 관계에서 상대보다 못하다고 느끼는 양가 애착과 대조되게 회피 애착은 관계에서 통제하고, 상대보다 우위에 있으려는 노력과 관계가 있다.

성인 애착 면접에서 무시(dismissing) 애착은 이야기를 짧게 한다. 문자 그대로 면접 내용은 짧다. 이는 몰두(preoccupied) 애착의 면접 내용과 반대이다. 애착은 평가절하되며, 기억들은 산만하며, 관계에 대한 진술들은 추상적이다. 그래서 그들이 진술한 형용사들을 지지하는 증거들이 부족하다. 일부 무시 애착인 사람들의 면접에서 나타나는 뚜렷한 특징은 부모를 "굉장히 좋은" 혹은 "최고의" 등과 같이 이상화하여 표현하나 구체적 예시를 제시하지 못한다는 것이다. 때때로 그런 이상화는 표면적으로 지지하는 증거들과 매우 모순된다. 예를 들면 "음, 그는 내가 지나치게 행동할 때 회초리로 나를 때리곤 했죠. 그러나 그것은 내가 더 잘되라고 애정을 표현하는 방식이었어요."와 같이 표현한다.

성인 애착 면접에서 무시 애착으로 분류된 부모의 유아는 낯선 상황에서 회피 애착으로 분류될 것 같다. 이러한 전형적인 세대 간 패턴은 〈표 1-5〉에 요약되어 있다. 아동은 부모의 애착 패턴에 적응하는 것 같다. 무시 애착 부모는 마음의 고통스러운 감정을 경시하고 억제하며 거부한다. 다시 말해, 무시 애착 부모는 "나를 괴롭히지 마라."라는 메시지를 전달하고, 회피 애착 유아는 관심을 장난감에 돌림으로써 그 메시지에 동의한다.

〈표 1-5〉 발달 경로의 전형: 무시-회피 애착

부모의 아동기 애착 이야기	아동기 기억이 많지 않은, 부정적 경험들을 대단치 않게 생각하는, 애착을 이상화하거나 평가절하하는, 자기를 강하고 독립적으로 표현하는
부모의 유아에 대한 행동	마음의 고통을 느낄 때 위로받으려는 유아의 요청을 거부하는, 간섭하는, 통제하는, 과잉 자극을 하는
유아의 부모에 대한 행동	부모가 존재하든 안하든, 부모가 자리를 비우든 돌아오든 주의를 부모가 아닌 환경에 돌리는, 부모와 정서를 교류하지 않는
발달 결과들	위협 · 걱정 · 취약함 · 위로에 대한 욕구를 대단치 않게 생각하는, 도움을 거부하는, 감정을 잘 알아차리지 못하고 때때로 생리적 고통 반응을 나타내는, 위로와 지지를 기꺼이 제공하지 않는, 겉보기에 정서 건강이 좋아 보이나 극도의 스트레스를 경험할 때 방어기제가 무너지는

성인 애착의 관계 특이성(Specificity)

성인 애착 면접은 개인의 애착에 대한 전반적인 마음 상태를 포착하기 위한 의도로 피검자를 한 가지 범주에 할당한다. 유사하게 성인 애착 질문지 방법도 대개 피검자를 한 가지의 전반적 범주에 할당한다. 우리가 성인 애착의 관계 보편성(generality)[20]에 의지하는 이유는 다음과 같다. 연구들에서 이러한 전반적인 애착 패턴에 대한 평가가 매우 뛰어난 예측력을 보였다(예를 들어, 매우 인상적으로 부모의 애착 분류를 사용하여 유아의 애착 행동을 예측할 수 있었음). 여기서 검토된 증거들이 시사하는 바와 같이 삶의 초기 관계를 바탕으로 한 작동모델은 이후의 관계 발달에 영향을 미치며, 한 관계에서 다른 관계로 보편적으로 일반화된다. 또한 증거들이 시사한 것처럼, 이 모델들은 좋든 싫든 자기영속(self-perpetuating) 경향이 있다. 다시 말해, 안정 애착의 사람은 호의를 기대하고 돌봄과 공감을 나타내어, 결국 타인이 그들에게 긍정적 반응을 보일 수 있다. 양가 애착의 사람은 관계에서 불안과 분노를 표현하여 결국 갈등을 일으키며, 회피 애착을 형성한 사람은 거리를 유지하는 경향이 있고, 이는 결국 함께 관계하는 것을 차단한다.

그러나 관계하기, 즉 애착은 관계마다 동일하지 않고 관계에 따라 달라지는 특이성을 갖고 있는데, 이는 개인들 사이의 과거 상호작용 경험에 따라 좌우된다. 애착의 관계 특이성이 가장 눈에 뜨이는 증거는, 유아가 한 부모에게 안정 애착이 형성되었으나 다른 쪽 부모에게 불안정 애착이 형성된 경우이다(Steele et al., 1996). 한 가족 내에서 일어나는 이런 차이는 애착 전략이 보살핌의 패턴에 대한 반응으로 나타난다는 것을 보여 준다는 점에서 의미가 있다. 만약 한 부모가 세심한 반응을 보이고 다른 부모는 비일관적이거나 일관성 있게 거부하는 반응을 보이면, 유아는 전자에게는 안정감을, 후자에게는 불안정감을 나타낼 것이다. 그런 관계 특이성은 애착 관계에 따라 유연성을 갖게 하므로, 우리는 상담을 할 때 관계 특이성에 의지하는 게 낫다. Ainsworth의 말을 빌면, 공통요인상담관계에서 내담자의 안정감을 증진시키는 세심한 반응이 필요하다. 또한 보편성에 근거해서 우리는 공통요인상담관계에서 향상된 안정감이 다른 관계에 일반화될 것을 희망한다. 우리는 여러 관계에서 작용하는 불안정 작동모델을 찾아 잠정적으로 수정하여 보편성이 달성되는 과정을 돕는 것을 목적으로 한다. 그러나 내가 이 책에서 반복해서 강조하는 것처럼 개인상담은 한계가 있으므로, 상담자는 또한 커플상담과 가족상담을 활용하여 애착 안정감의 관계-특이적 측면을 변화시킬 필요가 있다.

일치와 불일치

애착이 관계이고 어느 정도 관계 특이성이 있다는 것을 고려하여, 애착 연구자들은 커플 관계에 있는 파트너들의 애착 패턴의 일치/불일치 여부가 미치는 영향을 알아보았다(Feeney, 2008). 파트너 사이의 애착 패턴 조합이 다양하기 때문에 연구 결과도 복잡하다. 놀랍지 않게 안정 애착을 형성한 사람들이 서로 짝지을 가능성이 있고, 그들은 관계에서 더 좋은 적응을 하며 만족하는 경향이 있다. 또한 불안정 애착의 사람들(즉, 양가–양가, 회피–회피) 간에 서로 짝지을 가능성이 높다는 증거들도 있다. 파트너 사이의 애착 패턴이 일치하지 않아도 한쪽이 안정이면 그렇지 않은 경우보다 이점이 있다. 한 사람의 안정감이 상대의 불안정감을 완화하고, 이 특별한 불일치는 긍정적 변화를 이루는 주요 경로를 제공한다(예: 긍정적 변화는 관계가 좋은 커플 관계 혹은 효율적인 상담 관계에서 발생할 수 있다). 이상적으로 각 파트너는 상대 파트너가 보이는 안정감의 수준에 의지하고, 이러한 의지는 두 사람이 공동의 안정감을 향상시켜 가는 것을 가능하게 한다.

물론 불안정감은 불안정감을 낳는다. 양가는 양가를 낳고, 회피는 회피를 낳는다. 앞에서 암시된 것처럼, 양가와 회피가 짝지을 경우 악순환되는 갈등을 고조시킬 수 있다. 회피 파트너의 관계에서 거리두기는 양가 파트너의 불안과 분노를 활성화시킬 수 있고, 양가 파트너의 불안한 매달림과 화난 항변은 회피 파트너의 철수와 의사소통의 장벽을 더욱 고조시킨다. 흔히 양가인 아내는 회피인 남편에게 불만족한다. 대조적으로 둘 모두 회피인 부부들은 감정의 교류가 부족한 결혼 생활을 유지할 가능성이 있다. 최악의 경우, 둘 모두 회피인 부부의 결혼 생활의 특징은 정서 단절(emotional divorce)이다.

안정성과 변화

아동기처럼 성인기 애착 패턴은 복잡한 안정성과 변화를 나타낸다. 관계 안정성은 많은 다른 요인의 안정성에 따라 달라질 수 있다. 아마도 자기영속의 개념을 지지하는 성인 애착 안정성 연구들은 1주에서 25년에 이르기까지 평균적으로 참가자의 70%가 애착 패턴의 일관성을 유지한다는 것을 보여 주었다(Feeney, 2008). 아동기처럼 불안정성은 애착 패턴에 연속성이 없는 것을 뜻한다(Mikulincer & Shaver, 2007a). 안정 애착은 거부 또는 배신을 경험하고 불안정성을 갖게 될 수 있으며, 또한 분리와 상실로 불안정성을 갖게 될 수 있다. 역으로, 불안정 애착은 긍정적이고 안정된 관계 형성으로 수정될 수 있으며, 안정된 관계에는 결혼 생활을 잘 하는 것, 애정 어린 부모가 되는 것, 혹은 상담을 받는 것 등이 해당된다. 좋든 싫든 작동모델에 반증되는 경험은 애착 안정감의 변화와 관계된다. 우리는 한 가지 사실을 피할 수 없다. 즉, 불안정 모델을 반증하기 위해서는 신뢰로운 파트너를 필요로 한다.

애착 관계 내에서 정신화하기

지금까지 나는 Ainsworth가 제안한 세심한 반응을, 안정 애착을 형성하게 만드는 핵심 요인으로 보았다. 우리는 엄마가 유아 마음의 고통에 세심한 반응을 보이는 것이 아이가 위로받기 위해 엄마에게 기댈 수 있는 자신감을 만들어 준다는 사실을 받아들일 수 있다. 그리고 성인들 또한 위로나 이해가 필요할 때 세심하게 반응하는 사람에게 의지할 것이라 상상해도 비약은 아닐 것이다. Fonagy와 Target(2005)은 부모의 정신화하기 능력이 아동의 애착 안정감을 형성하고, 부모의 손상된 정신화하기 능력은 아동이 애착 외상을 경험하는 것과 관련이 있다고 봄으로써 Ainsworth의 통찰을 더 세련되게 만들었다. 정신화하기는 Jeremy Holmes(2010)가 주장한 것처럼 편안하게 사용할 수 있는 단어는 아니다. 그는 "내가 처음으로 '정신화하기'[21]라는 용어를 접했을 때, 나는 그 단어에 정을 느끼지 못했다. 이는 그 단어가 추상적이며 가식적인 모양새를 갖고 있었기 때문이다."라고 말했다. 덧붙여서 그는 "나는 정신화하기가 심리건강에서 중요한 한 측면과 심리건강을 향상시키려는 상담자의 노력의 중요한 한 측면을 포착한다는 관점을 갖게 되었다."라고 말하였다(p. 9).

나는 Holmes가 지적한 두 가지 논점에 동의한다. 직관적으로 봐도 의미가 있고, 사용자에게 친근하게 들리는 용어인 '알아차리기'에 비해 '정신화하기'라는 용어의 발음은 귀에 거슬리는 게 사실이다. 그러나 나는 내담자와 동료들에게 '알아차리기'와 함께 '정신화하기'가 무엇을 뜻하는지 즐겨 소개한다. 하지만 나는 이와 관련하여 그 의미보다 실제에 더 관심이 많다. 알아차리기와 정신화하기의 개념은 서로 중복된다. 우리는 알아차리기에 대한 연구에서 정신화하기와 관련된 사항들을 배울 수 있다. 결국 나는 이 절을 알아차리기를 설명하는 것으로 시작해 정신화하기를 검토한 후, 둘 사이의 공통점과 차이점을 요약하는 것으로 결론을 맺는다.

알아차리기

간단하게 알아차리기는 정서적으로 고통스럽고 외상적인 경험들을 포함해 경험을 수용하는 태도를 겸비하고, 현재의 경험에 주의를 기울이는 것을 뜻한다. 고통스러운 정서를 줄이기 위한 전략들과 대조되게, 그것을 수용하는 것은 현대 인지행동상담이론에 의미 있는 변화를 일으켰다.[22] Steven Hayes와 동료들(1999)은 경험 수용(experiential acceptance)과 외상에 관련된 두 유형의 회피를 대조한다. **상황 회피**(situational avoidance)는 고통스러운 정서를 불러일으키는 상황을 회피하는 것을 뜻한다(예: 주차장에서 공격당한 사람은 주차장을 회피할 수 있다). **경험 회피**(experiential avoidance)는 고통스러운 생각과 감정을 회피하는 것을 뜻하며, 사실 자신의 마음을 회피하려고 시도하는 것인데 헛된 노력이다. 알아차리기 연습(예: 명상으로 알아차리기)은 고통스러운 생각과 감정을 포함한 마음 상태들은 일시적인 현상이며, 만약 우리가 마음에 호기심을 갖고 판단하지 않는 태도(nonjudgemental attitude of curiosity)를 채택하면 해롭지 않다는 것을 보여 주어 경험 수용하기를 증진시킬 수 있다. **판단하지 않는 태도**[23]는 마음에 주의를 기울이되 마음에 사로잡히지 않기[24](detachment), 즉 자신의 생각과 감정을 관찰하되 너무 심각하게 받아들이지 않고 마음에서 지나가게 내버려 두는 것을 적절하게 혼용할 수 있는 자질을 뜻한다.

나는 알아차리기와 관련된 문헌에 매력을 느끼는데, 일정 부분 그 문헌들이 명시적으로 밝히고 있는 윤리적 토대[25] 때문이다. 많은 상담자는 세속적인 관점에서 알아차리기에 접근하더라도, 알아차리기는 불교에서 말하는 영성에 그 뿌리를 갖고 있다. 알아차리기 전통은 자기(self)를 포함하여 모든 존재에게 자비의 태도를 취할 것을 주장한다. 자기자비 연습은 상당한 관심을 불러일으켰고(Neff, 2011), 자기를 향한 자비는 경험 수용하기에 도움이 된다. 예를 들어, 당신이 느끼는 감정들 때문에 당신을 비난하기보다 공감을 하면, 당신은 고통스러운 감정을 더 편안하게 견딜 수 있다.

알아차리기는 Jon Kabat-Zinn(1990)이 8주짜리 집단상담 프로그램인 '알아차림 기반 스트레스 감소(Mindfulness-Based Stress Reduction: MBSR)'를 개발한 뒤로 상담연구 문헌에서 비중 있게 다뤄졌다. 그는 MBSR 프로그램을 병원의 표준 의료 처치를 받고 충분한 효과를 보지 못하는 의학적 조건들(예: 심장병, 만성 통증)로 어려움을 겪는 환자들을 돕기 위해 개발하였다. 알아차리기 연습은 이후로 폭넓은 증상들과 장애들을 조력하기 위한 현대 인지행동상담에 통합되어 주류 상담방법이 되었다(Roemer & Orsillo, 2009). 1,000명이 넘는 내담자를 대상으로 한 40여 개의 연구들을 검토한 한 연구는 MBSR 프로그램에 참여한 사람은 알아차리기 처치를 받고 불안, 우울이 감소했다는 결과를 제시하였다. 이 연구들 중 일부 연구에서 MBSR의 효과는 추후 평가에서 지속되었다(Hoffmann et al., 2010). 이 연구들은 역설적으로 불편한 감정을 억압하지 않고 수용하는 것이 정서조절에 도움이 되는 전략임을 제안한다. 그러나 이 제안은 애착 안정감 연구의 관점에서 보면 그렇게 역설적이지 않다. 즉, 세심한 반응이 안정감을 향상시킴으로써 알아차림—주의 집중과 수용—을 끌어내고, 불편한 감정들을 개선한다.

정신화하기

정신화하기는 자기와 타인의 정신 상태에 주의를 집중해서 알아차리는 것을 의미한다. 요약하면 마음으로 마음을 읽는 것이다. 정신화하기라는 전문 용어는 난해한 어떤 것을 시사한다는 점에서 오해의 소지가 있다. 그러나 정신화하기는 우리가 고마운 줄 모르고 당연시 여기는 타고난 인간 능력이다. 자폐인 사람을 제외하고 우리 모두는 타고난(natural) 심리학자이며, 자기와 타인을 이해할 수 있는 능력을 갖고 있다.

그러나 〈표 1-6〉에서 요약했던 것처럼, 정신화하기는 여러 가지 측면을 포함하는 복잡한 용어이다(Fonagy et al., 2012). 가장 근본적으로 우리는 자기와 타인을 구별한다. 자기의 마음을 아는 것은 타인의 마음을 아는 것과 동일하지 않다. 게다가 우리는 명시적인(통제되는) 정신화하기와 암묵적인(자동적인) 정신화하기를 구별한다. 명시적인 정신화하기는 의식적이고 의도적인 것이며, 전형적으로 언어(예: 감정을 단어로 표현하는 것)와 묘사(예: 문제가 되는 행동을 설명하기 위해 이야기를 구성하는 것)가 포함된다. 암묵적인 정신화하기는 직관적이고 무의식적인 것이다(예: 대화의 차례를 주고받는 것처럼, 친구의 낙담을 공감하는 과정에서 자기의 자세와 목소리의 질감을 자동적으로 조정하는 것처럼). 우리는 또한 외부 초점(예: 동료의 노려보는 얼굴)과 내부 초점(예: 동료가 노려보는 이유들)을 구별한다. 더불어 우리는 인지적 과정들(cognitive processes)과 감정적 과정들(affective processes)을 정신화하는 것(예: 사고 대 감정을 정신화하기)을 구별한다. 더군다나 정신화하기의 시간적 관점(time frame of mentalizing)이 변화할 수 있다. 한 사람은 현재(예: 현재의 욕구), 미래(예: 계획에 의해 누군가를 직면하는 것이 일으킬 영향에 대한 예상), 과거(예: 오해가 생긴 이유를 재구성하기)와 관련하여 정신화하기를 할 수 있다. 마지막으로, 정신화하기의 범위가 좁거나(예: 현재의 사고) 넓을 수(예: 자서전적 묘사를 구성하는 것처럼) 있다.

우리의 정신화하기 능력의 발달을 이해하는 것은 우리가 어떻게 제대로 기능하는 인간의 마음을 갖게 되었는지를 이해하는 것과 마찬가지인데, 이는 간단하지 않다(Fonagy et al., 2002). 동료들과 나는 여기 저기 흩어져 있는 발달적 연구들을 검토하였다(Allen et al., 2008). 여기서 나는 안정 애착이 정신화하기의 발달에 미치는 영향에 초점을 맞춘다. 이 이야기를 시작하기 전에 당신의 직관과 다를 수 있는 기본 원리인 "마음은 밖에서 안으로(from the outside in) 발달한다."를 당신은 이해하여야 한다. 즉, 당신은 타인의 도움으로 자기지각(sense of self)을 발달시키고, 자신의 마음을 알아차리게 된다. 그 타인은 대부분의 경우 양육자이다. 당신의 양육자는 당신도 마음을 소유하고 있는 사람으로 보고 당신과 관계를 한다.

〈표 1-6〉 정신화하기의 여러 측면들

- 자기 대 타인에게 초점을 맞춰라.
- 명시적(의도적 · 언어적) 대 암묵적(자동적 · 직관적 · 비음성언어적)
- 외부 초점(관찰 가능한 행동) 대 내부 초점(정신 상태)
- 사고 대 감정
- 현재 대 과거 및 미래
- 좁은(현재의 상태) 대 넓은(자서전적)

당신이 느끼는 것을 학습하게 되는 과정을 생각해 보라. 이런 과정은 생애 첫해에 시작된다. Fonagy와 동료들(2002)은 유아의 정서 상태를 다양한 방식으로 반영해 주는(mirroring) 양육자의 도움으로 유아가 자신의 감정을 인식하게 된다고 하였다. 양육자는 유아의 정서 상태를 반영해 주기만 하는 단순한 거울은 아니다. 즉, 울고 있는 유아의 어머니가 유아와 마찬가지로 힘껏 우는 것은 유아에게 도움이 되지 않을 것이다. 그런 식으로 유아는 진정되지 않는다. 오히려 어머니는 유아가 어떻게 느끼는지 이해하고 공감하고 있다는 것을 유아에게 보여 준다. 즉, 어머니는 자비심과 돌봄을 자신의 슬픔을 표현하는 방식과 통합하여 가라앉히는 목소리로 유아를 진정시킨다. 이는 결국 그녀가 유아의 정서를 유아에게 표현하는 것이다. 마찬가지로, 유아가 좌절되면 어머니는 유아에게 그녀의 좌절을 표현하는 것이 아니라 동감의 태도를 갖고 유아의 좌절을 모방한다. 어머니는 자신이 느끼는 것이 아니라 유아가 느끼는 것을 표현해 준다. 이 과정에서 유아는 자신이 무엇을 느끼는지를 알게 된다. 이런 정서 학습 과정은 이후의 더 세련된 정신화하기 능력을 발달시키기 위한 토대가 되며, 궁극적으로 정신화하기는 한 사람이 감정들을 명명하고, 그 감정들이 생긴 이유를 이해하며, 자서전적인 묘사로 진술하는 것을 가능하게 한다.

내가 성인기에 대한 절에서 언급한 것처럼, Main과 동료들(1985)은 부모의 성인 애착 면접에서 평가된 애착 분류와 그들의 유아의 낯선 상황에서 평가된 애착 분류 간에 일치성이 있다는 결과를 제시하였다. 이 연구를 확장하여 Fonagy와 동료들(1991a)은 특출한 연구를 수행하였다. 그들은 성인 애착 면접을 첫 아이를 임신한 산모들에게 시행하였고, 그런 다음 유아가 태어나 12개월이 되었을 때 어머니-유아 상호작용을 실험실에서 관찰하였다. 그들은 출산 전 평가된 엄마의 애착 분류와 출산 후 평가된 유아의 애착 분류 사이에 의미 있는 일치성이 있다는 결과를 제시하였다. 그들은 이 연구 결과가 아버지를 대상으로 반복된다는 것을 확인하였다(Steele et al., 1996). 아이가 태어나기 전에 부모가 애착에 대해 이야기하였던 방식이 아이가 태어난 뒤 1년이 지나 실험실에서 유아가 부모와 어떻게 상호작용할지를 예측한 것이다.

부모의 애착 안정감이 어떻게 유아의 애착 안정감에 이르게 될까? 비록 연구를 수행하는 것이 복잡하고 고되었으나 발달 원리는 간단한다. 즉, 정신화하기가 정신화하기를 낳는다. 예를 들어, Fonagy와 동료들(1991b)은 성인 애착 면접에서 관찰된 부모의 정신화하기가 유아의 애착 안정감의 강력한 예측 변인임을 보여 주었다. 이 결과는 부모들이 자신들의 과거 애착 경험에 정신화하기를 잘할수록(예: 일관성 있고 정서가 표현되는 방식으로 성찰하기) 그들의 유아의 애착 욕구와 정서에 정신화하기를 더 잘할 것 같다고 생각하면 의미가 있다. 이후의 연구는 이런 추정이 옳음을 지지하였다. 안정 애착의 부모는 유아에게 정신화하기 능력을 보여 주었다. 안정 애착의 부모는 Elizabeth Meins(Meins et al., 2006)가 **마음을 잘 이해하는 말**(mind-minded commentary)이라고 부르는 것을 사용하여 유아의 행동에 관여한다. 즉, 마음에서 우러나서 유아가 생각하고 느끼며 바라는 것을 유아에게 말해 준다. 안정 애착의 부모는 또한 유아의 감정, 바람(desires), 욕구에 조율되고 주의를 기울이는 방식으로 유아에게 말한다(Slade et al., 2005). 자연스럽게 직관적으로 부모가 정신화하기 반응을 해 줄 것으로 기대하는 유아는 불편할 때 도움을 받기 위해 부모에게 의지할 것이고, 이는 다시 유아가 안정 애착이 되게 한다. 더군다나 이 안정 애착 유아는 아동기에 더 나은 정신화하기 능력을 개발하게 된다. 예를 들어, 그들은 다른 아이가 무엇을 생각하고 느끼고 있는지를 이해할 수 있게 된다.

정신화하기를 안정 애착에 관련시킨 이 연구 결과들은 Ainsworth의 중요한 선도적인 발견, 즉 세심한 반응(Fonagy & Target, 2005)을 실질적으로 개선했다고 볼 수 있다. 이 책의 서문에서 이야기했던 상식적인 이야기를 반복하면, 우리는 유아가 자신의 정서 상태를 조율해 주는 부모의 위안을 추구할 것이라 기대할 수 있다. 그리고 우리는 아동이 말을 걸어오는 타인의 말을 듣는 과정에서 말을 배우듯이, 정신화하기가 이루어지는 상호작용에 참여하는 과정에서 정신화하기를 학습한다는 사실에 놀랄 필요가 없다.

알아차리기와 정신화하기를 통합하기

알아차리기와 정신화하기가 너무 다양한 전통에 뿌리를 두고 있다는 것을 고려하면, 두 개념이 상당한 정도의 공통점을 갖고 있다고 생각한다. 알아차리기는 불교, 철학, 윤리학에 뿌리를 두고 있는 한편, 정신화하기는 정신분석, 발달심리에 뿌리를 두고 있다. 알아차리기와 정신화하기에 대한 연구는 고통을 줄이려는 동기에서 시작되었다([그림 1-2] 참조). 그리하여 각자는 상담에서 자리를 잡았다. 나는 정신 상태를 알아차리려는 주의 집중을 사용하지 않는 상담방법을 상상할 수 없다. 더군다나 알아차리기와 정신화하기는, 1) 정신 상태에 호기심을 갖는 태도와, 2) 경험을 수용하는 태도를 포함한다. 요약하면, 알아차리기, 정신화하기, 수용하기는 세심한 반응의 전형이다. 세 가지 모두는 부모-아동 관계, 우정, 애정 관계, 공통요인상담의 필수 요소이다.

그렇지만 정신화하기와 알아차리기는 동의어가 아니다. 이 두 개념은 다섯 가지 측면에서 차이가 있다. 첫째, 알아차리기는 정신 상태에 국한되지 않는다(예: 당신은 꽃을 알아차릴 수 있고, 당신의 호흡을 알아차릴 수 있다). 반면에 정신화하기는 마음을 알아차리는 것으로 정의된다. 둘째, 정신화하기는 두 가지 의미에서 알아차리기보다 더욱 사회관계적이다. 즉, 정신화하기는 자기의 정신 상태뿐 아니라 타인의 정신 상태에 주의를 기울이는 것을 포함한다. 더욱 근본적으로 정신화하기가 대인 상호작용의 맥락에서 물

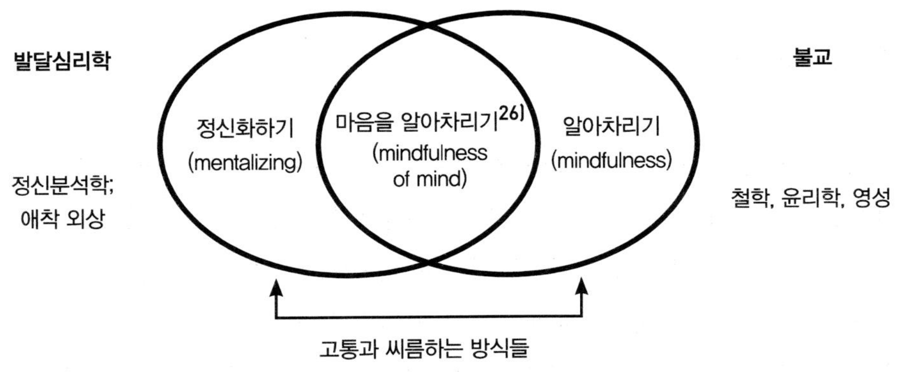

그림 1-2 정신화하기와 알아차리기의 공통점

려받은 것임을 고려하면, 그것은 사회적인 성격을 갖고 있다. 셋째, 정신화하기의 사회적 본질[27]에 대한 우리의 이해는 발달 연구에 기원을 두고 있다. 발달 연구 덕분에 우리는 지금 마음 알아차리기가 어떻게 싹텄는지, 우리가 어떻게 그것의 발달을 향상시킬 수 있는지 이해하게 되었다. 넷째, 알아차리기가 가장 기본적인 주의 집중을 의미한다면 정신화하기는 성찰(reflection)과 묘사(narrative)[28], 즉 정신 상태들에 대한 정교화(elaboration)와 해석을 포함한다. 다섯째, 일상생활에서 알아차리기와 정신화하기를 사용하는 경우에 두 방식의 골자만 사용하는 경우가 아니라면, 알아차리기의 적용에서 윤리적 관점들은 명시적이며, 정신화하기의 적용에서 윤리적 관점들은 암묵적이다.[29]

최종적으로 알아차리기와 정신화하기 문헌 간에 눈에 띄는 불일치가 있다. 불교 전통은 탈애착(nonattachment)을 주장하는 반면에, 정신화하기는 애착을 강조한다. 불교 문헌에서 애착의 의미는 욕심 많은, 매달리는, 소유욕을 내포한다. Shaver와 동료들(2007)의 연구들은 알아차리기가 안정 애착과 관련이 있다는 결과를 제시하였다. 즉, 알아차리기의 수준이 높을수록 불안 수준과 회피 수준이 낮았다. 이 결과는 의미가 있다. 왜냐하면 안정 애착은 감정적 경험을—감정적 경험에 대해 불안해하지 않거나 혹은 감정적 경험을 무시하든 간에—수용하는 것에 기여하기 때문이다. 약간 역설적이지만, 안정 애착 또한 불교 문헌에서 언급되는 탈애착의 측정치들과 긍정적 상관이 있다(Sahdra et al., 2010). 예를 들어, 안정 애착된 사람은 사건에 대해 강박적으로 생각하지 않고 사건을 피하지 않으면서 사건과 경험의 흐름을 수용할 수 있고, 소유욕으로 지장을 많이 받지 않는다는 의미에서 탈애착되어 있다. 그래서 애착에 대한 이 두 가지 관점은 모순이기보다 상호 보완하는 형세를 이룬다.

애착 외상

나는 애착 외상(attachment trauma)을 두 가지 의미로 사용한다. 첫째, 애착 관계에서 발생하는 외상을 언급하기 위해, 둘째, 그런 외상이 안정 애착 관계를 발달시키는 능력에 미치는 역기능적 영향을 언급하기 위해 사용한다. 애착 외상은 **이중 불이익**(dual liability)을 초래한다(Fonagy & Target, 1997). 애착 외상은, 1) 정서적 불편감을 일으키는 동시에, 2) 불편감을 조절할 수 있는 능력의 발달을 약화시킨다. 나는 안정 애착의 관계 속에서 이루어지는 정신화하기가 정서조절의 토대가 된다고 이 장에서 제안한다. 그래서 공통요인상담의 근거를 제공하는 애착 외상에 대한 나의 주요 논지는 다음과 같다.

견디기 어려운 정서 상태에서 오랜 기간 동안 반복해서 심리적으로 홀로 고립되는 경험을 하는 것은 그 기간 동안 정신화하기가 부재하기 때문에 대개 부분적으로 외상이 된다. 처치는 정신화하기에 기여하는 안정 애착의 맥락을 만들어 이전에 견디기 어려웠던 정서 상태들을 경험하고 표현하며, 이해하고 성찰하여, 결과적으로 의미를 구성하고 견딜 수 있게 만드는 것이다.

이 명제를 확실히 하기 위해 상담자들은 외상을 입은 내담자들이 과거뿐 아니라 현재에서 **주목받지 못했다는 느낌**(feeling invisible), 즉 무시되고, 간과되고, 묵살되고, 잘못 이해되고, 경청되지 않고, 눈에 띄지 않았다는 외상의 핵심 경험을 나타내는 모든 방식들에 주의를 기울일 필요가 있다.

애착 외상이 발달에 심각한 역기능적 영향을 준다는 제안과 일치되게(Strathearn, 2011), 나는 방임, 즉 심리적 조율(attunement)의 부족이 애착 외상의 중심에 있다고 간주한다. 이 관점에서 보면 방임은 학대 속에 당연히 존재하고 있다. 정신화하기의 실패, 즉 심리적 비가용성(unavailability)은 정서적 방임의 핵심을 차지한다. 그러나 정신화하기의 실패 그리고 이런 의미의 방임 또한 신체적 · 성적 · 심리적 학대를 포함한 모든 학대의 핵심을 구성한다. 실제로 아동 혹은 성인을 학대하는 것은 '아동 혹은 성인의 경험을 알아차리고 주의를 기울이는' 것을 의미하는 정신화하기와 양립할 수 없다. 정신화하기는 폭력에 제동을 걸고, 정신화하기라는 폭력 제동 장치가 고장 났을 때 폭력이 발생한다(Fonagy, 2004).

애착 외상에 대한 우리의 이해는 낯선 상황 절차에서 관찰된 유아의 이례적 행동에 근거하여 발견된 네 번째 애착 범주에 대한 Main과 동료들(Main & Solomon, 1990)의 인식에 기초한다. Main은 이 이례적인 패턴을 **혼란된**(disorganized) 애착으로 분류하였고, 전형에서 벗어난 이 애착은 학대에서 기원하는 것으로 관찰되었다. 체계가 있는(organized) 애착 패턴(안전, 양가, 회피)에 대한 연구들을 검토한 후, 나는 애착 외상을 이해하기 위한 개념 틀을 형성하였다. 여기서 또한 세대 간 전수 패턴이 나타났다. 즉, 성인 애착 면접에서 분류된 부모의 미해결-혼란(unresolved-disorganized) 애착이 낯선 상황에서 분류된 유아의 혼란된 애착을 예측하였다(Main & Hesse, 1990). 외상은 외상을 낳는다. 이 획기적인 발견이 지난 20여 년간의 연구들을 파생시켰는데, 이 연구들은 애착 외상과 그것의 발달을 우리가 잘 이해할 수 있게 만들었고, 또한 애착 외상의 뿌리는 정신화하기 실패 때문이란 것을 이해하게 하였다.

낯선 상황 절차에서 유아의 혼란

낯선 상황 절차에서 유아를 혼란된 애착으로 분류하려면 관찰자는 주의 깊은 관찰 능력과 경험에 의한 민감성(sensitivity)을 갖고 있어야 한다. 왜냐하면 혼란된 행동(disorganized behavior)은 나타났다가 금방 사라지기 때문이다. 어쩌면 10에서 30초 사이에 한꺼번에 나타났다가 사라진다(Main et al., 2005). 그리하여 혼란된 애착 분류는 체계가 있는 세 가지 패턴(즉, 안전, 양가, 회피)을 대체하기보다 공통된 부분을 많이 갖고 있다. 혼란된 행동이 나타나는 시간이 짧고 그 행태가 미묘함에도 불구하고, 혼란을 나타내는 지표들은 발달 과정에 문제가 발생할 것이란 전조가 되며, 어쩌면 성인기 심리장애로 확장될 수 있다.

혼란된 행동은 의도 혹은 목적이 분명하지 않아 설명하기 쉽지 않다. Main과 동료들은 이 혼란스러운 행동 패턴이 나타나는 이유가, 유아가 해결할 수 없는 갈등(irresolvable conflict)을 겪고 있기 때문임을 깨달았다. 즉, 가장 분명한 예를 들면, 학대를 하는 애착인물은 무섭다. 그 두려움을 줄이려는 유아의 1차 전략인 근접성 추구는 그 두려움을 악화시킬 뿐이다. 그래서 Main은 혼란된 애착이 **해결되지 않는 무서움**에서 기인하는 것으로 이해한다. 고통스러운 사례를 제시해 보면 다음과 같다. 낯선 상황 절차에서 엄마가 방을 떠날 때 유아는 그녀를 따라 뛰어가며, 엄마를 향해 소리를 지르며 문을 두드린다. 엄마가 돌아올 때 유아는 무서워하며 방의 반대쪽으로 달려간다. 유아가 매우 고통스러워하는데도 둘 사이에는 재회도 없고 위로도 없다. 혼란된 행동의 다른 예를 들어 보면, 엄마가 돌아올 때 반갑게 인사를 한 뒤에는 얼어붙은 멍한 표정을 짓는 것, 부모에게 매달리면서 한편으로는 고개를 홱 다른 쪽으로 제치고 부모와 시선 응시를 피하는 것, 로봇 같은 움직임, 놀란 표정으로 고개를 홱 돌리기와 같이 부모를 무서워하는 표현, 목적 없는 배회, 놀이가 만족스럽지 않을 경우 갑자기 무서움이나 분노를 분출하기, 오래 지속되는 최면에 걸린 것 같은 상태 등이 있다.

특히 이 관찰들 중에 일부는 흔한 외상 관련 증상인 해리 상태들(dissociative states)이 유아기에 뿌리를 두고 있다는 것을 제안한다. 그래서 나는 다음 장에서 해리를 자세히 논의하기 전에 이 장에서 우선 간단히 살펴본다. 간단하게 말하면 해리는, 1) 의식에서 나타나는 크고 작은 **변화들**(alterations, 예: 이탈된, 멍한, 최면에 걸린 것 같은 상태), 혹은 2) 의식의 갑작스러운 **교체들**(alternations, 예: 모순되고 겉으로 보기에 구획화된 행동 상태들, 평온하다가 갑자기 무서워하는 상태로 교체되는 것)이다. 의식의 변화들과 교체들 둘 중 어떤 형태든, 고통스러운 경험은 일상의 의식과 단절되거나 분리되어 있다는 의미에서 해리를 나타낸다.

부적절한 보살핌(disabled caregiving)과 유아의 혼란

유아의 혼란(disorganization)은 관계 특이성을 갖고 있다. 유아는 한 부모 이상에게 혼란된 행동을 거의 보이지 않는다(Lyons-Ruth & Jacobvitz, 2008). 다수의 연구에 의하면 혼란은 학대와 관련이 있다(van IJzendoorn et al., 1999). 예를 들어, Sroufe와 동료들의 세심한 종단연구(Carson, 1998)에서 혼란은 신체 학대(예: 체벌, 심한 상처를 입히는 부모의 분노 폭발), 심리적인 비가용성(예: 부모의 비반응 혹은 무시함), 방임(예: 신체 돌봄 혹은 보호를 제공하는 것의 실패)과 관계가 있었다.

명백하게 학대는 유아에게 고통스럽지만 해결할 수 없는 무서움을 겪게 하는 전형적 예이다. 그러나 Main과 동료들의 연구(2005)는 또한 혼란된 애착에 기여하는 더 많은 미묘한 요인이 있다는 결과를 제시하였다. 실제로 지금 분명한 것은 노골적인 학대를 넘어 부모의 많은 행동이 유아의 혼란에 영향을 끼친다는 것이다. 즉, 부모는 직접적으로 아이가 **무서워하게 만들고** 있거나(예: 학대하는) 혹은 부모 자신이 **무서워하고**(frightened) 있을 수 있다(예: 부모 자신이 외상을 입은 상태에 있는). 어떤 쪽이든 부모는 심리적으로 가용하지 않다. 관련된 맥락에서 Karlen Lyons-Ruth와 동료들(2005)은 유아 혼란에 기여하는 두 가지 조율 실패 패턴으로, 1) 적대적인 침해와, 2) 무기력한 철회를 발견하였다. Lyons-Ruth(Lyons-Ruth & Jacobvitz, 2008)는 더욱 일반적으로 유아의 혼란이 **붕괴된 정서적 의사소통**과 관계가 있다고 보았다. 이런 의사소통은 다양한 방식으로 나타난다. 예를 들어, 부정적인 침해 행동(예: 유아를 비웃기), 철회(예: 침묵), 의사소통의 오류(예: 친밀감을 격려하는 한편, 신체적 접촉을 하지 않는 모순된 단서를 제공하는 것), 어리둥절하게 만들기(disorientation, 예: 특별하고 당황하게 만드는 목소리의 변화). 중요한 발견은 직접 학대를 하거나 무섭게 하는 행동이 부재할 때조차 붕괴된 정서적 의사소통을 나타내는 신호들이 유아의 혼란을 예측한다는 것이다. 이것은 애착 외상이 관계가 접착되지 않게 한다는 것을 앞서 언급하였을 때 내가 마음에 두었던 것이다.

내가 검토한 어떤 다른 연구보다 Beatrice Beebe와 동료들(2010)의 엄마-유아 상호작용 연구는 애착 외상에서 심리적 단절의 중요한 역할을 강조한다. 그녀의 연구를 찬찬히 읽으면 우리는 고통 상태에서 심리적으로 홀로되는 것이 애착 외상의 핵심이라는 나의 기본 명제를 명심하게 된다. Beebe는 엄마-유아 상호작용을 150초 동안 자유놀이 상황에서 초 단위로 기록하였다. 이 상호작용은 유아들이 4개월일 때 기록되었고, 기록된 자료들은 이후 12개월에 시행된 유아의 낯선 상황 절차에서 분류된 애착 유형과 유의한 관련이 있었다. 엄마의 정서조율 부족이 애착 혼란을 예측하는 상호작용의 특징이었다. 유아들이 불편감을 보일 때 조율에 실패한 어머니는 눈길을 돌렸고, 표정에 반응이 부족하며, 혹은 유아의 정서에 일치하지 않는 정서를 보였다(예: 유아가 우는데 웃기). 유아의 정서에 조율하지 못하는 것 외에 이 엄마들은 유아의 공간 영역을 침범하는 행동을 하거나 예측 불가능하게 불쑥 나타나는 행동을 하였다. 이후에 설명하겠지만 우리가 혼란 애착의 역기능적인 함의들을 생각할 때, 유아의 불편감에 대한 조율 실패가 잠재적으로 외상이 된다고 간주하는 것은 과장이 아니다. 이 결과의 중요성을 생각하면서 우리는 어머니들이 유아에게 주의를 기울이도록 지시를 받고(즉, 유아들과 놀이를 하라는) 관찰되었을 때, 그 간단한 실험실 상호작용에서 조율 실패가 분명히 나타났다는 것을 명심하여야 한다. 아마도 실험실에서 일어난 그 예들은 아동의 일상 환경에서 더 전반적으로 관찰되는 조율 실패 혹은 심리적 비가용성의 징표라고 볼 수 있다.

최근 연구 결과들과 일치되게 Judith Solomon과 Carol George(2011)는 유아의 혼란이 부적절한 돌봄 체계에서 기인하는 것으로 간주하였는데, 여기에는 돌봄을 포기하게 만드는 양육자의 무력감도 포함된다. 그들은 혼란된 유아의 어머니들이 유아의 불편감을 정서적으로 조율해서 위로를 제공하는 능력을 손상시키는 부적절한 감정의 늪에 빠져 압도당하고 있는 것으로 기술한다. 게다가 유사한 결과로 보살핌은 자주 나타나는 감정적 압박감(예: 심각한 우울 혹은 정서적 무심함과 함께 발생할 수 있는 것처럼)에 의해 문제가 발생한다. 나는 이 장의 초반부에서 보살핌의 환경적 맥락의 중요성을 논의하였다("환경이 보살핌에 미치는 영향력"이란 절을 보라). 그것이 여기서 간과되어서는 안 된다. Solomon과 George가 주장한 것처럼 돌봄을 포기하는 것은 돌봄 체계에 대한 공격과 관계가 있는데, 그런 공격에는 이전에 아이를 출산 후 상실한 것, 부모의 심리적 어려움, 물질남용, 이혼, 폭력적인 환경에서 사는 것(예: 테러와 전쟁 지역의 한가운데에 사는 것) 등이 포함된다.

특히 혼란된 애착은 "유아의 유전 요인이 애착 행동에서 제한된 역할을 할 뿐이다." 라는 규칙에 예외 상황인 것처럼 보인다(Spangler, 2011). 유전 요인은 보살핌 환경과 상호작용하여 혼란 애착에 영향력을 발휘한다. 즉, 일부 유전적 변이들[30)]은 비반응적인 돌봄과 조합되어 위험 요인이 되는 것으로 보인다. 역으로, 다른 유전 요인들[31)]은 보호 요인으로 간주된다. 예를 들면, 이 보호 요인으로 작용하는 유전 요인은 비반응적 돌봄에 직면해서 혼란 애착이 될 위험을 낮춘다. 게다가 돌봄에 대한 폭넓은 발달적 맥락이 고려될 필요가 있다. 다음에 논의되는 것처럼 부모가 겪은 과거의 외상과 상실 경험이 세대 간 과정에서 유아의 혼란 애착에 기여할 수 있다.

성인기 혼란 애착

유아가 낯선 상황 절차에서 보였던 혼란된 행동과 유사하게 성인 애착 면접(Hesse, 2008)에서 부모의 혼란된 사고(disorganized thinking)가 자명하게 나타난다. 안정 애착이 면접에서 일관되게 묘사하는(narrative coherence) 특징을 보이는 것처럼 혼란된 애착은 비일관되게 묘사하는(narrative incoherence) 특징을 보인다. 그러한 혼란은 유아의 부모들이 과거에 경험한 애착 외상 및 상실을 생각해서 이야기하도록 요청할 때 일어날 수 있다. 일관성에서 이탈할 경우 간단한 해리 상태(dissociative states)의 형태를 취한다. 예를 들면, 일관성에서 이탈하는 부모들은 순간적으로 과거 경험에서 이탈하거나(detached) 혹은 그 경험에 대해 혼란스러워하며(disorganized), 아마도 과거 경험을 잊어버린 것처럼 보인다. 이와 같은 면접들은 미해결-혼란된(unresolved-disorganized)(즉, 과거의 외상 혹은 상실을 해결하지 못한) 것으로 부호화된다. 몇 개의 일관성이 부족한 문장만으로 연구자들은 그 면접을 미해결-혼란된으로 부호화할 수 있다. 그래서 유아 애착 분류처럼 혼란된 애착 분류는 가장 적합할 수 있는 체계가 있는 애착 분류(즉, 안정, 집착, 혹은 무시)명과 함께 기록된다. 대안적으로 일부 부모의 면접은 모순되는 패턴들이 섞여 있다는 것(예: 무시 및 집착)에 근거하여, 혹은 면접들을 상대적으로 이해하기 어렵게 만드는 너무 많은 비일관성에 근거하여 애착을 "분류할 수 없다(cannot classfy)."로 기록되기도 한다. 미해결-혼란된 분류와 마찬가지로 애착 패턴을 분류할 수 없다는 면접 결과는 이 부모들의 유아가 혼란 애착일 것을 예측한다.

많은 연구들은 성인 애착 면접에서 나타난 부모들의 미해결된 외상 및 상실과 낯선 상황 절차에서 분류된 유아의 혼란 애착 사이에 유의한 관계가 있다는 것을 보여 주었다(van IJzendoorn et al., 1999). 막 언급한 것처럼 이 부모들의 면접은 일관성 있는 묘사(narrative coherence)가 순간적으로 혼란으로 바뀌는지에 근거하여 부호화된다. 그러나 Lyons-Ruth와 동료들(Melnick et al., 2008)은 또한 유아의 혼란 애착을 예측해 주는 성인 애착 면접에서 나타나는 혼란을 상징하는 많은 단서들을 발견하였다. 다시 말해, 외상 및 상실 이야기 외에서 나타나는 혼란을 상징하는 단서들을 발견하였다. 낯선 상황 절차에서 관찰되는 적대적-무기력한 부모 행동은 그 상황에서 관찰된 유아의 혼란 애착과 관계가 있었다. 이 연구자들은 성인 애착 면접에서 애착과 관련된 적대적-무기력한 마음 상태들 또한 낯선 상황 절차에서 유아 혼란 애착과 관계가 있다는 것을 보여주었다. 이 적대적-무기력한 마음의 상태들은 적대적 혹은 무기력한 아동기 애착인물을 동일시한 것을 반영하는 것으로, 이런 동일시는 과거에 경험한 외상적 애착 관계들에 그 뿌리가 있다. 예를 들어, 적대적-무기력한 마음 상태의 하위 유형으로서, 첫째, 적대적인 사람들은 자신들을 공포에 떨게 한 부모처럼 자신들이 행동한다고 말할 수 있다. 둘째, 하위 유형으로서 무기력한 사람들은 돌보는 역할을 제대로 하지 않았던 부모를 동일시해서 돌보는 데 수동적이거나 돌보는 것을 두려워할 것 같다.

이 모든 결과들은 서로 연결되어 있다. 성인 애착 면접에서 관찰된 부모들의 적대적-무기력한 자세들은 낯선 상황 절차에서 자신들의 유아들과 가진 적대적-무기력한 상호작용과 유의한 관계가 있다. 다시 이 적대적-무기력한 상호작용은 유아의 혼란된 행동들과 유의하게 관련되어 있다. 이 전형적인 세대 간 전수로 나타나는 미해결-혼란된 애착은 〈표 1-7〉과 같이 요약될 수 있다. 아마도 이 적대적-무기력한 상태들이

〈표 1-7〉 발달 경로의 전형: 미해결-혼란 애착

부모의 아동기 애착에 대한 이야기	미해결된 외상 혹은 상실 경험을 갖고 있는, 주의 집중에서 순간적으로 이탈을 하는, 해리된 상태들 혹은 의식 상태의 변화를 보이는, 비일관적인, 분류할 수 없는 애착 상태
부모의 유아에 대한 행동	아이를 무섭게 만들거나 부모 자신이 무서워하고 있는 행동, 해리된 상태들, 적대적인 침해 또는 두렵게 만드는 철회, 유아의 불편감을 감당하기 어려워하는, 장애가 있는 의사소통, 역할 혼란, 문제가 있는 보살핌 또는 돌봄의 포기
유아의 부모에 대한 행동	해결되지 않는 무서움, 두려움, 최면 상태같이 해리된 상태, 혼란(disorientation), 매우 모순된 행동
발달 결과들	아동기에 부모를 처벌하거나 돌보는 방식으로 부모를 통제, 성인기에 계속되는 혼란 애착을 보이거나 혹은 해리 및 다른 심리장애들에 취약

상담면접과 실험실 관찰에서 자명하더라도, 그들은 또한 일상의 생활 환경에서도 발생하며, 어쩌면 정서적인 지지와 안정 애착에 필요한 조율과 의사소통을 망가뜨린다.

혼란된 애착의 손상된 정신화하기 능력

정신화하기에 대한 당신의 적절한 이해와 더불어, 나는 당신이 부모와 유아의 혼란된 애착에 대한 연구들을 읽는 한편, 그 연구들에서 알게 된 단편적 사실들에서 결론을 도출할 수 있기를 희망한다. 결론을 말하자면, 애착 분류가 혼란 애착인 유아의 부모가 성인 애착 면접에서 보인 이야기가 일관성 없이 혼란스러운 것은 그들의 정신화하기 능력이 손상되었다는 증거로 간주될 수 있다(Fonagy et al., 1991b). 미해결-혼란 애착으로 분류된 부모의 경우에, 면접이 과거에 경험한 애착 외상 혹은 상실을 상기시킬 때 그들의 정신화하기 능력은 위협받는다. '분류할 수 없다'는 범주에 속한 부모들의 경우에, 그들이 과거 애착 경험에 일관성 있는 이미지를 제시할 수 없는 한 정신화하기 능력은 면접 시간 내내 위협받는다. 마찬가지로 면접 시간 내내 적대적이고-무기력한 마음 상태는 손상된 정신화하기 능력을 보여 주는 전형이다. 이 모든 경우에서 상기된 애착과 관련된 기억들과 감정들은 정신화하기를 실패하게 만든다.

부모 면접에서 발생하는 것과 상응되게, 낯선 상황 절차에서 표현된 유아의 애착 욕구들은 부모에게 불편감(예: 방임 혹은 학대와 같은 애착 외상을 상기시키는 극단적인 기억들)을 불러일으키기 쉽다. 그래서 과거 외상과 관련된 기억과 감정을 불러일으키는 그런 상호작용은 부모의 정신화하기의 기반을 약화시켜 아동의 불편감에 조율하는 데 실패하게 만들 수 있다. 그런 조율 실패는 부모가 아이를 놀라게 하거나 혹은 부모 자신이 무서워하는 행동, 적대적이거나 무기력한 행동, 더 넓게는 적절치 못한 정서적 의사소통으로 나타난다. Beebe와 동료들(2010)이 보여 주었던 것처럼, 극명한 조율 실패의 한 형태로 부모들은 유아의 불편감이 아닌 다른 곳에 주의를 기울일 수 있다. 모든 그런 행동은 마음으로 유아의 마음을 알아차리며 수용하는 방식과 반대된다.

연구들은 내가 방금 요약하여 제시한 추론들을 지지한다. 예를 들어, Arietta Slade와 동료들(2005)은 90분간 실시되는 부모 발달 면접(Parent Development Interview)을 사용하여 부모가 자신의 유아에게 정신화하기 능력을 발휘하는 정도를 직접 평가하였다. 부모 발달 면접은 유아에 대한 엄마의 지각, 엄마가 유아에게서 분리되는 것에서 겪는 경험, 부모로서 자신이 어떤지에 대한 견해, 엄마의 양육 방식이 엄마 자신의 부모에게 영향을 받은 방식에 대한 이해 정도를 평가한다. 예상되는 바와 같이 연구자들은 부모의 미해결되고-혼란된 애착이 부모 발달 면접에서 평가된 부모의 유아에 대한 빈약한 정신화하기 능력과 관계가 있고, 다시 부모의 빈약한 정신화하기 능력은 낯선 상황 절차에서 평가된 유아의 혼란된 애착과 관계가 있다는 결과를 제시하였다. 더군다나 부모 발달 면접에서 나타난 엄마의 빈약한 정신화하기 능력은 낯선 상황 절차에서 나타난 부모-유아 사이의 붕괴된 의사소통(disrupted parent-infant communication)과 관계가 있었고, 붕괴된 의사소통은 유아의 혼란된 애착과 관계가 있었다(Grienenberger et al., 2005).

혼란된 애착은 두 가지 부정적 결과에 이를 수 있다. 첫째, 유아는 마음의 고통을 느낄 때 위로를 구할 수 없어 정서조절을 실패하는 경험을 반복한다. 유아는 한숨 돌릴 겨를 없이 마음의 고통을 경험하게 된다. 둘째, 사람들은 타인이 제공하는 정신화하기를 받아 보는 경험으로 정신화하기를 학습하기 때문에, 혼란된 애착을 보이는 유아의 정신화하기 능력의 발달은 위태롭게 된다. 정신화하기가 정신화하기를 낳는 것처럼, 정신화하기 실패는 정신화하기 실패를 낳는다. 이에 부응해서 Fonagy와 동료들(2007)은 아동들이 과거에 애착 외상을 경험하고, 정신화하기에 결함이 있을 경우 어떤 문제가 생기는지를 살핀 연구들을 검토하였다. 그 결과에 의하면 그 아동들은 타인이 무엇을 생각하고 느끼는지를 이해하는 것을 어려워하였다. 그 아동들은 정신 상태를 말하는 능력에 결함이 있었고, 정서들을 이해하는 것을 어려워하였다. 그 아동들은 또한 다른 아동들 마음의 고통에 공감하는 것에 실패하였고, 마음의 고통을 조절하는 데 실패하였다. 이와 같이 정신화하기에 결함이 있는 아동들은 부모, 형제, 또래, 교사 등 여러 관계에서 문제를 겪었다.

이 연구는 이 절의 첫 부분에서 내가 언급하였던 초기 외상과 관계된 두 가지 골칫거리를 보여 준다. 외상은 마음의 고통을 불러일으키고, 마음의 고통을 조절할 수 있는 능력이 발달하는 것을 약화시킨다. 아동들은 정신화하기가 이루어지는 상호작용을 통해 마음의 고통을 조절하는 것을 학습한다. 더군다나 아동들은 정신화하기가 이루어지는 상호작용을 통해 그들이 무엇을 느끼고 있는지를 식별하는 것을 학습하고, 타인의 도움과 자신의 노력으로 감정들을 조절할 수 있는 준비를 하게 된다. 정신화하기 능력이 없는 아동들은 마음의 고통을 조절하는 것에 무기력해질 수 있다. 우리는 결함이 있는 정신화하기 능력이 대인 관계 갈등을 일으키고, 대인 관계 갈등이 마음의 고통을 일으키고, 결함이 있는 정서조절이 마음의 고통과 갈등을 고조시키는 악순환의 구조를 쉽게 상상할 수 있다.

정신화하기가 결여된 경험 양식

Fonagy와 동료들(2002)은 장래의 발달 과정에서 겪을 수 있는 역경의 뿌리가 되는 애착 외상에서 기인하는 정신화하기가 결여된 세 가지 주요 경험 양식을 설명하였다. 나는 뒷부분에서 정신장애들을 논의할 때 이 세 가지 양식들을 다시 언급할 것이다.

마음-현실 일치(psychic euqivalence) 양식은 정신화하기가 가장 근본적으로 실패한 경험 양식의 예이다. 이는 자신의 마음 상태가 곧 현실이라고 여기는 것이다. 몽상(dreaming)이 마음-현실 일치 양식을 보여 주는 원형이다. 몽상하는 사람은 몽상 사건들이 현실에서 일어나고 있다고 믿는다. 외상 당시에 관한 기억이 현재의 현실인 것처럼 경험되는 외상 사건의 회상(flashback) 또한 마음-현실 일치 양식의 현상이다. 한 내담자는 외상 사건의 회상을 '악몽'으로 기술했다. 편집성의 망상들(paranoid delusions) 또한 마음-현실 일치를 반영하는 현상이다. 망상을 가진 사람은 그의 신념을 사실이라고 믿으며, 자신이 틀릴 수 있다는 것을 고려하지 않는다. 그는 사람들이 실제로 자신을 해치기 위한 음모를 꾸미고 있다고 확신한다. 마음-현실 일치 양식을 이해하는 것은 한 사람이 정신화하기를 이해하는 데 도움이 된다. 정신화하기와 알아차리기의 가장 중요한 부분은 마음 상태와 현실 사이에 차이가 있다는 것을 알아차리는 것이다. 신념은 잘못되었을 수 있고, 감정은 부적절할 수 있다. 정신화하기는 외상을 겪은 뒤에 경험하는 외상 사건의 회상에 대처하는 데 기본이 된다. 외상 후 스트레스 장애를 겪는 사람들은 그들이 외상 사건을 다시 체험하고 있는 것이 아니라 외상 사건의 기억을 떠올리고 있다는 것을 인식하는 것을 배우게 되면 좋다.

가장 양식(pretend mode)은 '마음-현실 일치' 양식과 반대된다. 가장 양식은 마음 상태가 현실이라고 여기기보다, 마음 상태가 현실과 너무 많이 단절된 경우를 말한다. 흔히 애착 외상과 관계된 해리 이탈된 상태들(detached states)은 가장 양식의 속성을 갖고 있다. 극단적으로 이 상태들은 비현실감(feelings of unreality: 즉, 한 사람이 자신을 연극배우인 것처럼 느끼는 것)으로 나타난다. 가장 양식은 사고와 감정 사이의 단절의 형태로 가장 흔히 나타난다. 가장 양식의 대화는 감정의 무게(emotional weight) 혹은 신념을 제대로 전달하지 못한다. 그래서 가장 양식의 기능은 상담을 망치게 만든다. 예를 들어, 가장 양식은 진지한 상담이 이루어지지 않았는데도 상담자와 내담자가 협력하고 있다는 착각을 일으키게 만든다. 또한 가장 양식은 상투적인 문구 혹은 전문 상담 용어로 대화를 하면서 상담이 잘 진행되고 있다고 착각하는 것이다.

목적 양식(teleological mode)에서는 행위가 사고와 감정을 대체한다. 즉, 목적 지향의 행동(goal-directed behavior)이 마음 상태를 경험하고 표현하는 것을 대신한다. 따라서 충동과 정서는 빠르게 행동을 도출한다. 목적 양식을 사용하여 경험하는 사람들은 사실상 숙고, 성찰, 혹은 정서 알아차리기와 같은 방법은 아예 건너뛴다. 목적 양식으로 경험하는 사람은 강한 정서적 고통에 대해 정신화하기를 시도하지 않고, 오히려 물질남용, 자살 의도가 없는 자해, 폭식과 게워 내기, 난잡한 성행위, 자살 시도 등과 같은 행동으로 정서적 고통을 직접 표현한다. 나와 함께 일하고 있는 박사과정생인 Maria Holden은 목적 양식의 문제 행동은 **멈춤 버튼**(pause button)을 필요로 한다고 제안하였다. 이 말은 곧 정신화하기가 필요하다는 것을 비유적으로 간단히 말한 것이다(Allen 2001).

혼란 애착이 발달에 끼치는 영향

조직화된 애착 패턴처럼, 종단연구들에서 나타난 혼란된 애착 패턴의 안정성과 변화의 양상은 복잡하다. 전반적으로 유아기에 평가를 해서 1개월에서 5년이 지난 뒤에 재평가를 했을 때 연구자들은 상당한 안정성을 발견하였다(van IKzendoorn et al., 1999). 게다가 장기 종단연구들은 유아기 혼란 애착과 후기 청소년기(Main et al., 2005), 초기 성인기에(Sroufe et al., 2005) 실시된 성인 애착 면접에서 나타난 미해결된 외상 사이에 약간의 연속성이 있다는 결과를 제시한다.

그러나 혼란 애착은 초기 아동기 즈음에 자주 그 형태에 변화가 발생한다. 그 변화를 구체적으로 살펴보면 다음과 같다. Main과 동료들(2005)은 **유아기**[32]에 혼란 애착을 보인 많은 아동들이 **초기 아동기**[33] 즈음에 그들의 부모들과 상호작용하면서 조직화된 **통제하는 패턴**(organized controlling pattern)을 발달시킨다는 것을 발견하였다. 그들의 통제하는 행동은 두 가지 형태 중 한 가지를 취하였다. 일부 아동은 그들의 상호작용에서 **처벌하는 모습**을 보였는데, 그들은 부모에게 자꾸 이래라저래라 하였다(예: "앉아. 말하지 마. 눈을 감아."). 반면, 다른 아동들은 **보살피는 자세**를 취하였는데 세심히 부모를 배려하였다(예: "엄마 피곤해? 앉아 봐. 내가 차 가져다줄게?" 하며 시늉하며 가장함, p. 283) 아동–부모 상호작용에서 유아기에 혼란 애착을 보였던 아동들이 사용하는 이 통제 전략들은 그들이 유아기에 보였던 극도로 불안하고 불안정한 모습과 모순된다. 예를 들어, 이런 패턴을 보이는 아동들은 분리 경험을 평가하는 투사 이야기 검사에 두려운 반응을 나타낸다. 그런 분리 경험의 평가에는 부모 혹은 아동이 부상을 당하는 재앙적인 상상들을 포함하고 있다. 그런데 조직화된 통제하는 패턴에서 이런 두려움이 눈에 띄지 않는다.

Ellen Moss와 동료들(2011)은 통제–처벌하는 아동들은 통제–보살피는 아동들보다 더욱 파괴적 · 공격적으로 행동한다는 것을 발견하였다. 통제–처벌하는 아동들을 양육하기가 더 어렵고, 그들은 학교생활을 잘하지 못했다. 통제–보살피는 아동들의 어머니는 아이의 생애 초기에 어머니 자신의 애착인물을 상실하는 고통을 겪은 경우가 많은데, 이것이 아이가 보살피는 태도를 발달시키는 것과 관련이 있다. 특히 많은 혼란 애착의 유아들이 초기 아동기에 통제하는 전략을 발달시켜도 소수의 유아들만 혼란 애착으로 여전히 남는다. Moss와 동료들은 4살짜리 남자 아동에 대해 기술하였는데, 이 기술은 해리 상태를 시사한다는 점에서 언급할 만한 가치가 있다. 이 남자 아동이 어머니와 잠시 분리되었다가 재회하였을 때 그는 "기이하고, 놀란(frightened), 자기비하의 언급들"을 하였으며, 그때 "그 남자 아동이 한 말들에 대해 어머니가 대답을 하였을 때 기이하고, 놀란, 자기비하의 언급들을 한 대화를 완전히 잊어버린 것처럼 보였다." 또한 그 아동은 "갑작스러운 정서 변화와 이야기를 중단하는 식으로 나타나는 갑작스러운 상태 변화들을 경험하는 것처럼 보였다"(p. 64). 지속적인 혼란을 보이는 이런 아동들은 결혼 관계에 긴장이 매우 많은 가정에서 관찰되는 경향이 있고, 통제–처벌하는 아동들처럼 심각한 행동 문제와 학업 문제들을 나타냈다.

이 결과들이 제안하는 것처럼, 유아기 혼란 애착은 아동기에서 성인기까지 겪는 여러 가지 발달 문제의 전조이다(Lyons-Ruth & Jacobvitz, 2008). 특히 학대(Melnick et al., 2008) 및 여러 가지 가족 역경과 같은 기타 발달 위험 요인들(Deklyen & Greenberg, 2008)과 함께 발생할 때 유아기 혼란 애착은 발달 문제의 전조가 된다. 우려스럽게 유아기 혼란 애착은 이후의 아동기 외상에 대한 반응으로 외상 후 스트레스 장애 증상을 겪게 만들 가능성을 높인다(MacDonald et al., 2005). 발달 단계별 애착과 적응에 대한 Minnesota 종단연구에 의하면, 더욱 일반적으로 유아의 혼란 애착은 17년 1/2세의 전반적(global) 정신병리를 가장 강하게 예측하는 변인이다(Sroufe et al., 2005).[34] 이 연구는 아주 중요한 원리의 전형이다. 즉, 학대와 유아기 혼란 애착은 장래의 여러 가지 장애들을 일으키는 **비특이적 위험 요인**이다.

애착 외상과 관련된 비특이적 위험 요인의 존재를 확인하고자 노력한 연구들에서 성인 애착 면접으로 측정된 성인기 미해결-혼란 애착이 지속되는 것은 성인기의 여러 가지 공존(concurrent) 장애들과 관계가 있었다. 여러 연구에 참여한 4,200명의 자료들과 연구 결과들을 종합한 한 연구는 성인기 혼란 애착과 심리장애를 겪을 가능성 사이에 강한 관계가 있다는 것을 보여 주었다(van Ijzendoorn and Bakermans-Kranenburg, 2008). 내담자가 아닌 청소년 및 성인 참가자들에게 혼란 애착의 비율(각각 16.5%, 15%)은 매우 흔하지는 않았다. 반면, 내담자인 청소년 및 성인 참자가들에게 혼란 애착의 비율(41%)은 높았다. 이 연구는 혼란 애착이 경계선 성격장애, 자살 경향성, 과거의 학대 경험에 관련된 외상 후 스트레스 장애 사이에 매우 강한 관계가 있다는 결과를 제시하였다.

비특이적 위험 요인 원리에 대한 한 가지 흥미로운 예외가 있다.[35] 즉, 멍한, 최면에 걸린 것 같은 상태, 혹은 갑작스럽게 분출되는 모순된 행동들과 같이 낯선 상황에서 관찰되는 혼란 애착 행동의 일부 사례들은 해리의 속성을 갖고 있다는 것이다. 특히 그런 유아 행동은 성인 애착 면접에서 엄마가 보인 해리 상태(예: 한바탕의 혼란과 방향 감각 상실. 예를 들면, 죽은 사람을 마치 아직 살아 있는 것처럼 말하는 것)를 반영하는 것일 수 있다. Minnesota 종단연구의 데이터로 Elizabeth Carlson(1998)은 유아 혼란 애착이 초등학교 및 고등학교에서 나타나는 해리, 자해 행동과 관계가 있다는 것을 발견하였다. 더군다나 유아기 혼란 애착은 후기 청소년기에 면접 및 자기보고 질문지로 평가된 해리장애와 유의하게 관계가 있었다. 이런 결과는 놀랍게도 발달적 연속성(continuity)이 있다는 것을 보여 주는 것이다.

현재 많은 증거들은 유아 혼란 애착이 해리장애와 관련이 있다는 것을 보여 주고 있는데(Dozier et al., 2008), 이 증거들은 Carson의 발견과 일치한다. Lyons-Ruth와 동료들(Melnick et al., 2008)은 애착 외상에 대한 나의 관점에서 가장 중요한 측면, 즉 오랜 기간 손상된 의사소통과 양육자의 세심한 반응의 부족이 노골적인 학대보다 장래의 해리장애를 더 잘 예측할 수 있다는 것을 보여 주었다. 만약 우리가 해리를 단절, 즉 자기 및 타인으로부터의 단절로 생각하는 한편 정신화하기를 타인 및 자기에 대한 애착을 위한 심리적 아교로 생각한다면, 연구 결과들은 다음과 같은 의미를 갖는다. 즉, 단절이 단절을 낳는다. 반복하면, 단절의 느낌 혹은 극단의 경우에 애착인물이 사라져 버리는 것이 애착 외상의 핵심이다. 해리장애는 이 만연한 단절 느낌의 극단적인 예이다.

종합

『경험의 양극(polarities of experience)』이라는 책에서 매우 놀라울 정도로 통합을 추구하는 Sidney Blatt은 내가 이 장에서 검토했던 애착 연구들을 더 폭넓은 관점에서 종합하는 발달적인 틀을 잘 표현하였다. Blatt(2008)은 다음과 같이 말하였다.

> 전 생애에서 모든 사람은 두 가지 근본적인 심리 발달 과제에 직면한다. (a) 상호적이고, 의미 있고, 욕구 충족이 되는 관계를 형성하고 유지하기, (b) 응집력 있고, 현실적이고, 변별되고, 통합된 긍정적 자기지각을 형성하고 유지하기⋯ 가장 근본적인 이 두 가지 심리 차원, 즉 **관계맺기**와 **자기정의**(relatedness and self-definition)의 발달적 조합은 성격 발달, 성격 구조(organization), 정신병리, 상담의 변화 기제라는 개념들을 통일된 모델(unified model)로 통합하는 것을 촉진하는 종합적인 이론적 틀을 제공한다.

나는 Blatt(2008)의 관계맺기와 자기정의 개념과 Bowlby 및 Ainsworth의 안식처와 안전기지 개념 사이에 일치점이 있다는 것에 매력을 느낀다. 다시 말하면 안식처가 탐색을 위한 안전기지를 제공한다는 명제에서 Bowlby와 Ainsworth는 어떻게 관계맺기가 자기정의를 촉진하는지를 보여 주었다. 유사하게 아동들은 자신들이 느끼고 있는 것을 중요한 타인이 제공하는 복잡한 반영 과정(mirroring)을 통해 배운다는 것을 보여 준 Fonagy와 동료들도(2002) 어떻게 관계맺기가 자기정의를 증진시키는지 보여 준 것이다. 정반대로 Blatt은 자기정의가 관계맺기를 증진시키며, 관계는 두 사람의 개성 혹은 자기정의가 조화를 이룰 때 맺어진다고 하였다. 유아기에 나타나기 시작하는 관계맺기와 자기정의는 관계에 참여하기(engagement), 이탈하기(disengagement), 즉 함께하기(being together)와 자기 자신이 되기(being on one's own)의 패턴을 번갈아 오감으로써 형성된다.

내 생각에 안정 애착 관계들은 아코디언과 같은 속성을 갖고 있다. 즉, 우리는 친밀함과 거리두기 사이를 번갈아 오가며 연결된 상태를 유지한다. 자기를 알아차리고 타인을 알아차리는 것을 뜻하는 우리의 정신화하기 능력은 우리가 분리되었다는 느낌을 유지하는 한편 관계되어 있다는 느낌을 유지한다(즉, 우리가 마음으로 마음을 아는 것처럼). 우리가 애착을 과학과 윤리학이라는 두 개의 렌즈로 생각하는 것이 좋다는 것을 알아차린 뉴질랜드 출신 철학자 Christine Swanton(2003)이 쓴 『덕 윤리학(Virtue Ethics)』이라는 책에 나는 마음이 사로잡혔다. Swanton은 19세기 독일 철학자 Immanuel Kant가 두 개의 큰 도덕적인 힘(moral forces)을 사랑과 존중으로 구별한다고 말하였다. Kant는 사랑은 가까워지는 것(coming close)으로 보았는데, 이 말에는 놀랄 만한 게 없다. 다소 직관적으로 Kant는 존중은 거리를 유지하는 것(maintaining distance)으로 보았다. 그래서 존중은 타인에게 공간 및 자율성을 제공한다는 의미에서 거리를 유지하는 것을 의미한다. 존중하지 않는 것은 통제하고 소유하며, 침해하고 비하하는 것으로 나타난다. Kant는 좋은 관계는 이 두 가지 도덕적 힘이 균형을 유지한다고 주장하였다. 사랑과 존중은 서로를 유지한다. 관계의 안전기지는 자율성(autonomy)을 지지하고, 자율성을 인정하는 것은 건강한 관계를 유지하는 데 중요하다. 애착이론이 보여 주는 것처럼 양가 애착에서 나타나는 소유하기와 회피 애착에서 나타나는 지나친 거리두기는 관계의 기반을 약화시킨다. 명백하게 이런 관점에서 보면 가장 극단적인 형태의 방임과 학대라는 애착 외상은 가장 두드러지고, 너무나 흔한 도덕적 실패(moral failures)인 것이다. 즉, 방임은 사랑의 실패이고, 학대는 존중의 실패이다.

안정 애착이 관계맺기와 자기정의(사랑과 존중) 사이의 적절한 균형과 연결되어 있는 것처럼, 불안정 애착 패턴들은 불균형과 연결되어 있다. [그림 1-3]에서 도식화한 것처

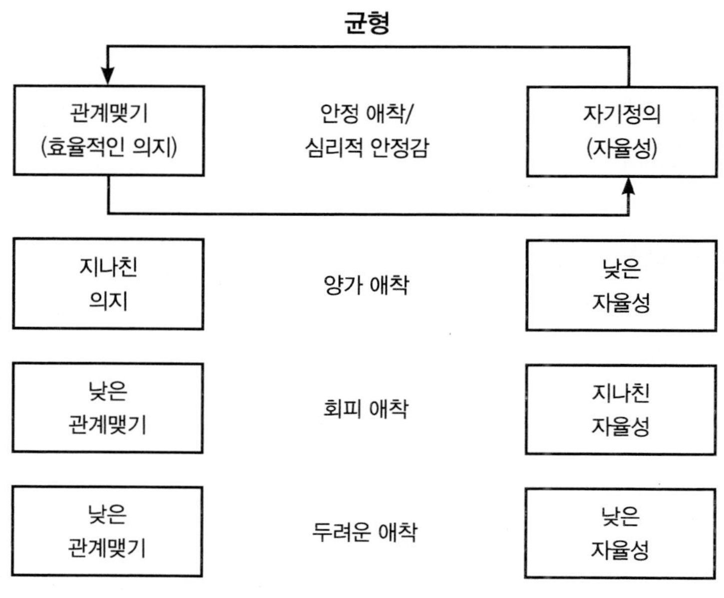

그림 1-3 관계맺기, 자기정의, 애착 범주

럼 양가 애착은 자기정의 및 자율성을 배제하고 관계맺기에 몰두하는 경향이 있다. 역으로, 회피 애착은 자기정의와 자율성에 대한 지나친 강조로 관계맺기를 무시하는 경향을 나타낸다. 마지막으로, 혼란된 혹은 두려운 애착은 자기정의 및 자율성을 유지하는 것뿐 아니라 관계맺기에도 실패하는 경향이 있어, 결국 그들은 혼자서 마음의 고통을 짊어지고 조절하는 데 실패한다.

Patrick Luyten과 다른 사람들처럼 Blatt은 우리 상담자들이 심리장애를 인간 발달의 관점에서 보아야 하고, 장애중심이 아닌 인간중심의 관점에서 상담하는 게 좋다고 강하게 말하였다(Luyten et al., 2008). 하지만 심리장애에 대한 우리의 이해를 재개념화하는 것은 진행되고 있는 중이며, 게다가 우리는 정신장애 진단의 렌즈를 버릴 수 없다. 또한 우리는 장애중심의 상담에서 배운 모든 것을 무시할 수 없다. 그래서 나는 관계맺기와 자기정의에 관해 우리가 배웠던 것, 정신화하기와 알아차리기를 염두에 두면서, 외상 관련 장애들과 그 상담방법들을 이후의 몇 개의 장에서 검토한다. 윤리학의 관점을 다시 말하면, 우리는 사랑과 존중 간의 균형을 실현하는 관계들을 형성함으로써 애착 외상을 극복하고자 노력해야 한다. 이 두 개의 도덕적 힘, 즉 전형적으로 관계맺기와 자율성은 공통요인상담을 위한 윤리적 토대를 형성한다.

요점

- ◆애착은 신체 안전의 보장뿐 아니라 마음의 안정감을 제공하기 위해 진화하였다. 안정 애착은 정서조절의 토대이다. 위로를 위한 안식처와 탐색을 위한 안전기지를 제공하는 데에 있어, 안정 애착은 관계맺기와 자율성이라는 인간 발달의 변증법의 균형을 잡는다. 안정 애착이 형성된 아동 혹은 성인은 효율적으로 의지하고 독립한다.
- ◆애착 안정과 불안정 애착은 자기, 애착인물, 관계에 대한 내적 작동모델에 의해 유지된다. 이 내적 작동모델은 유아–돌보미 상호작용의 패턴에 근거하여 형성되며, 전 생애에서 안정성을 보이기도 하고 변화하기도 한다. 안정 애착은 돌보미가 제공하는 일관성 있는 정서 반응에서 기인하며, 불안정 애착의 전형적 패턴은 정서 반응이 부족한 돌봄에 당면해서 애착을 유지하기 위해 발달한 적응 전략이다. 예를 들어, 회피 애착 패턴은 일관성 있는 거부에 당면해서 애착 욕구를 비활성화시키는 전략을 사용한다. 양가 애착 패턴은 비일관적 · 비반응적인 돌봄에 당면해서 돌봄을 끌어내기 위해 애착 욕구를 과잉활성화하는 전략을 사용한다.

◆부모의 애착 성향이 그들의 아동에게 전수된다. 많은 연구들은 부모의 아동기 애착 관련 마음 상태가 자신의 유아를 보살피는 패턴에 영향을 미치며, 이 보살핌 패턴은 다시 유아의 애착 패턴에 영향을 미친다는 결과를 제시하였다. 이와 같은 세대 간 대물림 패턴은 부모의 정신화하기 능력의 영향을 받는다. 이상적으로 말하자면 정신화하기는 정신화하기와 애착 안정감을 낳는다.

◆정신화하기의 실패가 애착 외상의 근원이다. 즉, 아동이 견디기 어려울 정도로 고통스러운 정서 상태에 심리적으로 혼자 내버려지는 것이 곧 애착 외상이 된다. 학대와 방임은 최고의 애착 외상이다. 그러나 적개심, 무력감 혹은 손상된 정서적 의사소통과 같이 명백한 방임이나 학대가 아닌 양육 문제도 장래에 심리장애를 겪을 위험 부담이 높은 매우 심한 불안정 혼란 애착을 초래할 수 있다. 그런 문제가 있는 보살핌은 부모의 정신화하기 실패에 뿌리를 두고 있다. 이처럼 부모가 정신화하기에 실패하는 것은 아동의 정신화하기 능력이 발달하는 데 지장을 준다. 그래서 정신화하기가 정신화하기와 애착 안정감을 낳는 것처럼, 정신화하기의 실패는 정신화하기의 실패와 심각한 애착 불안정감을 낳는다고 볼 수 있다.

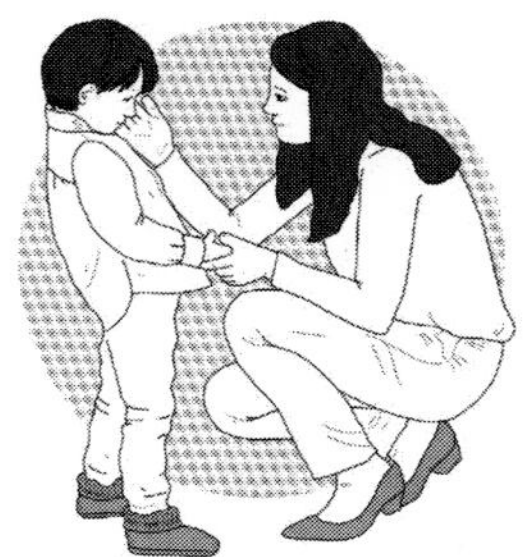

◆ 2장 ◆

외상 후 스트레스[1] 장애와 해리장애

2, 3, 4장은 외상과 관계있는 심리장애 진단과 전문 처치 방법들을 논의한다. 세 개의 장에서 나는 두 가지 관점을 최대한 효율성 있게 체계화시켜 제시한다. 한편, 나는 1장에 제시했던 외상 관련 장애를 이해하기 위해 인간 발달 및 인간중심접근('애착, 정신화하기, 외상')을 유지한다. 이 접근은 공통요인상담의 유서 깊은 가치를 제안하는 나의 주장과 일치한다. 다른 한편, 나는 외상 관련 심리장애 및 증거기반 상담(evidence-based treatments) 연구에서 나온 지식을 충분히 활용할 것이다. 나는 공통요인상담을 옹호하는 일반 상담자(generalist)이지만 전문 상담자(specialist)에게 배울 수 있는 것은 무엇이든 활용할 것이다.[2] 내가 1장에서 보여 주기 바랐던 것처럼, 나는 전문 상담자와 마찬가지로 일반 상담자도 연구에서 계속 도출되는 증거에 근거해 상담해야 한다고 믿는다.

그러나 나는 외상 관련 장애를 범주화하는 노력에서 드러난 한계에 기초하여 진단을 비평하는 입장을 취한다. 나는 사람들이 진단을 너무 진지하게 받아들이는 것을 만류하고 싶다. 나는 증상들을 일목요연하게 나열하고 있는 DSM의 진단 범주에 맞춰 상담 개입을 나열한 매뉴얼이 필요하다는 사고방식도 만류하고 싶다. 진단을 하는 모든 상담자들과 진단을 받는 내담자들이 알고 있는 것처럼 증상들은 일목요연하게 정리되지 않는다. 내 생각에 증상들을 나열하고 있는 진단 범주는 일목요연하지 않고, 진단 범주에 포함된 증상들은 무질서하게 나열되어 있거나 뒤섞여 있다. 그리고 그 특별한 내용들을 어느 진단 범주에 포함해야 적당한지 판단하는 것이 쉽지 않다. 어떤 증상들은 진단명과 일치하지 않기도 한다. 또한 정신건강의학은 증상들을 나열한 진단 범주를 변경하며, 어떤 증상이 어떤 진단 범주에 들어가야 하는지를 계속 재조직화한다. 게다가 많은 사람은 처음에 진단명을 부여받을 때 화를 낸다. 2, 3장에서 분명히 제시되는 것처럼, 애착 외상에 관련된 장애들을 진단하는 경우에 많은 증상들을 적절하게 포함하고 있는 진단 범주를 찾는 것이 쉽지 않다. 나는 여러분이 내가 1장에서 제안하였던 기본 원리를 염두에 둘 것을 요청한다. 즉, 애착 외상과 혼란 애착은 대부분의 심리장애와 관련된 **비특이적 위험 요인**(nonspecific risk factors)이다. 애착 외상과 혼란 애착은 특이한 장애(specific disorder)를 겪을 확률을 높이는 것이 아니라 대부분의 심리장애에 취약하게 만드는 위험 요인이다.

나는 2장에서 외상 후 스트레스 장애와 함께 해리장애를 논의한다. 왜냐하면 애착 외상이 이 장애들이 발달하는 데 중요한 역할을 하고, 그 두 장애의 증상들에 공통되는 부분이 있기 때문이다. 불행히도 애착 외상은 외상 후 스트레스 장애와 해리장애 이외의 많은 심리건강 문제와 장애에 기여한다. 그래서 나는 이 기타 문제들을 3장에서 논의한다. 2, 3장을 읽은 뒤에 당신은 일목요연하게 정리된 진단 범주에 대한 환상을 갖기보다 외상 관련 문제들의 다양성과 그 문제들을 개념화하기 쉽지 않다는 것을 이해해야 한다. 이 모든 복잡한 사항에 직면해서 우리는 나무보다 숲을 볼 필요가 있다. 나는 방향을 유지하기 위해 애착이론을 사용한다.

외상 후 스트레스 장애

외상 후 스트레스 장애 진단은 논쟁을 불러일으켰고 그 논쟁은 지속되고 있다. 외상 후 스트레스 장애 진단과 관계된 상담 실무 및 과학적 의미를 가진 문제들은 처치를 어떻게 구성할지에 대한 함의를 갖는다. 나는 이 절 전체에서 애착 관계에 존재하는 외상 경험과 이외의 다른 외상 경험을 알아본 연구들을 논의한다. 왜냐하면 애착 외상 경험과 다른 외상 경험은 외상 후 스트레스 장애를 이해하는 데 많은 정보를 제공하기 때문이다. 예를 들어, 전투 외상 연구에서 외상 후 스트레스 장애의 많은 것을 알게 되었다.

물론 애착 외상은 장래에 외상을 겪을 가능성을 증가시키는 취약성 요인으로 작용한다. 애착 외상이 발달에 끼치는 이런 부정적 결과는 전투 외상에도 동일하게 적용된다(Bremner et al., 1993).

이 절에서 나는 독자들이 외상과 외상 후 스트레스 장애를 동일한 것으로 여기는 것을 바로잡고, 외상 후 스트레스 장애가 전적으로 외상 스트레스에 대한 노출에서 생기는 질병으로 생각하는 것을 만류하기 위해 현재의 연구 증거들을 요약한다. 나는 이 긴 여정을 오래 지속된 논쟁을 소개하는 것으로 시작한다. 나는 외상과 외상 후 스트레스 장애를 정의하는 것과 관련된 문제들을 검토한다. 나는 외상 기억의 특별한 본질, 즉 외상이 정체성에 끼치는 영향을 논의한다. 나는 외상 후 스트레스 장애에 처하게 되는 복잡한 인간 발달의 경로들을 보여 주는 증거들을 요약한다. 나는 외상 후 스트레스 장애를 경험하는 데 애착 외상과 정신화하기의 실패가 중요한 역할을 한다는 것을 강조한다. 나는 나의 주요 의제, 즉 진단에서 인간중심접근을 취할 필요성[3]을 검토하면서 이 장의 결론을 맺는다. 〈표 2-1〉은 이 절에서 내가 다루는 외상 후 스트레스 장애 관련 논쟁과 의견 불일치 사항들을 요약하고 있다.

〈표 2-1〉 외상 후 스트레스 장애 진단 관련 논쟁들

사회적 맥락
외상 후 스트레스 장애 진단명이 생긴 것은 사회-정치적 압력에 근거한다. 외상 후 스트레스 장애를 진단하는 것은 스트레스에 대한 통상적(normal) 반응들을 병리화한다. 지나친(zealous) 외상 상담은 학대에 대한 잘못된 기억들을 생기게 만든다. 외상 후 스트레스 장애를 진단하는 것은 희생 및 희생자의 비율을 높이는 문화에 기여한다. 외상 후 스트레스 장애를 진단하는 것은 보상을 받으려는 목적으로 꾀병을 만들어 내는 것을 조장한다. 외상 후 스트레스 장애에 대한 보상은 질병을 유지하게 만드는 유인가로 작용한다.
외상 스트레스(traumatic stress)를 정의하기
스트레스 수준이 어느 정도 되어야 외상이 되는지 분명한 선이 없다. 외상 스트레스에 대한 객관적 정의는 너무 포괄적이거나 협소하다는 비난을 받아 왔다. 주관적인 마음의 고통은 단순한 두려움을 넘어 많은 정서들을 아우르는 것이다. 일부 사람들은 외상 스트레스에 노출되지 않았는데 외상 후 스트레스 장애의 모든 증상들을 경험한다. 일부 전문가는 외상 스트레스에 노출된 경험은 외상 후 스트레스 장애 진단 기준에서 제외되어야 한다고 주장한다.

진단 기준
연구들은 세 가지 범주(clusters)로 증상들을 그룹화하는 것을 일관성 있게 지지하지 않는다.
외상 후 스트레스 장애의 증상들은 다른 장애들의 증상들과 많이 중복된다.
외상 후 스트레스 장애는 이질적이며, 진단을 받은 내담자들 사이에 차이가 많다.
외상 후 스트레스 장애의 특이한(specific) 증상들, 기능 손상의 정도는 여러 모로 차이가 있다.
전문가들은 지연되어 발생하는(delayed-onset) 외상 후 스트레스 장애에 동의하지 않는다.
연구자들은 외상 기억들의 정확성, 특히 아동기 외상 기억들의 정확성에 논쟁을 한다.
연구자들은 외상 기억들이 체계가 없는지(fragmented) 혹은 예외적으로 잘 체계화되어 있는지(organized)에 대한 의견이 같지 않다.

논쟁

현재까지 외상 후 스트레스 장애 관련 논쟁이 많았다. 지난 150여 년 이상 동안 외상 특히 아동기 학대와 방임은 전문가 집단 및 대중의 제대로 된 관심을 받지 못했다. 1980년에 정신의학은 DSM-III(American Psychiatric Association)에 외상 후 스트레스 장애를 수록하며 공식 진단을 인정하였다. 그러나 이는 논쟁을 촉발하였다. Chris Brewin(2003)이 논쟁의 내용을 요약한 바에 따르면, 이 진단에 대한 찬성론자와 회의론자가 있다. 찬성론자는 "오랜 방임 끝에 심리적 외상으로 야기된 특별한 고통이 마침내 인정을 받았다."라는 입장을 취했다. 더군다나 연구 결과들이 많은 외상 사건들(traumatic events)[4]이 외상 사건 자체에 의해 야기되고 개인의 나약함이나 취약성과 관계가 없는 정신적 및 신체적 반응을 공통되게 갖고 있다는 것을 보여 줌으로써 외상 후 스트레스 장애라는 진단은 피해자를 비난할 위험이 적다(p. 1, 강조는 첨가함).

강력한 사회 및 정치 세력들이 DSM-III에 앞서 외상을 전면에 부각시켰다. 전쟁의 발발은 주기적으로 대중이 외상을 인식하게 만들었다. 베트남 전쟁 시 반전 운동은 DSM이 외상을 인식하게 만든 정치 세력이다. 실제로 베트남 전쟁과 관련된 외상 후 스트레스 장애의 심각성이 계속 연구되고 있고(Dohrenwend et al., 2006), 지금은 이라크와 아프카니스탄 지역의 전쟁이 더 많은 외상—외상 후 스트레스 장애뿐 아니라 외상성 뇌 손상 및 이외의 많은 외상—사례들을 야기하였다. 그러나 전쟁이 외상 후 스트레스 장애 진단 체계가 성문화되게 만든 유일한 사회 세력은 아니다. 더 많은 외상의 존재 또한 입증되고 있다. 즉, 아동 구타(Kempe et al., 1962), 아동 성폭력(Herman, 1981), 강간(Burgess & Holmstrom, 1974), 여성 구타(Walker, 1979)가 외상이 되는 것으로 입증되고 있다. 찬성론자에게 분명하게 정의되는 새로운 장애명을 인정하는 것은 사회를 이롭게 하는 성취로 여겨진다. 즉, 공인받은 진단은 상담, 예방, 연구에 필요한 자원을 할당하는 것을 정당화할 수 있다.

논쟁이 진행 중이라도, 외상을 겪고 있는 사람들의 큰 고통을 도와야 한다는 필요성을 부인하는 사람은 거의 없다. 그러나 Brewn(2003)이 지적한 것처럼, 찬성론자는 "외상이라고 주장되는 어떤 경험을 의심 없이 현실로 수용하는 것은 모든 증상은 가능하면 예방되어야 하고, 확실한 처치를 받아야 하며, 하여튼 보상받아야 한다는 가정과 동등한 것으로 간주되어야 한다."(p. 222)라며 열광할 수 있다. 게다가 상담자들은 외상이 어느 정도 기여해서 발생할 수 있는 증상, 즉 우울, 섭식장애 등을 아동기 성폭력 같은 외상에 전적으로 기인하는 실수를 할 수 있다. 하지만 우울, 섭식장애와 같은 증상은 복합적 원인에 의해 발생하는 증상이란 사실을 간과하면 안 된다. 놀랄 것도 없이 Brewin이 진술한 것처럼, "용기라는 전통 덕목을 오용해서 변호사들은 외상 피해로 보상받을 자격이 없는 사람에게 보상받으라고 부추기고, 상담자는 존재하지 않았던 외상 기억을 되살리는 방식의 '이 새로운 희생자 문화'를 향한 작용으로 도덕적 반발이 발생하였다"(p.222). 그래서 찬성론자에 이어 회의론자가 나타났다.

회의론자는 외상 후 스트레스 장애 진단은 극한 스트레스에 대한 정상 반응들(normal stress)을 병리로 간주하고 치료 대상으로 삼는 꼴이 될 수 있다고 주장한다. 회의론자는 극한 스트레스에 대한 정상 반응들은 점진적으로 회복될 것으로 기대한다. 최악의 경우에 외상 후 스트레스 장애를 심각하고 만성적인 장애로 간주하고, 열성적으로 상담 개입을 하는 그 자체가 예후가 좋지 않을 것이란 자기충족 예언이 될 수 있고, 상담이 필요하다고 생각되는 대상의 비율을 증가시킬 수 있다. 가장 놀랄 만한 회의론은 외상 후 스트레스 장애 진단 유행 현상이 사실이 아닌 아동기 성 학대 기억을 떠올리게 부추긴다는 것이다(Loftus, 1993). 물론 표면상 오류가 있는 기억들은 거짓 보고 및 거짓 비난과 구별되어야 한다. 아동기 외상과 관련된 거짓 보고 및 거짓 비난 또한 발생한다. 비록 그런 기억이 내담자를 고통스럽게 하고, 가족과 상담자에게 좋지 않은 영향을 끼쳤어도, 아동기 외상 기억의 타당성 논쟁은 연구 결과를 토대로 논쟁을 벌이게 만든 유익한 효과를 가져왔다. 현재 외상 기억, 특히 초기 아동기 외상 기억을 손상시키거나 왜곡하는 많은 조건이 알려져 있다. 외상 기억의 정확성을 보여 주는 증거뿐 아니라 외상이 유행처럼 퍼져 있다고 경고하는 강력한 증거도 있다. 이런 논쟁의 한가운데에서, 나는 거짓 기억의 규모는 불확실하지만 외상의 규모는 눈에 띄게 자명하다는 결론을 내렸다(Allen, 1995). 1장에서 검토했던 애착 연구는 이 사실을 증명한다.

찬성론자와 회의론자 모두 열성분자가 될 수 있다. Brewin(2003)은 외상 후 스트레스 장애 분야에는 온건한 찬성론자와 회의론자 모두가 요구된다고 주장하였다. 과학은 열정과 회의의 균형에 토대해야 하므로, 찬성론과 회의론 모두 외상을 이해하고 상담하는 데 중요하다. 다시 말해, "외상 후 스트레스 장애 분야는 찬성론자와 회의론자 사이에서 계속되는 논쟁을 과학적 연구들로 평가하고 해소할 멋진 기회를 제공한다. 또한 과학적 연구들이 논쟁에서 얻어진 독창적인 통찰들을 인간 고통에 막중한 책임이 있는 과정으로 변환시킬 수 있는 멋진 기회를 제공한다"(p. 3). 다음 절에서 검토하는 것처럼 외상 후 스트레스 장애의 진단 관련 논쟁은 많은 연구가 이루어지는 자극제가 되었다.

외상의 정의

외상이란 단어는 잠재적으로 외상(극도로 스트레스가 되는) 사건에 노출되는 것, 그런 노출로 외상을 입는 효과(즉, 외상을 입었다는 느낌) 모두를 뜻하는 방식으로 모호하게 사용된다. 상담자는 사건으로 야기된 효과를 다루지 사건 자체를 다루지 않는다. 따라서 외상 후 스트레스 장애의 명칭은 매우 적절하다. 외상 후 스트레스 장애는 외상 스트레스의 후유증으로 발달한 장애를 뜻한다. 외상 후 스트레스 장애를 겪고 있다는 것은 스트레스가 **외상이 되었다**(traumatic)는 증거이다. 외상으로 야기된 효과가 상담자의 주요 관심사이나 현재의 진단 기준은 사건에 대한 노출을 포함하고 있으며, 이 기준은 외상 후 스트레스 장애를 다른 진단과 구별되게 만든다. 상담자는 무엇이 '외상'인지를 결정하는 과정에서 만나는 여러 문제를 진지하게 고려해야 한다. 예를 들어, 내담자는 종종 협소한 관점(예: 성 학대, 강간, 전투 외상)으로 외상을 정의하는 경향이 있다. 이런 협소한 관점은 내담자 자신의 발달 과정을 보는 시각을 협소하게 만들어 성 학대, 강간, 전투 외상 등의 경험이 없으면 외상을 겪지 않았다고 생각하게 만든다. 내가 제안한 애착 외상의 관점에서 보면 DSM의 진단 준거가 외상에 대한 협소한 관점이 지속되게 만든다. 결국 외상이 무엇인지 분명하게 정의될 때 상담자와 내담자의 관심을 동일하게 다룰 수 있게 된다.[5]

어떤 수준의 스트레스가 '외상이 되는지'와 관련한 결정에는 이견이 많다. DSM-IV-TR에서 외상 스트레스 사건은 객관적 및 주관적으로 정의된다. 객관적 준거 A1은 외상 스트레스를 다음과 같이 정의한다.

> 실제의 죽음 혹은 위협하기 위한 **죽음**(death) 또는 심각한 **부상**(injury) 혹은 **신체의** 온전함(physical integrity)이 위협받는 기타 사건을 개인이 직접 경험하는 것, 혹은 죽음, 부상 혹은 다른 사람의 신체의 온전함이 위협받는 사건을 목격하는 것, 혹은 가족이나 다른 친척이 겪은 예상치 못한 죽음 혹은 폭력에 의한 죽음, 심각한 상해, 죽음 혹은 부상의 위협을 받은 것을 알게 되는 것을 뜻함(American Psychiatric Association, 2000, p. 463, 강조는 필자가 첨가함).

주관적 준거 A2는 외상이 되는 스트레스를 '강렬한 두려움(fear), 무기력감, 혹은 공포(horror)에 대한 개인의 반응'으로 적고 있다(American Psychiatric Association, 2000, p. 467). 객관적 및 주관적 스트레스 사건 모두는 과학자 집단에서 상당한 비평을 받았다.

내가 애착 외상을 강조하는 것이 시사하는 것처럼 나는 신변 위협(physical threat)만을 강조하는 DSM의 초점이 너무 협소하다고 본다. 심리적 학대[예: 가학적 고문을 당하고, 테러를 겪고, 굴욕을 당하는 것: (Bifulco et al., 2002)], 심리적 방임 또한 심한 해를 끼칠 수 있다(Erickson & Egeland, 1996). 심리적 위협의 중요성을 강조한 Emily Holmes와 동료들(Grey & Holmes, 2008; Holmes et al., 2005b)은 외상 사건에 노출되어 겪은 위협 경험들을, 1) 침투적인 기억들(intrusive memories)의 내용, 2) 이 기억들 중에서 활발한 기억(hotspots)의 내용을 통해 살펴보았다. 활발한 기억이란 '높은 수준의 고통스러운 정서를 일으키고 의도적으로 떠올리고 쉽지 않은 기억으로, 외상을 경감하는 데 중요한 역할을 하는 외상 기억의 특이한 부분(specific parts)'을 뜻한다(Holmes et al., 2005b, p. 5). 예를 들면, 어두운 벽장에 감금된 아동이 문이 잠기던 순간, 혹은 강간당한 여성이 칼을 처음 본 순간 등이 활발한 기억이다.

연구자들의 기대대로 침투적인 기억의 대다수는 활발한 기억(예: 속박당하거나 움직일 수 없었던 것, 무력하다고 느끼거나 위협을 느낀 것)에 관계되어 있었다. 위협의 본질을 이해하기 위해 Holmes와 동료들은 외상이 되는 경험들에서 핵심 심리 주제를 찾았다. 그 결과, 눈에 띄는 심리 주제는 DSM 준거와 일치되게 부상과 죽음의 두려움이었다. 그러나 그 주제의 대부분은 심리적 위협, 즉 피해자의 자기지각(sense of self)에 대한 위협이었다. 더군다나 심리적 위협의 영역에서 눈에 띄는 주제는 Sidney Blatt(2008)이 말한 '관계맺기'와 '자기정의'의 양극과 관련되었다. 다시 말해, 한 주제는 버림(abandonment)(예: 실망해서 격분을 느끼기), 다른 주제는 자존감(예: 자기비난 및 비평)과 관련되었다. 이 두 주제가 대부분의 사람에게 자주 눈에 띄어도, 버림받을지 모른다는 느낌은 양가 애착에게, 자기비난은 회피 애착에게 두드러지게 나타난다.

외상 스트레스를 분명하게 정의하는 만족스러운 객관적 기준을 마련하는 데 실패한 우리 상담자들은 외상의 정도가 관찰하는 사람에 따라 달라질 수 있는 것으로 간주해서 개인의 주관적 경험에 초점을 맞출 수 있다. 그러나 주관적 준거 또한 비평을 받았다. 두려움(fear)에만 초점을 맞추는 것은 너무 협소하며, 이는 외상 후 스트레스 장애에 관련된 많은 정서, 즉 수치, 죄책, 분노, 슬픔, 놀람(surprise), 혐오를 제외할 수 있다(Brewin, 2003). 침투하는 기억과 활발한 기억의 내용을 밝히고자 한 연구에서 Holmes와 동료들(2005)은 외상의 한가운데에서 경험된 여러 가지 정서의 빈도의 총계를 구하였다. DSM과 일치되게 가장 눈에 띄게 경험되는 정서는 두려움(fear)이었다. 그러나 집합적으로 두려움, 무력감, 공포(horror)가 유사한 정도로 비례를 이루며 경험되는 정서의 절반을 차지하였다. 이 외에 열거된 다른 정서는 긍정적 정서(예: 위험에서 벗어났을 때의 안도감)와 함께 나머지 절반을 차지하였다. DSM에도 불구하고 외상 스트레스를 경험한 사람과 그들을 돕는 사람의 주관적 경험이 매우 중요하다는 것은 말할 필요가 없다. 나는 Meaghan O'Donnell과 동료들(2010)의 다음과 같은 제안에 완전 동의한다. **"기본 원리는 우리의 내담자는 우리가 DSM에서 준거 A를 어떻게 정의하는지에 관심이 없다는 것이다. 그들은 자신들이 경험한 마음의 고통에 관심이 있을 뿐이다. 이 고통이 그들의 관계 및 직업 기능에 끼치는 영향에 관심이 있을 뿐이다"**(p. 67, 강조는 필자가 첨가함).

어떤 수준의 외상 스트레스가 외상 후 스트레스 장애와 관계가 있는지를 밝히고자 할 때 관심을 가져야 할 2가지 사항이 있다. 첫째, 많은 여성과 남성이 삶에서 어쩌면 외상 사건들에 노출되나, 소수만이(5~10%) 외상 후 스트레스 장애를 경험한다(Kessler et al., 1995). 둘째, 외상 후 스트레스 장애의 증상은 때때로 객관적으로 정의할 수 있는 사건이 없는데 나타난다. 외상 후 스트레스 장애의 증상은 가족 혹은 연인 관계 문제, 직업 스트레스, 부모 이혼, 사랑하는 사람의 심각한 질병 혹은 죽음과 같은 흔한 스트레스 사건에 관련되어서도 나타난다(Gold et al., 2005). Mary Long과 동료들(2008)은 스트레스 사건을 평가하는 방법을 달리해 본 결과, 연구의 대상은 외상 스트레스 사건보다 일상적 스트레스 사건에 대한 반응으로 더 심각한 외상 후 스트레스 장애 증상을 나타내었다. 이 연구의 대상이 가장 자주 겪는다고 선택한 평범한 스트레스 사건은 애착 관련 사건이었다. 예를 들면, 연인 관계의 붕괴 혹은 사랑하는 사람의 갑작스러운 죽음이다.

앞서 말한 것에도 불구하고, 그리고 우리가 스트레스를 어떻게 정의하든 상담자로서 우리는 스트레스의 심각성에 관심을 가져야 한다. 스트레스 사건과 장애의 관계에 복용−반응(dose-response) 관계가 성립한다는 강력한 증거가 있다. 다시 말해, 스트레스 사건이 심각할수록 외상 후 스트레스 장애를 경험할 가능성이 높다(Friedman et al., 2007). 나는 외상 스트레스와 외상이 되지 않는 스트레스 사이에 경계선을 그으려 한 DSM의 노력을 감탄과 재미의 눈길로 본다. 그러나 모호함이 가득하다. 따라서 일부 저자들은 스트레스 노출 기준을 제외하자고 하였다(Brewin et al., 2009). 명백하게 관찰 가능한 객관적 사건들로, 혹은 주관적인 정서 고통으로 정의된 스트레스와 외상은 수직선상에 함께 놓여 있다. 나의 동료인 Chris Freuch와 동료들은 "생명을 위협하는 스트레스 사건들에 노출된 것이 **독특한** 스트레스 반응 증상들[6]의 첫 번째 원인이라고 가정하는 것은 문제의 소지가 많으며, 스트레스와 관련된 많은 문헌들을 분열되게 할 뿐 통합하지 못한다."라고 주장한다(Frueh et al., 2010, p. 263, 강조는 원래대로임). 결국 우리는 스트레스 사건의 심각성에 대한 임의적인 절단점을 찾기보다 스트레스 사건에 묻어 있는 미묘한 차이들을 평가함으로써 스트레스 사건과 장애의 관계를 더 잘 이해할 수 있다. 다시 말해, 우리는 어떤 종류의 스트레스 사건들이 서로 어떤 조합을 이룰 때 어떤 종류의 증상과 장애로 발달하는지를 결정할 수 있다(Dohrenwend, 2010).[7] 게다가 우리 상담자들은 과거에 경험한 스트레스가 무엇이고 그 경험이 개인의 발달에 끼치는 영향을 분명히 하는 것을 목표로 삼아야 한다. 다음에서 나는 외상 후 스트레스 장애의 증상들에 대해 유사한 주장을 한다.

외상 후 스트레스 장애의 정의

"무엇이 외상 후 스트레스 장애인가?" 이 질문에 답하는 것은 쉽지 않다. 이 답을 얻으려면 독자들은 복잡한 여정을 거칠 필요가 있다. 우선 나는 외상 후 스트레스 장애의 현재의 진단 기준을 요약한다. 그런 다음 나는 증상들을 정리할 새로운 대안의 방법을 제시하고, DSM-V에서 도입될 필요가 있는 새 증상들을 언급한다. 그런 후에 나는 외상 후 스트레스 장애를 그것의 사촌, 혹은 형제 관계나 일란성 쌍둥이 위치에 있는 우울과 구별하기 위해 극복해야 할 과제들을 소개한다. 마지막으로, 나는 외상 후 스트레스 장애를 장애냐 아니냐로 구분하는 범주 관점보다 '경미한, 보통인, 심각한' 정도의 문제로 보는 관점을 취하는 게 낫다는 대안 사고를 제안한다. 이 대안 사고는 외상 후 스트레스 장애를 뚜렷하게 구분되는 일종의 질병으로 간주하는 사고에 의문을 제기한다.

DSM-IV-TR(American Pshchiatric Association, 2000)에서 외상 후 스트레스 장애의 첫

번째 증상은 외상 사건을 지속적으로 재경험[8]하는 것으로 정의된다. 외상 사건을 재경험하는 것은 몇 가지 형태를 취한다. 1) 침투적인 이미지, 생각, 혹은 지각, 2) 반복되는 꿈, 3) 사건이 회상되면서(as in flashback) 재경험하는 느낌, 4) 사건을 상기시키는 자극에 노출되면 강한 마음의 고통을 느낌, 5) 사건을 상기시키는 자극에 노출되면 생리 반응을 보임 등이 있다. 예를 들어, 아동기에 어머니가 격분해 장황한 비난을 하면 공포에 떨었던 여성은 백화점에서 어떤 아이의 어머니가 자녀를 비난하는 소리를 들을 때 공황에 사로잡힐 수 있다. 나의 관점에서 보면 이렇게 재경험하는 증상 속에는 가슴 아픈 잔인함이 존재한다. 다시 말해, 그 사람은 1) 그 스트레스 사건들로 고통을 겪었을 뿐 아니라, 2) 이후에 마음속에서 그 스트레스에 계속 노출되는 경험을 한다. 이 증상들은 고통을 겪고 있는 사람에게 설상가상으로 부가적 고통을 경험하게 만든다. 다시 말해, 원래의 사건들이 몸과 뇌를 상하게 했는데, 그 사건에 대한 기억 때문에 발생하는 스트레스도 몸과 뇌를 상하게 한다. 더군다나 잠드는 것은 한숨 돌려 휴식할 수 있는 시간이 아니라 오히려 악몽이 목전에 닥쳐 무서움에 떠는 시간이 된다.

DSM-IV-TR에서 외상 후 스트레스 장애를 진단하는 데 필요한 나머지 2개의 기준은 회피(avoidance)와 과잉 각성(hyperarousal)이다. 회피의 기준[9]은, 1) 외상을 기억나게 하는 활동, 사람 혹은 장소를 피하는 것(상황의 회피), 2) 외상에 대한 생각, 감정 혹은 대화를 피하는 것(경험의 회피)을 뜻한다. 망연자실한(numbing) 정서 반응을 포함하는 몇 가지 다른 반응들도 회피 기준에 함께 묶일 수 있다. 예를 들어, 외상의 여러 측면을 회상하지 못하는 것, 이탈감(feelings of detachment), 일상 활동에 대한 흥미 상실, 느끼는 정서의 범위가 제한되어 있거나 혹은 망연자실한 정서, 미래가 짧아진 느낌(sense of a foreshortened future)과 같은 반응은 회피 기준에 함께 묶일 수 있다. 과잉 각성[10]의 기준은 외상 특이적인(specific) 두 가지 요소인, 1) 과잉 경계(hypervigilance: 위협에 대한 지나친 경계심)와, 2) 과장된 놀람(startle)을 포함하며, 그리고 좀더 일반적인 불안(anxiety)과 높은 각성(arousal) 수준을 의미하는 세 가지 특징, 즉 1) 잠들거나 잠자는 것에 실패하는 문제, 2) 과민함(irritability), 3) 주의 집중의 어려움을 포함한다.

우리는 이제 그 증상들을 DSM의 외상 후 스트레스 장애라는 진단 범주 내의 하위 군집으로 할당하는 문제를 다루어야 할 입장에 있다. 연구자들은 통계라는 수단을 사용해서 17개의 외상 후 스트레스 장애들의 증상이 DSM-IV에서 구분된 3개 하위 군집(예: 재경험하기, 회피, 과잉 각성)에 분류되는지를 탐구하였다. 그러나 17개의 증상들은 3개의 군집으로 분류되지 않았다. 예를 들어, 증상 발생을 차단하기 위해 의도적으로

(deliberate)[11] 사용되는 대처 전략인 회피는 의식하지 못한 채로(automatic)[12] 고통스러운 정서에 무디어지게 만드는 망연자실은 동일한 군집에 묶이지 않았다(Asmundson et al., 2004). 더군다나 가정 폭력 생존자에 대한 최근 연구는 불안과 우울이 혼재되어 나타나는 새로운 증상 군집이 추가될 필요가 있다는 결과를 제시하였다(Elhai et al., 2011a). 현재 이런 입장을 갖고 DSM-V는, 1) 재경험하기, 2) 회피, 3) 과잉 각성을 넘어서 여러 증상을 포함하는 더 큰 군집을 하나 더 추가하는 쪽으로 방향을 잡고 있다.[13] 이 군집의 증상들에는, 1) 사건들의 여러 측면을 기억하지 못하는 것, 2) 자기, 타인, 세상에 대한 부정적 기대들, 3) 자기 혹은 타인에 대한 비난, 4) 두려움(fear), 공포(horror), 분노, 죄책감, 또는 수치심 같은 부정적 정서들, 5) 여러 가지 일상 활동에 흥미가 줄어드는 것, 6) 이탈감, 7) 심리적 망연자실(numbing)을 포함해서 긍정적 정서를 경험할 수 없는 것 등이 포함된다. 이런 확장은 통계학자들이 그 증상들을 다시 분류하느라 바빠지게 만들 것이다.

우리는 외상 후 스트레스 장애를 정의하는 문제 외에도 이 장애가 어느 정도로 다른 장애와 구분되는지 질문해 볼 이유가 있다. 외상 후 스트레스 장애의 증상들은 다른 장애의 증상들과 겹치는 면이 있다. 또한 외상 후 스트레스 장애의 증상들을 포함하고 있는 다른 장애와 함께 외상 후 스트레스 장애는 종종 공병으로 진단된다. 증상이 겹치는 대표적 장애는 우울이며, 세 가지 측면에서 자명하다. 첫째, 외상 후 스트레스 장애 진단을 받은 내담자 중 상당수는 우울 진단을 동시에 받는다. 둘째, 고통스러운 침투적(intrusive) 기억들과 이미지들은 외상 후 스트레스 장애의 특징이며, 우울에서도 흔히 나타난다(Brewin et al., 1999). 셋째, 가장 놀라운 것은 사람들이 외상을 겪은 뒤에 외상 후 스트레스 장애보다 우울을 더 많이 경험한다는 것이다(Bryant, 2010). 이런 겹침 현상을 탐색한 Joh Elhai와 동료들(2011b)은 과거에 외상에 노출된 경험이 있는 전국 규모의 대규모 표집을 대상으로 외상 후 스트레스 장애와 주요 우울 간에 동시 발생하는(co-occurring) 증상들을 연구하였다. 이 연구자들은 외상 후 스트레스 장애와 우울의 증상들이 하나의 주요 요인(major factor)으로 함께 묶여야 한다는 것을 뒷받침하는 강한 증거를 발견하였다. 다시 말해, 그 증상들은 심각성이 낮은 수준에서 높은 수준까지를 나타내는 척도의 어느 한 부분에 배열되었다.[14] 구체적으로 말하면, 첫째, 침투적 사고와 이 사고를 회피하는 노력은 낮은 심각성을 나타내는 위치에 배열되었다(즉, 가장 최소한으로 인정됨). 둘째, 사건이 회상되면서 재경험하는 느낌들과 손상된 회상(impaired recall)은 중간 정도의 심각성을 나타내는 위치에 배열되었다. 셋째, 우울은 높은 정도의 심각성을 나타내는 위치에 배열되었다. 넷째, 죽음에 대한 생각들과 무가치감은 가장 높은 심각성을 나타내는 위치에 배열되었다. 특히 DSM-V 초고의 진단 준거에 기분 증상들과 부정적인 인지(cognitions)를 포함시킨 것은 외상 후 스트레스 장애와 우울 사이의 겹침 현상을 더욱 증가시킬 것 같다.

이런 검토가 보여 주듯 DSM은 의학의 다른 분야와 마찬가지로 범주화에 기반하여 장애를 분류한다. 나는 장애를 이런 식으로 범주화하여 구분하는 현상을 비유적으로 표현하기 위해 "글상자 속으로 집어넣기에 기반하고 있다."라고 표현한다.[15] 한 사람은 '외상' 스트레스에 노출되었을 수 있고, 그러지 않았을 수도 있다. 그 사람은 외상 후 스트레스 장애일 수도 있고 아닐 수도 있다. 일반적 의학에서 구분되는 질병들도 그렇다. 암, 당뇨병과 같은 질병들은 심각성에 근거하여 등급이 구분될 수 있고, 고혈압도 단계적 차이(gradations)로 측정된다. 고혈압을 측정하는 내과 의사들처럼 우리 상담자들은 모든 것을 정도의 차이(in degrees)로 측정하는 경향이 있다. 지능이 대표적인 예이다. 우리는 척도를 만들어 상상할 수 있는 모든 것을 측정한다. 우리는 다양한 척도들을 사용해서 외상 후 스트레스 장애와 같은 문제들을 측정한다(Keane et al., 2007). 스트레스와 마찬가지로 증상의 심각성 또한 정도의 문제이다. 더군다나 장애라는 진단 조건에 부합하려면, 1) 증상들이 존재해야 하며, 2) 실제 관찰 가능하고 의미 있는 수준의 마음의 고통 혹은 기능의 손상(예: 한 사람이 가사를 돌보는 것을 어렵게 만들거나 직장 일을 수행하는 것을 어렵게 만들기)을 갖고 있어야 한다. 이 모든 것은 분명한 절단점(cutoff points)[16]이 존재하지 않는 증상의 정도의 문제이다. 그리고 증상의 정도가 어느 정도인가 하는 것이 중요하다. 예를 들어, 외상 후 스트레스 장애의 의미 있는 증상들을 보이나 진단의 절단점을 충족하지 못하는 사람들이 의미 있는 기능 손상을 보일 수 있다. 그러나 상담이 필요하다고 간주되지 않을 수 있다(Grubaugh et al., 200).[17]

위와 같은 고려 사항들은 범주 접근이 아닌 차원 접근(dimensional approach)을 할 것을 주장한다(Friedman et al., 2007). 차원 접근은 외상 후 스트레스 장애가 스트레스에 대한 질적으로 다른 반응이 아니라, 스트레스 반응 스펙트럼의 상층부로 여긴다(Broman-Fulks et al., 2006). 이런 제안은 다른 증상들뿐 아니라 외상 기억들에도 적용된다. 이것은 중요한 지적 사항이다. 왜냐하면 외상 사건에 노출되는 것과 별개로, 재경험되는 여러 증상들이 외상 후 스트레스 장애를 다른 장애들과 가장 잘 구별되게 해 주기 때문이다(Frewin et al., 2009). 더군다나 외상 기억들 중에 사건이 회상되면서 재경험하는 느낌들은 외상 후 스트레스 장애에서 가장 분명하게 나타나는데(Brewin, 2011), 특히 그 느낌들이 현재에서 과거의 외상을 다시 체험하는 경험을 수반한다는 점에서 그렇다. 플래시백은 가장 극단적인 형태의 비정신화(nonmentalizing), 즉 마음–현실 동등화(마음 상태들을 현실로 여기는 것)를 나타낸다. 외상 후 스트레스 장애를 위한 상담방법은 마음–현실 동등화 수준(외상이 현재에 일어나고 있는 것처럼 회상을 재경험하는 것)에서 정신화하기(현재에서 안정감을 느끼면서, 침투하는 증상들이 기억에 지나지 않는다는 것을 인식하는 것)로 옮겨 가게 한다.

외상 후 스트레스 장애와 다른 장애의 증상들이 많이 겹친다는 것을 고려해서, Brewin과 동료들(2009)은 외상 후 스트레스 장애의 진단 기준이 분명해지려면 증상들을 협소하게 정리할 것을 제안하였다. 그들은, 1) 스트레스–노출 기준을 제거하고, 2) 침투 증상은 두려움을 불러일으키는 침투 증상(사건이 회상되면서 재경험하는 느낌들과 악몽들)으로 제한하고, 3) 회피는 외상 사건을 상기시키는 자극들을 피하는 적극적 노력에 한정하고, 4) 외상에 가장 관련된 과잉 각성 기준(과잉 경계 및 놀람)만을 포함시킬 것을 제안하였다. 이런 협소한 기준은 외상 후 스트레스 장애를 우울과 잘 구별되게 할 것이다. 그러나 그 저자들은 외상 후 스트레스 장애가 외상 스트레스에 대한 노출로 인한 모든 결과들을 결코 포착하지 못한다는 것을 인정하며, 외상 후 스트레스 장애는 해리, 우울, 물질남용, 다른 불안장애 같은 여러 가지의 기타 조건들과 동시에 진단이 될 것임을 인정한다.

심리장애의 진단을 위한 임의적인 절단점을 제안하기보다, 우리는 사람들이 노출된 스트레스 사건의 본질과 심각성, 증상들의 심각성, 증상들과 관계된 기능 손상의 정도를 별개로 측정할 수 있다. 그러나 당신의 마음을 옥죄지는 마라. 우리 모두는 몇 개의 연속선을 사용해서 여러 가지 측면을 생각하거나, 다차원, 특히 네 개 이상의 차원을 가정한 공간상에 찍힌 한 점을 생각하는 것보다 범주를 다루는 것이 더 쉽다고 생각한다.[18] 내가 1장에서 논의했던 것처럼 애착 연구자들 또한 범주들(안정 대 불안정의 다른 유형들)과 차원들(친밀함과 불안의 정도)과 관련하여 유사한 비교를 하였다. 우리는 습관적으로 범주화를 사용한다. 그러나 우리는 그 범주화들을 문자 그대로 받아들여서는 안 된다.

지연된 외상 후 스트레스 장애 발생

외상 후 스트레스 장애에 대한 논쟁이 전혀 없는 것은 아니다. Brewin(2011)은 외상 사건에 노출된 후에 외상 후 스트레스 장애가 형성되는 과정에서 나타나는 4가지 기본 패턴을 구별하였다. 다시 말해, 1) **회복력이 있는**(resilient), 즉 전반적으로 증상들의 수준이 낮은, 2) **회복**(recovery), 즉 의미 있는 초기 증상들을 갖고 있으나 시간이 지나면서 경감되는, 3) **만성의**(chronic), 즉 높은 수준의 증상들로 시작해서 여전히 유지되고 있는, 4) **지연된 발생**(delayed onset), 즉 낮은 수준의 증상들로 시작했으나 이후에 심해지는 패턴으로 구분하였다. 지연된 발생 패턴에 대해 논쟁이 많다. 어떤 연구자들은 지연된 발생 패턴이 드물며, 지연된 질병이기보다 지연된 도움 추구를 나타낸다고 제안한다(Spitzer et al., 2007). 지연된 발생 패턴은 잘못 적용된 기억-회복 상담(misguided memory-recovery therapy)의 인위적 산물이란 논쟁에 휩싸여 있다. 전형적으로 잘못 적용된 기억-회복 상담의 대표 사례는 상담자가 내담자들이 흔히 보이는 증상(예: 성 친밀감 불안)을 억압된 아동기 성 학대 때문이라고 잘못 귀인하는 경우이다. 그리고 암시를 사용하는(suggestive) 기억-회복 기법(memory retrieval technique, 예: 잘못된 최면의 사용)은 내담자가 학대를 당한 것에 대한 잘못된 기억과 신념을 구성하게 만들 수 있다. 그리고 이 기억들이 외상 후 스트레스 장애로 진화한다. 내담자와 상담자는 그런 시나리오를 염두에 두어야 하지만, 그런 시나리오의 빈도를 과대 추정하는 것은 경계하는 게 좋다. 상담실에서 혹은 삶에서 여러 요인들이 외상 사건들이 발생한 뒤 한참 지나 마음에 떠오르게 만든다. 외상 기억은 종종 다양한 증상들과 함께 엄청난 정도의 정서적 고통을 수반한다(D. Brown et al., 1998).

연구 결과들을 검토한 결과(Andrews et al., 2007), 외상 후 스트레스 장애의 지연된 발생이 드물지 않았다. 지연된 발생은 일반인 사례 중 15% 정도를, 군인 사례의 38%를 차지한다. 그러나 중요한 경고 사항이 있다. 증상이 없는 상태에서 외상 후 스트레스 장애 진단 기준을 완전히 충족하는 상태로 발전하는 것은 실제로 드물다. 반면에 증상들이 점진적으로 심해져 완전한 외상 후 스트레스 장애로 발전하는 것은 드물지 않다. 퇴역 군인의 지연된 발생을 주의 깊게 살핀 한 연구는 증상이 점진적으로 심해져 외상 후 스트레스 장애가 되는 것이 이상하지 않다고 제안한다(B. Andrew et al., 2009). 불안의 증상들(과잉 각성)은 점진적으로 발달하며, 심지어 주요한 외상 사건에 노출되기 전에 시작된다. 사건 당시 즉각 외상 후 스트레스 장애를 나타내고 명백하게 감당할 수 없다고 느끼는 사람들에 비해, 지연된 외상 후 스트레스 장애를 겪는 사람들은 외상 당시에 충분히 겪을 수 있는 해리, 분노, 수치심을 덜 겪는 것 같다. 그러나 지연된 발생 집단은 더 심한 우울, 알코올남용을 보고하였다. 더군다나 지연되어 발생하는 외상 후 스트레스 장애에 앞서 그들은 전투와 관련되지 않은 심각한 삶의 스트레스를 경험했을 것 같다. 그 연구의 저자들은 "지연된 발생 유형은 단 하나의 외상 경험에 의해 압도되는 사람의 특성이기보다 오히려 누적되는 형태로 일반적인 스트레스 반응을 발달시키는 사람의 특성을 보인다."(p. 775)라고 결론을 내렸다. 특히 이 누적되는 스트레스는 궁극적으로 전투 외상, 이전에 접근되지 않았던 기억들을 재경험하는 것을 초래한다. 비슷하게 나는 스트레스 누적이 아동기 애착 외상과 함께 시작해서, 성인기에 심각한 우울로 발달하고, 아동기 외상의 침투적 기억의 형태를 나타내는 외상 후 스트레스 장애를 겪게 된 많은 내담자들을 상담했었다. 아동기 외상의 침투적 기억이 지연되어 나타난 것은 내담자들이 다른 스트레스 사건들을 처리하는 것이 더 시급했기 때문일 수 있다.

외상 기억

외상 후 스트레스 장애는 악명 높을 정도로 흑백(all-or-none)의 속성을 갖고 있다. 예를 들어, 침투적 기억들에 동반되는, 1) 감당하기 버거운 정서들은, 2) 망연자실의 정서 및 삶을 제한하는 회피와 번갈아 가며 나타난다. 흑백의 속성은, 1) 너무 과한(too much) 기억과, 2) 너무 적은(too little) 기억의 역설적 조합으로 나타나기도 한다(van der Kokl, 1994). 이런 흑백 조합은 DSM 진단 기준에도 포함되어 있다. 예를 들어, 1) 외상의 여러 측면에 대한 기억 상실, 2) 다른 한편으로 침투적인 기억 증상과 같이 상반된 모습을 띤다. 너무 과한(too much), 그리고 너무 적은(too little)[19] 흑백의 속성을 고려하면, 내담자들이 그들의 외상 기억들로 혼란스러워하거나 기억이 잘 나지 않아 혼란스러워하는 것은 이상하지 않다. 외상 기억에 관한 연구문헌들은 믿기 어려울 만큼 복잡하다. 그러나 내담자들과 상담자들은 상담의 방향을 잡기 위해 외상 기억의 연구 결과들을 잘 이해할 필요가 있다.

나는 침투하는 외상 기억들이 현재의 현실에 부합하지 않기 때문에 다루기 어렵다는 요점을 강조하기 위해 Edna Foa의 견해를 먼저 소개한다. 그리고 나는 '너무 과한' 대 '너무 적은'의 역설을 해결하기 위해 여러 가지 유형의 기억들에 대한 Brewin의 제안을 사용한다. Brewin의 견해 또한 외상 기억들이 체계가 없다는(fragmented)[20] 사람들과 외상 기억들이 지나치게 체계가 있다는(organized) 사람들 사이의 논쟁을 해결하는 데 도움이 된다. 이 논쟁은 외상을 겪은 사람의 정체성(identity)에 외상이 끼친 영향을 이해하는 데 기초가 된다. 나는 이에 대해 다음 하위 절인 '정체성' 부분에서 계속 다룬다.

Foa는 외상 후 스트레스 장애와 관련이 있는 외상 기억에 대한 간단한 설명을 제안하였다(Foa et al., 2007). 명백하게 우리는 장래에 상처를 입는 것을 피하려면 과거에 우리에게 상처를 주었던 것을 기억해 둘 필요가 있다. 우리는 그럴 준비가 잘 되어 있지만, 우리가 극도로 공포를 느낄 때 이것과 관련하여 과잉 반응을 할 수 있다. Foa와 동료들(2007)이 제안한 것처럼 우리는 경험과 기억을 바탕으로 우리를 위험에서 도피하게 만드는 **인지적 두려움 구조**(cognitive fear structures)를 발달시킨다. 즉, "두려움 구조는 두려운 자극(예: 곰), 두려움 반응들(예: 심장 박동률 증가), 자극과 관계된 의미(예: 곰은 위험하다.), 반응들(예: 빠른 심장 박동률은 내가 두려워한다는 것을 뜻한다.)을 포함한다" (p. 12). 정상적인 두려움 구조는 실제의 위협들(realistic threats)을 근거로 하며, 행동하기 위한 지침으로 작동한다. 외상 후 스트레스 장애는 위협을 정확하게 표상하지 못하는 부적응적 두려움 구조와 관련된다. 예를 들어, 무해한 자극(예: 백화점에서 아이를 비난하고 있는 엄마)이 위협적인 것으로 지각된다. 무해한 자극이 지나치게 생리와 정서를 각성되게 하며, 부적응적 도피(escape)와 회피(avodiance) 반응들(예: 백화점에서 뛰어나오기)을 하게 만든다.

아이의 행동에 좌절감을 느끼고 있는 양육자가 그런 경향이 있는 것처럼, 외상을 입은 사람에게 "과잉 반응하고 있다."라고 지적하는 것은 그 사람의 적대감을 불러일으킬 뿐이다. 이런 반응은 그 사람에게 너무 당연한 것이다. 나의 동료 Kay Kelly는 '90-10' 반응이라는 손쉬운 대안을 생각해 냈다. 우리는 내담자들을 교육시킬 때 "정서의 10%는 현재(해가 되지 않는 자극)에서 오고, 90%는 과거(외상 사건들)에서 온다."라는 말을 사용한다(Lewis et al., 2004). 물론 이 비율은 임의적이고 달라질 수 있다. 우리는 이 90-10 반응을 외상 스트레스의 수준에 의해 **민감해진**(sensitized) 결과, 즉 시간이 경과되면서 더 낮은 정도의 스트레스에 더 잘 반응하게 된 결과라고 여긴다(Griffin, 2008). 민감화의 맥락에 대한 설명을 들은 내담자들은 90-10 반응이라는 아이디어가 "과잉 반응하고 있다."라는 말보다 더 적절하다고 생각한다. 내담자를 교육할 때 나는 민감화와 둔감화를 비교 설명하는 것이 도움이 된다고 생각한다. 둔감화 절차에서 내담자가 시간이 지나면서 서서히 높아지는 스트레스 수준에 맞춰 **점진 노출**(gradual exposure)되는 것은 내담자의 스트레스 자극에 대한 반응도(reactivity)를 약화시킨다. 예를 들어, 한 사람은 작고 사납지 않은 강아지에게 노출된 뒤 몸집이 더 크고 어쩌면 위협이 되는 개에게 노출되는 과정에서 개에게 물리는 상황이 발생하지 않는다면 개 공포증을 극복할 수 있다. 둔감화 절차와 대조되게 외상 스트레스는 점진 노출 과정으로 경험되지 않는다. 외상 사건은 매우 극한 자극으로 경험되며, 통제할 수 없고, 예측이 가능하지 않다. 그런 이유로 내담자에게 침소봉대(針小棒大)[21]하고 있다는 인상을 주는 말로 설명하는 대신에, 자라 보고 놀란 가슴 솥뚜껑 보고 놀라는 것처럼 민감해진 신경계(sensitized nervous system)가 자라를 솥뚜껑으로 지각하고 반응하게 만든다고 설명한다. 내담자는 상담에서 자라와 솥뚜껑을 구별하는 식의 의미를 가진 정신화하기를 학습할 필요가 있다.

Foa의 이론은 외상 기억의 부적응적 본질을 다루지만 '너무 과한' 기억과 '너무 적은' 기억 조합의 역설은 다루지 않는다. Brewin(2011)은 이중표상(dual-representation)이론을 제안했는데, 이 이론은 외현(선언적-언어적) 기억과 암묵 (비선언적, 지각-운동) 기억 사이의 구별에 근거한다. 1장에서 논의했던 것처럼 나는 기억에 대한 연구들에서 도출된 이 암묵-외현 사이의 구별을 여러 가지 수준의 내적 작동모델들과 정신화하기에 적용하였다.

이런 접근과 유사하게, Brewin은 외현 기억, 즉 언어적으로 접근 가능한 기억과 암묵기억, 즉 **상황적으로**(situationally) 접근가능한 기억을 구별한다. 사람들이 기억에 대해 생각할 때 대부분은 외현 기억, 즉 언어적으로 접근 가능한 기억을 떠올리며, 이 기억은 묘사나 이야기의 형태를 취한다. 그런 기억들은 개인적인 사건 기억들(personal event memories)로 또한 불리기도 한다(Pillemer, 1998). 예를 들어, 당신의 친구들은 당신이 화난 줄 알고, 무슨 일인지를 묻고, 당신은 친구들에게 이야기를 한다. 당신은 필요할 때 개인적인 사건 기억들을 의도적으로 복구할 수 있고, 그 기억들은 당신의 자서전적 기억에 통합되어 하나의 이야기가 될 수 있다. 그러나 그러한 기억들을 일관성 있게 구성할 수 있는 당신의 능력은 때때로 외상 스트레스 때문에 약화될 수 있다.

외상 스트레스를 겪고 있는 동안 어떤 사람은 자세한 언어적 기억들을 떠올리는 데 어려움을 겪을 수 있으나, 동시에 매우 오래 지속되는 상황적으로 접근 가능한 기억들을 떠올릴 수 있다. 이 상황적 기억들은 사건이 회상되면서 재경험하는 느낌들의 재료이며, 외상을 다시 경험하는 느낌과 함께 발생한다. 사건이 회상되면서 재경험하는 느낌들은 상황을 상기시키는 자극들에 의해 의지와 상관없이 촉발된다. 이 비언어적 기억들은 감각-지각(sensory-perceptual) 이미지 형태를 취하며, 시각적인 것(예: 무시무시한 인물), 청각적인 것(예: 쾅 하고 닫히는 문), 후각적인 것(예: 술)뿐 아니라 신체 감각적인 것들(예: 통증)을 포함한다. 2장의 앞부분에서 언급했던 것처럼("외상의 정의" 절을 보라), 이 침투적인 기억들은 전형적으로 경험의 과열 지점(hotspots) 혹은 최악의 순간들에 관련된 기억들이다.

자연스럽게 외상 후 스트레스 장애로 고통을 겪는 사람들은 사건이 회상되면서 재경험하는 느낌들을 촉발하는 생각들과 상황들을 회피하는 것을 학습한다. 그러나 회피는 반드시 실패하기 마련이다. 외상 사건을 상기시키는 자극들(예: 영화에 나오는 예상치 않았던 공격 장면)을 접촉하지 않고 회피하는 것은 불가능하다. 더군다나 기억들을 억압하는 노력들은 외상 후 스트레스 장애의 증상을 악화시키는 역효과를 낳는다(Brewin, 2011). 나의 견해로는 경험 회피가 효율적이지 않기 때문에 우리는 외상 사건을 상기시키는 자극들을 회피하기보다 외상 사건에 대해 생각하고 느끼며 이야기하는 것, 즉 사건을 재경험하기보다 정신화하기를 할 수 있는 능력을 학습해야 한다.

우리 인간은 언어로 표현할 수 있는 것보다 훨씬 많은 것을 지각할 뿐 아니라 의식하며, 주의를 기울이지 않았는데 부지불식간(unconsciously)에 기억에 저장하는 것이 훨씬 더 많다. 우리는 자동적으로 주변의 세부 사항들(예: 빨간 셔츠 또는 콜로뉴 향수)은 배제하고, 위협의 즉각적인 원천(예: 총, 칼, 주먹, 혹은 화난 표정)에 주의를 기울인다. 그럼에도 불구하고 우리는 이 관련 없는 세부 사항들을 상황 기억(situational memory) 속에 부호화해서 저장할 수 있다. 그래서 장래에 주의를 기울이지 않았던 세부 사항에 노출될 때 상황 기억이 촉발되어 나타날 수 있다(Rrewin, 2005). 그 결과로, 1) 너무 과한 기억, 즉 부지불식간에 의도하지 않았는데 촉발된 감당하기 버거울 정도로 두려운 이미지와 감각들, 2) 너무 적은 기억, 즉 그런 이미지들을 일관성 있는 자서전적 묘사(autobiographical narrative)와 관련지어 이야기하지 못하는 능력이 조합되어 나타날 수 있다. 그런 이유로 외상 사건에 대한 어떤 기억들은 **체계가 없는**(fragmented) 것으로 기술된다. 다시 말해, 체계가 없는 기억들은 자서전에 어울리는 의미 있는 개인적인 사건 기억 속으로 통합되지 못하는 동떨어진 이미지들(isolated images)로 정의된다. 이런 맥락에서 외상 기억들은 매우 혼란을 일으킬 수 있다. 엎친 데 덮친 격으로 외상을 입은 사람들은 그들의 행동에 대한 이유들을 다른 사람들에게 소통할 수 없다는 것이다. 예를 들어, 무시무시한 인물에 대한 모호한 이미지가 떠올라서 공포에 질려 구석 혹은 벽장에 쪼그린 상태로 있는 사람은 자신의 그런 행동을 다른 사람들에게 설명하기 어렵다.

체계가 없고, 감정이 실린 외상 기억의 이미지들을 일관성 있는 이야기로 변환시키는 과정은 **작화**(contabulation) 될 위험이 있다. 다시 말해, 기억의 갭을 상상을 사용해서 가능성이 있으나 정확하지 않은 이야기들로 메꿔 이미지들의 일관성을 갖도록 이야기를 완성할 위험이 있다. 이는 외상에 국한되지 않는다. 기억에 한계가 있다는 것을 고려하면 우리 모두는 다양한 정도로 작화를 한다. 상담에서 작화와 관여해서 상담자들이 걱정할 정도의 염려는 특히 암시가 주어지는 기억-회복 기법들(예: 유도된 상상, 꿈의 해석, 잘 알지 못한 채 시행되는 최면)을 사용할 때 발생한다. 최악의 경우에 내담자는 증상의 토대가 되는 외상 기억들을 상담자의 잘못된 가정에 맞춰 작화할 수 있다. 따라서 상담자는 현명하게 "**존재하는 그대로의 내담자의 기억을 떠올리게 처치하는 데 초점을 맞춰야 한다**"(Geraerts, 2010, p. 82, 강조는 첨가함). 내가 상담자와 내담자에게 제시하는 조언은 간단하지만 쉽지 않다. 나의 조언은 "**당신이 아는 것에 대해 상담 작업을 하라.**"이다. 내담자가 모호한 기억들에 초점을 맞추는 일은 흔히 일어난다. 내담자가 분명하게 기억하는 외상 경험들은(예: 청소년기에 부모의 공포스러운 다툼, 고통스러운 정서적 방임, 괴롭힘, 성폭력 경험 모두의 조합) 노골적으로 축소시키고 모호한 기억들과 아동기에 성폭력을 당한 것 같다는 의구심에 초점을 맞추는 상황이 흔치 않게 일어난다.

그러나 그 밖의 다른 곳처럼 여기에도 논쟁의 여지가 많다. Dorthe Berntsen과 동료들은 외상 기억들이 체계가 없다는 생각에 동의하지 않는다. 반대로 그들은 외상이 너무나 잘 기억된다고 제안한다. 다시 말해, 외상 기억들에 대한 정보 처리가 너무 지나쳐서 자서전 기억 속에 확고히 자리를 잡는다는 것이다. 이 기억들은 자서전의 특징들이 된다. 외상 기억은 "삶의 이야기 구성에서 지나치게 지배적인 위치를 차지할 수도 있다." 즉, 외상이 자기를 정의하는 삶의 이야기의 중심이 된다. 이 연구자들은 자서전에서 외상 사건이 차지하는 중심의 크기가 클수록 외상 후 스트레스 장애 증상들이 더 심하다는 것을 발견하였다(Berntsen & Rubin, 2007). 그래서 그들은 외상에 중심을 두고 삶의 이야기를 재구성하는 것을 경계하였다. 왜냐하면 상담자와 내담자가 그렇게 할 때 부정적 결과가 야기될 수 있기 때문이다. 상담자는 내담자가 삶의 이야기들을 더욱 복잡하게 구성하도록 도울 필요가 있다. 이 복잡한 이야기들은 신뢰와 안정감을 포함하는 그들의 강점, 성공, 탄력성, 관계에 더 많은 무게를 둔다.

나는 Berntsen의 관점을 극적으로 보여 주는 내담자와 상담을 하였다. 그는 십여 년 동안 외상 후 스트레스 장애 증상들을 겪었다. 그리고 이것은 언급할 만한 가치가 있다. 왜냐하면 주요한 외상 기억이 DSM 준거에 포함된 신체적으로 손상을 입었다는 의미에서 외상적인 것이 없는데, 그 외상 기억이 그의 핵심 정체성을 형성하고 있었기 때문이다.

사례

Greg는 우울이 정상 생활을 방해할 정도가 되자 병원에 입원했다. 그는 30대이다. 그는 자신이 매우 무가치하다고 느꼈다. 이 감정은 깊은 뿌리를 갖고 있었다. 청소년기 내내 어머니는 잔인할 정도로 그를 아버지와 비교하였다. 어머니는 아버지를 경멸조로 표현할 뿐이었다. 그의 어머니는 아버지 위에 군림하였다. 아버지는 수동적이고 순종적이며, 우울한 사람이었다. 어머니는 Greg가 아버지를 빼닮았다고 말하였다. 예를 들어, 결코 어떤 것도 해낼 수 없는 "쪼다" "겁쟁이"라고 불렀다. 그의 형은 신체가 좋았고 공격적이며 고집이 있었다. 어머니는 형을 좋아하였다. 형과 다르게 Greg는 체구가 가냘프고 불안해하며 소심한 성격이었다. 고등학교 재학 시에 그는 형의 그림자였고 형은 '운동을 잘하는 학생'으로 인기를 누렸다.

Greg는 아버지처럼 내향적이었고, 미적이고 지적인 것에 흥미가 많았다. 그는 학교에서 우수한 학생이었다. 하지만 이는 어머니에게 별로 중요하지 않았다. 그녀에게는 '남성다운' 것이 우선이었다. Greg는 대학 진학에 기대를 걸었고, 대학에 다닐 수 있게 성적 우수 장학금을 받게 되자 기뻐하였다. 그는 성숙하고 학업을 추구하는 또래들에게 수용받을 것으로 생각하며 희망을 가졌고, 실제로 한동안 그렇게 되었다. 그는 학업 성향이 강한 남학생 사교 클럽에 가입 허가를 받았을 때 기뻐하였다. 그러나 그는 통과의례로 치러지는 골리기 활동에서 차질이 생겨 고통을 겪었다. 이 통과의례에서 건장한 상급생이 그를 비난하고 겁을 주었기 때문이다. 그는 기습적으로 찾아든 불안 발작으로 고통을 겪었고, 방광을 통제하지 못하였다. 이 일로 동료들은 그를 비웃었고, 그는 극도의 굴욕감을 느꼈다.

Greg는 사교 클럽에 나가지 않았고 고립되어 지냈는데, 예외적으로 자신에게 헌신하는 한 여학생과 잘 지냈다. 그녀의 지지는 그가 학점을 이수하고 대학을 졸업하는 데 도움이 되었다. 그와 여자 친구는 졸업 후 결혼하였다. 그는 선생님이 되었고, 학생들은 그를 좋아하였다. 그러나 사교 클럽의 남학생들에게 놀림을 받았던 일들이 불쑥불쑥 떠올라 계속 고통을 느꼈다. 건장한 상급생이 자신을 놀리는 장면은 결코 그의 마음을 떠나지 않았다. 이 경험은 그의 어머니의 관점—그는 겁쟁이다—을 지지하는 경험이었다. 그의 굴욕감은 복수에 대한 환상과 뒤섞였으며, 그는 반추에 빠졌다. 더군다나 그는 학교에서 종종 여자 부장 교사와 갈등을 겪었는데, 그는 그 부장교사가 완벽주의에 비평적이고 우두머리 행세를 하는 사람이라고 말하였다. 그녀가 계속 못살게 굴면 그는 수치스러움과 격분을 느꼈다. 그의 마음에 그녀는 아동기에 자신을 괴롭히던 사람들, 그의 어머니, 상급생을 섞어 놓은 존재였다. 그는 일자리를 잃게 될까 봐 그녀에게 맞서지 못했다. 그러나 그의 굴종은 그가 겁쟁이라는 느낌을 확인시켜 줄 뿐이었고 분노를 가중시켰다. 그러나 그의 고통은 못살게 굴기 혹은 여자 부장교사의 비평에 대한 기억들에 국한되지 않았다. 특히 그가 스스로를 옹호하지 못하면 타인의 모욕이나 무례함이 그의 마음을 괴롭혔다.

Greg의 불안과 우울이 심해졌을 때 직장에서 성과도 떨어졌다. 게다가 부장교사와의 갈등은 심해졌다. 집에 있을 때 그는 외상 이미지들을 차단하고 반추에 빠지지 않기 위해 취미 생활을 계속하며 지냈다. 이 노력들은 Greg의 의지와 상관없이 떠오르는 기억들을 회피하는 데 약간 효과가 있었다. 그러나 그런 노력은 아내와 그가 멀어지게 만들었다. 그가 점점 철회하여 자신의 취미 생활에 빠졌을 때 아내는 좌절하였다. 그녀는 Greg가 못살게 굴었던 상급생과 부장교사의 행동에 대한 기억에 빠져 힘들어하는 것에 매우 당황하였다. 왜냐하면 이 기억들이 그의 모든 재주들과 성취들이 빛을 잃게 만들었기 때문이다. 그녀가 위로를 해도 더 이상 효험이 없었다.

Greg가 대학 1학년 때 경험한 외상 사건은 그의 정체성과 이후의 경험, 예를 들면, 1) 직장에서 그의 많은 관심을 쏟아붓게 만든 부장과의 원만하지 못했던 관계, 2) 영화관에서 앞줄에 앉은 어떤 사람이 스크린을 가로막는 것 같은 외견상 악의가 없는 사건들에 대한 그의 반응에 영향을 미쳤다. 슬프게도 그는 십 년 동안 우울과 외상 후 스트레스 장애 증상들로 고통을 겪으며 살았다. 그럼에도 그는 상담을 받지 않았다. 일단 그가 상담에서 어쩌면 이득을 얻을 수 있다고 인식하자, 그는 상담을 받는 데 자신의 에너지를 쏟아부었다. 그는 정신화하기의 개념이 도움이 될 것이라 생각하였고, 정신화하기는 그가 반추하는 사고 과정과 반추가 기분에 미치는 해로운 영향력을 알아차리게 하였다. 그는 알아차리기를 사용해서 자신의 의지와 상관없이 떠오르는 이미지들(intrusive images)과 여러 가지의 환상들에 사로잡히는 것에서 다소 벗어날 수 있었다. 동시에 그는 자신의 건강한 대인 관계들을 대수롭지 않게 여겨 왔다는 것을 알아차렸다. 그는 외상 관계에서 관심을 전환시켜서 아내, 친밀한 친구, 우울한 동안 제쳐 놓았던 관계들에 다시 관심을 기울이기 시작하였다.

부장교사나 상급생으로 인해 Greg가 겪은 고통스러운 골리기 경험에 대한 기억은 흐릿하거나 체계가 없는 것이 아니었다. 그것은 실제로 발달 과정에서 중요한 사건으로 Greg의 이후 경험을 조직화하였다. 그는 당황스럽고 굴종해야 했던 수많은 일들의 고통스럽고 침투적인 기억들을 이야기하였다. 그러나 더 끔찍하고 공포스러운 외상 경험을 한 다른 사람의 경우에 그 기억의 문제들은 더욱 복잡하다. 기억들에 체계가 없는 것이 외상으로 삶이 영향을 받을 가능성을 배제하지 않는다. 이런 모순을 해결하기 위해 Brewin(2011)은 언어 및 감각적 기억 이외에 제3형태의 기억인 자기에 관한 개념적 지식(conceptual knowledge)을 제안한다. Brewin이 지적한 것처럼 한 사람이 외상을 입었다는 것—예를 들어, 아동기에 성폭력을 당한 것—을 다양한 방식으로 알 수 있다. 즉, 뇌리에서 침투적 이미지들이 떠나지 않는 것, 세부 사항을 기억할 수 없는 것, 혹은 의미 있는 이야기들을 자세히 말할 수 있는 것에 이르기까지 다양한 방식으로 외상을 입었다는 것을 알 수 있다. 학대당한 것에 대한 일반적 기억(general memory)의 형태로 이 개념적 지식은 현저한 역할을 할 수 있다. 다시 말해, 이 개념적 지식은 정체성과 이후의 경험을 조직화할 수 있다. 예를 들어, 학대당한 사람은 개념적 지식에 근거해서 자기를 더럽고 구역질나며 경멸스러운 것으로 지각하고, 수치심을 주로 경험하면서 고립된 삶을 살 수 있다.

정체성

앞서 논의했던 것처럼 외상은 정체성을 형성할 수 있거나 잘못 형성할 수 있다. 외상이 자기(self)에 미친 영향은 상담에서 다뤄야 할 주요 초점이다. 애착이론의 관점에서 외상은 자기, 타인, 관계에 대한 생각과 감정을 포함하는 내적 작동모델에 영향을 미친다. 그래서 외상은 자기지각(sense of self)과 세상 속 자기지각(sense of self-in-the-world)에 변화를 일으킨다. Ronnie Janoff-Bulman(1992)은 외상이 세 가지 근본 가정, '1) 세상은 호의적이다, 2) 세상은 의미 있다, 3) 자기는 가치 있다'를 무너뜨린다고 제안하였다. 외상을 입고 나면 세상은 의미 없고 위험하며 악의에 찬 것으로 보일 수 있다. 자기는 가치 없는 것으로 보일 수 있다. 유사하게 Foa와 동료들(2007)은 두 가지 기본 외상 관련 신념들이 외상 후 스트레스 장애를 지속시킨다고 강조한다. 즉, "세상은 전적으로 위험하다." 그리고 "나는 그것에 대처하는 데 완전히 무능하다"(p.14).

그러나 무능하다는 말은 애착 외상이 자기에게 미친 영향을 충분히 표현하고 있지 못하다. 내가 상담한 내담자들은 다음과 같이 표현하였다. "나는 더러운 작은 창녀이다." "괴물이다." "더럽혀지고 중고가 된 쓰레기" "모든 사람에게 혐오감을 주는, 인간이 아닌 괴물" "악마" "반-기독교주의자" "존재하지 않는 사람(nonexistent)"으로 자기를 표현하였다(Allen, 2001, p.91). 과거에 외상을 겪은 내담자들에게 외상 사건은 유익한 가정들을 무너뜨리는 것이 아니라 오랫동안 지녀 온 부정적 가정들을 강화한다(Cahill & Foa, 2007). Brewin(2003)은 "이미 환상들(illusions)이 무너져 있을 때, 외상은 환상들을 무너뜨릴 필요가 없다."라고 하였다.

외상과 별개로 자기의 통일성(unity of the self)이 어느 정도 문제가 된다. 비록 외상과 우울이 부정적 속성을 전경으로 오게 해서 긍정적 속성이 배경으로 물러나도, 전형적으로 우리의 자기개념은 긍정적 속성과 부정적 속성으로 뒤범벅되어 있다. 또한 우리의 자기지각은 우리의 기분, 여러 가지 상황, 사회적 역할에 따라 변화한다. 애착이론의 주장처럼 가장 중요한 것은 우리가 여러 관계에서 자기지각을 발달시키며, 자기에 대한 내적 작동모델은 한 관계에서 다른 관계로 옮겨 가면 변화한다. Brewin(2003)은 외상의 자기에 대한 영향을 비유하여 설명하였는데, 이 설명은 다수의 가정들이 무너지는 것 이상으로 훨씬 더 복잡하다는 것을 보여 준다.

> 정체성에 대한 이 접근은 외상으로 부서지고 재형성되어야 하는 한 덩어리로 짜여 있는 구조[22]가 있다는 단순한 생각을 거부한다. 오히려 정체성은 토네이도가 지나가는 경로에 위치한 모래 언덕과 유사하다. 토네이도가 지나간 뒤 모래 언덕의 형태는 이전과 다르다. 이전에 비해 어떤 언덕은 더 커지고, 다른 것은 더 작아진다. 모래 언덕을 예전과 같이 정확하게 복구시키는 것이 결코 가능하지 않다. 그러나 이동하거나 파괴된 모래 언덕들을 재건하고, 원치 않는 장소에 쌓인 모래들을 정리할 기회들이 있다(p.86).

Brewin의 비유에 의하면 정체성은 계속해서 이동하는 모래 언덕들과 유사하다. 애착 외상의 경험은 심한 바람이 부는 폭풍에서 구름이 뒤덮인 하늘, 한바탕할 듯 벼르고 있는 구름, 천둥, 허리케인, 쓰나미, 토네이도까지 되풀이되는 폭풍우 같다. 어떤 기간은 폭풍우가 잠시 중단되고, 맑은 날씨를 보였다가, 폭풍우에서 안식처를 발견하는 기간이 나타난다. 이 과정에서 이동하는 모래 언덕은 관계에서 느끼는 안정감이 변화하는 것에 상응하고, 또한 관계의 변화로 인해 자기지각과 타인지각에 발생하는 변화를 비유한다.

외상 후 스트레스 장애의 원인들

무엇이 외상 후 스트레스 장애의 원인인가? 명백한 답은 외상 스트레스이다. 놀랍게도 이 답은 오해의 소지가 있다. 이 답의 옳은 면은 잘 입증된 복용–반응 관계에 의해 지지된다. 다시 말해, 경험한 스트레스가 심하고 재발이 잦으면 외상 후 스트레스 장애를 겪을 가능성이 커진다. 그러나 내가 이 장의 앞 쪽에서 논의했던 것처럼("외상의 정의" 부분을 보라), 스트레스의 심각성과 외상의 정도 사이의 관계는 느슨하다. 이는 외상 후 스트레스 장애를 겪게 만드는 발달 경로가 매우 복잡하기 때문이다. 외상 후 스트레스 장애가 발달하게 만드는 취약성 요인은 여러 가지이다. 취약성 요인은 발생하는 시간 순서에 따라 구별할 수 있다. 다시 말해, 취약성 요인은 외상 스트레스 발생 전, 발생 중, 발생 후 요인으로 구별될 수 있다. 〈표 2-2〉는 외상 후 스트레스 장애 발달에 영향을 끼치는 요인들을 제시하고 있다.

〈표 2-2〉 외상 후 스트레스 장애 발달에 기여하는 잠재적 요인들

외상 전 요인들
충동적 위험 행동을 하게 만드는 유전 경향성
높은 수준의 불안과 불편감을 보이는 유전 경향성
여성
혼란된 애착
어린 연령에 외상에 노출
이전 외상의 경험
낮은 사회경제적 지위, 교육 수준, 지능
개인 자신 혹은 가족의 심리장애 경험
손상된 가족 기능
사회적 관계 파열(상실, 양육자의 변동, 거주지의 변동)
물질남용
반사회적 행동
외상 중 요인들
스트레스의 객관적인 심각성
정서적 불편감의 주관적 수준
외상 스트레스에 노출된 시기에 경험하는 해리
외상 후 요인들
계속되는 스트레스 사건들
사회적 및 정서적 지지의 수준

발달적 취약성으로 입증된 다수의 외상 전 요인들이 외상 후 스트레스 장애를 겪을 위험을 높인다. 우선 유전적 취약성 요인은 두 가지 방식으로 영향을 미친다. 첫째, 유전 요인은 잠재적 외상 사건에 노출될 위험을 증가시키고, 둘째, 노출 후에 외상 후 스트레스 장애를 발달시킬 위험을 증가시킨다(Segman et al., 2007). 예를 들어, 유전적 취약성 요인은 위험한, 충동에 의한, 부주의한 행동을 할 가능성을 증가시킨다. 이는 일

부 사람들이 스스로를 위험한 길로 들어서게 할 수 있다. 예를 들면, 충동적으로 물질 남용을 한 사람은 공격 행동을 할 위험이 높다. 게다가 유전 취약성 요인은 더 쉽게 불편감을 느끼게 만들 수 있고, 이는 다시 외상 사건의 영향력을 증가시킬 수 있다. 특성 불안(temperamental trait)은 스트레스를 증폭시키는 역할을 할 수 있다. 한편, 외상 전 요인들 중 성(gender)[23] 또한 외상 후 스트레스 장애의 위험에서 복잡한 역할을 한다(Kimerling, et al., 2007). 남성이 여성보다 외상 사건에 노출될 가능성이 높다. 그러나 여성은 노출되면 외상 후 스트레스 장애로 발달할 가능성이 남성보다 높다. 또한 성과 외상 노출의 유형은 서로 연관이 있다. 여성은 성폭력과 성 공격(assault) 같은 고위험 외상 사건에 노출될 가능성이 높다. 더군다나 그런 외상은 종종 애착 관계—아동기 성폭력 혹은 성인기 친밀한 파트너와의 폭력적인 관계—에서 반복하여 발생한다.

발달 과정에서 유전과 성 이외에 여러 가지 외상 전 요인들이 우리가 외상 후 스트레스 장애를 겪게 만드는 경향이 있다. 다시 말해, 어린 연령에 외상에 노출되는 것, 낮은 사회경제적 지위, 낮은 교육 수준, 낮은 지능, 개인 자신 혹은 가족의 심리장애 경험, 손상된 가족 기능, 이전의 외상 노출이 외상 후 스트레스 장애가 발달하는 데 영향을 끼칠 수 있다. 특히 아동 학대가 이후 외상에 대한 취약성을 증가시킬 때 발달 과정 요인이 외상 후 스트레스 장애를 겪게 만드는 경향이 있다(Vogt et al., 2007). 1장에서 논의했듯, 유아기 혼란 애착은 이후에 외상 사건에 노출된 아동이 외상 후 스트레스 장애에 취약하게 만든다.

외상 후 스트레스 장애에 관계된 삶의 초기 경험이 무엇인지 살핀 연구들은 회상적(retrospective) 방법을 적용하였다. 예를 들어, 연구자들은 외상 후 스트레스 장애 혹은 우울을 겪고 있는 성인에게 가족 관계에서 겪은 아동기 경험에 대해 질문한다.[24] 일부 연구자들은 현재의 증상이 내담자가 어떤 기억을 떠올릴지에 영향을 미친다고 걱정한다. 예를 들어, 우울한 사람은 고통스러운 경험을 더 많이 기억할 것 같다. 그래서 우리는 전망적 종단연구를 해야 삶의 초기 경험과 외상 후 스트레스 장애의 관계에 더욱 자신감을 가질 수 있다. 외상 후 스트레스 장애 관련 종단연구가 드물기 때문에, 우리는 출생부터 32세까지 다양한 시간 간격에서 참가자들을 신중하게 평가하여 이루어진 Dunedin, New Zealand 연구에 주목할 필요가 있다(Konnen et al, 2007). 이 연구에서 밝혀진 첫 번째 위험 요인군은 외상에 노출될 가능성과 관계가 있었다. 첫 번째 위험 요인군은 까다로운 기질(difficult temperament), 반사회 행동, 과잉행동, 엄마의 심리적 불편감, 아동기 부모의 상실 등을 포함하였다. 첫 번째 위험 요인군과 어느 정도

겹치는 두 번째 위험 요인군은 노출 후에 외상 후 스트레스 장애를 발달시킬 가능성이 높았다. 두 번째 위험 요인군은 낮은 지능, 까다로운 기질, 반사회적 행동, 인기 없음(unpopularity), 양육자의 변동, 여러 번의 거주지 이동, 엄마의 심리적 불편감을 포함하였다. 다른 발달 연구의 결과들과 유사하게 한 가지 명백한 결과는 여러 가지 위험 요인군이 누적되는 것이 외상 후 스트레스 장애를 가장 강력하게 예측하였다.

외상 전 요인들 이외에 외상이 발생할 당시의 경험들, 즉 **외상 중** 요인들 또한 외상 후 스트레스 장애 발달에 중요한 역할을 한다. 앞서 언급한 대로 주관적 두려움 반응들이 외상 후 스트레스 장애의 발달 가능성에 영향을 미친다. 그래서 여성이 남성보다 외상 사건 중에 더 큰 불편감을 호소한다는 사실이, 즉 여성의 주관적 두려움 반응이 더 크다는 것이 외상 후 스트레스 장애에서 나타나는 성차에 기여하는 선행 요인일 수 있다(Kimerling et al., 2007). 특히 외상에 노출된 가운데 겪는 해리 반응(dissociative response)과 외상의 즉각적인 후유증이 이후에 외상 후 스트레스 장애를 겪게 만드는 중요한 위험 요인이 되는 것으로 여러 연구에서 확인되었다. 여러 선행 연구들을 검토한 한 연구는 외상 중의 해리가, 1) 외상 전, 2) 외상 후 요인들보다 외상 후 스트레스 장애를 더 강하게 예측한다는 결과를 발견하였다(Ozer et al., 2003). 나는 해리장애들을 설명하는 다음 절에서 이런 현상에 대한 이유들을 논의할 것이다.

애착 관계에서 정신화하기가 중요한 역할을 한다고 강조한 Brewin(2003)은 "**외상 후**에 일어나는 위험 요인들이 한 사람이 외상 후 스트레스 장애를 발달시킬지 아닐지에 일관성 있게 **가장 큰 영향**을 미치는 것으로 확인되었다."(강조는 첨가함)라고 결론지었다. 놀랄 것도 없이 한 가지 현저한 외상 후 위험 요인은 외상 사건의 후유증으로 계속되는 스트레스이다(Vogt et al., 2007). 그러나 Brewin은 가장 강력한 외상 후 요인은 **사회 지지의 부족**임을 발견하였다. 가장 문제가 되는 것은 외상을 입은 사람에게 냉담함, 동정심의 부족, 비평과 같은 **부정** 반응들을 보이는 것이다. 물론 '변덕스러운 정서 상태'와 같은 외상 후 스트레스 장애의 증상 그 자체가 타인으로 하여금 그런 변덕에 부정적으로 반응하게 하고, 또는 계속되는 기억의 재경험에 타인이 "왜 당신은 과거를 잊어버릴 수 없습니까?"와 같이 권고하게 만드는 식으로 부정적인 사회 반응들을 초래할 수 있다. 이와 같이 타인의 비공감적이고 정신화하기에 실패한(nonmentalizing) 반응이 초기 애착 경험에서 겪은 반응과 유사할 때, 나는 그런 반응을 중요하게 여긴다. 왜냐하면 그런 반응이 고통스러운 정서 속에서 혼자라고 느꼈던(feeling alone) 과거의 경험을 상기시키는 자극이 되기 때문이다.

외상 사건을 겪은 사람이 자신의 경험을 노출할 때 타인이 보이는 반응을 알아본 연구들에서 사회적 지지가 어떤 기능을 하는지 많이 탐색되었다. 애착의 관점에서 보면 외상 사건을 겪고 타인에게 노출하는 것은 적절한 일이다. 위로받고 안정감을 회복하기 위해 신뢰로운 동반자(companion)[25]에게 고백하는 것은 도움이 된다. 많은 외상은 학대와 폭행을 계속 비밀로 간직하는 것에서 기인한다. 비밀로 하는 데는 이유가 있다. 특히 불안정 애착 관계의 맥락에서 그러한 애착 외상이 발생하기 때문이다. 성적인 외상을—특히 가족 내에서—드러낼 경우 그 사실을 드러낸 사람은 불신, 비난, 수치, 처벌, 배제를 겪어야 하는 위험에 처하게 된다. 이런 부정적인 반응은 정신화하기의 결핍을 나타낸다. 이 경우 외상 사건을 노출하는 것 자체가 또 다른 외상이 되고, 외상 후 스트레스 장애의 위험을 증가시킨다. 언제 누구에게 드러낼지 말지를 결정하는 것은 어려운 판단이다. 성인도 이런 결정 과정에서 어려움을 겪을 수 있고, 어린이는 훨씬 더 큰 어려움을 겪을 것이다. Brewin의 연구와 일치되게 노출해서 부정적 반응을 경험한 사람은 노출을 삼가한 사람보다 더 나쁜 결과를 겪게 된다(Ullman et al., 2010). 명백하게 성적 외상을 드러내는 것은 양날의 칼과 같다. 여기에는 이득과 손해가 있다. 성인 여성이 성 학대를 노출한 경험을 알아본 최근의 한 연구는 고무적이다. 노출한 사람의 대다수는 최소 한 사람에게 (종종 친구와 가족에게) 자신의 성 학대를 말하였고, 타인의 부정 반응보다 긍정적 반응을 더 많이 경험하였다(Jacques-Tiura et al., 2010). 또 다른 연구는 절친이 보인 부정적 반응은 의도된 행동이 아니며, 대개 비밀을 들은 절친이 겪는 불편감 때문에 일어난다고 하였다(Littleton, 2010). 절친은 학대를 당한 사람의 주의를 다른 곳에 돌리려고 하거나, '새로운 주제로 넘어가게' 격려하여 자신의 불편감과 불안을 줄이려는 시도를 할 수 있다.

나는 외상 사건 발생 전, 발생 중, 발생 후에 외상 후 스트레스 장애의 발달에 영향을 미치는 요인들을 설명하는 과정에서 애착 관계가 가장 중요한 자리를 차지한다는 사실을 강조하였다. 가족 기능, 삶의 초기 애착 외상 경험 여부가 장래의 외상 취약성에 영향을 미친다. 내가 이 책 전체에서 강조하는 것처럼, 애착 관계의 맥락에서 발생하는 외상은 주요한 관심 대상이 되어야 하며, 해리 반응을 보이는 데 중요한 역할을 한다. 마지막으로, Brewin의 연구가 강조하는 것처럼 애착 관계의 질을 반영하는 안정감과 정신화하기 혹은 그것의 결핍은 외상 사건에 노출된 뒤에 외상 후 스트레스 장애를 겪을지 아닐지에 중요한 영향을 미친다.

외상 후 스트레스 장애에 대한 우리의 결론

1980년대 메닝거 상담센터에서 여러 상담자가 외상이 심리장애에 미치는 역할을 이해하기 시작했을 즈음에 외상 후 스트레스 장애가 공식 진단 체계에 포함되었다. 지나고 보니 나는 외상 후 스트레스 장애에 대해 숙고하지도 않고, 잘 알지도 못하면서, 외상 후 스트레스 장애를 잘 정의 내려진 질병으로 당연히 받아들였던 것을 지금에야 깨닫는다.

현재 나는 앞서 요약하였던 수십 년간의 연구들을 알고 있으며, 고통(suffering)의 정도가 아닌 고통 자체를 외상 후 스트레스 장애 진단 기준으로 간주하는 생각에 회의적이다.[26] 상담자, 내담자, 연구자 등 우리 모두는 공포스러운 스트레스 사건에 노출된 뒤 깨어 있거나 심지어 잠자고 있는 동안 마음에서 그 사건을 고통스럽게 재경험하는 잔인한 심리 과정을 겪을 수 있다는 것을 의심치 않는다. 이런 재경험은 불안과 같은 많은 다른 감정을 수반하며, 또한 고통스러운 재경험을 회피하기 위한 의도된 전략, 의도하지 않은 전략을 수반한다. 특히 불안정 애착 관계에서 발생하는 외상은 외상 후 스트레스 장애를 넘어 핵심자기(core sense of self), 관계, 세상에서 존재하는 경험에 매우 큰 영향을 미친다.

그러나 외상 후 스트레스 장애를 DSM-III 진단 체계에 포함시킨 것을 둘러싼 사회적·정치적 논쟁과 별개로, 건강한 과학적 회의와 탐구는 외상 사건들이 DSM-III에 잘 정의된 질병인 외상 후 스트레스 장애를 야기한다는 과잉 단순화된 관점을 무너뜨린다. 발달적 관점에서 보면 '외상'을 특별한 스트레스 사건 혹은 사건들과 동일시하는 것은 명백히 적절한 정의가 아니다. 정신의학은 누구나 외상이라고 동의할 수 있는 스트레스의 수준을 분명히 하는 노력을 해 왔고, 외상의 주관적 경험을 정의하는 노력은 거의 포기하기 직전이다. 그래서 우리는 병리 반응(즉, 심리장애)과 대조되는 매우 심각한 스트레스에 대한 정상 반응이 무엇인지를 이해해야 하는 주요 문제에 봉착하게 된다. Brewin(2003, p. 212)은 가장 중요한 관심사로 정상 적응(normal adaption)의 실패를 강조한다.

> DSM-IV에 기술된 증상들 모두가 분명히 병리적인 것은 아니다. 첫 부분에 나열되어 있는 증상들은 감당하기 어려운 위협(overwhelming threat)을 겪은 사람들이 보이는 정상 반응의 일부이다. 많은 다른 정신장애처럼 병리를 구성하는 것은 증상들 그 자체가 아니다. 병리를 구성하는 것은 증상들이 일으키는 불편감의 양, 증상들이 지속되는 정도이다.

Frueh와 동료들(2010) 또한 증상들이 지속되는 정도에 주의를 기울인다. 하지만 그들은 상담자는 지속되는 시간의 양에 주의를 기울이기보다 '기능 손상이 있고, 의미 있게 지속될 때 외상 후 스트레스 장애로 진단할 것'을 제안한다(p. 267). 물론, 스트레스의 수준들에서 장애의 정도들에 이르기까지 이런 판단을 할 때 분명한 기준이 제대로 정비되지 않아 우리는 어려움을 겪게 된다.

게다가 외상 후 스트레스 장애의 외관상 나타나는 증상들은 움직이는 표적 같다. 외상 후 스트레스 장애가 다른 진단들과 분명하게 구별되지 않는 것은 놀랍지 않다. 더욱이 외상 후 스트레스 장애는 외상과 관련된 유일한 심리장애도 아니며, 외상과 관련된 가장 흔한 장애도 아니다. 그래서 Alan Sroufe와 동료들(2010)은 미네소타 종단연구의 결과를 바탕으로, 외상 후 스트레스 장애와 관련하여 "외상의 결과들, 그리고 더욱 일반적으로 가혹한 경험(harsh experience)이 하나의 범주로 따로 분리된 것은 유감스럽다."라고 하였다(p. 275).[27] Geral Rosen과 동료들(2010)도 "외상 후 스트레스 장애의 진단은 사실상 한 가지의 장애가 발견되었다는 착각을 하게 만든다. 다시 말해, 한 개인이 겪는 문제들을 해명하고 심지어 '설명하는' 한 가지의 장애를 발견했다는 착각을 하게 만든다."라고 유사한 지적을 하였다. Geral Rosen과 동료들(2010)은 그와 반대로 "역경에 대한 어마어마하게 복잡한 인간의 반응들이 사실상 단 하나의 장애로 설명될 수 있다고 상상하기 어렵다."라고 결론 내린다(p. 273). 마지막으로, **극단의 스트레스에 노출되는 것**[28]은 외상 후 스트레스 장애의 병인에 포함되는 많은 요인들 중 하나에 지나지 않는다. 그리고 잠재적으로 가장 영향력이 큰 요인도 아니다.

우리 상담자들은 진단을 개인을 이해하기 위한 징검다리로 보아야 한다. 의학 모델은 정신의학에서 아주 유용하지만, 우리는 DSM의 진단 기준 표 속에 갇혀 있는 의학 모델에 빠지지 않는 게 좋다. 정신의학 진단의 근거를 제공하는 모든 연구들에도 불구하고, 우리는 그 기준들이 정신화하기의 산물이란 것을 잊어서는 안 된다. 다시 말해, 우리는 인간 문제의 패턴을 여러 방식으로 범주화하기 위해 진단 기준을 구성한다. 정신의학의 진단 기준이 연구와 우리의 전문 지식을 형성해 왔기 때문에, 진단 기준이 갖고 있는 한계 혹은 약점에도 불구하고, 나는 2장과 진단 기준에 대한 3장의 내용 사이에 균형을 잡고자 하였다. 그러나 나는 개인에 대한 심리적 이해를 우선으로 하는 공통요인상담을 위한 발달적 토대 속으로 상담자와 내담자 모두를 조금씩 밀어 넣으려는 나의 캠페인에 당신들 모두가 동참할 수 있게 최고 수준의 외상 관련 장애인 외상 후 스트레스 장애와 함께 관련된 문제들을 강조하는 노력을 한다.[29]

해리장애

해리에 대한 당혹감이 20여 년 전에 내가 내담자에게 외상에 대해 교육하는 노력을 하게 만들었다(Allen, 2005). 메닝거 상담센터의 상담자 집단이 외상을 겪은 입원 내담자를 위해 특별한 프로그램을 개발하기 시작했을 때(Allen et al., 2000), 우리는 다중성격장애(multiple personality disorder)에 관심이 쏠렸다. 이후에 다중성격장애는 해리 정체성 장애(dissociative identity disorder)로 명칭이 변경되었다. 이 장애를 가진 내담자는 자신이 겪은 경험으로 혼란스러워하고 공포에 질렸다. 같이 입원한 다른 환자들과 병원의 의료진들도 혼란스러워하고 어찌할 바를 몰랐다. 나는 이해를 돕기 위해 그 내담자 집단에서 심리교육 회기들을 진행하였다. 우리 모두는 배워야 할 게 많았고, 정신의학에서 가장 논란이 많은 장애를 처치하는 데 사로잡혔다. 논란은 계속되었고 전문가들은 해리를 이해하는 방식에 상당한 의견 불일치를 보였다. 해리장애 진단이 유의할 정도로 줄어들면서 해리는 다소간 정신의학의 주변부로 남게 된다(Brenner, 2009). 한 가지 사례를 말하면 다음과 같다. 즉, 연구 목적으로 심리장애를 진단하는 표준 방법인 DSM-IV 축1 장애에 대한 구조화된 진단 면접(the Structured Clinical Interview for DSM-IV Axis I Disorders, First et al., 1997)은 해리장애를 포함하지 않았다. Marlene Steinberg(1993)는 이런 배제를 수정하기 위해 상당한 시간을 들여 DSM-IV 해리장애 진단을 위한 구조화된 면접 매뉴얼과 상담자를 위한 특별 훈련을 별도로 개발하였다.

해리 분야에서 가장 앞서 있는 학자인 Paul Dell은 해리장애의 "명확성이 지나쳐서 문제가 된 적이 없었으며(Dell, 2009c, p. 712), 19세기 후반 몇 십 년간, 20세기 후반 몇 십 년간 집중 탐색에도 불구하고, 해리의 개념은 여전히 모호하고, 혼란스럽고, 심지어 논쟁의 여지가 있다."(Dell 2009b, p. 225)라고 하였다. 진단 매뉴얼에 있는 해리의 정의는 크게 도움이 되지 않는다. DSM-IV-TR은 "해리장애의 필수 특징은 대개 의식, 기억, 정체성 혹은 지각에서 통합 기능(integrated functions)에 손상이 있다는 것이다."라고 제안한다(American Psychiatric Association, 2000, p. 519). DSM-V 초고에 제시된 기준(www.dsm5.org)은 더 자세한 정의를 포함하는데, '정상 환경에서 기억, 정체성, 정서, 지각, 신체 표상, 운동 통제, 행동 등에 대한 의식적인 알아차림이나 통제에 이용되는 정보 통합 혹은 정신 과정에 대한 통제를 주관적으로 상실하는 것(subjective loss)'을 뜻한다. 이해되는가?

통합(integration)은 해리의 정의에서 사용되는 조작적 단어(operative word)이다. 해리는 함께 있어야 하는, 즉 관계되어 있어야만 하는 것들이 분리되어 있다는 것을 의미한다. 예를 들어, 어떤 외상 기억은 해리될 수 있다. 다시 말해, 기억이 의식의 알아차림에서 벗어나 당신의 과거 경험(personal history)이나 자기지각(sense of self)에 통합되지 않는다. 나는 해리 관련 문헌에서 사용되는 두 용어가 가장 도움이 된다고 생각한다. **이탈**(detachment)과 **구획화**(compartmentalization, Allen, 2001)이다. 이 두 용어는 현상을 기술하기 위한 은유(metaphors)이지 설명(explanations)이 아니다. **이탈**은, 1) 당신 자신에게서 이탈된 느낌(예: 바깥에서 당신 자신을 관찰하는 것처럼), 2) 외부 세계에서 이탈된 느낌(예: 꿈속에 있는 것처럼)을 의미한다. 가장 극명한 형태의 **구획화**는 해리 정체성 장애에 해당되며, 이는 가장 고전적인 형태의 해리로, 성격의 부분들이 분리되어 번갈아 가며 행동을 통제하는 것을 말한다. 해리 이탈과 구획화가 타인 및 자기와 접촉하는 느낌을 방해하는 한 그것들은 정신화하기가 실패했다는 본보기이다. 분명히 말하면 외상을 정신화하는 것은 고통스럽다. 그리고 부모의 냉담함 혹은 악의의 행동을 정신화하는 것은 공포감을 조장할 수 있다(Fonagy & Target, 1997). 그래서 해리는 정신화하기를 차단하고 방어 기능을 할 수 있다.

이탈과 구획화는 근본이 다른 심리 과정이다(Holmes et al., 2005a). 이탈은 의식 **변화**(altered consciousness)를 수반하는 반면, 구획화는 의식 **분할**(divided consciousness)을 수반한다. 나는 이 절에서 해리의 원천부터 알아볼 것이다. 다시 말해, 극단의 위험 속에서 발생하는 심각한 이탈부터 설명할 것이다. 우리 인간은 동물과 마찬가지로 위험에 처하면 본능적으로 이탈 반응을 할 수 있다. 우리는 이런 본능적 이탈 반응을 **주변 외상성 해리**(peritraumatic dissociation), 다시 말해 외상 사건이 일어난 시점에 나타나는 해리로 간주할 수 있다. 이를 토대로 나는 먼저 외상 후 해리를 논의하고, 그다음에 구획화를 논의하고, 세 번째로 해리와 외상 후 스트레스 장애의 공통점을 논의하고, 마지막으로 해리를 극복하기 위한 몇 가지 사항을 언급하면서 이 절의 결론을 내릴 것이다. 〈표 2-3〉은 해리와 그에 관계된 경험들을 간략하게 제시하고 있다. 무엇이 정말 해리인지에 대한 연구자들의 의견이 일치되지 않기 때문에, 나는 투망질하듯 해리와 그에 관계된 경험들을 제시한다. 외상을 겪은 내담자들은 이 모든 경험들로 고통을 겪으며, 자신들이 혼란스럽고 공포에 질려 있다고 생각한다.

〈표 2-3〉 해리 및 관련 경험들에 대한 개관

동물의 방어 반응
얼어붙기(위험에 대한 조심성이 고조된 부동자세)
긴장성 부동자세[생물학적 기능 정지: 의식 감소, '급속으로 얼어붙기(deep freeze)']
이탈
상상에 몰두하거나 활동에 몰두하기
멍해 있고(spaced out), 로봇이 된 것 같고(robotic), 없어진(gone away) 느낌
이인화 및 비현실감(derealization)
구획화하기
기억 상실(amnesia)
둔주(fugue)[30]
해리 정체성 장애(기억 상실이 있는 정체성의 변화)

외상 사건의 중심: 해리

나는 싸움 혹은 도주(fight-or-flight) 반응을 **외상-예방** 반응으로 간주한다. 명백히 싸움과 도주는 항상 효과가 좋은 반응은 아니다. 포식자들은 먹잇감을 포획한다. 물론 현대 시대에 호랑이와 표범이 우리를 위협할 일은 거의 없다. 어쩌면 아동기부터 우리 자신이 서로 간에 위협이 된다. 외상 사건이 일어나는 아동기 애착 관계에서 싸움과 도주 반응은 선택할 수 있는 사항이 아니다. 학대당하는 아동이 싸울 수 있을 정도로 나이가 들어 싸우거나 도주 반응을 하면 더 심각한 학대를 불러일으킬 가능성이 있다. 아동이 성장해서 때때로 가출을 하더라도, 그렇게 하는 것은 하나의 위험을 다른 위험으로 대체하는 것에 지나지 않는다. 성인 또한 신체 혹은 심리적으로 동일한 방식으로 덫에 걸릴 수 있다. 예를 들어, 신체 및 성 학대에 저항하는 것이 유익하지 못하고, 위험하다고 지각되는 경우에 소수의 여성만 신체 및 성 학대에 적극 저항할 뿐이다(Nijenhuis et al., 1998). 다시 말해, 싸움 혹은 도주 반응은 선택할 수 있는 사항이 아니다. 외상을 겪는 사람이 싸움 혹은 도주 반응을 대신해 선택할 수 있는 대안 중의 하나는 해리이다.

나는 이 심각한 논의를 약간 어지러운 분위기로 시작한다. 나는 Richard Adams (1972)[31]의 매력적인 소설 **워터십 다운의 열한 마리 토끼**(Watership Down)에 나오는 단어인 tharn[32]이라는 단어에 매료되었다. Adams는 11마리 토끼의 끔찍한 모험담을 이야기한다. 토끼들의 서식지는 택지 개발로 인해 막 파괴될 예정이었고, 11마리 토끼는 기존의 서식지를 떠나 새로운 서식지를 찾아 나섰다. 새로운 보금자리를 찾아가던 어느 시점에 몇몇 토끼들은 굴속에서 떼를 지어 폭풍우를 두려워하며 쪼그려 앉아 있었다. 하지만 심각한 전쟁이 당장이라도 일어날 참이었다. 소설의 다음 부분이 내 관심을 끌었다. 즉, "모두들 조용했으나 두려움에 떨고 있었다. 한둘은 공포로 대경실색하였다." 이 토끼들의 지도자인 Bigwig는 "지금은 공포에 질려 얼어붙을 때가 아니야 … 여러분의 생명은 내가 말한 대로 하는 것에 달려 있어"(p. 351). 이 책에 나오는 토끼 언어로, tharn은 '얼이 빠진, 완전히 제정신이 아닌, 두려움에 혼이 빠진' 것으로 정의된다(p. 416). 우리는 위협에 직면해서 우리가 보이는 싸움 혹은 도주 반응에 아주 친근하다. 우리 대부분은 또한 제3의 가능성인, 얼어붙기(freezing) 혹은 얼이 빠진(tharn) 상태를 인식한다. 이 마지막 대안 얼어붙기가 우리를 해리 상태로 들어가게 한다.

우리는 인간이 아닌 동물과 두 가지 능동적 형태의 동물 방어기제(animal defense)인 싸움과 도주 반응을 공유한다. 또한 우리는 두 가지 수동적 형태의 동물 방어기제인 얼어붙기와 긴장성 부동자세(tonic immobility)를 공유한다(Fanselow & Lester, 1988). 얼어붙기는 동물이 포식자에게 발견되면 즉각 도망치거나 싸울 준비가 되는 것처럼 조심성(alertness)과 긴장이 고조된 상태를 뜻한다. 만약 동물이 포식자에게 사로잡혀 싸우는 것이 도망가는 데 효과가 없으면, 동물은 긴장성 부동자세 상태에 들어갈 수 있는데, 이는 일종의 항복을 뜻하며 급속으로 얼어붙는 반응(deep freeze response)이다(Schore, 2009). 긴장성 부동자세를 취하는 이런 얼어붙기 반응은 우리의 가장 원시적인 생물학적 방어로 이해될 수 있는데, 이는 우리가 파충류 및 다른 동물들과 공유하는 방어이다. 진화에 의해 우리는 이 동물 방어를 심각한 위험에 대처하기 위한 방법으로 사용한다. 긴장성 부동자세는 에너지를 보존하는 생물학적 기능 정지 반응이 오래되는 것을 의미한다. 다시 말해, 심박률과 호흡이 느려지고 근육의 긴장이 감소한다. 게다가 신체 내부의 아편 체계(opiod system)가 활성화되어 감각과 고통이 줄어드는 상태이다. 심할 경우에 생물학적 기능 정지 반응은 치명적인데, 생물학적 기능 정지 반응은 의식과 고통을 줄여 고통을 적게 느끼며 죽게 만든다(Porges, 2009). 섬뜩한가? 실제로 그렇다. 애착 외상 또한 위험과 같은 동일한 효과를 갖는다. 그래서 우리 인간은 서로에 의해 위협을 받을 때 이 동일한 동물 방어 전략을 사용할 수 있다.

상담을 받던 한 내담자는 아버지에게 성폭력을 당하는 동안 '축 늘어졌던' 경험을 이야기했다. 그녀는 자신의 마음에서 '도망쳤고(far away)', 아버지가 떠난 뒤에 천천히 제자리로 돌아왔으며, 무슨 일이 있었는지 기억하지 못했다. 이것은 동물의 반응과 동일한 것이다. 마찬가지로, 외상을 입은 아동들은 멍하고, 로봇 같고, 반응이 없고, 멀건하고(glazed), 몽상에 잠겨 있고(daydreaming), 묵묵부답하는(unresponsive) 것처럼 보인다. 사실 지금 이 자리에 없는 것처럼 보인다. 동물에게 이런 방어는 어떤 경우에 도움이 된다. 포식자는 긴장성 부동자세에 들어간 그 동물을 놓아주고 도망가는 것을 허용하기도 한다(Fanselow & Lester, 1988). 여기서 나는 당신의 상상력을 자극하고 싶다. 다음의 예에 제시된 낯선 상황 절차에서 관찰된 혼란 애착(Ainsworth et al., 1978)이 도망을 수반하는 긴장성 부동자세와 유사하다고 생각하는가?

> 재회 시에 어머니가 자신의 매우 활달한 아들을 들어 올려 무릎 위에 앉힌다. 아들은 가만히 앉아서 눈을 감는다. 어머니는 아들의 이름을 부르지만 그는 움직이지 않는다. 계속해서 아들의 이름을 부르던 엄마는 무릎을 움직여 아들을 부드럽게 흔들어 준다. 그러나 아들은 활력이 없이 조용히 있다. 몇 초가 지난 뒤에 그는 눈을 뜨고 무릎에서 내려와 방을 쏜살같이 가로질러 달려가 장난감을 갖고 논다(Main & Morgan, 1996, p. 124).

이탈

방금 논의한 것처럼 긴장성 부동자세는 의식이 변화(alteration)되고 매우 심각한 형태의 이탈이 일어나는 것을 포함한다. 이와 반대되는 측면은 자기인식, 즉 당신의 마음과 몸에서 일어나고 있는 것을 인식하는 것과 외부 세계를 인식하는 것을 번갈아 가며 유연하게 주의를 기울이고, 정신이 초롱초롱한 의식을 갖고 활달한 **접촉 유지**(active engagement)를 하는 것이다. 결국 우리는 [그림 2-1]에 제시한 대로 여러 수준의 이탈을 생각할 수 있다. 환경에서 이탈하는 가장 가벼운 형태의 예는 몰두(absorbation)(Tellegen & Atkinson, 1974)이다. 당신은 활동, 생각, 몽상에 너무 몰두해 주변 환경을 알아차리지 못할 수 있다. 예를 들어, 비디오 게임에 몰두한 아동은 어머니가 이름을 불러도 듣지 못할 수 있다. 그래서 어떤 것에 강하게 몰두하는 것은 모든 다른 것에서 이탈하는 것이 된다. 적절하게 몰두하는 것은 정신이 딴 데 팔리는 것과 관계가 있다. 예를 들어, 생각에 몰두하는 것이다. 몰두는 병리 현상이 아니다. 반대로, 우리는 현재 자신이 하고 있는 일에 완전히 몰두할 수 있어야 한다.

몰두는 상당히 유연한 상태이다. 당신의 이름을 부르거나 어깨를 두드리는 등의 자극은 당신이 외부 현실로 되돌아오게 만든다. 이탈이 현실 감각(feeling of reality)을 잃을 정도에 이를 때, 우리는 해리장애의 영역으로 들어가게 된다. 예를 들어, 꿈속에 살고 있는 것처럼 느끼게 된다. 이탈 현상으로 어려움을 겪는 내담자들은 그 경험을 기술하기 위해 여러 가지 단어들을 사용한다. 즉, 그들은 멍하고, 안개가 낀 듯하고, 흐릿한 것으로 느낀다. 그들은 마치 허공에 떠 있거나 표류하는 것처럼 느낀다. 혹은 그들은 몽롱하고, 로봇 같고, 자동 조종되는 것처럼 느낀다. 더욱 심한 이탈은 두 형태로 구분된다. 첫째, 이인화(depersonalization)는 자기(self) 혹은 몸(body)과 관계된 비현실감이다. 이것은 당신이 연극배우인 것처럼 느끼는 것, 위에서 당신을 내려다보고 있는 것 같은 신체 이탈(out-of-body) 느낌, 당신이 말이나 행동을 통제하지 못하고 있다는 느낌, 거울을 보면서 자신이 낯설다고 느끼는 것, 당신의 생각과 감정에 연결되어 있지 않다는 느낌, 혹은 평상시에 느끼던 신체 느낌이나 감각이 느껴지지 않는 것, 예를 들어 멍하거나 혹은 당신의 목 아래 부분이 존재하지 않는 것처럼 느끼는 것을 포함한다. 둘째, 현실감 상실(derealization)은 외부 세계를 비현실이라고 느끼는 것을 의미한다. 예를 들어, 당신은 다른 사람들이 연극배우인 것처럼 느끼거나, 당신이 안경, 안개 혹은 터널을 통해 세상을 쳐다보고 있는 것처럼 느낄 수 있다. 현실감 상실은 흔히 이인화에 수반하여 나타나며 단독으로 거의 나타나지 않는다.

상상에 몰두하는 것은 창의성의 원천이다. 상상 없는 세계에 사는 것은 현실이라는 감옥에 사는 것과 마찬가지이다. 우리 중 일부는 다른 사람에 비해 더 잘 몰두하고 상상하는 재능이 있다. 그리고 몰두 능력은 최면 민감성(hypnotic susceptibility)과 관계가 있다. 최면 민감성은 또한 하나의 적성으로 간주될 수 있다(Dell, 2009c). 몰두는 또한 상상 성향과 관계가 있다(Wilson & Barber, 1983). 매우 심각한 상상 성향을 가진 어린이의 경우에, 내부 세계의 상상이 외부 세계보다 더 현실로 느껴진다. 특히 이와 같은 이탈은 방어 기능을 할 수 있다. 상상 성향 속으로 회피하는 것은 때때로 처벌, 학대, 외로움, 고립을 경험한 것과 관계가 있다(Lynn & Rhue, 1988). 몰두가 일종의 해리로 간주되어야 하는지 아닌지에 대한 연구자들의 의견은 일치하지 않는다(Dalenberg & Paulson, 2009; Dell, 2009c). 나는 심각한 몰두 성향이 의도와 상관없이 촉발되든, 아니면 고통스러운 정서를 회피하기 위해 방어적으로 사용되든 간에 해리 성향으로 간주한다. 명백히 몰두는 상당히 좋은 현상이다.

이인화는 불안과 우울에 이어 세 번째로 흔한 정신장애 증상이다. 일반 대중의 80%가 이인화를 경험했다고 응답한다(Coons, 1996). 이인화 경험이 흔하여도, 이인화를 지속

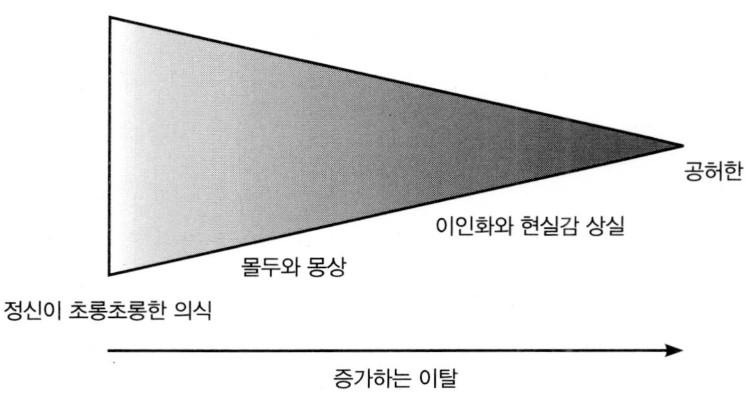

그림 2-1 해리 이탈의 수준

출처: Reprinted from Allen J. G.: *Coping With Trauma*. Washington, DC, American Psychiatric Publishing, 2005, p. 190. Used with permission.

해서 경험하는 이인화 장애는 흔치 않다. 최악의 경우에 이인화와 현실감 상실은 심각하게 지속될 수 있다. 이인화와 현실감 상실로 고통을 겪는 사람들은 활기와 열정 없이 살아가며, 혹은 불안, 권태감 이외의 다른 정서를 거의 경험하지 못하며 살아간다. 한 내담자는 자신이 '산 주검(living dead)' 같다고 불평하였다. Dell(2009c)은 이인화와 현실감 상실로 고통을 겪는 사람은 "**살아 있는 감정이 모든 측면의 경험에서 빠져 있다.**"라고 말한 바 있다(p. 781, 강조는 원래대로).

사례

Harold는 30대 중반의 남성이고 병원에 입원하였다. 입원 당시 그의 물질남용과 자해 수준은 위험할 정도였다. 그는 외상 평가와 심리치료를 위해 나에게 의뢰되었는데, 자신이 "살아 있는 것 같지 않다."라고 불평하였다. 그는 빠르게 자신의 자해가 일시적으로 살아 있는 느낌을 갖게 만든다고 인정하였다. 그는 아동기에 많은 외상을 경험하였는데, 삼촌이 그를 성폭행하였고, 아버지가 신체 폭력을 했고, 부모님이 싸우는 것을 목격하였으며, 싸우는 동안 아버지는 어머니를 죽이겠다고 위협하였고, 형이 목을 매고 자살한 것을 발견하였다. 위험하고 때때로 생명을 위협하는 싸움과 공격들이 물질남용과 결부되면서 이 초기 외상을 악화시켰다.

Harold는 분명한 정체감을 가져 본 적이 없다고 말하였다. 그에 의하면 어머니는 그에게 망령이 들었다고 말하였다. 그러나 그는 주로 어머니의 작은 왕자였고, 옷을 차려입고 '인형처럼' 친구들 앞에 등장했던 것을 기억하였다. 그가 초기 청소년이었을 때 아버지는 그를 술집과 스트립 바에 데려갔고, 그가 "남자가 될" 나이라고 말하였다. Harold가 18세 생일을 맞았을 때 아버지는 그를 매춘부에게 데리고 갔고 나이를 말하지 말라고 말하였다.

Harold는 자신의 삶이 연극 같다고 말했다. 학교에 다닐 때 그는 '학급의 광대' 역할을 했다. 그는 고등학교와 대학교라는 극장에서 활기차게 굴었다. 그는 아동기부터 꿈속에서 살았다고 말하였다. 그는 상상에 몰두하여 빠져들었고, 종종 책, 연극, 텔레비전의 쇼, 영화에 나오는 등장인물 같은 태도를 취하였다. 여러 마약을 사용하는 그의 습관은 비현실감을 부추겼고, 규칙적으로 마리화나를 사용하는 것은 이탈을 부추겼다. 우리가 '이인화'에 대해 상담하였을 때, 그는 결코 "인격을 가져 본 적이 없다."라고 말하였다.

현실감을 느낄 때, Harold는 자신에게 혐오감을 느끼며, 자신이 "사람으로서는 나쁜 사례"라고 말하였다. 그는 삶의 대부분을 '몽상-악몽' 속에서 살았다. 그는 잠들지 않고 "깨어 있기"를 바란다고 말하였다. 그는 '신경증 환자 역할'을 함으로써 이전의 상담을 '낭비했으며', "현실로 돌아오기를 바란다."라고 말하였다. 그는 상담을 그의 병원처치를 위한 정신적 지주로 사용하였고, 상담에서 자신이 '역할에 빠져들고' 그 과정에서 자신을 잃어버린다는 것을 의식하였다. 그는 상담에서 그런 현상을 보였고, 이런 현상은 그가 나와 상담을 하는 대신에 나를 접대하는 행동을 하고 있을 때 분명해졌다. 12단계 집단에 참여한 그는 많은 도움을 받았다. 왜냐하면 그는 '잔혹하다 싶을 정도로 정직한' 자서전을 썼기 때문이다. 이 자서전에서 나는 위험한 행동을 기술한 부분을 읽으면서 머리가 쭈뼛쭈뼛해졌다.

그 즈음에 그는 병원에서 퇴원할 준비가 되었다. 그는 상담 과정에 양가감정을 느꼈다. 그는 자신이 "나쁜 꿈들을 고통스러운 현실들로" 대체했을 뿐이라고 말하였다. 그러나 그는 비현실감에서 벗어나 현실을 느낄 수 있는 것에 기뻐하였고, 자해 충동을 느끼지 않았다. 그는 자신이 '현실 생활'을 시작할 준비가 되었다고 말하였다.

Daphne Simeon(2009)이 연구 결과들을 검토한 바에 의하면, 이인화 장애는 대개 청소년 중기(mid-adolescence)에 시작한다. 이인화 장애는 남성과 여성에게 나타나는 비율이 비슷하다. 의심의 여지없이 이인화는 일반적으로 스트레스와 관련된 장애이다. 그러나 이인화는 갑자기 혹은 점진적으로 발달할 수 있다. 이인화를 촉발하는 요인은 여러 가지인데, 여기에는 만성 스트레스, 다른 심리장애(예: 공황, 불안, 또는 우울), 물질남용(예: 마리화나 혹은 환각제) 등이 포함된다. 심리장애가 없는 사람들과 비교했을 때 이인화 장애를 가진 사람들은 아동기에 학대(예: 신체 폭력, 성 학대)를 더 많이 경험하였다. 특히 그들은 양육자가 정신화하기 능력이 부족해서 발생하는 정서 학대와 방임을 많이 경험한 것으로 확인되었다. Simeon은 다음과 같이 요약한 바 있다.

> 우리는 만성(chronic) 이인화 상태가 아주 다양한 외상 스트레스 사건들, 특히 아동기에 지속된 외상, 이후의 심각한 삶의 스트레스, 감당하기 어려운 고통스러운 정서 때문에 발생한다고 말해도 무방하다. 다양한 외상 사건들의 공통점은 우리의 자기지각(sense of self)에 감당하기 어려운 도전을 제기하는 것이며, 이는 만성 이인화 상태를 일으킬 수 있다(p. 438).

이인화와 현실감 상실은 현실과 일치하지 않는 느낌(feeling of unreality)을 갖고 있다는 것을 인식하는 것을 의미한다. 그러나 일부 내담자는 훨씬 더 심각한 이탈을 경험한다고 이야기하는데, 그런 상태에 있을 때 그들은 인식 능력을 잃어버리거나 아무것도 기억하지 못한다. 그들은 "정신이 팔린(gone)" "허공에 있고" "암흑 속에 있는" 것 같다고 말한다. 그런 상태는 의식이 없고, 혼수상태에 빠진 것 같으며, 이는 또한 긴장성 부동자세와 유사하다. 어떤 시점이 되면 그들의 '의식이 돌아오지만' 그들은 현재 시각, 그들이 있는 장소를 정확하게 알지 못하는 증세를 보인다. 그들은 의식하지 못한 기간 동안의 경험을 기억하지 못하고, "시간을 잃어버렸다."라고 말한다. 내담자들은 이 지독한 이탈을 상담에서 경험할 수 있는데, 이는 외상 기억 혹은 다른 불안과 불편감에 의해 촉발될 수 있다. 나는 상담 중에 매우 심하게 '정신이 팔린' 상태에 빠지는 내담자들과 상담을 했는데, '그들을 제자리로 돌아오게' 하는 것이 쉽지 않았다. 그러나 그것이 불가능한 것은 아니다. 일단 그들이 의식을 다시 차리게 되면, 그들은 다시 쉽게 정신이 팔리지 않으며 자신과 외부 세계와 다시 접촉한다. 때때로 그들은 신선한 공기를 맡으며 걸을 필요가 있다. 흔히 그런 내담자들은 잠을 자는 방법으로 현실과 일치하지 않는 느낌을 떨쳐 버리려 하지만, 잠을 깬 직후에 다시 그런 느낌에 빠져든다.

해리가 겉으로 보기에 자기보호(self-protective) 기능을 갖고 있기 때문에, 우리는 해리를 일종의 방어로 생각하는 경향이 있다. 여기에 혼란의 여지가 많다(Dell, 2009c). 비록 해리가 보호 기능을 갖고 있어도, 지독한 긴장성 부동자세에 기반을 둔 해리는 능동적 방어라기보다 오히려 두려움의 표시이다. 그것은 행위 작용(action)이 아니라 반작용(reaction)이다. 사람들이 스트레스에 민감해져 있을 때, 외상 기억 등과 같이 그렇게 심각하지 않은 조건들이 해리를 촉발할 수 있다. 예를 들어, 내담자들이 상담에서 외상 경험을 이야기하는 동안 멍하고 현실에서 벗어났다고 느끼며 이탈할 수 있다. 때때로 그들은 깊은 잠에 빠져든다. 그러한 이탈은 두려움의 표현이다. 반면, 일부 내담자들은 처음으로 통제에서 벗어났다고 경험했던 상태에 빠져드는 것을 자발적으로 방어적으로 학습할 수 있다.

● 사례 ●

Irene은 고통스러운 정서를 매우 혐오하였다. 그녀는 폭력이 난무하는 가정에서 자랐다. 그녀는 단순한 방식으로 대처하였다. 즉, 그녀는 가능할 경우 침실로 가서 문을 닫고 음악을 켜고, 자포자기의 심정으로 벽장에 틀어박혀 있거나 베개에 파묻혔다. 그러나 그녀가 항상 방으로 갈 수 있는 것은 아니었다. 때때로 그녀와 오빠는 부모가 서로에게 고함을 치고 있거나 때리거나 물건을 던지고 있을 때 저녁 식사 테이블에서 일어나 방으로 가는 것이 허락되지 않았다. 그녀는 그런 장면에서 듣지 않는 방법을 터득하였다. 상담집단에서 집단원 사이에 갈등이 발생하기 시작했을 때 그녀는 동일한 방법을 사용하였다. 그녀는 그렇게 할 수 있는 전략을 발견하였다. 즉, 그녀는 천장의 한 귀퉁이 지점에 시선을 고정하는 방식으로 그곳에 없는 것처럼 행동하였는데, 이는 집단에서 벌어지고 있는 일이 무엇인지 알아차리지 못하게 하였다.

구획화

구획화와 함께 우리는 해리의 애초 의미를 알아차리게 된다. 어떤 상담자들은 구획화가 해리 상태를 나타내는 가장 적절한 용어라고 생각한다(Steele et al., 2009a). 이런 의미에서 진정한 해리는 의식(consciousness)의 변화(alteration)를 의미하기보다 마음의 한 부분이 마음의 다른 부분을 인식하지 못하는 의식의 분할(division)을 의미한다. 이런 고전적 형태의 해리는 내과 의사인 Franz Anton Mesmer와 함께 시작된 최면의 맥락에서 발견되었다. 그는 '동물자기(magnetism)'[33]를 모든 질병을 치료하거나 예방하는 데 사용할 것을 주장하였다. 몽유병과 유사한 최면 상태 또한 인위적인 몽유병으로 간주된다. 이 역사적 배경은 Henri Ellenberger(1970)가 그의 고전적 저서 『무의식의 발견(The Discovery of the Unconscious)』에서 기술한 것처럼 우리가 가장 극명한 형태로 해리를 이해할 수 있게 한다.

> 최초의 동물자기 최면술사들(magnetizers)은 사람들에게 자기최면(magnet sleep)을 유도하였을 때, 최면의 대상이 인식하지 못하는 새로운 삶이 저절로 나타나며, 종종 새로운 더 명석한 성격이 나타나 지속된다는 사실에 굉장한 충격을 받았다. 19세기는 이 두 마음이 공존하는 문제와 그 두 마음의 서로에 대한 관계가 어떠한지에 몰입하였다(p. 145).

최면 상태의 놀라운 특징 한 가지는 보통의 의식 상태로 되돌아올 때, 최면에 걸린 사람이 최면 상태 동안 일어난 것을 기억하지 못한다는 사실이다. 더군다나 이후의 다른 최면상태에 들어갔을 때, 그 사람은 이전 최면 상태의 경험을 기억하는데, 이는 이중의식(dual consciousness)이 가능하다는 것, 즉 해리를 암시한다. 그러한 기억 상실은 **구획화**라는 은유를 제안하는데, 이는 마치 마음에 구별되는 구획이 있다는 것을 시사한다. 그러나 Dell(2009c)은 다음과 같이 경고한다.

> 소위 구획화란 계속되는 능동적인 과정이다. 마음에는 수동적으로 해리된 자료를 담고 있는 내부 구획은 없다. 비록 구획화가 해리에 대한 유용한 은유이기는 하지만, 독자는 이러한 은유가 어느 정도 오해의 소지가 있다는 것을 염두에 두어야 한다. (왜냐하면 이러한 은유는 능동적인 과정이 거의 확실히 해리 기억 상실을 유지한다는 사실을 가릴 수 있기 때문이다) (p. 786).

가장 단순한 형태의 구획화는 해리 기억 상실이다. DSM-IV-TR에서 해리 기억 상실(dissociative amnesia)은 "대개 외상이 되거나 스트레스가 되는 중요한 개인 정보를 회상하지 못하며, 회상 실패가 일어나는 범위가 너무 넓어 보통의 건망증으로 설명되지 못하는 상태"로 정의된다(American Psychiatriac Association, 2000, p. 519). 드물지만 해리 기억 상실은 기억 상실(loss of memory)뿐 아니라 극단적으로는 사람이 먼 장소를 여행하며 완전히 혼란에 빠져 자신이 누구인지 기억하지 못하는 해리성 둔주 상태에서 정체성의 상실을 포함할 만큼 그 범위가 넓다.

Lenore Terr(1994)는 초기 애착 외상에 뿌리가 있는 해리 기억 상실의 극적인 사례를 제시하였다. 어느 날 저녁 경찰은 그녀의 내담자인 Patricia를 고속도로 갓길에 세워진 차 안에서 발견하였다. 그녀가 반응이 없자 경찰은 중독 상태라고 가정하였다. 그들이 그녀를 깨워 체포하기로 결정하였을 때, 그녀는 금방이라도 싸울 태도를 보였다. 다음 날 아침 그녀가 감옥에서 잠을 깼을 때 자신이 누구인지 몰랐다. Terr가 연락을 받았을 즘에 Patricia는 정체감을 회복하였다. 그러나 그녀는 무슨 사건으로 체포되었는지 기억하지 못했다. 면담에서 Terr는 일어난 일들을 재구성할 수 있었다. Patricia는 남자 친구가 다른 여자와 침대에 있는 것을 발견하였다. 싸움이 일어났고 그녀는 멍해졌다. 체포되었을 때 그녀는 해리 상태에 있었고 경찰이 자신을 죽일 것이라 생각하였다. 특히 그녀는 다른 해리 삽화를 보고하였는데, 이 삽화는 9살 때의 일이며 그 당시 그녀는 약에 취한 엄마가 화재로 목숨을 잃는 것을 보았다. 그녀는 Terr에게 그 사건을 목격한 뒤에 목욕탕으로 가서 욕조에 물을 채우고 그 속으로 들어가 "기이한 꿈의 나라로 빠져들었다."(p. 93)라고 말하였다. 아마도 긴장성 부동자세를 상기시키는 이런 심각한 해리는 그녀가 이후에 해리 기억 상실에 빠지게 하는 잘못된 초기 발달 경로선이다.

이전에 다중인격장애로 불렸던 해리 정체성 장애는 정체성과 경험의 여러 측면들이 구획화되고 일상의 의식에서 배제된다는 점에서 기억 상실을 능가한다. 다중인격장애와 해리 정체성 장애라는 서로 다른 용어가 사용되는 것은 내담자의 주관적 관점과 상담자의 객관적 관점 사이에 차이가 있음을 의미한다. 다중인격장애는 내담자들의 경험에 더 적합한데, 내담자들이 다중인격을 인식하는 정도에 비례하여, 그들은 여러 가지 성격을 갖고 사는 것처럼 혹은 소유한 것처럼 느낀다. 상담자로서 우리는 정체성 장애의 근본은 해리라고 간주한다. 조악한 용어로, 해리 정체성 장애는 성격에서 벗어난 행동에 대한 기억 상실을 의미한다. 더욱 구체적으로 DSM-IV-TR에서 해리 정체성 장애는 '현재 그 사람의 행동을 통제하는' '둘 혹은 그 이상의 분명한 정체성 혹은 성격 상태'에 근거하여 진단된다. 이러한 정체성 변화는 "중요한 개인 정보를 회상하지 못하는 것"(p. 529)으로 알 수 있다. 그래서 그 사람은 정체성이 변화된 상태에서 무슨 행동을 했는지 기억하지 못한다.

어떤 정신건강 전문가들도 우울, 양극성 장애, 조현병, 공황장애가 일리 있는 진단명이라는 것에 의구심을 갖지 않는다. 하지만 해리 정체성 장애는 DSM-IV와 DSM-V 초고에 진단 기준으로 올라가 있고 2세기 동안 여러 문헌에서 보고되었어도(Ellenberger, 1970), 영향력 있는 소수의 전문가들은 해리 정체성 장애를 일리 있는 진단으로 간주하지 않는다(Cormier & Thelen, 1998; Pope et al., 1999). 어떤 전문가들은 해리 정체성 장애가 열성적인 추종자들, 즉 남의 영향을 받기 쉬운 내담자들이 해리 정체성 장애를 가졌다고 믿게끔 말하는 상담자들에 의해 창조된 것으로 간주한다. 나는 이런 방식으로 오도되어 진단명을 갖게 된 내담자들을 상담하였다. 그리고 그에 상응되게 이 내담자들을 교육하였다. 그러나 해리 정체성 장애 내담자를 직접 보면 믿지 않을 수 없다. 그래서 나는 열성적인 추종자 중 한 명이 되었다.

내 경력의 초창기에 나는 내담자가 그 진단을 믿도록 설득하지 않았다. 반대로, 나는 동료인 Joyce Davidson과 Bill Smith(Davidson et al., 1987)가 함께 쓴 논문에서 25년 전에 처음으로 기술했던 것처럼 그 장애의 분명한 신호들을 감지하지 못하였다. 간단하게 말하면, 그 당시 나는 무엇이 일어나고 있는지를 이해하지 못했었다.

● 사례 ●

한 상담회기 중에, Joan은 갑자기 평소와 다르게 분노를 표현하였다. 저주를 퍼붓던 그녀는 주먹으로 의자의 팔걸이를 쳤다. 나는 깜짝 놀랐지만 그것을 하나의 돌파구로 여겼다. 왜냐하면 그녀가 대개 분노를 소심하게 표현하였기 때문이다. 내가 나중에 그녀의 분노 폭발을 다시 언급하였을 때, Joan은 내가 하는 말을 알아듣지 못하였다. 내가 계속 그 일을 이야기했을 때 그녀는 내가 자신을 화나게 만들기 위해 일종의 게임을 하고 있다고 생각하였다. 그래서 나는 거기서 멈췄다. 다음 2번의 상담회기가 지난 뒤에 그녀는 '기억 상실(blackouts)'을 언급하였다. 즉, 그녀가 기억하지 못했던 시간대들(예: 병원에서 나와서 여행했던 시간). 그녀는 알코올 중독자가 아니었다. 그래서 나는 당황했다.

오래전에도 Joan은 그런 문제로 나를 놀라게 하였다. 즉, 그녀의 다른 정체성인 Mary가 술 한 병과 숨겨 둔 알약을 담은 종이 가방을 들고 상담회기에 쳐들어와서 "이것들을 가져가. 그녀(즉, Joan)가 그것들을 먹고 자살하게 될 거야."라고 명령하였다. 나는 그 가방을 받아서 책상 서랍에 넣었고, 우리는 앉아서 대화를 나눴다. Mary는 Joan에게 자기 이야기를 하지 말라고 간청하였다. 나는 동의했고 Mary는 다시 일상의 마음 상태인 Joan으로 되돌아왔다. Joan은 당황하고 혼란스러워하며, 내 사무실에서 일어난 이 경험이 그녀가 경험한 기억 상실들 중의 하나와 똑같다고 이야기하였다. 운이 좋게도 그녀는 입원을 하고 있었고, 그래서 나는 그녀의 입원 병동까지 되돌아가는 길에 같이 걸어갈 수 있었다. Joan이 다중인격장애일 수 있다고 생각한다고 내가 병원 관계자에게 이야기하였을 때, 그들은 내가 제정신이 아니라고 생각하였다. Joan을 포함해 우리 모두는 이 진단을 점점 더 수용하였다. 그녀는 궁극적으로 자신의 여러 가지 해리 상태들을 더욱 잘 알아차리게 되었다.

해리 정체성 장애가 존재한다고 믿는 것이 그것을 설명할 수 있다는 의미는 아니다. 많은 위대한 사람들이 1세기 전에 이 문제를 다뤘다. Pierre Janet은 다중인격장애에 대한 현대적 이해를 개척하였다. 이 외의 사람들도 중요한 기여를 했는데, 여기에는 Alfred Binet, Morton Prince, William James 등이 포함된다(Dell, 2009c). 최면 민감성(susceptibility)은 해리 정체성 장애에서 관찰되는 일종의 정상적 해리에 이르는 한 경로이다. 여기에서 가장 흥미로운 것은 Janet이 오래전에 인식했던 것처럼, 심리 외상이 해리에 이르는 또 다른 경로란 것이다(vander Hart & Dorahy, 2009). 현대적인 관점에서 해리 정체성 장애는 성격 구조의 해리를 의미한다. 성격 구조의 해리에서 자기지각은 **"왔다 갔다 하며** 시간과 경험에 따라 일관적이지 않다"(Steele et al., 2009a, p. 160, 강조는 원래대로). 외상이론의 맥락에서, 예를 들어, **명백하게 성격의 정상적인 부분**은 **성격의 정서적 부분**과 구별될 수 있다. 정상적인 부분은 전형적으로 회피하고, 멍하고, 외상을 상기시키는 것들을 두려워한다. 대조적으로 정서적인 부분은 외상 기억들에 고착된다. 더군다나 성격에는 다중의 정서적 부분들이 있을 수 있으며, 각각은 다른 종류의 외상 경험들 혹은 정서들에 관계되어 있을 수 있다. 극단적인 경우에 성격에는 여러 가지 정상적인 부분들이 있을 수 있는데, 예를 들면 이들 각각은 여러 가지 사회적 역할들을 처리하기 위해 개발된 것이다(Steele et al., 2009b).

애착 외상과 해리

내가 1장에서 논의했던 것처럼 해리와 유사한 행동이 유아기에 나타나는데, 이는 혼란 애착과 관련이 있다. 그리고 많은 연구들은 아동기 학대와 이후의 해리장애 사이에 관계가 있다는 것을 입증하였다. 해리장애를 촉발하는 외상 경험들은 신체 및 성 학대에서 방임, 상실, 폭력을 목격하는 것까지 다양하다. 이 둘 사이에는 복용-반응(dose-response) 관계가 존재한다. 즉, 학대가 삶의 초기에 발생하고, 심각하고, 오래 지속될수록 해리장애를 겪을 위험이 크다. 초기 외상과 이후의 해리 사이의 관계를 입증하는 가장 신빙성 있는 증거는 종단연구의 결과이다. 종단연구의 결과는 유아기 혼란 애착이 청소년기 및 성인전기 해리 증상들을 예측한다는 것을 보여 주었다(Carson et al., 2009b; Dutra et al., 2009). 비록 학대와 해리 사이의 관계가 잘 입증되었어도, 우리는 그 관계의 본질을 이해할 필요가 있다.

유아기에 경험이 구획화되는 것은 행동 상태가 오락가락하는 것(alternations), 즉 깨다 자다 번갈아 하는 것뿐 아니라 안정된 상태에서 불편한 상태가 번갈아 일어나는 방식으로 유아의 경험이 구성된다는 것을 고려하면 정상적이다. 그래서 이 시기의 발달 과제는 이질적 경험들을 통합하는 것이며, 그런 통합이 이뤄지는 것은 유아-돌보미의 관계에서 일어나는 정신화하기, 즉 돌보미가 마음으로 유아의 마음을 읽어 주는 것에 달려 있다. Elizabeth Carson과 동료들(2009b)은 해리에 관한 발달 연구의 맥락에서 다음과 같이 기술한 바 있다.

> 유아기에 '자기'는 구별되는 행동적 상태의 의식으로 구성된다. 초기에 이 상태들은 양육자에 의해 조절되며, 이는 양육자의 일상이다. 그러나 시간이 지나면서 자기조절 능력이 유아에게 내면화된다. 세심한 양육자와 반복해서 상호작용하는 과정에서, 아동은 응집성 있고(cohesive) 일원화된(unitary) 실체로서 자기를 경험한다(p. 47).

그러한 세심한 양육은 안정 애착의 토대가 되며, 안정 애착 속에서 이루어지는 정신화하기는 정신화하기 능력을 낳는다. 발달 과정에서 정신화하기를 통해 아동은 고통스러운 경험들을 포함해 여러 가지 정서들과 경험들을 인식하게 되고, 그 정서들과 경험들을 자서전적 이야기와 함께 일관성 있는 자기지각으로 통합하게 된다.

대조적으로, 혼란된 유아 애착은 심각한 갈등을 통합하는 데 실패한 것을 뜻한다. 즉, 안도감을 바라는 애착 욕구가 활성화되면 혼란 애착 유아에게 양육자와 가까이 있으려는 욕구가 생긴다. 동시에 혼란 애착 유아가 양육자를 두려워하면 양육자와 거리를 두려는 욕구가 생긴다. 이 모순된 욕구들을 통합할 능력이 부족한 혼란 애착 유아는 모순된 행동을 한다. 즉, 극적으로 접근하려는 행동과 철수하려는 행동 사이에서 오락가락한다. Giovanni Liotti(2009)가 제안한 것처럼, 극적으로 갈등하는 자기와 타인에 대한 아동의 내적 작동모델 그리고 이 모델에 근거한 오락가락하는 행동은 해리 정체성 장애에서 전형적으로 나타나는 경험의 구획화와 닮은 데가 있다. 안정 애착이 통합을 증진시키는 것처럼, 혼란 애착은 통합을 방해한다. 즉, "유아기 병리적 해리는 일원화된(unitary) 정신 상태와 일관성 있는 행동 전략들을 조직하는 데 실패하게 만든다. 이러한 실패는 적절하지 못한 양육이 제공되는 대인 관계 맥락에서 발생한다"(p. 56).

유아기 혼란 애착에 계속 외상이 겹치면 특히 해리장애가 발생할 것 같다(Carson et al., 2009b). Jennifer Frey(1996)의 배신 외상(betrayal trauma)이론은 이러한 관계를 설명한다. 그녀는 외상 경험들이 구획화되는 것은 그 경험들이 정상적인 상호작용을 방해하는 것을 예방하기 위한 것이라고 제안한다. "이 이론에서, 해리의 목적은 고통으로 도망하는 것이 아니라, 애착 관계를 위협하는 정보를 알아차리지 않음으로써 애착 관계를 유지하는 것이다"(Barlow & Freyd, 2009, p. 100, 강조는 첨가함). 예를 들어, 성 학대를 당한 아동은 성 학대를 마음에 간직한 채 그녀의 부모와 저녁 식사 상 앞에서 정상적인 상호작용을 할 수 없다. 그래서 그녀는 부모와의 관계를 두 종류로 구획화하여 내적 작동모델들을 해리시킨다.

해리에 대한 발달 연구는 이 책의 논지를 강조한다. 즉, 아동을 고통스러운 정서 속에 심리적으로 혼자 내버려 두는 정신화하기의 실패가 외상 경험의 핵심을 구성한다는 논지를 강조한다. Carson과 동료들(2009b)이 쓴 것처럼, "경험이 인정되고 수용될 때, 통합이 발생한다. 해리가 퍼져 있는 한 자기(self)는 분열(fragmentation)된다"(p. 44). 혼란 애착에 연이어, 이러한 해리적 분열은 '심각하게 반복되는 **공감 실패**'에 뒤이어 나타난다(p. 46, 강조는 첨가함).

혼란 애착과 이후의 해리 간의 관계를 알아본 종단연구를 Lissa Dutra와 동료들(2009)이 요약한 바에 의하면, 해리의 발달에 어머니의 심리적 비가용성이 중요한 역할을 한다. 이 연구자들은 유아가 12개월일 때 집으로 찾아가 엄마와 유아가 상호작용하는 것을 관찰하고, 18개월에 낯선 상황 절차를 사용하여 유아의 애착을 평가하였다. 그들은 아이들이 19세가 되었을 때 해리의 정도를 측정하고 성인 애착 면접을 시행하였다. 그들은 노골적인 학대보다 손상된 엄마의 의사소통이 해리장애에 더 중요한 역할을 한다는 것을 발견하였다.

> 엄마의 적대적 혹은 침해하는 행동은 이후의 해리와 유의한 관계가 없었다. 대신에 엄마의 긍정적인 정서적 관여의 부족, 엄마의 무미건조한 정서, 전반적으로 손상되어 있는 엄마의 의사소통이 성인전기 해리를 가장 강하게 예측하는 변인이었다. 이 엄마의 상호작용 유형들 중에서 주목할 만한 것은 그들 모두가 미묘하게 유아의 욕구와 애착 신호를 기각하거나 무시한다는 것이다. 그러나 명백한 적대감은 없었다(p. 87).

Dutra와 동료들(2009)은 유아기와 성인기 사이에 극적인 일치를 보여 주는 연구 참가자들에 대한 관찰을 기술한다. 낯선 상황 절차에서 유아는 장난감을 갖고 놀기보다 어떻게 할 줄 모르거나 혼란스러운 것처럼 목적 없이 배회를 하였다. 그가 엄마에게 장난감을 보여 주고자 시도할 때 엄마는 반응을 보이지 않았다. 어머니가 방에서 나갈 때 그는 공을 갖고 하는 게임을 낯선 사람과 함께하며 즐겼다. 엄마가 돌아왔을 때, 엄마는 그에게 다가가 반기지 않았다. 그 유아는 시선을 아래로 내렸고 문 쪽으로 이동하였다. 그는 엄마가 이후에 그와 놀려고 시도할 때 함께 활동하는 것을 거절하였다. 특히 두 번째 재회에서 엄마는 유아의 불편감을 달래는 노력을 하지 않고 오히려 키스를 요청했는데, 이는 엄마가 유아보다 자신의 애착 욕구에 우선순위를 두고 있다는 것을 제안한다. 이 유아가 낯선 상황 절차에서 보인 목적 없는 배회는 19세에 그가 해리 이탈을 암시하는 평가 문항에 보인 반응과 비슷하다. 그는 자주 어떤 장소에 가 있는 자신을 발견하는 경험을 했고, 어떻게 거기에 가게 되었는지 기억하지 못한다고 말하였다. 성인 애착 면접에서 그는 자신의 초기 아동기를 한 장소에서 다른 장소로 왔다 갔다 한 것으로 기술하였다. 그는 또한 엄마는 엄마가 아니라 친구에 가까웠다고 말했다. 그는 엄마가 아버지와 싸우고 나면 엄마를 위로하였다. 그는 자신이 스스로 자랐다고 말했다. 이 시기에 엄마를 면접했을 때 그의 엄마는 규칙을 설정하는 데 어려움을 겪었고 아이와 친구같이 지냈다고 말하였다. 낯선 상황 절차의 두 번째 재회에서 일어난 상호작용과 유사하게, 엄마는 자녀와 함께한 최고의 순간들은 자신이 원하는 것을 얻었다고 느낀 순간들이라고 말하였다. 저자들이 결론을 내린 것처럼 이 어머니가 시사하는 바는 다음과 같다.

> 이 어머니는 양육 역할을 거부하는 경향성을 보이며, 아동의 욕구에 주의를 기울이기보다 사랑과 관심을 요청한다. 따라서 이 사례에서 부모가 아이에게 정서적으로 가용하지 않고, 철회하는 자질을 특징으로 하는 양육이 엄마와 유아 사이의 상호작용 대화에서 나타났다. 그러한 대화 후에 아이는 자신의 욕구에 관심을 기울이기보다 어머니가 요구하는 대로 어머니의 욕구에 관심을 기울이기 시작한다(Dutra et al., 2009, p. 89).

요약하면, 애착 외상은 부모가 아이에게 정신화하기에 실패했다는 것을 뜻한다. 가장 극적으로 정신화하기에 실패하는 것은 부모의 해리 상태가 아이를 두렵게 해서 아이의 해리 상태에 반영되는 경우이다. 연구 결과는 주목할 만한 대물림을 보여 주고 있다. 즉, 부모가 성인 애착 면접과 낯선 상황 절차에서 해리 상태를 보이고, 아이가 낯선 상황 절차에서 해리 상태를 보인다. 그런 뒤 아이는 이후의 삶에서 해리 상태를 유지하며 부모가 되어서까지 해리 상태를 유지한다. 해리는 개인의 내면과 대인 관계 내에서 통합된 인식(integrated awareness)을 하는 것과 반대되는 현상이다. 정신화하기는 복수의 관점들(perspectives)을 화합하고, 갈등되는 관점들을 해결하기 위해 고심하고, 경험의 의미를 성찰해서 이해하려는 속성을 갖고 있다는 점에서 본질적으로 통합 능력을 갖고 있다. 정신화하기를 사용해서 사람들은 다양한 경험을 일관성 있는 이야기로 만들고, 자신의 삶의 이야기를 쓰고, 또한 고쳐 쓸 수 있다. 따라서 정신화하기는 해리에 대한 해독제이다. 그러나 정신화하기에 대한 반감을 극복하는 것, 다시 말해 '생각지 못했던 것들을 생각하는 것(thinking the unthinkable)'은 힘들고, 정서적으로 고통스러운 훈습을 부과한다.[34] 공통요인상담이 아주 간단한 것처럼 들릴 수 있지만, 결코 쉽지만은 않다.

외상 후 스트레스 장애와 해리

외상 후 스트레스 장애와 해리는 매우 관계가 있다. 외상을 겪을 당시의 해리 경험은 외상 후 스트레스 장애를 강하게 예측해 주는 변인이다(Ozer et al., 2003). 특히 해리가 외상의 후유증으로 지속될 때 더욱 그렇다(Waelde et al., 2009). 외상 후 스트레스 장애의 회피 증상처럼 지속되는 해리 증상은 외상으로 인한 감정을 처리하기 위한 정신화하기를 방해한다.

DSM에 특징이 기록되어 있듯이 의지와 상관없이 발생하는(intrusive) 기억들(falshback)과 기억 상실 같은 외상 후 스트레스 장애의 일부 증상은 해리로 간주될 수 있다. 더군다나 외상 후 스트레스 장애의 감정 이탈(emotional detachment)과 멍 때리는 증상들 또한 해리로 간주될 수 있다(Ginzburg et al., 2009). 더 나아가 일부 전문가는 외상 후 스트레스 장애를 해리장애의 한 형태로 간주한다. Kathy Steele과 동료들(2009b)은 "외상 후 스트레스 장애는 항상 초기에 해리 증상을 포함하고 있다."라고 주장한다(p. 247). 외상 후 스트레스 장애를 겪는 사람의 의지와 상관없이 발생하는 증상들은 병리 상태의 해리의 중심으로 간주되는 전형이다(Dell, 2009c). 다시 말해, "재발하는, 조화되지 않는, 의지와 상관없이 집행 기능(executive functioning)과 자기지각 속으로 들어오는 증상들"(p.770)이 병리 상태를 나타내는 해리의 전형이다. Dell이 자세히 설명한 것처럼 그러한 "**분할된 자료(split-off material)는 이상하고, 친근하지 않고, 나의 것이 아니며 다른 사람에게 속하는**"(p. 809, 강조는 원래대로) 것으로 경험된다. 그러나 Julian Ford(2009)는 외상 후 스트레스 장애에서 의지와 상관없이 발생하는 기억들과 기억 상실은 외상 후 스트레스 장애를 겪고 있는 사람의 자기지각과 불일치할 때만 해리로 간주한다. 즉, 그 사람이 "**그런 경험을 한 자기를 인식할 수 없을 때, 그런 경험을 하게 만든 맥락들을 인식할 수 없을 때**"(p. 480, 강조는 원래대로)에만 해리로 간주된다. 비슷한 맥락에서 신경생물학적 차이에 근거해 일부 저자들은 외상 후 스트레스 장애의 해리 아형

(dissociative subtype)을 제안한다(Lanius et al., 2010). 어느 정도 선에서 이 해리 아형은 아동기 학대 경험과 관계가 있고 비교적 덜 심각한 외상 후 스트레스 장애의 형태로 간주될 수 있다(Waelde et al., 2009).

진단과 관련된 과제들

이제까지의 논의에서 자명해진 것처럼, 해리장애를 진단하는 과정에서 직면하는 과제들은 외상 후 스트레스 장애를 진단하는 과정에서 직면하는 과제들과 유사하다. 상담자들은 진단 범주들을 찾아서 어떤 증상들이 어느 진단 범주에 들어가야 하는지를 결정해야 하는 또 다른 문제에 직면하게 된다. 상담자들은 해리장애가 구획화(구조적 해리)를 반영하는 증상들만 포함해야 하는지, 혹은 이인화(의식의 변화) 같은 이탈을 반영하는 증상들만 포함해야 하는지 동의를 못하고 있다. 게다가 Dell(2009a)은 DSM-IV의 해리 정체성 장애 진단 기준이 만족스럽지 못하다고 표현하였다. 그는 DSM-IV의 진단기준이 다중성격들과 기억 상실을 너무 강조한다고 주장한다. 다중성격 사이를 명백하게 오가는 것은 대체로 드문 반면에, 의식에서 해리 상태들이 발생하는 것은 흔하다. 더군다나 해리 정체성 장애 진단을 받은 내담자들은 늘 그렇듯 여러 가지 해리 증상을 경험한다. 여기에는 높은 수준의 몰두와 이탈이 포함된다. 그래서 Dell은 해리 정체성 장애가 **복합 해리장애**(complex dissociative disorder)로 이름이 변경되어야 한다고 제안한다. 더군다나 Colin Ross(2009)는 해리 증상들이 여러 다른 심리장애와 결합되어 나타나는 경우가 흔하다고 지적하였다. 가장 분명하게 외상 후 스트레스 장애의 전체 증상들은 아닐지라도 많은 증상들이 해리로 간주될 수 있다.

해리를 극복하기

이 책의 2부에서 나는 처치에 대해 길게 논의할 것이다. 그 전에 여기서 잠시 해리를 극복하는 것과 관련된 몇 가지 생각을 제시할 것이다. 나는 해리가 축복이자 저주라고 생각한다. 왜냐하면 해리는 때때로 자기를 보호하는 측면이 있고, 어떤 경우에는 자기를 해치는 측면이 있기 때문이다. 이탈에서 해리 정체성 장애까지 이르는 해리는 지나친 형태의 경험 회피(experiential avoidance)로 간주될 수 있다. 경험 회피는 심각하고 심지어 생명을 위협하는 위험에 직면해서 필히 자동으로 반사적으로 발생한다. 실제로 진화론의 관점에서 보면 경험 회피는 본능 현상이다. 스트레스에 민감해지고 해리 증상들이 발달하면 해리 상태들은 점차 덜 심각한 스트레스에 의해 촉발될 수 있고, 최악의 경우에 적당히 보통 수준의 고통스러운 감정으로 촉발될 수 있다. 더군다나 다양한 정도로, 의지와 상관없는 해리를 경험한 사람은 갈등과 불편감을 회피하기 위해 자신의 의도하에 해리하는 방법을 학습할 수 있다.

결국 회피를 극복하는 것이 해리장애 처치의 핵심이다. 이는 외상 후 스트레스 장애와 다른 불안장애의 처치와 마찬가지 이다. 해리 이탈은 알아차리기(mindful awareness)와 정신화하기의 반대 현상이다. 따라서 해리 플래시백(dissociative flashback)과 이탈에 대한 해독제는 현실에 발을 딛게 하는 것(grounding)이다. 다시 말해, 현재의 경험을 알아차리는 방식으로 주의를 집중하게 가르치는 것이다. 해리 상태에 있을 때 알아차릴 수 있게 하려면 강한 자극이 필요할 것이다. 예를 들어, 그 사람의 이름을 부르거나 대화를 시작하는 것이 도움이 될 수 있다. 더 강한 자극이 필요할 수 있는데, 예를 들면 일어나서 걷기, 얼굴에 찬물 끼얹기, 혹은 손에 으깨진 얼음을 잡고 있기 등이다. 그러나 우리는 그런 노력을 내담자가 선호하지 않을 수 있음을 염두에 두어야 한다. 즉, 해리의 목적은 단절, 다시 말해 현실을 회피하는 것이다. 그래서 현실에 발을 딛게 하는 노력은 현재가 안전하다는 확신감을 수반할 경우에 작동할 수 있다. 내담자는 해리를 예방하기 위해 현실에 발을 딛는 기법(grounding techniques)을 학습할 수 있다. 그러나 그렇게 하려면 정신화하기 능력이 요구된다. 다시 말해, 해리 이탈 혹은 의식이 오락가락하는 것을 인식하는 것, 미연에 방지하는 것을 필요로 한다. 어떤 선을 넘어서면 의도에 의한 통제가 쉽지 않다. 과장하자면 나는 이런 경우를 이미 뒤로 물러설 수 없는 단계라고 지칭한다. 이는 다른 장애에서도 나타나며 해리의 경우에도 마찬가지이다. 예를 들어, 불안은 공황보다, 짜증은 격분보다, 우울한 기분은 희망이 없는 기분보다 더 쉽게 조절될 수 있지만 각각의 후자는 통제가 쉽지 않다.

경험 회피를 극복하는 것은 가장 심한 외상 관련 장애인 해리 정체성 장애보다는 다루기 쉬운 편이다. 논쟁이 많은 만큼 처치 방법도 풍부하다(Michelson & Ray, 1996). 기법에 관계없이 경험 회피를 극복하는 것이 핵심 목표이다. 이러한 노력은 해리된 정서, 기억, 관계를 알아차려 수용하게 조력하는 것이다. 구획화하기라는 은유를 사용하기 위해서 치료 과정은 구획화된 부분들에 접근하는 것을 포함시킨다. 사실 이는 시간의 변화와 여러 가지 마음 상태의 변화 속에서 더욱 일관된 의식을 갖고 더 유연하게 이쪽 저쪽으로 번갈아 문을 열게 한다.

• 사례 •

Leroy는 해리 정체성 장애 진단을 받아들이는 과정에 있었다. 그는 통제에서 벗어나는 행동을 할까 봐 걱정하였다. 그렇게 걱정할 충분한 이유가 있었다. 입원하기 전에 그는 친구와 사냥 여행을 간다고 아내에게 말하고서는 전 여자 친구를 방문한 적이 있는데 아내가 그 사실을 알게 되었다. Leroy는 이 일을 기억하지 못하였다. 그러나 그는 아내가 한 말을 믿었다.

이 일을 이야기하면서, Leroy는 자신이 자살을 생각하고, 총으로 자살할 것을 심각하게 생각한 적이 있기 때문에 사냥 여행하는 것을 불안해한다는 것을 깨달았다. 시간이 지나면서 그는 전 여자 친구를 방문하게 된 동기가 충분했다는 것을 인정하였다. 즉, 그는 아내가 '냉담'하자 화가 났고, 이로 인해 그의 상태는 더욱 심각해졌고, 전 여자 친구와 재결합하고 싶어 한다는 바람을 의식하게 되었다. 그에 의하면 전 여자 친구는 '매우 따뜻한' 성격을 갖고 있다. 그는 또한 이 감정들을 수용하는 것이 결혼 생활에 위협이 된다는 것을 깨달았다.

사실, 상담에서 구획화된 부분에 접근하는 작업이 Leroy가 자신의 당황스러운 행동에 대해 정신화할 수 있게 하였다. 이로 인해 그의 구획화된 경험에 이르는 문이 열렸고, 이는 다시 그가 해리된 바람들과 두려움을 더 잘 인식하는 기초가 되었다. 그러나 이 문을 여는 것은 매우 공포스러울 수 있는데, 왜냐하면 특히 그 경험이 "이런 일이 나한테 일어났었다."라는 인식을 하게 만들기 때문이다. 나는 아동기에 성폭력을 당했다는 사실을 받아들인 한 내담자와 상담을 했었다. 그녀는 평상시의 마음 상태로 그 학대를 기억하는 것을 매우 두려워하였다. 해리가 되면 이 일이 그녀에게 일어나지 않은 것처럼 되었다.

해리 정체성 장애가 심각한 외상 경험에 대한 극단의 반응임을 고려하면, 처치는 시간이 오래 걸리고 어려울 수 있다. 그러나 이론상 해리장애를 처치하는 것은 공통요인상담을 다른 장애에 적용하는 것과 유사하다. 공통요인상담을 적용하는 모든 방법은 내담자가 더 많은 경험을 자기지각 속으로 포함시키고 경험 회피에서 경험 수용으로 옮겨 가는 것을 돕는다. 무엇보다 그런 치료는 안전하고 신뢰로운 관계를 요구한다. 애착 외상을 다루는 모든 치료에 존재하는 역설은 여기에서 가장 분명하게 나타난다. 다시 말해, 외상 경험과 심각한 불안정 애착은 안전하고 신뢰로운 관계가 쉽게 발달하는 것을 방해한다. 나는 해리 정체성 장애를 이해하고 처치하는 데 현대의 개척자였던 Richard Kluft(1993)의 말을 재진술할 수 있을 뿐이다. 즉, "당신이 천천히 갈수록, 그곳에 더 빨리 도착할 수 있다"(p. 42).

요점

- 외상 후 스트레스 장애의 핵심은, 1) 외상을 상기시키는 자극에 의해 촉발된 의도치 않은 기억들과, 2) 그 상기 자극들을 회피하는 것을 오락가락하며 경험하는 것이다. 외상을 상기시키는 자극들을 회피하는 것은, 1) 외상 관련 상황을 회피하는 것, 2) 외상 관련 생각과 감정을 회피하는 것 모두를 뜻한다. 그러나 현재에도 외상 후 스트레스 장애를 둘러싼 논쟁은 계속되고 있다.
- 정신의학에서 해리장애는 외상과 결부되어 널리 퍼져 있음에도 불구하고 적절한 관심을 많이 받지 못했다. 두 가지 형태의 해리는, 1) 멍하게 느끼거나 현실과 동떨어지게 느끼면서 의식이 오락가락하는 이탈, 2) 기억 상실과 해리 정체성 장애로 나타나는 의식의 분할을 뜻하는 구획화이다.
- 진단 분류 체계는 특이한 장애가 분명한 질병이라고 시사한다는 점에서 오해의 소지가 있다. 우리는 진단 범주를 사람들이 적응하기 위해 노력하며 사용하는 복잡한 방식을 이해하기 위한 디딤돌로 사용하는 것이 좋다.
- 외상 후 스트레스 장애와 해리 사이에는 공통점이 많다. 이 장애들과 다른 불안장애들, 우울 사이에도 공통점이 많다. 외상 후 스트레스 장애와 해리는 매우 복잡한 원인들을 갖고 있으며, 이를 위해 개인의 발달 과정을 이해할 필요가 있다. 애착 관계가 이 장애들이 발달하는 데 중요한 역할을 하며, 외상 사건 노출 이전, 외상 사건 노출 중, 외상 사건 노출 후의 애착 관계 모두 중요한 역할을 한다.
- 제 기능을 발휘하지 못하는 정신화하기가 외상 후 스트레스 장애와 해리에서 중요한 역할을 한다. 외상 후 스트레스 장애의 플래시백 증상에서 정신화하기의 실패가 가장 분명하게 드러난다. 플래시백이란 기억들이 현재의 현실과 융합되는 것이다. 다시 말해 정신화하기가 아닌 마음-현실 일치 양식이 작용하는 것이다. 정신화하기의 실패는 또한 해리 이탈에서도 분명하게 나타난다. 해리 이탈에서 정서는 정신화되지 않고, 비현실의 느낌은 비정신화 상태를 뜻하는 가장 양식의 전형이다. 정신화하기 실패는 해리 구획화에서도 나타난다. 구획화에서는 통합이 실패해서 정신 상태들 간의 연속성이 상실된다. 따라서 애착 관계에서 정신화하기 능력을 다시 일으켜 세우는 것이 외상 후 스트레스 장애와 해리장애 처치의 핵심이다. 정신화하기 능력을 회복시키는 것은 공통요인상담의 포부이다.

3장

복합 외상 스트레스 장애들

나는 [그림 3-1]에 제시한 것처럼 외상 스트레스가 외상 후 스트레스 장애 이외의 여러 다른 장애와 문제에 비특이적(nonspecific) 위험 요인이라는 것을 강조하며 3장의 토대를 세웠다. 이 관점은 삶의 초기에 장기간 심각하게 발생하고, 특히 애착 관계에서 발생한 스트레스에 적용 가능하다. 상담자들은 20여 년 동안 복합 외상(complex trauma)을 진단하는 문제로 씨름해 왔다. 외상 후 스트레스 장애에서 그런 것처럼 진단 관련 사안들은 과학의 문제이면서 사회정치적 문제이기 때문이다. 3장에서 나는 애착 외상이 상대적으로 크게 기여하는 다른 장애와 문제들, 예를 들어 우울, 불안, 물질남용, 신체 질병, 섭식장애, 자살 의도가 없는 자해, 자살 상태, 성격장애를 논의한다. 그런 뒤 나는 외상과 관련된 이 장애들과 문제들을 새로운 진단 범주로 묶고자 시도한 제안들을 논의한다.

외상과 관련된 문제들의 목록에는 DSM의 상당수 문제들이 포함된다. 그래서 나는 여기서 이 문제들 각각을 공평하게 다룰 수 없다. 예를 들어, 나는 외상이 발달에 미치는 충격에 영향을 미치는 유전적 취약성과 기질(temperament)의 개인차는 얼버무리고 넘어간다. 나는 세 가지 목적으로 외상과 관련된 문제들을 검토하기로 계획하였다. 세 가지 목적은, 첫째, 애착 외상에 뿌리를 둔 문제들이 폭넓다는 것을 강조하고, 둘째, 이

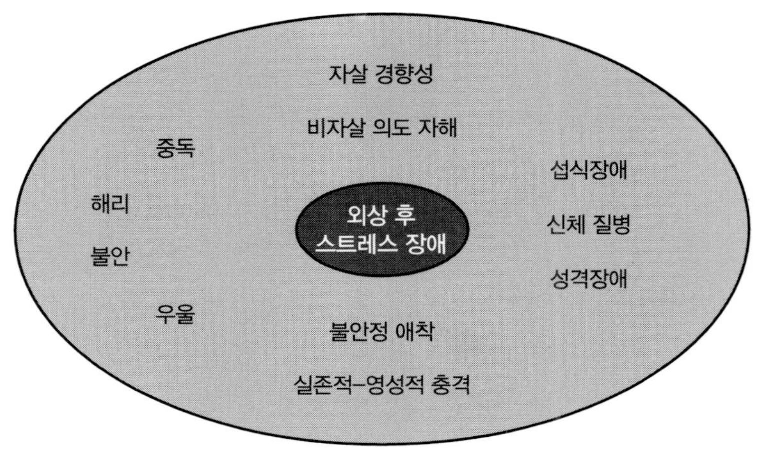

그림 3-1 복합 외상 스트레스 장애들

외상 후 스트레스 장애는 외상이 부적절하게 환원된(reduced) 장애이다.

문제들을 손상된 정신화하기와 연결시키고, 셋째, 외상과 관련된 문제들이 깔끔하게 진단될 수 있다는 현존하는 환상에 대한 당신의 생각을 바로잡는 것이다. 그렇게 하면서 나는 공통요인상담의 기초를 계속 닦아 나간다. 공통요인상담은 진단을 넘어 개인 발달의 복잡성을 충분히 존중하는 접근 방법이다.

우울

외상에 대한 교육 집단을 운영하는 과정에서 나는 우울에 관심을 갖는 것이 적절하고 필요하다는 것을 이해하였다. 왜냐하면 애착 외상을 겪은 내담자들은 우울을 경험하고, 우울이 그들을 무력화시키기(disabling) 때문이다. 나는 메닝거 상담센터에서 열리는 "위기에 처한 전문가들을 위한 프로그램"으로 명명되는 교육 집단에서 우울에 초점을 맞춘 교육을 시작하였다. 그 과정에서 나는 특히 애착 외상 경험을 가진 내담자들이 대단한 전문가로 성공하고, 그때 심각한 우울로 빠져들었다는 것을 관찰하고 매우 깊은 인상을 받았다. 그들의 성공은 스트레스가 매우 심한 삶의 양식을 견디며 사는 대가를 치르고 도달한 것이며, 그런 삶의 양식은 스트레스 누적(stress pileup)에 기여하였다. 나는 또한 아동기 외상(역경)이 우울 삽화들을 촉발한 최근의 스트레스에 취약하게 만드는 선행 조건이 된다는 것을 이해하게 되었는데, 이를 도식화한 것이 [그림 3-2]이다.

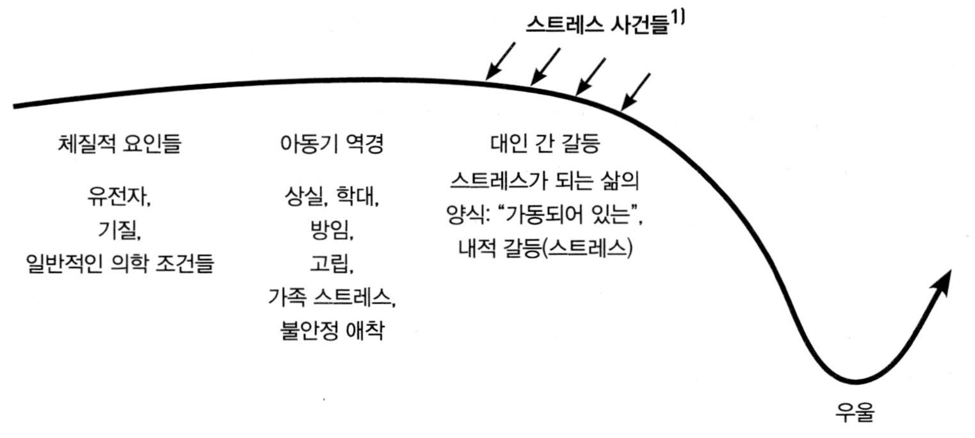

그림 3-2 우울에 대한 스트레스 누적 모델

출처: Allen, J. G. (2001). *Traumatic relationships and serious mental disorders*. Chichester, UK: Wiley. p.107에서 개작함.

나는 애착 외상에 초점을 두며, 우울의 복잡한 병인들과 다양한 발달 경로들(Kendler et al., 2002)은 상당 부분 건너뛰고 다루지 않을 것이다. 외상 후 스트레스 장애와 많은 다른 장애처럼 유전적 취약성과 환경의 스트레스는 생애 내내 상호작용한다. Kenneth Kendler와 동료들(1995)이 간명하게 말한 것처럼, "유전자는 우울을 유발하는 스트레스 사건들의 효과에 대한 개인의 민감성을 변경시킴으로써, 주요 우울이 발생할 위험에 영향을 미친다"(p. 834). 애착 외상은 우울 발생에 영향을 미치는 여러 가지 발달 사건들 중의 한 요인일 뿐이다. 체질적(constitutional) 위험 요인들이란 평생 취약성으로 작용할 수 있는 유전적 경향성과 기질(예: 불안한 기질), 일반적인 의학적 조건들, 신체 질병 등으로 구성된다. 나는 체질적 요인들에 대한 언급은 이 정도로 하고, 아래에서는 성인기 우울 촉발 스트레스 사건들, 아동기 애착 외상으로 인한 취약성을 논의한 다음, 정신화하기가 우울에서 하는 역할을 이야기하는 것으로 결론을 맺을 것이다.

촉발 스트레스

스트레스 생활 사건이 우울 삽화의 발생에 영향을 미친다는 것은 잘 입증되었다(Hammen, 2005). 특히 대인 간 스트레스가 중요한 역할을 한다(Joiner, 2002). 우울은 John Bowlby(1980)가 많은 관심을 가졌던 주제이다. 그는 "사랑하는 사람을 상실하는 것은 인간이 겪을 수 있는 가장 고통스러운 경험의 하나"라고 말하였다(p. 7). Bowlby

의 이 말은 Sigmund Freud(1927/1961)의 제안을 다시 외친 것이다. Freud는 "우리는 사랑할 때 고통을 겪을 수 있는 최고의 무방비 상태가 되며, 사랑하는 대상 혹은 그의 사랑을 잃을 때 너무나 무기력하게 불행에 빠질 수 있다."(p. 33)라고 하였다.

우울의 발달을 알아본 문헌들을 검토하는 과정에서 나는 영국의 사회학자 George Brown과 동료들(Brown & Harris, 1978)의 기념비적 연구에 깊은 감명을 받았다. 이 연구의 꼼꼼한 연구 방법이 특히 가치 있다. 이 연구는 우울을 겪고 있는 개인의 경험을 이해하기 쉽게 밝히기 위해 집중 면접(intensive interviews)을 하였다. 연구자들은 성인 여성들의 우울 삽화에 관심을 가졌고, 그들의 대부분은 가난 속에서 어린 자녀들을 양육하며 살고 있었고, 다수가 파트너가 없었다. Brown과 Harris는 우울 삽화들이 흔히 삶의 스트레스 사건에 의해 촉발된다는 것을 보여 주었다. 이 스트레스 사건들은 상실이 있는 주요한 삶의 주제들을 포함하였다. 예를 들어, 별거, 애착인물의 생명이 위태로운 질병, 재산 상실, 거주지를 바꾸라는 압박을 받는 것 등을 포함하고 있었다. 상실은 또한 환멸(disillusionment)을 수반하기도 하였는데, 예를 들면 한 여성이 남편의 부정을 알게 되는 것이다. 필요한 시기에, 다시 말해 정서적 고통 속에서 혼자라고 느낄 때 실망 혹은 배신을 당하는 것은 강력한 촉발 인자가 된다. 더군다나 우울은 또한 지속되는 어려움들과 결부되어 발생할 수 있다. 여기에는 결혼 갈등, 자녀 양육의 어려움, 직장에서 겪는 문제들, 경제적 어려움, 좋지 못한 주거 환경, 좋지 못한 건강 등이 포함된다. 그런 어려움들이 연구에 참여한 여성들에게 장기적으로 일어난 것으로 조사되었다. Brown과 Harris는 적어도 2년간 계속되고, 평균 4년간 계속된 어려움들만을 계산에 포함시켰다.

놀랄 것도 없이 삶의 스트레스 사건들과 지속되는 어려움들이 조합되면 우울 삽화가 촉발될 확률이 상승할 것 같다. [그림 3-2]에 제시한 스트레스 누적과 우울에 대해 내담자들을 교육할 때, 나는 또한 스트레스를 유발하는 삶의 양식을 포함시켰다. 예를 들어, 일중독, 강박적인 돌봄, 계속해서 일하기, 어떤 내담자가 말한 것처럼 "가동되어 있는" 삶의 양식을 포함시켰다. 때때로 이와 같은 스트레스가 되는 삶의 양식은 주의를 환기시키고, 과거의 외상에서 영향받지 않게 하는 방어 기능을 할 수 있다. 나는 스트레스가 되는 삶의 양식에 내적 스트레스도 포함시킨다. 내적 스트레스(갈등)의 예로는 실패감과 수치심을 계속 일으키는 완벽주의, 양가 애착의 특징인 의존과 뒤섞인 억압된 분노 등이 있다. Brown과 동료들은 삶의 스트레스의 의미에 많은 관심을 기울였고, 여기에 굴욕, 삶의 함정(entrapment) 등의 주제를 포함시켰다(Brown et al., 1995). 예를 들어, 굴욕 사건이란 애착 관계에서 거부당하거나 가치 절하당하는 것 등을 의미하며, 그런 사건은 자존감에 타격을 준다. 삶의 함정이란 관계, 거주, 고용, 혹은 건강과 관련된 지속적인 어려움 등을 의미한다. 상실로 고통을 겪는 것과 더불어 굴욕을 느끼고 삶의 함정에 빠진 것처럼 느끼는 것은 패배와 절망의 감정을 느끼게 하며, 이 감정들은 다시 무가치함을 느끼게 해서 투쟁을 포기하게 만들 수 있다.

아동, 청소년, 성인 모두에서 불안정 애착은 우울과 관계가 있다(Lyuten et al., 2012). Sidney Blatt(2004)은 우울한 내담자들을 상담한 결과에 근거하여 관계맺음과 자기정의라는 양극에 초점을 두게 되었다. 내가 이 책에서 강조하는 것도 이 두 가지이다. Blatt은 우울을 구분하는 두 가지 패턴을 찾았다. 하나는 의존하는(dependent) 우울이고, 다른 하나는 자기비난을 하는 우울이다. 의존하는 우울은 "외로움, 무력감, 나약함과 같은 감정들을 특징으로 한다. 그 사람들은 버림받고, 보호받지 못하고, 돌봄을 받지 못할까 봐 지속적으로 매우 두려워한다. 이 사람들은 사랑, 돌봄, 보호받는 것을 매우 강하게 바란다"(p. 156). 마음의 안정감이 부족하고, 의존하는 우울을 겪는 사람들은 편안한 마음을 유지하기 위해 오로지 다른 사람에게 의존한다. 즉, "그들은 욕구가 충족되는 경험 혹은 욕구 충족을 제공한 사람들의 자질들을 적절하게 내면화하는 것에 실패했기 때문에 타인들이 주로 가치 있는 사람이 되는데, 이는 타인들이 제공하는 즉각적인 돌봄, 편안함, 욕구 충족 때문이다"(p. 156).

대조적으로 자기비난을 하는 우울은 "자기비난, 무가치감, 열등감, 죄책감을 특징으로 한다. 이 사람들은 지속되는 맹렬한 자기내성(self-scrutiny)과 평가를 하며 중요한 타인들에게 비난받거나 인정받지 못하는 것을 지속적으로 두려워한다"(Blatt, 2008, p. 156). 메닝거 상담센터에서 운영되는 '위기에 빠진 전문가들을 위한 집단상담 프로그램'에 참여하는 많은 내담자들이 전형적인 사례를 보여 주는데, 자기비난 우울에 취약한 사람들은 실패의 감정을 경계하기 위해 성공에 매력을 느끼며, 완벽주의를 극단적으로 추구한다. "그들은 지나친 성공과 완벽함을 추구하며, 매우 경쟁적이며 열심히 일하고, 자신이 많은 것을 이룰 것을 요구하며, 종종 상당히 성취한다. 그러나 만족감이 오래가지 않는다"(p. 156). 그들의 비난은 자기뿐 아니라 타인을 향한다. 그들의 경쟁심은 또한 타인을 비난하게 만든다. 그래서 그들의 대인 관계는 종종 적개심, 질투, 부러움이 스며들어 있고, 그들은 고립감이나 외로움을 느낀다.

Brown과 Harris(1995)가 제안했던 것처럼 우울을 촉발하는 삶의 스트레스 사건들과 지속되는 어려움들은 그것들이 갖는 의미 때문에 우울을 촉발하게 되는데, Blatt(2004,

2008)의 저술들은 매우 중요한 두 가지 심리 주제를 강조한다. 즉, 상실과 실패이다. 상실과 실패를 나타내는 삶의 사건들에 취약해지는 것은 성격 발달과 관련이 된다. 다시 말해, 1) 지나친 의존은 상실에 대한 민감성을 의미하며, 2) 자기비난은 실패에 대한 민감성을 의미한다. 다시 이 두 가지 패턴은 불안정 애착과 관련된다. 즉, 양가 애착은 방임 혹은 버림의 감정을 느끼게 만드는 맥락에서 의존하는 우울을 경험하게 하는 취약성이다. 반면에 회피 애착은 굴욕 혹은 실패의 경험과 연결된 자기비난 우울을 경험하게 하는 취약성이다. 그러나 불안정 패턴이 고정된 것은 아니다. 일부 우울한 사람들은 의존과 자기비난이 모두 나타나는 우울을 겪는다. 예를 들어, 성공과 인정을 끊임없이 추구하는 것은 친밀함과 편안함의 욕구를 가리기 위한 방식으로 사용되는 것은 흔히 있는 일이다.

애착 외상

Brown과 Harris(1978)는 우울 삽화에 앞서 삶의 스트레스 사건들과 지속되는 어려움들이 선행한다는 것을 발견하였다. 그러나 스트레스에 노출된 여성의 약 20%만 우울 삽화를 겪는다는 것을 발견하였다. 부모를 삶의 초기에 상실하는 것이 우울을 일으키는 위험 요인이라고 널리 인식되었으나, Bowlby(1980)는 "상실 뒤에 아동이 겪는 경험이 매우 중요하다."라고 강조하였다(p. 312). 이런 제안에 동의한 Brown과 동료들(1990)은 엄마를 상실한 뒤에 적절한 돌봄이 제공되지 않을 때, 다시 말해 엄마를 상실한 뒤에 아이가 방임되거나 부모로부터 거부당하는 경험을 한 것이 취약성 요인으로 작용한다는 것을 발견하였다. 더욱 구체적으로, 이후의 연구는 엄마를 상실하기 전에 겪은 엄마의 부족한 돌봄, 상실 뒤에 아버지 혹은 대리모가 제공하는 돌봄의 부족, 상실의 후유증으로 아동이 경험하는 무력함이 취약성 요인으로 작용한다는 것을 발견하였다. 요약하면, 삶의 초기에 상실을 경험하고 불안정 애착의 맥락이 지속되는 것을 이후의 우울에 대한 취약성으로 작용한다.

성인기 우울의 발달적 선행 조건들을 조사한 Brown의 동료 Antonio Bifulco는 아동기 학대를 평가 분류하는 체계적 면접 방법을 개발하였다. Bifulco와 Moran(1998)은 모든 형태의 학대들, 즉 신체적 · 성적 · 심리적 학대, 방임은 성인기에 우울을 겪을 위험을 증가시킨다는 것을 발견하였다. 이후의 연구들에 의하면 아동기 학대가 우울 삽화의 발생 위험을 높일 뿐 아니라 삽화의 심각성에 영향을 미쳤고(Harkness & Monroe,

2002), 재발 가능성을 증가시켰다(Bernet & Stein, 1999). 3~32세 사이에 11번의 측정 시점에서 연구 참가자들을 조사한 이후의 종단연구들은 주요 우울 삽화가 과거의 학대 경험과 관계가 있지만 과거의 부모 상실 경험과 관계가 없다는 결과를 제시하였다(Moffitt et al., 2010).

우울과 정신화

모든 다른 심리장애와 마찬가지로 우울과 정신화하기는 악순환하며 상호작용한다. 다시 말해, 우울은 정신화하기 능력을 손상시키고, 손상된 정신화하기 능력은 우울을 악화시킨다(Luyten et al., 2012). 당신이 잘 살고 있을 때 당신의 정신화하기 능력이 작동하고 있다는 것을 알아차리지 못하더라도, 정신화하기는 상당한 정신적 노력을 필요로 하는 매우 복잡한 과정이다. 우울한 당신은 정신화하기를 실행하는 데 필요한 정신 에너지를 충분히 갖고 있지 못한 상태일 수 있다. 당신은 철회하거나 자기 고민에 빠져 상대적으로 타인의 경험을 의식하지 못하고, 당신 자신의 경험조차 이해하지 못할 수 있다. 대신에 당신은 자신의 문제들, 감정들, 타인들의 머릿속 생각에 대해 계속 강박하는 방식으로 정신화하기를 과잉되게 사용할 수 있다. 그런 집착(preoccupation)은 또 다른 형태의 손상된 정신화하기이며, 반추로 명명되는 것이 더 낫다. 효율적인 정신화하기[2]는 유연하게 생각하고, 다양한 관점에서 사물들을 지각하는 것을 뜻한다. 반추는 제자리를 맴돌면서 유연하지 못하게 생각하는 것을 의미한다. 우울한 반추를 하는 사람은 실제로 우울을 유발한 조건, 우울의 증상 등에 열중하면서 자신이 문제해결을 해나가고 있다는 환상을 갖는데(Nolen-Hoeksema, 2000), 이것은 정신화하기 능력이 손상되어 있다는 것을 의미한다. 왜곡된 정신화하기 또한 우울의 발달에 중요한 역할을 한다. 인지상담(Beck et al., 1979)은 사고의 왜곡을 강조한다. 인지상담은 자신(예: "나는 완전한 실패자다."), 세상(예: "모든 사람이 나를 싫어한다."), 장래(예: "아무도 나를 사랑하지 않을 거야.")에 대한 비이성적 · 부정적 생각이 우울의 발달에 중요한 역할을 한다고 강조한다. 이런 부정적 사고는 불안정 애착에서 기인한 내적 작동모델의 한 부분 혹은 한 구획으로 간주될 수 있다. 의심의 여지없이 자기에 대한 그러한 치명적인 작동모델(예: 실패자이며 사랑스럽지 못한)은 우울에 중요한 역할을 한다. 그리고 타인은 돌봄을 제공하지 않으며, 지나치게 비평적이라는 등의 타인에 대한 왜곡된 작동모델 또한 대인 관계를 방해해서 스트레스를 만들 뿐 아니라 대인 관계 문제해결을 악화시켜 우울에 기여한다(Luyten et al., 2012). 예를 들면, 파트너의 불안한 집착을 잔인한 냉담으로 잘못 해석한 뒤, 파트너가 방임한다고 비난하며 관계에서 갈등을 악화시키는 것이다. 그런 손상된 정신화하기는 과거의 외상에 뿌리를 두고 있는 작동모델을 현재의 애착 관계에 적용하는 것에서 비롯될 수 있다.

이러한 관찰들은 우울을 처치할 때 내담자의 정신화하기를 개선하는 것이 중요하다는 것을 잘 보여 준다. 내가 검토한 바에 따르면, 공통요인상담은 정신화하기의 태도를 증진시킨다. 다시 말해, 당신은 부정적 사고와 감정을 너무 심각하게 받아들이지 않는 것, 우울이 당신의 사고에 미치는 영향을 인식하는 것, 당신의 정신 상태가 변화할 수 있다는 것을 알아차리는 것을 공통요인상담에서 배울 수 있다. 부수적으로, 적극적으로 정확하게 정신화하기를 하는 것은 대인 관계에서 연결감과 안정감을 회복하는 데 필요하다. 그리고 정확한 정신화하기는 우울한 고립(isolation)과 소외(alienation)에 해독제가 된다. 우울 삽화에서 회복한 뒤에 이 알아차리는 태도(mindful stance)는 재발을 예방하고, 당신이 지속적으로 우울한 기분을 반추할 것이란 전망을 저지하게 된다(segal et al., 2010).

불안

DSM-IV TR(America Psychiatric Association, 2000)은 외상 후 스트레스 장애가 우울과 유의한 공통점이 있어도 불안장애의 하나로 분류한다. 그러나 외상 후 스트레스 장애가 외상에 관련된 유일한 불안장애는 아니다. 이 절에서 나는 아동기 외상을 일반화된 불안에 연결시키는 연구들을 먼저 언급한다. 그런 뒤 나는 우울과 불안 사이의 공통점뿐 아니라 외상과 불안 사이의 관계를 다시 언급하다. 결론을 내리면서 나는 우울과 불안 간의 차이, 둘 사이에 공통된 본질을 요약한다.

불안, 우울, 외상

우울과 외상 후 스트레스 장애를 구분하는 과제는 우울과 일반화된 불안장애를 구별하는 과제보다 어렵지 않다. 일반화된 불안장애의 특징은 차분하지 못함, 피로, 집중의 어려움, 과민성, 근육 긴장, 수면장애를 포함하는 고질적인 불안 증상들과 결부된 통제할 수 없는 걱정이다. 주요 우울과 일반화된 불안은 유전적인 민감성과 불편감을 느끼는 성향을 공유하고, 두 장애는 동일한 약물치료에 호전을 보인다(Moffitt et al., 2010). 우리의 주요 관심사인 아동기 학대, 방임, 상실이 두 장애에 기여하고(Ketssler et al., 2010), 일반화된 불안과 주요 우울의 조합은 최고로 높은 수준의 발달적 위험과 연관되어 있다(Mofitt et al., 2010).

Brown(2010)은 우울과 불안을 구별하면서 스트레스 사건들과 관계된 두 가지 의미를 구분한다. 즉, "사람, 역할, 소중한 생각 등을 상실하는 것은(loss) … 우울과 관계가 있고, 장래에 어떤 것을 상실할 가능성으로 정의되는 위험(danger)은 불안과 관계가 있다"(p. 311, 강조는 원래대로). Blatt의 관계맺기와 자기정의라는 두 양극 또한 불안에 적용된다. 위험은, 1) 기대된 상실뿐 아니라, 2) 자존감이 타격받을 것 같은 기대, 3) 잠재적인 굴욕 또한 포함한다. 그래서 양가 애착과 회피 애착은 각자에게 적절한 위험의 종류에 민감하다. 전자는 사랑의 상실에 민감하고 후자는 자존감의 상실에 민감하다. 아동기 학대를 포함하여 많은 스트레스 사건들은 상실과 위험을 내포한다. 이에 상응되게 Brown(2010)은 우울과 불안이 흔히 공병하는 것은 그들의 원인들이 아동기 학대뿐 아니라 상실과 위험 모두를 포함하는 성인기 스트레스 사건들에서 기인하기 때문이라고 지적하였다.

하나의 장애 혹은 두 개, 그렇지 않으면 세 개인가?

불안과 우울이 공병(동시이환)하여도 급성 불안과 우울 삽화들은 전 생애 동안 번갈아 나타나는 방식으로 발생한다. 양쪽은 유사하게 서로에게 선행하여 발생할 수 있다(Kessler et al., 2010). 하나의 발생은 이후에 다른 것이 발생할 확률을 증가시킨다(Fergusson & Horwood, 2010). 불안이 우울을 낳고, 우울이 불안을 낳는다. 그래서 삽화들은 지그재그 형식으로 발생한다. 시간이 지나감에 따라 전 생애 동안 양쪽 장애 중 하나를 경험한 사람은 다른 장애를 경험할 가능성이 증가한다(Goldberg, 2010).

많은 연구들은 우울과 불안 사이의 공통점뿐 아니라 차이점을 분명히 하였다. 이는 [그림 3-3]에 제시되어 있다. 불안과 우울은 높은 수준의 부정적 정서성(emotionality)이라는 측면에서 공통점이 있는데, 연구자들은 부정적 정서성에 여러 가지 다른 명칭을 제안해 왔다. **신경증적 경향성**(neuroticism)은 둘 사이의 공통점을 가장 잘 표현한 용어로 수용된다. 그러나 내가 좋아하는 명칭은 **불안한 불행**(anxious misery)이다. 우울은

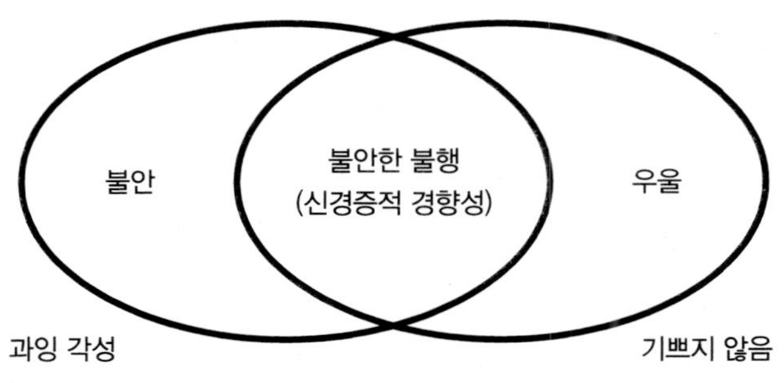

그림 3-3 우울과 불안의 관계

긍정적 정서성 수준이 낮다는 측면에서 불안과 어느 정도 구별된다. 우울한 사람들은 흥미, 흥분, 즐거움, 기쁨, 사랑을 경험할 수 있는 능력이 부족하다. 다른 한편으로 불안은 불안한 각성(arousal) 수준이 높다는 측면에서 우울과 어느 정도 구별이 된다. 불안한 각성은 빠른 심장 박동률, 짧은 호흡, 혹은 현기증으로 나타날 수 있다. 요약하면, 불안은 두려움에 뿌리를 두고 있다는 점에서 우울과 구별이 된다(G, Andrews et al., 2009).

우울과 마찬가지로, 높은 수준의 불안 및 위협을 느끼는 것은 정신화하기 능력을 방해한다. 위협은 싸움 혹은 도주 반응을 활성화시킨다. 싸움 혹은 도주 반응은 정신화하기 능력을 정지시킨다(Arnsten, 1998). 심각한 위험(danger)으로 위협(threat)을 느낀 사람은 생각할 시간을 갖지 못하고, 싸우기 혹은 도망가기 행동을 취한다. 불안은 모든 주의를 위협에 기울이게 하여 정신화하기 능력을 제한한다. 이와 같이 당신이 불안하면, 타인의 행위들을 적대적이고 좋지 못한 의도를 가진 것으로 잘못 해석할 수 있다. 그리고 당신 자신을 무능하고 무력한 것으로 지각할 수 있다. 불안과 우울이 당신이 생각하는 내용(what)에 간섭하고(즉, 잘못된 해석을 생각하게 만듦), 당신이 생각하는 방식(how)에 간섭하는(즉, 경직되게 생각하게 만듦) 방식으로 정신화하기 능력을 왜곡시킨다는 것을 알아차리는 것은 어렵지 않다.

물질남용

나는 심리장애의 발생과 처치에서 물질남용이 외상과 별개로 상당히 중요하게 관여되어 있다고 말해도 과장이라고 생각하지 않는다. 30여 년 넘게 정신병원에서 근무한 나는 물질남용을 잠재적인 발달적 재앙으로 생각하게 되었다. 나는 열심히 상담에 참여해 상당한 효과를 본 내담자가 물질남용이 재발한 뒤 이제까지 안간힘을 써서 어느 정도 재건한 애착 관계뿐 아니라 상담에서 이뤄낸 모든 성과를 손상시키는 것을 보며 낙담하였다. 이와 반대되게 내가 반복해서 관찰한 또 다른 사실은 내담자가 지속적인 회복의 토대가 되는 상담처치에 성실히 협력하며, 효율적인 물질남용 처치에 성실히 임하면 굉장한 효과를 본다는 것이다.

나는 이 책의 초반부에서 애착의 핵심 기능이 정서조절이라고 강조했다. 높은 수준의 불편감이 불안정 애착과 짝을 이룰 때 물질남용은 정서조절을 위한 대안이 될 수 있다. 이런 가정과 일치되게 성인 애착 면접으로 평가된 성인기 불안정 애착(몰두 및 미해결된)의 사람은 마약남용을 할 위험이 매우 높았다(van Ijzendoorn & Bakermans-Kranenburg, 2008).

우리가 앞 절에서 검토했던 불안과 우울 연구들을 고려하면 중독 물질은 묘약(miracle drugs)과 유사해 보인다. 무슨 뜻이냐 하면 알코올, 마취제, 항불안제를 사용하면 부정 정서가 극적으로 감소되며, 어쩌면 긍정 정서가 증가된다. 암페타민, 코카인 같은 자극제들은 뇌의 보상회로를 활성화시켜 긍정적 정서를 극적으로 증가시킨다. 물론 이 좋은 효과들이 일시적이란 것이 중독 물질의 문제점이다. 알코올, 마취제, 항불안제는 진정 효과가 있어서 우울을 유발하기도 한다. 이 약물들을 끊으면 불안이 재발될 수 있고, 이때는 더 많은 양의 약물을 사용해야 진정된다. 자극제들은 긍정적 정서를 불러일으킬 뿐 아니라 스트레스 신경 회로를 활성화시킨다. 이는 다시 외상 후 스트레스 장애를 악화시키고, 불안과 두려움을 가중시킨다. 사용하던 자극제를 더 이상 사용하지 않는 것은 우울을 유발할 수 있다. 종종 내담자들은 복잡한 정서 상태를 관리하기 위해 자극제와 진정제 모두를 사용한다. 이는 번갈아 가며 정서적 각성을 고양시켰다가 약화시키며, 이는 약간의 안정을 얻으려다 자신도 모르는 사이에 정서 및 정서조절에 관련된 뇌 화학 물질들을 불안정하게 만든다.

이 절을 나는 물질남용과 외상의 복잡한 관계를 논의하는 것으로 시작하였다. 다음 절에서 나는 물질남용과 주요 외상-관련 장애들(외상 후 스트레스 장애, 해리, 우울)의 관계를 살핀 문헌들을 알아볼 것이다. 나는 물질남용과 외상 관련 장애들이 조합된 경우에 최고의 처치는 통합 처치(integrated treatment)라고 분명히 말한다. 나는 물질남용과 손상된 정신화하기 능력 사이의 관계를 알아보는 것으로 결론을 맺는다.

외상과 물질남용

상당한 연구들은 아동기 외상 경험의 누적이 극적으로 알코올과 마약남용 비율을 증가시킨다는 것을 보여 준다(Felitti & Anda, 2010). 유전적 위험과 조합하여 아동기 성 학대는 청소년기 물질남용과 관계가 있다(Kendler et al., 2002). 아동기 성적 외상은 성인기 물질남용과 관계가 있는데, 이는 아동기 성적 외상이 외상 후 스트레스 장애에 기여하기 때문이며, 외상 후 스트레스 장애는 다시 물질남용에 기여한다(Epstein et al., 1998).

우리는 인과 관계의 다른 방향을 간과하면 안 된다. 즉, 물질남용으로 생기는 극도의 흥분은 물질남용자가 외상 스트레스에 노출될 위험을 증가시킨다(McFarlane, 1998). 몇 가지 예를 들어 보자. 음주 운전이 명백한 예이다. 교통사고는 흔히 외상 후 스트레스 장애의 주요 원천이다(Norris, 1992). 마약남용과 마약 거래는 폭력과 공격에 노출될 위험을 증가시킨다(Brady et al., 1998). 또한 상당수의 여성은 알코올에 취한 상태에서 성폭력을 당했다고 보고한다(Resnick et al., 1997). 음주 상태는 여러 가지 방식으로 성 학대 피해를 입을 취약성을 증가시킨다. 다시 말해, 음주 상태는 판단력과 정신화하기 능력을 손상시키고, 위험을 알아차리는 데 둔해지게 만들며, 자기보호 능력을 감소시키고, 성적 대상으로 지각되게 만든다(Ruzek et al., 1998).

외상 후 스트레스 장애, 해리, 우울, 물질남용

외상 후 스트레스 장애와 물질남용은 종종 공존하는 장애이다. 정서조절 기능이 있는 물질남용은 외상 후 스트레스 장애에 앞서 발생하기보다 흔히 뒤이어 발생한다(Stewart et al., 1998). 따라서 물질남용은 외상 후 스트레스 장애의 경험 회피 증상으로 간주될 수 있다(Friedman, 1990). 더군다나 물질남용은 해리와 유사한 면이 있다. Eli Somer(2009)는 진정제 중독을 화학적 형태의 해리로 간주한다. 사실, 심리적 해리가 불편감을 충분히 경감하지 못하면 진정제가 추가적으로 도움이 될 수 있다. 과거에 중독을 경험한 사람들을 면담한 결과에 의하면, 해리와 진정제 중독 간에 유사점이 있다(pp. 514-515). 즉, "헤로인은 내가 삶에서 겪는 고통을 잊는 데 도움이 되죠." "내가 진정제에 취해 있을 때, 어릴 적 기억으로 공포에 떨지 않아도 되죠 … 나는 악몽들을 기억할 수 없답니다." "내가 마약을 흡입하자마자 분노는 더 이상 나를 괴롭히지 못해요.

분노와 단절된 것처럼 느껴지죠. 나는 분노를 흘려보내게 되죠. 아마도 나는 여전히 여기에 있지만, 나는 다른 곳에 있는 것처럼 느끼죠." 이전에 성매매를 했던 한 여성은 "내가 마약에 취해 있으면, 그들은 내 몸을 갖고 즐거워하며 성행위를 하죠. 나는 내 몸 밖에 나와 있는 것처럼 느껴요."라고 말했다. 면담에 참여한 다른 사람들의 경험은 중독과 애착 사이에 연결 고리가 있음을 보여 주었다. 즉, "나의 마음은 차갑게 얼어붙어 있죠 … 내가 마약을 주사하면, 나는 급속히 따뜻해져요 … 그것은 너무나 안락해요." "그 어떤 것도 내가 헤로인에서 얻는 느낌보다 좋지 않아요. 그 느낌은 내 어깨 위에 사랑이 느껴지는 포근한 담요를 덮고 있는 느낌을 준답니다." "마약의 유혹에는 달콤한 어떤 것이 있어요. 마음속부터 포근해지는 것을 상상해 보세요."

많은 사람들은 불편감이나 우울로 인한 낮은 수준의 긍정적 정서를 조절하기 위해 물질을 사용한다. [그림 3-4]에 제시한 것처럼 이런 문제를 다루면서 나는 물질남용을 촉매로 간주하게 되었다. 즉, 스트레스 누적에 직면해서 물질남용은 우울의 발생 속도를 높이게 될 것이다(Allen, 2006). 예를 들어, 물질남용은 삶의 스트레스 사건이 발생할 확률을 증가시킨다(예: 음주 운전으로 체포당하는 것 혹은 직장을 잃는 것). 물질남용은 애착 안정감을 무너뜨리는 고질적인 대인 관계 갈등을 초래한다. 물질남용은 스트레스가 되는 생활 양식을 부추긴다(예: 마약을 구입하고 중독을 숨기는 데 몰두하게 하는 것). 물질남용은 내면의 갈등을 일으킨다(예: 죄책감과 수치심을 느끼는 것). 물질남용은 우울하게

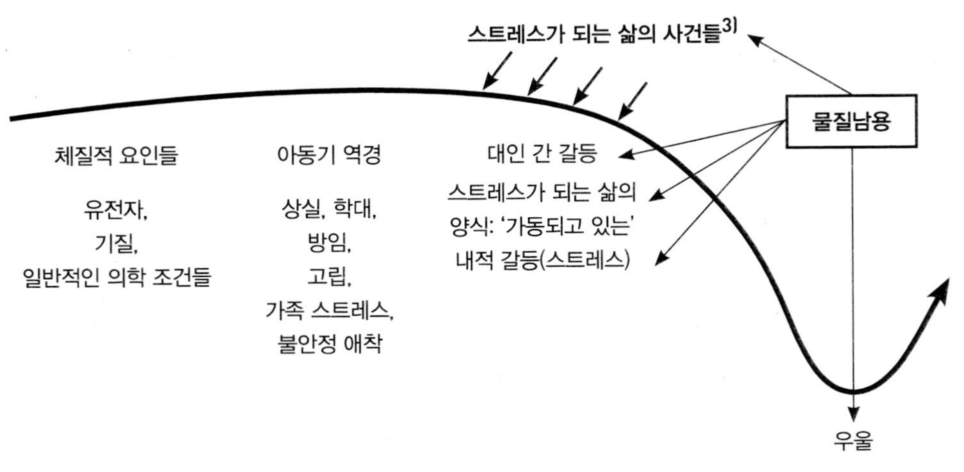

그림 3-4 물질남용: 우울의 촉매

출처: Adapted from Allen J. G.: *Traumatic Relationships and Serious Mental Disorders*. Chichester, UK, Wiley, 2001, p. 107. Used with permission.

만드는 직접적 경로인 신경 체계를 긴장시킨다(예: 극도의 흥분과 철회를 통해서).

중독과 심리장애 중 어느 것이 먼저 발생했든 둘 모두를 위한 처치를 동시에 하는 것이 좋다. Lisa Najavits와 동료들(2009)은 외상 관련 물질남용 처치를 위한 통합 접근을 개발하였는데, 이 접근의 명칭은 안정감 추구(Seeking Safety)이다. 이는 현재에 초점을 두는 인지행동접근으로 심리교육과 기술 훈련을 사용해 내담자가 삶에서 더 많은 안정감을 획득하게 돕는다. 이 프로그램은 모든 종류의 외상과 물질남용에서 회복을 바라는 남성과 여성에게 사용되었다. 안정감을 추구하는 데 초점을 두는 것은 나의 동료 AnnMarie Glodich와 내가 외상을 입은 청소년들의 정신화하기 능력을 증진시키기 위해 심리교육 집단을 개발하면서 겪었던 경험과 일치한다(Glodich et al., 2006). 우리는 처치의 첫 번째 우선순위가 이전의 외상을 처리하는 것이 아니며, 오히려 장래의 외상을 예방하는 것이 1순위가 되어야 한다는 것을 빠르게 알게 되었다. 그리고 물질남용이 우리 집단의 초점으로 크게 다가왔다.

정신화하기 능력과 물질남용

우리가 내담자에게 심리장애와 정신화하기 능력 사이의 관계를 교육할 때 우리는 물질남용에서 시작한다. 왜냐하면 둘 사이에 악순환이 명백하게 존재하기 때문이다(Allen et al., 2012). 우리는 물질에 취하면 정신화하기 능력이 손상된다는 것을 설명하기 위해 애쓸 필요가 없다. 물질에 취하는 것을 넘어 중독은 물질에 완전히 몰두하게 함으로써, 즉 약을 구하고 강박적으로 중독 행동을 감추는 데 몰두하게 함으로써 정신화하기 능력을 무너뜨린다.

그러나 이 악순환의 다른 측면이 더 중요하다. 다시 말해, 손상된 정신화하기 능력이 물질남용에 중요한 영향을 끼칠 수 있다. 손상된 정신화하기 능력과 불안정 애착은 서로를 악화시킨다. 이 둘은 정서조절 관련 문제도 일으킨다. 요약하면, 내가 앞서 말했던 것처럼, 물질남용은 불편한 정서를 조절하는 데 도움이 되는 안정 애착 관계의 대안으로 사용된다. 애착과 물질남용은 동일한 위치의 뇌 신경 회로들을 활성화시킨다. 애착과 물질남용은 즐거움과 진정되는 느낌을 제공하는 공통점을 갖고 있다(Insel, 2003). 물론 애착 관계를 대신하는 대체물을 추구하는 것은 애착 관계를 더욱 무너뜨리며, 중독된 사람을 애착 관계에서 차단시키고, 파트너는 거부당한다는 느낌을 갖게 된다. 다시 말해, 중독 물질이 또 다른 애정 대상이 되는 것이다. 물질남용, 정신화하기 능력의 손상, 불안정 애착 관계 사이에 밀접한 관계가 있다는 것을 고려하는 상담자들은 정신화하기 능력을 향상시키기 위한 물질남용 처치들을 개발하고 연구하고 있다(Philips et al., 2012).

좋지 못한 건강

많은 연구들은 애착 외상 스트레스가 뇌 발달에 부정적 영향을 미치고, 스트레스 조절 능력에 지속적인 위협이 된다는 것을 증명하기 위해 노력하고 있다(Schore, 2009). 최악의 경우에 아동기 외상은 심각한 질병, 예를 들어 간 질환, 만성 폐 질환, 관상동맥 질환, 자가면역 질환이 발생할 위험을 높인다(Felitti & Anda, 2010). 그러나 운이 좋게도 스트레스로 인한 신체 증상들은 종종 진단 가능한 질병과 관련된게 아니라 오히려 여러 형태의 일반적인 좋지 못한 건강(ill health)과 관련된다(Weiner, 1992). 아동기 학대와 관계있는 증상에는 척추, 가슴, 얼굴, 골반, 성기, 복부, 위 등에서의 통증, 두통, 타박상, 배뇨 문제, 설사 및 변비, 섭식 문제, 숨 막히는 느낌, 숨 가쁨 등이 포함된다(McCauley et al., 1997).

더군다나 고질적인 스트레스 사건으로서 외상 후 스트레스 장애는 위험한 신체 건강 문제의 상당 부분을 설명한다(Andreski et al., 1998). 외상 후 스트레스 장애는 건강에 문제를 일으킬 수 있는 행동인 알코올, 마약, 흡연, 영양 균형이 깨진 식사, 수면 문제, 운동 부족, 정기 건강 검진을 받지 않고, 의사의 처방을 잘 따르지 않는 것 등과 관계가 있다. 그리고 우리 눈에 띌 정도의 악순환이 발생한다. 다시 말해, 고질적인 스트레스는 회복할 힘을 무너뜨린다. 중독, 섭식장애 행동 같은 건강 위협 행동이 스트레스를 낮추기 위한 전략으로 사용된다. 그런 행동은 회복할 힘을 더욱 무너뜨린다.

특히 외상 후의 회피와 해리 증상은 감정에 대한 정신화하기 능력을 손상시킨다. 다시 말해, 감정을 솔직하게 표현하고 외상 경험을 처리하는 것을 방해한다. 또다시 악순환이 발생한다. 즉, 정신화되지 않은 정서들은 좋지 못한 건강의 증상들을 악화시키고, 피로와 통증 같은 좋지 못한 건강은 정신화하기 능력을 무너뜨릴 수 있다. 역으로, 외상 경험의 감정 반응을 표현하고 글로 쓰는 것은 신체 건강을 회복하게 만든다(Pennerbaker, 2004). 따라서 손상된 정신화하기 능력이 좋지 못한 건강의 원인인지 결과인지 상관없이 효율성 있는 처치는 정신화하기 능력을 회복시키는 것이다. 이런 방식으로 Patrick Luyten과 Boudwijn Van Houdenhove(출판 중)는 고질적인 피로 증후군인 섬유 근육통을 앓고 있는 환자들이 건강을 회복하는 데 **신체와 심리 간의 관계를 정신화할 수 있는 능력**(embodied mentalizing)을 회복하는 것이 중요하다는 것을 확인하였다. 신체와 심리 간의 관계를 정신화할 수 있는 능력이란 신체 상태를 정신과 연결시켜 이해할 수 있는 능력을 뜻한다. 예를 들어, 빠른 심장 박동은 불안한 감정을 느낀다는 것을 의미한다고 이해하는 것이다. 마찬가지로 고질적인 피로로 어려움을 겪고 있는 사람은 활동 수준에 맞게 에너지 수준을 조율함으로써 이득을 볼 수 있다(예: 지나칠 정도로 활동하는 것을 피하기).

신체 심리 간의 관계를 정신화할 수 있는 능력은 증상이 갖는 심리적 의미를 설명하는 과정의 전형이다. 예를 들어, 나는 마비 형태의 전환장애로 극도의 혼란에 빠진 내담자와 상담을 한 적이 있다. 그녀는 자신의 마비에 대해 신경 검사를 제외한 여러 가지 의료 검진을 받았다. 결국 그녀가 정신과 처치를 받으러 왔을 때, 증상들이 심리 문제 때문일 수 있다고 수용하였으나 마비에 대한 심리학적 이해는 하지 못했다. 애착 외상에 초점을 맞춘 집중상담 과정을 진행해 가면서, 우리는 그녀가 두려워지면 마비된다는 것을 이해하게 되었다. 이후 그녀는 점진적으로 마비에서 벗어났다(Allen & Fonagy, 출판 중).

정신화하기를 교육하는 집단에서 우리는 집단원이 고려할 가치가 있는 증상이 있는지 말하는 활동을 한다. 이를 위해 우리는 "당신의 증상이 말을 할 수 있다면 무슨 말을 할 것 같나요?"라고 질문한다. 이 질문을 염두에 두고 집단원은 그 증상이 말하고자 하는 것이 무엇인지 생각한다. 예를 들어, 한 내담자는 초조하고 떨리는 증상을 집단에서 생각해 보기 위해 이야기를 꺼냈고, 집단원은 그 증상이 "나를 도와줘!" 혹은 "나를 내버려 둬!"라는 의사를 전달하고 있다고 생각했다. 그 증상을 이야기했던 내담자는 그가 불안할 때 갖고 있는 갈등을 집단원들이 찾았다고 말했다. 즉, 그는 필사적으로 도움을 원했지만, 누군가가 자신과 가까워지는 것을 두려워하였다.

섭식장애

우리는 섭식장애를 물질 중독과 유사한 것으로 생각할 수 있다. 중독처럼 섭식장애 행동은 불편한 정서를 조절하기 위한 노력이다. 음식 섭취를 제한하는 거식증은 자신의 신체 모습을 통제하고 조절하기 위한 노력일 수 있다. 폭식은 편안한 정서를 제공한다는 점에서 중독과 유사하다. 폭식하기와 게워 내기는 불편한 정서에서 주의를 환기시키는 강력한 작용을 하는 한편, 통제하고 있다는 느낌을 약간 제공할 수 있다.

불행히도, 물질남용처럼 섭식장애 행동의 긍정적 효과는 생명이 짧고, 그 행동은 궁극적으로 통제력을 무너뜨린다(Swirsky & Mitchell, 1996). 폭식하기는 마음이 진정되는 느낌 혹은 해리 이탈을 제공한다. 그러나 폭식하고 나면 죄책감, 수치심, 혐오감, 자기 증오의 느낌이 뒤따르고, 이때 게워 내면 그런 감정이 누그러진다. 게워 내기는 일시적으로 진정된 느낌과 통제하고 있다는 느낌을 제공하지만 게워 내고 나면 부정적인 감정이 뒤따른다. 그런 감정을 누그러뜨리기 위해 게워 내고, 게워 내서 생긴 수치심과 죄책감을 진정시키기 위해 폭식한다.

섭식장애를 발생하게 하는 요인들 중에 가장 두드러진 요인은 애착 외상이다. 섭식장애는 성폭력, 신체 폭력, 정서 폭력, 아동기 방임과 관련된다(Fischer et al., 2010). 특히 정서적 학대의 부정적 효과들을 언급할 가치가 있다. 왜냐하면 정서적 학대가 정신화하기 능력에 손상을 가할 수 있기 때문이다. 더군다나 섭식장애는 학대 경험이 있는 여성들이 애착과 사회적 지지에서 문제들을 경험하고 있을 때 더 자주 발생할 것 같다(Mallinckrodt et al., 1995).

물질남용과 마찬가지로 섭식장애는 외상의 처치를 복잡하게 만들며, 그 역도 마찬가지이다(Becker & Zayfert, 2008). 즉, 외상을 처리하는 것은 불편감을 불러일으키고, 섭식장애는 이 불편감을 줄이기 위한 한 가지 방편이 되고, 섭식장애 행동을 삼가는 것은 외상 관련 증상을 악화시킬 수 있다. 그래서 물질남용처럼 외상과 섭식장애가 공존할 경우, 두 장애 모두 목표로 하는 통합 처치를 하는 게 좋다. 물질남용처럼 애착 관계를 대체할 수 있는 굶고, 폭식하고, 게워 내는 것은 불편한 정서를 관리하기 위해 정신화하기 능력을 활용하는 방법은 아니다. 따라서 Finn Skarderud는 섭식장애 내담자를 위한 특별 처치 프로그램인 **몸 알아차리기**(Minding the Body)를 개발했는데, 그 목표는 정신화하기 능력을 향상시키는 것이다(Skarderud & Fonagy, 2012). 이 프로그램은 마음으로 몸을 읽음으로써(holding body in mind) 마음으로 마음을 읽는 것을 넘어선다. 이 장의 앞 절에서 이야기했던 좋지 못한 건강에 정신화하기 능력을 활용하는 접근처럼, **몸 알아차리기는 신체와 심리 간의 관계에 정신화하기**를 활용하는 능력을 향상시키는 것이 목적이다. 그런 정신화하기 능력은 신체와 심리 간의 관계를 과잉되게 경험하는 것(예: 몸에 지나친 주의를 기울이는 것)과 과소하게 경험하는 것(예: 몸에 대해 알아차림이 부족한 것) 사이의 중간 지대이다. 정신화하기의 실패는 몸이라는 신체 조건(예: 날씬해지는 것)을 자존감 같은 심리적 열망과 동일하게 여기는 것으로 나타나며, 혹은 자신이 먹는 것을 통제해서 정서 상태를 조절하려는 시도로 나타난다. 신체와 심리 간의 관계를 정신화할 수 있는 능력은 몸을 자신을 나타내는 하나의 신체적 현실로 보는 것뿐 아니라 자기를 나타내는 하나의 은유 혹은 상징 표상(예: 강한)으로 보는 것을 의미하며, 문자 그대로 자기(self)의 구현으로(예: 몸이 뚱뚱한 것과 역겨운 사람이 되는 것을 동등하게 여기는 것) 보는 것은 신체와 심리 간의 관계를 정신화하는 것에 실패한 것으로 볼 수 있다.[4] 게다가 좋지 못한 건강과 관련해서 말했던 것처럼, 신체와 심리 간의 관계를 정신화할 수 있는 능력은 신체 감각과 정서 상태 간의 관계를 알아차리는 것을 포함한다. 요약하면, 섭식장애에 정신화하기 접근을 적용하는 것은 음식과 신체를 통해 섭식장애를 직접적이고 구체적으로 해결하려고 시도하기보다 내담자가 심리적 문제와 애착 관계에서 겪고 있는 갈등을 직접적으로 다루는 시도를 하도록 촉진한다.[5]

자살 의도가 없는 자해

자해(self-injury)가 불편한 정서를 진정시키는 강력한 수단이 될 수 있다고 말하면 사람들은 의아해할 것이다. 나는 몇 년 전에 그것이 가능하다는 것을 처음 알게 된 기억이 난다. 그 당시 정기적으로 자해하던 한 여성 내담자는 팔에서 피가 흐르는 것을 보며 따뜻한 감각을 느끼면 피로가 해소되는 목욕을 하는 것처럼 느껴진다고 나에게 말했다. 나는 그녀의 진지함을 의심하지 않았다. 나는 단지 이해하기 어려웠을 뿐이었다. 그 당시 나는 이것이 새로운 현상이 아니며 이미 오래전에 알려진 사실이란 것을 몰랐다. Armando Favazza(2009)의 자해 역사 기록에 의하면 자해 행동은 "인류 탄생 이후 모든 문화에서" 공통으로 발견되는 현상이다. 그는 자해 행동이 "치유 효과가 있는 영성을 촉진하고자 시도하는 전통으로 이용된 것 같다."라는 파격적 견해를 내놓았다(pp. 28-29). 이 관점에서 보면 **자해**라는 용어는 상담 전문가들의 관점을 반영하고 있다. 즉, 자해 행동이 불편한 정서를 극적으로 경감시키면 내담자는 자해 행동을 자기치유(self-healing)로 경험할 수 있다는 것이다.

이 절에서 나는 자해가 무엇인지 기술하고, 아동기 학대 및 방임과 자해의 관계를 살핀 연구의 결과들을 요약하고, 자해의 여러 가지 기능과 그것이 애착 관계에 미치는 부정적 영향을 알아볼 것이다.

기술(description)

자해 행동과 관련하여 사용되고 있는 용어는 다양하다. **의도적 자해**(Morgan et al., 1975), **유사 자살 행동**(예: 허위 자살 행동)(Linehan, 1993a), **자기절단**(Favazza, 1987) 등이 사용되고 있다. 내가 선호하는 용어는 자살 의도가 없는(nonsuicidal) 자해이다. 이 용어는 자살 행동과 자해 행동의 차이점을 강조하기 위해 Mattew Nock(2009)이 사용한 것이다. Nock은 자살 의도가 없는 자해를 "자살 의도 없이 자신의 신체 조직에 직접 의도된 상처를 내는 것"으로 정의한다(Nock & Favazza, 2009, p. 9). 그는 "죽으려는 의도가 완전히 없어야 한다."라고 분명히 하였다(p. 13). Nock의 정의는 유사한 기능을 하는 자살 의도가 없는 약물 과다 복용은 포함하지 않는다. 약물을 과다 복용하는 내담자들은 죽으려고 의도하기보다, 사실 잠시 동안 자신의 의식을 잃음으로써 고통스러운 정서에서 벗어나 안정을 찾고자 한다. 이런 생각이 나에게 새롭게 들렸으나, 실제로는 예전부터 자살 의도가 없는 자해 발생이 드물지 않았다. 사춘기 청소년의 8%, 청소년과 전기 성인의 14~21%, 성인의 4%가 자해 행동을 한다(Nock & Favazza, 2009). 자살 의도가 없는 자해는 여러 가지 형태로 나타난다.

> 칼로 베기, 불로 지지기, 찰싹 때리기, 구멍을 뚫기, 할퀴기, 찌르기, 몸에 구멍을 뚫어 장신구 끼우기(skin-piercing), 머리카락 뽑기 혹은 발모하기, 해로울 수 있는 관장과 질 세척, 상처가 아물지 못하게 방해하기, 위험한 물건을 질이나 직장에 삽입하기, 머리 들이박기, 피가 날 때까지 피부와 손톱 뜯기, 귀를 쿡 찌르기, 속눈썹이나 이빨 뽑기, 잇몸 파기, 질식시키기, (면도날, 스테이플러 침, 바늘, 핀과 같은) 날카로운 물건 삼키기, 피부를 마찰하거나 찢기 위해 지우개로 문지르기, 자신을 물어뜯기(Connors, 1996, pp. 199-200).

이 방법들 중에 가장 흔히 사용되는 것은 살갗을 칼로 베는 것이고, 그다음은 머리 들이박기, 불로 지지기 순이다. 더군다나 많은 사람들은 한 가지 이상의 방법을 사용한다(Rodham & Hawton, 2009).

Karl Menninger(1938)는 자해와 자살 행동은 차이가 있다고 강조하였다. 그는 자해는 항자살(antisuicidal) 행동의 특징을 갖고 있다고 말하였다. 자해는 삶을 견디기 위해 의도된 행동으로 볼 수 있다. 많은 사람은 자해와 자살 행동 모두를 행한다. 즉, 자살 의도가 없는 자해를 한 사람의 50~70%는 마찬가지로 어떤 시기에 자살을 시도한다(Nock & Favazza, 2009). 예를 들어, 자살 의도가 없는 자해 및 다른 수단을 사용한 대처 노력이 실패할 때, 외상을 겪은 사람들은 포기하고 절망에 빠져 자살을 시도할 수 있다. 이때 자살 의도가 없는 자해와 자살 사이의 관계는 흐려질 수 있다. 예를 들어, 내담자들은 약물 과다 복용의 가장 큰 목적은 고통에서 잠시 벗어나는 것이지만, 만약 죽는다면 그것도 괜찮다고 나에게 말한다. 상담자와 내담자는 이러한 양가감정과 흐릿한 경계를 명심해야 한다. "상담 실제에서 '의도된 자해'를 하는 모든 사람은 어느 정도는 죽기를 원하며, 모든 '심각한' 자살 행동을 한 사람의 가장 깊은 속마음은 살기를 바란다고 가정하는 것"이 바람직하다(Holmes, 2011, p.154).

발달

자살 의도가 없는 자해를 하는 것은 성 학대, 신체 학대, 정서 학대(Yates, 2009), 정서적 방임(Dubo et al., 1997)을 경험한 것과 관계가 있다. 방임을 재경험하는 것은(예: 정신화하기의 실패) 종종 자해를 촉발하는 기능을 한다. Louise Kaplan(1991)이 관찰했던 것처럼, 자해는 "응답 없는 전화, 친구, 연인, 상담자와 헤어짐, 외면하는 무심한 얼굴"에 의해 종종 촉발된다(p. 384). Minnesota 종단연구에서 Tuppett Yates(2009)는 자해가 외상의 발달 과정에 뿌리를 두고 있다는 가정을 지지하는 결과를 제시하였다. 즉, 유아기 혼란 애착을 보인 사람은 다른 애착 유형에 비해 자살 의도가 없는 자해 행동을 한 비율이 3배 더 높았다. 인간 발달의 관점에서 애착 외상의 역할을 고려한 Yates는 자살 의도가 없는 자해는 자기는 결함이 있고, 타인은 악의적이며, 관계는 위험하다는 내적 작동모델에서 연유된다고 제안한다. 결국 불편한 정서에 과잉된 정서로 반응하고(높은 수준의 정서적 반응성), 안정을 얻고 마음을 진정하기 위해 타인에게 의지하지 못하는 상황이 결부되면 정서를 조절하기 위해 무모한 수단을 사용하게 되는데, 그중 하나가 자살 의도가 없는 자해이다.

흔히 자살 의도가 없는 자해를 시도하게 만드는 중요한 요인 중의 하나는 접인(接人)[6]으로 물들기(social contagion)이다. 다시 말해, 사람들은 모델 역할을 하는 또래들에게서 그것을 보고 배운다(Prinstein et al., 2009). 현재 가장 큰 걱정은 미디어 접촉으로 발생하는 물들기 현상이다. Janis Whitlock과 동료들(2009)에 의하면, 지난 20여 년간 많은 영화와 노래에 자해 연관 내용이 폭증했다. 더군다나 그들에 의하면 대중 매체가 널리 퍼져 있고, 접근이 쉽고, 방문자가 많은 인터넷 메시지 게시판이 운영되고 있다.

사회 연결망은 사람들이 자해를 멈출 전략을 공유하고 도움을 받기 위해 사용되는 좋은 면을 갖고 있다. 그러나 걱정스럽게도 사람들은 사회 연결망을 이용해 '다른 사람의 눈에 띄지 않게 자해 상처를 처리하고, 새로운 혹은 다른 방식으로 자해할 수 있는' 전략을 공유하기도 한다.

기능

다른 수단이 효과가 충분하다면 불편한 정서에서 벗어나기 위해 살을 칼로 베고, 불로 지지고, 머리를 박는 행동을 하는 사람은 없을 것이다. 근본적으로 나는 자살 의도가 없는 자해를 애착 관계 형성의 실패에 뿌리를 둔 정신화하기 능력의 결여로 발생하는 역기능적 정서조절 전략으로 간주한다. 상담자와 내담자가 혼란스러운 자해 행동에 대해 정신화하기 능력을 발휘하는 데 유용한 방식을 잘 설명하고 있는 Nock과 Cha(2009)는 자해의 네 가지 기본 기능을 제시하였다. 이 기능들은 자해를 강화하지만 작동 방식은 서로 다르다.

첫째, 가장 흔히 자해는 고통스러운 정서를 해소하는 데 도움이 된다. 한마디로, 긴장을 완화한다. 나의 관점에서 자해의 최고 기능은 견디기 어려운 정서 상태에서 벗어나는 데 도움이 된다는 것이다. 견디기 어려운 정서는 공포, 격분, 수치, 절망 등을 포함한다. 칼로 살을 베는 것 또한 고통스러운 정서에서 해리 이탈을 촉발해 고통스러운 정서를 무디게 할 수 있다.

둘째, 자해는 보상 감각을 준다. 예를 들면, 살을 베는 것의 효과는 목욕하면 진정되는 현상에 비유될 수 있다. 고통스러운 감각을 느끼는 사람은 신체 통증의 느낌[7]을 측정할 수 없는(예: 정신화할 수 없는) 고통스러운 정서보다 더 잘 감지하고 통제할 수 있다고 지각할 수 있다. 그러나 통각 상실증에 걸렸을 때에도 자해로 내분비 체계에서 아편이 활성화되면 보상 효과를 가져다줄 수 있다(Sher & Stanley, 2009). 대안적으로 칼로 베는 것은 또한 그 사람이 해리 이탈이라는 고통스러운 상태에서 벗어나게 할 수 있다. 즉, 살아 있다는 보상적 느낌을 제공한다. 이런 의미에서 자해는 그 사람이 현재에 정착해 있게 하는, 즉 현실에 발을 딛게 하는 방법이다.

셋째, 자해에는 타인의 관심과 도움이 뒤따를 수 있다. 이런 관심과 도움이 자해를 강화할 수 있다. 이런 강화 기능이 자해하는 사람들이 타인을 '조종'하고, 타인의 "관심을 끌려 한다."라는 비난을 받게 만드는 이유이다. 이런 비난은 완전히 틀렸으며, 더욱 중요한 기능인 고통스러운 정서의 완화를 간과한 것이다. 그래서 Ellen Leibenluft와 동료들(1987)은 상담자들에게 주의 사항을 당부하였다. 즉, "우리의 경험에 의하면, 상담 전문가들은 자해의 원인을 주로 내담자의 적대적이거나 조종하려는 의도로 돌리는 경향이 있다는 것을 알게 되었다. 우리의 경험에 따르면, 상담 전문가들은 내담자의 내면 경험에 충분히 관심을 기울이지 않는다는 것을 알게 되었다"(p. 323). 나의 생각에는, 특히 자해가 과거에 정서적 방임을 겪은 것과 관련이 있다는 것을 고려하면, 위로와 관심과 같이 타인의 주의를 끄는 것은 바람직한 애착 관련 목적을 갖고 있는 것이다. 다음은 긍정적 사회적 강화에 대한 설명이다.

> 내담자가 병원에 입원할 정도로 약물을 과다 복용한 뒤에, 내담자와 소원했던 부모 또는 파트너가, **슬프게도 항상 그런 것은 아니지만**, 내담자 곁에 와 있는 것을 발견할 수 있다. 이런 에피소드는 마법 같은 효과가 있는데, 애착 관계가 정상으로 보일 정도로 … 회복되게 할 수 있다(Holmes, 2011, p. 155, 강조는 필자가 첨가함).

애착 안정감을 회복하는 그런 긍정적 효과는 자해 욕구를 감소시킬 잠재력을 갖고 있다. 그러나 자해의 문제는 그러한 긍정적 효과가 아니라 주의를 끌려는 그런 노력이 너무 비효과적이란 것이다(Linehan, 1993a). 비효과성의 한 예는 사람을 조종하려고 한다는 비난을 받는 것이다. 이런 비난은 그 사람의 정서적 방임 경험을 강화한다. 즉, 이해받지 못하고 있다는 것을 강화한다.

넷째, 자해는 어쩌면 사회적 요구에서 벗어나고, 처벌을 피하고, 더 이상의 학대를 겪는 것을 피할 수 있게 한다. 예를 들어, 자해는 다른 사람이 자해한 사람과 거리를 두게 만든다. 자해를 하고 타인이 그 고통이 극심함을 알아차리면 일시적으로 더 이상 상처를 주지 않을 수 있다.

애착 관계에서 발생하는 악순환

자해 행동은 강력한 표현 혹은 의사소통 기능을 갖고 있다(Prinstein et al., 2009). 외상을 입은 많은 사람은 자신의 정서를 정신화하지 못하고, 말로 표현하지도 못한다. 더 심각한 것은 그들의 정서적 고통이 어느 정도인지 말로 표현하지 못하고, 행동으로만 표현할 수 있다고 느끼는 것이다. 종종 이런 표현 속에는 공격하고 복수하려는 표현이

섞여 있다. 예를 들어, 흐르는 피, 타오르는 살갗, 혹은 상처들은 "당신이 나에게 얼마나 큰 상처를 줬는지!" 보라는 의미를 충격적으로 전달한다. 물질남용과 섭식장애처럼 자해 행동은 내가 1장 "애착, 정신화하기, 그리고 외상"에서 소개하였던 초기 아동기의 정신화하기 실패의 '행동 지향의 목적 양식'을 반영하고 있다.

나는 집단 프로그램에서 자해에 대해 교육할 때 애착 관계와 자해가 관련된다는 것을 강조하기 위해 [그림 3-5]를 사용한다. 나는 긴장 완화가 자해 행동의 주요 효과라고 본다. 다시 말해, 자해의 악순환은 1) 붕괴된 애착 관계에서 시작되어, 2) 견디기 어려운 정서 상태, 3) 자해, 4) 마지막으로 긴장 완화에 이른다. 나는 내담자가 견디기 어려운 정서 상태에 있을 때 그 정서들을 열거하도록 요청한다. 그런 정서에는 두려움, 공포, 공황, 좌절, 격분, 수치, 죄책, 혐오, 무력, 절망 등이 포함된다. 나는 자해 행동을 하는 것은 대인 관계에 부작용을 일으킬 수 있다고 간주하는 한편, 때때로 자해의 주요 의도가 대인 관계에 미치는 효과(예: 돌봄을 추구하거나 복수하고픈 감정을 소통하는 것)와 관계가 있다는 것을 인정한다. 이미 언급했던 것처럼 부작용은 자해 행동이 관심과 도움을 끌어내게 되면 정적 강화가 된다는 것이다.

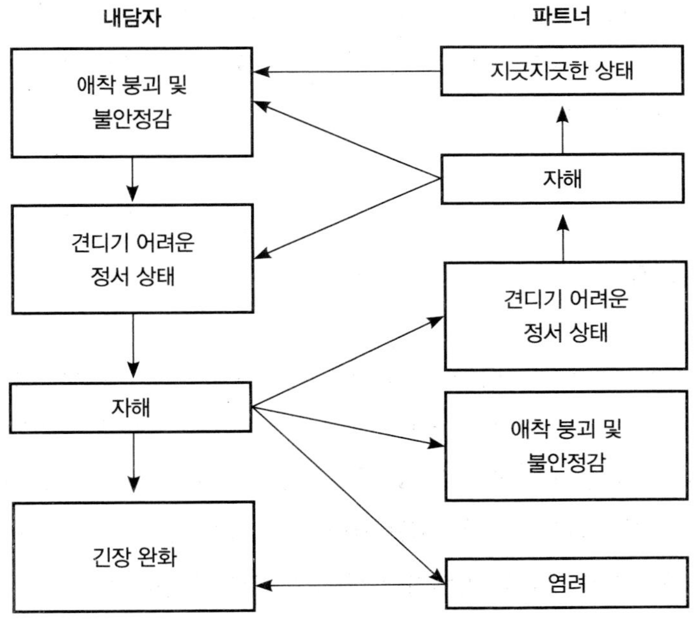

그림 3-5 애착 관계에서 일어나는 자해와 악순환

출처: Adapted from Allen J. G.: *Traumatic Relationships and Serious Mental Disorders*. Chichester, UK, Wiley, 2001, p. 229. Used with permission.

그러나 자해 행동이 심각하고 고질적이면 애착 관계에 매우 부정적 효과를 끼칠 수 있다. 나는 내담자에게 그들의 파트너가 느낄 정서들을 열거하도록 요청한다. 그러면 파트너가 내담자와 마찬가지로 견디기 어려운 정서들을 고스란히 느낄 수 있다는 것이 빠르게 자명해진다. 더군다나 나는 자해 행동은 파트너가 견디기 어려운 정서들을 불러일으키며 두 사람의 관계에서 느끼는 파트너의 애착 안정감을 무너뜨린다는 것을 강조한다. 결국 이 악순환에서 내담자가 자해 행동으로 안정감을 얻더라도 극적으로 파트너의 불안정감은 증폭된다. 파트너의 정서와 불안정감은 파트너도 자해 행동을 하게 만들 수 있다(예: 내담자는 칼로 살갗을 베고, 파트너는 음주를 한다). 이 악순환에서 내담자와 파트너 모두 정신화하기 능력을 발휘할 수 없기 때문에 서로에게 심리적 도움을 주지 못하는 상태에 처하게 된다. 기껏해야 파트너는 관계에서 철회하고 강요하거나 통제하는 상태를 번갈아 할 수 있을 뿐이다. 최악의 경우에 '버려질 수 있다'는 매우 심각한 내담자의 두려움이 틀리지 않았다고 확인해 주듯 파트너는 내담자 때문에 지긋지긋함을 느낀다. 버림받을 거라 예상한 내담자는 때때로 배우자가 결국 내담자를 버리고 떠나게 만든 뒤에, 일어날 일(예: 관계가 끝나는 것)이 일어났다고 받아들인다. 이 과정은 서로에게 외상이 되며, 과거의 외상에 현재의 또 다른 외상을 쌓아 올리는 꼴이 된다. 왜냐하면 내담자와 파트너 모두 점점 더 견디기 어려운 정서를 느끼며 고통스럽게 혼자 남겨지기 때문이다. 이렇게 불안정감과 고통스러운 정서는 상승하다가 자살 행동이 일어날 때 정점에 이르게 된다.

자살 상태

Nock과 Favazza(2009)는 자살 행동을 자살 의도가 없는 자해, 자살 위협 혹은 자살 시늉, 즉 '실제로 자살할 의도가 없는데 의도가 있는 것처럼 다른 사람들이 믿게 만드는 말이나 행동'과 구별하였다. 대조적으로 자살 행동은 양가감정의 의도 없이 죽고자 하는 의도의 결과이다. 이런 자살 행동에는 자살 사고, 자살 계획, 자살 준비, 자살 시도가 포함이 된다. 자살 의도가 없는 자해와 자살 행동 간에 확연히 다른 점은, 전자는 일시의 바람이고 후자는 고통에서 영원히 벗어나려는 행동이다.

자살 상태의 발달

사람들이 자살 상태에 빠지는 데 여러 요인이 관련되어 있다. 즉, 심리장애, 유전적 취약성, 가족의 자살 행동, 완벽주의, 충동성, 고립과 같은 성격 특성, 사회 지지의 부족, 혼란스러운 가족의 삶 등이 관련된다(Blumenthal, 1990; Harris & Barraclough, 1997). 물론 이 요인들은 외상과 서로 뒤얽혀 있다. 놀랄 것 없이 아동기 학대와 방임은 자살 위험 요인이며, 특히 발달 과정에서 누적된 역경들과 결부되면 더욱 그렇다(Felitti & Anda, 2010). Bifulco와 동료들(2002)은 아동기 학대와 성인기 자살 행동 사이에 정적 관계를 발견하였다. 다시 말해, 여러 가지 유형의 학대(예: 심리적 · 성적 · 신체적 학대 및 방임)를 많이 경험한 사람은 자살할 가능성이 높았다. 게다가 심리적 학대(예: 괴롭히기, 공포에 떨게 하기, 굴욕감을 주는 행동)는 다른 형태의 학대보다 자살 행동과 더 강한 관계를 보였다.

고통스러운 정서 속에서 혼자라고 느끼는 것은 이 장에서 논의된 많은 행동이 시작되게 만드는 요인이다. 예를 들어, 알코올 중독 및 물질남용, 폭식하기, 게워 내기, 굶주리기 그리고 다양한 형태의 자살 의도가 없는 자해 행동이 시작되게 만든다. 그러나 고통스러운 정서 속에서 혼자라는 느낌이 가장 큰 영향을 미치는 경우는 자살 상태이다(Allen, 2011). 이런 방식으로 두 가지 중요한 요인이 자살 상태에 기여한다는 것이 확인되었다(Joiner, 2005). 즉, 1) **소속감의 부족**, 2) **짐이 된다는 느낌**이다. 다른 사람에게 짐이 되면 안 된다고 느끼는 사람들은 자신이 죽으면 다른 사람들이 홀가분해질 것이라고 생각한다. 소속감의 부족과 짐이 된다는 느낌은 그 사람이 고립되고 혼자된 상태에 처하게 만든다. 현재는 과거를 상기시킨다. 다시 말해, 현재에서 고립감, 배제, 거부, 실망, 배신, 돌봄을 받을 가치가 없다고 경험하는 것은 과거의 외상을 상기시키는데, 그런 단절감은 가장 괴롭고 견디기 어려운 정서 상태에 이르게 할 수 있다.

의심할 것도 없이 자살하는 것은 생존 본능에 반한다. 이 생존 본능을 이기고 자살을 시도하는 것은 Joiner(2005)가 **획득된 유능성**(acquired capability)이라고 부른 것을 요구한다. 획득된 유능성은 고통을 반복해서 경험한 결과로 고통과 두려움에 익숙해진 것을 뜻한다. 나는 점진적으로 치명적인 자살 시도를 하다가 결국에는 자살에 이를 정도가 된 내담자들을 상담해 왔다. 자살을 시도하는 것은 유능성을 획득하는 한 방법이 되며, 자살 의도가 없는 자해를 반복해서 시도하는 것도 마찬가지이다. 슬프게도 학대의 대상이 되는 것 또한 자살을 위한 획득된 유능성을 증진시킨다. Joiner와 동료들(2007)은 이러한 가정과 일치되게, 고통이 다소 적은 신체적 형태의 아동기 학대에 비해 고통스러운 신체 학대와 폭력적인 성 학대는 성인기 자살 시도의 위험을 매우 높인다는 결과를 발견하였다.

자살 조건에서 정신화하기 능력의 결여

우리는 흔히 자살이 우울과 관련이 있다고 본다. 그리고 충분한 이유로 불안도 자살에 중요한 영향을 끼칠 수 있다. 그러나 우울과 불안을 처치하는 것에만 관심을 기울이는 것은 자살을 예방하는 데 충분치 않다. 자살을 시도하는 구체적인 이유들 또한 직접적으로 다루는 것이 좋다. 그래서 인지상담자들은 효과가 있으며, 자살 특이적(suicide-specific) 처치 방법을 개발하였다(Wenzel et al., 2009). 극적인 정신화하기 실패로 발생하는 자살 상태의 처치 방법은 정신화하기 접근을 필요로 하는데, 자살에 관한 인지모델의 접근은 정신화하기 관점에 일치한다(Allen, 2001).

인지모델은 발달 과정에서 획득된 취약성들이 스트레스 상황에 직면해서 개인이 자살 상태의 마음, 즉 **자살 양식**(suicidal mode)에 들어가게 만든다고 가정한다. 불안정 애착을 포함하는 이 취약성 요인들은 대인 관계 스트레스 생성에 또한 기여한다. 즉, 불안정 애착은 정서적으로 긴장되고 불안정한 관계에 갈등을 증폭시킨다. 동시에 손상된 정신화하기 능력은 대인 관계 문제해결을 방해하고, 손상된 대인 관계 문제해결 능력은 자살 시도에 중요한 역할을 한다(Rudd & Brown, 2011). 더군다나 손상된 정신화하기 능력과 문제해결 능력을 생각하면서 우리는 악명 높을 정도로 자살에 중요한 기여를 하는 알코올 중독의 역할을 간과하면 안 된다(Jamison, 1999). 물론 다른 형태의 물질남용 또한 중요한 역할을 하기는 마찬가지이다. 물질남용으로 악화되든 안 되든 정신화하기 능력과 문제해결 능력이 급락하면서 스트레스가 고조될 때 자살 시도에 적합한 두 가지 인지적 취약성이 중요한 역할을 한다. 즉, 1) 고통스러운 정서를 견디기 어렵다는 지각과, 2) 절망 상태에 대한 지각이다. 자살을 시도하는 사람은 "나는 이 상태를 더 이상 견딜 수 없어." "이것은 더 이상 나아지지 않을 거야."라고 믿는다(Wenzel & Beck, 2008, p. 194).

결정적으로 이러한 인지모델에는 한 사람이, 1) **무엇**을 생각는지와, 2) **어떻게** 생각하는지(혹은 생각하지 않는지)가 포함되어 있다. 다시 말해, 자살 상태는 **주의 고착**(attentional fixation)이라는 특징을 가진 인지적 경직(rigidity)과 관계가 있다. 즉, 모든 문제해결의 노력이 자살에 초점이 맞춰져, 자살을 시도하는 사람은 계획을 세우고, 가능한 방법들을 찾는다(Wenzel et al., 2009). 이런 양식(mode)에 있을 때, 그 개인은 견딜 수 없는 고통스러운 정서 상태에서 벗어나게 할 수 있는 유일한 해결책이 자살이라고 생각하고 죽어야 할 이유를 찾는 한편, 살아야 할 이유는 찾지 않는다(Jobes, 2006).

주의 고착은 정신화하기, 즉 고통스러운 정서 상태에서도 유연하고 성찰적인 사고를 하는 상태의 반대이다. 그리고 인지모델에 포함된 특징처럼 자살 상태는 정신화하기의 실패를 나타내는 **마음-현실 일치 양식**(psychological equivalence)의 전형이다. 즉, 자살을 시도하는 사람은 그들의 생각과 감정이 현실을 특별한 방식으로 표상한 것에 지나지 않는다는 감각을 잃고, 정신과 현실을 동등하게 여긴다. 예를 들어, 자살을 시도하는 사람은 희망이 없다고 **느끼면**(feeling hopeless) 실제 희망이 **없는**(being hopeless) 것으로 받아들인다. Jeremy Holmes(2011) 또한 강조한 것처럼, 정신화하기는 생각하는 것과 행동하는 것 간의 차이를 마음으로 구별하는 것을 포함한다. 다시 말해, 정신화하기는 '한 사람이 어떤 일을 실제로 하고 있지 않은데 그 일을 실제로 하고 있는 것처럼 생각하고 있을 뿐이란 것을 알아차리는 것'[8]을 의미한다. 이런 관점에서 Holmes는 "모든 경우에 자살의 방법이 다르더라도, 자살은 정신화하기 능력, 즉 1) 있는 그대로의 현실과, 2) 생각 및 감정 사이의 차이를 변별하는 능력이 실패했기 때문이다."라고 하였다(p. 15). 요약하면, Holmes의 관점에서 볼 때 충분히 기능하는 정신화하기 능력은 자살과 양립할 수 없다. 자살 연구 분야의 선구자인 Edwin Shneidman은 이런 관점과 일치하는 주장을 했다. 즉, "의미 있는 자살 유서를 쓰는 사람은 실제로 자살을 하지 않을 수 있다"(Jobes & Nelson, 2006, p. 37에서 인용함).

Holmes(2011)는 자살을 생각하는 것은 흔히 있는 일이라고 생각한다. 즉, "삶이 어려운 순간에 자살을 생각하는 것은 실존적으로 정상이며 때로는 도움이 된다"(p. 150). 대담하게 그는 "한 번도 자살을 생각해 보지 않았다는 것은 자기애의 표시이다. 반대로, 자신의 자살 가능성에 대해 정신화하기를 할 수 있는 것은 심리적 건강의 정도를 보여주는 표시이다."라고 하였다(p. 160). 따라서 생각이나 욕망을 근거로 행동하지 않고 자살을 생각해 볼 수 있는 능력, 즉, 정신화하기 능력이 자살 예방에서 중요하다. 즉, 자살에 대한 "정신화하기가 중요하다는 관점의 기초가 되는 근거는 자살에 대해 생각하고 말할 수 있는 능력은 그것이 발생할 확률을 줄일 수 있다는 암묵적 역설이다."라는 Holmes의 관점과 일치되게, 내가 상담한 많은 내담자들은 자살 가능성을 생각해 보고 편안해진다. 이는 역설적으로 자살에 대해 생각하고 말할 수 있는 능력이 자살을 포기하는 데 도움이 된다는 것을 뜻한다. Holmes는 다음의 명언을 인용한다. 즉, "그 밖의 모든 것이 실패할 때마다 내가 할 수 있는 모든 것은 자살을 생각하는 것이다. 하지만 나는 2초 뒤에 바보처럼 기뻐하고 있다. 내가 자살할 수 없다면, 아! 그때는 살아야겠지" (p. 150. 강조는 원래대로). 사람들이 자살 사고를 하는 것이 실존적으로 정상이라고 여기는 Holmes는 사람들이 자살 사고를 했는지 아닌지를 탐색하지 않는다. 오히려, 그는 "'당신은 어떻게 자살할 건가요?'라는 질문이 우울하고, 슬프고, 사별한 모든 사람들이 받아야 할 질문이라고 본다"(p. 160).

자살 상태는 공통요인상담, 즉 정신화하기가 이루어지는 관계(Allen, 2011)를 필요로 하는 전형이다. 정신화하기가 이루어지는 관계에서 상담자의 공감은 내담자가 고통스러운 정서 속에서 더 이상 혼자가 아니라고 느끼게 해 준다(Orbach, 2011). 물론 내담자 마음속의 자살 상태는 상담자에게 큰 부담이 된다. 상담자는 위협과 불안을 느낄 수 있고, 이는 상담자가 정신화하기 능력을 발휘하는 것을 방해한다(Bateman & Fonagy, 2006a). Israel Orbach(2001)는 상담자가 가져야 할 포부를 밝힌 바 있다. 즉, "고통을 겪고 있는 개인을 향해 기본적으로 가져야 하는 (동정이 아닌) 공감적이고 열정적인 태도는 연출될 수 없다"(pp. 172-173). 그는 다음과 같이 자세히 말하였다.

> 자살 소망을 공감한다는 것은 자살하려는 사람의 자살 소망을 방해하고, 정지시키고, 혹은 교정하려는 시도들을 하지 않고, 그 사람의 관점을 받아들이고, 그 사람이 죽음이라는 목적에 도달하려는 방법을 '이해하는' 것을 의미한다. 이것은 자살이 내담자가 할 수 있는 유일한 대안이 된 이유가 무언지 내담자가 알 수 있게 상담자가 내담자의 고통 경험을 공감하는 것을 의미한다. 자살 분위기에 상반되는 처치나 설득을 하거나, 자살하지 않겠다는 계약서를 작성하는 것으로 지금 당장 내담자의 생존 동기를 높이고자 시도하는 대신에 상담자는 자살 소망에 공감하는 입장을 취하고 거기에 충분히 초점을 둔다. 한 가지 전략으로 나는 자살하려는 내담자에게 자살이 남아 있는 유일한 해결책임을 '확신시키라'고 요청한다. 나는 공감에 초점을 두고 내담자와 소통을 한다. 나는 내담자가 자살 결정을 내리지 않게 압력을 넣지 않으며, 자살이 실제적인 대안이 되는지를 생각해 보는 기회를 가질 수 있게 노력한다. 물론 이것은 자살 의도에 동의한다는 의미가 아니다. 오히려 내담자의 경험에 연결되는 한 가지 방법으로 위기의 순간에 내담자가 나를 경청자와 동반자로 경험하게 하려는 것이다(pp. 173-174).

상담자는 내담자의 자살 상태에 공감하더라도 그의 절망에 동참하면 안 된다. 이러한 맥락에서 정신화하기 능력을 발휘하는 것은 "상담자가 현실에 굳건하게 발을 딛고 선 채, 다른 한편으로 내담자의 상상의 세계가 마치 존재하는 것처럼 상상 속으로 발을 들여놓을 것을 요구한다"(Holmes, 2011, p. 161). 이러한 목표는 작은 과업이 아니다. 다시 말해, 상담자는 희망을 유지해야 하고, 종종 희망을 유지한다는 것은, 1) 내담자의 삶이 견딜 만한 것이고, 2) 가치가 있다는 신념을 유지하는 것이다. 그런 희망을 유지하는 방법이 완전히 모호할지라도 두 신념을 유지하는 것이 낫다. 내담자가 살아 있는 한, 절망이 절정인 상태에서 상상하지 못했던 방법들을 언제라도 찾아낼 가능성이 있다.

요약하면, 정신화하기의 실패에 대한 해독제는 정신화하기 능력을 발휘하는 것이다. 즉, 발달 연구들이 증명하고 있는 것처럼, 타인의 공감을 받은 사람은 자기에게 공감할 수 있다. 자살 상태는 내담자와 상담자 모두에게 가장 큰 치료적 도전이 되기 때문에 내가 여기서 공통요인상담의 해결책을 살짝 보여 주면 다음과 같다. 해결책은 간단하다. 즉, 내담자가 이해받는다고 느낌으로써 자신을 이해하게 되는 협력적인 정신화하기 관계를 발달시키는 것이다. 성인 애착 면접의 용어로 말하면, 자살 생각을 하는 내담자를 다루는 상담자는 내담자의 이야기가 일관성 있게 표현될 수 있게 조력하는 것을 목적으로 할 것이다(Michel & Valach, 2011). 더 간단하게 말하면, 상담자들은 내담자가 이야기하게 만들 뿐 아니라 대안적인 이야기들을 창작하게 도울 것이다.

나의 동료인 David Jobes(2006)는 자살 상태에 기여하는 요인들을 조사하기 위한 구조화된 평가 도구를 개발하였다. 나는 이 도구가 정신화하기 태도가 시작되게 만드는 데 매우 유용하다고 생각한다. 상담자는 내담자 옆에 앉아 내담자가 평정 척도에 답하고, 여러 개의 질문에 응답하는 것을 돕는다. 내담자는 심리적 고통, 스트레스, 초조, 절망, 자기증오의 수준을 평정하도록 요청받는다. 그들은 또한 이 경험들 각각에 대한 이유를 분명히 한다. 그들은 장래에 자살할 위험의 정도를 추정하여 답한다. 내담자들은 그들의 자살 상태가 자신에 대한 느낌과 대인 관계에 대한 느낌 중 어느 것과 더 관계가 큰지 생각하고 답한다. 그런 후 그들은 살아야 할 이유와 죽어야 할 이유들을 열거한다. 그들은 살고 싶은 정도와 죽고 싶은 정도를 별개로 평가한다. 일부 내담자들은 자살 시도 당시에 양가감정이 없었다고 평가한다. 즉, 그들은 죽고 싶은 소망을 가장 높게 평가하고, 살고 싶은 욕망을 가장 낮게 평가한다. 반면에 다른 내담자들은 양가감정이 있었다고 평가한다. 즉, 살고 싶은 정도와 동일하게 죽고 싶은 소망이 있다고 평가한다. 이 평가는 특별히 도발적인 질문으로 끝을 맺는다. 즉, "자살하고 싶다는 느낌을 더 이상 갖지 않는 데 도움이 되는 것이 있다면 무엇입니까?" 내담자와 상담자의 협력하에 자살 상태의 토대를 살펴보는 이 평가는 자살 추동을 다루는 자살-초점 처치를 실행하기 위한 발판이 된다. 나는 이 평가를 자살을 고려하는 모든 내담자와 상담할 때 초기에 사용한다.

● 사례 ●

Natalie는 심각한 충동적인 자살 시도를 한 뒤 집중 입원 처치를 받았다. 자살 시도는 이번이 처음이 아니었다. 우리는 심리치료에서 그녀의 자살 시도에 즉각 초점을 두고 다루었다. 그녀는 자신이 자살을 시도한 것을 이해하기 힘들다고 말하였다. 그녀는 친구들을 만나 점심을 먹고, 웃고, 농담하면서 즐거운 시간을 보냈다. 점심 식사 뒤에 그녀는 직장으로 돌아가지 않기로 결정하였다. 그녀는 자신이 직장으로 돌아오지 않을 것이란 사실을 동료에게 알리지 않았다. 두 시간이 지난 뒤 그녀는 1파인트의 위스키를 마신 후 챙겨 둔 알약들을 먹었다. 그리고 창고에서 일산화탄소에 중독되는 방식으로 자살을 시도하였다. 그녀의 동료는 그녀가 우울로 어려움을 겪고 있다는 것을 알고 있었고, 그녀가 직장으로 돌아오지 않고 전화도 받지 않자 걱정하였으며, Natalie를 찾아서 그녀의 목숨을 구하였다.

그녀의 이야기에 의하면, 치료를 시작할 당시에 그녀는 '괜찮다'고 느끼고 있었고 90% 이상의 시간 동안 그렇게 느꼈다. 그녀는 자살 상태가 느닷없이 왔고 특별한 이유가 없다고 하였다. 그러나 자살 시도 당시의 마음 상태를 알아보는 데 초점을 맞춘 자살 평가는 빠르게 그녀가 오래된 문제를 갖고 있다는 것을 드러냈다. 첫 번째 사안은 그녀의 심리적 고통이다. 이 고통은 그녀가 자살할 가능성의 핵심이 무엇인지 보여 준다. 그녀가 가장 고통스럽게 생각한 것은 아버지의 불안에 대한 걱정 그리고 아버지의 걱정에 그녀가 무슨 조치를 취해야 되는지 모른다는 무력감이었다. 그녀의 말에 의하면 아버지는 늘 '신경쇠약자'였고, 그녀는 평생 동안 그런 아버지 가까이 있었다. 어머니는 '가족의 기댈 곳'이었다. 그녀와 아버지, 남동생 모두 어머니에게 기대며 가족의 안정감을 유지하였다. Natalie의 어머니는 몇 년 전에 교통사고로 세상을 떠났다. 그때부터 아버지의 불안과 우울이 더욱 심해졌다. 어머니가 세상을 떠나고 약 1년 뒤에 아버지는 한 여자와 사랑에 빠졌다. Natalie의 눈에 그녀는 '불안정한' 여성이었다. 아버지의 스트레스는 완화되기보다 더욱 심해졌다. 게다가 Natalie는 자신을 추슬러야 했고, 한편으로 아버지를 '포기한 것' 같다는 느낌에 죄책감을 느꼈다. 더군다나 그녀가 아버지를 위로하려고 시도했을 때 아버지는 Natalie를 무시하였고, 그녀는 노력해 봤자 '쓸모없다'는 느낌을 받았다.

몇 가지의 다른 요인들이 가족 상황과 얽혀 있었다. Natalie는 대학을 졸업하자마자 취직한 직장에서 업무 과부하로 스트레스를 받았다. 그녀의 상사가 지나치게 업무 압박을 가해서 초조한 한편, 그녀는 아버지에게 도움을 줄 수 없다는 사실을 걱정하였다. 그녀는 심리적 고통과 스트레스가 변화하지 않자 절망하였다. 그녀는 물질남용이 자신의 오래된 고통에 좋지 못한 영향을 끼쳤다는 사실을 알게 된 뒤 자신을 증오하였다. 당시 그녀는 암페타민과 코카인 중독에 빠져 있었다. 그녀는 간헐적으로 알코올남용을 하였고, 밤에는 긴장을 풀기 위해 마리화나를 정기적으로 피웠다. 그녀는 부모님의 높은 성취 기준에 따라 포부를 높이 세웠는데, 이것 또한 그녀가 죄책감과 수치심을 느끼게 만들었다. 그녀가 청소년기에 때때로 알코올을 남용하고 마약에 취해 '추파를 던진 적도 있지만' 물질남용이 심각한 문제가 된다는 것을 알게 된 것은 어머니가 세상을 떠난 뒤였다. 특히 그녀가 열렬히 사랑했던 애정 관계가 깨진 뒤에 물질남용은 극적으로 심각해졌다. 그녀는 심각한 물질남용 문제를 숨기고 부인하였다. 역설적으로, 부모님의 이상에 부합하지 못한 것이 물질남용과 관련이 있다는 것을 알고 그녀가 느낀 죄책감과 수치심이 물질남용을 더욱 부추겼다. 더군다나 Natalie는 자살 시도를 했다는 것에 죄책감을 느꼈고, 이는 아버지를 더욱 불안하고 불편하게 만들었다. 그녀의 말에 의하면 더욱 역설적인 것은 자살을 시도하게 된 동기 중의 하나는 자살할까 봐 아버지가 걱정하는 것에 그녀가 느낀 죄책감이었다. 물질남용과 함께 자살은 그녀의 '탈출구'였다.

처음에 Natalie는 자살 시도를 다시 하지 않는 데 도움이 되는 것은 어머니가 살아 있는 것이라고 말하였다. 이것은 가족 관계가 그녀의 자살 가능성에 중요한 역할을 하고 있다는 것을 보여 준다. 현실적으로 가능한 다른 대안이 있냐는 질문을 받은 그녀는, 살아 있는 데 도움이 되는 한 가지는 건강한 생활 양식을 갖는 것이라고 말하였다. 어머니가 사망하고 남자 친구가 곁을 떠난 후유증으로 Natalie는 회피하는 생활 태도를 보였다. 그녀는 자기가 독립적인 사람이 되었다고 자랑스럽게 여기기도 했다. 그녀는 상담을 받는 게 좋다는 것을 수용하기 어려웠다고 고백하였다. 왜냐하면 그녀는 정신과 치료나 상담에 의지하는 사람들을 경멸해 왔기 때문이다. 그러나 그녀가 과거에 가족에서 안정감을 경험한 것이 회피를 극복하는 데 도움이 되었다. 특히 상담에서 그녀가 동일시했던 동료 내담자들과 안정감을 경험한 것도 그녀에게 도움이 되었다. 그녀가 호전되어 외래 치료를 받을 정도가 된 무렵에, 그녀는 자살 상태에 취약하다는 것을 예리하게 인식하고 계속 상담을 받는 게 낫다는 것을 인정하였다. 상담에 의해 그녀가 알아차림 능력을 회복하자, 거의 90% 이상 괜찮다고 느꼈던 이전의 관점이 환상이란 것을 깨달았다. 이로 인해 이제 그녀는 자신이 "거의 100% 절망 속에 있었던 것 같다."라고 말하였다.

결론을 말하면 나는 자살 상태는 애착 관계에 매우 위협이 된다는 사실을 분명히 강조하고 싶다. 내가 자살 의도가 없는 자해와 관련하여 논의했던 악순환은 자살의 맥락에서 극적으로 강화된다. 상실의 위협이 자살 시도를 하는 사람에게 고통이 되는 것처럼, 상실의 위협은 파트너나 보호자에게도 매우 견디기 어려운 정서 상태를 불러일으킨다. 잠재적으로 견디기 어려운 정서 상태에는 공포, 격분, 무기력, 절망, 수치, 죄책, 낙담이 포함된다. 부수적으로 상실의 위협은 극적으로 애착 불안정감을 상승시킨다. 부모, 파트너, 친구 혹은 상담자는 정신화하기 능력을 잃을 수 있고, 이때 관계에서 철회하거나 요구하는 태도를 보일 수 있다. 그러한 철회 및 요구하는 반응은 자살 시도를 한 사람에게 더욱 고통이 되며 자신이 혼자라는 느낌을 갖게 만든다.

성격장애

이 책 전체에서 강조하는 것처럼 애착 관계는 성격발달에 중요한 역할을 한다. 성격의 개인차는 상당한 정도로 관계에서 비롯된다. 이 관계에는 애착 관계와 다른 관계들이 모두 포함된다. 외향성과 내향성이 좋은 예이다. 애착의 개인차는 우리의 친밀한 관계들, 즉 우리의 정서적 욕구 충족의 여부가 달려 있는 관계들에서 중요한 역할을 한다. 애착 관계는 우리의 자존감과 정체성을 형성한다. 요약하면, 애착 외상은 정체성과 관계에 혼란을 일으킨다. 정신의학에서 정체성과 관계에서 지속적으로 경험되는 혼란은 성격장애로 진단된다.

모든 정신장애 진단 중 성격장애는 정서 색채가 가장 깊게 베여 있는 장애이다. 당신이 성격장애란 말을 들으면 '나쁜 성격' 혹은 '매우 나쁜 성격'을 갖고 있는 '나쁜 사람'인 것처럼 느낄 수 있다. 이런 경우 진단은 상처받은 마음에 모욕을 보태는 셈이 된다. 외상을 입은 내담자를 대상으로 성격장애가 무엇인지 교육할 때 나는 세 가지 잘못된 통념(myth)을 깨려고 노력한다.

통념 1: 나쁜 성격이 있다. 성격장애는 성격에 문제가 되는 측면이 있는 경우를 말한다. 성격의 문제 있는 측면이 그 사람 전체의 특징은 아니다. 예를 들어, 성격장애가 있는 많은 내담자는 대부분의 시간 호감이 가는, 친절한, 자비심이 있는, 배려하는 면을 보인다.

통념 2: 성격장애는 영원히 지속된다. 성격장애는 개선 불가능한 장애가 아니다. 1년 정도의 시간이 지나면서 성격장애 진단을 받은 많은 내담자는 더 이상 진단 기준을 충족하지 않을 것으로 기대된다(Shea et al., 2002). 축 I의 장애처럼 성격장애는 어느 정도 수준에서 가끔 재발한다. 증상들은 스트레스, 불안, 물질 남용, 학대 관계와 같은 다른 요인으로 인해 나타났다 사라진다(Allen, 2003). 기본 성격 특성이 상대적으로 안정성 수준이 높은 반면, 장애는 특성에 비해 안정성 수준이 낮다(Oldham, 2007).

통념 3: 처치해도 효과가 없다. 성격장애에 적절한 처치 방법이 점점 더 많이 개발되고 있다. 이 방법들은 효과가 있다. 주의해야 할 사항은 다음과 같다. 처치하는 데 상당한 시간이 걸리며 장기치료가 성격장애 처치의 중심이다(Leichsenring, 2009).

이 절에서 나는 성격장애를 더욱 구체적으로 정의하고 여러 성격장애에 관련된 외상 관련 연구 결과들을 언급한다. 나는 이 절의 마지막 부분에서 경계선 성격장애를 논의한 뒤 결론을 내린다. 경계선 성격장애는 애착 외상과 관련하여 가장 폭넓게 이해된 장애이다.

성격장애 진단하기

대략 말하자면 많은 성격장애는 성격 특성이 지나치게 과장되어 대인 관계에 어려움을 일으킨다. 예를 들어, 편집증(의심하는), 자기애(오만하고 자기중심적인), 강박(세부 사항에 몰두하고, 완벽주의를 추구하고, 해야 할 사항에 매달리는), 반사회적(기만하고, 타인에게 불손하고, 법을 위반하는) 성격장애가 있다. 현재 성격장애 진단에 논란이 있지만(Liesley, 2010) 그 진단이 갑자기 만들어진 것은 아니다(Yudofsky, 2005). 그러나 여러 가지 증상을 한 범주로 묶어 진단하는 것이 문제가 있다고 비판받을 때 성격장애가 가장 먼저 비판을 받는다. 많은 사람이 여러 성격장애의 진단 범주에 흩어져 있는 한 가지 혹은 여러 가지 성격장애 특성을 소유하고 있다. 정상이든 비정상이든 성격 특성은 정도가 지나칠 때 문제가 되며 우리는 여러 성격 특성을 일정 부분 소유한다. 그래서 나는 **성격장애**를 연속선 개념으로 생각하게 되었다(Allen, 2001). 메닝거 상담센터의 수장인 John Oldham과 동료들은 성격장애 내담자들이 여러 가지 성격장애 진단 기준에 포함된 증상들을 평균 3.4개 충족한다는 것을 확인하였다. 그들은 2가지 이상의 성격장애 진단을 충족하는 내담자들을 **포괄적(extensive) 성격장애**로 진단할 것을 권장한다(Oldham et al., 1992). 우리 모두는 성격장애의 연속선 중 어딘가에 위치한다. 우리 중 어떤 사람도 깔끔하게 특정 이미지로 고정된 사람은 거의 없다.

성격 발달이 관계맺기와 자기정의에 근거한다는 Blatt의 관점에 일치되게 DSM-V에서 개발된 성격장애의 여러 기준은 대인 관계 기능, 자기지각의 유의한 손상을 포함하고 있다. 자기기능(functioning)의 중요한 측면은, 1) **정체성**과, 2) **자기방향**(self-direction)이다. 정체성은 자기와 타인 사이에 분명한 경계를 유지하며 개성 있는 자기를 경험하고, 시간이 흘러도 개인이 자신의 삶의 경험이 일관성 있다고 느끼고, 자기평가와 자존감이 안정성 있고 명확하며, 다양한 정서를 경험하고 조절할 수 있는 능력을 갖고 있는 것을 뜻한다. 자기방향은 일관성 있고 의미 있는 단기 및 삶의 목적들을 추구하고, 건설적이고 친사회적인 행동 기준을 사용하고, 생산적으로 자기성찰을 할 수 있는 능력을 갖고 있는 것을 뜻한다. 접인 기능에서 중요한 측면은, 1) 공감, 2) 친밀감이다. 공감은 타인의 경험과 동기를 이해하고, 서로의 관점이 갖지 않아도 견딜 수 있고, 행동이 타인에게 미치는 영향을 이해하는 것을 뜻한다. 친밀감은 타인과 관계를 깊이 있게 지속하고, 친밀 욕구를 소유하고, 상호 존중하는 접인 행동을 표현하는 것을 뜻한다. 여러 진단 기준이 입증하는 것처럼 애착과 정신화하기와 관련된 문제들이 성격장애를 겪는 데 중요한 역할을 한다.

애착 외상이 성격장애에 미치는 영향

지속되는 외상이 성격장애와 혼란된 애착 관계를 생성한다는 것은 거의 의심의 여지가 없다(Herman, 1992b).

> 오랜 외상을 겪은 사람이 사회관계에서 내리는 판단은 극도로 냉혹한 경향이 있다. 오랜 학대를 겪은 사람들의 무력감과 염세주의, 과거의 덫에 빠진 느낌, 심각한 우울, 신체적 불편감, 울컥하는 분노는 종종 그녀의 가까운 사람들을 좌절하게 만든다.

아동기 학대와 성인기 성격장애 사이의 관계를 지지하는 전형적인 연구 사례는 Johnson과 동료들의 세심한 연구이다. 그들은 미국의 주립 기록원의 문서에 기록되어 있는 아동기 학대, 방임과 성인기 성격장애 사이의 관계를 연구하였다(Johnson et al., 1999). 결과는 아주 명료하였다. 아동기 학대 경험이 기록된 사람들은 그런 기록이 없는 사람에 비해 4배 더 많이 성인기에 성격장애를 겪었다. 그러나 당신이 앞에서 읽었던 내용들에서 추정할 수 있는 것처럼, 아동기 외상의 효과는 비특이적이다(nonspecific). 즉, 학대의 유형에 따라 관련된 성격장애들이 다소 차이들이 있어도, 외상과 관련된 성격장애들의 범위는 넓었다. 다시 말해, 외상과 관련된 성격장애들에는 반사회적, 경계선, 의존적, 우울, 수동공격적, 자기애적, 회피적, 편집증적, 분열성(대인관계에서 무심한), 분열형(이상하고 기이한) 성격장애들이 있다. 아동기 학대와 관련된 정신장애로 입원한 여성들의 성격 기능을 심리검사를 사용하여 평가한 우리는 그들이 폭넓은 유사한 혼란들을 겪고 있다는 것을 발견하였다(Allen, et al., 1999). 그러나 모든 성격장애들 중에서 경계선 성격장애가 가장 체계적으로 애착 외상과 손상된 정신화하기 능력과 관계가 있었다.

경계선 성격장애

경계선 성격장애는 복합 외상 스트레스 장애들의 전형이다. 간단히 말하면 경계선 성격장애의 핵심 문제는, 1) 정체성 혼란, 2) 불안정감과 버림에 대한 민감함을 특징으로 하는 불안정한 대인 관계, 3) 강한 정서 반응, 4) 충동적인 자해 행동 등이다. 경계선 성격장애의 증상은 여러 가지 일뿐 아니라, 전형적으로 여러 가지 공존장애들과 뒤얽혀 있다. 나는 지금까지 논의했던 모든 문제들, 즉 외상 후 스트레스 장애, 해리 증상, 우울, 일반화된 불안, 물질남용, 좋지 못한 건강, 섭식장애, 자살 의도가 없는 자해 행동, 자살 시도의 문제들을 가진 다수의 경계선 성격장애 내담자들을 상담해 왔다.

아동기 학대와 방임 또한 경계선 성격장애의 발달에 기여하는 확실한 요인이다(Ball & Links, 2009). 그러나 아동기 학대는 여러 기여 요인 중 하나일 뿐이다. 더군다나 학대는 경계선 성격장애 발달의 필요충분조건은 아니다(Gabbard, 2000). 비록 아동기 성 학대가 경계선 성격장애의 발달에 중요한 역할을 해도 그것은 종종 더 많은 가족장애의 패턴과 관련이 있다. 즉, "경계선 성격장애 환자들이 보고한 성 학대는 그들이 경험했던 **가족 역기능의 이정표**일 뿐 아니라, 그 자체로 이외의 여러 가지 외상 사건 혹은 다른 사건이 발생했을 것이란 이정표이다"(Zanarini et al., 1997, p. 110, 강조는 원래대로).

경계선 성격장애와 아동기 학대의 관계를 알아본 연구들은 회고식(retrospecitve) 보고로 이루어졌으나, 최근의 전망 연구들(prospective studies)은 경계선 성격장애의 발달 과정을 더 견고하게 밝히고 있다. 이 모든 연구 결과들은 애착과 정신화하기에 초점을 두는 나의 관점과 일치한다. 예를 들어, Jeffery Johnson과 동료들(2006)은 가족 구성원들과 그들의 자녀들을 대상으로 몇 가지 평가를 하였다. 이들의 연령은 6~33세 사이였다. 이 연구자들은 부모의 애정과 양육 수준이 낮은 것, 혹독한 처벌 같은 혐오스러운 부모 행동이 이후의 경계선 성격장애 및 다른 성격장애와 관계가 있다는 결과를 제시하였다. Karlen Lyons-Ruth와 동료들(2005)은 유아기에 엄마의 혼란스러운 의사소통은 18세에 평가된 경계선 성격장애 증상과 매우 관련 있다는 결과를 제시하였다. 특히 청소년기에서 현재까지 경험한 학대의 총량이 성격장애의 증상에 기여하였다. 발달 과정 연구가 반복해서 보여 주는 것처럼, 역경이 누적되는 것이 장애를 경험할 위험을 증가시킨다. 이런 연구 결과들을 고려하면 엄마의 혼란스러운 의사소통이 이후의 학대와 결부되면 경계선 성격장애의 최고 높은 수준의 증상들이 야기된다는 것을 알 수 있다(Melnick et al., 2008).

Elizabeth Carson과 동료들(2009a)은 미네소타 종단연구에서 유아기에 측정된 여러 가지 평가 결과들이 28세 때의 경계선 성격장애 증상과 관계가 있다는 결과를 보고하였다. 즉, 애착 혼란(12~18개월), 학대(1~18개월), 엄마의 적개심과 경계의 문제(42개월), 아버지 부재로 인한 가족 붕괴(12~64개월), 가족의 생활 스트레스(3~42개월)가 경계선 성격장애 증상과 관련 있었다. 경계선 성격장애의 전조인 주의력 장애, 정서의 불안정, 행동의 불안정, 장애가 있는 관계는 12세에 분명히 나타났다. 유아기에 측정된 여러 가지 평가 결과들은 또한 학대가 내적 작동모델이라는 자기표상에 장애를 초래하고, 이는 다시 그 개인을 경계선 성격장애에 처하게 만든다고 제안하였다. 이 저자들의 언급처럼, "표상들 및 이 표상들에 관계된 정신화하기 과정들은 삶의 초기 불안정 애착과 이후의 성격장애 사이의 관계를 매개하는 경험의 매개체(carriers of experience)로 간주된다"(p. 1328).

Peter Fonagy와 동료들(1996)은 성인 애착 면접에서 관찰된 정신화하기 능력의 평가에 근거하여, 정신화하기와 경계선 성격장애 사이의 관계를 분명히 하였다. 다시 말해, 정신화하기 능력이 손상되고, 학대 경험이 있는 내담자의 97%는 경계선 성격장애 진단 기준을 충족하였다. 반면에 정신화하기 능력에 문제가 없으나 학대 경험을 보고한 내담자들은 17% 정도가 경계선 성격장애 진단 기준을 충족하였다. Fonagy와 동료들의 결론은 다음과 같다.

> 만약 어린이들이 학대를 받았지만 정신화하기 능력이 발달할 수 있는 상호 주관적인 토대(intersubjective basis)를 제공하는 의미 있는 애착 관계에 접근이 가능하면 그들의 경험을 해결할 수 있을 것이다. 그 결과 그들은 심각한 성격장애 중의 하나를 겪지 않을 것이다 … 그러나 학대를 당한 아이가 다른 사람의 심리 상태를 예상하는 능력을 획득할 수 있는 환경의 역할을 하는 신뢰로운 애착 관계가 형성되게 하는 사회적 지지를 충분히 받지 못하면, 학대의 경험은 해결되거나 성찰되지 않을 것이다. 자연스럽게 해결되지 않은 학대 경험은 의미 있는 관계를 맺을 가능성을 줄이고, 이는 다시 자기영속적(self-perpetuating) 방식으로 성찰 과정의 출현을 가로막아 혼란스러운 경험을 만족스럽게 해결할 가능성이 줄어들게 만든다(Fonagy et al., 1995, p. 261).

정신화하기의 실패에 대한 Fonagy의 연구와 일관성 있게 Alan Sroufe와 동료들(2005)은 그들의 종단연구에서 예기치 못한 결과는 "심리적 학대의 몹쓸 결과"라고 언급하였다. 그들에 의하면 "부모의 심리적 비가용성은 초기 아동기부터 성인기까지 폭넓은 결과를 야기한다"(p. 301). 이런 결과는 경계선 성격장애의 발달에 특히 잘 들어맞는다. 나의 동료들과 나는 이전에 "아동이 경계선 성격장애에 처하게 만드는 중심 요인은 **일관성 있는 이야기로 채워진 정신 상태가 발달하는 것을 가로막는 가족 환경**"이라고 결론을 내린 바 있다(Allen et al., 2008, p. 274, 강조는 원래대로). Fonagy와 Bateman(2008)이 분명히 하였던 것처럼, 외상은 정신화하기 능력을 약화시켜 경계선 성격장애가 발달하는 데 중요한 역할을 한다. "외상의 영향은 방임, 거부, 지나친 통제, 지지가 부족한 관계, 비일관성, 의사소통의 혼란으로 아동의 관점을 공감하지 못하는 만연한 실수에서 가장 잘 느낄 수 있을 것 같다"(p. 14).[9]

손상된 정신화하기 능력을 살핀 연구 결과들을 넘어서, Fonagy와 Luyten(2009)은 1장에서 내가 논의했던 정신화하기의 여러 측면과 경계선 성격장애의 핵심 증상(정서조절 실패, 충동성, 불안정한 대인 관계, 정체성 혼란) 사이의 관계를 간결하게 설명하였다. 특히, 경계선 성격장애의 핵심 문제는 자동적이고 암묵적이며 정서에 얽매인(emotion-driven) 정신화하기 작용에서 발생하는 고통스러운 정서에 의해, 애착 욕구가 활성화될 때 정신화하기의 외현적 · 내면적(internal) · 인지적 측면이 붕괴된다는 것이다. 예를 들어, 고통스러운 정서에 직면하여 안정이 필요할 때 경계선 성격장애를 가진 사람들은 얼굴 인상(face cues)을 잘못 지각하고(예: 약간 놀란 듯한 인상을 비난, 적대시하는 노려봄으로 지각함), 상대방의 마음 상태를 잘못 해석한다(예: 거부).[10] 감정 물들기

(emotional contagion)[11]가 정확한 이해와 효율적인 의사소통보다 우위에 있다. 상호작용 시 나타나는 이런 장애는 애착 관계에서 거부, 조율 실패, 버림을 경험한 반응으로 가장 잘 발생한다. 최근의 상호작용에서 나타나는 그러한 정신화하기 실패는 경계선 성격장애 발달의 토대가 되는 보살핌 환경에서 중요한 실패가 일어났음을 보여 주는 증거이다. 중요한 실패란 아동이 안정을 필요로 하고 불편감이 심한 때에 정신화하기가 이뤄지지 않았다는 것이다. 보호자가 정신화하기를 제공하는 데 실패하는 것은 보호자 자신이 정서적으로 철회하거나 감정 물들기 상태에 있기 때문일 수 있다. 이러한 실패는 혼란 애착과 불안-양가 애착의 맥락에서 발생한다. 두 애착은 모두 경계선 성격장애와 관련이 있다(van Ijzendoorn & Bakermans-Kranenburg, 2008).

이러한 심리적 비가용성이 초기 및 이후의 애착 관계에서 공포를 유발하고, 적대 의도가 있고, 침해하는 행동 같은 다른 형태의 외상과 동시에 일어나면 이는 고질적이고 미해결된 애착 욕구가 활성화되게 만든다. 특히 회피 애착은 불안-양가 애착에 비해 정서가 각성된 동안 더 잘 정신화하기 능력을 유지할 수 있으나 그 보호 기능이 오래 지속되지 않는다. 회피 애착은 안정 애착 관계가 발달하는 것을 제한하며, 회피 애착은 점점 각성 수준이 강해지고, 정서가 홍수처럼 범람하면 결국에는 정신화하기 능력이 붕괴되는 취약성을 갖고 있다(Patrick Luyten, Linda C. Mayes, & Boudewijn Van Houdenhove, 미출간 원고, 2011년 12월 15일). 경계선 성격장애에서 애착 갈등, 이에 관련된 정신화하기 손상의 중요성은 Anthony Bateman과 Peter Fonagy(2006a)가 정신화 기반 상담을 개발하게 만드는 자극제가 되었고, 나는 4장 '증거기반 상담'에서 이에 대해 논의한다.

복합 외상 스트레스 장애들[12] 진단하기

이제까지의 검토는 DSM의 어떤 단일 진단 범주도 애착 외상과 관계된 여러 가지 문제들을 충분히 망라하지 못한다는 것을 보여 주었다. 이 절에서 나는 우선 성인기 및 아동기에 관련된 복합 외상(complex trauma)에 적절한 진단 범주를 만들고자 한 시도들을 검토한다. 그런 뒤에 우리가 하나의 거대한 진단 범주[13]를 만들려는 포부를 포기하는 게 낫다는 결론을 제시한다.

복합 외상 후 스트레스 장애

Herman(1992b)은 진단명이 외상을 입은 사람들에게 낙인을 찍을 수 있다는 이유로 진단명을 붙이는 것에 노골적인 반감을 드러냈다. 그녀에 의하면 아동기 학대 생존자들은 "부정적 의미를 강하게 전달하는 진단을 받는다." Herman은 '경멸하는 의미를 가진' 진단명으로 '가장 악명 높은 것은' 경계선 성격장애이며, "이 용어는 정신건강 전문가들 사이에서 모욕적 언사를 세련되게 표현하는 말과 진배없다."라고 하였다(p. 123). Herman(1992a)은 대안의 진단명으로 **복합 외상 후 스트레스 장애**(complex PTSD)를 제안하였다. 외상으로 인한 장애는 정말로 복합적이다. Herman은 복합 외상 후 스트레스 장애에 이르게 하는 외상 스트레스의 특징은 장기간 제압(domination)과 통제(control)를 받는 대상이 되는 경험을 한 것이다. 이는 전쟁 포로, 가정 폭력 피해자, 아동기 학대 생존자 등이 된 경우를 뜻한다. 이런 경험으로 겪을 수 있는 문제는 정서조절, 의식, 정체성, 가해자에 대한 지각, 타인과의 관계, 의미 체계에 변화가 생긴다는 것이다.

Herman(1993)은 이 문제들 중에서 다수가 공존할 경우 DSM-IV(American Psychiatric Association, 1994)의 달리 명시되지 않은 극단의 스트레스 장애(Disorders of Extreme Stress Not Otherwise Specified: DESNOS)로 분류하자고 제안하였다. 이 제안은 DSM-IV 위원회에서 "활발한 논의"(Friedman & Karam, 2009, p. 18) 대상이 되었다. DSM-IV 위원회는 제안된 DESNOS 진단 기준을 충족할 사람들의 대다수가 외상 후 스트레스 장애 진단을 받을 것이므로, 새 진단 기준이 필요치 않다고 보았다. 따라서 복합 외상 후 스트레스 장애의 폭넓은 증상들은 DSM-IV의 연관된 기술적 특징(associated descriptive features) 부분에 포함되었다. 그러나 위원회의 결정은 이후에도 계속 도전을 받았다. 예를 들어, Julian Ford(2009)는 외상을 입고, DESNOS 진단 기준을 충족하는 사람들의 거의 절반이 외상 후 스트레스 장애 진단 기준을 충족하지 못한다는 연구 결과들을 검토하고 종합하였다. Ford는 "DESNOS는 외상 후 스트레스 장애의 복잡한 변종이다. DESNOS는 외상후 스트레스 장애와 공존하는 장애이지만 외상 후 스트레스 장애와 다르다."라고 결론 내렸다(p. 480). Herman의 연구와 일치되게 DESNOS는 초기 아동기 애착 외상과 성인기의 심각한 문제들과 관계가 있었으며, 대인 관계 문제도 포함된다. DESNOS로 진단받은 사람들은 그들의 심각한 장애에 비례해서 높은 수준의 정신과적 보호를 필요로 한다.

발달적 외상 장애

Bessel van der Kolk(1986)는 애착 외상을 제대로 이해한 선구자이다. Kolk는 최근에 복합 외상 후 스트레스 장애가 아동기에 나타날 수 있다고 제안하며, 이를 **발달적 외상 장애**(developmental trauma disorder)로 불렀다(van der Kolk & d'Andrea, 2010). 외상 후 스트레스 장애라는 진단이 그랬던 것처럼 새로운 진단을 만들려는 동기는 일면 사회적 정치적인 것이다. 다시 말해, "부정적 아동기 경험의 결과들이 미국에서 가장 규모가 큰 공공 건강 문제 중의 하나가 되고 있고 … 세계적으로도 그렇다는 사실에도 불구하고, 발달하고 있는 아동들을 잘 돌보는 것을 우리가 관심을 가져야 할 우선순위 목록의 최고 순위에 놓고자 하는 노력에 거대한 저항이 있다"(vander Kolk & d'Andrea, 2010, p. 58). 외상 후 스트레스 장애가 거쳐 온 역사와 마찬가지로, 발달적 외상 장애 진단의 제안은 현재 복합 외상을 입은 아동들을 '진단할 기준'이 없다는 사실에 근거한다(p. 59). 진단할 기준의 부재는 일관성 있는 연구를 하기 어렵게 만든다. 발달적 외상 장애는 아동기 애착 외상이 품행장애, 양극성 장애, 주의력 결핍 및 과잉행동장애와 같은 아동기에 진단되는 많은 장애들에 기여한다는 결과들을 제시한 많은 연구들을 포괄적으로 검토한 뒤에 제안되었다. 이 연구는 기존의 표준 진단들이 한 가지 적절한 진단을 대신하고 있는 '대역들'에 지나지 않는다는 가능성을 제기한다. 즉, "그런 대역 진단들이 적용된 외상을 입은 아동들의 손상에 맞춰 그러한 대역 진단들이 내려진다"(p. 63).[14]

발달적 외상 장애에 기여하는 외상 스트레스는 대인 간 폭력에 장기간 노출되고, 돌봄을 제공하는 양육이 붕괴된 경우를 포함한다. 양육 붕괴는 주된 양육(primary caregiving)에서 발생한 좋지 못한 변화, 분리, 학대 등을 뜻한다. 발달적 외상 장애의 증상들은 생리, 정서, 주의 집중, 행동, 정체성, 양육자 및 타인과의 관계 등을 망라한다. Van der Kolk와 d'Andrea(2010)는 애착 외상과 관계된 여러 가지 증상들은 '단일의 일관성 있는 병리(a single coherent pathology)'로 가장 잘 이해된다고 제안한다(p. 61). 이는 현재 (전형적으로 3가지에서 8가지의 증상을) 중다 아동기 장애(multiple childhood disorders)로 진단하는 현재의 관행과 대조된다.

진단을 넘어서

복합 외상 후 스트레스 장애와 발달적 외상 장애의 진단은 그럴듯하게 들리며, 실제로 다른 심리장애들보다 더 큰 일관성을 제공한다. 그러나 나는 상대적으로 적은 수의 증상들을 가진 여러 가지 문제들이 외상 후 스트레스 장애로 진단받는다는 것을 고려하면, 굳이 진단 기준이 매우 많은 수의 증상들로 구성되는 것이 유용한지 의구심이 든다. 외상 후 스트레스 장애는 이미 충분히 복잡하지 않은가! 나는 애착 외상이 여러 가지 문제들과 관계가 있다는 것을 의심하지 않는다. 나는 더 많은 진단 범주를 만드는 것이 장래에 좋은 일인지 모르겠다.

증상들을 열거하고 있는 여러 진단 기준들 간에 분명한 경계가 부족하고, 증상들을 포함하고 있는 진단 기준들이 부적절할 수 있다는 것을 고려하면, 나는 1) 외상 스트레스의 더욱 폭넓은 영역들과 2) 그것들의 발달적 결과들을 이해하는 것이 더욱 유용하다는 것을 알게 되었다. 애착 외상은 외상 스트레스와 외상의 결과들의 폭넓은 영역을 망라한다.[15] Julian Ford와 Christine Courtois(2009)가 여러 영역을 포괄하려는 관점을 갖고 복합 심리 외상이란 용어를 사용하였는데 나는 이 용어가 유용한 면이 있다고 생각한다. 그들은 '**복합 심리 외상**(complex psychological trauma)'을, 1) 반복되거나 만성이고, 2) 양육자 혹은 양육 책임이 있는 성인에 의해 발생하는 피해(harm)와 버림(abandonment)을 포함하고, 3) 피해자의 삶에서 아동기, 청소년기같이 취약한 발달 시기에 발생한 심각한 스트레스 사건들에 노출되는 것으로 정의한다. 그들은 **복합 외상 스트레스 장애들**(complex traumatic stress disorders)을 '심각한 해리가 있는 문제, 정서조절 실패, 신체 고통, 관계 혹은 영성에서의 고립 등 복합 심리 외상에 수반되는 마음, 정서, 신체, 관계에서 경험되는 변화들'(p. 13)로 정의한다.

지금 우리는 복합 외상 스트레스 장애들의 폭넓은 영역(broad domain) 내부에 존재하는 다양한 문제들을 구별하기 위해 심리 진단과 증상들을 표현하는 여러 가지 개념들을 사용할 필요가 있다. 그러나 복합 스트레스(complex stress)를 개념화하고자 한 최근의 시도가 그랬던 것처럼, 우리는 증상들과 장애들의 복잡한 관계를 이해하기 위해 심리학적 일관성(psychological coherence)을 획득하고자 노력할 필요가 있다.

진단을 이해하기

나는 여러 가지 증상들을 잘 정돈된 분명한 진단 범주로 묶는 것이 어렵다고 불평해왔다. 1980년에 DSM-III(American Psychiatric Association, 1980)를 출발점으로 여러 가지 증상들을 잘 정돈된 진단 범주로 묶고자 한 노력은 이 책에서 검토한 연구들을 포함해 체계가 잘 잡힌 연구를 실행하는 데 큰 도움이 되었다. 그러나 우리는 DSM-V를 개발하는 시점에 있고, 또다시 전체 진단 범주가 타당한지 의구심을 갖게 된다.[16] DSM-III는 의도적으로 증상들을 기술하는 데 초점을 두었고, 증상들에 대한 이론적 설명은 하지 않았다. DSM-III는 다양한 증상들의 원인들에 대해서는 문을 활짝 열어 놓은 것이다. 그러나 예외적으로 외상 후 스트레스 장애는 외상에 노출된 것을 진단 기준에 포함시켰다. 이는 일부 연구자들이 진단 기준에서 원인을 포함시키지 않는 것이 좋다고 주장하는 것을 고려하면 역설적이다. 하지만 원인과 증상 사이의 인과 관계에 문을 열어 놓는 태도는 이제 그 유용성이 사라졌다. 다시 말해, 우리는 정신장애들을 심리학적으로 이해할 필요가 있다. 더군다나 한 사람에게 중다 장애들(multiple disorders)을 진단하는 것은 당황스러운 일이다. 종종 나는 외상을 겪은 내담자들이 여러 가지 불안 장애들을 포함하여 표면상 10개의 장애를 가진 것으로 진단받는 경우를 본다. 나는 궁금하다. 그들의 진짜 문제는 무엇인가?

요약하면, 나는 현재의 장애 진단 방식이 5가지 문제를 갖고 있다고 생각한다. 이 5가지는 외상 관련 장애뿐 아니라 모든 진단 상황에서 확연하게 나타난다.

1. 정상과 병리 수준의 경계가 분명하지 않다.
2. 불안, 우울과 같은 다수의 증후군들은 서로 분명하게 구분되지 않는다.
3. 임상 증후군들은 성격장애들과 관계가 없는 것이 아니며, 오히려 성격이 임상 증후군들을 발달하게 만드는 맥락이며, 임상 증후군들을 이해할 수 있는 심리학적 의미를 제공한다.
4. 외상 후 스트레스 장애를 포함한 여러 장애들은 분명한 병인들(인과적 경로들)을 갖고 있지 않다.
5. 장애들을 분명하게 구분하는 것이 그런 구분에 맞는 처치 방법을 가져오지 않는다. 약물치료는 장애들의 구분에 따라 크게 다르지 않으며, 상담의 경우는 장애의 구분에 따라 처치가 좀 더 달라진다.

결국 우리의 중요한 관심사가 처치 방법임을 고려하면 5번째 사항이 중요하다. 그것이 내가 공통요인상담에 몰입하는 이유이다.

현재의 심리장애 진단에 가장 흔한 불평은 우리가 한 장애와 다른 장애 사이의 접점에서 장애 유형을 구분하지 못한다는 것이다. 이는 우리가 자연종(natural kinds)의[17] 장애 유형들을 발견하지 못했다는 것을 뜻한다. 그래서 우리는 자연종의 장애 유형들을 찾기 위해 발달 신경과학의 연구 결과에 근거하여 심리장애를 진단할 것을 희망할 수도 있다. 예를 들어, Thomas Insel과 동료들(2010)은, "신경 회로에 초점을 둔 연구 영역을 발달시킬 것을 제안한다. 즉, 그들은 두 가지 방향 중에서 한쪽 방향으로 각각 진행되는 분석 수준들을 제안한다. 한 가지는 신경 회로의 기능을 측정하고, 그 기능에 궁극적으로 영향을 미치는 상담 실제에서의 적절한 변화를 찾아내는 상향 접근이다. 다른 한 가지는 신경 회로의 기능을 측정하고, 궁극적으로 그 기능에 영향을 미치는 유전 및 분자/세포 요인을 찾아보는 하향 접근이다"(p. 749). 이런 신경생물학적 접근은, 이 책의 중요한 주제이자, 장애에 영향을 미치는 요인으로 간주되는 '애착 외상'을 마찬가지로 중요한 주제로 다룬다.[18] 한편, 우리가 알고 있는 것처럼 가족 환경과 사회 맥락이 우리의 신경생물학 측면의 발달에 큰 영향을 미친다. 결국 "애착 외상, 신경생물학 측면의 발달, 가족 환경, 사회 맥락 모두는 정신질병을 연구하는 생물학 및 심리학 관점 모두에 영향을 끼치는 것으로 보인다"(p. 749). 그러나 이런 신경생물학 접근은 **생물학적 수준**[19]에서 한 장애와 다른 장애 사이의 접점에서 장애 유형을 구분할 수 있기를 바란다.

사실상 한 장애와 다른 장애 사이의 중요한 **심리학적 접점들**[20]이 있다고 시사한 Blatt과 Luyten(2010)은 성격 발달과 애착 관계에 대한 발달적 이해와 연구 결과를 충분히 활용할 것을 제안하는 새로운 진단 방법을 제안한다. 이 접근은 양극(two-polarities) 모델에 기초한다. 이 양극모델에서 발달은 관계맺기(relationships)와 자기정의(self-definition)에 기반하여 정의된다. 이 관점에서 심리장애란 관계맺기와 자기정의라는 두 영역이 제대로 발달하는 데 실패하고, 어느 한쪽에 지나치게 초점을 두어 의미 있는 불균형이 생기는 것으로 정의된다.

심리장애 진단을 위한 양극 접근의 전제는 다음과 같다.

> 심리장애 진단을 위한 양극 접근은 정상 및 여러 가지 형태의 정신병리 사이에 존재하는 연속성에 대한 이해를 촉진한다. 다시 말해, 이 접근은 정상 성격 발달과 다양한 형태의 정신병리 사이에 연속성이 있다는 것을 강조하며, 정신병리를 이해하기 위한 토대를 제공한다. 정신병리는 일부 가설적이지만 아직 입증되지 않은 신경생물학적 이상에서 파생된 것으로 가정되는 일련의 분리된 질병들이 아닌, 정상적인 심리적 발달의 붕괴에서 출현한 왜곡된 적응 양식들로 이해된다(Blatt, 2008, p. 171).

제대로 된 관계맺기와 자기정의를 형성하는 과정에 문제가 있었다는 것을 반영하는 불안정 애착 관계는 정상적인 심리 발달을 방해하는 주요 원천이다. 양극 접근의 장점은 발달 과정의 이해를 바탕으로 진단에 심리학적 의미[21]를 부여하는 것이다. 비록 DSM의 외상 후 스트레스 장애 진단 기준이 신체 안전의 위협을 포함하여도, 외상을 겪은 사람은 **심리적 위협**을 더 중요한 것으로 보고한다(Grey & Holmes, 2008; Holmes et al., 2005b). 이런 위험(danger)은 관계맺기 혹은 자기지각을 위협하는 형태를 취할 수 있다. 더욱이 불안장애에 대해 생각할 때, 상담자들은 불안이 무엇인지 이해하려면 증상 이외의 다른 측면을 이해하는 것이 좋다. 즉, 불안은, 1) 관계맺기, 2) 자기지각, 혹은 3) 둘 모두와 연관이 있을 것이다. 이 장의 앞부분에서 논의했던 것처럼("촉발하는 스트레스" 절을 보라), Blatt(2004)의 우울에 대한 연구 또한 의존적 우울과 자기비평적 우울이 서로 구별된다는 것을 분명히 하였다. 이런 구별은 관계맺기와 자기정의의 문제들에 연결되어 있고, 이는 다시 양가 애착과 회피 애착에 연결되어 있다. 유사하게 Blatt과 Luyten(2010)은 주로 관계맺기 문제에 관련된 어려움을 가진 성격장애(예: 의존 혹은 경계선 성격장애)와 자기지각에 관련된 어려움을 가진 성격장애(예: 반사회, 자기애, 회피 성격장애)를 구별한다.

내가 계속 강조했던 것처럼 모든 형태의 불안정 애착은 정서조절 문제와 관련이 있다. 예를 들면, 물질남용, 좋지 못한 건강, 섭식장애, 의도한 자해, 자살 상태는 아마도 관계 문제 혹은 자기정의, 혹은 둘 모두와 관련이 있다. 예를 들어, 관계의 극의 맥락에서, 자살 상태는 매우 의존하는 사람이 방임, 유기당한다는 느낌을 가질 때 일어날 수 있다. 대조적으로, 자기정의의 주의 맥락에서 자살 상태는 자기비평을 유발하는 완벽주의와 관계된 실패, 굴욕, 취약성을 경험하는 것과 관계가 있다(Blatt, 2008).

상담자들은 명백한 신경생물학 측면의 이상, 양극모델, 불안정 애착 패턴을 반영하여 DSM을 개정할 수 있는 입장에 있지 않다. 그러나 우리는 증상중심의 진단에서 **이해중심의 진단**[22](true diagnostic understanding)으로 옮겨 갈 필요가 있다. 이해중심의 진단에서 성격 발달과 애착 경험이 중요한 역할을 할 것이다. 이러한 이해는 장애 특이적인 처치에서 인간중심의 처치로 옮겨 가는 것이 좋다는 나의 주장의 토대가 된다.[23] 이는 생애 경험 관점(life history perspective)(Luyten et al., 2008, p.41)으로 불릴 수 있다. 생애 경험 관점은 "초기 아동기부터 이후의 적응 혹은 부적응의 발달에 이르기까지 무수히 복잡한 경로들을 지도처럼 도식화하는 것을 목표로 한다. 이런 무수히 복잡한 경로들을 정리하면 장애들을 예방하고 처치하기 위한 개입의 토대를 형성할 수 있다."(p.29).

외상 관련 문제들을 기술하면서 나는 현재의 DSM 진단 연구결과에 기초하여 시작하였다. 나는 이 책의 다음 부분인 "처치와 치유"에서 마찬가지로 연구결과에 기초한 외상 후 스트레스 장애의 증거기반처치, 즉 장애 특이적 접근을 설명하는 장으로 시작한다. 우리는 이 접근에서 배울 것이 많다. 그러나 나는 이후의 장을 애착과 정신화하기에 뿌리를 둔 공통요인상담에 할애한다. 애착과 정신화하기는 여러 진단 기준과 상담 이론에 관련된 공통요인이다.

요점

◆현재의 진단 체계는 상담자들이 증상들과 증상군(symptoms clusters)이란 관점에서 사고하게 만들고 그에 맞는 처치를 목표로 삼게 하는 경향이 있다. 그러나 심리치료 접근의 처치는 우리가 진단을 상담심리학의 지식에 근거하여 생각할 것을 요구한다. 즉, 증상들의 발달과 의미를 이해할 것을 요구한다.

◆정신화하기 기능이 손상되면 여러 가지 증상을 일으킬 수 있다. 정신화하기는 우리가 증상의 의미를 이해하기 위해 먼저 이해해야 할 과정이다(예: 자살 상태에 기여하는 요인들을 내담자와 상담자가 협동하여 평가하는 예에서 제시된 것처럼).

◆애착 외상은 여러 심리장애가 발달하게 만드는 비특이적(nonspecific) 위험 요인이다. 그러나 심리장애 그 자체도 악순환의 방식으로 애착 관계에서 갈등을 유발하고 악화시킨다. 자기에게 해를 끼치는 행동들(예: 물질남용, 섭식장애, 자살 의도가 없는 자해, 자살 행동)은 악순환 과정을 보여 주는 예들이다. 정신화하기 기능의 손상, 애착 불안정, 견디기 어려운 정서 상태에 의해 촉발된 자해 행동은 파트너와 양육자에게 '견디기 어렵다'는 정서를 유발한다. 이는 다시 내담자의 애착 안정감과 정신화하기 능력이 손상되게 만들고, 아마도 내담자와 상대방 모두 더 많은 외상을 입고 고통스러운 정서 속에서 혼자 어려움을 겪게 만든다.

◆여러 가지 결점이 있어도 심리장애 진단은 연구에 혁혁한 공헌을 하였다. 여기에는 애착 외상의 영향력에 관한 연구도 포함이 된다. 그러나 단순하게 복수의 장애들을 진단하는 것은 개인 내담자를 체계 있게 이해하는 데 도움이 되지 않는다. 복합 외상 스트레스의 여러 영역을 식별하는 것은 호소력이 있지만, 그것만으로 우리에게 도움이 되지는 않는다.

◆심리치료는 이해중심의 진단을 하기 위해 인간중심접근, 발달적 접근을 취할 것을 요구한다. 치료 효과가 있는 애착 관계의 맥락에서 정신화하기는 공통요인상담의 중요한 과정이며, 그 과정에서 상담자와 내담자가 이해중심의 진단을 성취한다.

2부

상담과 치유

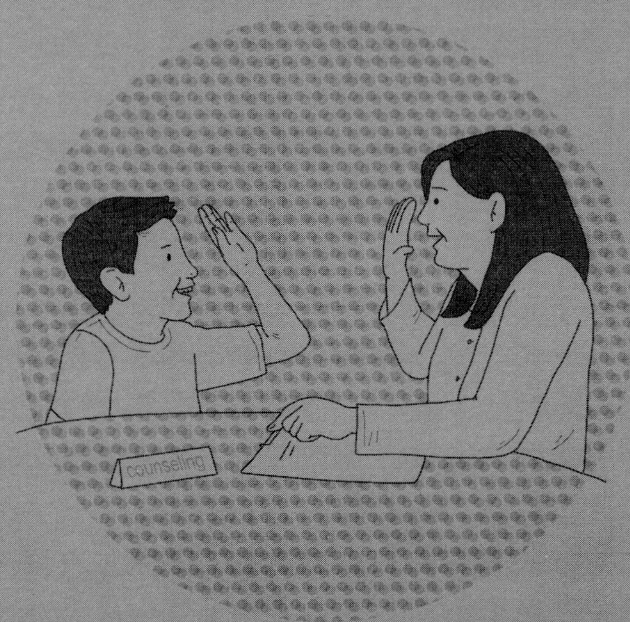

◆ 4장 ◆

증거기반 처치

외상 후 스트레스 장애의 진단 기준이 마련되고 30년을 지나오면서 처치개입들[1]이 많이 개발되었다. 그 처치개입들의 효과는 다양한 수준에서 체계 있게 연구되었다. 먼저, 나는 이 장을 이미 많이 알려진 외상 후 스트레스 장애의 처치개입들을 검토하는 것으로 시작한다. 다음으로, 나는 경계선 성격장애가 애착 외상에 토대한다는 점을 고려하여 경계선 성격장애에 가장 중요한 처치들을 검토한다. Judith Herman(1992b)은 20년 전에 복합 외상 스트레스 장애들을 위한 전문화된(specialized) 처치가 필요하다고 인정하였다. 그러나 이 처치들에 대한 연구는 비교적 새로운데(Courtois & Ford, 2009), 나는 최신 전략들을 간단하게 요약한다. 마지막으로, 나는 복합 외상 스트레스 장애들이 발달하는 것을 저지하는 데 전도유망한 부모-아동개입들을 소개할 것이다. 이 처치개입들은 애착 관계에서 정신화하기 능력을 향상시키는 데 이득이 된다는 실험적 증거를 제공하는 한 내가 중요하게 다루는 의제가 될 것이다.

이 장은 모든 것을 다루지 못하며 요점을 다룬다. 내가 공통요인상담이 중요하다고 주장함에도 불구하고, 나는 상담자와 내담자 모두가 연구 결과들이 전문화된 처치의 효과를 지지한다는 사실을 알아야 한다고 생각한다. 내가 객관성을 추구더라도, 편견을 갖고 있다는 것 또한 자명하다. 나는 모든 것을 애착과 정신화하기의 렌즈로 보는 경향이 있다. 여기서 나는 전문화된 처치들을 이 두 가지 렌즈로 살피고, 공통요인상담과 전문화된 처치들의 공통분모를 강조한다.

 외상 후 스트레스 장애를 위한 처치들

외상 후 스트레스 장애 상담 안내 위원회(Foa et al., 2009b, p. 16)는 전문화된 처치들에 대한 증거들을 바탕으로 A등급(무선 실험에 기반하고, 처치 전략을 잘 통제한 경우)에서부터 E등급까지(최근에 개발된 처치에 기반하고, 상담 실제 혹은 경험적 검증이 이루어지지 않은 경우)로 등급화하였다. 여기서 나는 이 기준들을 사용하여 널리 알려진 증거기반 개인상담방법들을 검토한다. 즉, 집중 노출, 인지치료, 안구 운동 둔감화 및 재처리(EMDR)에 대해 검토한다. 그런 뒤 나는 이외의 상담 실제에 가치가 있지만 잘 연구되지 않은 처치 방법들의 역할을 알아본다. 예를 들면, 집단상담, 커플 및 가족상담의 역할을 알아본다.

집중 노출

노출치료는 외상 경험으로 두려워하며 회피하는 것에 대처하기 위한 상식적인 방법이다. 예를 들어, 말에서 떨어진 후에 당신은 승마를 포기하지 않고 다시 승마를 하는 것은 노출치료에 해당이 된다. 만약 당신이 개에게 물린 뒤에 모든 개들을 두려워하게 학습되었다면, 당신은 개를 키우는 친구의 집을 방문할 수 없거나, 개가 있을 것 같은 집을 방문하는 모험을 할 수 없거나, 심할 경우 외출하는 것조차 어렵게 되는데, 이때 이를 극복하기 위해 당신은 점진적으로 자신을 개들에게 노출시킬 수 있다. 노출이 반복되면 당신은 두려운 상황을 관리할 수 있다는 것을 학습하게 되고, 당신의 두려움은 줄어들게 된다. 만약 당신이 노출 과정에서 또다시 해를 입지 않는다면, 즉 말에서 떨어지지 않거나 다른 개에게 또다시 물리지 않는다면 두려움은 줄어들게 될 것이다. 외상 후 스트레스 장애는 이 자연스러운 둔감화 과정을 매우 어렵게 만든다. 왜냐하면 당신이 여러 가지 상황들뿐 아니라 과거 외상의 기억들 때문에 공포를 느낄 수 있기 때문이다. 그래서 외상 후 스트레스 장애는 구조화된 노출치료를 요구한다.

Edna Foa와 동료들(Foa & Rothbaum, 1998; Foa et al., 2007)은 외상 후 스트레스 장애

에 적용될 수 있는 노출치료의 사용법을 개척하였다. 그들의 처치는 상담자들이 비교적 간단하게 배워 수행할 수 있고 그 효과가 가장 많은 연구에 의해 지지받고 있다는 이점을 갖고 있다. 노출치료는 정해진 시간 내에 이루어지면 대개 12회기 내에 실행된다. 상담자는 외상의 흔한 반응들, 외상 후 스트레스 장애의 증상들, 외상을 상기시키는 것들을 회피하는 일상의 노력들이 어떻게 역효과를 낳는지를 교육시킨다. 그리고 치유되려면 체계 있는 노출을 시도할 필요가 있다고 교육시킨다. 특히 이 교육의 일부 그리고 이 치유 과정의 중요한 일부는 우리가 정신화하기라고 부르는 것을 포함하고 있다. 예를 들어, 내담자는 현재와 과거를 구별하는 것을 학습한다. 외상을 기억하는 것(mental state: 정신 상태)과 외상을 입는 것(reality: 현실)을 변별하는 것을 학습한다. 교육 이외에도 내담자들은 정서조절을 위한 코칭을 받는다. 예를 들어, 그들은 두려움을 극복하는 데 도움이 되는 진정시키는 호흡 기법을 사용하는 것을 배운다.

상황 회피(situational avoidance)와 경험 회피(experiential avoidance) 둘 모두를 처리하기 위한 처치는 삶의 현장에서 이루어지는 실생활 노출과 외상 기억들을 재방문하는 상상 노출 두 가지 모두를 포함한다. 상황 회피에는, 예를 들면 공격받았던 장면을 회피하기같이 제한적인 회피가 있고, 혹은 혼자 집에 있는 것을 두려워하는 것같이 완전히 삶을 제한하는 회피가 있다. 그래서 노출치료는 내담자가 회피하는 상황들을 찾는 것이 우선이며, 안정감이 확보된 뒤에 그 상황들에 직접 가서 두려움이 극복될 수 있게 충분한 시간 동안(예: 30~45분) 그 장소에 머무르게 한다. 두려움을 피하기 위해 그 상황을 빠르게 벗어나는 것은 회피를 강화할 뿐이다. 왜냐하면 떠나는 것이 그 상황에서 느끼는 불편감을 감소시켜 주기 때문이다.[2)]

상상 노출은 비교적 분명한 외상 사건의 기억들을 떠올려 이야기하고, 반복해서 다시 이야기할 수 있는 능력을 요구한다. 만약 가능하다면 특별히 공포를 느끼거나 잊혀지지 않는 기억으로 시작하는 것이 가장 좋다. 만약 이렇게 해서 내담자가 너무 겁을 먹게 될 것 같으면, 내담자는 공포를 적게 느끼는 기억들로 시작해서 공포를 크게 느끼는 기억들로 나아가며 작업할 수 있다. 외상의 과열 지점(traumatic hotspots), 즉 외상 사건들 중에서 가장 공포가 큰 혹은 고통스러운 측면들은 한 회기에서 여러 번 다루어질 필요가 있다. 노출을 증가시키기 위해서 상담자는 상담회기들에서 이루어진 이야기들을 테이프에 녹음한 뒤 내담자가 숙제의 일환으로 그 녹음들을 경청하게 할 수 있다. 각 회기에서 내담자가 이야기를 말하고 반복해서 말한 후에, 상담자는 내담자가 그 노출을 처리하게 돕는다. 다시 말해, 그 사건들의 의미뿐 아니라 관계된 분노, 슬픔, 애도,

죄책, 수치의 감정들을 이야기하게 한다. 나는 집중 노출을 규칙대로 실행하지 않는다. 그러나 많은 경우에 나는 내담자의 외상 사건의 경험을 자세하고 철저하게 이야기하도록 해 왔다. 그 과정에서 완전 복잡한 고통스러운 감정 경험이 나타난다.

● 사례 ●

Olivia는 아파트에 화재가 났을 때 어린 아들 Patrick을 데리고 간신히 탈출했다. 그녀는 회피 행동을 하게끔 만든 그 사건에 대해 이야기하였는데, 요약하면 다음과 같다. 그녀는 약간 걱정을 했다. 즉, 그녀는 연기 냄새를 맡았으나 처음에는 그 냄새가 근처의 숲에서 오는 것으로 믿었다. 그리고 결국에는 공포에 떨었는데 건물에 화재가 난 것이 맞았다. 시간이 지난 뒤에 그녀는 연기가 어디서 발생한 것인지를 결정하려 했을 때 Patrick을 방에서 데리고 나와 거실로 데려올 수 있게 자신의 첫 걱정이 중요한 역할을 한 것에 감사했다. Olivia는 아파트가 연기로 가득 차서 그녀의 얼굴에 열기를 느꼈던 때를 이야기하면서 초조해하였다. 그런 뒤에 그녀는 너무 큰 공포를 느꼈던 경험을 말할 지점에 이르렀다. 즉, 그녀는 아파트 문 밖 복도에서 이웃이 비명을 지르는 소리를 들었다. "우리는 나갈 수 없어!" 그 순간, Olivia는 자신과 Patrick이 죽을 거라 생각하였다. 그녀는 덫에 걸려 꼼짝할 수 없는 것처럼 느꼈고 마음이 백지가 되었다고 말했다. 그녀가 기억할 수 있는 모든 것은 Patrick을 움켜잡고 사이렌 소리를 들으며 소방대원의 도움으로 곤경에서 벗어나기 위해 중심을 다잡았던 일이었다. 그녀는 Patrick과 함께 잔디밭으로 나와 점점 안정을 찾았던 일을 이야기하면서 울었고, 소방대원이 그녀에게 계속해서 "괜찮아요. 당신은 이제 안전해요."라고 말했던 것을 기억하였다.

Olivia는 또한 이외의 다른 감정들도 이야기하였다. 그녀는 수치심을 느꼈고, 연기 냄새를 맡고 느리게 대처한 자신을 '어리석다'고 느꼈다. 그녀는 Patrick이 애완동물로 키우던 기니피그인 Gloria와 Elmo를 소방관이 구출할 수 있는지 물어보았다. 그녀는 Gloria와 Elmo가 불에 타 죽었다는 사실을 알고 비통해하였던 이야기를 하면서 흐느껴 울었다. 비록 그녀의 모든 주의와 노력을 Patrick을 구하는 데 쏟았다는 것을 알았지만 울 수밖에 없었다. 그녀는 더 빨리 탈출하지 못하고 애완동물들을 구출하지 못한 자신을 용서하는 데 시간이 오래 걸렸다.

Olivia는 자신과 Patrick이 잔디밭에서 안전하다고 느낄 즈음부터 스트레스가 시작되었다고 말하였다. 그녀는 재산과 집을 잃었다. 그녀는 Patrick과 함께 한동안이라도 자신의 집에 같이 있자고 한 오빠에게 부담을 지운 것에 죄책감을 느꼈다. 그녀는 보험 청구를 위한 서류 작업, 많은 것을 상실한 그녀에게 더디게 배상하는 보험회사의 대처에 실망하였다. 그러나 슬픔, 죄책감과 별개로 사건의 후유증으로 가장 아픈 감정은 그 불이 관리 소홀 때문에 일어난 것임을 안 것이었다. 그 건물은 시 당국의 건축 규칙에 맞게 건축되지 않았고, 필요한 검사들도 받지 않았다. 그녀는 이러한 관리 소홀에 대해 말하면서 격분하였다. Olivia는 화재와 아파트 관리를 다룬 지역 신문의 기사들을 읽을 때마다, 텔레비전 뉴스의 화재 소식을 접할 때마다 분개하였다. 그러나 그녀는 그들을 구한 소방관에게 감사하였고, Patrick이 살았고, 오빠가 여동생과 조카의 어려움에 베풀어준 돌봄과 관대함을 생각하며 위안을 얻었다.

많은 연구는 집중 노출치료의 효과를 강하게 지지하였다. 집중 노출치료는 A등급의 처치이다(Foa et al., 2009a). 그러나 그것이 매우 효과적인 것은 아니다. 여러 연구물에 포함된 675명의 내담자들의 자료를 조합하여 외상 후 스트레스 장애를 위한 집중 노출치료와 다른 처치들을 체계적으로 비교한 결과(Powers et al., 2000)는 다음과 같다. 집중 노출치료는 많은 비교군으로 설정된 처치들(예: 이완 훈련, 지지상담, 시간제한 정신역동상담)에 비해 상당히 더 효과가 있었다. 그 효과는 12개월 뒤의 추후 조사에서도 여전히 유의하였다. 더군다나 그 효과는 외상 후 스트레스 장애뿐 아니라 더 일반적인 불안, 우울, 삶의 질, 사회적 기능에서도 분명히 발휘되었다. 비록 검토된 자료에 약물처치가 포함되지 않았으나, 연구자들은 이전의 연구에 근거해서 집중 노출치료가 외상 후 스트레스 장애에 가장 효과를 보인 약물처치인 선택적 세로토닌 재흡수 억제제들(예: Prozac)보다 더 큰 효과가 있다고 하였다. 특히 그 연구자들은 이전의 연구에 근거해서 집중 노출치료는 외상 후 스트레스 장애에 특별히 초점을 맞춘 다른 처치들(예: 인지재처리치료, 인지치료, 스트레스 면역 치료, 안구 운동 둔감화 및 재처리)보다 효과가 더 크지는 않을 것으로 예측했다. 그리고 많은 연구에서 통합된 이 샘플은 그러한 예측을 지지하였다. 저자들은 이 모든 처치들에 집중 노출치료가 공통으로 포함되어 있다고 결론 내렸다.

집중 노출치료는 다양한 종류의 외상, 예를 들어 자동차 사고, 범죄 피해자, 성 학대, 고문뿐 아니라 가정 폭력, 아동 학대 등으로 인한 외상 후 스트레스 장애를 개선하는 데 효과가 좋다고 입증되었다. 그러나 내 관점과 일치되게 Foa와 동료들(2007)은 집중 노출치료는 "외상 후 스트레스 장애에 대한 처치이지 외상에 대한 처치가 아니라고"(p. 21, 강조는 첨가함) 분명하게 말한다. Foa와 동료들(2009b)은 집중 노출치료를 복합 외상 스트레스에 적용할 때 이와 같은 관점을 확장해서, 상담 실제에서 사용되는 지침들(practice guidelines)의 적용 가능성에 약간의 한계가 있다는 것을 인정한다. 즉, "이런 (복합) 외상 경험들을 과거에 겪은 적이 있는 내담자에게 효과 있는 처치가 무엇인지 알려진 게 거의 없다. 어느 정도 경험적 지지를 받으며 성장하고 있는 상담 실제에서 이뤄진 합의는 과거에 외상 경험을 한 일부 내담자는 다중 개입(multimodal interventions)을 받아야 하며, 일관성 있게 장기간 처치받아야 한다."라는 것이다(p. 2).

적용 가능성의 폭이 좁은 집중 노출치료가 갖고 있는 단점은 두려움, 불안을 회피하기보다 직면하는 것을 강조하는 것이다. 놀랄 것도 없이 상당수의 내담자(20~30%)가 중도에 탈락한다(Foa et al., 2007). 그럼에도 불구하고 상담자들은 노출-기반 처치들을 사용하는 것을 과도하게 경계하고 있을 수 있다.[3] 증거들에 의하면, 내담자들은 대개 잘 인내하고, 외상 후 스트레스 장애들이 결정적으로 악화되지 않고, 심지어 복합 외상 스트레스 장애들을 갖고 있는 내담자들에게도 효과가 있다(Welch & Rothbaum, 2007). 내담자들이 잘 견딘다는 것을 고려하여, 집중 노출치료를 상당한 준비를 하고 지지를 제공하는 분위기 속에서 수행하면, 정신증의 장애를 갖고 있는 내담자들에게도 효과를 나타낼 수 있다(Frueh et al., 2009).

노출치료는 어떻게 해서 효과가 있는가? 한편으로는 상담방법이 효과가 있다는 것이 중요하고, 다른 한편으로는 왜 그 상담방법이 효과가 있는지를 이해하는 것이 중요하다. 노출치료는 상식적인 방법으로 보인다. 그러나 두려움을 없애는 방법은 결코 간단하지 않다(Craske et al., 2008). 이상적으로, 장기간에 걸쳐 두 가지 일이 일어날 수 있다. 첫째, **두려움 인내도가 증가한다**. 즉, 내담자는 상황 회피 및 경험 회피에서 경험적 수용으로 나아간다. 이에 상응하여 불안이 감소해 간다. 역설적으로 불안을 두려워하기보다 불안을 수용하는 것이 불안이 줄어들게 만드는 것이다. 조금이라도 불안을 수용하는 것은 사람들이 불안을 느끼면서도 적절하게 계속 기능할 수 있다는 자신감을 제공하게 된다. 통제력은 불안에 직면해서 느낄 수 있는 무기력을 보완한다. 둘째, **자극과 반응 사이의 새로운 연합들이 두려움 반응을 억제한다**. 예를 들어, 한 내담자는 성장기에 폭력을 당하며 들었던 비명 소리를 상기시키는 큰 목소리를 들을 때 두려워할 수 있다. 이 내담자는 시장이나 레스토랑 혹은 현재 자신의 가정 등지에서 큰 목소리에 반복해서 노출되면, 그녀는 새로운 연합들을 형성할 수 있다. 다시 말해, 그녀는 여러 환경 맥락들에서 높은 목소리가 반드시 위험을 뜻하는 것은 아님을 학습할 수 있다.[4] 마찬가지로 상담실이라는 안전한 장소는 내담자가 외상 사건들을 기억하는 동안 어느 정도 두려움을 억제할 수 있다. 여기에 중요한 사항이 있다. 즉, 원래의 학습이 제거되는 것이 아니라 오히려 새로운 연합에 의해 덧씌워진다는 것이다. 이 단서들 (예: 큰 목소리 혹은 기억들)은 경쟁하는 반응들을 불러일으킨다. 즉, 1) 기억에 연합된 두려움이, 2) 상담자의 안정감과 연합된 두려움의 억제와 경쟁한다.[5] 불행히도 시간이 지나면서 혹은 맥락이 변화하면서(예: 상담실 밖에서) 원래의 학습된 두려움이 상담자의 안정감과 연합된 두려움의 억제를 무너뜨릴 수 있다. 그리고 두려움이 재개될 수 있다. 이 지점에서 정신화하기(현재와 과거를 구별하는 것을 명심하는 것)와 알아차리기(자기자비의 태도로 감정들을 수용하는 것)이 도움이 될 수 있다.

학습 과정의 복잡성을 인식한 Foa와 동료들(2006)은 처치의 핵심 요소를, 1) 정서적 지지를 제공해서 외상 기억들을 견딜 수 있게 하는 것, 2) 세상은 완전히 위험하고 자기는 완전히 무능하다는 비현실적 신념들을 수정하는 것, 3) 외상 경험에 일관성 있는 이야기를 개발하도록 돕는 것이라고 제안하였다. 나는 Foa의 이론이, 1) 자기와 타인에 대한 내적 작동모델(예: 자기는 무능하고 타인은 위험한)을 수정하고, 2) 애착 관계의 맥락에서 정신화하기를 촉진하는(예: 정서적 지지를 제공하며 일관성 있는 이야기 개발하기) 것을 추구한다는 점에서 애착이론과 잘 조화할 수 있다고 생각한다.

Foa의 이론은 인지행동상담과 전반적으로 일치한다. 하지만 Foa의 이론은 애착의 중요성을 비중 있게 다루지 않는다. 정서조절에서 애착 관계가 중요하다는 것을 고려해보면, Foa의 이론에서 애착의 생략은 두드러져 보인다. 그러나 Foa는 내담자–상담자 관계가 상담 실제에서 중요하다는 것을 인식하고 있다. 그녀와 동료들은 신뢰를 쌓고 상담동맹을 형성하는 것뿐 아니라, 상담자가 내담자의 이야기에 주의를 기울여 경청하는 동안 판단을 보류하고 수용하며, 진정시키고 지지하는 것이 근본적으로 중요하다고 지적한다. 이러한 접근 방법은 안정 애착의 맥락에서 정신화하기를 하는 것과 일관성이 있다. 게다가 상담자는 회기와 회기 사이에 내담자가 상담자와 이야기를 나눌 수 있는 기회를 제공하는 것 같은 부가적인 지지를 제공할 수도 있다. 상담자는 또한 실생활 노출치료를 하는 동안 내담자와 동행하기 위해 혹은 내담자를 상담실로 데려와서 집으로 데리고 갈 수 있게 내담자가 친구나 가족을 초청하도록 격려하는 것 같은 부가적인 사회적 지지 전략을 제공할 수도 있다. 비록 내담자와 상담자의 신체 접촉이 잠재적으로 문제가 될 수 있다는 것을 인정하더라도, Foa와 동료들(2007)은 "종종, 우리는 노출치료 동안 내담자가 상담자의 손을 계속해서 잡고 있는 것을 허용함으로서 불편감에 대처할 수 있게 도왔다."(p. 121)라고 진술하고 있다. 이런 접근은 명백히 안정 애착 관계에서 정서의 불편함을 조절하기 위한 효율적인 방법 중의 한 가지이다(Coan et al., 2006).

집중 노출치료에서 내담자–상담자 관계에 더 많은 주의를 기울일 필요성이 조금이라도 인식되고 있는 것은 희망적이다. Jay Morrison(2011)은 상담동맹의 중요성을 다루는 것을 넘어, "내담자의 삶에서 가장 엄청난 사건들을 종종 재경험하는 것을 체계적으로 촉진하는 것이 사실 내담자와 정서적으로 관계하는 가장 심층적인 인간적 방식들 중의 하나이다."(p. 25)라고 언급하였다. 만약 "노출치료 절차들에 내재되어 있는 풍부한 인간적인 모습"[6]에 더 많은 관심을 기울인다면 더 많은 상담자들이 집중 노출치료를 사용할 필요를 느끼게 될 것이라고 Morrison은 계속해서 언급하였다.

만약 내담자-상담자 관계를 경시하지 않고 Morrison(2011)의 관점을 고려하면, 집중 노출치료는 애착, 정신화하기와 아주 잘 조화하는 것으로 간주될 수 있다. 즉, 내담자는 안정감 있는 관계의 맥락에서 고통스러운 정서 경험을 탐색하고, 그 정서 고통에서 의미를 찾을 수 있고, 견딜 수 있다는 것을 알게 되고, 더 이상 혼자라고 느끼지 않는다. 그러나 나의 관점에서 외상 후 스트레스 장애를 처치하기 위한 집중 노출치료와 이외의 매우 구조화된 상담방법들은 공통요인상담을 넘어서는 유의한 이점을 갖고 있다. 즉, 그 방법들은 내담자와 상담자가 외상 기억들과 감정들을 탐색하는 어려운 과제들을 계속하는 것을 가능하게 한다. 구조화가 느슨한 상담방법들[7]에서 내담자와 상담자는 내담자의 삶에서 일어난 수많은 감당하기 어려운 문제들 모두에 초점을 맞춤으로써 매우 스트레스가 되는 기억들 및 감정들을 탐색하는 것을 피하기 쉽게 만들 수 있다. 그러나 Morrison이 시사한 것처럼, 집중 노출치료의 구조화된 기법들은 공통요인상담과 병행될 수 있다. 집중 노출치료의 여러 가지 특징들 중의 일부는 〈표 4-1〉에 요약되어 있다.

〈표 4-1〉 집중 노출치료의 여러 가지 특징들

- 노출은 개인이 두려워하는 것을 직면하고 두려움을 느끼는 것을 뜻한다.
- 노출은 불안과 다른 불편한 정서들을 더 잘 수용하는 것을 가능하게 하여, 불안에 대한 두려움을 줄이고, 더 큰 불안 인내도를 갖게 한다.
- 노출은 기존의 자극과 감정 사이의 연합을 제거하는 것이 아니라 불안을 불러일으키는 자극에 대한 새로운 감정을 연합되게 하여, 즉 이 자극을 안전한 맥락과 연합시켜 불안 반응들을 억제한다.
- 기존의 자극과 감정 사이의 연합을 유지하는 것은 기존의 두려운 반응들을 (안전한 맥락 밖에서) 되살아나게 할 수 있다.
- 노출과 더 높은 불안 인내도는 자기와 세상에 대한 부정적인 신념들을 변화시키기 위한 통로를 열 수 있다.
- 이상적으로 노출은 안전한 관계에서 시행되어서 고통스러운 경험이 이해되고 정신화하기를 통해 처리되어야 한다.

인지치료

노출치료와 인지치료는 서로 강조하는 게 다르다. 그리고 공통점도 거의 없다. 하지만 Foa와 Kozak(1991)은 "사실상, 우리는 노출치료를 하는 동안 형식을 따르지 않는 방식으로 인지치료를 시행한다. 즉, 우리는 내담자들이 더 현실적인 결론에 도달할 수 있게 위협을 평가하고 추론과정을 발달시키는 방식들을 검토하도록 돕는다."라고 말한 바 있다(p. 45). 역으로, 인지치료는 노출치료가 외상적인 기억들을 마음에 떠오르게 하고 그 기억들을 이야기하는 데 도움이 되는 한 노출치료를 사용한다.

Patricia Resick과 동료들에 의해 성폭력-관련 외상을 위한 집단상담으로 처음에 개발된 인지처리치료(cognitive processing therapy: Resick & Schnicke, 1992; Resick et al., 2008)는 집중 노출치료 다음으로 경험적으로 지지되고 잘 연구된 A 등급의 치료이다(Foa et al., 2009a). 인지처리치료의 노출 요소는 외상에 대한 자세한 이야기를 쓰고, 그 이야기를 상담자에게 크게 읽어 주는 것을 포함한다. 인지처리치료의 인지적 요소는, 내담자가 외상과 관련된 자기비난, 죄책감과 관련하여 균형 잡힌 관점을 개발할 수 있게 비현실적인 부정적 신념들을 체계적으로 탐색하고 도전하고, 외상 후 스트레스 장애에서 부적응적 도식이 중요한 역할을 한다는 것을 내담자에게 교육하는 것을 포함한다. 흔히 나타나는 인지적 주제들은 안전, 신뢰, 힘, 통제, 자존감, 친밀감에 관련한 부정적 신념들을 포함한다. 상당한 연구들(Cahill et al., 2009)이 아동기 성 학대에 관련된 복합 외상 스트레스를 상담하기 위해 개작된 상담방법, 즉 외상을 처리하기 위한 개인상담과 인지적 왜곡들을 다루는 집단상담을 조합하고, 또한 내담자의 발달 과정, 의사소통 기술, 사회적 지지를 다루는 개입 방법을 지지한다.

집중 노출치료에 아주 관련이 깊은 상담방법은 Anke Ehlers와 David Clark(Ehlers et al., 2005)에 의해 개발된 외상 후 스트레스 장애를 위한 인지치료이다. 이 인지치료는 비록 노출과 인지처리 사이의 균형이 집중 노출치료와 다를지라도, 여러 가지 형태의 노출을 포함하고 있다(예: 실생활 노출, 외상 이야기를 글로 쓰기, 외상을 상상으로 재경험하기). 인지적 왜곡들(예: 자기비난, 세상이 안전하지 않다는 관점)을 다루는 것 이외에, 인지처리는 체계가 없는(fragmented) 외상 기억들을 탐색하여 일관성 있는 자서전적 이야기로 구성하는 것을 강조하는 정신화하기와 병행하여 사용될 수 있다. 내가 외상 후 스트레스 장애에 관련하여 논의하였던 것처럼(2장 "외상 후 스트레스 및 해리장애"를 보라), 이러한 탐색은 개인의 의도와 상관없이 떠오르는 감각 기억들(sensory memories)을 자의에 의하여 언어적으로 접근 가능한 기억들로 변환시키는 것을 포함한다. 비록 복합 외상을 가진 내담자들(예: 경계선 성격장애, 적극적인 물질남용, 심각한 우울, 자살 시도)이 배제되더라도(Ehlers et al., 2005), 매우 잘 통제된 A 등급의 상담연구들 중 적은 수가 외상 후 스트레스 장애에 대한 인지치료의 효과를 지지한다(Cahill et al., 2009).

노출치료에서 그러하듯, 내담자–상담자 관계는 외상 후 스트레스 장애를 상담하기 위한 인지적 상담방법들의 효과를 설명할 때 배경으로 물러나게 된다. 상담관계를 이런 식으로 비교적 소홀히 다루는 것은 인지치료 분야의 전반적 경향이다. 약간의 예외들이 있는데(Safran & Segal, 1990) 인지치료를 실행하면서 애착이론과 연구 결과들을 통합하는 데 관심을 보이고 있는 경우들이다(McBride & Atkinson, 2009). 노출치료에 대한 나의 견해를 반복해서 말하면, 다양한 정도로 차이가 있더라도 이 인지적 상담방법들 또한 공통요인상담의 필수 요소인 안전한 관계의 맥락에서 고통스러운 정서 경험에 대해 정신화하기를 실행하는 과정을 포함하고 있다는 것이다.

안구 운동 둔감화 및 재처리

EMDR은 효과가 있지만 논쟁이 많다. 나의 견해에 의하면, EMDR은 외상 후 스트레스 장애에 대한 매우 기발한 처치이다. Francine Shapiro(1996)가 개발하였고, 그녀는 어느 날 운 좋은 관찰을 한 뒤에 그 방법을 본격적으로 연구하기 시작하였다. 즉, 그녀는 공원을 걸으며 혼란스러운 생각들을 하고 있다가 빠르게 눈을 움직였고, 이것이 정서적 불편감을 감소시켰다. 그래서 EMDR은 눈의 빠른 움직임을 노출 및 인지처리 기법들과 통합하여 사용하고 있다. EMDR을 요약해서 소개하면 내담자는 외상 경험들과 관계된 이미지들을 마음속에 떠올리고, 동시에 상담자가 내담자의 얼굴 앞에서 손가락을 이쪽저쪽으로 움직이면 내담자는 그 움직임을 따라 눈동자를 이쪽저쪽으로 움직인다. 연속적으로 눈동자를 움직인 후에 내담자는 이미지들이 흘러가도록 두고 마음에 떠오르는 것은 무엇이든지 말하라는 지시를 받는다. 종종 외상과 관련된 놀랄 만한 생각들이 나타난다. 이 인지치료 요소는, 1) 외상과 관계된 부정적인 신념들(예: 자기비난)을 찾아, 2) 더 현실적이고 대안적인 신념들로 대체하여 구성하는 것을 포함한다. 노출치료와 비교했을 때 EMDR의 노출 요소는 상대적으로 적은데, 이는 일정 부분 눈의 움직임이 외상을 시각화할 수 있는 능력을 방해하기 때문이다.

잘 통제된 연구는 EMDR이 외상 후 스트레스 장애의 증상들을 처리하는 데 효과가 있다는 것을 보여 주었다(Wilson, et al., 1995). 그 효과는 추후 연구에서 유지되었다(Wilson et al., 1997). 그리하여 EMDR은 외상 후 스트레스 장애를 위한 A 등급 상담방법으로 열거되었다(Foa et al., 1997). 비록 연구들이 집중 노출치료(Powers et al., 2010)와 더욱 일반적인 인지행동상담방법들(Seidler & Wagner, 2006) 보다 EMDR이 우수하다는 것을 보여 주지 못했는데도 말이다. 역설적이게도 눈동자를 움직이는 것(혹은 다른 모든 양측으로 주어지는 자극)[8]이 처치의 효과에 유의하게 기여한다는 일관성 있는 증거는 없다(Spates et al., 2009). 한 비평가가 말한 것처럼, "EMDR에서 효과가 있는 것은 새로이 처치된 것이 아니다. 새로이 처치된 것은 효과적이지 않다"(McNally, 1999). 그러나 일부 연구들은 눈동자를 움직이는 것이 주의를 다른 곳으로 돌리게 하는 효과를 일으키는 주의 전환(distancing)과 해리 이탈(detachment)을 증진해서 어떤 내담자들이 외상을 처리하는 것을 가능하게 했다고 제안한다(Lee et al., 2006). 어쨌든 분명한 결론은 EMDR은 노출치료와 인지치료를 결합함으로서 효과가 있다는 것이다. 다른 인지행동상담방법들처럼 내담자–상담자 관계는 EMDR 효과에 대한 이론적 설명에서 전경에 오지 않고 배경에 남아 있는 상태이다.[9]

집단상담

외상 처치에 널리 사용되는 방법 중 하나는 집단상담이다. 집단상담의 방법들이 매우 다양하다는 것은 주목할 만하다(Ford et al., 2009). 어떤 집단들은 외상 경험을 처리하는 데 초점을 맞춘다. 반면에 다른 집단들은 더욱 교육적 접근을 한다. 어떤 집단들은 외상을 처리하지 않고 현재의 기능과 대인 관계들에 초점을 맞춘다. 집단들이 근거로 삼는 상담이론은 정신역동, 대인 간 및 인지행동에 이르기까지 다양하다. 외상 생존자를 위한 집단상담은 특별히 보편성의 느낌(Yalom, 1970)을 증진시킨다는 측면에서 매우 강력하다. 즉, 그것은 다른 사람들과 공통분모를 갖고 있다는 느낌이고, 외상과 관련해 혼자가 아니라는 느낌이다. 그리하여 집단들은 수치심과 죄책감을 극복하는 데 매우 강력한 도구가 된다. 집단들은 또한 매우 강력한 자극제가 될 수 있다. 즉, 한 집단원의 외상 경험 이야기가 다른 집단원의 외상을 상기시킬 수 있다. 최악의 경우에 정서적 전염을 일으킬 수 있다. 이런 이유로 Herman(1992b)은 개인상담에서 외상 경험을 처리하는 것이 집단에서 그렇게 하기 전에 필요할 수 있다고 권고하였다. 더군다나 개인상담처럼 집단상담은 회복의 단계에 맞게 맞춤형으로 제공될 수 있다. 즉, 한 집단의 초점은 안정감을 형성하는 것에서 외상 경험을 기억하고 이야기하는 단계로 나아간 다음, 지속적인 관계들을 개발하는 단계로 나아갈 수 있다.

Stacy Welch와 Barbara Rothbaum(2007)이 한탄한 것처럼 집단상담이 널리 사용되는 것에 비해 연구는 많이 이루어지지 않았다. 그러나 실행된 연구들은 다양한 효과 크기에도 불구하고 의미 있는 효과가 있다는 것을 보여 주고 있어 고무적이다(Shea et al., 2009). 불행히도 다른 처치 방법(예: 외상-초점 대 현재-초점)보다 집단상담이 효과가 좋다는 증거가 불충분하다. 집단상담이 개인상담보다 더 낫다고 지지하는 증거도 없다. 누가 집단상담에서 이득을 보는지 예측할 수 있는 방법도 없다. 그럼에도 불구하고, 처치 지침들은 집단상담이 "여러 유형의 외상 경험들에 관계된 외상 후 스트레스 장애를 처치하기 위한 유용한 요소"라고 권고하고 있다(Foa et al., 2009a, p. 578). 나의 관점에서 보면, 응집력 있는 집단상담은 정서조절을 위한 일차적인 수단으로 애착 관계에 의지할 수 있는 능력을 증진시키는 데 매우 유용한 가치가 있다.

커플 및 가족상담

개인 및 집단상담은 애착 안정감을 향상시키기 위한 간접 통로를 제공한다. 즉, 두 가지 상담은 어느 정도 선에서 내담자의 애착 안정감을 충족시킨다. 그들은 더욱 안전한 방식으로 관계하는 것을 학습할 기회를 제공한다(예: 고통스러운 감정들을 표현하기). 그리고 그들은 애착 관계에서 문제들을 탐색할 수 있는 논의의 장을 제공한다. 그러나 외상을 입은 내담자들의 중요한 애착 관계들을 직접적으로 상담해야 할 압도적인 이유들이 존재한다. 외상 후 스트레스 장애와 다른 관련 문제들은 심각한 관계의 파열과 갈등을 겪게 한다. 예를 들어, 성폭력 및 아동기 성 학대는 연인과 친밀한 관계로 지내는 것을 방해할 수 있다. 더욱이 두려움, 불안, 분개, 격분은 친밀한 관계에서 정서적 병균이 될 수 있다. 즉, 이러한 정서들은 파트너 혹은 가족 사이의 한쪽이 무심해지게 만들어, 정서적으로 불편하고 외로움을 느끼는 핵심 외상 경험을 지속시킨다. 그래서 커플상담 및 가족상담은 관계에 존재하는 갈등과 불편감을 개선하기 위해 또한 회복에 필요한 사회적 지지를 향상시키기 위해 필요할 수 있다.

Sue Johnson의 커플과 가족들을 위한 정서초점 상담은 애착이론과 연구에 견고하게 기반하고 있어 관심을 가질 만하다. 다음은 외상 후 스트레스 장애로 인해 잠재적으로 초래될 수 있는 관계 문제들을 보여 주는 전형적인 예이다.

> 남편이 아내와 거리를 두고 그의 외상 후 스트레스 장애 증상들을 가라앉히고 (대개 그 관계에 대한) 감정들을 회피하기 위해 술에 빠져 망연자실하고 있을 때, 역설적으로 그의 악몽과 자신의 의지와 상관없이 떠오르는 기억들(플래시백)은 악화될 수 있다. 그리고 그의 효능감은 쇠락할 수 있다. 말할 필요도 없이 그의 아내는 거리를 두고 망연자실하는 감정 모두에 의해 그리고 남편의 플래시백 경험에 의해 영향을 받는다. 파트너들은 대개 **서로에게 점진적으로 거리가 멀어지고 위로의 원천으로 사용될 수 있는 자원이 되지 못한다**(Johnson & Courtois, 2009, p. 372, 강조는 첨가함).

나는 앞의 예에서 정서적인 비가용성(unavailability)을 강조했는데, 왜냐하면 정서초점 상담의 주요한 목적이 애착 관계에서 안식처와 안전기지를 만드는 것이기 때문이다. 상담방법들은 정서 표현을 향상시키는 한편, 상호 간의 정서조율과 반응성뿐 아니라 위로가 되는 신체 접촉을 증가시킨다. 상담자는 애착 욕구들을 정당화시키고 타당화하고, 한편으로는 취약성을 인정할 것을 격려하고, 효율적인 정서적 의지를 증진시킨다. 애착의 불안정 내적 작동모델은 커플 관계에서 자기-영속적인(self-perpetuating) 패턴으로 연출될 때 확인이 된다. 예를 들어, 한 파트너가 불안하게 매달리는 것은 다른 파트너의 무심한 회피를 증진시키는데, 주기가 반복되면서 점점 고조되어 간다. 요약하면, 정서초점 상담의 주요한 요소들은 협동하는 상담동맹을 발달시키고, 애착 욕구들과 두려움들을 타당화하고, 정서적 반응들을 제공하고, 접근 가능성과 반응성을 증진시키고, 정서적인 의사소통을 통해 자기-정의를 촉진하고, 안정 애착의 방향으로 관계를 형성하고, 필요하다면 배신과 유기에 관련된 관계 상처들을 치유한다(Johnson, 2008).

Johnson은 "커플상담과 가족상담이 있는데 개인상담이 더 많이 실시되는 것"을 정직하게 비판한다(Johnson & Courtois, 2009, p. 374). 그녀가 주장하는 것처럼 상담자는 대리 애착인물이다. 그래서 부부 및 가족상담은 실제 일어나는 일에 초점을 맞추며, 자연 상태에서 고강도로 정서조절을 할 수 있는 잠재력을 이용할 수 있다. 비록 Johnson(2008)이 정서에 초점을 둔 커플상담의 효과에 대한 증거를 인용하더라도, 그것의 외상 후 스트레스 장애와 복합 외상에 대한 효과를 보여 주는 증거는 기초 단계에 있다(Johnson & Courtois, 2009). 커플 및 가족상담이 외상에 미치는 효과를 알아본 연구들을 검토한 결과는, 이 상담들에서 사용되는 견고한 이론적 근거와 그것을 지지하는 증거 사이에 일관성이 있다는 것을 보여 주고 있다(Riggs et al., 2009). 그래서 현재의 상담지침들은 부부 및 가족상담을 외상 후 스트레스 장애를 위한 증거기반 개인상담을 보완하기 위한 보조물로 사용할 것을 권장한다(Foa et al., 2009a). 우리가 더 많은 증거를 바랄지라도, 나는 외상 후 스트레스 장애를 상담할 때 중요한 애착 관계에서 안정감을 충분히 향상시키는 것을 미뤄야 한다고 생각하지 않는다.

논평

증거를 살펴본 Elizabeth Hembree와 Edna Foa(2010)는 간단명료하게 결론을 내렸다. 즉, "외상 후 스트레스 장애 진단을 받은 어떠한 내담자도 증거기반 상담방법의 혜택을 놓쳐서는 안 된다"(p. 200). 그러나 그들의 조사는 단지 소수의 상담자만(27%) 집중 노출치료를 훈련받았고, 더 적은 수의 상담자만이(7%) 외상 후 스트레스 장애를 가진 내담자를 다루기 위해 평소에 집중 노출치료를 사용한다는 결과를 보여 주었다. Foa는 노출치료가 외상 후 스트레스 장애에 중심이 되어야 한다는 강력한 논거를 만들어 왔다. 내가 보여 주었던 것처럼 그녀는 자신의 견해를 지지하는 충분한 연구 증거를 제시하였다. 그러나 그녀의 노출치료가 가장 순수한 형태로 노출을 사용하더라도 노출은 다른 인지치료들과 함께 사용이 되며, 노출치료의 전체 과정은 상담관계의 토대 위에서 사용이 된다. 우리 모두가 노출치료의 가치에 동의하나 그것을 실행하는 방식은 제각각일 수 있다. Anthony Roth와 Peter Fonagy(2005)는 노출치료가 항상 다른 기법들과 함께 통합되어야 하며, "어떻게 이것이 가장 잘 수행될 수 있는지에 대한 분명한 연구 지표가 없으며, 혹은 노출과 다른 상담방법의 조합에 따라 효과가 달라질 수 있는 조건이 알려져 있지 않다."(p. 235)라고 결론 내렸다. 그들이 또한 주장하는 것처럼 상담자의 상담적 판단을 대신할 대체물은 없으며, 특히 이 책에서 다루고 있는 복합 외상 문제들을 가진 내담자들의 경우는 특히 그래서, "이 전집[10]에 대한 전문가의 지식은 장애 특이적인 노출기반 처치를 선택하는 것보다 성과에 더 중요할 수 있다"(p. 235).

더욱 일반적으로 Matthew Friedman과 동료들(2009)은 현재까지의 연구를 검토하고 다음의 결론을 내렸다. 즉, "우리는 어떤 조건에 있는 어떤 내담자에게 어떤 처치가 가장 적합한지 예측할 수 있는 지점에 도달하지 못했다"(p. 617). 더군다나 많은 내담자는 서로 다른 상담방법들을 조합한 상담방법을 필요로 하는 것으로 보이는데, "현재에, 상담방법들의 통합은 상담자가 만들어 내는 예술로 남는다"(p. 618). 내가 주창해 온 인간중심 접근과 일관되게, 그들은 "그런 접근법은 한 사람이 다루는 일반적인 '외상 후 스트레스 장애'가 아니라 특별한 내담자를 다루는 접근법이다."라고 하였다(p. 619). 연구가 제시하는 증거들은 상담 실제와 혁신에 비해 필수불가결하게 뒤처질 것이다. 우리 상담자와 내담자들은 연구에서 도출된 정보를 제공받을 필요가 있지만 그것의 노예가 되어서는 안 된다.

경계선 성격장애에 대한 상담방법들

많은 내담자의 경계선 성격장애에 기여한 주요인이 애착 외상이므로, 경계선 성격장애 상담은 이 책의 관심사와 밀접한 관련이 있다. 경계선 성격장애의 핵심 문제는 정체성 혼란, 불안정감, 버림에 대한 민감성으로 나타나는 불안정한 친밀한 관계, 강한 정서적 반응, 충동적 자해 행동이다. 운이 좋게도 몇 가지 상담방법은 경계선 성격장애를 가진 내담자에게 상당한 개선을 제공한다(Bender & Oldham, 2005). 경계선 성격장애와 관련하여 가장 잘 연구된 상담방법인 변증법적 행동치료(DBT)는 증거기반 상담 분야에서 인기를 모으고 있다. 그러나 내담자와 상담자는 다른 상담방법을 알 필요도 있다. 그래서 나는 다음에서 경험적 연구로 지지받고 이 책의 관심사에 직접 관련된 다른 두 가지 방법을 강조한다. 즉, 전이초점 상담(Transference-focused psychotherapy)과 정신화 기반 상담(Mentalized-based treatment)이다.

변증법적 행동치료

Marsha Linehan(1993a)은 경계선 성격장애가 정서 각성의 조절 실패와 그런 정서를 받아 주지 못하는(invalidating:[11] 나의 용어로는 정신화하지 못하는) 환경의 조합에 의해 기인한다고 간주한다. 아동의 강한 정서적 불편감은 자연스러운 정서 반응들이 정서조율에 의해 조율되지 못하고 무시되고 처벌될 때 악화된다. 이들을 발달 과정의 문제로 보는 변증법적 행동치료의 처치는 정서조절 기술을 구축하였다. 받아 줌의 부족(invalidation)을 경험한 것을 고려하면 내담자의 지각과 정서들을 공감하며 받아 주는 것(empathetic validation)은 변증법적 행동치료의 핵심 기법이 된다. 그러나 전체 상담 과정은, 한편으로는 1) 수용과 받아 줌, 다른 한편으로는 2) 직면의 필요와 변화에 대한 격려의 사이를 오가는 변증법으로 이루어진다. 즉, "상담은 지지를 제공하는 수용대 직면과 변화 전략들을 사용하는데, 상담자는 내담자의 반응을 예리하게 관찰하면서 순간순간의 변화들을 통합하는 유연한 방식으로 내담자와 상호작용할 필요가 있다" (Linehan, 1993a, p. 77).

Linehan은 문제들은 복잡하고 상담 과정은 몹시 고되다고 말한다. 그녀는 내담자가 보이는 문제 행동들은 감당하기 어려운 감정들에 대처하려는 정상의 노력이라고 강조한다. 그리고 상담의 목적은 내담자가 더 효율적이고 자해가 적은 대처 방식을 찾게 돕는 것이다. 변증법적 행동치료의 1순위는 자살 행동 및 자살 의도가 없는 자해를 포함하여 자기에게 해를 가하는 행동(self-destructiveness)을 줄이는 것이다. 이것이 변증법적 행동치료가 개발된 주요 이유이다(Linehan et al., 1991). 2순위는 상담회기에 출석하지 않는 것, 필요한 상담 작업에 협조하지 않는 것, 혹은 상담자의 한계를 인정하지 않는 것과 같이 상담을 방해하는 행동들을 제지하는 것이다. 다른 문제 행동들처럼 이런 문제 행동들은 적극적인 문제해결의 초점이 된다. 3순위는 물질남용, 고위험 혹은 범죄 행동, 혹은 재산 관리상의 문제와 같은 삶의 질을 방해하는 행동들을 줄이는 것이다. 4순위는 대인 관계 기술들을 향상시키는 것뿐 아니라 또한 불편감 인내도를 구축하고, 정서조절을 위한 기술들과 행동 기술들을 증가시키는 것이다. 내담자들은 근본적인 수용(radical acceptance)의 태도, 예를 들어 자신이 통제할 수 없는 삶의 비극적인 현실들을 삶의 한 부분으로 수용하는 것을 채택하도록 격려받는다. 이런 철학은 말로 하기 쉬우나 수행하기 어려우며, 한 사람이 그렇게 할 수 있는 수단은 풍부하게 명료하지 않다. 근본적인 수용은 경험의 수용(experiential acceptance)을 강조하는 것과 일치하며 (Hayes et al., 1999), 알아차림 기술들은 변증법적 행동치료에서도 사용된다.

변증법적 행동치료가 적응 행동을 적극적으로 가르치고 강화하는 것을 강조한다고 언급하는 것은 가치가 있다. 내담자는 능동적으로 구체적인 문제해결을 하도록 격려받고, 문제가 되는 감정들과 자기에게 해를 가하는 행동을 하게 만드는 사건들 사이의 연결 고리들(chain of events)을 매 단계별로 신중하게 분석하고, 장래에 그런 어려움을 피하기 위해 필요한 새로운 생각 방식과 행동 방식을 찾도록 안내받는다. 변증법적 행동치료는 개인상담을 대처 기술을 가르치는 교육 집단과 통합하여 사용하는데, 교육 집단은 알아차림, 정서조절, 불편감 인내하기 등을 가르친다. 내담자들은 또한 문제해결 중에 발생하는 걸림돌을 즉각 자문할 수 있게 회기와 회기 사이에 전화 접촉을 하도록 격려받는다. 특히 변증법적 행동치료가 정서조절 훈련을 강조하는 것은 좋지 않은 일을 방지하는 것과 관련이 있다(Linehan, 1993b). 정서조절 훈련은 정서를 찾아 이름을 붙이고,

정서의 결과들을 분석하고, 부정적 정서 상태를 예방하고, 정서를 견디는 인내력 및 긍정적 정서를 증가시키고, 정서에 주의를 기울여 수용함으로써 부정적 정서를 흘러가게 하고, 그 감정에 반대되는 방식으로 행동함으로써 고통스러운 정서를 변화시키는 것을 포함한다. 변증법적 행동치료의 기술들은 매일매일의 정서적 불편감들에 대처하는 데 실제 사용할 수 있고, 도움이 되기 때문에 변증법적 행동치료의 기술 집단은 메닝거 상담센터의 주요 상담방법으로 사용된다.

변증법적 행동치료가 행동주의 접근일지라도, 내담자가 인생 초기에 정서적인 받아 줌을 경험했느냐 아니냐에 따라 상담관계가 변증법적 행동치료에서 중요한 역할을 차지할 수 있다. Linehan(1993a)은 다음과 같이 진술하였다. "내가 변증법적 행동치료에서 진전을 하려면 상담관계가 중요하다고 강조하는 것은 자살하려는 내담자들과 내가 상담을 하는 동안 알게 된 나의 상담 실제에 근거한다. 때때로 이 관계는 그들이 살아 있게 만드는 유일한 것이다"(p. 21). 상담자는 내담자와 관계하는 방식의 복잡성과 유연성을 잘 알아 두는 것이 중요하다. 연구 결과들은 변증법적 행동치료 상담자가 내담자를 수용(affirmation)하고 돌보는 것(caring)이 시간이 지나면서 내담자가 자기를 덜 공격하고(less self-attacking) 더 사랑하게 되는 것(more self-loving)과 관계가 있다는 것을 보여 준다. 그러나 상담자들은 또한 내담자들의 행동과 기능에 따라 태도를 변화시켜야 한다. 자해가 줄어드는 것은 상담자가 내담자를 수용하고 보호하며 자율성을 인정하는 한편, 지시하고 통제하는 것을 번갈아 가는 방식으로 대한다고 내담자가 상담자를 지각하는 것과 관계가 있다(Bedics et al., 2011). 이러한 관계의 복잡성이 바로 변증법이다. 즉, 현재의 모습을 받아 주는 것과 변화하라고 영향력을 행사하는 것이 서로 동시에 진행이 된다. 상담에서 세심한 반응성은 여러 가지 형태를 취하는데, 이것은 양육에서 나타나는 것과 마찬가지이다.

변증법적 행동치료는 경계선 성격장애와 관련하여 가장 많이 연구된 상담방법으로 여러 연구에서 효과가 있다는 증거가 오랫동안 축적되었다(Kleim et al., 2010). 변증법적 행동치료는 주요 상담목표인 자살 행동과 자살 의도가 없는 자해를 줄일 수 있다는 것을 반복해서 보여 주었다. 동시에 변증법적 행동치료는 응급실 방문과 병원 입원 횟수를 줄인다. 또한 의도한 대로 변증법적 행동치료는 기분과 대인 관계 기능을 개선하며, 경계선 성격장애의 증상을 개선한다. 그리하여 Linehan과 동료들(2006)은 변증법적 행동치료를 경계선 성격장애를 위한 표준 상담방법으로 간주한다. 변증법적 행동치료가 일반적인 돌봄(usual care) 접근보다 우월성을 보여 주었으나, 경계선 성격장애를 조력하기 위한 다른 특이적(specific) 상담방법들보다 우월하다는 결과가 일관성 있게 나타나지 않았다(Klein et al., 2010).

변증법적 행동치료를 외상 후 스트레스 장애의 상담방법으로 개작한 경우의 효과를 살피는 연구는 시작 단계에 있다. 변증법적 행동치료는 내담자들이 상담에서 외상 경험을 철저하게 조사하기 전에, 내담자가 자기에게 해를 가하는 행동을 하게 만드는 고통스러운 정서 상태들에 대처하기 위한 기술들을 배울 것을 요구한다(Robins et al., 2001). 변증법적 행동치료가 외상을 치유하는 데 적합하다는 것을 알고 있는 상담자들은 외상초점 상담에 앞서 변증법적 행동치료방법들을 사용하고, 그 방법들을 외상을 위한 다면적 상담방법에 통합하는 데 관심을 보여 왔다(Follette et al., 2009). 더군다나 내담자들이 정서조절 능력을 발달시키도록 돕기 위해 변증법적 행동치료를 사용하는 것은 상담자들이 노출치료를 사용하는 것을 더욱 편안하게 느끼게 만드는 데 도움이 될 수 있다(Welch & Rothbaum, 2007). 변증법적 행동치료와 인지행동치료를 외상 후 스트레스 장애의 치유를 위해 조합하는 것의 잠재적 이득들은 고무적인 것으로 기대되나 아직 예비 단계에 있다(Foa et al., 2009a).

전이초점 상담

변증법적 행동치료의 근간이 되는 행동이론과 대조적으로, 전이초점 상담(Clarkin et al., 1999)은 경계선 성격장애를 치유하기 위한 정신역동 상담방법이다. 그 결과, 전이초점 상담은 정신화 기반 상담과 상당히 중첩되는 면들이 있다(Allen et al., 2008). 특히 두 접근 방법들이 애착 관계와 관련된 정신화하기의 개선을 목표로 한다는 점에서 그렇다(Kernberg et al., 2008). 나의 관점에서 전이초점 상담과 정신화 기반 상담 사이의 차이는 이론적 용어와 강조에서 차이일 뿐이다. 이론의 이름이 암시하듯, 전이초점 상담은 내담자-상담자 관계를 강조하며, 내담자가 과거의 애착 경험들을 상담에서 전이할 것이라고 가정하고, 그러한 전이[12]가 탐색되면 이해될 수 있다(정신화될 수 있다)고 본다. 즉, "상담관계에 대한 내담자의 직접적인 정서 경험을 상담자가 해석해 주는 것은 표상 세계(representational world)를 더 잘 통합하고, 불안정 애착에서 안정 애착으로 더 잘 이동하고, 정신화하기 능력을 개선하는 쪽으로 이동하기 위한 통로로 여겨진다" (Ketnberg et al., 2008, p. 179). 전이초점 상담의 정신분석과의 관계와 일치되게 전이초점 상담은 과거의 경험들을 현재의 관계에서 무의식적으로 반복하는 것을 탐색하고 이해하는 것을 상대적으로 강하게 강조한다.

변증법적 행동치료에 비해 연구의 수가 적으나, 실험 집단과 통제 집단 비교연구는 전이초점 상담이 효과가 있음을 보여 주었다. 예를 들어, 전이초점 상담은 경계선 성격장애 내담자와 상담하는 데 관심이 있는 숙련된 상담자들이 제공한 심리치료보다 더 큰 효과가 있었다(Doering et al., 2010). 전이초점 상담은 경계선 성격장애의 증상, 자살 시도, 입원 횟수가 줄어들고, 전반적 기능 수준이 개선되는 것과 관련이 있었다.

전이초점 상담에 관련된 주요 연구 중의 하나는(Clarkin et al., 2007; Lvey et al., 2006) 상담이 경계선 성격장애 내담자들의 애착과 정신화하기에 미치는 효과를 이해하는 데 중요한 기여를 하였다. 이 연구는 전이초점 상담을 경계선 성격장애를 위한 다른 두 개의 매뉴얼 기반 상담, 즉 변증법적 행동치료, 지지상담과 직접 비교하였다. 이 세 상담 방법은 1년간 수행되었다. 세 방법 모두 경계선 성격장애의 여러 증상을 비슷하게 개선시켰으며, 반면 다음의 차이점을 보였다. 전이초점 상담은 더 많은 성과 측정치들에서 효과가 좋았다. 전이초점 상담과 변증법적 행동치료는 자살 시도를 줄이는 데 지지상담보다 효과가 좋았다. 전이초점 상담은 분노 및 공격 행동에서 두 개의 다른 방법보다 효과가 좋았다(Clarkin et al., 2007). 특히 나의 관심사와 일치되게 애착과 정신화하기에 효과가 좋았다. 즉, 상담 전후에 시행된 성인 애착 면접 점수를 비교한 결과 변증법적 행동치료와 지지상담보다 전이초점 상담은 안정 애착 내담자의 비율을 증가시켰고, 이야기의 일관성과 정신화하기에서 더 나은 개선을 가져왔다. 그러나 상실과 외상의 해결에서 일관성 있는 변화는 관찰되지 않았다.

정신화 기반 상담

Anthony Bateman과 Peter Fonagy(2009)는 정신화 기반 상담을 다음과 같이 분명하게 정의하였다.

> 애착과 인지 이론에 근거를 둔 정신역동 상담. 정신화 기반 상담은 일반적인 정신건강 전문가들이 행하는 상담 실제에 필요한 적절한 수준의 슈퍼비전과 더불어 몇 가지 제한된 훈련을 받을 것을 요구한다. 정신화 기반 상담은 애착 맥락에서 내담자가 자신과 타인의 정신 상태를 이해하는 능력을 강화하는 것을 목적으로 하는데, 이는 자살과 자해 행동의 촉발 요인으로 작용하는 정서, 충동 조절, 대인 관계 기능과 관련된 어려움들을 처리하기 위한 것이다(p. 1355).

Bateman과 Fonagy(2006)는 처음에 정신화 기반 상담을 주간 병원 프로그램으로 실행하였다. 이 프로그램에서 내담자들은 처음에는 1주에 5회 참석하며, 주간 병원 프로그램에서 내담자들이 참여하는 최대한의 시간 길이는 18개월에서 24개월이다. 주요 상담방법은 개인 및 집단상담을 조합하여 사용한다. 그러나 주간 상담은 또한 위기 관리, 투약 관리, 정신화하기를 촉진하려는 목적을 가진 표현적 글쓰기, 미술과 같은 구조화된 활동들로 구성된다. 더욱 최근에 Bateman과 Fonagy(2009)는 집중적으로 실행되는 정신화 기반 외래환자 프로그램을 개발하였는데, 이 프로그램은 50분짜리 개인상담회기와 90분간의 집단상담회기가 18개월간에 걸쳐 매주 실시된다.

정신화 기반 상담은 중요한 애착 관계, 내담자-상담자 관계, 일상 활동과 집단상담에서 만나는 다른 내담자와의 상호작용에서 자기와 타인의 정신 상태들을 탐색함으로써 내담자들의 정신화하기 능력을 강화하는 데 일관성 있게 초점을 두는 분명한 특징을 갖고 있다. 주간 병원 프로그램에서는 집단 활동을 부가하고 더불어 개인 및 집단상담을 조합하는 것은 동일한 상황(예: 말다툼)이 복수의 관점에서(multiple perspectives) 어떻게 지각되고 경험되는지를 평가할 수 있게 내담자들을 조력한다는 점에서 특별히 가치가 있다.

초기 성과 연구는 정신화 기반 주간 병원 프로그램 처치를 시작한 후 18개월(Bateman & Fonagy, 1999)과 36개월(Bateman & Fonagy, 2001) 뒤에 지역사회에서 시행된 일반 상담 프로그램과 비교하였다. 그 결과, 지역사회에서 실시되는 일반 상담 프로그램에 비해 정신화 기반 상담의 이득이 더 많았다. 가장 언급할 만한 가치가 있는 것은 Bateman과 Fonagy(2008)가 8년간 실행한 추수 연구이다. 이 연구에서 두 가지 상담방법에 참가한 내담자들은 처치가 끝나고 5년 뒤에 (그리고 처치가 시작된 뒤 8년 뒤에) 평가를 받았다. 이 연구는 경계선 성격장애에 대한 가장 긴 추수 연구이며, 연구자 Ken Levy(2008)가 그것을 "정신의학 역사에서 세기적인 연구가 될 운명을 가진 것"(p. 556)으로 규정하게 재촉하였다. 능동적인 처치가 끝나고 5년이 지나 정신화 기반 집단에 참여하였던 내담자들의 자살 시도 횟수가 줄었고(74%에서 23%로), 응급실을 찾는 횟수와 충동성이 줄었고, 대인 관계 기능은 향상되었다. 그리고 고용률도 증가되었다. (비록 애착 패턴이 직접적으로 평가되지 않았더라도) 대인 관계 기능의 개선은 불안정 애착의 개선을 시사한다는 점에서 특히 언급할 만한 가치가 있다. 즉, 정신화 기반 상담을 받은 내담자들은 경계선 성격장애에 대한 두 가지 핵심 기준, 1) 강하고 불안정한 관계와, 2) 버림을 피하려는 광적인 노력에서 유의한 개선을 보였다. 특히 주목할 가치가 있는 것은 처치가 끝난 뒤에 개선된 효과가 지속된다는 것이다. 이런 결과에 기반하여 Levy(2008)는 "연구 결과들은 행동 통제를 가능하게 하는 것은 기술기반(skill based)의 처치가 아니라 정신화하기 기술의 발달을 통해 발생한다는 주장을 분명히 지지한다." (p. 557, 강조는 첨가함)라고 언급하였다. Herman(2009)은 정신화 기반 상담의 장기 효과에 근거하여 "나는 이 연구가 궁극적으로 경계선 성격장애에 대한 새로운 돌봄의 표준을 정의할 수 있다고 믿는다. 이 연구는 복합 외상 후 스트레스 장애를 위한 유사한 정도의 집중적인, 다중 양식의 상담모델들을 개발하는 것이 필요한지에 의구심을 갖게 만든다."(pp. xvi-xvii)라고 언급하였다.[13]

다면적 접근의 주간 병원 프로그램보다 덜 집중적이고 더 간단한 정신화 초점 상담이 이득이 되는지 알아보기 위해, Bateman과 Fonagy(2009)는 18개월짜리 집중 외래환자 상담(개인 및 집단상담)과 경계선 성격장애를 위한 또 다른 적극적인 개입 방법인 구조화된 현장 관리 프로그램의 효과를 비교하였다. 기대한 대로 두 가지 방법은 18개월 뒤에 의미 있는 개선을 보였다. 그럼에도 불구하고 정신화 기반 상담은 현장 관리 프로그램보다 더 나은 효과를 보였고, 특히 지난 6개월간(즉, 처치 시작 후 12개월 뒤에) 더 나은 효과를 보였다. 정신화 기반 상담의 효과는 자살 행동, 자살 의도가 없는 자해 행동, 병원 입원, 투약 등의 감소로 나타났다. 더군다나 정신화 기반 집단상담은 총체적 기능(global functioning)뿐 아니라 우울과 사회 적응의 증상들을 개선시켰다. 정신화 기반 상담과 현장 관리 집단 프로그램의 차이점은 무엇인지 특히 언급할 만하다. 즉, 양 집단에 참여한 내담자들은 상당한 양의 상담을 받았으나 현장 관리 상담은 지지와 문제 해결에 초점을 두었고, 반면에 정신화 기반 상담은 정신화하기 능력을 향상시키는 데 초점을 두었다.

복합 외상 스트레스 장애들에 대한 상담방법들

이전의 두 개의 장에서 강조한 대로, 애착 외상에서 기인하는 문제들은 외상 후 스트레스 장애와 경계선 성격장애뿐 아니라 동시에 이외의 다른 증상들도 포함한다.[14] 자연스럽게 그러한 복합 문제들에 대한 상담효과를 알아본 연구는 증상이 협소한 장애들에 대한 상담효과를 알아본 연구보다 늦게 이루어진다. 그러나 이 복합 문제들을 다루기 위한 처치 방법이 필요하다는 것은 Herman(1992b)[15]의 선구적 업적에 의해 증명된 것처럼 오랜 시간 동안 명백하였다. Christine Courtois와 Julian Ford(2009)는 복합 외상 스트레스를 이해하고, 평가하고, 상담하기 위한 이후의 저작들을 종합하는 데 중요한 기여를 하였다.

현재 알려진 최고의 복합 외상 스트레스 상담방법은 처치가 개인에 맞게 개별화되어야 하고, 분명한 장애[16]에 대한 처치와 다르게 전인(whole person)에 초첨을 맞출 것을 요구한다. Courtois와 Ford의 접근 방법의 핵심 원리는 이 책에서 강조하는 애착의 맥락에서 정신화하기를 향상시키는 데 초점을 두는 원리와 일치한다. 즉, "상담자는 내담자가 정서적으로 타당화되고(validated), '지각되어(seen)' 이해되는 관계 조건들을 창조하고, 애착 외상과 그 이후의 피해와 전형적으로 관계된 비타당화 경험들에 대응하고, 정서 표현과 발달을 격려하는 것을 추구한다"(Coutiois et al., 2009, pp. 86-87). Herman(1992b)을 따라 Courtois와 동료들은 복합 외상을 다루기 위한 3단계 접근 방법을 주창한다. 단계 1은 안전(safety)과 안정(stabilization)에 초점을 둔다. 여기에는 외상에 대해 교육하고, 안전한 환경을 만들고(예: 계속되는 학대와 폭력에서 벗어나기), 극단의 정서 각성을 조절하는 것을 배우고, 자살 행동과 자살 의도가 없는 자해에서 안전을 유지하고, 지지를 받을 수 있는 관계를 개발하는 것을 포함한다. 단계 1은 단순히 준비 단계도 아니고 빠르게 완성되는 것도 아니다. 이 수행 과제들은 장기 상담의 중심 과제들이다. 단계 2는 외상 기억을 처리하고, 일관성 있는 외상 이야기를 만드는 것으로 구성된다. 그리하여 이 단계는 노출치료와 유사하다. 단계 3은 재통합을 추구한다. 즉, 신뢰로운 관계들, 친밀감, 건강한 성적 기능을 형성하고, 효과적인 양육 실제를 개발하고, 직업적 및 진로 관심사들을 추구하는, 요약해서 말하면 사랑과 일에서 번창하는 삶을 살며 앞으로 나아가게 하는 것으로 구성된다.

상담자들은 복합 스트레스 장애 상담이 외상 기억에 어느 정도로 초점을 맞춰야 할지 논쟁해 왔다. Herman(1992b)의 조심스러운 진술은 다음과 같다. 즉, "비록 가장 흔한 치료적 실수가 외상 자료를 회피하는 것이며, 두 번째 가장 흔한 실수는 안정감을 형성하고 상담동맹을 획득하는 과제에 충분히 주의를 기울이지 않고, 상담의 탐색 과정에 성급하게 뛰어드는 것이다."라고 하였다. 내가 해석했던 것처럼(Allen, 2001), 상담방법은 처리하기와 감정 견디기(processing and containment)[17] 사이의 균형을 요구한다. 감정 견디기의 두 가지 주요 기둥은, 1) 안정 애착 관계, 2) 개인의 정서조절 능력이다. 전자는 불편감에 처했을 때 안정감을 제공할 수 있는 타인에게 의지하는 것이고, 후자는 필요할 때 자력으로 불편감을 관리하는 것이다. 이 둘 사이의 균형점을 찾는 것이 외상 상담의 상담자와 내담자가 성취해야 할 주요 과제이다. Herman이 확인하였던 것처럼, 위험 요소는 1) 외상을 회피하는 것이고, 2) 외상에 지나치게 몰두하는 것이다. 올바른 균형이 무엇인지는 사람마다 다를 것이다. 그리고 특별한 개인에게 올바른 균형이란 상담의 한 시점과 다른 시점에서 같지 않을 것이다. 더군다나 우리는 감정 견디기의 목적이 외상 기억을 처리하는 것을 가능하게 하는 것이라 믿는 실수를 한다. 나는 반대로 주장한다. 즉, 외상 기억을 처리하는 것의 목적은 감정 견디기를 촉진하는 것이다. 즉, 안정 애착과 정서조절 능력을 촉진하는 것이다. 목적 그 자체로서 외상 기억들을 처리하는 데 초점을 맞추는 것은 역효과가 난다. 궁극적인 목적은 외상을 기억하는 것이 아니라 잘 살아가는 것이다.

내가 여기서 암시한 것처럼, 우리는 개인상담과 집단상담을 포함하는 복합 외상 스트레스를 다루는 풍부한 상담문헌이 있다는 점에서 복 받았다(Ford et al., 2009). 그러나 여러 가지 상담방법에 대한 연구의 지지는 아직 한정되어 있고, 우리를 안내할 제대로 된 상담지침은 부족하다. 더군다나 "기억 재구성에 대한 어떤 접근 방법도 복합 외상 스트레스 장애들을 갖고 있는 내담자들을 위해 분명하게 타당화되지 않았다."(Courtois & Ford, 2009, p. 95). 그러나 Christie Jackson과 동료들(2009)이 검토한 바에 따르면, 몇몇 잘 통제된 연구는 복합 외상 스트레스 장애들을 가진 내담자를 상담하기 위해 인지행동 기법들을 개작한 다면적인(multifaceted) 상담방법이 효과가 있다는 결과를 제시하였다는 점에서 고무적이다. 이 모든 상담방법들은, 1) 감정 견디기와, 2) 외상 기억을 처리하는 것에 대한 지지 사이에 균형을 유지한다.

부모-아동 개입들

이 장에서 나는 외상을 다루는 다양한 처치접근을 논의하고, 각 처치접근이 다양한 수준의 연구 결과에 의해 지지되고 있다고 언급하였다. 여러 가지 처치들이 성과가 있는 것으로 확인되었지만, 지지하는 성과의 수준과 지지하는 연구의 범위가 개선될 필요가 있다. 특히 장기 추수 연구의 수가 부족하다. 성과 연구에서 나타난 한계점들은 예방과 초기 개입이 필요하고, 무엇보다 초기 애착 관계에서 외상적 상호작용을 감소시키는 것이 필요하다고 제안한다. 여기서 우리가 고무될 많은 이유를 갖고 있는데, 특히 고무될 만한 이유는 정신화하기와 애착 안정감을 증진시키는 부모-유아, 부모-아동 개입이 효과가 있는 것으로 보이기 때문이다. 아래에서 구체적으로 살펴보기로 하자.

아기의 마음을 읽기(minding the baby)

Arietta Slade와 동료들은 유아와 아동의 정신 상태뿐 아니라 부모-아동 관계에 관련된 부모의 정신화하기 능력의 향상을 목표로 하는 상담방법을 개발하였다(Slade, 2006). 목표는 간단하다. 즉, "우리가 시도하는 것은 다양한 직접적 및 간접적 방식으로 부모들이 아동의 마음을 헤아릴 수 있게(to hold the child in mind) 돕는 것이다"(Slade, 2008b, p. 307). Slade는 부모들이 아동의 기본 정신 상태들(예: 감정들)에 대해 숙고하는 것을 돕는 것으로 시작한다. 그런 뒤 그녀는 부모들이 정신 상태들과 행동 사이의 관계를 이해할 수 있게 돕는다(예: 아동이 안달복달하는 것은 '못돼서' 그런 것이 아니라 오히려 '배가 고프거나 피곤해서' 그렇다는 것을 이해하기). 마지막으로, 그녀는 부모들이 부모-자녀 사이의 정신 상태들이 상호 영향을 미친다는 것을 이해할 수 있게 돕는다(예: 부모가 화를 내면 아이가 놀라는 방식, 부모의 화 때문에 두려움에 떠는 아이의 행동이 부모를 좌절시키는 방식). Slade의 접근 방법은, 1) 아동, 2) 아동-부모 관계를 정신화하는 데 주로 초점을 두고, 3) 부모의 과거 경험에서 문제의 기원을 찾는 방식의 정신화하기도 부차적으로 이루어진다(Slade, 2008b).

Slade와 동료들(Sadler et al., 2006; Slade et al., 2004)은 정신화 기반 양육 프로그램을 개발하였다. 이 프로그램의 이름은 아기의 마음을 읽기(Minding the baby)로 정해졌다. 이 프로그램은 고위험 상황에 있는 빈민가 부모와 유아를 위한 것이다. 이 프로그램에 참여하는 어머니들은 전형적으로 과거에 외상을 겪었을 뿐 아니라 많은 심리장애들을 갖고 있으며, 종종 그 장애들에는 물질남용도 포함이 된다. 엄마 자신들이 과거에 불안정 애착 경험을 했기 때문에 그들의 정신 상태뿐 아니라 자녀의 정신 상태를 정신화하는 데 문제를 갖고 있다. 프로그램의 실시는 임신에서 아이의 두 번째 생일까지 진행되며, 가정 방문 도우미가 여러 가지 실질적 도움을 제공한다(예: 부모에게 교육 자료와 다른 생활 필수 물품뿐 아니라 거주, 사회복지 서비스, 건강 보호 관련 도움들을 제공한다). 이 프로그램 전체에서 상담자는 정신화하기의 모델이 된다. 임신했을 때 제공되는 초기의 정신화 상담방법은 엄마가 임신과 출산에 대한 관심거리를 이야기할 수 있게 돕는 것을 목적으로 하며, 이는 성 학대 경험이나 출산의 두려움을 가진 어머니들에게 특별히 중요한 형태의 도움이다. 출산 후에 엄마는 유아의 정신 상태를 이해할 수 있게 도움을 받는다. 즉, "아기가 감정과 욕구를 갖고 있다는 사실을 이해하는 것이 엄마들이 성취해야 할 과제이다"(Sadler et al., 2006, p. 280, 강조는 원래대로임). 상담자는 또한 엄마-유아 상호작용을 녹화해서 엄마와 녹화 내용을 검토하며, 그 과정에서 관찰되는 아기의 상황에 대해 이야기를 나누고, 엄마가 자신의 감정 및 의도뿐 아니라 아기의 감정 및 의도를 성찰할 수 있게 격려하고, 문제가 되는 상호작용의 한가운데보다 한 걸음 물러서는 것이 더 편안하다는 것을 정신화할 수 있게 한다. 게다가 가정 방문 도우미는 엄마들이 아기들과 놀이를 하는 것을 도움으로써, 애착 안정감의 안전기지 쪽을 증진시킨다.

Slade(2008a)는 부모의 정신화하기에 관한 예들을 다음과 같이 말하였다.

> 성찰하는(reflective), 혹은 의도를 품는(intentional) 자세의 발달은 행동이란 겉으로 드러나지 않는 근본적인 정신 상태 혹은 의도의 함수(a function of underlying mental states or intentions)로 볼 수 있는 능력으로 나타난다. 우리는 **한 부모가 아동의 (혹은 부모 자신의) 내적 상태를 행동 혹은 다른 내적 상태에 연결시키는 능력을 보이면 그 부모를 성찰하는 자세를 습득한 것으로** 간주할 수 있다. "아이가 가게에서 발을 동동 구르며 성질을 부렸는데(행동) 왜냐하면 지치고 배가 고팠기 때문이었죠(신체적 상태). 그리고 내가 그 아이를 하루 종일 질질 끌고 다녀서 질렸던 것 같아요(정신 상태)." "아이는 내가 화를 냈더니 너무 놀라서 밤에 잠을 자지 못했어요." 아동상담을 하는 동안 부모상담이 잘 진행될 때, 우리는 행동에서 성찰적 자세로 이동하는 것을 보기 시작한다. 예를 들어, "학교가 끝난 뒤에 내가 아이를 차에 태우려 할 때 아이가 도망가는 것을 어떻게 제지할 수 있을까요?"라고 말하기보다 "오, 아마도 내가 그 아이를 많이 보고 싶었다는 사실을 아이는 모르기 때문에 학교에서 그를 들어 올려 안아 주려 할 때 도망간 것 같아요!"라고 말한다(p. 317, 강조는 원래대로).

1장(애착, 정신화하기 그리고 외상)에서 검토하였던 연구는 **아기의 마음을 읽기**(강조는 역자가 첨가함)가 취한 이론적 토대를 지지한다. 즉, 높은 수준의 정신화하기 능력을 보이는 부모의 아이들은 안정 애착을 형성한다. 부모의 정신화하기는 더 효율적인 양육 실제와 관련이 있다. 부모의 정신화하기 수준이 높을수록 아동의 정신화하기 능력이 더 높게 발달한다(Slade, 2006). 이와 상응되게 초기 성과 연구들은 아기의 마음 읽기 프로그램이 부모의 정신화하기 능력, 유아의 건강, 비조직화된 애착(disorganized attachment)을 벗어나 애착 안정감을 향상시킨다(Slader et al., 2006).

안정감의 순환

안정감 순환 프로젝트는 또한 부모의 유아 및 아동에 대한 세심한 반응(sensitiveness)을 향상시켜 애착 안정감을 증진하는 것을 목적으로 한다(Marvin et al., 2002: Zanetti et al., 2011). 부모들은 애착의 안식처와 안전기지가 무엇인지 교육받는다. 부모들은 아동들이 두 가지 사이를 순환한다는 아이디어를 교육받는다. 즉, 안전기지와 함께 아이들은 환경을 탐색하는 모험을 한다. 불편감이 느껴질 때 그들은 편안함을 제공받고 안정감을 회복하기 위해 안식처로 되돌아온다. 부모들은 아동을 관찰하고, 필요할 때 도움을 제공하고, 아동의 활동과 성공에서 즐거움과 기쁨을 느낌으로써 탐색을 지지하도록 코치받는다. 그들은 또한 아동이 보내오는 불편감 신호에 주의를 기울이고 조율과 위로 제공으로 반응하는 방법을 교육받는다. John Bowlby의 저작을 염두에 둔 양육의 공식은 다음과 같다. 즉, "항상 더 크고, 더 강하고, 더 현명하고, 더 친절해라. 가능할 때마다 아동의 욕구를 따라가라. 필요할 때마다, 책임을 져라"(Zanetti et al., 2011, p. 322, 강조는 원래대로).

개입 방법은 11개월에서 5세까지의 아이를 가진 6명의 참가자들(전형적으로 엄마들)을 위해 계획된 20주간의 집단 프로그램이다(Zanetti et al., 2011). 프로그램은 낯선 상황(the Strange Situation)에서 엄마와 아동의 상호작용을 촬영하는 것으로 시작하는데, 특히 재회 시의 장면에 주의를 기울인다. 그때 부모가 낯선 상황에서 아이와 가졌던 경험에 대해 질문받는 안정감 순환 면접(Circle of Security Interview)에서 보이는 반응뿐 아니라 아동기에 부모가 자신의 부모와 가졌던 관계에 대한 질문에 대해 보이는 반응 또한 촬영된다. 이 평가들은 안정감 순환에서 부모가 특별한 어려움(즉, 탐색을 지지하는 것의 어려움, 위로를 제공하는 것의 어려움)을 갖고 있는지를 알아보기 위해 사용된다. 상담자는 부모와 아동 사이의 핵심 갈등(linchpin struggle)을 찾는다. 즉, "1) 부모-아동 상호작용, 2) 부모 혹은 아동의 내적 작동모델 둘 모두에서 나타나는 중요한 방어 전략"(p. 327)을 찾는다. 이러한 갈등이 상담의 초점이 된다. 녹화된 상호작용들을 집단 프로그램에서 상영하고 검토한 뒤, 부모들은 관찰한 것을 성찰해 보고, 서로 지지하며, 서로에게서 배운다.

Marie와 3살 난 아들 Samuel에 대한 다음의 예는 핵심 갈등과 그것에 대한 상담방법을 보여 준다. Marie는 Samuel을 출산하고 산후 우울증으로 고통을 겪었다. 그녀는 Samuel의 여동생을 출산한 뒤에는 감당하기 어려운 불안을 경험하였다. Marie가 상담을 신청하였을 때 Samuel의 여동생은 생후 2개월이었다. Marie는 Samuel이 첫해에는 매달리고, 다루기 어려웠고, 엄마가 권위를 발휘하기 어려운 까다로운 아이라고 하였다. Marie는 해결되지 않은 상실의 문제들을 겪고 있었고, 그녀는 애착 및 보살핌이 비조직화되어 있다는 몇 가지 징후들을 보였다. 예를 들어, Samuel의 공격 행동을 두려워하고, 무력감을 느끼고, 분노를 통제하지 못하는 등의 징후들을 보였다. Marie는 위로받는 경험을 거의 하지 못했기 때문에, 그녀에게 위로하는 일은 편한 일이 아니다. 그녀는 위로 행동(예: 안아서 토닥이기)을 제공했지만, 위로가 되는 정서적인 조율(정신화하기)를 제공하지 못했다. 그 결과로 Marie는 Samuel이 그녀에게 의지하지 않게 가르치고 있었고, Samuel은 통제하는 행동 패턴을 발달시켰다. 아래는 낯선 상황 절차에서 Marie와 Samuel이 상호작용하는 것을 기술한 것이다.

> Samuel은 조숙해 보였다. 하지만 진정시키기 쉽지 않은 작은 꼬마였다. Marie가 방에 있을 때 어머니를 독차지하려는 Samuel의 노력에도 불구하고, 그가 두 번째로 분리되었을 때 완전히 제정신이 아니었다.[18] 핵심 순간(linchpin moment)은 Marie가 방으로 되돌아왔을 때 발생하였다. Samuel은 낯선 사람 옆에 서서 흐느끼며 울고 있었다. 그는 어머니가 방으로 되돌아와 그를 향해 팔을 죽 뻗어 내밀자 Marie에게 다가왔다. 그녀는 그를 들어 올려 의자로 데리고 갔다. 그녀는 위로하는 말을 하며 그를 토닥였고, 눈물을 닦아 주었다. 그러나 그녀의 얼굴에는 고통스러운 불확실성의 표정이 보였다. 그녀가 아이를 터치하는 방식은 정신이 없다는 느낌을 주었다. 결국 그녀의 위로는 그를 진정시키는 효과를 보지 못했다. 30초가 지나자 그녀는 Samuel을 바닥에 내려놓고 그가 장난감을 찾아 놀게 격려하였다. 이것은 아이가 안정감 순환[19]의 아래쪽(즉, 위로를 추구하기)을 필요로 한다는 신호를 직접적으로 제공하고 있을지라도, 그녀가 방어적으로 아이를 안정감 순환의 위쪽 절반 쪽으로(즉, 탐색하기) 도달하게 하려는 것이다. 그는 흐느껴 우는 것을 멈췄다. 그리고 아버지에게 가고 싶다고 말하고서는 일어서서 문 쪽으로 가 버렸다(Zanetti et al., 2011, p. 33).

이 사례는 비조직화된(disorganized) 애착 패턴이 적극적인 학대가 없는 상황에서도 출현할 수 있다는 것을 보여 준다는 점에서 교훈적이다. 실제로 상담자는 Samuel의 불편감에 대한 Marie의 반응이 매우 의도적이었으나 효과를 나타내지 못하는 방식을 강조하였다. 상담자는 집단에서 Marie와 다른 부모들과 함께 비디오상에 나타난 이 핵심 순간을 검토하는 시간에 Marie가 Samuel이 위로가 필요할 때 탐색을 격려했다는 것을 이해하게 도왔다. 이 논의 과정에서 Marie는 Samuel이 정서적으로 상처를 받았을 때, 그녀가 친절하게 반응했다는 것을 알게 되었다. 그녀는 다른 사람을 위로하는 최선의 전략은 '자신이 다른 사람과 함께하는 것 … 그들과 함께 거기에 있다는 것을 다른 사람이 알게 하는 것이면 족하다. 그렇게 시간을 보내는 것이 그 사람과 함께하는 것'임을 배웠다(p. 335, 강조는 원래대로). 집단이 끝날 즈음에 Marie는 Samuel과의 상호작용에서 더 많은 온정을 보였고, 그의 공격 행동은 줄어들었다. 낯선 상황 절차를 반복하였을 때, 두 번째 분리 뒤에 Marie는 "Samuel이 그녀를 뒤쫓아 오자 그를 안심시킬 수 있었고, 그를 방으로 데리고 와서 '괜찮아. 네가 그래서는 안 된다'고 엄마가 말하지 않을 거야."라고 말하였다(p. 338).

결론

만약 당신이 이 장에서 열거된 처치 방법들을 부지런히 노력하며 읽어 왔다면, 당신은 머리에서 현기증을 느낄 수 있다. 이 상황을 긍정적으로 해석하면 우리 상담학 분야에 처치 방법의 대풍이 든 것이다. 처치 방법 개발자들과 연구자들이 이뤄 낸 여러 가지 성공에서 자부심을 충분히 느낄 이유가 있지만, 우리는 박수 칠 입장에 서 있지 않다. 왜냐하면 모든 내담자들이 이 다양한 처치 방법으로 이득을 보는 것은 아니기 때문이다. 많은 내담자들이 조기 종결을 한다. 게다가 효과를 보는 내담자들의 증상들이 완전히 사라지는 것은 아니다. 그들은 여전히 삶에서 문제를 겪는다. 더군다나 우리가 다양한 처치 방법들을 선택할 수 있지만, 모든 선택 사항들이 폭넓게 사용될 수 있는 것은 아니다. 그리고 특히 시골 지역은 선택 사항들을 선택하는 데 제한이 있다.[20] 이 장 전체가 주장하는 것처럼 모든 종류의 처치 방법들에 대한 접근이 가능한 최고로 좋은 환경에서조차, 내담자들과 상담자들은 이 방법들 중 무엇을 선택해야 할지 안내하는 증거가 제대로 갖춰지지 않은 상태에서 선택해야 하는 어려운 문제에 직면하게 된다. 우리는 효과가 좋은 상담방법들을 갖고 있다. 그러나 이 상담방법들이 보이는 효과의 차이는 그렇게 크지 않다. 나는 나의 대학원 시절 선생님 중의 한 분이신 Julian Rotter가 1960년대에 우리는 어떤 종류의 내담자들이 어떤 종류의 상담방법에 가장 적합한지를 이해할 필요가 있다며 한탄하시던 것을 기억한다. 지금 40년이 더 지났는데 우리 분야는 여전히 무슨 상담방법이 누구에게 효과가 있는지를 결정하기 위한 연구에서 그 증거를 찾으려고 노력하고 있다(Roth & Fonagy, 2005).

어지러울 정도로 많지만 효과는 거의 대동소이한 상담방법들 중에서 선택해야 하는 문제를 다룰 방법을 다음 장에서 제시한다. 즉, 이 장에서 제시한 상담방법들이 왜 효과가 있는지를 설명하는 공통요인을 찾아 제시한다. 이 책이 애착에 초점을 두는 것과 일관되게 공통요인을 찾으면서 나는 상담관계를 강조한다. 이 장에서 보여 준 것처럼 실험연구를 실행한 상담방법들(예: 실험을 해서 특별한 상담방법의 성과를 통제 집단과 비교하는 것. 통제 집단의 예로는 대기자 집단 등이 있음)에 경의를 표할 만한 명칭인 '증거기반 상담'이라는 이름이 붙여졌다. 그러나 이 '증거기반'이라는 명칭은 어느 정도 임의적이다. 다음 장에서 검토하는 것처럼 많은 증거들은 상담관계가 이득이 많다는 것을 지지한다. 이 사실은 1장에서 검토했던 애착에 관한 연구들을 고려하면 놀라운 것이 아니다.

요점

- 외상 후 스트레스 장애에 효과가 있는 모든 상담방법들은 사실상—외적이든 내적이든—공포 자극(frightening stimuli)에 대한 통제된 노출을 포함한다. 집중 노출치료는 가장 잘 연구되고, 명백하게 가장 간단한 상담방법이며, 대개 12회기로 진행된다. 그러나 두려움과 불안이 감소되는 그 과정은 그리 간단하지 않다.
- 집중 노출치료 과정의 복잡성이 계속 강조될 필요가 있다. 즉, 노출치료 과정은 불안 인내도를 개선할 뿐 아니라 불안을 일으키는 자극에 대해 새로운 연합(association)을 생성한다. 노출치료 과정은 두려움을 넘어 여러 가지 정서들을 탐색하고 이해하는 것을 포함한다. 노출치료 과정은 외상 경험에 대한 일관성 있는 이야기를 구성하는 것을 촉진하며, 이는 안전한 관계의 맥락—애착 맥락—에서 발생한다.
- 애착 외상은 외상 후 스트레스 장애보다 친밀한 관계에서 정서를 조절할 수 있는 능력을 훨씬 더 크게 손상시킨다. 그래서 경계선 성격장애를 위해 개발된 상담방법들은 애착 외상을 다루는 데 중점을 둔다. 변증법적 행동치료가 가장 잘 연구되고 가장 널리 알려졌지만, 다른 상담방법들도 효과가 있다고 증명되었다. 이 모든 상담방법들은 장기 상담방법들이다. 이론적인 관점들이 서로 다르나 이 모든 상담방법들은 중요한 관계에서 정서를 조절하는 문제를 다룬다. 그리고 그렇게 하는 과정에서 관계에 내포된 정서들과 갈등들에 대한 알아차리기를 증진시킨다. 전이초점치료는 애착 안정감을 개선할 수 있다는 것을 보여 주었고, 정신화 기반 상담은 장기 추수 연구에서 가장 오래 지속되는 효과들을 보여 주었다.
- 경계선 성격장애의 진단이 다면적(multifaceted)일지라도, 애착 외상과 관계된 복합적인 문제들을 포착하지 못한다. 복합 외상 스트레스 장애들은 많은 영역의 진단을 충족하며 많은

문제들을 갖고 있다. 이로 인해 복합 상담방법이 개발되었는데, 전형적으로 각 단계에 맞는 상담방법들이 있다(안전을 획득하기, 외상을 처리하기, 기능과 삶의 질을 향상시키기). 이런 장기 상담방법들은 복합적이고 잘 정의될 수 없어서 연구를 하기가 쉽지 않다. 그럼에도 연구가 진행되고 있고 우리는 고무될 만한 이유를 갖고 있다.

◆개인상담은 대부분의 심리장애들을 위한 심리사회적 상담방법의 대들보였고, 외상뿐 아니라 다른 심리건강 문제와 관련해 가장 많이 연구되었다. 충분한 연구들은 외상을 위한 집단상담의 가치를 지지한다. 그러나 누가 집단에서 이득을 볼 수 있는지를 결정하거나, 누구에게 어떤 구체적인 유형의 집단이 도움이 되는지를 권고하기 위해 참조할 수 있는 연구기반 지침이 거의 없다. 정신화하기와 안정 애착이 가장 문제가 되는 관계[21]에서 직접적으로 정신화하기와 안정 애착을 증진시키는 노력을 할 때 얻을 수 있는 상담의 이득이 제일 컸다는 것을 고려하면, 외상을 위한 커플 및 가족상담에 대한 연구가 상대적으로 부족한 것이 매우 염려된다.

◆적어도 지난 반세기 동안 분명해진 것은 심리건강 문제들은 예방을 통해 대처하는 것이 가장 좋다는 것이다. 이와 관련하여 애착연구들은 매우 고무적인 결과들을 제시하고 있는데, 즉 안정감을 촉진하는 부모-아동 상호작용을 증진시키는 초기 개입의 유망성을 보여 주었다. 이 개입 방법들 중의 일부는 임신하자마자 시작하는데, 정신화하기에 분명한 초점을 둔다. 실제로 실험을 통한 연구 결과는 애착 관계에서 정신화하기를 하는 것의 잠재적 이득들을 보여 주었는데, 이는 공통요인상담의 취지를 정당화한다.

5장

공통요인상담

나의 첫 상담 경험은 내가 전문가로 성장하는 데 중요한 영향을 끼쳤다. 당시 나는 심리학과 4학년 2학기 과정을 이수하고 있었고, 대학원 임상심리 전공 진학을 준비하고 있었다. 그리고 나는 대학원 임상심리 전공의 졸업 요건 과목에 해당되는 몇 개의 과목을 사전 이수했었다. 어느 날 지도교수가 나에게 상담센터에서 내담자를 상담하라는 제안을 했다. 오늘날에는 거의 일어날 수 없는 일이지만 40년 전에는 놀랄 일이 아니었다. 이런 제안은 내가 대중 연설 공포와 같은 아주 구체적인 문제가 있는 내담자를 위해 매우 구조화되고 연구가 많이 이루어진 상담방법인 체계적 둔감화가 필요할 때만 실행되었다. 지도교수는 여러 집단을 대상으로 강연하는 일이 그의 직무였다. 그래서 그는 도움을 필요로 했다. 둔감화의 시행 절차는 간단하다. 상담자는 내담자에게 이완기법을 가르친다. 이완이 되면 내담자는 상상을 사용하여 점진적으로 공포 장면에 노출되게 안내받는다(예: 몇 명의 절친한 친구들 앞에서 말하는 것에서 시작해서 더 많은 수의 비평 전문가들로 구성된 청중 앞에서 공식적인 연설을 끝까지 하는 장면까지). 내담자는 불안유발 상황을 상상하는 동안 이완 상태를 유지하는 것을 배운다. 모든 것이 상상으로 이루어져도 이 경험의 효과는 실제 상황에 일반화된다. 마찬가지로 외상 후 스트레스 장애의 경우에도 상상 노출이 사용된다.

나의 초보 상담은 처음에는 그럭저럭 잘 되어 나갔다. 나는 한 내담자에게 이완 기법[1]을 가르쳤다. 그 내담자는 불안위계에 작성된 두려운 상황들의 높은 위계들을 성공적으로 상상하면서 이완 상태를 유지하였다. 그러나 서서히 곤란한 일이 일어났다. 상담회기가 시작되면 그는 나와 자신의 문제들에 대해 이야기하기를 바랐다. 게다가 상담 과정이 계속 진행되면서 그는 이야기를 많이 하고 둔감화 과정은 적게 하기를 바랐다. 신이여! 그가 바라는 것은 상담이었다. 나는 상담을 할 정도의 훈련을 받지 못했다. 지도교수의 지도를 받으며 나는 그 내담자를 적절하게 도울 수 있었다. 운 좋게도, 그가 느끼는 공포와 별개로 그의 심리 상태는 건강하였다. 그 이후로 한참 동안 나는 상담에도 구조화된 절차가 있을 것이란 환상을 품고 일했다. 나 자신이 단지 그것을 모르고 있을 뿐이므로 배울 수 있다는 희망을 가졌다. 나는 대학원에 진학하고 박사학위를 받았다. 나는 강단에 섰다. 나는 상담을 계속하였고, 상담사례 지도를 받았고, 대학원생들의 상담사례를 지도하기도 했다. 나는 충분하다고 느끼지 못했다. 나는 박사 후 훈련을 받았다. 박사 후 과정을 이수한 뒤에 나는 5년간 더 내 상담사례에 대한 지도를 받았다. 나는 구조화된 절차를 적용한 상담을 하겠다는 목표를 결코 성취할 수 없었다. 지금 나는 그런 의문이 전적으로 어리석은 행동임을 깨달았다. 오늘날의 기준에 따르면, 나는 깨닫지 못한 상태에서 증거기반 상담방법을 실행하는 것을 첫 상담 직무로 삼았던 것이다. 40년의 경력을 쌓은 지금 나는 당시 그 내담자가 나와 단순히 대화하기를 바랄 때 내가 고통을 느낀 이유들을 충분히 깨달았다. 나는 결코 매뉴얼을 찾지 못했고 이제는 매뉴얼을 찾는 것을 멈추었다.

증거기반 상담의 한계

이전의 장들에서 언급하지 않았으나 최근에 상담학 분야에서 상당히 많은 증거기반 처치들이 쏟아져 나오고 있다. 그런데 이런 현상은 중요한 문제를 하나 일으켰다. 어떤 상담자도 모든 증거기반 처치를 익힐 수 없다는 것이다. 수십 년 전에 이미 250개 이상의 상담방법이 유행하였다(Herink, 1980). 상담연구자들은 이 많은 방법 중에서 왕겨와 쌀을 분리하듯 무선 통제 실험연구를 적용하여 경험적으로 지지되는 방법을 추려 내고자 하였다. 지난 장에서 그 성과를 검토했었다. 그러나 그 노력의 결과는 미미하였다. 왜냐하면 경험적으로 지지된 상담방법(ESTs)이 계속 증식하고 있기 때문이다. 10여 년

전을 고려하면 145개의 ESTs가 확인되었다(Chambless & Ollendick, 2001). 우리는 ESTs을 사용해서 많은 종류의 내담자를 돕고자 하는 상담자들이 사면초가에 놓여 역경을 겪고 있다는 것을 상상할 수 있다. "만약 유사한 상담방법을 변용한 여러 가지 상담 매뉴얼 사이에 동등한 기능이 없다면, 상담 실제에서 ESTs를 사용하기를 바라는 상담자는 150개 이상의 특별한 매뉴얼로 제작된 상담방법을 배워야 하는 벅찬 문제에 직면하게 된다"(Malik et al., 2003, p. 151).

10여 년 전만 해도 내가 이끌던 외상-교육 집단에 참가한 회의적 성향을 지닌 한 내담자는 우리의 모든 상담방법에 의문을 제기하였다. 집단이 끝나 갈 때 그녀는 나에게 와서 조용하게 편지 하나를 건넸다. 그 편지에는 Anton Chekhov의 '벚꽃 동산'에서 뽑은 다음의 내용이 적혀 있었다. "만약 한 질병에 많은 치료방법이 처방되면, 당신은 그 질병이 치료될 수 없다는 것을 확신할 수 있다." 나는 이것이 벚꽃 동산의 원문이란 것을 알았고, 한 번역서에서 다음의 문장을 읽었다.

> 당신이 알다시피, 사람들이 어떤 질병 혹은 다른 질병에 모든 종류의 치료법을 제안할 때 그 질병은 치료가 불가능하다는 것을 의미한다. 나는 계속 생각하고, 나의 뇌를 괴롭혀서, 많은 해결책, 많은 치료법을 찾아냈다. 그리고 근본적으로 그런 치료법은 아무 의미도 없다(Chekhov, 1904/1998, pp. 25-26).

명백하게 우리가 완전한 효과를 발휘하는 상담방법을 갖고 있다면, 우리는 모든 다른 대안을 계속 개발하기보다 효과 좋은 상담방법을 사용할 것이다. 우리는 정직해지는 게 더 낫다. 다시 말해, 우리는 도울 수 있지, 치료할 수 없다.[2)]

증거기반 상담은 상대적으로 순수한 형태의 특별한 장애들[3)]을 가진 내담자를 대하는 학문 영역에서 번창하고 있다. 그러나 상담 실제에서 진실로 순수한 형태의 특별한 장애는 거의 찾아보기 어렵다. 그러나 나를 포함한 대부분의 상담자는 경험과 전문성의 범위가 폭넓지 않은데, 아주 여러 개의 장애를 가진 내담자를 상담한다. 학문적 영역에 있는 전문가들과 대조되게 상담현장에 종사하는 상담자의 대부분은 전문 의학 영역의 전문의가 아닌 일반의학(general medicine) 영역에 종사하는 일반의에 비유할 수 있다. 우리의 동료인 Jeremy Holmes는 우리들을 다음과 같이 잘 표현하였다. "나는 나의 상담 실제를 공공 영역과 민간 영역(public and private sectors) 둘 모두로 정의한다. 다시 말해, '일반 상담'은 의학 분야의 '일반 실제(general practice)'에 유사하다. 즉, 이는 개방적 접근으로 매우 전문화되지 않아 누구나 할 수 있는 형태의 일이다."(Holmes, 2010, p. xiv).[4]

공통요인상담[5]에 대한 방어로 나는 Peter Fonagy와 동료인 Anthony Roth가 증거기반 상담에 대한 폭넓은 연구들을 검토한 후에 내린 역설을 즐겨 인용한다. "비록 상담 실제가 증거에 근거해야 한다는 요청이 증가하고 있어도 우리는 이 과정의 이득을 보여 주는 체계적 증거를 알지 못한다"(Roth & Fonagy, 2005, p. 502). 증거기반 상담을 연구하는 데 상당한 노력을 들인 Roth와 Fonagy는 증거의 가치를 무시하지 않는다. 오히려 그들은 상담 실제에서 판단을 내릴 때 증거의 한계를 넘어설 필요성을 강조한다. 그들은 증거기반 절차들을 수행하는 과정에서 예술적 측면을 강조하는데, 특히 복합적이고 심각한(complex and severe) 정신병리의 맥락에서는 더욱 그렇다고 본다. 지금 나는 증거를 제시하라는 요구에 반대하는 게 아니다. 나는 우리의 상담 실제를 정당화하는 데 필요한 증거를 폭넓은 관점에서 알아보고자 하는 것이다.

내가 폭넓은 관점에서 상담의 효과를 보여 주는 증거를 제시하려는 것처럼, 상담 분야에서 나의 관점과 유사한 두 가지 사고의 흐름이 발달하기 시작했다. 이전의 장들에서 예를 들었던 것처럼, 첫째 흐름은 장애 특이적인 증거기반 상담의 발달이다. 나는 이전의 장들에서 이루어졌던 증거 검토가 이런 흐름에 대한 존중으로 인식되고, 일반 상담자들이 증거기반 상담에서 배워야 할 것을 조금이라도 알려 주었기를 희망한다. 더군다나 내담자들이 이 장애 특이적인 상담방법을 필요로 할 때, 일반 상담자들은 그들을 전문 상담자들에게 의뢰하는 게 좋다. 그러나 나의 문헌 검토가 또한 보여 준 것처럼, 우리가 외상 후 스트레스 장애에서 경계선 성격장애, 복합 외상 후 스트레스 장애와 같은 복합장애로 나아갈 때, 장애와 처치의 수준 간에 요구되는 특이성 원리(the specificity)는 반드시 감소한다.

둘째, 상담연구의 또 다른 동향은 여러 가지 상담이론들 간에 공통되는 요소에 초점을 맞추었다. 이 접근 또한 취약한 측면을 갖고 있다. 반세기 전에 Jerome Frank는 대담한 주장을 하였다. 그는 "전부는 아니어도, 대부분의 경우에 여러 형태의 상담의 효과는 각 상담이론을 서로 구별하는 특징이 아닌 공통된 특징 때문에 발생한다."라고 하였다(Frank, 1961, p. 104). 이 주장은 수십 년간의 연구로 지지되었고, 이 장에서 내가 강조하는 내담자-상담자 관계 연구로 지지되었다. 특히 우리가 이런 연구들을 할 수 있었던 것은 운이 좋은 것인데, 왜냐하면 상담 분야의 두 가지 사고 흐름이 연구자와 현장의 상담자를 조화하기 어렵게 만들므로 이런 연구를 수행하기 쉽지 않기 때문이다.

John Norcross와 Michael Lambert(2011)는 상담연구들을 체계적으로 검토한 뒤 다음과 같이 말했다. "상담이론들 사이의 대립이 상담관계에 반하는 처치 방법이 대두되게 만들었다. 처치 방법이 장애에서 회복되게 만드는가? 혹은 상담관계가 사람을 치유하는가?"(p. 3). 이런 대조를 이야기한 삭막한 진술은 다음과 같다. "대부분의 상담지침서와 증거기반 실제 편찬물은 DSM의 장애를 처치하기 위한 상담 절차를 수행하고 있는 현실성 부족한 상담자를 묘사하고 있다. 이것은 상담을 매우 대인 관계적이고 심도 깊은 정서의 경험으로 보는 상담자의 경험과 현저하게 대조를 이룬다"(P. 7).

나는 상담자들이 상담에 관련된 정보를 제공하는 상담 서비스 제공자가 되고, 마찬가지로 내담자들은 상담에 관련된 정보를 잘 알고 상담 서비스를 추구하는 소비자가 되는 게 좋다는 신념에 근거하여 이 책을 집필하였다. 더군다나 제공자는 소비자에게 정보를 제공할 책임이 있다. 정신건강 서비스 실제에 영향을 미치는 사회의 여러 압력으로 상담자들은 증거기반 상담방법들이 공유하는 공통요인들 이외의 여러 가지 정보를 제공해야 한다. 나는 내담자가 인지행동치료 또는 변증법적 행동치료를 들어 본 적이 있으나 두 방법의 효과가 유사하고 혹은 이 두 방법이 공통점이 있다는 것을 알지 못할 경우에 더더욱 여러 가지 정보를 제공하는 게 낫다고 생각한다.

공통요인상담: 정의

공통요인상담은 쉽게 정의되지 않고, 매뉴얼을 갖고 있지 않다. 이런 상황은 학부생 시절 첫 상담에서 나와 대화하기를 바라던 내담자에게 체계적 둔감화 절차를 계속 시행했던 당시에 내가 느꼈던 어쩔 줄 모르는 그 느낌을 다시 갖게 만든다. 나는 두문자어[6]로 불리며 협소하게 정의된 상담방법의 폭증에 항변하기 위해 공통요인상담을 제안하였다. 그러나 이런 제안은 공통요인상담이 다른 상담방법과 반대 방향으로 나아간다는 것을 뜻하지 않는다. 구조화되지 않은 공통요인상담은 사실 특이성이 부족하며, 그것의 구체적인 상담 실제는 상담자의 개성에서 드러나게 된다. 나는 참상담자의 특징은 이해하고 이해받는 것의 순수한 가치를 믿는 것이라 생각한다. 이런 믿음 혹은 신념은 쉽게 성취되지 않는다. 나는 문제해결이 가진 명백한 가치를 논박하지 않는다. 그러나 문제를 명료하게 하는 것이 먼저이다. 그리고 상담의 주요 목표는 구체적 문제들을 해결하는 것이 아니라 내담자가 더 나은 문제해결자가 되게 돕는 것이다. 애착 관계에서 정신화하기 능력이 개선되는 시작점은 이해하고 이해받는 것에서 출발한다. 정신화하기 능력은 이해하고 이해받는 것이 반복되는 과정에서 발생한다.

나는 공통요인상담이란 용어를 사용해서 의도적으로 도발하고 있다. 나는 **대화상담**(talk therapy)이라는 용어를 좋아한다. 비록 내가 학부생으로 우연히 상담을 해야 하는 상황에 처했던 때보다 지금은 구조가 분명하지 않은 상담을 하는 것을 훨씬 더 편안하게 느끼지만, 나는 내가 하고 있는 것을 알고자 하는 욕구를 결코 포기하지 않았다.

나는 상담의 초점을 찾으려는 나의 노력에 저항했던 한 내담자와 흥미로운 상호작용을 한 적이 있다. 그녀는 자신이 말하고 싶었던 것을 말하면서 '분통'을 터뜨렸다. 그런 뒤 그녀는 나의 질문을 심문에 가까운 것으로 경험하였다. 형세를 역전시키려는 노력으로 그녀는 나에게 질문을 해도 되냐고 물었다. 이 역할 전도가 어떻게 되는지 알아보기 위한 의지로 나는 그 요청에 동의하였다. 그녀는 나의 학력을 물었고, 도전적인 질문—대학원에서 정서적으로 나에게 가장 어려웠던 것은 무엇인가?—을 하였다. 즉각 대답이 떠올랐다. 나는 상담하는 것을 배우는 것이 가장 어려웠는데, 왜냐하면 상담을 위한 분명한 절차가 없었기 때문이라고 답하였다. 그녀는 나의 대답에 기뻐하며 "나는 당신이 구조화를 위한 필요성을 포기하지 않았다는 것을 알고 있어요."라고 외쳤다.[7] 그녀는 나의 상담 취향을 상기시킨 후에, 자신의 발달 과정에 대한 이야기를 진행하는 데 훨씬 더 개방적이 되었다.

나는 공통요인상담을 실행하고 다른 상담자도 동참할 것을 격려하기 위한 목표로 이 장의 나머지 부분에서 공통요인상담의 정의를 내릴 것이다. 예비 안내의 차원으로, 나는 모든 상담접근의 상담자는 자신이 하고 있는 것에 무슨 생각을 하는지와 관계없이 정신화하기를 이미 사용하고 있고[8], 자신의 내담자를 정신화하기 과정에 참여시키고 있는 한편, 안정 애착의 특징인 안전한 관계를 제공하는 노력을 하고 있다고 제안한다. 더군다나 상담이 개인이 자신과 관계하는 방식을 포함해서[9] 친밀한 관계 속에서 문제들을 다루는 경우에 상담 과정의 내용은 애착과 관계가 있다.

결국 나 자신의 공통요인상담 방식을 설명하면서, 나는 효과 있는 모든 상담에 왜 공통요인상담이 내재되어 있다고 믿는지를 설명할 것이다. 나는 상담자들이 직관적으로 애착 관계에 주의를 기울이고 안전한 상담관계를 제공하고자 노력한다고 생각한다. 더군다나 상담자들은 자연스럽게 정신화하기를 사용하고 있으며 정신화 기반 상담이 출현하기 오래전부터 내담자가 정신화하기를 사용할 수 있게 도왔다.[10] 그러나 도움이 되려면 명료한 것이 좋다. 다시 말해, 내가 하고 있는 것을 내가 알 때 나는 그것을 더 잘할 수 있다. 이런 이유로 나는 애착과 정신화하기에 관련된 이론과 연구를 검토할 필요가 있다. 나는 또한 내담자들에게 애착과 정신화하기를 교육하는 것이 적절하게 도움이 된다고 생각한다.

가장 큰 문제가 되는 혼란의 원천은 공통요인상담과 MBT를 구별하는 데 미묘한 어려움이 있다는 것이다.[11] 이 혼란은 대개 MBT가 경계선 성격장애를 위한 증거기반 상담으로 개발되었으나, 우리가 또한 정신화하기가 더욱 일반적으로 모든 종류의 상담에 공통된 요소이며, 더군다나 우리는 정신화하기가 더 넓은 심리장애에 적용될 수 있다고 제안하였다는 사실에서 발생한다(Allen et al., 2008; Bateman and Fonagy, 2012a). 내가 그것을 구상할 때, 공통요인상담은 모든 범위의 심리장애에서 발생하는 애착 관계 문제에 특별히 초점을 맞춘 MBT 일반적인 버전이었다. 수십 년 동안 메닝거 상담센터에서 상담을 실행하고, 상담방법을 내담자들에게 교육한 일이 내가 MBT를 공통요인상담으로 일반화하게 만드는 자극을 제공하였다. 즉, 나는 다양한 상담이론을 절충하여 사용하는 시대 환경에서, 1) 개념의 일관성을 유지하고, 2) 복잡하고, 어쩌면 당황스러운 이 시대 환경에서 내담자가 상담방법의 정수를 이해할 수 있게 돕고 싶은 욕구를 느꼈다(Allen et al., 2012; Groat & Allen, 2011). 물론 이 작은 메닝거 상담센터에서 일어난 현상은 더 넓은 상담현장의 실제에서 일어나고 있는 일들을 반영한다고 나는 믿는다. 그리고 나는 더 넓은 상담현장의 실제에서 개념의 일관성이 부족하다고 생각한다.[12]

내가 제시하는 공통요인상담에 또 다른 혼란의 원천이 있다. 다시 말해, 나는 공통요인상담을 애착 외상을 치유하기 위한 방법으로 제안하는 한편, 일반적 상담을 수행하기 위한 좋은 방법이라고 말하고 있다. 외상이 정서적 고통 속에서 지속적으로 혼자라고 느끼는 것에서 기인한다고 보는 나의 폭넓은 관점을 고려하면, 나는 공통요인상담이 폭넓은 적용 가능성을 갖고 있다고 믿는다. 그러나 나는 또한 이 지점에서 내 관점에 편견이 있다는 것을 인정한다. 왜냐하면 나는 심각하고 고질적인 문제로 어려움을 겪고 있는 입원 환자들을 주로 상담하였기 때문이다. 이 입원 환자 집단은 애착 외상을 보이는 정도가 매우 다양하다.

내가 설명하는 것처럼 공통요인상담은 적절한 정도의 구조화만 제공한다. 정신화하기와 애착에 초점을 맞추는 것과 더불어, 나는 상담에서 나와 내담자가 함께 다루고자 하는 문제에 대한 공식적인 개념화(written formulation)를 내담자와 협력해서 개발하기를 바란다. 이 과정에 약간의 구조화가 제공되는데, 이 과정에서 앞서 말한 바와 같이 나에게 질문을 했던 그 내담자는 확고부동하게 저항했다. 그리고 나는 이렇게 적절하게 구조화된 접근이 많은 내담자와 유연하게 창의적으로 상담하기를 바라는 우리 같은 일반 상담자에게 그리고 정신역동 상담에서 대인 관계 상담, 인본주의 상담, 인지행동 상담에 이르기까지 여러 다른 상담이론에서 가치를 찾는 일반 상담자에게 도움이 된다고 생각한다.

상담이론 간의 대립에 휘말린 사람들은 그들과 반대되는 이론가를 편견으로 오해하기 마련이다. 나도 예외는 아니다. 나는 Patrick Luyten과 동료들(2008)에 합세하여 인간중심 발달 접근 상담이 많은 전문화된 증거기반 상담방법의 특징을 보여 주는 장애중심 접근과 대조된다고 주장하였다. 그러나 우리는 여러 가지 차이들을 엄격한 이분법으로 구별해서는 안 된다. 매뉴얼 상담방법을 실행하는 행동주의부터 정신역동 상담자에 이르기까지 다양한 집단의 상담자에게 "당신들 중 얼마나 많은 분들이 심리장애보다 인간 그 자체에 초점을 맞춘다고 생각하십니까?"라는 질문을 하고 있다고 상상해 보라. 나는 모든 사람이 인간 그 자체에 초점을 맞춘다고 답할 것으로 생각한다. 그래서 장애 특이적인 상담방법을 실행하는 상담자가 인간중심적으로 상담하지 않는다고 시사하는 것은 명백한 침해이다. 또한 일반 상담자가 증거기반 상담을 무시하는 것으로 간주되면 안 된다. 오히려 일반 상담자 또한 증거기반 상담 측에 입지를 다지고 있다. 그러나 이런 입지를 굳히기 위해 우리는 현 상태에 만족할 것이 아니라 계속해서 최신 이론 및 연구에 근거해 상담 실제를 다듬어 나가야 한다. 더군다나 나는 전문화된 상담방법이 국한된 문제와 장애에 효과가 탁월하다는 것을 의심하지 않는다. 물론 우리는 노출 및 반응 예방 방법으로 효과를 볼 수 있는 강박증 내담자를 공통요인상담으로 상담하지 않는 게 좋다. 우리는 항상 장애 특이적인 접근을 하는 전문 상담자와 함께 일반 상담자를 필요로 하며, 서로 적수가 아닌 협력자로 관계하는 게 좋다. 게다가 상담이론 사이의 공통점과, 특히 내담자-상담자 관계의 중요성을 고려하면 나는 장애 특이적인 전문 상담자가 공통요인상담을 수행하는 데 능숙해야 한다고 생각한다. 왜냐하면 장애 특이적인 전문 상담자가 사용하는 지시적 방법은 반드시 공통요인상담이라는 기초 위에 더 잘 실행되기 때문이다. 나는 상담자로서 첫 번째 경험한 내담자와 상담하는 동안 이 교훈을 학습하였다. 이런 관점에서 〈표 5-1〉은 공통요인상담을 부활시키기 위한 나의 입장을 요약하고 있다.

지금까지 제시한 사전 안내와 함께 이 장의 나머지 부분은 내가 공통요인상담(plain old therapy)의 근본으로 생각하는 것을 더 자세하게 설명할 것이다. 첫째, 나는 상담방법들을 서로 구별하는 방식보다[13] 상담방법들 간에 공통되는 것에서 내담자들이

〈표 5-1〉 우리가 공통요인상담을 필요로 하는 이유

- 많은 상담자는 여러 가지 문제와 장애를 갖고 있는 내담자를 상담하는 일반 상담자이다.
- 상담자는 너무 많은 종류의 전문화된 상담방법을 숙달할 수 없다.
- 많은 내담자는 협소하게 정의되는 문제 혹은 단일 장애로 상담을 받고자 하는 것이 아니라 오히려 여러 가지 문제와 장애들이 복합된 상태에서 상담을 신청한다.
- 상담자들은 다양한 상담방법의 효율성에 공통되는 요인들, 특히 내담자-상담자 관계에 적절한 자질들에 공통되는 요인들을 활용하는 것을 배워야 한다.
- 장애 특이적인 상담 절차들은 공통요인상담을 능숙하게 활용하는 바탕 위에 부가적으로 사용되어야 한다.

더 많은 효과를 본다는 Frank의 정곡을 찌르는 관찰에 고무되어 중요한 공통요인들(common factors)을 살핀 연구들을 검토한다. 둘째, 나는 공통요인상담의 필수 요소로 생각되는 것, 다시 말해 애착과 정신화하기를 향상시키는 것에 대해 설명한다. 나는 우리가 아직까지 상담이 어떻게 해서 효과가 있는지 잘 알지 못한다는 사실을 인정하는 것으로 결론을 내린다. 나는 애착과 정신화하기에 관한 연구에서 계속 획득되는 지식으로 공통요인상담을 정제하는 것이 우리 일반 상담자들이 점진적으로 더 효율적인 상담 실제를 행할 수 있게 만들 것으로 믿는다.

상담 성과에 기여하는 요인들

Larry Beutler와 Louis Castonguay(2006)는 수십 년간의 상담연구를 검토하고 기념비적인 내용을 다음과 같이 소개하였다. "다른 상담방법보다 더 효과가 좋은 상담방법을 찾는 것은 어려우며, 모든 상담방법은 아무것도 하지 않는 것보다 효과가 있다"(p. 5). 이 언급은 두 가지 연구 풍조를 확립하였고, 이는 두 세력으로 대표된다. 하나는 경험적으로 지지되는 상담방법을 찾는 데 초점을 맞추었고, 다른 하나는 관계 요인에 초점을 맞추었다. 두 세력 간에 계속되는 교착 상태는 Beutler와 Castonguay가 두 세력의 결과들을 통합하려는 열정으로 충만한 세 번째의 태스크 포스를 꾸리게 만들었다.

나는 4장에서 상담방법들을 검토하였고, 이 장에서는 관계 요인을 강조한다. 먼저, 나는 상담 성과에 영향을 미치는 내담자와 상담자의 특징을 기술한다. 그런 뒤 나는 상담 성과에 일관성 있게 관련된 두 가지 관계 영역을 기술한다. 다시 말해, 1) 상담자가 내담자와 관계하는 방식, 2) 상담동맹을 기술한다. 개략적 안내를 위해 나는 상담 성과의 중요 요인들을 〈표 5-2〉에 열거하였다. 이 절은 주로 Beutler와 Castonguay(2006)의 공헌에 의지하고 있다. 그들의 공헌은 최근에 또 다른 태스크 포스가 내놓은 관계 요인에 대한 연구(Norcross, 2001)에 의해 지지되었다.

〈표 5-2〉 상담 성과에 기여하는 잠재적 요인들

- 내담자의 특징들: 가장 분명하게, 장애의 심각성
- 상담자의 특징들: 예를 들어, 전문 지식과 유연성(flexibility)
- 상담자가 내담자와 관계하는 방식: 공감, 긍정적 존중, 진실성 등
- 상담동맹: 신뢰하는 관계, 협력하는 작업, 파열(rupture)[14]을 회복할 수 있는 능력
- 상담방법들과 절차들
- 상담 이외의 요인들: 예를 들면, 사회적 지지, 스트레스, 삶의 사건들, 자신의 계획에 의한(self-guided) 변화

내담자의 특징들

우리는 오랫동안 상담 성과를 결정하는 주요 요인은 내담자 장애의 심각성이라고 진실로 믿어 왔다(Norcross & Lambert, 2011). 내가 말하는 심각성이란 증상과 기능 손상의 심각성, 문제의 지속 기간, 불편감의 수준, 문제의 복합성(multiplicity, 예: DSM의 용어로 말하면 동시에 나타나는 서로 다른 장애들의 수)을 뜻한다. 예를 들어, 물질남용과 성격장애는 불안과 우울 상담을 복잡하게 만든다. 더욱 상담을 복잡하게 만드는 것은 환경에서 발생하는 스트레스이며 여기에는 재정, 직업 문제, 가난한 생활, 사회적 지지의 결여 등이 포함된다.

여기서 우리는 모순 상황에 직면한다. 나는, 1) 상담관계가 모든 상담에서 내담자를 치유하는 주요 통로라고 주장한다. 그러나 내가 말했던 것처럼, 2) 애착 외상은 내담자가 불신과 고립(alienation) 같은 문제들을 겪게 하며, 이런 문제들은 상담관계에서 이익을 얻는 것을 어렵게 만든다. 1)과 2)의 모순(catch-22) 상황이 외상 내담자들로 하여금 상담자를 신뢰하기 어렵게 만들고, 상담에서 이익을 얻는 것이 쉽지 않다는 것을 알아차리게 만들면 그들의 사기는 저하될 것이다. 염두에 두어야 할 중요한 점은 대다수의 성과 연구가 연구하기 쉬운 단기 상담방법으로 수행되었다는 것이다. 이 모든 연구들은 더욱 심각한 장애가 있는 내담자에게 장기 상담처치가 상대적으로 더 큰 이익을 발

생시키고, 효율성이 있다고 제안하고 있다.

상담자의 특징들

상담 성과에서 상담자 간의 차이가 상담방법 간의 차이보다 더 중요하다는 증거가 있어도, 우리는 전자보다 후자를 더 많이 연구하는 경향이 있다(Roth & Fonagy, 2005). 그리하여 상담 성과를 예측하는 상담자 특징을 알아본 연구가 많지 않다(Castonguay & Beutler, 2006). 성(gender)은 상당한 관심을 받았다. 일부 연구가 여성 상담자가 약간 더 장점이 있다는 결과를 제시하였어도, 여성 상담자가 남성 상담자보다 더 효율적인지, 여성 내담자가 남성보다 더 많은 이득을 보는지, 내담자와 상담자 간의 성이 일치하는 것이 더 이득이 되는지 결론을 내릴 수 있을 만큼 연구들 간에 합의가 이루어진 것은 없다. 물론 내담자의 상담자에 대한 선호가 매우 중요하며 존중되어야 한다. 예를 들어, 남성에게 성적 학대를 당한 여성은 남성보다 여성과 상담을 하는 것을 더 편안해한다.

놀랍게도 상담자의 많은 상담 경험, 구체적 장애들을 상담해 본 경험이 더 나은 상담 성과와 관계가 있다는 증거가 거의 없다. Roth와 Fonagy(2005)는 경험이 전문 지식과 상담능력보다 덜 중요하다고 결론을 내린 바 있다. 전문 지식의 중요한 측면은 유연성(flexibility)이다. 예를 들면, 언제 특별한 상담방법의 기준에서 벗어나 다른 방식으로 상담하는 게 좋은지를 아는 것이다. 애착 외상의 영역에서 상담자의 적합한 유연성은 복합적이고 다루기 어려운 문제들, 특히 관계 문제들을 갖고 있는 내담자를 상담하는데 가장 필요하다. 상담자의 특징은 성격장애 내담자를 상담하는 데 가장 중요한 것으로 지목되었다. 그 자질을 열거해 보면 다음과 같다. 장기간 동안 정서적으로 강한 관계[15]에서 편안할 수 있고, 인내심이 있고, 내담자와 처치 과정에서 느끼는 감정을 견디고, 개방된 마음, 유연성, 창의성, 전문 훈련과 같은 자질이 필요하다(Critchfield & Benjamin, 2006, p. 255). 학부생은 이런 자질을 갖추는 데 적절할 것 같지 않다.

Sidney Blatt(2008)은 야심차게 우울 상담에 대한 연구들을 검토한 결과로 상담방법과 상담자 사이의 대조를 강조한다. 그는 국립정신건강원의 지원을 받은 '우울 상담 협력 연구 프로그램'이 "아마도 상담연구에서 가장 폭넓고 포괄적인 자료를 내놓았다."라고 말하였다(pp. 224-225). 이 프로그램은 네 가지 단기 처치 방법, 1) CBT, 2) 대인 간 상담, 3) 대면 관리(clinical management: 즉, 지지하고 격려하는 관계)와 항우울제 처방의 조합, 4) 대면 관리와 플라시보를 조합한 집단을 비교하였다. 약물처방 집단의 우울 증상이 CBT와 대인 간 상담집단보다 더 빨리 감소했어도, 상담 종료 시 혹은 18개월 뒤 추후 상담에서 측정된 세 집단의 상담효과는 차이가 없었다는 결과에 당신은 놀랄지도 모른다. 그러나 상담자가 사용한 세 방법에 관계없이 상담 성과는 **상담자**에 따라 차이가 있었다. 효과를 보인 상담자는 생물학 지향이 아닌 심리적 지향의 접근을 하였다. 효과를 보인 상담자는 상담의 효과가 생기려면 더 많은 상담을 받는 게 좋다고 내담자를 이해시켰으며, 다양한 유형의 내담자와 상담하는 것이 가능하였다. Blatt이 내린 다음의 결론을 당신은 이미 들어 보았을 것이다. 즉, "상담 성과는 상담 매뉴얼에 기술된 기법과 전략보다 상담 과정의 대인 간 차원에서 의미 있는 영향을 받았다"(p. 233).

상담자가 내담자와 관계하는 방식

Carl Rogers는 1940년대에 내담자중심 상담을 개발하였다. 그는 내담자-상담자 관계를 철저하게 이론에 통합시켰다. Rogers(1951, 1957/1992)는 내담자를 대하는 상담자의 태도가 어떤 특별한 기법보다 중요하다고 제안하였다. 그는 효과를 나타내는 상담관계가 발달하는 데 필수적인 세 가지 상담자 태도로, 1) 공감, 2) 긍정적 존중, 3) 일치성을 강조하였다.

이 세 가지 중에서 **공감**은 정신화하기의 중요한 측면이며, 상담관계의 핵심이다.

> 상담자는 할 수 있는 한 내담자의 내적 준거(internal frame of reference)를 가정해서, 내담자가 세상을 보는 대로 세상을 지각하고, 내담자가 자신을 지각하는 대로 내담자를 지각하고, 그렇게 하는 동안 외적 준거에 의한 지각을 제쳐 두고, 내담자에 대한 공감적 이해가 이뤄진 것이 있다면 그중 어떤 것을 내담자와 소통하는 것이 상담자의 기능이다(Rogers, 1951, p. 29).

공감이 효과가 있으려면 상담자는 공감을 느껴야 하고, 공감한 것을 표현해야 하고, 내담자가 상담자의 공감을 지각하는 게 좋다(Elliott et al., 2011). Dan Siegel(1999)의 아주 적절한 표현에 의하면 내담자가 '느껴졌다는 것을 느끼면' 좋은 것이다(p. 89).

공감하는 것은 내담자에게 **긍정적 존중**[16]이 된다. 긍정적 존중은 수용, 승인, 돌봄, 비소유적 온정, 내담자를 한 개인으로 가치 있게 여기는 것 모두를 포괄하는 개념이다. Rogers가 명백하게 진술한 것처럼, 긍정적 존중은 사랑과 존중이라는 핵심가치 사이의 균형뿐 아니라 관계와 자율 사이에 균형을 이루게 한다. 특히 존중은 어떤 사람도 내담자 자신보다 내담자를 더 잘 아는 사람은 없다는 신념을 포함하고 있다. 이런 점에서 내담자는 전문가이다.

마지막으로, Rogers는 상담자의 **일치됨**(congruence)이 중요하다고 주장하였다. 일치됨의 특징은 순수함(genuineness)과 진실함(authenticity)이다. 일치됨은 편안하게 자연스럽게 행동하는 것을 뜻하며, 전문가 역할에만 부합되게 행동하는 것과 대조된다. 그러한 일치됨은 상담자가 자기를 알아차릴(self-aware) 뿐 아니라 자기를 개방하는(transparent)는 것을 요구한다. 즉, 일치됨은 상담자가 자신에 대해 알아차린 것을 개방적이고 솔직한 방식으로 공유하려는 의지를 뜻한다. 또한 일치됨은 상담자가 실수나 공감 실패를 인정하는 것, 그들이 방어하지 않으면서 실수와 공감 실패의 이유들을 탐색하는 것을 가능하게 한다.

상담자의 이 세 가지 관계 능력은 효과 있는 상담의 핵심 공통요인으로 인정되고 있다. 세 요인의 효과는 연구 결과로 지지되었다(Castonguay et al., 2006). 세 가지 중에서 가장 많이 연구된 것은 공감이다. 공감의 효과는 57개의 연구에 참여한 3,599명의 내담자를 종합한 통합 표집으로 증명되었다(Elliott et al., 2011). 긍정적 존중의 효과 또한 상당한 연구 결과로 지지받았고(Farber & Doolin, 2011), 일치됨도 그렇다(Kolden et al., 2011). Tracy Smith와 동료들(2006)은 지난 반세기 동안 실행된 로저스 학파의 전통과 관련하여 "관계의 힘을 알아본 현재의 태스크 포스의 보고가 있기 오래전에 이미 내담자중심 상담은 경험적으로 지지된 상담으로 생각할 수 있다."라고 결론 내렸다(p. 231).[17]

나의 관점에서 Rogers의 상담이론은 공통요인상담의 가장 간명하고 가장 오래된 버전이다. 그래서 나는 내담자중심 상담의 많은 원리가 정신화하기 상담과 양립한다고 생각한다(Allen et al., 2008). 명백하게 공감과 일치됨은 상담자가 자신과 내담자 모두에게 정신화하기를 적용할 것을 요구한다. 우리가 또한 중요시하는 상담자의 태도는 비판단적 호기심(inquisitiveness)과 같은 정신화하기의 자세이다(Allen et al., 2008; Bateman & Fonagy, 2006a). 더군다나 애착이론의 관점에서 보면, Rogers의 상담방법은 상담자의 역할을 고통스러운 감정과 의미를 탐색하기 위한 안정감을 제공하는 것으로 간주하고, 상담자가 안정감을 제공하지 못할 경우 고통스러운 감정과 의미를 탐색하는 데 내담자가 방어할 것이란 John Bowlby(1988)의 관점과 일치한다.

> 상담자와 정서적으로 따뜻한 관계에 있는 내담자는 자신이 표현하는 태도가 무엇이 되었든 자신과 세상을 지각하는 것과 유사한 방식으로 상담자가 이해하고 수용한다는 것을 느낄 때 안정감을 경험한다. 그런 뒤 내담자는 그가 경험해 온 모호한 죄책감을 탐색하기 시작할 수 있다. 이런 안정감을 느끼는 관계에서 내담자는 처음으로 그의 행동에서 적대적인 의미와 목적을 가진 어떤 측면들을 지각할 수 있다. 그리고 그는 왜 자신이 그것에 죄책감을 느끼는지를 이해할 수 있고, 이 행동의 의미를 인식하기를 왜 부정했는지 이해할 수 있게 된다. (Rogers, 1951, p. 41).

나는 Rogers의 사고와 그의 기여에 분명히 존경을 표한다. 그는 상담관계 이론 체계를 만들었고, 상담연구를 개척한 선구자이다. 그는 대담하게 상담자의 대인 관계 기술이 상담 성과에 중요하다고 보았다. 그러나 나는 두 가지 의구심을 갖고 있다. 첫째, Rogers는 긍정적인 상담관계를 내담자의 향상을 위한 필요충분조건으로 보았다(Smith et al., 2006). Marsha Linehan(1993)의 관점에서 보면 Rogers는 공감하기의 변증법적 필요 사항(needed dialectic)의 한쪽만 공감하는 데 초점을 두었다. 즉, Rogers는 **타당화를 중요하게 여기는 한편, 변화를 위한 도움은 경시한 것이다.**[18] 마찬가지로, 정신화하기에 초점을 두는 것이 변증법적으로 이루어지려면 상담자는 내담자의 관점을 공감하면서 다른 한편으로, 대안이 되는 관점들을 제공하여 내담자를 도전하는 것 사이에서 균형을 잡는 것이 좋다(Bateman & Fonagy, 2006a). 다양한 관점들을 이해할 수 있는 능력은 정신화하기의 핵심이다. 간단히 말하면, 상담자는 일이 되게 하기 위한 목적(purpose of doing work)으로 좋은 관계를 맺을 필요가 있고, 이는 탐색, 학습, 성장—변화—를 위한 안전기지뿐 아니라 안식처를 제공한다. 일이 되게 하는 것은 문제해결을 필요로 하며, 문제해결에 초점을 둘 때 장애의 진단은 문제가 무엇인지에 대한 약간의 정보를 제공한다.

나의 두 번째 의구심으로, Rogers는 자신의 상담이론에서 내담자의 자기의 변화(changes in the self)에 초점을 맞추었다. 그는, 1) 상담자의 긍정적 존중이, 2) 내담자의 향상된 자기존중의 출발점으로 기능한다고 제안하였다. 그는 자기기능(self-functioning)이 향상되면 관계도 향상된다고 제안하였다. 다시 말해, "상담을 마친 사람은 자기 자신이 되는 것(being himself)[19]에 편안해하며, 타인과의 관계에서 더욱 현실적이 되며, 특히 더 나은 대인 관계를 발달시킨다."라고 제안하였다(Rogers, 1951, p. 520). 반대로, 정신화하기는 향상된 관계가 더 나은 자기수용에 뒤따라 발생한다고 가정하기보다, 자기, 타인, 관계에 대한 초점 모두 사이에서 균형을 열심히 잡는다.[20] 교육 집단 프로그램을 하는 동안 우리는 "당신은 타인을 사랑하기 전에 당신 자신을 사랑해야 한다."라는 내담자들의 주장을 종종 듣는다. 삶의 초기 발달 과정의 관점에서 보면 그 가정은 인과의 방향이 전도된 것이다. 자기사랑(self-love)은 사랑받는 것(being loved)에서 기인한다. 더욱 넓게 보면 1장에서 말한 것처럼 자기지각은 관계에서 정신화하기 경험을 제공받는 것에서 발달하고, 이런 발달은 평생 계속된다.

상담동맹

내담자-상담자 관계 요인들 중에서 상담동맹이 가장 폭넓게 연구되었고, 14,000개 이상의 사례에 바탕한 선행 연구는 상담동맹의 긍정적 영향력을 증명하고 있다(Hovarth et al., 2011). 더군다나 상담동맹과 상담 성과 사이의 강한 관계는 상담방법, 즉 정신역동, 대인 간 상담, 인지행동상담, 혹은 물질남용초점 상담에 관계없이 유지된다.

동맹은 상담방법에서 요구되는 것 혹은 내담자-상담자 관계의 다른 측면과 완전히 구분되지 않는 매우 복잡한 개념이다(Roth & Fonagy, 2005). 동맹은 "긍정적 정서 유대, 목표, 목표를 성취하기 위한 수단의 합의, 협력정신(sense of partnership), 함께하는 헌신과 참여, 상호 보완하는 역할과 책임에 대한 수용을 포괄한다"(Stiles & Wolfe, 2006, p. 157). 동맹의 중요한 측면은 두 가지이다. 1) 신뢰로운 관계와, 2) 공동의 목표를 달성하기 위해 함께 일하는 느낌(feeling of working together). 동맹의 두 번째 측면인 함께 일하는 느낌과 관련해서 동료들과 나(Allen et al., 1984)는 내담자의 상담 중의 협력, 즉 1) 상담 과정에 적극 참여하는 것과, 2) 건설적인 변화를 위한 자원으로 상담을 적절하게 사용하는 것이 중요하다고 강조하였다. 그런 협력은 또한 상담자 유형, 상담방법, 상담 과정과 관련된 내담자의 선호 사항을 존중하는 것을 포함한다. 놀랄 것도 없이 내담자의 선호 사항을 존중하는 것은 중도 탈락을 줄이고 상담 성과를 향상시킨다(Swift et al., 2011). 특히 우리가 신뢰로운 관계를 협력과 구별하더라도, 이 두 측면은 상담 실제에서 매우 관련되어 있다. 다시 말해, 좋은 관계를 맺지 않고 누군가와 협력하여 일하는 것은 어렵다. 더군다나 유능한 도움을 받아 상담에서 이익을 보는 것은 그 관계를 강화시킬 것이다.[21]

이미 언급했던 것처럼 우리는 모순(catch-22) 상황에 직면한다. 과거 애착 외상의 경험과 유사한 관계의 문제들은 신뢰하고 협력하는 관계 형성을 방해할 수 있고, 이는 긍정적인 동맹의 발달을 침해하여 상담의 이익을 제한한다. 그런 문제들은 성격장애 내담자를 상담하는 과정에서 가장 뚜렷하게 관찰되었다(Smith et al., 2006). 그런 문제들에는 과거의 좋지 못한 가족 관계, 현재의 관계 문제, 방어기제, 절망, 마음을 이해하는 것(정신화하기)에 대한 흥미의 부족, 염세주의, 적개심, 완벽주의 등이 포함된다. 이런 문제들은 애착 외상의 맥락에서 친근한 주제이다. 동맹에 대한 이런 관점은 더욱 일반적인 요점, 즉 상담관계에 대한 내담자와 상담자의 공헌은 분리할 수 없다는 것을 보여준다. 비록 Rogers가 상담자의 공감, 긍정적 존중, 일치됨에 초점을 맞추었으나 이 모든 자질은 **내담자의 관계 방식**[22]에 영향을 받는다. 우리 상담자들은 협력적으로 참여하는 내담자보다 회피하고 무심하며, 적대적인 내담자에게 공감을 느끼고 수용하는 것에 어려움을 느낄 수 있다. 더군다나 상담자들도 내담자와 마찬가지로 자기를 노출하기 위해서, 다시 말해 우리의 생각과 감정을 편안하게 공유하고 개방하기 위해서는 안정감과 신뢰를 느껴야 한다.

경계선 성격장애 내담자를 상담할 때 우리는 긍정적 동맹을 맺는 것으로 시작해서 순탄하게 긍정적 상담 성과를 이룰 수 있을 것으로 생각하는 것이 오해라는 것을 알게 되었다. 반대로, 우리는 동맹의 질이 상담 과정에서 영고성쇠를 거듭하며, 심지어 한 회기 내에서도 그렇다는 것을 알게 되었다(Horwitz et al., 1996). 우리가 애착 외상에 관해 생각할 때, 안정성 있는 긍정적 동맹이 효과 있는 상담의 전제 조건이기보다 효과 있는 상담의 결과라고 생각하는 것이 이성적일 수 있다. 이런 관점과 일치되게 동맹이 **파열된 뒤에 복구하는 것**(repairing ruptures)의 가치에 많은 관심이 주어졌다(Safran et al., 2011). 파열은 동맹의 한쪽에 의해 발생할 수 있다. 예를 들어, 신뢰롭다는 느낌은 상담자의 상처를 주는 말, 전화에 응답하지 않는 행동으로도 파기될 수 있다. 협력은 목표 혹은 상담방법을 합의하지 못한 것에서 무너질 수도 있다. 파열을 복구시키려면 내담자가 기꺼이 부정적 감정을 표현할 수 있어야 하는데, 이는 역설적으로 높은 신뢰를 요구하는 행위이다. 동시에 상담자는 방어하지 않고 공감을 전달하는 사람이 되는 게 좋다. 예를 들어, 당신은 시의적절하게 반응하지 않고 둔감했던 것과 실수를 인정하고 내담자의 반응들이 타당하다고 수용하면서, 방어하지 않고 공감을 전달하는 상담자가 될 수 있다. 타당화는 일상에서 일어나는 인간적 실수에 대한 내담자의 반응을 악화되게 만드는 내담자 자신의 오해가 무엇인지를 탐색하기 위한 출발점이 될 수 있다.[23] 예를 들어, 나는 무심코 모욕을 느끼게 하는 신중하지 못한 말을 내담자에게 한 경우 나의 실수를 인정하고 사과한다. 그런 뒤 나는 내담자의 오해를 탐색한다. 내가 검토한 바와 같이 안정 애착은, 1) 의지할 수 있는 세심함을 지닌 양육자와의 애착 관계 경험과, 2) 갈등은 처리해서 해결될 수 있다는 자신감에 근거하여 형성된다. 유아기 이후의 어떤 관계도 유아기처럼 조율을 계속 제공하지 않는다. 유아기 이후의 관계에서 포용(engagement), 포용 철회(disengagement), 재포용(reengagement)이 번갈아 발생하는 것이 정상 현상이다. 나와 교육 집단 프로그램의 공동리더로 일하는 Denise Kagan은 애착 교육 집단에서 한 관계를 검증한다는 것은 폭풍우 속을 헤쳐 나가는 과정이나 마찬가지라고 즐겨 말했다. 다음은 동맹에서 상대적으로 경미한 파열이 일어난 사례이다. 이 사례는 언급할 가치가 있는데, 왜냐하면 파열이 첫 회기의 중요한 몇 분 사이에 발생하였기 때문이다.

● 사례 ●

Sarah를 만나기 전에 나는 그녀의 검사 결과를 검토하였다. Sarah는 젊은 여성으로 우울과 불안으로 상담받기 위해 병원에 입원하였다. 그녀는 상담을 시작하자마자 호전을 보였다. 그녀는 기뻐하였고 열심히 참여하였다. 나는 그녀의 과거 경험에 대한 대략적인 생각을 갖고 있었지만, 우리가 함께 어떻게 작업을 해야 할지 분명히 이해할 필요가 있었기 때문에 그녀가 상담에서 무엇을 다루기를 원하는지 직접 듣고 싶다고 말하였다. 그녀는 우울이 자신을 제대로 기능하지 못하게 만들고 있으며, 그 이유를 알 수 없다고 말하였다. 나는 그녀에게 동의하였다. 내가 그녀의 과거 경험을 검토하고 그녀가 이전에 너무 잘 기능했다는 것을 알게 되었을 때, 나는 그녀의 증상들에 대해 너무나 당황스럽게 느낀다고 그녀에게 이야기하였다. 그녀도 당황하였다. 그러나 그녀는 가족들도 우울을 많이 겪었다고 말하였다. 그녀는 그것이 '유전' 현상이라고 확신하였다. 생물학적 요인들이 중요하다는 것을 인정하는 한편, 나는 그녀의 문제에 심리적 토대가 있으며, 함께 탐색해 보는 게 좋겠다는 '가정'을 그녀에게 말하였다. 내가 놀랄 정도로 그녀는 이 말에 짜증을 내며, "당신은 날 언짢게 만들 생각인가요?"라고 말하였다. 나는 그녀의 반응을 놀랍게도 피해망상으로 경험하였다. 그러나 그렇게 말하지 않았다. 그런 피해망상은 그녀의 일반적인 행동과 거리가 먼 것이었다. 당시에는 인식하지 못했지만 내가 전적으로 유전 요인들에 초점을 돌리는 것을 싫어한다는 사실을 고려하면, 그녀가 피력한 관점에 내가 대립되는 견해를 제시한 것은 그녀에게 강렬한 지적으로 들렸을 것으로 생각한다. 나는 약간 놀라며 "우리는 막 시작했는데, 불화하고 있군요."라고 말하였다.

협력하는 자세를 회복하면서 Sarah는 자신의 증상들을 설명하는 어떤 '이론'을 내가 갖고 있는지 물었다. 나는 '가설'이 있다고 고백하였다. 다시 말해, 그녀의 가족에서 일어난 주요한 분리가 증상들과 관계가 있으며, 그럼에도 불구하고 그녀가 그 당시에 분리를 매우 잘 관리했던 것처럼 보인다고 말하였다. 그런 뒤 우리는 분리의 시기 동안 그녀에게 일어난 경험들을 탐색하였고, 나는 빠르게 그녀의 재능, 성공 경험, 일반적인 상황 대처 능력을 평가하기 시작하였다. 그녀는 내가 보이는 존중을 받아들이며 자신이 성취한 것들을 자신감을 갖고 이야기하였다. 우리는 다시 제자리로 돌아와서 그 회기를 긍정적 언급으로 마쳤다. 결국 파열된 상황을 간단하게 언급한 뒤 그녀가 어떤 사람인지 더 잘 알고자 하는 나의 흥미로 동기 부여를 받은 나는 목표를 달성할 수 있었다.

이후 몇 번의 회기에서 우리는 그 당시에 Sarah가 헤아릴 수 없을 정도로 붕괴된 애착 불안정의 심각한 악화를 가져온 실질적 요인들을 이해할 수 있게 되었다. 충분한 숙고 끝에 우리는 또한 의미 있는 기질적(temrperamental, 유전적) 요인들이 그녀의 취약성에 기여하는 것 같다는 데 동의하였다.

상담에서 애착

John Bowlby(1988)는 자신의 경력 후반부에 『안전기지』라는 훌륭한 책에서 애착이론과 연구가 상담에 갖는 시사점에 대해 이야기하였다. 나는 애착이론이 이 책 전체의 주제인 외상을 상담하는 데 적절하게 사용될 수 있다는 것을 알게 되었다. 나는 Bowlby가 외상을 입은 나의 내담자 대부분에게 가장 부족하고, 가장 필요한 '애착의 안전기지'를 너무나 분명하게 설명하고 있다는 사실에 매우 놀랐다. 자주 인용되는 다음의 문구는 Bowlby의 애착이론의 상담 관점을 잘 보여 주고 있다. Bowlby의 제안에 의하면 상담자의 첫 번째 과제는…

> 내담자에게 안전기지를 제공하는 것이다. 안전기지를 활용하여 내담자는 과거 및 현재 삶의 여러 가지 불행하고 고통스러운 측면을 탐색할 수 있다. 불행하고 고통스러운 삶의 측면에 지지, 격려, 동감, 때때로 지도(guidance)를 제공하는 신뢰로운 동반자 없이 생각하고, 재고하는 것은 어렵거나, 아마도 불가능하다고 생각한다(p. 138)

상담에 대한 Bowlby의 견해 중에 내가 가장 좋아하는 이 간결한 요약이 외상을 입은 사람들로 구성된 교육 집단 진행시에 모습을 드러낸 적이 있다. 나는 집단 프로그램에서 내담자의 의지와 상관없이 발생하는 외상 후 스트레스 장애의 증상들을 이야기하는 맥락에서, "마음은 공포의 장소(scary place)일 수 있다."라고 말하였다. 집단 프로그램에 참여한 한 젊은 여성이 "맞아요, 당신은 혼자서 그곳에 들어가고 싶지 않군요."라고 빈정거렸다. 이 말은 Bowlby의 요점을 가장 잘 표현하고, 내가 들어 본 말 중에 외상 상담을 가장 잘 나타낸 말이다. Bowlby의 논지를 간결하게 말한 이 총기 있는 여성 내담자의 표현은 "애착이론은 상담자－내담자 관계에 대한 상식적인 모델을 제공한다."라는 Holmes의 견해와 일치하는 적절한 예시이다. 그는 상담자－내담자 관계를 다음과 같이 설명한다. "상담관계의 구성은, 1) 불편감을 느끼며 안식처와 안전기지를 찾는 사람과, 2) 안정감, 위로, 탐색하는 동반자 정신(exploratory companionship)을 제공할 수 있는 능력을 가진 양육자의 관계로 이루어진다"(Holmes, 2009, p. 493).

내가 이 책에서 기술했던 것처럼, 애착이론은 발달모델로 시작해서 이제는 성인 관계에까지 확장 적용되고 있다. 더욱 최근에 Bowlby의 선도를 따라 현장의 상담자들은 애착이론과 연구를 상담 과정에 적용하기 시작했다. 현재 애착이론에 근거를 둔 특정 상담학파는 존재하지 않는다. 나와 마찬가지로 Arietta Slade(2008b)는 현재 상황을 다음처럼 말하였다.

> 애착이론과 연구는 특별한 내담자에 대한 상담자의 이해를 진술하기보다 내담자에 대한 이해를 더 **풍부하게 만드는** 잠재력이 있다는 것이 나의 관점이다. 애착이론은 특별한 형태의 상담방법을 이야기하지 않는다. 오히려 애착과 정신화하기의 본질과 역동을 이해하는 것은 상담방법과 임상적 사고를 정의하기보다 상담에 필요한 적절한 정보를 제공한다(p. 763, 강조는 원래대로)

Slade의 관점과 일치되게 Joseph Obegi와 Ety Berant(2009b)는 "애착 상담이란 이름으로 성인들에게 상담을 제공하는 상담학파는 없다."라고 말하였다(p. 2). 그러나 그들은 애착이론에서 파생된 상담방법을 두 유형으로 구별한다. 첫째, **애착 정보 활용 상담**(attachment-informed psychotherapy)은 "판단을 내리기 위한 지식의 원천으로 애착이론과 연구를 사용하는 상담이다. 그리고 어떻게 호소 문제가 개념화되고, 평가되고, 처치되어야 하는지에 영향을 미치는 상담이다"(p. 3). 애착 정보 활용 상담은 전통 깊은 기존의 상담이론으로 내담자를 상담하는 맥락에서 애착이론과 연구의 지식을 곁들여 사용한다. 둘째, **애착기반 상담**(Attachment-Based Psychotherapy: ABP)은 애착이론으로 개인의 발달과 문제를 개념화하고, 애착이론을 상담의 구조 속으로 통합하고, 상담 성과 연구를 하여 효과를 증명하기 위해 애착이론을 사용한다.

애착정보 활용 상담에서 애착기반 상담으로 전환되기 시작하면서, 나는 상담이론의 또 다른 상표이자 두문자어로는 ABP로 표현되는 상담이론의 잠재력을 느낀다. 상표처럼 두문자어로 구성된 상담이론의 명칭을 싫어하는 나는 ABP로 불리는 것이 앞으로의 방향이라고 생각하지 않는다. Slade(2008b)가 말한 것처럼, 애착이론은 상담에 필요한 정보를 제공하여 우리가 공통요인상담을 포함해 어떤 상담방법을 선택하든 간에 우리의 상담 실제를 풍부하게 수행할 수 있게 만든다. 상담자가 공통요인에 관심이 있든 없든, 애착은 상담에서 공통요인으로 중요한 역할을 한다. 왜냐하면 상담이란 것이 본래 애착 욕구와 패턴을 불러일으키기 때문이다. 즉, 불편한 일을 겪고 있는 내담자는 도움을 필요로 한다. 일단 애착 욕구가 발생되면 내담자는 할 수 있는 한 최선을 다해 그 욕구를 충족하기 위해 안정 혹은 불안정 전략에 의지할 것이다.[24]

이 장에서 다루어야 할 내용이 많다. 나는 애착이 거의 필수적으로 상담관계에서 발생한다는 사실을 논의할 것이다. 그런 뒤 나는 안정 및 불안정 애착의 구체적 패턴이 상담에서 어떤 역할을 하는지 기술할 것이다. 이런 배경지식은 상담자의 애착 양식과 행동이 상담 성과에 어떻게 영향을 미칠지를 고려할 수 있는 출발점이 된다. 나는 최근 출간되고 있는 연구들에서 다뤄진 두 측면을 요약한다. 첫째, 내담자의 특정 애착 패턴이 상담 성과에 영향을 미치는 정도, 둘째, 상담이 애착 안정감을 향상시키는 정도. 나

〈표 5-3〉 상담에서 애착의 역할

- 이상적으로 상담은 안식처 및 안전기지를 포함하여 안정 애착의 특징을 내포한다.
- 상담은 그 자체로 반드시 전문가와 내담자 사이에 경계가 있어서 애착 욕구의 충족을 제한하는 측면들이 있다.
- 모든 안정 애착 및 불안정 애착 패턴은 잠재적으로 상담자-내담자 관계에서 나타난다.
- 내담자는 부모에게 보였던 애착 패턴을 상담자와 맺는 관계에서 반복한다.
- 안정 애착인 내담자들은 긍정적 동맹을 더 형성하고 상담에서 더 많은 이익을 얻을 것이다.
- 불안정 애착 내담자들은 상담을 덜 추구할 것 같다.
- 상담은 애착 안정감을 향상시키는 잠재력을 갖고 있다.
- 안정 애착 상담자들은 불안정 애착 패턴을 갖고 있는 내담자와 더 유연하게 관계하여 내담자가 더 큰 안정감을 얻게 도울 것이다.
- 상담은 내담자가 자신과의 안정 애착의 관계, 즉 내적 안전기지를 증진시키는 데 도움이 될 것이다.

는 내적 안전기지, 즉 자기 자신과의 안정 애착 관계를 형성하는 데 상담이 끼치는 영향력을 논의한 뒤 애착이 대인 관계에 끼치는 영향력을 논의할 것이다. 마지막 결론으로, 나는 상담에서 발생하는 애착의 변화가 대인 관계에 일반화될 수 있는 정도를 논의한다. 〈표 5-3〉이 내 논의의 요점이다.

애착 관계로서 상담

나는 상담이 애착 관계라고 이미 단언하였다. 그러나 이 말은 지나치게 단순화시킨 말이기도 하다. Mario Mikulincer와 Phil Shaver(2007a)는 상담이 애착 관계가 되는 방식을 명료하게 요약한 바 있다.

> 상담관계가 상담자가 의도한 대로 발달할 때, 상담자는 내담자에게 진정한 애착인물(즉, 신뢰할 수 있고 의지 가능한 안정감 및 지지를 제공하는 사람)이 된다. 내담자는 전형적으로 좌절, 불안, 사기 저하의 상태에서 상담을 시작하는데, 좌절, 불안, 사기 저하는 내담자의 애착 체계를 활성화시키고, 내담자가 지지와 안도에 대한 갈망을 갖게 한다. 애착 욕구는 쉽게 상담자를 향하는데, 왜냐하면 적어도 내담자가 상담자의 치유력을 믿을 때, 상담자는 '더 강하고 더 현명한', 좋은 애착인물의 특징을 소유한 양육자로 지각되기 때문이다. 상담자는 내담자에 비해 내담자의 문제들을 어떻게 해결할지 더 잘 아는 것으로 기대되고, 상담관계에서 주도권을 가지고 양육하는 역할을 한다. 그래서 상담자는 쉽게 내담자의 근접 추구, 안식처, 안전기지라는 충족되지 않은 욕구의 투사 대상이 된다(p. 411).

이런 제안과 일치되게, 내담자의 상담 경험을 알아본 연구(Eagle & Wolitzky, 2009)는 내담자가 안식처와 안전기지의 일환으로 상담자에게 의지한다는 것을 보여 주었다. 내담자는 자신의 상담자의 가용성에 관심이 있으며, 상담자의 질병, 휴가 등으로 가끔 발생하는 분리에 항변 반응(예: 무심함, 분개, 약속 시간 잊어버리기 등)을 할 수 있다. Bowlby(1988)의 말처럼, "내담자가 자신의 생각과 감정을 탐색할 수 있는 안전기지를 제공하는 상담자의 역할은 엄마가 유아에게 세상을 탐색할 수 있는 안전기지를 제공하는 역할을 하는 것과 **유사하다**"(p. 140, 강조는 첨가함). 그러나 상담자들은 또한 상담관계와 다른 애착 관계(예: 애착의 원형인 엄마-유아 관계) 사이에 차이가 있다는 것을 인정한다.

상담관계와 부모-아동 관계 사이에 존재하는 몇 가지 차이는 일정 부분 상담의 독특한 특징 때문이다(Florsheim & McArthur, 2009). 상담관계는 전문적 관계이며, 내담자가 상담료를 지불하는 서비스이다. 전문적인 경계들(boundaries)을 유지하는 것이 상담의 효과를 내는 데 중요하다. 그 경계들은 예약을 받아 상담자의 사무실에 실시되는 상담회기 약속(때때로 회기와 회기 사이의 전화 접촉을 할 것인지에 대한 명시적인 동의도 포함됨), 상담자가 자기노출을 제한하는 것 등을 포함한다. 만약 상담관계가 사회적 친분관계, 우정, 극단적으로 성적 관계로 변형되면 더 이상 상담관계가 아니며 내담자에게 해를 끼치는 관계가 된다. 더군다나 애착 관계에서 안식처는 정서조율뿐 아니라 신체를 편안하게 해 주는 기능을 한다. 비록 신체 접촉을 사용하는 정도에서 상담자들 간에 차이가 있어도, 상담에서 정서적 위안과 연결은 근본적으로 심리적 조율, 즉 정신화하기에 달려 있다.

이러한 차이들과 제한들을 고려하여 Holmes(2010)는 상담관계의 역설을 다음과 같이 설명한다.

> 상담관계는 내담자가 성인기 삶에서 이전에 경험했던 것보다 상담자와 더 큰 친밀감을 발달시킬 수 있다는 점에서 '현실'이며, 계약에 의해 상담실이라는 윤리적이고 물리적 범주 내에서 실행된다는 점에서 '비현실'이기도 하다. 궁극적으로 상담자는 '현실'이기보다 '**준-안전기지**(quasi-secure base)'이다(p. 57. 강조는 첨가함)

현실 대 비현실 같이 상담관계에 포함된 역설적 특징은 아마도 서비스를 제공받는 것에 상담료를 지불하는 현상, 정서가 안정되게 위안을 제공하는 데 신체 접촉은 금하는 현상에서 가장 두드러진다는 것을 고려하면, 우리는 상담관계를 구성하는 전문 서비스의 본질[25]이 상담의 독특한 효과를 설명한다는 것을 알아차려야 한다. 냉혹하게 말하자면, 우리 상담자들이 내담자와 함께 생활하면 일관성 있게 공감하는 능력을 발휘하기 어려울 것이다. 또한 상담관계에서 전문가로서 우리가 지켜야 할 경계들은 상담의 주요 요소인 탐색을 가능하게 만드는 토대인 애착이 형성되는 것을 방해한다. 그러나 나는 우리가 이것과 관련된 언어 사용을 조심해야 한다고 생각한다. 즉, **유사한 혹은 준**(analogous and quasi)과 같은 용어들을 사용할 때 조심해야 한다. Rogers(1951)가 반세기 전에 분명히 했던 것처럼, 관계는 진실한 돌봄(real caring)을 뜻해야 한다. 그렇지 않으면 그 관계는 애착 관계로서 쓸모없을 것이다.

애착 패턴과 상담관계

Bowlby(1988)가 상담관계를 내담자가 탐색할 수 있는 안전기지를 제공하는 관계라고 하였을 때 그는 이상을 추구하는 말을 한 것이다. 과장해서 요점만 말하면, 우리는 상담관계를 탐색을 위한 안전기지로 활용할 수 있는 내담자는 상담을 필요로 하지 않는다고 말할 수 있다.[26] 사실, 대다수 내담자의 애착 유형은 불안정 애착이다(Slade, 2008b). 만약 과거에 애착 외상을 경험한 내담자가 상담관계를 안식처와 안전기지로 경험한다면, 그것은 중요한 성취이다(Eagle & Wolitzky, 2009).

내담자–상담자 관계에 애착이 형성되는 현상을 고려하면, 우리는 상담관계에서 주된 원래의 애착 패턴이 재경험되고 재연(reenacted)될 것으로 기대할 수 있다. 개략적으로 말하면 이것은 상담관계에서 흔히 나타나는 전이, 즉 과거의 패턴을 현재 관계에서 반복하는 한 예로 볼 수 있다. Diana Diamond와 동료들(2003)은 내담자의 상담자에 대한 애착을 평가할 수 있는 내담자–상담자 성인 애착 면접을 사용하여 과거의 패턴이 반복된다는 증거를 몇 가지 사례에서 확인하였다. 그들은 과거의 패턴과 내담자–상담자 사이에 형성된 성인 애착 패턴이 매우 일치한다는 결과를 발견하였다. 상담자에 대한 애착은 부모에 대한 애착과 매우 유사하였다.

우리는 전이를 대인 관계 학습의 표현으로 간주할 수 있다. 다소 의식적으로 우리 모두는 과거의 대인 관계를 현재의 대인 관계에 일반화시킨다. 이 필수 불가결한 일반화는 다소 적응에 도움이 되는데, 그 정도는 과거와 현재 사이의 일치성에 달려 있다. 만약 당신의 상사나 상담자가 실제로 아버지가 그랬던 것처럼 비평이 심하거나 지배하고자 하면, 경계하는 것이 적절할 것이다. 이 책의 첫 번째 절에서 네 가지 기본 애착 원형인 안정, 회피, 양가, 비조직화를 기술하였다. 당신은 서로 다른 애착 패턴을 가진 내담자들이 상담자와 맺을 수 있는 관계 방식을 기술한 다음의 진술들을 읽고 쉽게 그 애착 원형을 알아낼 수 있다. 여기서 나는 단순히 상담 실제와 연구에서 관찰된 것들을 기술한다(Slade, 2008b; Obegi & Berant, 2009a).

놀랄 것도 없이, 안정 애착 내담자들은 탐색을 위한 안전기지로 상담자를 활용한다는 Bolwby(1988)의 이상에 가장 적합하다. 그들은 상담을 필요로 한다면 상담을 더 잘 추구할 것이다. 그들은 상담을 시작하면 견고한 상담동맹을 형성할 것 같다. 그들의 긍정적 내적 작동모델을 고려하면, 그들은 상담자를 신뢰롭고, 의지할 수 있고, 민감하고, 주의를 기울이고, 지지를 제공하는 사람으로 간주할 것이다. 그래서 그들은 상대적으로 자기를 잘 노출할 뿐 아니라 관계에서 경험할 수 있는 실망, 좌절, 불안 등을 견뎌낼 것이다.[27] 이에 상응되게 그들은 부정적 감정을 드러낼 수 있는데, 이로써 상담동맹에 파열(ruptures)이 발생해도 탐색해서 회복하는 기회를 가질 수 있다. 불안정 애착의 내담자들, 특히 애착 외상의 경험이 있는 내담자들의 파열을 회복하는 것은 상담에서 꼭 다루어야 할 것이다. 그렇게 회복하는 데 시간이 오래 걸릴 수 있다. 나는 심각한 외상을 겪은 한 여성과 상담했던 경험을 잊을 수 없다. 그녀는 5년 동안 집중상담을 하고 난 뒤에도 나를 신뢰하는 데 노력을 필요로 하였다. 그 당시에 내가 이성적으로 의지할 만하고 신뢰로운 상담자였음에도 그녀는 그랬다.

회피–무시형 애착은 안정 애착과 비교할 때 상담을 추구할 가능성이 적다. 상담을 추구하더라도 그들은 상담동맹을 형성하는 데 어려움을 겪는다.[28] 관계–자율성 차원에서 그들은 자율성 쪽으로 기울고, 애착 욕구를 부인하고 자립을 추구한다. 그래서 그들은 정서적 유대뿐 아니라 협력 관계를 발달시키는 데 어려움을 겪는다. 그들은 도움받고 싶은 욕구를 표현함으로써 자신이 관계에서 취약한 위치에 서게 되는 것을 좋아하지 않으며, 상담자와 타인을 잘 인정하지 않고 거부하는 사람으로 볼 것이다. 그래서 그들은 수치심을 느끼고 굴욕감을 느끼는 경향이 있다. 그들은 자신의 단점보다 상담자를 포함한 다른 사람의 단점에 주의를 기울일 것 같다. 그들은 상담에 회의하는 태도를 보이며, 인격에 관심을 두지 않는 사업 관계처럼 여기며 접근하는 경향이 있다. 그들은 상담자를 타인을 돌볼 의도를 가진 사람이 아닌 그저 자문을 제공하는 한 명의 지식 전문가로 보고 접근할 것이다. 그들은 감정을 표현하는 것을 어려워하기 때문에 상담동맹에서 파열이 발생하더라도 잘 드러나지 않아 복구하기 어렵다. 그들의 상담자는 공감하는 데 어려움을 겪고 내담자가 느끼는 만큼이나 거리감을 느낄 것이다. 실제로 감정이 삭막해진다. 상담 훈련생들이 상담했던 내담자와 형성한 상담관계를 상징으로 표현해 보는 상담 세미나에서 훈련생들에게 그 관계를 표현하는 상징이 무엇인지 물었을 때, 한 훈련생은 회피 내담자와 가졌던 그의 경험을 '얼음 벽돌'이라고 말하였다. 역설적으로, 이것은 희망이 있는 비유이다. 즉, 얼음은 녹는다. 내담자는 실제로 아주 천천히 따뜻해질 것이다.[29]

● 사례 ●

Thelma는 40대 여성으로 병원에 입원하였다. 그녀는 심해지고 있는 충동과 자해 행동 패턴에 도움이 되는 상담을 받았다. 이런 패턴을 그녀는 성중독, 마약중독, 손목 긋기라고 불렀다. 그녀는 건강한 이성 관계를 맺어 본 적이 없다. 그녀는 "의미 없는 성관계"가 더 편하다고 말하였다. 어린이였을 때 그녀는 10대에게 성범죄를 당했다. 그녀는 대학 재학 시에 그리고 성인이 되어서도 강간을 당했다. 그녀는 어머니를 "격분에 찬 알코올 중독자"라고 기술하였다. 그녀는 아버지에게 의지하도록 학습되었다. 성인이 되어서도 그녀는 아버지에게 의지하였다. 그러나 그녀는 아버지를 "감정이 없는" 사람이라고 기술하였다. 그녀는 정서적 위안이 아닌 실제의 문제를 해결하기 위해 아버지에게 의지하였다.

상담 초기에 Thelma는 자신이 타인에게 의지하는 것을 원치 않았으며, 타인이 자신에게 의지하는 것도 원치 않았다고 말하였다. 내가 걱정하고 심각하게 느끼는 문제에 대해 그녀는 발랄한 행동 방식으로 처신하며 이야기하였다. 이는 그녀가 사람들과 거리를 두기 위해 의도적으로 발달시킨 행동 방식이다. 그러나 그녀는 또한 차갑고 무심한 측면을 드러냈다. 그녀는 '잔인하다'고 할 정도로 비판적이고 경멸적이었으며, 자신이 "얼음 여왕"이라고 선언하였다.

Thelma의 정서적 무심함을 고려하면, 그녀는 상담에 참여하는 것이 쉽지 않을 수 있다. 그녀는 자신의 문제를 솔직하게 이야기하였다. 그러나 그녀가 정서적으로 너무나 무심해서 상담이 그녀에게 의미가 없고 별 영향을 끼치지 못하는 것처럼 보였다. 그녀는 고통스러운 정서들을 심오하게 잘 표현하고 위로와 접촉에 대한 갈망을 시사하는 예술 작품들과 시들을 이야기함으로써 자신의 정서와 접촉하려는 노력을 하였다. 그러나 그녀는 고통을 직접적으로 표현할 수 없었다. 아동기에 어머니가 격노하는 것을 보고 놀랐을 때, 그녀는 자신의 방에 숨었다. 그녀는 병원에서 불편감을 느낄 때 아동기와 유사한 행동 방식으로 자신의 병실에 틀어박혔다. 그녀는 중독 프로그램에 참여해야 한다고 주장하는 상담 팀의 의견과 자신의 의견이 일치하지 않자 상담을 조기에 종결하였다. 그녀는 12단계 프로그램이 '영적 의지'에 초점을 두는 것을 좋게 여기지 않았다. 왜냐하면 그녀는 자신이 자유의지를 갖고 있다고 믿었기 때문이다. 결국 그녀가 생각하기에 그녀에게 '더 많은 공간'을 제공할 수 있는 다른 프로그램에 의뢰되었다.

회피 애착인 사람들과 대조적으로 양가-집착인 내담자들은 상담을 추구하면 정서적으로 빠르게 연결되며 외견상 긍정적 상담동맹을 형성할 것 같다. 그들은 정서가 강하고, 정서를 표현할 수 있으며, 자기개방을 매우 잘한다. 그들은 관계-자율의 차원에서 지나치게 의존할 정도로 관계 쪽에 치우친다. 그들은 자기주장과 자율을 두려워한다. 이 둘은 혼자가 된 느낌(feeling of being alone)의 전조이다. 그런 이유로 긍정적 상담동맹은 파열되기 쉽고, 상담자가 할 수밖에 없는 여러 가지 실수들이 생기면 양가-

집착 내담자는 상담자를 의지할 사람이 못 된다는 기대를 확신하게 된다. 초기의 긍정적 상담동맹은 착각에 지나지 않을 수 있다. 머지않아 그런 착각에서 벗어나게 된다. 비록 내담자가 불편감과 도움 요청을 쉽게 표현하더라도 그 도움을 쉽게 받아들이지 않는다. 내 상담 경력에서 초기의 스승이고 정신분석학자인 Stuart Avervill은 내담자는 강한 '송신자'이며 약한 '수신자'라고 언급하였다. 다른 한편으로 상담관계가 일반 대인관계가 아닌 전문적 관계임을 고려하면, 상담자의 돌봄은 좌절스러울 정도로 부적절하게 경험될 수 있다. 한 내담자가 이런 경험을 비유하여 표현하기를 "상담자의 돌봄은 바다에 골무로 물을 퍼붓는 것에 지나지 않는다."라고 하였다. 또 다른 한편으로 내담자는 변화를 격려하는 상담자에게 저항할 수 있다. 양가–집착 내담자에게 자율을 향해 변화하라고 격려하는 것은 위협이 될 수 있다. 왜냐하면 자율적인 사람이 된다는 것은 상담을 종결하고 상담자와 맺은 관계를 잃게 된다는 것을 의미하기 때문이다.

● 사례 ●

Ursula는 외래 상담이 자살 시도 재발에 효과가 없자 병원에 입원하였다. 그녀는 20대 초반이었다. 그녀는 자신을 "욕심 많은" "의존적인" 사람으로 표현하였다. 그녀는 자신이 그런 사람이 된 것은 아동기에 '슬프고, 방임된 아동'으로 자랐기 때문이라고 하였다. 그녀의 어머니는 심각한 통증과 같은 고질적 질병을 앓고 있었다. 그녀의 말에 의하면 어머니는 한 번에 여러 날 동안 아파 누워 있었고, 몹시 듣기 괴로운 신음을 하며 울부짖었다고 한다. 그녀에 의하면 아버지는 '양극성 우울'을 앓고 있었고 예측이 매우 불가능하였는데, 애정을 표현하며 쾌락을 즐기다가 화를 내며 벌을 주고, 그러다가 우울해서 철회하는 사람이었다. 때때로 휴식용 의자에 혼자 앉아 몇 시간 동안 '좀비처럼 허공을 응시'하기도 하였다.

Ursula는 고등학생 때부터 이성 교제에 빠르게 빠져들기 시작했다고 말하였다. 그녀에 의하면, 그녀는 여학생들과 진지한 우정 관계를 만드는 데 관심이 없었다. 왜냐하면 이 우정 관계는 사랑에 대한 그녀의 욕구를 충족시킬 수 없었기 때문이다. 그녀는 이성 친구들에게 빠져들었고 사랑에 '중독'되었다. 그녀에 의하면 그 중독이 일시적으로 그녀의 '자기혐오'를 누그러뜨렸다. 그녀는 '남자 친구들에게 사랑의 세례를 뿌림으로써' 그리고 남자 친구들의 모든 욕구들을 충족시켜 주려는 시도를 함으로써 그들이 확실히 그녀와 함께 머무르게 만들려는 노력을 하였다. 남자 친구들이 화답을 하더라도, 그들의 노력들은 그녀에게 상대적으로 사소한 것에 지나지 않았다. 왜냐하면 Ursula의 수그러들지 않는 자기혐오가 궁극적으로 다시 출현하였기 때문이다. 그녀는 자신을 "배앓이 하는 아기" "위로에 면역이 된 사람"으로 표현하였다. 그녀는 이전의 상담에서 자신의 행동이 어떻게 다른 사람을 숨 막히게 하고 통제하는지 알게 되었다. 그녀는 소유욕이 매우 강하고, 질투가 많았다. 그래서 남자 친구들이 뒤로 물러나며 거리를 둘 때 그녀는 화가 나서 혹평을 쏟아부었다. 파열된 관계들은 불가피하게 그녀가 버려졌고 방임되었다는 느낌을 갖게 만들었다.

그녀가 고등학생이었을 때 친구 중 한 명이 자살하였다. 장례식은 그녀에게 깊은 인상을 주었다. 다른 사람들이 그 친구가 가장 필요로 했던 돌봄과 사랑을 주지 못했다며 후회를 표현할 뿐 아니라 매우 슬퍼하고 관심을 보이는 것을 보고 놀랐다. 이것을 자신의 배경으로 삼은 Ursula는 점점 부모님의 돌봄을 끌어내고 남자 친구들이 그녀를 떠나는 것을 막을 수단으로 자살 시도를 하였다. 그녀는 외래 상담을 받고 입원 치료를 받을 때도 이 패턴을 반복하였다. 그녀의 자살 시도는 상담자들을 매우 혼란스럽게 하였고, 그들은 교대로 그녀가 하고 있는 게임에서 혼란스러운 감정을 느꼈고, 그녀의 안전 때문에 무서움을 느꼈다. Ursula는 이 혼란을 공유하였다. 그녀는 때때로 '불편감을 겪고 있다는 신호'를 보내기 위해 자살 시도를 사용한다는 것을 인정하였다. 또한 그녀는 점점 더 위험한 시도를 함으로써 자살 시도를 하였을 때 그녀가 더욱 진실로 자살에 가까워지고 있다는 것을 인정하였다. 결국 점점 빠르게 그녀는 '신호를 보내는 것'에서 '자살을 바라는 쪽'으로 옮겨 가고 있었다.

Ursula의 자살 시도는 처치의 초점이 되었다. 나는 그녀가 상담을 위태롭게 만들었다고 말하였다. 왜냐하면 상담자들이 '고문을 받는 느낌'을 느꼈고, 그녀의 자살 행동에서 '공포'를 느꼈기 때문이다. 자살 시도는 그녀의 외래 상담이 종료되게 만들었고, 그녀의 입원 치료도 위험하게 만들었다. Ursula는 자신의 좌절과 분노를 예리하게 잘 자각하더라도, 자신이 타인을 고통스럽게 만들려는 의도를 갖고 있다는 것은 자각하지 못하였다. 그러나 그녀는 정신화하기의 도움을 받아 본인의 의도와 관계없이 다른 사람들이 고통을 느끼며, 그래서 분개하게 된다는 것을 이해할 수 있었다. 내가 그녀에게 말했던 것처럼 비록 그녀의 자살 행동이 다른 사람을 두렵게 만들어 곁에 머물게 잡아 둘 수 있더라도, 궁극적으로 그 관계는 다른 사람들이 '지긋지긋'해져서 갈가리 찢어질 것이다. 실제로 그녀의 교제 관계들과 이전의 상담관계들은 그렇게 되었다. 그녀의 현재의 상담관계 또한 무너질 처지에 처했다.

병원 스태프들 및 입원 환자들과의 관계에서 재연된 그녀의 자해적인 자살 시도 행동은 상담의 도움을 받아 Ursula에게 확연히 분명하게 되었다. 그녀의 '위로에 대한 면역' 또한 가족 및 연애관계에서 그녀의 고통스러운 과거 관계 경험들을 이야기할 때 무너지기 시작하였다. 이러한 변화는 다른 사람들이 두려움보다 걱정으로 그녀와 관계 맺는 것을 가능하게 하였다. Ursula는 또한 또래들을 공감하고 위로를 제공하는 방법을 이해하게 되었고, 결국 그녀는 자신의 가치를 느끼기 시작하고 자존감을 개발하게 되었다. 그녀는 약간의 '자기이해'를 바탕으로 자신이 '자기혐오'에서 '자기를 싫어함'으로 진전되어 가고 있다고 말하였다. 그녀는 악화되지 않고 상담을 계속 받을 수 있다는 더 나은 전망을 갖고 병원에서 퇴원할 수 있었다.

성인 애착 면접에서 그런 것처럼, 상담에서도 혼란된(disorganized) 애착은 안정된 패턴들(organized patterns)과 혼합되어 나타난다(Slade, 2008b). 성인 애착 면접에서 이야기의 초점이 이탈되었던 것과 유사하게 과거 애착 외상을 경험한 내담자들, 특히 의지와 상관없이 떠오르는 외상 기억들과 해리장애로 고통을 겪을 때 내담자들은 상담관계에서 상당한 혼란을 경험할 수 있다. 나는 한 내담자가 생생하게 기억난다. 그 내담자는 나를, 현재 사망했지만 자신을 학대했던 아버지로 보았었다. 즉, 그녀가 아버지를 기억하거나 나를 그녀의 아버지로 기억하는 게 아니라, 그 순간에 나는 그녀의 아버지였다. 혼란된 애착 유형의 내담자는 흔히 외상 경험과 고통스러운 정서들이 떠오를 때, 매우 이탈되고(detached) 혹은 극도로 '의식을 잃은' 것처럼 보일 정도로 해리 상태에 빠질 수 있다.

Giovanni Liotti(2011)는 처음에 외상이 되었던 애착 관계처럼, 상담관계가 내담자에게 '해결책이 없는 두려움'이라는 해결 불가한 딜레마를 제공할 수 있다고 지적한다. 즉, 상담자에 대한 두려움이 애착의 욕구를 불러일으키지만, 이 욕구를 충족하기 위해 필요한 친밀감을 형성하는 것이 두렵다. 자율을 희생하고 관계를 유지하고자 하는 양가 유형의 내담자 혹은 관계를 희생하고 자율을 유지하고자 하는 회피 유형의 내담자와 다르게, 혼란된-두려운(disorganized-fearful) 내담자는 두 유형과 비교하여 관계든 자율이든 유지할 능력이 없다. 관계와 자율 사이의 균형을 유지할 수 없는 내담자는 잠재적으로, 1) 무섭고 감당하기 어려운 친밀감과, 2) 매우 심한 외로움의 전조가 되는 철수 사이를 번갈아 오간다.

● 사례 ●

Vic은 가족의 울타리를 벗어날 수 없는 젊은이다. 그는 가족이 더 이상 그의 난폭한 행동과 분노 폭발을 견딜 수 없게 되자 입원하였다. 예를 들어, 그가 오랜 기간 동안 방에 틀어박혀 나오지 않았을 때 그를 도우려는 가족들의 노력을 받아들이지 않은 것이 그의 부모님을 좌절시켰다. 그들은 이런 '난감한' 행동 패턴이 실제로 일생 동안 계속되었다고 말하였다. 그들은 가족을 "난장

판에 빠진" 것으로 말하였다. 그들은 Vic의 삶의 도처에서 그런 일이 자주 발생한다고 말하였다.

상담에서 Vic은 '해결책이 없는 두려움'의 패턴을 극명하게 나타냈다. 그리고 고백하자면 나는 그가 그것에서 벗어날 수 있는 안정된 해결책을 찾을 수 없었다. 첫 회기에 Vic은 자신이 "괜찮다."라고 말하였다. 그는 자신의 문제 모두를 스스로 해결해 왔으며, 상담에서 도움받을 게 없으며, 실제로 "말할 것이 아무것도 없다."라고 말하였다. 그는 "정신병원에 입원해서 괜찮다."라고 말하는 것이 모순임을 인정하였다. 그는 친구들을 제외하고 아무도 그를 이해할 수 없고, 의사들은 단지 그에게 '다가와서' 그를 난폭하게 다루었을 뿐이고, 그가 '미로 속의 동물'인 것처럼 실험을 했다고 말했다. 말할 것이 없다던 그의 주장에도 불구하고 그는 우울한 구석에 대해 이야기하였다. 내가 이런 모순을 지적하였을 때, 그는 내가 말할 기회를 갖지 못하고 그를 통제하지 못하도록 만들어서 자신이 대화의 "주도권을 잡기를" 바랐다고 말하였다. 그럼에도 불구하고 그의 괴로움은 뚜렷해 보였다. 비록 그가 하나의 문제에 초점을 맞출 수 없었어도, 그는 마취제 중독에 대항해 싸워서 성공하지 못했고, 부모님을 매우 긴장하게 만들어서 죄책감을 느꼈고, 결혼하고 싶었던 여성과의 이성 교제가 깨져서 매우 고통받았던 일들을 분명하게 이야기하였다. 그는 '표류하고' 있다고 느끼며, 어떤 곳에도 정착하지 못할까 봐 두려워하였다. 비록 우리가 상담동맹을 형성하기 위한 어떤 절대적인 토대가 없었지만, 회기가 끝나 갈 때 나는 그가 "아주 곤란한 상황에 처한 것 같다."라고 말하였다. 이것이 우리가 계속 만날 수 있는 의미를 만들었다. 그는 계속 만나는 것에 동의하였다.

12회기를 넘어선 어느 회기에서, Vic은 갑자기 병원 치료를 그만두었고, 우리는 교착된 상태에서 상담을 계속하였다. 그는 대개 상담회기들에 잘 참여하였고, 그가 관계에서 겪었던 외상 경험들을 간단하고 분명하게 넌지시 말하였다. 그는 종종 눈물이 나거나 초조하다는 사실에도 불구하고 도움받기를 바란다는 것을 부정하였다. 그는 고통스러운 문제들을 탐색하려는 나의 노력을 거부하였고, "단지 화를 표출할 필요가 있을 뿐이다."라고 말하였다. 실제로 그는 화를 표출하는 것이 도움이 되며, 그렇지 않으면 그의 머리가 '터질 것' 같다고 말하였다.

나는 그가 보이는 답답한 모순들 때문에 자주 당황했다. 예를 들어, 그는 아버지가 Vic 자신을 괜찮은 사람이라고 확신시키려 하는데, 이것은 아버지가 Vic 자신을 불안정한 사람으로 느끼게 만들려는 시도라고 말하였다. 그는 '환각제를 먹었을 때' 그를 진정시키려고 시도했던 친구들의 도움에 좌절을 표현하였는데, 왜냐하면 그는 환각제를 먹어서 '완전히 편안했고' 도움을 필요로 하지 않았기 때문이라고 말하였다. 그는 자신의 정신 기능에 어려움이 있는 것은 정신과 의사가 약물처방을 "잘못 사용했기" 때문이라고 하였다.

나는 '말보다 행동이 더 중요하다'는 원리에 근거하여 계속 상담하였다. Vic은 상담이 필요 없고 상담할 것이 없다고 일관성 있게 말하였다. 그러나 그는 정기적으로 상담시간에 출석하였으며, 여러 문제를 이야기하며 고통스러운 정서들을 표현하였다. 시간이 지나면서 우리는 여러 회기에서 약간 일관성 있는 이야기를 할 수 있게 되었다. Vic은 나의 노력에 완전히 비교감적으로 반응한 것은 아니다. 한 회기에서, 상담자인 내가 내담자에게 상담해 줄 문제가 없다는 것은 매우 어려운 일이라고 말하자, 그는 무엇이 '나를 더 편안하게' 만드는지 물었다. 나는 "만약 당신이 상담할 문제가 있다고 말하면서 상담에 온다면, 예를 들어 대인 관계 문제가 있다고 말한다면 편안해질 것이다."라고 대답하였다. 이 말을 듣고 Vic은 여자 친구에게 '솔직하게 말하지' 못한 자신의 좌절 상황을 왜 자신이 두려워하는지 알 수 없으나 솔직하게 이야기하는 것이 두려웠다고 말하기 시작했다. 그는 여자 친구가 자신에게 좌절했다는 것을 이해하였다. 사실, 여자 친구가 그와 헤어졌을 때 그녀는 Vic이 상처받았다는 것을 알았지만 그가 '그녀에게 말하지 않았기' 때문에 '무력감'을 느꼈다고 그에게 말하였다.

그가 계속 상담과 조화하지 못했지만, 그는 궁극적으로 상담에서 솔직하게 자신의 '성격 결함'을 인정하였다. 그는 성격 결함이 여자 친구 관계에 영향을 미쳤고, 상담에서 문제가 된다는 것을 인정하였다. 그는 자신의 고민들을 누군가에게 말할 수 없다는 것을 수치스럽고 나약한 것으로 느낀다고 말하였다. 그는 고백할 필요가 있다고 느꼈을 때 "마음의 문을 닫을 수밖에 없었다."라고 말하였다. 그는 자신이 얼마나 혼란스러워하고 있는지 다른 사람들이 알고 있다는 것을 알았다. 그러나 그는 다른 사람들과 접촉하지 않았고, '세상의 주목을 받는 것을' 견딜 수 없었기 때문에 다른 사람들은 그를 이해할 방법이 없었다. 나는 상담 내내 나 자신도 이런 경험을 했다는 것을 그가 알아차릴 수 있게 말하였다. 즉, 나는 그가 얼마나 고뇌에 찼는지 알았다. 나의 자연스러운 성향은 그를 이해하려는 노력을 하였다. 그러나 나는 그렇게 하는 데 어려움을 겪었다. 명백히 이 문제는 그를 상담하는 데 골칫거리였다. 나는 적어도 우리가 그것을 논의할 수 있는 어느 정도의 희망이 있다는 것을 알았다.

지금까지 나는 상담에서 나타나는 애착 패턴들을 기술하면서, 애착의 원형들, 아마도 고정관념에 의지하였다. 우리 상담자들은 이 패턴들이 상담에서 어느 정도로 나타나는지(예: 다소 양가적인 혹은 회피적인), 잠재적으로 유동적인지(예: 양가에서 회피로 변화할 수 있는지, 혹은 회피에서 두려운, 혼란된 패턴으로 오히려 쇠퇴할 수 있는지), 그리고 혼재되어 있는지(예: Ursula의 경험이 보여 주는 것처럼, 회피가 위로에 대한 엄청나면서 양가적인 바람을 감추는 것처럼)를 알아차릴 필요가 있다. 더군다나 다음 절에서 논의하는 것처럼, 내담자의 애착 행동은 상담자의 애착 경향성과 상호작용할 것이다. 애착 패턴은 항상 애착인물과 애착된 사람 간의 공동의 산물이며, Bowlby(1982)가 말했던 것처럼 관계 혹은 파트너십이다.

애착에 대한 상담자의 기여

애착 관계를 만드는 것은 두 사람이다. 비록 상담 과정에 상담자의 애착 패턴이 어떻게 기여하는지를 알아본 연구가 많지 않으나, 최근의 문헌은 비교적 일관성 있는 자료를 제공한다(Obegi & Berant, 2009a).

상담자가 애착 안정감이 있을 때 분명히 여러 면으로 이득이 된다. 안정 애착 상담자는 안정 애착 부모처럼 보살핌 기능을 잘 할 것이다. 이 역할은 가용하고, 의지할 수 있고, 정서적으로 반응하는(예: 정신화하기) 것을 뜻한다. 애착 안정감은 또한 정서조절을 위한 더 나은 능력과 관계가 있고, 안정 애착 상담자는 정서적 불편감을 수용하는데 더 잘 준비되어 있고, 내담자-상담자 관계에서 발생하는 갈등을 다룰 수 있으며, 상담동맹에서 발생하는 파열을 탐색해서 더 잘 복구할 것이다. 상담자의 안정 애착은 더 긍정적인 상담동맹(Levy et al., 2011), 더 나은 상담 성과와 관계가 있다(Beutler & Blatt, 2006).

대부분의 내담자는 불안정 애착을 형성하고 있다. 따라서 상담자의 직무는 불안정 애착 내담자가 더 큰 안정감을 얻게 돕는 것이다. 불안정감의 두 가지 기본 방향은, 1) 너무 많은 자율과 거리(예: 회피), 2) 너무 많은 관계와 의존(예: 양가)이다. 그리하여 상담자의 직무는 내담자들이 극단들(거리 혹은 친밀감)에서 중앙부로 이동하게 하는 것이다. 즉, 관계와 자율 사이에서 더 나은 균형을 잡게 돕는 것이다. 안정 애착 상담자는 자신이 갖고 있는 유연성으로 이런 균형 잡기를 더 잘할 수 있다. 즉, 친밀감뿐 아니라 거리두기에 대해 더 잘 견디는 능력을 갖고 있어 그럴 수 있다.

상담자는 자연스럽게 내담자의 애착 패턴을 보완하는 경향이 있다. 즉, 그들은 회피 내담자에게 상대적으로 인지적으로 반응하고, 양가 내담자에게 정서적으로 반응한다. 그러나 안정 애착 상담자는 또한 회피 내담자에게 더욱 정서적인 관계를 지향하고, 양가 내담자에게는 더욱 정서적 억제를 지향하는 방식으로 불안정 애착 내담자의 성향을 거스를 능력을 갖고 있다. 다시 말해, 그들은 Arietta Slade(2008b)가 상담하는 것처럼 할 수 있다. 즉, "나는 내담자의 지배적인 방어 스타일을 신사적으로 도전하는 것이 가치 있다고… 제안하였다. 이것은 무시형(dismissing) 내담자에게 더 많은 감정기반(feeling based) 혹은 공감 반응을 사용하고, 집착하는(preoccupied) 내담자에게 지적인 혹은 구조화하는 반응을 사용하는 것을 뜻한다"(p. 774). 즉, 상담자는 내담자의 애착 패턴에 조화되게 상담방법을 조율하는 것이 좋을 수 있다. Beutler와 Blatt(2006)은 다음과 같이 제안한 바 있다.

> 집착형 내담자는 정서적-경험적 개입들을 필요로 하는 것처럼 보이나, 그들은 감당하기 어려운 감정을 조절하는 데 도움이 되는 인지행동 전략에서 이익을 얻는 것 같다 … 마찬가지로, 회피형 내담자는 합리적-인지적 개입들을 필요로 하는 것처럼 보일 수 있다. 그러나 정서적 관여를 촉진하는 전략에서 이익을 얻는 것 같다(p. 35).

그러한 유연성(flexibility), 즉 내담자의 불안정 애착 패턴을 부드럽게 거스르는 것은 불안정 애착 유형 상담자에게 약간 부담이 될 것이다. Brent Mallinckrodt(2009)가 말했던 것처럼, "적절한 치료적 거리는 회피 내담자에게 긴장과 불편감을 느끼게 하고, 한편 불안양가 내담자에게는 좌절을 느끼게 하는 경향이 있다(p. 243).[30] 불안정 애착 유형 상담자는 적절한 정도의 상담관계를 유지하는 것과 관계된 불편감을 견디는데 어려움을 겪을 수 있다. 회피형 상담자는 회피형 내담자의 애착 행동을 단순히 보완하기만 할 것 같다. 즉, 비교적 지적인 방식으로 상담 과정을 진행해서 회피 패턴을 영속화시킬 수 있다. 또한 회피형 상담자는 양가형 내담자가 바라는 정서적 관여와 친밀감의 크기에 좌절할 수 있다. 그래서 그들은 불안, 적의, 무심함으로 반응한다. 대조적으로, 양가형 상담자들은 정서적으로 매우 잘 반응하여 양가형 내담자들의 정서 양식을 보완해서, 그들이 정서조절을 할 수 있게 돕는 데 실패할 수 있다. 양가형 상담자들은 또한 회피형 내담자가 바라는 정서적 거리의 정도에 좌절할 수 있다. 게다가 양가형 상담자는 상담동맹이 파열되면 효율적으로 다루는 것을 어려워할 것 같다. 왜냐하면 그들이 버림과 거부에 민감하기 때문이다.

내담자에게 상담이 무엇인지 교육할 때 나는 종종 'H-요인'을 사용한다. 즉, 상담자는 인간이다. 의심의 여지없이 이 간단한 논의가 보여 주는 것처럼 상담자는 자신의 일을 효율적으로 처리하기 위해 비교적 안정되어 있는 것이 좋다. 그러나 상담자의 불안정감은 반드시 작동되며, 이는 철수(withdrawal) 및 지나친 거리두기(excessive distance) 혹은 정서적으로 얽힌 관계(emotional entanglements)에 기여하게 된다. 상담자가 그러한 불균형을 부지런히 피하는 것은 의미가 없다. 그런 불균형은 애착 관계에서 반드시 나타난다. 그러나 상담자는 안정감에서 벗어나 이탈했다는 것을 알아차리고, 그들을 수정하기 위해 최선을 다할 의무가 있다. 즉, 파열을 복구하기 위해 노력할 의무가 있다. 상담자가 알아차리기와 정신화하기 능력을 갖고 있으면 좋다. 너무나 자주 상담자 또한 도움을 필요로 한다. 상담자의 안정 애착은 그런 도움을 추구하는 의지와 관계가 있다. 즉, 도움 추구는 상급 동료 혹은 또래 전문가에게 개인상담 혹은 슈퍼비전을 받는 형식으로 이루어질 수 있다.

애착 패턴들과 상담 성과 사이의 관계

이 장의 앞부분에서 논의했던 것처럼 좋은 상담동맹은 좋은 상담 성과를 예측한다. 그리고 안정 애착 내담자는 긍정적 상담동맹을 발달시킬 것 같다. 그리하여 논리적 추론은, 안정 애착 내담자는 불안정 애착 내담자보다 상담에서 더 많이 향상될 것으로 가정할 수 있다. 연구 문헌이 많지는 않으나, 연구 결과들은 이런 가정을 지지한다.

일반적으로 안정 애착 내담자는 상담을 신청할 때와 종결하는 두 시점 모두에서 더 잘 기능한다(Berant & Obegi, 2009). Ken Levy와 동료들(2011)은 14개의 연구에서 나타난 결과들과 애착의 차원에 대한 평가를 종합하여 애착 불안과 회피의 정도와 상담에서 얻은 성과 사이의 관계를 알아보았다.[31] 기대한 것처럼 안정 애착은 더 많은 개선을 성취하였다. 특히 불안정 애착의 두 차원 중에서 회피가 아닌 불안 차원은 더 빈약한 개선과 관계가 있었다.

비록 상담에서 이득을 얻는 데 어려움이 있어도, 불안정 애착 내담자는 애착 관계의 문제가 상담을 추구하기 위한 주요 이유 중 하나인 한 상담을 가장 필요로 할 것이다. 놀랄 것도 없이 불안정 애착 내담자는 더욱 긴 기간의 상담을 필요로 한다(Berant & Obegi, 2009). 그들은 장기 상담에서 도움을 얻을 것 같다. 예를 들어, Fonagy와 동료들(1996)은 회피형 내담자의 상당수가 다른 애착 분류 내담자보다 장기 정신역동 상담에서 개선된다는 것을 발견하였다. 마찬가지로 Blatt(2004)은 (회피-무시 애착과 관계가 있는) 자기비난으로 우울해하는 내담자가 장기 상담에서 이익을 얻는다는 것을 보여 주었다. 회피를 극복하는 것은 원래 천천히 일어나는 과정이다. 만약 내담자가 상담에 지속적으로 참여할 수 있다면 회피를 극복하는 것은 가능하다.

상담과 개선된 애착 안정감 사이의 관계

불안정 애착 패턴의 내담자가 상담에서 얻을 수 있는 한 가지 중요한 이득은 안정감이 개선되는 것이다. 내가 1장의 안정성과 변화의 절에서 기술하였던 것처럼, 애착 패턴은 발달 과정에서 연속성과 변화의 측면 모두를 나타낸다. 신뢰할 수 있는 관계를 지속적으로 맺는 것은 변화의 원천 중의 하나이고, 상담은 그런 기회를 제공한다.

상담 과정에서 일어나는 애착 안정감의 변화를 조사한 연구가 많지 않아도, 그 결과는 일관성 있다. 즉, 상담을 받은 뒤에 안정 애착으로 분류되는 내담자의 비율이 증가한다. 불안정 애착으로 분류된 내담자의 비율은 감소한다(Berant & Obegi, 2009). 예를 들어, 연구자들은 상담 전후의 애착 패턴을 평가하기 위해 성인 애착 면접을 사용하였다. Fonagy와 동료들(1995)은 상담 시작 시에 내담자의 대부분이 안정 애착이 아니었으나, 입원 장면에서 정신역동 상담을 받고 종결 시점에 있는 내담자의 40%가 안정 애착으로 분류된다는 결과를 제시하였다.

마찬가지로 앞 장에서 보고했던 것처럼 Levy와 동료들(2006)은 전이초점 상담을 1년간 받은 뒤에 안정 애착을 보인 경계선 성격장애 내담자의 수가 증가한다는 결과를 제시하였다. 그러나 변증법적 행동상담이나 지지치료에서는 그렇지 않았다. 특히 전이-초점 상담에서 성인 애착 면접 시 이야기 묘사의 일관성이 증가하였는데, 이야기 묘사의 일관성은 애착 안정감의 징표이다. 우리는 애착 관계를 탐색하고 정서적으로 풍부하고 진실한 방식으로 애착 관계를 이야기하는 것을 목적으로 하는 상담에서 이런 결과가 일어날 것이라 희망할 수 있다. 특히 Levy와 동료들은 전이초점 상담이 외상 및 상실과 관련하여 미해결된 것으로 분류된 다수 내담자의 미해결 상태를 완만하게 완화시킨다는 결과를 제시하였다. 그러나 이 결과는 통계적으로 유의하지 않았다. 대조적으로 외상 후 스트레스 장애 진단을 받았고 아동기에 학대를 겪은 여성을 위한 상담 성과 연구에서, Stovall-McClough 등(2008)은 상담 과정 중에 미해결된 상태가 유의하게 줄어든다는 결과를 제시하였다.

상담 성과의 일환으로 애착 안정감을 살핀 연구는 걸음마 단계에 있지만, 그 결과는 기대감을 불러일으킨다. 그러나 내담자-상담자 관계에서 성취된 안정감의 크기가 어느 정도로 낭만적 파트너, 가족 구성원과 같은 애착 관계에 일반화될지는 불확실하다. Bowlby(1988)는 "상담의 초점은 항상 지금 여기에서 일어나는 내담자-상담자 사이의 상호작용에 있어야 하고, 때때로 내담자가 자신의 과거를 탐색하게 격려하는 유일한 이유는 삶을 느끼고 다루는 현재의 방식에 과거가 영향을 끼친 의미를 찾는 데 있다." 라고 제안하였다(p. 141).

명백히 개인상담은 세 영역, 아동기 부모와의 관계, 내담자–상담자 관계, 상담 이외의 현재의 애착 관계에서 애착 패턴을 조사할 수 있는 수단을 제공한다. 그러나 더 큰 애착 안정감을 얻기 위해 내담자와 애착인물이 서로에 대한 반응을 개선하려면 둘 모두를 직접 상담하면 좋다. 우리 인간이 진화를 해 온 이후로, 상담실 밖 자연 상태의 애착 관계가 외상을 치유해 왔다는 것을 명심해야 한다. 자연 상태의 관계는 우리가 위로받는 중요한 원천이다. 자연 상태의 관계가 잘 기능할 때, 개인상담은 이 관계를 더 잘 활용하게 촉진할 수 있다. 그러나 Sue Johnson(Johnson & Courtois, 2009)은 커플 및 가족상담을 실시해서 더욱 직접적으로 이 관계들의 치유 능력을 증강시켜야 한다고 주장하였다. 그렇게 되면 우리는 개인상담의 효과가 상담실 밖으로 일반화되는 것에만 의지할 필요가 없다. 정신화 기반 가족상담(Asen & Fonagy, 2012)은 이런 목적을 달성하기 위해 개발되었다. 그러나 우리는 개인상담이 외상을 치유하기 위한 또 다른 잠재적 가치를 갖고 있다는 것을 간과해서 안 된다. 즉, 한 사람의 자신과의 관계(one's relationship with oneself)를 개선하게 돕는 것도 중요하다.[32)]

내적 안전기지의 개발

내가 몇 년 전에 자기사랑(self-love)이란 자기와 유대를 맺는 것을 뜻한다(Swanton, 2003)는 아이디어를 읽었을 때, 안정 애착이 자기와 관계를 형성하는 모델로 활용될 수 있다는 아이디어가 떠올랐다(Allen, 2005). 다시 말해, 당신은 정신화하기를 하고 알아차리는 것으로 당신의 정서적 불편감에 반응할 수 있다. 즉, 당신의 감정에 주의를 기울이고, 수용하고, 감정의 근거가 무엇인지 호기심을 가질 수 있다. 이런 태도를 갖춘 당신은 자신을 위로할 수 있다. 당신이 다른 사람을 위로하거나 그들에게 위로받을 수 있는 것처럼 자신을 위로할 수 있다. 불행히도 불안정 애착 또한 자신과 관계하기 위한 모델을 제공한다. 즉, 당신은 당신 자신의 감정을 무시할 수 있다. 혹은 당신이 느끼고 있는 감정에 대해 자신을 비난할 수 있다. 최악의 경우에 당신은 방임하고 학대하는 방식으로 자기를 대할 수 있다. 당신 자신에 대한 애착 안정감 정보를 얻으려면, 당신이 불안, 슬픔, 화, 죄책, 수치심을 느끼고 있을 때 당신이 자신에게 무슨 말을 하고 있는지 주의를 기울이면 된다. 이 책 전체에서 정기적으로 나는 경험 회피와 경험 수용을 대조하는 설명을 하였다. 당신은 경험 회피가 당신 자신과의 불안정 애착 관계에 기반하고, 경험 수용은 당신 자신과의 안정 애착 관계에 기반하는 것으로 생각할 수 있다.

Mikulincer와 Shaver(2004)는 안정 애착 관계의 정신 표상을 활성화시키는 것, 즉 안정 애착 관계를 기억하고 상상하며 생각하는 것이 스트레스를 완화하는 안정감을 불러일으킨다고 제안하였다. 안정감은 내면화된 애착 관계에 기반한다. 즉, "잘 대우받은 아동은 원래 안정감을 제공했던 애착인물의 돌봄 행동인 보호하기, 진정시키기, 승인하기, 격려하기, 코칭하기 같은 기능들을 자신의 정신 과정 속으로 통합한다"(Mikulincer & Shaver, 2007a, p. 512). 그래서 안정 애착의 사람들은 "자신의 내부에서 돌보는 자질을 동원할 수 있다"(p. 162). 그런 방식으로 그들은 사랑받고 가치롭게 대우받는 내적 작동모델을 활성화시켜 불편감을 경감시킬 수 있다.

Mikulincer와 Shaver(2007b)는 안정 내적 작동모델이 실행되게 하는 몇 가지 방법을 개발하였다. 그들은 이를 펌프 점화 현상에 비유하여 안정감 점화(security priming)라 부른다.[33] 안정감 점화는 다름 아닌 애착 표상을 활성화시키는 것이다. 예를 들어, 개인들이 안정 애착 경험들을 생각하고 말하며 글을 쓰도록 격려하는 것은 안정감을 점화하게 된다. 안정감 점화의 실험 결과는 주목할 만하다. 즉, 안정감 점화는 기분을 향상시키고, 외상 상기로 인한 불편감을 낮추고, 자기가치의 느낌을 향상시키고, 자비심과 이타적 도움을 증가시키는 방식으로 보살핌 능력을 향상시켰다. 주목할 만한 결과 중 하나는, 안정감 점화는 성격적으로 회피와 불안 양가의 사람이 일시적으로 안정 애착인 사람의 방식으로 기능하게 한다는 것이다. 사실상 안정감 점화는 일시적으로 불안정감을 진정시킨다고 볼 수 있다.

놀랍게도 안정감 점화는 의식적으로 알아차리지 못하는 방식으로(subliminally) 시행될 때조차 앞서 말한 효과를 보였다. 의식적으로 알아차리지 못하는 방식의 점화는 의식에 등록할 수 없는 매우 짧은 시간 동안(예: 약 15분의 1초) 스크린에 자극을 제시하는 것으로도 성취된다. 의식적으로 알아차리지 못하는 자극들로 사용할 수 있는 것은 다음과 같은 것들이 있다. 부드럽게 아기를 안고 있는 어머니를 그린 피카소의 그림, 참가자가 안정감을 느끼는 사람들의 이름, '돌봄, 사랑, 안전한, 애정'과 같은 단어들을 사용할 수 있다. 그러한 안정감 점화는 회피 애착 참가자의 방어 반응을 누그러뜨리고, 양가 애착 참가자의 부적응적 대처를 줄어들게 하였다. 즉, 세 가지 불안정 애착 유형 참가자 집단 모두는 안정감이 점화된 뒤에 안정 애착 유형의 참가자처럼 반응하였다(Cassidy et al., 2009).

Holmes(2001)는 한 사람이 불편감을 느낄 때 안정감을 제공하는 내적 작동모델을 움직일 수 있는 능력을 언급하기 위해 **내적 안전기지**라는 용어를 사용한다. 상담관계가 이 장에서 기술된 긍정적 치유의 속성을 갖고 있다는 단서에서 알 수 있듯이 상담은 외적 안전기지를 제공한다. 그러나 상담은 또한 내면화에 의해 내담자의 내적 안전기지를 강화하는 잠재력을 갖고 있다. 예를 들면, 내담자가 상담관계에서 경험한 공감적 속성을 자신의 것으로 수용할 수 있다. 이런 내면화의 기회는 애착 외상의 맥락에서 특별히 의미가 있다. 애착 외상을 입은 내담자는 안정 작동모델을 발달시키고 내면화하게 만드는 심리적 조율을 경험해 본 적이 없기 때문이다. 슬프게도 애착 외상은 불안정 점화(insecurity priming)를 일으켜, 자신과의 관계를 방임하고 학대하는 방식으로 하게 만드는 내적 모델을 활성화시킨다.

우리는 상담에서 현재 및 과거의 관계 문제들, 즉 불안정 애착을 논의하느라 많은 시간을 보낸다. 아마도 우리는 안정 애착의 경험을 마음으로 가져오기 위해 더 많은 시간을 보내는 게 좋다. 나는 Mikulincer가 제안한 안정감의 섬들(islands of security)이란 개념(Shaver & Mikulincer, 2011)을 내 것으로 만들어 왔다. 언제나, 애착 외상을 경험한 내담자는 형제, 확대가족, 교사, 코치, 종교 지도자와 함께 안정감의 섬들을 경험해 왔다. 우리 상담자는 이 안정감의 섬들을 재경험(revisiting)하는 데 더 많은 시간을 할애하여 안정 애착 관계 경험이 더 쉽게 마음에 떠오르도록 돕는 게 좋다. 나는 폭력 가정에서 자란 한 여성과 상담한 적이 있다. 그녀는 위로를 받지 못하면 계속 두려움에 떨었다. 그러나 나는 그녀가 보여 주는 따뜻함과 돌봄에 놀랐다. 나는 그녀가 그런 자질을 어떻게 개발했는지 물어보았다. 그녀는 아동기에 사랑스러운 할머니 댁을 방문했던 것을 떠올렸다. 하지만 그녀는 오랫동안 할머니를 생각하지 않았다. 이 경험을 회상하고 난 뒤 그녀가 표현했던 기쁨은 눈에 띌 정도였다. 그녀가 할머니와의 관계에서 내면화했던 것을 충분히 평가하는 것은 그녀의 심리적 안정감뿐 아니라 자신을 지각하는 것에 의미 있는 차이를 만들었다.

애착의 한계

나는 애착이론을 아주 철저하게 사용해 왔다. 하지만 애착 이외에 삶에 중요한 다른 것도 많다. 애착이론은 애착을 다수의 행동 체계들에 속하는 하나의 행동 체계일 뿐이라 가정한다(Cassidy, 2008). 즉, 사람들을 탐색하고, 기술과 재능들을 개발하며, 사회교제를 하고, 집단에 소속되며, 성을 즐기고, 돌봄을 제공한다.[34] 그래서 애착 이외에 상담에서 이야기하면 좋은 것들이 많다. 그러나 Mikulincer와 Shaver(2007b)는 "애착이론은 안정감을 탐색, 보살핌, 친교, 성 같은 다른 행동 체계가 적절히 기능하게 하는 발달적 토대로 간주한다."라는 것을 우리에게 상기시킨다. 그들은 "좋은 성(sex), 성덕(saintly virtues), 복잡한 놀이(complex play), 혹은 우정이 먼저 나타나고, 그 뒤에 안정감의 여지가 생긴다고 상상하기 어렵다."라고 말하였다(p. 205). 그들은 또한 "이것이 우리가 안전(safety)과 안정감을 최우선으로 고려하는 이유이다. 그러나 안전과 안정감이 전부라고 말하는 것은 아니다."라고 진술한다(p. 205).

Fonagy와 동료들(2008)도 애착이론의 한계를 인정한다. "애착이론은 일상의 마음에서 움직이는 충분히 많은 주관적인 내용을 분명히 할 수 없고, 그것을 목표로 하지 않는다. 단지 불편할 때의 마음 내용을 분명히 할 뿐이다. 이것이 정신분석의 야망이다" (p. 802). 나는 정신분석 이론과 실제가 우리 상담자에게 개인과 그들의 관계에 대한 가장 철저한 심리적 이해를 제공해 왔다고 간주하는 Fonagy와 동료들의 관점에 동의한다. 그러나 우리는 또한 다른 상담이론에서 배워야 할 것이 많다. 이것이 내가 이 책에서 주장하는 것이다.[35] 그리고 나는 심리학, 정신의학, 상담심리 모두가 새로워지는 게 좋다고 반복해서 말할 것이다. 즉, 우리는 철학, 문학, 예술, 무엇보다 살아 있는 삶에서 우리 자신에 대해 알아야 할 것이 많다. 이것들이 우리의 지식에 그리고 우리의 인간성에 기여한 모든 것들은 상담에서 정신화하기를 할 수 있는 우리의 능력에 중요한 역할을 한다. 다음 절은 이에 대해 알아볼 것이다.

상담과 정신화하기

나의 동료인 Peter Fonagy, Anthony Bateman과 나는 정신화하기가 "심리상담방법 중에 **가장 근본적인 공통요인**"이라고 과감하게 제안하였다(Allen et al., 2008, p. 1, 강조는 원래대로). '떠올릴 수 있는 상담방법 중에 **가장 새로울 게 없는 방법**'이 정신화하기라고 이미 인정한 적이 있는데, 만약 우리가 그러지 않았다면 정신화하기가 상담의 가장 근본적인 공통요인이라는 제안은 과대망상으로 보일 수 있다(Allen & Fonagy, 2006, p. ix, 강조는 저자들이 첨가함). 정신화하기로 명칭 되는 용어 자체는 새로워 보일 수 있다. 그러나 정신화하기의 기본 아이디어는 새롭지 않다. 나는 생각, 감정 등과 같은 정신 상태에 주의를 기울이지 않는 상담이론을 상상할 수 없다. 애착 관계에서 정신화하기라는 토대를 만드는 데 기여한 인간 발달 연구에 기대지 않더라도, 내 견해로는 상담이란 정신화하기를 중심으로 다른 상담기법이 작동하는 것이라고 주장하는 것은 이미 상식적인 가정이다. 그렇다고 상담이 정신화하기에 기초한다고 주장하는 것이 상담자들이 일관성 있게, 능수능란하게 정신화하기를 사용하고 있다고 말하는 것은 아니다. John Oldham(2008)은 메닝거 상담센터의 센터장이다. 그는 "정신화하기는 항상 언어적 형태로 명시적으로 드러나지 않더라도, 여러 형태의 상담에서 암묵적으로 작용하며, 상담 과정에서 우리를 안내하는 매우 유용한 신호등 같은 개념이다."라고 주장하였다. 물론 Allen과 동료들은 "당신은 정신화하기를 이미 사용하고 있다. **그리고 우리가 우리의 일을 제대로 하고 있다면**, 우리는 실제로 정신화하기를 사용하고 있는 것이다."(p. 346, 강조는 저자들이 첨가함)라고 제안했는데, 그들은 이미 그때부터 정신화하기에 대해 언급했던 것이다. 우리는 무엇이 정신화하기를 촉진하고, 무엇이 상담자 및 내담자로서 '우리의 일'을 하는 것을 방해하는지 애착이론에서 배웠다. 최고의 장애물은 애착 외상이다.

비록 정신화하기가 경계선 성격장애를 상담하는 데 두각을 드러냈지만, 점진적으로 더 많은 맥락에서 적용되고 있다(Bateman & Fonagy, 2012a). 이런 현상은 정신화하기가 여러 상담학파에서 적용되고 있는 공통요인이라는 우리의 견해와 일치한다. 따라서 나는 공통요인상담 스타일로 정신화하기에 주목해 왔고, 이 절에서 다양한 성공을 보였던, 내가 실행하고 싶은 스타일의 정신화하기 예를 제시한다. 나는 계속해서 상담에서 외상에 대해 정신화하기를 적용하는 과정의 예를 제시하고, 상담이 정신화하기에 미치는 효과를 살핀 연구를 요약할 것이다. 나는 애착 관계가 정신화하기의 기초가 되더라도, 애착 관계가 정신화하기를 성취하는 유일한 통로는 아니라는 것을 인정하며 이 절의 결론을 내릴 것이다.

공통요인상담 스타일로 정신화하기

당신이 정신화하기를 사용하는 상담회기를 관찰하는 동안, "저게 정신화 기반 상담인 MBT로군!"과 같이 말하게 만드는 독특한 전략이나 기법은 찾기 어려울 것이다. 정신화 기반 상담에는 안구 운동, 사고 기록, 알아차리기 연습, 카우치 등은 없다. 정신화 기반 상담은 포괄적으로 실행된다는 점에서 공통요인상담에 해당된다. Bateman과 Fonagy(2006a)가 상담 매뉴얼을 출판했지만, 그 매뉴얼은 특별한 기법에 제한되지 않고, 오히려 상담 실행을 안내하는 포괄적 원리들과 제안들로 구성되어 있다. 최근에 펴낸 책에서 그들은 자신들의 상담방법을 보여 주고 있다(Bateman & Fonagy, 2012b). 나는 공통요인상담의 한 방식으로 정신화하기를 실행하고자 한 나의 노력을 예를 들어 제시하고자 한다.

나는 많은 상담자들이 정신화하기라는 단어를 들어 본 적이 없어도, 이 평범하고 전통 있는 상담방법과 유사한 방법을 사용하고 있다고 믿는다. 때때로 나는 퇴원하고 난 뒤에 정신화하기 방법을 사용하여 상담하는 병원 밖 상담자를 찾을 수 없을까 봐 걱정하는 입원 내담자들을 상담한다. 나는 유능한 상담자는 정신화하기로 굳이 부르지 않아도 그 방법을 이미 사용하고 있다고 말하며 내담자들을 안심시킨다. 그들을 잘 이해하고 상담을 함께 잘 진행하는 상담자를 찾으면 된다고 안심시킨다. 그러나 나는 또한 애착 관계 속에서 정신화하기의 토대를 이해하고, 그 개념을 염두에 두는 것이 우리 상담자들이 더 일관성 있게 효율적으로 정신화하기의 방법으로 상담을 진행하는 것에 도움이 된다고 믿는다. 더군다나 내담자들이 정신화하기와 애착을 이해하게 돕는 것은 정신화하기를 사용하는 상담에서 우리와 협동하는 데 도움이 된다.

내가 정신화하기의 방법으로 상담하고자 노력할 때 그 방법은 아주 자연스럽게 느껴지며, 나는 이야기하기 좋아하고, 격식에 얽매이지 않고, 상식적이고, 열중하는 상담자가 된다. 정신화하기의 방법으로 상담을 할 때 내담자와 상담자는 한배에 탔다는 의미에서 매우 협동하게 된다. 다시 말해, 내담자와 상담자는 정신화하기 과정에 참여하며, 그들의 정신화하기 능력은 그들의 정서관리 능력(예: 느끼면서 한편으로는 생각하고, 생각하면서 한편으로 느끼기)에 따라 달라질 수 있다. 정서관리 능력은 어떤 한순간에 느끼는 그들의 안전 및 안정감뿐 아니라 이전의 애착 경험에 뿌리를 두고 있다. 정신화하기는 양방으로 소통되는 도로에 비유될 수 있다. 만약 나의 경험을 정신화하기에 대한 한 가지 지침으로 삼는다면, 내담자는 정신화하기를 하는 데 필요한 도움을 상담자에게 얻을 뿐 아니라 그들의 상담자가 정신화하기를 하는 것에 도움을 제공한다. 나는 상담자와 내담자의 역할에 차이가 없다고 말하는 것이 아니다. 상담자와 내담자의 역할에는 차이가 있다. 가장 특별한 차이는 그 관계가 상담자의 전문성에 의해 맺어졌으며 유지된다는 본질에 상담자가 궁극적인 책임을 져야 하며, 상담자는 훈련을 받아 전문성을 갖추었다는 것이다. 상담자로서 우리가 선호하는 상담이론이 무엇이든 상담에서 정신화하기 방법을 사용하는 것이 우리의 책무라고 나는 믿는다.

우리의 내담자는 그런 책무가 없다. 그래서 내담자가 정신화하기 과정에 참여하게 하는 것은 우리의 직무이며, 제공할 수 있는 도움이 무엇이든 있다면 제공해야 한다.

그러나 상담관계의 전문적 혹은 기술적 본질을 무시하지 않는 한편, 나는 개인상담이란 한 방에서 자신을 이해하고 서로를 이해하고자 시도하는 두 사람으로 축약된다는 것을 대부분의 시간 동안 열심히 알아차린다. 내가 정신화하기에 대해 학습해 온 모든 것이 내가 정신화하기를 더 잘할 수 있는 사람으로 만들었는지 알 수 없으나, 정신화하기에 대해 내가 학습한 것은 어느 정도의 수준에서 나의 어려움들과 실패들을 내가 더 잘 알아차리게 만들었다. 그래서 나는 상담 중에 궤도에서 벗어났다가 정상 궤도로 돌아올 수 있다. 예를 들어, "우리는 일치된 견해를 갖고 있지 않는 것 같군요. 내 생각에 내가 어떤 것을 오해한 것 같군요……."라고 내담자에게 말함으로써 정상 궤도로 돌아올 수 있다.

우리 모두는 정신화하기 방법을 어떻게 사용하는지 알고 있기 때문에, 정신화하기를 한다는 것이 실제로 그런 것보다 더 쉽게 들릴 수 있다. 내가 의도적으로 정신화하기 방법을 사용하고자 할 때조차 나는 실수할 수 있다.

● 사례 ●

나는 입원 내담자인 Will과 상담하고 있었다. 그는 우울이 너무 심해서 거의 이야기를 할 수 없었다. 그는 나를 쳐다보지 못했다. 그는 상담시간 동안 거의 내내 머리를 숙여 양탄자를 쳐다보았다. 나는 그를 돕기 어렵겠다고 믿었다. 그의 우울이 매우 급격하게 심해진 한 가지 이유는 그의 정신과 의사가 휴가를 떠나고 없다는 것이었고, 병원에 있던 그의 친구가 장례식에 참석하기 위해 나가고 없었기 때문이었다. Will은 또한 '요구하는 것이 많고', 의료진의 관심을 끄는 다른 내담자에 대해 분개하였다. Will은 자신이 소홀한 대우를 받고 있고, 외롭다고 느꼈다. Will의 정신과 의사가 부재한다는 것을 고려하여, 나는 Will이 걱정되었다. 내가 했던 유일한 유용한 일은 그에게 다음날 상담을 한 번 더 하자고 말한 것이다. 그 즈음에 그의 기분은 좋아졌고, 그는 어느 정도 나와 관계를 맺게 되었고, 어느 정도 나를 쳐다볼 수 있게 되었다.

Will의 오락가락하는 우울한 기분이 사람들과 관계를 맺는 데 해를 끼친다는 것을 알게 된 나는 추가 회기에서 이전의 회기에 우리가 상호작용하면서 겪었던 어려움을 이야기하는 것으로 시작하였다. 특히 나는 그가 나를 잘 쳐다보지 못하는 것을 탐색하였다. 나를 잘 쳐다보지 못하는 것이 상호작용하는 것에 특별히 문제를 일으켰다. 그는 매우 우울할 때, 사람들(예: 그의 어머니 혹은 아내)을 잘 쳐다보지 못하는데, 그것은 그 사람들이 Will 자신을 비평하거나 그렇지 않으면 그가 우울한 것을 불편해할 것이라고 믿기 때문이라고 말하였다. 그는 사람들이 고통스러워하는 것을 보는 것을 견딜 수 없었다. 그때 그는 죄책감을 느꼈고 심지어 더 우울해졌다.

정신화하기를 촉진하기 위해, 나는 Will에게 이전의 회기에 그가 내 얼굴을 보았다면 무슨 생각을 했는지 물었다. Will은 그것에 대해 생각하지 않았다고 응답하였다. 그래서 나는 "지금 그것에 대해 생각해 보실래요."라고 요청하였다. 그는 자신의 마음의 우울한 부분은 내가 그를 '엉망진창' 혹은 '극적인 사람'으로 볼 것이라고 생각한다고 말했다. 그러나 그는 자신의 마음의 합리적인 부분은 내가 자신을 도우려고 시도하는 것으로 보인다고 말했다. 그는 또한 나에게 감사하다고 말했다. 왜냐하면 그가 나와 더 많이 상호작용하도록 내가 요구하지 않아서 그가 '휴식시간'을 가질 수 있었기 때문이라고 말했다.

나의 마음을 Will과 나눌 목적으로, 나는 내가 그를 어떻게 도와야 할지 몰라 당황한 것으로 그에게 보였을 것이라고 그에게 말했다. 나는 또한 내가 그를 돕기 위해 애쓴 것을 보면, 그가 우울할 때 다른 사람이 그와 관계를 맺는 것이 얼마나 어려울지 언뜻 알게 되었고, 뿐만 아니라 그가 그런 상태에 있을 때 상호작용을 하는 것이 얼마나 어려운지 알게 되었다고 그에게 말했다. 나 자신에 대한 정신화하기는 다음과 같다. 즉, 그가 내 얼굴을 보았더라도, 나는 그가 내 얼굴에서 무엇을 보았는지 모른다. 나는 내가 최대한 그것을 이해해서, 내가 느낀 것을 말할 수 있을 뿐이다.

정신화하기 상담에서 심혈을 기울여야 할 것은 정신화하기 태도(stance)를 유지하는 것이다. 즉, 상담자는 내담자의 마음과 (상담자와의 관계를 포함해서) 내담자의 여러 대인 관계에 무슨 일이 일어나고 있는지 알아보려는 호기심, 탐구심, 개방적 마음 자세를 갖춰야 한다. 상담자는 또한 내담자와 관계하면서 자신의 마음에서 일어나고 있는 생각, 감정, 동기가 무엇인지도 알고자 하는 호기심이 있어야 한다. 정신화하기 태도를 유지하는 상담자는 내담자가 정신화하기 태도에 합류하게 고무할 수 있다. 즉, 정신화하기가 정신화하기를 낳는 것이다. 상담자와 내담자는 다음과 같은 이유로 정신화하기 태도를 상실할 수 있다. 즉, 그들은 불신감, 놀람, 화, 수치심을 느끼거나 더욱 일반적으로 방어할 필요를 느껴서 탐구심을 갖거나 개방적 마음 자세를 갖기보다, 오히려 폐쇄적 마음 자세나 자기를 정당화하려는 태도를 취하면 정신화하기 자세를 상실할 수 있다.

Anthony Bateman은 언젠가 나에게 정신화하기 상담의 주요한 특징은 상담자가 '나' 진술(statements), 즉 생각난 대로 내담자와 이야기를 나누는 것이라고 말한 적이 있다. 나는 이런 접근이 내 마음에 떠오르는 것이 사실인지 혹은 제대로 이해했는지 점검하기 위한 제동을 걸지 않고 말할 자유를 많이 준다고 생각한다. 종종 나는 정신화하기 상담의 이런 과정에 매우 능동적으로 참여하며, 심지어 첫 회 상담에서도 능동적으로 사용한다. 예를 들어, "나는 우리가 이제 막 상담을 시작했다는 것을 압니다. 그럼에도 불구하고 내가 제대로 하고 있는지를 알아보기 위해 내가 생각하고 있는 것을 당신에게 말씀드리고 싶군요……."라고 말한다. 나는 때때로 자신의 상담자가 이야기를 할 것이란 기대를 갖고 있지 않는 내담자와 상담한다. 그런 경우에도 나는 다음과 같이 개입한다. "실례지만, 잠시 이야기에 끼어들어도 될까요? 나는 도움을 드리기 위해 ____에 대해 이야기할 필요가 있다고 생각했습니다." 이해하는 것은 경청하기뿐 아니라 상호작용하기를 통해 이루어진다.

정신화하기 과정에서 나는 내담자의 마음에 대한 전문가로 소견을 말하는 것이 아니라—내담자의 무의식(the unconsicous)을 말하는 것은 더더욱 아니며—오히려 둘 사이에 일어나는 사항들에 관련된 나의 생각과 감정을 말한다. 예를 들면, 나는 다음처럼 말한다. "내가 당신에게 모욕감을 준 것 같다는 생각이 드네요." "나는 당신이 자신을 자랑스럽게 느끼지만 너무 많이 자랑하는 것은 원치 않는다는 생각이 듭니다. 그런지 아닌지 궁금하군요." "나는 그 사람 때문에 당신이 소심해졌다고 생각했었죠. 그러나 지금 나는 당신이 그를 화나게 할까 봐 신중을 기하고 있는 것으로 알고 있어요." "솔직히 말하면 나는 우리가 공들여 온 것을 놓쳐 버렸네요." "(서로 두 주먹을 쥐고 대치시키고 있는 것 마냥) 우리가 대치하고 있는 것처럼 느껴지네요." "당신이 겪어 온 이야기를 듣고 나도 슬프네요." "나는 당신이 옳다고 생각합니다. 나는 당신이 위태롭다고 느끼고 있어요. 왜냐하면 내가 그 일에 대해 생각해 본 결과 '그가 그것을 참기만 하지는 않을 텐데'라는 생각이 들었기 때문이죠." 나는 잘못 이해했을 경우 내담자가 나를 바로잡아 주기를 바란다. 나는 내담자에게 내가 잘못 이해했다고 생각될 때 솔직하게 말해 주라고 요청한다. 나는 완전히 틀렸을 때 당황할 것이다. 그러나 나는 그것을 견딜 수 있다.

나는 공통요인상담의 **투명함**(transparency)과 같은 정신화하기 양식을 좋아한다. 나는 내담자가 마음을 나와 공유하기 바라는 것처럼 내 마음을 내담자와 공유하고자 노력한다. 특히 나는 Bateman과 Fonagy(2006a)의 "내담자와 상담자가 함께 정신화하기 과정을 발달시키려면, 내담자는 상담자의 마음으로 내담자 자신을 발견해야 하며, 상담자는 내담자의 마음으로 상담자 자신을 이해해야 한다. 두 사람은 마음에 의해 마음이 변화되는 것을 경험해야 한다"(p. 93)라는 진술을 좋아한다. 나는 내담자가 나의 마음을 변화시켰을 때, 혹은 내가 내담자를 더 잘 알게 된 뒤에 그들을 이전과 다르게 볼 때 그런 변화를 내담자에게 알리는 방식으로 정신화하기 과정을 보여 준다. 예를 들어,

나는 한 내담자에게 처음에는 그가 '강철' 같고 아주 잘 '통제하는' 사람으로 봤다고 말했다. 그런 후 나는 그에게 그의 감정이 아주 '다정하고' 또한 타인의 바람과 욕구를 고려하여 조화할 수 있다는 것을 알게 되었다고 말했다. 그는 자신의 다정함은 거의 드러내지 않던 측면이라고 말했다. 내 마음에서 일어나는 그런 변화들은 때로는 긍정적이지 않다. 그래서 나는 내담자가 매우 인정사정없는 사람일 수도 있다는 것을 알게 되었다고 조심스럽게 표현하기도 한다.

나는 생각하고 느낀 모든 것을 말하는가? 결코 아니다! 여타의 관계에서처럼 나는 꾹 참고, 눈치 있고 존중하는 사람이 되며, 도움을 제공하는 것을 목적으로 한다. 그러나 나는 얼굴 표정, 자세 혹은 목소리를 조절하는 노력을 하지는 않는다. 그런 자연스러운 표현은 내담자를 위해 나의 마음과 감정을 공유하기 위한 방법이다. 요점을 강조하면, 나는 때때로 의자에서 일어나서 내 머리를 벽에 박는 제스처를 취하거나 양탄자 밑으로 물건이 들어갔다고 생각해서 그 물건을 찾기 위해 허리를 굽혀서 양탄자를 들춰 보는 제스처를 취하기도 한다. 내담자들이 나를 좋지 않게 대하는 것을 좋아하지 않더라도, 나는 그들이 나를 살펴야 하는 걱정 없이 마음을 털어놓도록 격려한다. 그들이 욕하고서 당황스러워할 때, 나는 그들이 걱정하지 않도록 내가 해군으로 복무했다는 사실을 알린다. 나는 '질문을 받은 뒤에 질문하는 것의 중요성'을 알지라도, 내담자의 질문에 자동적으로 질문으로 반응하는 것을 좋아하지 않는다. 타당한 이유가 있을 때 나는 질문에 응답하는 것을 좋아하며, 그런 뒤에 내담자가 질문한 이유를 물어본다.

강조하자면, 나는 상담하는 동안에 상담자가 '자연스러워지는 것'이 중요하다고 생각한다. 나는 나를 '상담자'로 느끼는 게 아니라, 나는 일하고(working) 있다고 느끼는데 그 일은 대개 어렵다. 나는 모든 사람이 공통요인상담을 제대로 실행하게 만드는 적절한 방법이 있다고 생각하지 않는다. 왜냐하면 나에게 자연스러운 것이 다른 사람에게 자연스럽지 않을 수 있기 때문이다. 내가 최초의 경험을 쌓았던 체계적 둔감화와 같이 구조가 잘 짜여 있고, 절차가 있는 상담접근을 많이 좋아하지 않더라도, 나는 방향 없이 자유분방하게 상담하는 것도 편안해하지 않는다. 유감스럽게 내가 항상 일관성 있는 초점을 갖고 상담할 수는 없다. 때때로 상담은 두서없이 진행되는데, 그래도 내담자는 이득을 얻는 것처럼 보인다. 그러나 상담에서 일정 방향을 추구하는 나는 상담 초기에 내담자가 짧은 기입지(worksheet)를 작성하게 요청한다(〈표 5-4〉 참조). 이것은 인지행동상담자인 나의 동료 Tom Ellis와 함께 개발한 것이다.

〈표 5-4〉 상담 초점 질문지

지시문: 나는 우리가 상담에서 어디에 초점을 둘지 동의할 수 있다면, 즉 우리가 상담으로 개선하고자 하는 주요 문제를 협력해서 공식화한다면 메닝거 상담센터에서 이루어지는 비교적 짧은 개인상담 과정에서 더 많은 것을 이룰 수 있다고 생각한다. 나는 또한 주요 문제들에 대한 초점을 찾아내는 것이 쉬운 일이라고 생각하지 않는다. 이것은 '정신화하기'를 필요로 하는 과제의 예에 해당이 된다. 정신화하기는 당신 자신의 생각과 감정뿐 아니라 다른 사람의 생각과 감정을 인식하는 것을 의미한다. 그래서 정신화하기는 다른 사람을 공감하는 것과 당신 자신을 공감하는 것 둘 모두를 뜻한다. 어떤 사람이 상담받으려 하는 문제는 대개 그 사람 내부에 존재하는 어려움과 더불어 중요한 관계에서 일어나는 갈등을 포함하고 있기 때문에, 우리는 이 문제를 명료화하고 해결하는 상담을 하기 위해 자기와 타인 모두에게 정신화하기를 하는 것에 의지한다. 상담의 초점을 찾기 위한 노력의 출발점으로 나는 몇 개의 질문에 당신의 답변을 듣고자 한다.

- 당신이 도움을 받고 싶은 가장 중요한 문제는 무엇인가?
- 당신 자신에게 변화시키고 싶은 것은 무엇인가?
- 당신이 진전하는 것을 가로막아 온 것은 무엇인가?
- 당신이 맞서지 않거나 다루지 않은 어떤 문제나 갈등이 있는가?
- 만약 상담에서 당신의 목적을 이룬다면, 당신은 무엇을 다르게 하고 있을 것 같은가?
- 당신에게 희망을 주는 것은 무엇인가?

나는 내담자의 문제를 이해한 공식화(formulation)를 글로 작성하여 내담자와 공유하는 것이 도움이 된다고 생각한다. 나는 내담자에게 자신의 문제를 내가 공식화한 진술을 보고 틀리거나, 잘못 이해했거나, 빠뜨린 것이 있으면 알려 줄 것을 요청한다. 때때로 나는 공식화 진술을 컴퓨터에 저장해서 서로 동의할 때까지 편집한다. 예를 들어, 나는 내담자를 자살 시도로 몰았던 복잡한 경험을 이해하기 위해 내담자와 함께 노력한 적이 있다. 내담자의 아버지가 제공한 내담자의 자살 유서를 참고한 결과, 자살 시도가 부분적으로 분노의 표현이었다는 게 그와 나에게 분명해졌다. 사람들이 자살 시도의 원인이 무엇인지 의구심에 빠진 상태에 남겨질 것에 대비해 그는 자신의 기대를 저버린 두 사람의 이름을 자살 유서에 기록해 놓았었다. 공식화 진술을 읽으면서 그의 시도가 '화난 행동'이었다는 나의 요점을 들은 그는, "나는 이 부분에 동의하지 않는다."라고 말하였다. 나는 놀랐다. 왜냐하면 우리는 이전 상담에서 이 점에 동의했기 때문이다. 그러나 나는 공식화에 기록된 내용의 일부가 그가 자살을 시도한 것이 그를 실망시킨 사람들에게 반격을 가할 의도로 이루어졌다는 뜻으로 해석될 여지가 있음을 깨달았다. 나는 이런 오해를 풀기 위해 공식화 진술을 수정하였고 그는 새로 작성된 공식화 진술에 전적으로 동의하였다.

상담이 내담자의 욕구와 능력에 맞게 맞춤형으로 제공될 필요가 있다는 것은 자명한 이치이다. 모든 내담자와 상담자가 힘을 합쳐 상담을 진행할 수 있는 것은 아니다. 상담의 첫 과제는 함께 힘을 합쳐 상담을 진행하는 것이 가능한지 결정하는 것이다. 어떤 내담자는 내가 제공할 수 없는 전문화된 접근[36]을 필요로 한다. 나는 또한 상담자와 내담자의 '마음이 맞아야 한다(the 'chemistry' must be right)'는 것을 확고하게 믿는 사람이며, 최소한이라도 그것이 중요하다고 본다. 성(gender)은 종종 중요하다. 예를 들어, 내가 언급했던 것처럼 남성에 의해 성폭력을 겪은 일부 여성은 당연히 여성 상담자를 편안해한다. 성은 여성 상담자와 상담을 하다가 상담자를 나로 바꿀 것을 고려하던 한 남성 내담자에게 중요한 사안이 되었다. 왜냐하면 여성 상담자와 상담하면서, 그의 상담에서 중요한 호소 문제였던 성 이야기를 하는 데 어려움을 느꼈기 때문이다. 그는 결정을 내리는 데 곤란을 겪었으나 '마음이 맞아야 한다'는 생각에 상담자를 바꾸기로 결정하였고, 나는 그의 결정이 사리에 맞다고 동의하였다. 몇 회의 상담을 한 뒤에, 그는 여자 상담자와 '마음이 맞아야 한다'는 느낌이 있었으며, 그녀와 상담하는 것을 좋아했다고 말하였다. 그러나 그는 중요한 호소 문제들을 나와 다룰 수 있기 때문에 나와 상담한 것이 잘한 일이라고 말하였다. 나는 그의 신중한 결정에 동의하였고, '마음이 맞아야 한다'는 바람은 시간이 지나면서 좋아져 갔다.

상담에서 일부 내담자의 정신화하기는 자연스럽게 발생하며 상담은 활기차게 진행된다. 다른 일부 내담자(예: 매우 우울한 사람들, 불안한 사람)는 정신화하기 과정에 참여하는 것이 매우 어렵다. 그들은 다른 사람보다 더 많은 격려, 교육, 직접적인 안내를 필요로 한다. 그래서 필요하다면 나는 조언을 싫어하지 않는다. 내담자가 정신화하기 과정에 참여하고자 할 때, 나는 자기와 타인 모두에 초점을 두면서 둘 사이에 균형을 유지하는 정신화하기를 실행할 수 있게 돕는 노력을 한다. 만약 내담자가 너무 자기에게 초점을 두면, 나는 타인의 마음 상태를 내담자가 어떻게 이해하고 있는지 탐색한다. 나는 또한 내담자가 나와 내담자 사이의 관계 및 상호작용에 대해 정신화하기를 실행하게 격려하는데, 이는 내담자가 관점에 따라 발생할 수 있는 차이를 이해하게 도우려는 것이다. 나는, 1) 내담자의 입장에서 '내가 생각하고 느끼고 있다'고 생각하는 것과, 2) 나의 입장에서 '내가 생각하고 느끼고 있다고' 생각하는 것 사이에 차이가 있다는 것을 분명히 하는 것을 좋아한다.

● 사례 ●

Joe는 삶에 완전히 희망이 없다는 우울 반추와 감정을 느끼며 진창에 빠졌다. Joe는 "나는 당신이 만난 사람 중에 최악의 내담자이며, 나와 상담하는 것을 좋아하지 않는다는 것을 안다."라고 말했다. 나는 그와 상담하는 것이 싫지 않다고 말했고, 그와 상담을 하면서 좌절을 느끼는 내 감정에 Joe가 반응하고 있는 것인지 궁금했다. 내가 좌절을 느끼는 것은 그가 반추에서 벗어나고 상황이 희망이 없는 것으로 보지 않게 돕는 것이 어려워서 그런 것이라고 말했다. 우리는 그에게 너무나 자명한 나의 좌절감과 그가 아내에게 느끼는 좌절감 사이의 유사점을 논의하였다.

Joe는 아내가 자신과 헤어질까 봐 걱정하였고, 내가 그를 포기할까 봐 걱정하였다. 나는 좌절되는 것에 익숙하며 아주 끈기 있는 사람이라고 그에게 말하였다. 좌절했다는 것이 내가 포기한다는 것을 뜻하지 않는다고 말하였다. 나는 그의 아내가 그 때문에 겪는 좌절을 견딜 수 없을 것이라고 생각하는지 물었다. 그는 반대로, 아내는 "믿을 수 없을 정도로 인내심이 강하다."라고 말하였다. 실제로 시간이 지나면 그가 우울을 극복할 수 있다고 믿을 정도로 "고집스럽다."라고 말하였다. 그는 적어도 일시적으로 그의 아내와 내가 그를 포기할 것이라는 그의 신념이 우울한 반추의 한 부분으로 단순한 신념일 뿐 사실이 아니란 것을 알고 있었다. 그가 궁극적으로 회복할 것이라고 아내가 믿는 근거가 무엇인지 물었다. 그랬더니 그는 전에도 이 '강박적이고' '희망 없는' 패턴에 빠진 적이 있는데 잘 빠져나왔다고 말했다. 그때 우리는 그가 어떻게 그렇게 할 수 있었는지 이야기하기 시작했다.

넓게 보면 그러한 상호작용은 정신화하기를 증진시키기 위해 우리의 관계를 사용했다는 의미에서 전이 작업을 뜻한다. 나는 이러한 넓은 의미의 전이를 통합하지 않는 공통요인상담자는 관계에서 정신화하기를 연습시킬 수 있는 황금 같은 기회를 지나치고 있다고 생각한다. 이 장의 앞부분에서 논의했던 것처럼 정신화하기는 상담동맹에 생긴 파열을 회복시키는 데 필수적이다. 그러나 내담자-상담자 관계와 관련해서 정신화하기의 중요한 점은 내담자가 다른 관계에서—특히 애착 관계에서 가장 현저하게—더욱 효율적으로 정신화하기를 할 수 있는 성향과 기술을 발달시키게 돕는 것이다. 내가 그를 포기하지 않을 것으로 생각하는 것이 Joe에게 중요하였다. 그러나 아내가 그를 떠나지 않을 것임을 인지하는 것이 그에게 훨씬 더 중요하였다.

그러나 나는 우리의 관계에 대해 직접적 표현을 하는 것(예: 나에 대한 내담자의 감정)은 꽤 위험할 수 있다고 인정한다. 그런 것은 일상 대화에서 사람들이 하는 행동이 아니다. 그렇게 하는 데 익숙하지 않은 내담자에게 관계에 대한 직접적 표현을 하는 것은 밀고 들어오는 완전 무례한 행동이란 느낌을 줄 수 있다. 더군다나 내담자는 내담자-상담자 관계에 지나치게 초점을 맞추는 상담자를 자기중심적인 사람으로 지각할 수 있다. 하지만 "당신도 알다시피, 그게 당신의 전부는 아니다." 그래서 나는 지나치게 상담관계에 초점을 두지 않으며, 그것의 중요성을 과대평가하지 않는다. 그러나 나는 전해들은 정보를 사용하기보다 내 눈으로 직접 본 것을 바탕으로 내담자를 돕는 것이 더 쉽다고 생각한다. "나는 우리의 이야기가 막힌 것처럼 느껴지는군요. 이 상황은 당신이 아내에게 말하고자 노력할 때 경험했다고 말했던 그 문제와 유사한가요?"

나는 이 두서없는 언급들이 상담 스타일과 일련의 절차 또는 기법 사이의 차이를 분명히 하는 데 기여하기를 희망한다. 일반적으로 내담자와 상담자 각자는 어떻게 함께 상담할 것인지 이해할 필요가 있다. 의미 있는 관계를 형성하고 유지하는 것과 마찬가지로 상담관계를 맺는 데 많은 기술(art)이 필요하다. 우리는 삶의 초기에 그런 기술을 배우고 평생 세련되게 만들어 간다. 우리는 연습에 의해 학습하는데, 나는 여기서 몇 가지를 보여 주고자 한다. 〈표 5-5〉는 상담자가 정신화하기를 증진시킬 수 있는 혹은 자신도 모르는 사이에 정신화하기를 약화시킬 수 있는 방법과 관련된 팁을 제공한다. 내담자는 〈표 5-5〉를 자신의 상담자가 정신화하기 스타일로 상담하는지 가늠하기 위한 팁으로 사용할 수 있다.

〈표 5-5〉 정신화하기에 영향력을 끼치기 위한 상담자를 위한 팁

정신화하기를 증진시키기

- 탐구심이 많은, 호기심이 있는, 무지(not-knowing)의 태도를 유지하기
- 간단하고 명료한 상담기법 제공하기
- 너무 뜨겁지 않고 너무 차갑지 않은 수준의 정서적 관계를 증진시키기
- 내담자가 자신 및 당신의 정신 상태를 탐색하는 것을 촉진하는 안전기지 경험을 제공하기
- 내담자가 자기와 타인의 정신 상태를 탐색하는 것 사이에서 균형을 유지하게 하기
- 당신의 정서적 반응이 내담자의 정신 상태와 감정을 내담자에게 반영해 주는 미러링 과정에 참여하기
- 내담자와 당신 사이의 상호작용에서 관찰된 것을 분별 있게 노출하기
- 대안적인 관점들을 제공하기 전에 내담자의 경험을 타당화해 주기
- 내담자가 상호작용과 자기의 경험을 다각적인 관점(multiple perspectives)에서 볼 수 있게 돕기
- 내담자가 당신의 왜곡된 정신화하기를 교정할 수 있게 당신이 생각하고 있는 것을 내담자가 알게 말하기

- 당신이 무엇을 말하고 무엇을 해야 할지 모를 때 그것을 인정하고 상담을 진행해 나가기 위해 내담자에게 도움을 요청하기
- 당신 자신의 정신화하기가 실패했을 경우 인정하고 오해를 이해하기 위해 노력하기
- 실수를 하면 그것들을 인정하고 내담자의 역기능적 반응에 당신이 끼친 기여를 적극적으로 탐색하기
- 당신의 태도, 감정, 신념에 대한 내담자의 부적절한 가정들을 도전하기
- 내담자의 마음이 지금 이 순간 상담실에서 어떻게 작동하고 있는지 내담자가 이해할 수 있게 돕기 위해 내담자–상담자 관계를 상담의 재료로 사용하기

정신화하기를 약화시키기

- 영리하고, 똑똑하고, 통찰하는 사람이 되려고 하기
- 복잡하고 긴 상담방법으로 상담하기
- 내담자에 대한 당신의 아이디어를 확신이 없는 상태에서 내담자에게 제시하기
- 당신의 이론적인 선입견에 근거해서 내담자의 정신 상태를 내담자에게 귀인하기
- '상담학 용어를 지껄이는 투'로 상담하기
- 길어지는 침묵들을 내버려 두기
- 내담자의 관계 경험을 탐색하고 그것의 토대를 자세히 살피기보다 일반적인 패턴으로 귀인하기
- 강한 반응의 (정신화되지 않은) 정서로 내담자에게 반응하기

출처: Adapted from Allen JG, Fonagy P, Bateman AW (eds): *Mentalizing in Clinical Practice*. Washington, DC, American Psychiatric Publishing, 2008, pp.166–167, Used with permission.

나는 좋은 관계가 있으면 좋은 상담 성과를 내는 데 충분하다는 주장에 다음과 같은 질문으로 항변해 왔다. 즉, 우리가 관계를 하고 있는 동안 우리는 무엇을 하고 있는가? 나는 다음과 같은 질문을 다루지 않고서 단순히 정신화하기를 증진시킨다고 말하는 것을 원치 않는다. 즉, 우리는 무엇에 관해 정신화하기를 하고 있는가? 우리는 관계한다. 그리고 우리는 상담 작업을 한다. 그래서 우리는 우리가 할 상담 작업을 분명하게 정의해야 한다. 우리 상담자는 상담에 초점을 제공하는 호소 문제에 대한 명시적인 공식화(formulation)에 도달하기 위해 정신화하기를 하는 대화에 우리의 내담자를 참여시켜야 한다. 여기에 애착 관계에서 회피를 극복하려고 노력했던 한 내담자를 위해 내가 작성했던 사례 개념화가 있다.

나는 상담에서 다룰 주요 사안들에 대한 나의 생각을 요약하는 것이 당신에게 도움이 될 것으로 생각했다. 실례가 될 수 있겠지만, 우리가 너무나 짧은 시간 동안 함께 작업했다는 사실을 고려하면 나는 내 생각들 중 일부가 당신에게 도움이 될 것이란 희망으로 몇 가지를 추측하였다.

내가 당신의 '외상'을 염려하고 있다고 당신이 믿고 있다면 그 믿음은 맞다. 내 관점에서 외상의 핵심은 정서적으로 고통스러운 고립감을 경험하는 것이다. 당신이 9살일 때 아버지가 죽기 전에 심장마비로 쓰러지는 것을 봤다는 이야기는 다음과 같은 것을 보여 준다. 즉, 당신의 어머니가 '무너졌고', 그 후에 거의 모든 다른 가족의 관심이 어머니에게 쏠려서, 당신을 '안중에 없게' 만들었다. 당신의 말처럼 어머니가 무대 중앙에 있었고, 당신은 무대 귀퉁이 한편에 남겨졌다. 그래서 당신은 혼자 매우 슬펐고, 당신이 경험했던 것에 공포를 느꼈다.

우리는 많은 다른 스트레스 경험들, 예를 들어 당신의 어머니가 재혼하기 위해 이사를 했을 때 당신의 집과 친구들을 잃게 된 일, 계부의 혹독한 훈육과 잔인한 처벌, 당신의 오빠가 하이킹하던 중에 조난을 당하고 장애를 일으킨 부상들, 집에서 도망쳐 나와 얼마간 거리에서 노숙한 일, 깡패들에게 폭력을 당한 일, 자살을 시도해서 죽을까 봐 공포에 휩싸인 일 등에 대해 거의 다루지 않았다.

당신은 Jill과 흔들림 없는 관계를 발달시키는 데 협력할 수 있고, 앞날이 유망한 직업에서 좋은 진전을 보일 수 있다는 것을 진정 자랑스러워했다. 불행히도 Jill이 "당신은 일에 중독되었다."라고 불평하기 시작했을 때 "자랑스러움이 사라졌다." 당신은 그녀가 신뢰롭지 못하다는 것을 알게 되었다. 당신의 새로운 상관이 당신의 재능과 근면 성실함을 인정하지 않는다는 느낌이 그 배신을 가중시켰다. 그래서 당신은 이제까지 해 왔던 모든 일들에 환멸을 느끼게 되었고, 당신은 자살하는 것이 '벗어날 수 있는 유일한 방법'이라고 생각했다.

아마도 당신 아버지의 죽음과 함께 당신은 '벽을 쌓는' 대처 전략을 채택했다는 것을 이제 알게 되었다. 당신은 정서적 고통을 벽을 쌓아—예를 들어, 외상 경험들에 관계된 생각과 감정을 차단함으로써—모른 척해 왔다는 것을 인정한다. 당신은 마음속의 내적 장벽 뒤에 있는 슬픔과 폭발할지 모르는 분노를 두려워한다. 당신은 음주를 함으로써 그 벽이 버티게 하려 했다. 그러나 음주가 그 벽을 버틸 수 있게 했는지 궁금하다. 당신이 말했듯이 음주를 했을 때 당신은 '화를 버럭' 더 잘 내었다. 당신이 느끼는 정서들을 다른 사람에게 털어놓지 않는다는 점에서 당신은 또한 외부에 벽을 갖고 있다. 불행히도 이 벽은 정서적 고통으로 고립되는 경험을 지속시켰다. 그리고 나는 그 벽 뒤의 외로운 고립이 우울을 일으켰다고 생각한다.

오랫동안 당신은 그 벽들이 힘의 원천이고 성취를 이루는 데 필요하다고 믿어 왔다. 이제 당신은 그 벽이 당신이 필요로 하는 도움을 받는 것을 방해하고 있다는 것을 알기 시작하였다. 당신이 사람들에게 관심을 보이고 있는 것은 당신에게 도움이 될 것 같다. 당신은 안정감의 욕구가 있다는 것을 인정하였고, 약간의 안정감을 제공하는 기도와 신에 대한 친밀감에 의지할 수 있게 되었다. 내 생각에 당신은 여성을 신뢰하는 것에 대한 염려에도 불구하고, 또한 Melanie와 애착을 형성함으로써 의미 있는 진전을 이루었다. 그러나 관계를 형성해서 애정을 받아들이는 것은 당신의 성격에 맞지 않다. 그리고 당신의 욕구로 Melanie를 부담스럽게 만드는 것을 삼가는 당신의 욕망은 역효과를 낳는다. 그녀는 당신이 이야기를 털어놓지 않을 때, 특히 당신의 심각한 우울이 두려울 때 좌절과 무기력을 느낀다고 당신에게 이야기하였다. 당신의 말을 들어 보면 그녀는 당신이 갖고 있는 벽에 대해 관심이 많지 않다.

특히 당신이 세워 놓은 벽들의 관점에서 보면, 나는 당신이 상담을 매우 유효적절히 잘 사용하고 있다고 생각한다. 당신은 벽이 무너져 내리려는 욕구를 갖고 있다는 것을 안다. 그러나 우리 둘은 그 벽들을 곧바로 돌파할 수 없다는 데 동의한다. 나는 '천천히 조금씩 벗겨 내고자' 하는 당신의 생각을 좋아한다. 그리고 당신은 당신의 온정뿐 아니라 슬픔을 언뜻 보여 주었다. 당신은 내가 그 벽의 편에서 약간의 시간을 보내는 것을 허락하였다. 내 생각에 당신은 병원의 스태프들뿐 아니라 당신의 동료 내담자들과 함께 그 벽을 조금씩 벗겨 낼 수 있는 여러 가지 기회를 제공하는 장면에서 처치를 추구하는 현명한 의사결정을 하였다. 나는 당신이 집단상담에서 마음을 열었으며 그렇게 하는 데 안전함을 느꼈다는 당신의 말에 고무되었다. 그리고 나는 당신을 담당하는 사회복지사에게 당신이 Melanie에게 이야기를 터놓지 못하는 문제로 당신이 Melanie와 함께 도움을 받고 싶다는 당신의 생각을 좋아한다.

외상을 정신화하기

나는 공통요인상담에서 외상에 대해 정신화하기를 하는 것이, 전문 상담은 아니라도 이야기를 털어놓는 다른 관계에서 일어나는 일과 매우 다르다고 보지 않는다. 외상을 정신화하는 것은 매우 어려울 수 있다. 그러나 기본 원리는 간단하다. 즉, 나는 내담자가 외상으로 격한 감정에 휩싸이지 않으면서 마음으로 경험할 수 있도록 그 경험을 생각하고 느끼며 말할 수 있게 돕는 것을 목적으로 삼는다. 나는 내담자가 그 경험에 둔감해지는 것을 목적으로 하는 것이 아니라, 외상이 고통스럽지만 견딜 수 없을 정도로 고통스러운 것은 아니라고 기억하게 돕는다. 내담자가 견딜 수 있을 때, 그들은 외상 경험을 피하기 위한 필사적인 노력에 의지할 필요가 없게 된다. 나는 내담자가 그 경험에 무엇이 되었든 의미를 만들 수 있게 도우려고 노력한다. 일반적으로 그렇게 도우면서 자기비난을 덜 하고, 그들이 견뎌 온 것을 향해 좀 더 용서하고 자비하는 태도를 개발하는 것도 목표로 한다.

이런 정신화하기 접근은 일부 내담자들이 추구하고 내가 효율적이지 못하다고 생각하는 '정화(cathartic)' 접근과는 다르다. 내 생각에 정화 접근은 얻을 게 아무것도 없고, 잠재적으로 외상 경험에 대한 폭넓은 세부적인 탐색을 하는 것을 방해하므로 그 자체로 잃을 것이 더 많다. 나의 접근은 현재에 초점을 맞춘다. 즉, 나는 과거가 현재에 어떻게 영향을 미치고 있는지에 초점을 맞춘다. 혹은 과거의 회피가 현재에 영향을 미치는 방식에 초점을 맞춘다. 간과될 수 있는 것을 분명하게 말하자면, 외상 상담의 목적은 현재와 미래에 더 잘 살게 돕는 것이다. 특히 내담자가 안정 애착과 정서적 불편감을 조절할 수 있는 능력이 부족할 때 외상에 대한 지나친 몰입은 잘 살겠다는 포부를 약화시킬 수 있다. 당신이 기분 좋게 느끼려면 그 전에 기분이 나빠질 필요가 있다는 옛 격언이 진실일 수 있다. 하지만 그 과정에서 당신의 기능이 떨어지게 되면 무언가가 잘못되고 있는 것이다.

다음의 예들은 공통요인상담으로 외상을 상담하는 나의 접근을 잘 보여 준다.

● 사례 ●

Yolanda는 헤로인과 코카인을 섞어 쓰는 물질남용이 심해지자 병원에 입원하였다. 그녀의 병원 정신과 의사가 아동기 초기에 삼촌에 의해 반복적으로 성폭력을 당한 외상 경험을 이야기할 수 있는 '외상 상담'을 받으라고 의뢰하여 상담을 받으러 왔다. 그녀는 이제까지 살아오면서 그 학대를 이야기하는 것을 피했고, 그 일이 생겼을 때 누군가에게 말하지 않았던 것에 대해 자신을 비난했다. 그녀는 모든 것이 정상인 것처럼 살아가기 위해 집중적으로 노력했다. 그녀는 대학에 다닐 때 룸메이트가 아동기에 성폭력을 당했던 경험을 이야기했을 때 처음으로 자신이 겪은 학대를 이야기했다. 그리고 나서 그녀는 병원 밖의 그녀의 상담자와 학대에 대해 이야기하기 시작하였다. 그러나 그렇게 하는 것이 물질남용을 악화시켰고, 그녀는 병원에서 처치를 받도록 의뢰되었다.

그 성폭력이 그녀의 과거와 현재에 의미 있는 영향을 끼쳤으나, 그것은 외상 과정의 한 측면일 뿐이었다. Yolanda는 아동기 내내 부모의 폭력을 목격하였다. 그녀는 또한 학교에서 폭력 피해를 입었다. 그녀는 엄마에게 오해받고 비난받은 일에 대해 불평하였다. 그녀는 자신이 아버지에게 더 안정감을 느꼈다고 말하였다. 그러나 그녀가 고등학교에 들어가 마약을 시작했을 때 반항아가 되었고, 아버지와 계속되는 말다툼에 휘말리게 되었다. 그녀는 또한 남자 친구에게 신체 학대를 당하고 굴욕을 느끼는 장기 관계에 빠져들었다. 그녀는 '혼자되는 것—특히 밤에—을 두려워하였기 때문에' 그 관계를 유지했다고 말하였다. 한 파티에서 코카인을 사용한 상태에서 그녀는 강간을 당했다. 며칠 뒤에 그 일을 알게 된 남자 친구와 갈등이 깊어졌다. 남자 친구와의 관계에서 계속되는 학대와 더불어 강간을 당한 것이 그녀의 물질남용을 악화시켰다.

Yolanda는 처음에 상담이 어려울 것이라 생각하였다. 그녀는 성폭력에 대해 이야기할 필요가 있다는 것을 안다는 말로 시작하였다. 그러나 그녀는 그 일의 대부분을 기억하지 못하였다. 이야기가 연결되지 않는 영화의 몇 장면만을 기억하듯이 이야기할 수 있을 뿐이었다. 그녀는 자신을 역겹고 혐오스럽게 느끼게 만들며 괴로움을 주는 몇 가지 이미지들을 말하였는데, 이야기가 잘 연결되지 않았다. 나는 그녀가 더 많이 기억하도록 격려하는 게 아니라 오히려 그녀에게 문제가 되는 마음속의 이미지를 더 많이 말하기 바란다고 강조하였다. 이 계획에 동의했음에도 불구하고 그녀는 상담회기에 오는 것을 피하였다. 상담에 오지 않았을 때 그녀는 다양한 변명을 했고, 결석한 회기가 그녀의 불안과 관계가 있다는 것을 부인하였다. 그러나 마침내 그녀는 우리가 함께 진행하는 상담에서 자신이 느끼는 불안을 말할 수 있었다. 그리고 우리는 처음으로 계획대로 상담을 진행하였다. 그리고 그 회기는 그녀의 예상보다 그녀에게 많은 불편감을 주지 않은 것으로 판명되었다.

우리는 성폭력뿐 아니라 이외의 다른 외상의 영향에도 초점을 맞추기로 동의하였다. 첫 염려를 극복한 뒤 Yolanda는 상담을 아주 생산적으로 활용하였다. 상당한 불편감에도 불구하고 그녀는 혼란스럽고 혐오감을 주는 드문드문 떠오르는 기억들을 솔직하게 이야기하였다. 그런 뒤 그녀는 여러 가지 외상이 자신의 기능에 끼치는 영향을 즉각적으로 자유롭게 이야기하였다. 상담 과정 중에 그녀의 의지와 상관없이 떠오르는 성 학대 기억들의 빈도와 불편감은 줄어들었다. 그녀는 혼자되는 것에 불안을 느끼는 것이 그녀가 남자 친구의 노예가 되게 만들었다는 것을 알게 되었다. 상당 기간 동안 술을 마시지 않은 것이 그녀의 감정들을 관리하는 데 상당한 자신감을 갖게 만들었다.

병원이 제공한 외상 상담 의뢰가 Yolanda로 하여금 이전과 다른 방식으로 상담을 활용하는 것을 가능하게 하였다. 이전의 상담은 전적으로 위기 중심으로 '이 불을 끄고 나면 저 불을 끄는 방식'이었다. Yolanda는 상담에서 외상 이야기를 하는 것을 더 이상 두려워하지 않았고, 그녀는 물질남용 집중상담뿐 아니라 남자 친구와의 관계를 알아보기 위해 받아 오던 그 밖의 상담도 종료할 준비가 되었다. 더군다나 그녀가 술을 줄이게 되자 그녀의 삶에서 지지의 원천이었던 아버지와 관계를 회복할 수 있는 위치까지 나아졌다.

Andrea는 일산화탄소 음독으로 자살 시도를 한 뒤 병원에 입원하였다. 이웃이 우연히 그녀를

발견해서 구조하였다. 그녀는 자신이 살았다는 것에 매우 화를 냈다. 그러나 그녀는 아동기의 응어리를 제거하는 작업을 하기로 결심하였다. 그녀는 아동기의 응어리가 결혼 생활에 문제를 일으켰고, 이것이 그녀의 자살 시도를 촉발했다고 믿었다.

Andrea는 어머니와 아버지가 자주 싸우는 폭력적 가정에서 성장하였다. 아버지와 어머니는 Andrea의 오빠와도 맹렬하게 싸웠다. 오빠는 20대에 스스로 목을 맸다. Andrea는 폭력을 생각하면 환각 증상이 생긴다고 말했다. 그녀는 오빠의 죽음에 대해 부모를 비난하였다. 한 상담회기의 어떤 시점에서 Andrea는 어둡고 그늘진 내 책상 위에 놓여 있는 사진을 보았다. 그녀는 그것을 흘깃 보고 공황 상태에 빠졌다. 그녀는 나에게 그 사진을 치워 달라고 요청하였다. 그러나 그녀는 그 일에 대해 이야기할 수 없었다. 우리는 그녀가 진정할 수 있게 도왔다. 그녀는 진정할 수 없었다.

Andrea는 이후의 회기에서 그 사진에 대한 반응을 꺼냈다. 나는 그 사진이 무엇을 불러일으켰는지를 말할 수 있는지 그녀에게 물었다. 그녀는 그 이야기를 할 수 있었다. 그녀는 한밤중에 일어났었던 부모님 간의, 특히 고통스러웠던 폭력 일화를 기억하였다. 그녀는 아버지가 어머니에게 짐승 같은 굴욕적인 공격을 했다고 말했다. 하지만 그녀가 가장 고통스럽게 생각했던 것은 폭력이 아니라, 그녀가 어두운 방에 혼자 있고 부모님은 그녀가 혼자 있는 것을 알아차리지 못했다는 사실이었다. 그녀는 모든 싸움이 그녀에게 좋지 않은 영향을 끼쳤고, 오빠가 자살하게 만들었다는 것을 부모님이 무시한다는 것에 매우 격분했다. 우연이 아니게 그녀의 자살 시도는 남편의 '불쾌한 기분'에 그녀가 영향을 받는 것을 남편이 무시하는 태도를 보이자 촉발되었던 것이다.

Andrea는 담당 사회복지사의 도움으로 자신의 마음의 '응어리'를 논의하기 위한 상담에 매우 열심히 참여하였다. 그녀는 자신의 감정을 남편이 이해할 수 있는 방식으로 이야기할 수 있게 되었다. 그녀는 응어리를 치우고 남편과 '평화를 유지할' 수 있게 되었다고 말하였다. 그녀는 공포스러웠던 부모님의 싸움과 대조적으로 남편의 기분은 '단순히 약이 오르게' 하는 정도라는 것을 분명히 알게 되었다.

상담이 종료되어 갈 즈음에 Andrea는 그녀를 공황 상태에 빠지게 했던 그 사진을 다시 볼 수 있냐고 즉흥적으로 물었다. 나는 그 사진을 그때 이후로 서랍에 넣어 두었다. 그 사진은 투사 검사인 로샤 잉크 반점 검사 같은 기능을 하게 되었다. 그 사진에는 먹구름이 잔뜩 낀 풍경이 있었다. 그녀는 사진에서 위협적인 인물을 흘깃 보았던 것이다. 그녀가 그 사진을 다시 보았을 때 그녀는 풍경의 아름다움을 보았고, '다르게 볼 수 있는 관점의 힘'에 대해 언급하였다.

Ben은 결혼 폭력이 심해져 그와 아내 모두에게 해를 끼치고 있다는 사실에 놀라 상담을 받으러 왔다. 폭력이 일어나게 하는 선행 조건은 명백했다. 두 사람은 폭력적인 가정에서 자랐다. 이

어두운 과거의 경험이 그들이 서로에게 매력을 느낀 한 가지 이유였다. Ben은 부모님에게 어떤 일들을 불평했을 때 셀 수 없을 정도로 "입 닥쳐."라는 말을 들었다고 말했다. 그는 열렬히 귀를 기울이는 '동반자'를 찾게 되어 매우 감사했다. 이상할 정도로 그들은 폭력 가정에서 자랐어도 결혼 생활은 다를 것이란 신념을 갖고 서로 매력을 느꼈다. 하지만 슬프게도 그들의 결혼 생활은 양가 부모님의 결혼보다 더 폭력적이 되었다.

Ben은 폭력의 기억을 '지우기 위해' 상담을 시작했고, 상담 초기에 이제까지 해 오던 음주를 더 이상 할 수 없었기 때문에 매우 힘들어했다. 그는 병원의 금주령에 화를 냈고, 의료진과 언쟁하였고, 다른 사람들이 갈등하면서 격앙된 목소리를 내는 것을 들을 때면 파멸된 것처럼 느꼈다. 그는 텔레비전 소리를 포함해 소음을 견딜 수 없었다. 그는 자신의 방으로 피했고, 다른 사람과 어울릴 수 있도록 돕고자 하는 노력에 화를 냈다.

Ben은 외상으로 '혼란에 빠져' 상담을 시작하였다. 그는 외상에 대해 생각하고 말하는 것을 멈출 수 없었다. 상담에서 즉각적으로 그는 유익한 메타포를 제공하였다. 그는 다락에 있는 가방의 뚜껑을 열어서 모든 내용물을 뒤지는 것을 멈출 수가 없다고 말하였다. 나는 우리가 가방의 뚜껑을 닫기 위해 그를 도울 필요가 있다고 제안했고 그는 동의했다. 나는 또한 그에게 그 뚜껑을 닫으라고 요청하는 것이 그에게는 내가 "입 닥쳐."라고 말하는 것처럼 느껴질 가능성이 있다고 알렸다. 그는 우리가 이 위험을 알아차려야 한다는 것에 동의를 했지만, 그는 혼란에 빠지는 것은 멈추고 싶다고 말하였다.

우리는 상담을 하는 내내 다락 속의 가방이라는 메타포를 사용하였고 뚜껑을 여는 것과 닫는 것 사이의 균형을 잡고자 노력했다. Ben이 기억들이 일으키는 감정을 감당하기 어려워하기 시작하였을 때 나는 그가 '가방 속을 뒤지기' 시작했다고 지적하였고, 이것은 우리의 주의를 다른 곳에 돌리기 위한 신호였다. 물론 항상 쉽게 성공한 것은 아니었다. 시간이 지나면서 Ben은 검토할 가방 속의 내용들을 선택할 수 있었다. 예를 들어, 아내와의 전화 통화가 부모님과의 일들을 상기시키지만, 어떻게 하면 기억과 통제할 수 없는 분노의 홍수에 빠지지 않게 되는지를 말하였다. 그는 점진적으로 그 뚜껑을 열었다가 바로 닫는 것이 가능하였다. 나는 그가 혼란에 빠졌다고 느끼지 않으면서 화가 났다는 것을 말할 수 있는 그의 능력에 감명받았다. 더군다나 그의 분노는 점진적으로 고통스러운 슬픔뿐 아니라 두려움을 인정하면서 누그러들었다. 예를 들어, 그는 부모님과 함께 외가를 방문했을 때 한숨을 돌렸던 귀중한 기간을 기억해 냈다. 그는 할머니를 무섭다고 느꼈으나 할아버지를 사랑하였고, 함께 시간을 보낸 뒤로 할아버지의 포옹을 받는 것을 항상 많이 기대했다는 이야기를 눈물을 글썽이며 이야기하였다. 외가를 방문했다가 떠나는 것은 그의 가슴에 가장 사무치는 아동기의 고통스러운 기억 중의 하나였다.

Ben과 아내는 그들의 폭력적인 애착이 '유독한 초강력 접착제' 같다고 인정하였다. 그들은 이혼 과정으로 별거하는 데 동의하였다. 그들은 '제한된 방식으로'만 상호작용한다는 것을 깨달았다. Ben은 익사하지 않고 간신히 지탱하게 해 주는 것이 아내와의 제한된 접촉이라는 것을 깨달았다. 그는 또한 음주로 외상 기억들을 없애려고 시도하는 전략이 역효과를 낳는다는 것을 알게 되었다. 건강을 회복한 뒤에, 특히 수면 문제를 회복한 뒤에 그는 몇 년 동안 경험하지 못했던 '맑은 정신'을 느꼈다. 더군다나 친구들에게—특히 유사한 경험을 한 나이가 같은 남자 친구에게—이야기를 털어놓은 뒤에 우정의 중요성을 새롭게 평가하게 되었다. 지각하지 못하는 사이에 결혼 생활이 '진창에 빠졌을' 때 그는 우정 관계를 소홀히 했었다. 오래 지속되어 온 우정 관계를 재개한 것은 그가 아내와 별거할 것을 예상한 뒤에 외로움을 덜 느끼는 데 중요한 도움이 되었다.

이 사례들을 읽은 당신은 "이 접근에서 새로운 게 뭐지?" 하고 의아해할 수 있다. 만약 그 사례들에 새로운 게 있다면 나도 그것이 무엇인지 모른다. Bowlby(1988)가 동의했던 것처럼 마음은 무서움의 장소일 수 있다.[37] 그리고 당신은 그곳에 혼자 들어가기를 원치 않을 수 있다. 나는 이 사례들을 공통요인상담이 어떤 것인지 보여 주고, 심리 상담을 하는 병원 환경의 맥락에서—현재 정신건강 보호 체계에서 매우 희귀한—정신화하기를 향상시키는 상담을 하는 것의 이득을 보여 주고자 사용하였다(Vermote et al., 2012). 병원은 입원한 동료들과 이야기를 털어놓고 더 큰 안정감을 발달시킬 수 있는 기회뿐 아니라, 좋지 않은 일을 방지하고 안전을 제공한다. 게다가 다중 양식의(multimodal) 상담접근은 중요한 애착 관계 문제들을 다루기 위해 커플상담 및 가족상담을 포함하고, 더 넓은 가족 체계의 관점에서 정신화하기를 증진시킨다.

상담에서 이뤄진 정신화하기에 대한 연구[38]

입원 및 외래 상담 프로그램에 근거해서 Bateman과 Fonagy(2008/2009)는 경계선 성격장애에 대한 정신화 기반 상담을 지지하는 견고한 증거를 형성하였다. 연구의 수는 많지 않지만, 그 결과는 상담이 정신화하기 능력을 향상시킨다는 것이다. 그래서 어느 정도 선에서 나는 인간 발달에 대한 연구 결과에 근거하여 상담이 정신화하기를 증진시키는 안정 애착을 형성하는 잠재력을 갖고 있으며, 정신화하기가 증진되면 안정 애착이 형성될 수 있다고 믿는다.

역설적이게도, 상담이 정신화하기를 향상시키는 잠재력이 있다는 신념을 지지하는 일부 연구 결과는 다른 상담접근에서 나왔다. 내가 4장에서 요약했던 것처럼 경계선 성격장애에 대한 전이초점 상담은 성인 애착 면접에서 이야기 묘사의 일관성뿐 아니라 정신화하기 능력을 향상시켰다(Levy et al., 2006). Sheree Toth와 동료들(2008) 또한 1년간의 유아-부모 상담 과정에 참여하고 있으며 우울을 겪고 있는 엄마들의 정신화하기 능력이 변화하는지 측정하였다. 그들의 상담방법은 그 엄마들의 삶의 초기의 관계들이 유아-부모 상호작용에 미치는 영향을 이해할 수 있게 돕고, 그들과 유아 사이에 이루어지는 상호작용이 불러일으키는 정서적 영향을 알아차리는 능력을 향상시키도록 설계되었다. 의도된 대로 그 개입은 통제 집단보다 실험 집단 엄마들의 정신화하기 능력을 개선하였다. 우울한 개입 집단에서 상당한 정도의 엄마들이 낮은 수준의 정신화하기 상태에서 높은 수준의 상태로 이동하였다. 동시에 그 개입 집단에 속한 걸음마기 아동들의 애착 안정감도 향상되었다. 그러나 그 저자들은 걸음마기 아동의 애착 안정감의 변화를 엄마의 정신화하기 능력의 변화에 귀인할 수 있는지는 밝히지 못하였다. 그들은 엄마들 자신의 아동기 애착에 관한 정신화하기 능력(즉, 성인 애착 면접에서의 정신화하기 능력)보다 엄마-유아 관계에 관련된 정신화하기 능력의 변화가 유아의 애착 안정감 변화와 직접적 관계가 있을 것으로 생각하였다.

Rudy Vermont와 동료들(2010)은 Bateman과 Fonagy(2006a)의 접근을 역할모델로 삼아 1년간 정신역동 지향의 병원 기반 상담 프로그램 과정에 참여하는 것이 정신화하기 능력을 변화시키는지 평가하기 위한 과제에 착수하였다. 예측과 모순되게 연구자들은 정신화하기 능력에서 전반적인 향상을 발견하지 못하였고, 정신화하기 능력의 변화와 상담 성과 사이에 어떤 관계도 찾지 못했다. 그 결과들에 대한 더 정교한 검토—즉, 두 군집의 내담자들에 대한—는 미묘한 변화의 패턴을 드러냈다(Vermont et al., 2011). **안정된 군집**(stable cluster)으로 명명된 집단은 상담 과정에서 정신화하기 능력이 점진적으로 꾸준한 개선되었다. 반면에 변동하는 군집(fluctuating cluster)으로 명명된 집단은 상담 과정에서 정신화하기 능력이 증가와 감소를 반복하는 추세를 보였다. 이런 추세는 동맹이 깨지느냐 아니냐에 따라 움직였다. 예를 들어, 1) 처치의 중간에 정서적 문제로 갈등에 빠지는 것과, 2) 상담의 종결이 가까워지면서 임박한 분리와 관련된 불안은 정신화하기에 역기능적 영향을 끼쳤다.

성인 애착 면접에서 정신화하기 능력과 애착 안정감을 측정하는 것은 우리가 개인들의 안정된(stable) 특성을 다루고 있다는 것을 함의하고 있다. 즉, 어떤 개인은 다른 사람보다 정신화하기를 더 잘할 수 있으며, 어떤 개인은 안정 애착을 형성하고 있으며, 반면에 다른 사람은 불안정 애착을 형성하고 있다. 그러나 우리는 심지어 1살인 유아도 한 부모에게 안정 애착을 형성할 수 있고, 다른 부모에게 불안정 애착을 형성할 수 있다는 것을 알고 있다. 그래서 나는 애착 관계들에 대한 내적 작동모델들(internal working models)의 개념을 진지하게 받아들인다. 즉, 내적 작동모델들에서 모델들은 다수의 모델들(multiple models)을 뜻하며 단수가 아닌 복수를 뜻한다. 우리는 관계-특이적 모델들이라는 개념도 받아들인다(Bretherton & Munholland, 2008)[39]. Diana Diamond와 동료들(2003)은 정신화하기가 관계-특이적이라는 유사한 관점을 취한다. 애착과 마찬가지로 상담에서 정신화하기는 양자 관계의 과정(dyadic process)이다. 즉, 그 과정에는 내담자가 기여하는 것, 상담자가 기여하는 것, 혹은 하지 못하는 것, 함께하는 것이 포함된다. Diamond와 동료들의 연구가 보여 준 것처럼 상담자는 A라는 내담자보다 B라는 내담자에게 더 효율적으로 정신화하기를 할 수도 있다. 더군다나 관계-특이적인 양자 관계의 본질을 고려하면(P. Luyten, P. Fonagy, L. C. Mayers, R. Vermote, B. Lowyck, A. Bateman, & M. Target, 미출판 원고, 9월 21일, 2011), 정신화하기 능력은 A라는 관계와 B라는 관계에서 다르게 나타날 수 있을 뿐 아니라 특별한 관계 내에서 시기에 따라 변화할 수 있다. 그래서 당신은 아버지보다 어머니와 상호작용할 때 더 편안하게 정신화하기를 할 수 있다. 그러나 어머니가 당신의 영역을 침해하고 통제하고 있다고 느낄 때에는 그렇지 않을 때보다 어머니에게 정신화하기를 하는 데 어려움을 겪을 수 있다. 그래서 특정한 관계 내에 불안정감의 섬들(islands of insecurity)이 있을 수 있고, 당신이 이 섬들 중의 하나에 발이 묶여 있을 때 정신화하기는 어려울 수 있다.

정신화하기의 양자 관계적 본질에 대한 연구는 정신화하기가 상담관계 및 여러 관계에서 일방 도로가 아니라는 것을 강조한다. 나는 상담자들이 내담자가 정신화하기를 실행하게 하는 데 도움을 줄 수 있으나 그 역은 성립하지 않는다고 믿지 않는다. 나는 많은 개인적 경험에서 그 역이 성립한다는 것을 알게 되었다. 나의 내담자들은 내가 궤도에서 벗어날 때 내가 정신화하기를 할 수 있게 도움을 준다. 그리고 나는 정신화하기를 위해 내담자들에게 의지한다. 내담자들은 내가 오해한 것 같다고 종종 나에게 말한다. 또한 내담자들은 동맹에서 발생한 파열을 복구하는 데 도움을 줄 수 있다.

사례

나는 한 내담자와 불화를 겪어서 약간 원통했던 상담회기를 기억한다. 나는 내가 생각하기에 Kevin의 진전을 방해하고 있는 것을 그가 탐색하게 도우려는 시도를 하고 있었다. 반면에 그는 자신의 상담을 진전시키기 위해 방해물들을 잘 다루어 나가고 있다고 느꼈다. 나는 그가 병원을 퇴원하고 난 뒤의 그의 안전에 집착하였다. 나는 위험한 자해 삽화가 더 이상 발생하지 않도록 그가 구체적인 예방 계획을 세우게 돕고자 하는 나의 노력을 그의 '부정적 성향'이 방해하고 있다고 느꼈다. 그럴듯하게 나 자신의 감정을 그에게 투사한 나는 좌절감을 느꼈지만, 나는 그에게 화가 났는지 물어보았다.

Kevin은 화나지 않았다고 답하였으며, 내가 항로를 이탈한 것처럼 느껴진다고 설명하였다. 그는 이 상담의 항로에서 내가 어느 곳에 있는지를 이해하고 싶어 했다. 그는 단지 그의 생각을 나에게 설명하려고 시도하고 있었다고 말했다. 그리고 그는 나의 생각을 이해하기를 원했다. 내가 그의 안전과 관련된 나의 염려들을 말했을 때, 그 또한 놀랐다고 말했다. 그는 적절한 계획을 하는 과정에서 겪고 있는 어려움을 내가 이해할 수 있게 계속 도왔다. 뿐만 아니라 그는 그렇게 하기 위해 노력하고 있다는 것을 내가 깨닫지 못하고 있다는 것을 이해할 수 있게 도왔다. 그는 내가 정신화하기를 할 수 있게 초청하고 있었다. 그리고 궁극적으로 우리는 다시 호흡을 맞출 수 있었다. 이 상호작용은 내담자가 도움을 제공하는 협력의 전형적인 예이다. 이 협력의 사례는 오해를 이해하는 과정에서 정신화하기의 역할뿐 아니라 정신화하기의 파트너십의 사례를 보여 준다.

이전에 언급하였던 것처럼 나는 애착과 정신화하기의 관점에서 상담을 바라보는 것을 좋아한다. 왜냐하면 그렇게 하는 것이 우리 상담자와 내담자가 서로 다른 역할을 갖고 있음에도 불구하고 둘을 한배를 탄 사람으로 만들어 주기 때문이다. '양쪽은 인간관계에 관련된 자신들을 상담 속으로 가져온다. 즉, 그들의 기원, 문화, 성격, 정신병리, 기대, 편견, 방어, 강점'을 상담 속으로 가져온다(Norcross & Wampold, 2011). 우리의 상담이론이 무엇이든, Holmes(2010)에 따르면 "결국에 상담자와 내담자가 그들의 관계와 그들이 상담에 가져온 인간적 자질을 갖고 서로를 대하게 된다."

애착 관계를 넘어 정신화하기로

나는 정신화하기와 안정 애착 사이의 관계를 강조했다. 하지만 나는 그것을 과잉진술하면 안 된다. Fonagy와 동료들(2008)이 경계했던 것처럼, "(과학적 혹은 상식의 관점에서든) 안정 애착이 정신화하기의 발달에 영향을 미치는 유일한 관계라고 제안하는 것은 어리석은 행동이다"(p. 797, 강조는 필자가 첨가함). 우리는 조종당하고, 괴롭힘당하고, 혹은 잘못된 대우를 받을 때뿐 아니라, 우리는 경쟁하고 있고 뒤질 위험에 처했을 때 정신화하기를 배우는 게 틀림없다. 우리는 부모님뿐 아니라 친척과 또래, 이성 파트너와 낯선 사람, 친구 그리고 적과 함께할 때, 상담자와 내담자가 함께할 때 정신화하기를 배운다. 그럼에도 불구하고 Fonagy와 동료들이 결론 내린 것처럼 애착 관계가 '자기와 타인의 마음에 대한 이해가 발생하는 **가장 중요한** 가르침의 맥락'이다(p. 802, 강조는 필자가 첨가함). 내가 이해한 대로라면 이렇게 주장하는 이유는 간단하다. 즉, 애착 관계는 가장 친밀하고 지속적인 관계이다. 양이 많지 않더라도 그 관계에 안정감이 있다는 것을 고려하면, 그 관계의 구성원이 각각 상대에게 가장 충분히 자신을 드러내는 관계이다. 더군다나 분명한 것은 타인이 나를 알아차리는 것과 내가 자기-알아차림(self-aware)을 하는 것은 불가분의 관계에 있고, 이는 유아기에 시작된다.

여기서 나의 주요 관심사는 상담이다. 정신화하기는 상담의 기초가 된다. 그러나 앞서 말했던 내용들이 함의한 것처럼, 상담이 정신화하기를 배우는 데 도움이 되는 유일한 원천은 아니다. 상담은 정신화하기를 배우는 데 도움이 되는 좋은 수단 중의 하나이다. 상담은 최근의 문화적 현상이고 오래된 전통은 아니다. 다른 관계는 항상 인간 공동체에 좋은 기여를 해 왔다. 실제로 상담관계 이외의 다른 관계는 의식과 정신화하기가 충분히 잘 진화할 수 있게 기여해 왔다(Hrdy, 2009). 그러나 애착 관계에서 발생하는 외상은 일상의 이야기를 털어놓기 위해 관계를 활용하는 개인의 능력을 약화시킬 수 있다. 그리고 우리는 이런 틈을 메우기 위해 상담이라는 전문적 관계를 개발하였다.

공통요인상담에 대한 욕구

우리는 '공통요인상담'을 정말로 필요로 하는가? 이 질문에 대한 나의 답변은 설명을 필요로 한다. 현재의 심리건강 서비스 접근 방법은 이 문제를 전면에 내세우고 있다. Alan Kazdin과 Stacey Blase(2011)는 어떤 접근 방법이 되었던 전통적인 상담들—개인, 집단, 가족—은 돌봄의 욕구를 충족시키는 데 매우 부족한 면이 많다는 지난 수십 년간 지속된 논쟁의 현대판을 맹렬하게 주장하고 있다. 심리건강 서비스가 시행되는 정도가 지역사회에 따라 차이가 많으며, 지구촌 경제 문제의 맥락에서 보면 상담 서비스를 제공하기 위한 자원의 한계가 도처에서 만연하고 있다.

이러한 배경을 등에 업고 Kazdin과 Blase는 처치 효과의 크기가 좀 작아도 상담 이외의 폭넓은 개입을 개발하여 전파하는 게 좋다고 주장한다. 예방을 강조하는 주장은 새로운 게 아니다. 문제의 초기에 개입하면 이득이 있다는 것은, 애착 연구에 의하면 자명하다. 그러나 공통요인상담에 대한 나의 열렬한 지지에 근거해서 보면 나는 첨단 기술에 근거한 인간미 부족한 개입이 필요하다는 주장, 특히 컴퓨터와 인터넷을 사용하는 상담방법이 점점 늘어나고 있다는 사실에 적잖이 놀라고 있다. 전화상담은 새롭지 않다. 전화상담을 화상상담으로 향상시키는 것은 매우 의미 있어 보인다. 상담 서비스 제공과 관련된 이런 기술 향상은 첨단 기술을 사용하더라도 상담관계를 발달시킬 가능성을 향상시킨다. 화상상담이 대면상담에 비교해서 이득이 많은지 손해가 많은지는 확인해 봐야 할 문제이다. 그러나 Kazdin과 Blase가 검토한 바에 따르면, 우리는 지금 컴퓨터 기반 상담방법과 스마트폰을 사용한 방법이 팽창하는 것을 경험하고 있다. 예를 들어, 그 기기들은 기분을 모니터하고 대처 기술들을 증가시키기 위해 사용될 수 있다.

우리 상담자들이 제공하는 상담 서비스의 범위를 확장시킬 필요가 있고, 효과 크기가 작더라도 제공할 수 있는 모든 형태의 도움이 필요하다는 Kazdin과 Blase의 주장을 나는 나무랄 수 없다. 더군다나 그들이 말하는 것처럼 새로운 기술은 상담의 보조 수단으로 기능할 수 있다. 그러나 내가 나의 아이패드를 좋아하더라도, 나는 어디서나 제공받을 수 있는 아이패드 상담의 전망을 으스스하게 생각한다. 인간미 없는 기술에 전적으로 의존하는 것은 지난 반세기 동안 애착 관계 연구에서 우리가 배웠던 모든 핵심과 좋은 상담자-내담자 관계의 치료적 가치에 반한다. 비록 우리가 컴퓨터가 없으면 사는 데 불편하여도, 컴퓨터는 정신화하기를 하지 못한다. 그런 이유로 우리는 부모, 친구, 이성 친구를 필요로 하고, 특히 애착 관계에서 여러 가지 일들이 극적으로 매우 잘못되어 갈 때 우리는 상담을 필요로 한다.

공통요인상담은 어떻게 작동하는가?

Kazdin(2007)은 이 이슈에 간단하게 말한다. "우리는 상담이 '효과가 있다'는 것을 잘 안다. 즉, 상담이 변화를 돕는다. 그러나 우리는 왜 혹은 어떻게 해서 상담이 효과가 있는지는 잘 알지 못한다"(p. 2). 다른 유형의 상담방법을 개발하거나 혹은 어떤 상담방법이 다른 상담방법보다 더 효과가 있는지 알아보는 것은 합리적인 일이다. 그러나 Kazdin이 지적하는 것처럼, "수십 년의 상담연구 후에도, 가장 잘 연구된 상담방법이 어떻게 해서 혹은 왜 변화를 일으키는지 그 증거에 기반한 설명을 제공할 수 없다는 것에 우리는 놀라지 않을 수 없다"(p. 23). 그래서 Kazdin은 우리가 상담의 변화 기제를 찾는 게 좋다고 주장한다. 그는 "효과의 토대, 즉 변화를 일으키는 과정 혹은 사건들, 변화가 발생하는 이유, 혹은 변화가 일어나는 방법"(p. 3)을 찾을 것을 주장한다. 만약 우리가 상담의 이득을 설명하는 요인을 이해하게 되면, 우리는 기법과 매뉴얼을 계속 만들어 실험하기보다 우리의 상담방법을 변화 기제에 맞춰 만들 수 있다. Roth와 Fonagy(2005)가 제안한 것처럼, "중요한 변화가 일어나기 쉬운 심리 과정을 찾는 것은 정말 매력적이다. 왜냐하면 그것은 현재 폭증하고 있는 상담접근 방법에 질서를 잡고, 상담접근 간에 무엇이 효과를 발생시키고 공통되는지를 알게 하는 잠재력을 갖고 있기 때문이다"(p. 508). 더군다나 Kazdin뿐 아니라 Roth와 Fonagy는 우리가 개선하고자 노력하는 장애를 초래하는 발달 과정—현재의 예에서는 애착 외상—과 변화 기제를 연결시키려는 포부를 가져야 한다고 주장한다.

나는 상담관계와 변화 기제로 간주되는 상담동맹을 강조해야 한다는 나의 편견을 감추지 않았다. 그리고 이런 접근을 지지하는 상당한 증거가 있다(Norcross, 2011). 나는 애착 맥락에서 정신화하기에 초점을 맞춘 발달 연구를 하면서 동맹과 관계에 집중하겠다는 야망을 가져왔다. Kazdin(2007)의 까다로운 기준에 의하면, 정신화하기와 안정 애착을 변화 기제로 지명하는 것은 경솔한 행동이 될 수 있다. 오히려 발달 연구에서 확인된 견고한 토대를 고려하면, 나는 정신화하기와 안정 애착이 변화 기제를 탐색하기 위한 전도유망한 영역이라고 믿는다. 특히 애착 외상 상담과 관련해서는 더욱 그렇다. 이 장의 앞부분에서 검토했던 것처럼 상담분야에서 애착과 정신화하기에 관한 연구는 초기 단계에 있다. Kazdin이 설득력 있게 주장했던 것처럼 우리는 변화의 기제를 찾는 긴 여정에 올라 있고, 그렇게 하는 것은 폭넓은 프로그램화된 체계적 연구를 요구할 것이다. 게다가 나는 애착 관계에서의 정신화하기에 초점을 맞추는 것이 올바른 방향으로 우리를 인도할 것이라고 믿는다.

대화상담의 주창자로서 나는 다수의 목적을 가진 기법으로 대화를 사용한다. 물론 이 대화가 평범한 대화는 아니다. 그래서 명백하게 정신화하기를 사용하는 나는 대화의 내용을 염두에 둔다. 그러나 상담에서 애착 관계는 대화의 내용보다 비언어적 상호작용에 훨씬 더 많이 기초해서 형성된다. Fonagy와 동료들(Fonagy & Target, 1997)의 주요한 기여 중의 하나는 **통찰을 넘어 기술**(skill)에 특권을 부여한 것이다. 즉, 통찰은 왔다 간다. 그러나 정신화하기를 하는 당신의 성향, 순간순간을 바탕으로 정신화하기를 할 수 있는 당신의 적성, 즉 정신화하기의 태도를 유지하는 것은 건강한 관계를 위한 토대를 형성한다. 건강한 관계는 물론 당신 자신과의 관계도 포함한다. 예를 들어, 당신의 마음속에 활기 넘치는 내적 안전기지를 유지하는 것은 정신화하기를 요구한다. 그래서 상담에서 당신 자신과 당신의 관계에 대해 배울 것이 많이 있다. 그러나 상담에서 제일 중요한 것은 **행함으로써 배우는** 것이다. 즉, 상담관계 이외의 다른 관계에서 정신화하기를 사용하는 데 능숙해지는 것이다. 더군다나 내적 작동모델은 주로 반성(reflection)이 아니라 **행동**(action)에 의해 교정된다. 당신이 적당한 기회에 수치스러운 경험을 누군가에게 털어놓는다면 당신은 더 신뢰하는 것을 배우게 된다. 다른 기술도 연습함으로써 그 기술을 자동적으로 적용할 수 있게 된다. 이때 당신은 그 기술을 생각하지 않고 사용할 수 있다. 어떤 것이 엉망일 때, 예를 들어 오해가 있고 의사소통이 안 될 때 당신은 그 상황을 분별하기 위해 명백하게 정신화하기로 되돌아갈 수 있다.

결국 상담은 여러 관계들에서 더 많은 자유를 향해 나아가는 방식으로 암묵적으로 정신화하기를 계속하는 과정이다. 다시 말해, 수용하는 관계와 증가하는 자기수용에서 생겨나는 더 큰 자발성과 경험에 대한 개방성을 향해 나아가는 것이다. Rogers(1951)는 그러한 관계 자체로 치유가 될 수 있다고 제안하였다. 그러나 우리는 이러한 가정을 받아들일 수 없다. 최고의 이익을 얻으려면 내담자가 상담에서 명시적 및 암묵적으로 배운 것이 다른 애착 관계에서 정신화하기와 향상된 안정감에 이르는 교량이 되어야 한다. 내가 내담자 교육 집단에서 이 메타포를 사용할 때, 나는 그 교량에 도착하는 것이 어렵지만 그만두는 것은 더 어렵다는 말을 들어 왔다. 그러나 우리는 현재의 관계들에서 기능을 향상시키기 위해 상담을 사용해야 한다. 정신화하기와 상담관계에서 느끼는 애착 안정감은 다른 관계에 변화를 가져오는 통로가 되어야 한다. 우리는 이런 점에서 개인상담은 한계가 있다는 것을 알아야 한다. Paul Wachtel(2008)은 다음과 같은 경계의 말을 하였다.

> 나는 종종 나를 괴롭혔던 패턴을 알아차렸다. 그 사람은 자신의 상담자가 얼마나 멋진지 말하였다. 하지만 내가 그 사람에 대해 듣거나 알고 있는 바에 의하면, 그는 여전히 고통을 느끼고 자해를 하며 **삶을 살아가고 있다.** 내가 파악한 것에 의하면, 그 사람의 상담자에 대한 관계는 향상되었다. 그들이 상담을 시작했을 때 상담실에 없었던 활력, 활기참, 순수한 관계가 존재한다. 결과적으로 상담자도 좋은 상담이 이루어지고 있다고 믿었다. 그러나 내담자의 상담실 밖의 삶은 예전과 거의 다르지 않다. 그는 고통스럽거나 제한된 방식으로 계속 살고 있다. 그러나 내담자는 그 사막에서 여전히 살아 있다(p. 267, 강조는 필자가 첨가함)

개인상담은 현재 관계의 문제를 다룸으로써 내담자에게 도움이 될 수 있다. 그러나 그 기술은 내담자의 다른 관계에 적용되지 않을 수 있다. 그래서 개인상담은 집단, 커플, 가족상담이 갖고 있는 장점으로 보완되면 좋다.

인간이 되는 기술

정신화하기를 지향하는 접근은 상담자를 어느 위치에 서게 하는가? 지식을 넘어 기술(skill)에 초점을 맞춘다는 면에서 상담은 역사 수업보다 피아노 레슨에 가깝다. 그러나 정신화하기 상담은 따라할 악보나 작품이 없다. 정신화하기 상담은 재즈 같은 즉흥 음악으로 간주하는 것이 더 나은 비유이다. 공통요인상담을 실행하는 상담자와 그 서비스를 제공받는 내담자는 모호성을 잘 견딜 수 있어야 한다. 나는 Wachtel(2008)의 "상담을 수행하기 위한 올바른 방법은 하나만 있는 것은 아니다."(p. 303)라는 확고한 신념에 진심으로 동의한다. 우리는 우리를 안내할 이론을 갖고 있다. 그러나 이론과 실제 사이의 관계는 느슨하다. Watchtel은 상담 실제에 대한 자신의 책은 "나의 이론이 아니라 한 사람으로서 내가 누구인지를 반영한다."라는 멋진 말을 했는데, 나는 이 입장을 수용한다. 그는 계속해서 다음과 같이 말했다. "이것이 내가 사람들과 상담하는 나의 방식이다. 내가 상담하는 방식은 내 이론이 무엇인지와 유의한 관계가 있다. 그러나 이론은 부분적으로 나이다"(pp. 266-267, 강조는 원래대로). 이 장의 도입부에서 말했던 것처럼, 나의 의도와 상관없이 학부 학생으로 경험했던 내담자와 나의 첫 만남에서 나는 상담에서 사용할 절차가 있기를 바라게 되었다. 그러나 구조화된 상담을 열렬히 바라는 나의 바람에도 불구하고, 유행하고 있는 여러 상담방법들, 즉 경험적으로 지지되고 매뉴얼이 제작되어 있는 인지행동상담의 다양한 변형들 중 어떤 것도 나를 매료시키지 못했다. 나는 학부생으로서 상담을 한다는 것은 상당한 정도로 단지 나 자신이 되는 것을 필요로 한다는 사실을 생각하지 못하였다.

나는 모호함을 견디는 것을 배웠고, 대개 나는 내담자도 그렇게 할 수 있게 도울 수 있다. 나는 상담이 예술(art)이라는 관점을 채택하였다(Allen, 2008). 비록 Holmes(2010)가 공예(craft)라는 말이 예술이란 말보다 더 낫다고 설득력 있게 주장했어도, 나는 예술이란 말이 더 좋다. 그의 관점에서 공예는 예술과 과학에서 나온 것이지만 예술과 과학은 구별된다. 공예는 책을 보고 학습할 수 없다. 공예는 도제 제도를 필요로 한다. 공예는 경쟁을 필요로 하지 않는다. 공예는 통과의례가 있는 공동체 혹은 조합(guild)에 소속될 것을 요구한다. 공예는 순도(fineness)와 기술을 필요로 한다. 공예는 표준화된 절차로 간단하게 행해질 수 없다. 상담자를 일류 정원사나 요리사에 비유하는 Holmes는 다음과 같이 말한다. 즉, “그들의 정원이나 부엌을 그들의 능력과 자원이 미치는 범위 내에서 잘 가꾸는 것은 그 사람들에게 달려 있다. 마찬가지로, 각각의 상담자-내담자 관계는 존경받을 만한 독특한 자질을 갖고 있다”(p. X). Wachtel이 말한 것처럼 상담을 잘하기 위한 단 하나의 유일한 방법만 있는 게 아니다. 내가 나의 캐리커처의 모습과 똑같은 모습을 보여 줄 수 없듯이, 매뉴얼화된 상담을 하더라도 우리는 매뉴얼대로 상담할 수 없다. 왜냐하면 현장에서 매뉴얼화된 상담을 적용할 때 즉흥적인 변형과 창의성이 요구되기 때문이다(Newman et al., 2006). 우리는 절차와 과학적 방법을 필요로 하지만 그들을 예술적으로 행할 필요가 있다. 내가 처음으로 상담을 했을 때 발견한 것처럼, 증거기반 상담은 공통요인상담을 그 뿌리에 두고 있어야 한다. 내가 이 장의 공통요인상담의 정의 부분에서 말했던 것처럼, 다양한 정도로 전문화된 기법들이 공통요인상담, 즉 보통의 상담 대화에 덧붙여져야 한다. 이런 이유로 나는 정신화하기에 대한 더 뛰어난 기술을 개발하고 애착에 더 많은 지식을 갖는 것이 모든 상담자와 내담자에게 가치가 있다고 믿는다.

상담이란 공예에 어떤 기술이 추가되어야 하는가? 내가 이해한 바로는 정신화하기가 상담자의 핵심 기술이다. 내담자와 마찬가지로 상담자는 자신들의 관계에서 안정 애착일 때 가장 기술적으로 정신화하기를 수행할 수 있다. 그러나 우리는 애착이 관계-특이적이란 것을 알고 있다. 그래서 만약 나의 경험을 지침으로 삼아 말해 보면, 정신화하기는 기술적으로 내담자와의 관계에서 안정감을 요구한다. 내가 안절부절못하거나, 자의식으로 경계를 느낄 때—이런 조건에서 피아노를 잘 칠 수 없는 것처럼—나는 자유롭게 정신화하기를 할 수 없다. 상담자는 내담자가 기술적으로 정신화하기를 더 잘 수행하도록 도울 수 있을까? 인간 발달 과정에서 애착인물이 정신화하기를 수행할 수 있어야 하는 것처럼, 상담에서도 상담자가 정신화하기를 수행할 수 있어야 그렇게 할 수 있다. 다시 말하면, 그 과정은 행함으로써 학습되는 과정이다. 상담자의 기술의 근원은 어디인가? 발달 과정이다. 아동기 초기에 시작해서 일생 동안 세련되어 간다.

이러한 관점은 나에게 한 가지의 겸손한 추론을 하게 만든다. 즉, 인간인 우리가 공감하는 보살핌 속에서 진화했을 때, 인간이라는 종으로서 동물과 구별되는 우리의 독특함을 갖게 된 비결이 정신화하기 능력이라면, 효율적인 상담을 수행하기 위한 우리의 능력은 우리의 인간이 되는 기술(skill in being human)에 달려 있다. 가장 기본적인 수준에서, 우리 상담자들은 전문가로서 혹은 개인으로서 우리의 상담에서 특별한 무언가를 갖출 필요가 없다. 우리의 효율성은 궁극적으로 우리의 보편적 인간성(common humanity)에 달려 있다. 그래서 애착 외상 상담에서, 우리는 우리의 인간답지 못함(inhumanity)의 결과로부터 치유되기 위해 우리의 인간다움을 사용하는 게 더 좋다. 만약 상담의 본질을 우리의 인간됨의 수준에서 살핀다면 상담은 매뉴얼화될 수 없다. 이것은 양육이나 결혼이 매뉴얼화될 수 없는 것과 마찬가지이다. 인정컨대, 많은 상담 연구들과 많은 자조 책이 보여 주는 것처럼 상담의 본질은 매뉴얼화될 수 없다. 그러나 이 사실이 상담자로서 우리가 상담관계를 매뉴얼화하려는 포부를 단념하게 만들지 못한다. 그러나 나는 공통요인상담을 더 선호한다.

당신이 싫어하지 않는다면 한 가지 더 말할 게 있다. 즉, 효율적인 상담이 인간이 되고자 하는 우리의 기술에 달려 있다면, 왜 상담자들은 전문가 훈련과 경험을 필요로 하는가? 명백하게 우리는 상담의 이득과 전문가 관계의 필수 요소를 연구를 통해 많이 알게 되었다. 우리가 알아야 할 많은 것들이 있다. 전문 지식은 우리가 내담자의 경험을 정신화하는 것을 돕는다. 내가 이 책의 1장에서 보여 주기 바랐던 것처럼, 애착 연구로 획득된 지식은 우리가 외상 경험을 정신화하는 것을 가능하게 한다. 즉, 스트레스 경험이 외상이 되게 만드는 것이 무엇인지 정신화하는 것을 가능하게 한다. 더군다나 전문 지식이 없으면 우리는 심리장애의 영향을 받아 그 증상으로 나타나는 행동을 정신화하는 데 어려움을 겪게 된다. 실제로 심리장애에 대한 전문 지식이 없어 정신화하는 데 어려움이 있으면, 그것은 내담자와 그들의 당황한 가족들, 친구들 사이에 갈등을 겪게 만든다.[40] 그래서 심리장애를 대중에게 교육하는 것이 좋다. 역설적이게도 우리는 정신화하기의 실패(nonmentalizing)를 정신화하기가 가장 어렵다는 것을 알게 되는데, 왜냐하면 정신화하기의 실패가 외상 후 플래시백, 해리 상태, 자살 행동, 비자살 자해, 편집증, 사악한 우울 신념, 가학적 행동 등을 하고 있는 상태에서 발생하기 때문이다.[41] 나는 정신화하기를 도우려는 목적으로 외상 관련 장애들을 이 책의 여러 장에 포함시켰다. 마지막으로, 이 장에서 보여 주기를 희망한 대로 우리가 상담을 가장 솜씨 좋게(skilfully) 하려면, 우리는 상담이 어떻게 작동하는지에 대해 많이 배워야 한다. 그리고 우리가 아직 제대로 알지 못하는 것도 많다. 그래서 인간이 되는 기술이 필요하지만, 솜씨 좋게 상담을 하려면 인간이 되는 기술만으로 충분하지 않다. 그러나 전문 지식이 인간이 되는 기술에 더해지지 않으면, 전문 지식은 상담자와 내담자에게 가치가 거의 없을 것이다. 이 책의 마지막 장 '실존적-영성적 관점들'은 애착 외상을 치유하는 과정에서 만나게 되는 가장 심오한 과제들을 다룰 것이다. 이 심오한 과제들은 인간이 되려는 우리의 상담기술에 대한 최후의 시험대이다.

요점

◆상담연구가 전문화된 상담방법에 특권을 부여하였다. 그러나 우리 일반 상담자들(generalists)도 도처에서 실행하고 있는 상담을 세련되게 만드는 일에 마찬가지로 관심을 기울일 필요가 있다. 흔히 애착 외상은 세밀하게 초점을 맞추는 전문화된 상담방법으로 치유되기 어려운 복합장애를 일으킨다. 공통요인상담은 다양한 문제에 효과가 있는 상담방법 중에서 공통점을 취하였다. 내담자-상담자 관계의 질이 이 공통점의 핵심이다. 더군다나 상담관계가 모든 상담방법의 성공에 핵심 요소라면, 전문화된 상담방법을 실행할 때 공통요인상담 기술이 함께 사용되는 게 좋다.

◆애착 외상은 정서조절 능력을 손상시킨다. 애착 안정감을 향상시키는 것이 정서조절의 초석이다. 불안정 애착의 패턴은 언제나 나타난다. 상담자 자신의 안정 애착은 내담자가 불안정 애착일 때 안정 애착이 되도록 돕기 위해 유연하게 관계하는 데 중요한 역할을 한다.

◆애착 외상을 상담하는 데 이바지하는 공통요인상담의 스타일은 정신화 기반 상담의 기본 원리들을 사용한다. 이 상담방법은 정신화하기가 애착 안정감에 이바지하며 그 역도 성립한다는 애착 연구에 기초한다. 정신화하기 태도를 유지하는 상담자는 내담자도 마찬가지로 정신화하기 태도를 상담과 중요한 애착 관계 모두에서 유지하는 것을 가능하게 한다.

◆우리는 지난 반세기 동안 많은 연구를 통해 상담이 효과가 있다는 것을 알게 되었다. 그러나 우리는 왜 상담이 효과가 있는지를 밝혀야 한다. 애착과 정신화하기에 관한 연구는 장

래의 전도유망한 연구 방향으로 변화 기제를 거론하였다. 예를 들어, 노출은 외상 상담에서 중요한 역할을 한다. 그러나 노출은 진공 상태에서 일어나지 않는다. 노출은 둔감화보다 훨씬 더 많은 것을 포함한다. 안정 애착 관계의 맥락에서 외상에 대해 정신화하기를 하는 것은 고통스러운 경험을 더 의미 있고 견딜 수 있게 만든다. 이 치료 과정은 더 큰 정신화하기 능력과 애착 안정감을 획득하기 위한 길을 닦는다. 정신화하기 능력의 기초가 되는 것은 애착 안정감이다. 다른 친밀한 관계에서도 이는 마찬가지로 적용된다.

◆ 6장 ◆

실존적-영성적 관점

하느님의 연필, 그것이 바로 나이다.

하느님은 작은 몽당연필로 좋아하는 것을 그리신다.

하느님은 우리가 아무리 불완전한 도구일지라도,

그것으로 너무나 아름다운 그림을 그리신다.

-마더 테레사[1]

내가 이 장에서 제안하는 관점의 기초는 우리 상담자들이 처치하도록 훈련받은 병리적 결과들만큼이나 외상의 실존적-영성적 영향을 중요하게 고려할 필요가 있다는 것이다. 특히 외상이 애착 관계에 끼치는 실존적-영성적 영향을 고려할 필요가 있다. 내가 말하는 '실존적-영성적' 영향이란 환멸(disillusionment), 사람과 세상에 대한 신뢰상실, 냉소주의, 비통함, 고립, 허무주의, 증오, 자기혐오, 신뢰 상실, 헛됨 혹은 무의미감 등을 뜻한다. 나는 외상 관련 심리 문제가 어려운 만큼 실존적-영성적 영향은 상담하기 더 어렵다고 믿는다. 우리는 실존적-영성적 영향과 관련해서 상담하는 동안 갈피를 잡지 못하고 헤맬 수 있다. 왜냐하면 전문화된 상담 매뉴얼도 없이 우리는 공통요인 상담과 인간이 되려는 우리의 기술에 의지해야 하기 때문이다.

2장에서 정체성에 대해 내가 언급했을 때 Ronnie Janoff-Bulman(1992)은 모든 사람이 세 가지 기본 가정을 갖고 있다고 제안하였다. 1) 세상은 호의적이다, 2) 세상은 의미 있다, 3) 자기는 가치 있다. 외상 경험은 잠재적으로 이런 가정을 무너뜨리고 실존적 위기를 일으킨다. 이런 실존적 위기에서 인지적 왜곡에 초점을 두는 것은 너무 피상적이다. Chris Brewin(2003)은 다음과 같이 지적한 바 있다.

> 비록 부정적 생각과 신념이 외상 후에 많이 나타날지라도, 그들은 종종 더 심층의 밑바탕에 깔려 있는 과정을 반영한 것이다 … 개인의 주체성(agency)이 말소되면서 나타나는 정신 과정의 파기(mental defeat)와 같은 경험들은 외상을 입은 사람이 생각하도록 만들기보다 **사람이 되는 것이란** 무엇인지에 더욱 근본적인 해를 끼치는 것처럼 보인다(p. 67, 강조는 원래대로).

물론 아동기에 애착 외상 경험을 한 사람은 긍정적 가정을 발달시키는 호사를 누리지 못할 수 있다. 그리고 이후의 외상 경험은 허무주의의 기대들과 접합할 수 있다. 그러나 나는 환멸이 삶의 초기에 뿌리내리기 시작했다고 믿는다. 애착이론은 우리가 진화하는 과정에서 비교적 호의적인 보살핌 환경을 필요로 하도록 준비되었다는 관점을 지지한다. 어린 아이가 말을 하기 전에, 즉 발달과정에서 언어를 사용하여 긍정적 가정을 발달시킬 수 없는 시기에 애착 외상이 발생해도 그런 긍정적 가정을 발달시키는 것을 침해한다.

상담자로서 나는 이런 실존적-영성적 문제들을 두려워하며 맞선다. 나와 같은 많은 상담자는 철학, 신학에 전문 지식이 부족하다고 가정한다. 그러나 우리가 철학과 신학에 완전히 무지하지 않다면, 외상을 입은 사람을 상담해야 할 때 실존적-영성적 문제를 직면하는 것을 피할 수 없다. 그러나 우리는 우리의 정신화하기 능력의 한계들을 시험하는 것처럼 매우 겸손한 태도로 상담에 임해야 한다. 천년의 역사를 가진 철학과 신학의 탐구도 이런 실존적-영성적 문제를 해결하는 데 실패했다. 그리고 우리 상담자들도 내담자의 문제를 해결해 줄 수 있다고 기대할 수 없다. 의지가 있다면 우리가 할 수 있는 것은 외상을 입은 내담자가 외상에 대해 생각하고 이야기하게 돕는 것이다.

앞의 여러 장을 과학적 연구에 할애한 나는 6장에서는 그렇게 하지 않는다. 나는 과학적 연구들을 사용하지 않고 이 장을 쓰는 것이 자만 행위라고 생각한다. 나는 실존적-영성적 문제의 권위자가 아니다. 나는 철학자 Thomas Nagel(1985)이 자신의 저서, 즉 『난데없이 나타난 관점(The View From Nowhere)』의 도입부에서 한 말에 동의한다. 즉, "나는 이 책에서 다뤄진 문제들을 감당할 수 있다고 느끼지 않는다. 그 문제들은 나와 완전히 다른 지능의 전개를 나에게 요구하는 것처럼 보인다"(p. 12). 나는 실존적-영성적 문제에 대한 나의 모든 노력의 기초가 되는 모델로 고대 스토아학파 철학자 Epictetus를 인용하는 것을 좋아한다. "어떤 것을 잘하기 위해, 당신은 약간 **갈팡질팡**하고, 본능적으로 행동하고, 길을 잃고, 바보같이 실수할 수 있는 겸손이 있어야 한다. 힘든 일을 시도해서 잘하지 못할 수 있는 용기를 가져라. 특별하지 못한 삶은 새로운 일을 시도할 때 할 수 없다는 두려움이 앞선 삶이다"(Lenell, 1995, p. 87, 강조는 필자가 첨가함). 나는 또한 이 말이 아무리 경험이 많은 상담자라도 상담을 하기 위한 멋진 좌우명이라고 생각한다. 갈팡질팡하는 것에 익숙한 나는 이 장에서 확실한 답을 제공하겠다는 포부는 없다. 오히려 나는 정신화하기 태도의 정신으로 실존적-영성적 문제를 연구하는 것의 가치에 이목을 집중시키고자 한다. 실존적-영성적 문제는 무엇보다도 우리가 정신화하기 접근에서 주장하는 '무지(not knowing)'의 관점 속으로 들어가게 한다.

내가 전문성을 갖지 못한 실존적-영성적 문제를 다루며 갈팡질팡하는 것을 정당화할 수 있는 유일한 이유는, 내가 인용할 저술들을 쓴 많은 진정한 권위자의 업적에 기대는 호사를 누릴 수 있었기 때문이다. 당신은 여기서 다각도로 인용되는 내용들을 아이디어 갤러리로 간주할 수 있다. 나는 큐레이터의 역할을 하며 그 아이디어들을 약간 더 설명한다. 이 장은 앞 장들과 완전히 동떨어진 것은 아니며, 나는 애착과 정신화하기를 염두에 두고, 인용할 연구가 있을 경우 연구 결과를 계속 사용하여 앞장들과 연속성을 유지한다. 하룻강아지 범 무서운 줄 모르고 이 장에서 나는 세 가지 주제에 초점을 맞춘다. 즉, 1) 악행의 문제, 2) 신 애착과 영적 연결, 3) 희망 경작하기이다. 이 주제들은 폭이 넓어서 그들이 갖고 있는 실존적-영성적 문제 모두를 샅샅이 다룰 수 없다. 그러나 나는 외상 내담자를 상담할 때 이 세 가지 문제 각각을 갖고 자주 고심한다. 그래서 나는 그 주제들에 많은 생각을 하였다.

 악행의 문제

사례

Clarissa는 자살을 시도할 정도로 심각한 절망의 상태에서 병원에 입원하였다. 그녀는 남편에게 배신감을 느꼈다. 남편은 그녀의 우울 때문에 진저리가 난다고 선언하고 이혼 소송을 제기하였다. 그녀는 남편의 결정이 부당하다고 생각했다. 왜냐하면 그녀는 남편과 두 아이를 돌보고, 몇 년째 지속된 남편의 알코올남용 문제를 참고 견디는 데 힘을 쏟았기 때문이다.

Clarissa는 자신이 '우울한 사람으로 타고났다'고 믿었다. 그녀는 아동기 내내 집에 즐거움이란 없었다고 기억한다. 그녀는 어머니를 "종교적 광신도"로 묘사하였다. 어머니는 사소한 규칙을 위반하는 것, 실패하는 것 모두를 '죄'로 여겼다. 그녀는 아버지를 "사악하고, 술에 취해 있는 사디스트"라고 하였다. 그녀의 오빠들은 '제멋대로 하는' 것이 허락되었지만 그녀는 집에 머무르도록 제한되었고, '오염에 대한 강박'이 있는 '광적인 완벽주의자 어머니'가 집안을 돌보는 것을 돕도록 요구되었다. 게다가 그녀는 병든 외할머니를 돌보도록 요구받았다. 그녀는 외할머니를 "불평을 달고 사는 은혜를 모르는 사람"으로 묘사하였다. Clarissa는 어머니의 지배에 쉽게 자신을 굽히지 않았다. 그녀는 화를 억누르지 못하고 어머니를 비난했을 때 술 취한 아버지에게 '장황한 비난'을 들었으며 "맞아서 의식을 잃은" 적도 있다고 말하였다. Clarissa가 청소년기에 남학생들에게 관심이 생겼을 때, 어머니는 노력을 배가해서 더욱 엄격하게 그녀를 통제했다. 어머니가 Clarissa의 침실용 탁자에서 한 남학생의 사진을 보았을 때, Clarissa를 "매춘부"라고 불렀고, 신이 알게 되면 그 죄로 "지옥에 가서 불에 타 죽을" 것이라고 말하였다.

Clarissa는 아동기에 자신이 갖고 있던 '한 가지 장점'을 상기하였다. 그녀는 자신이 사랑하고, 돌보고, 포옹하고, 고백을 하던 애완용 토끼가 있었다. 아버지는 그녀가 행동을 고치지 않으면 토끼들을 없애겠다고 계속 위협하였다. 때때로 아버지는 빈말이 아님을 입증하기 위해 창고에 토끼들을 가두었다. 그녀는 삶에서 가장 큰 외상이 된 사건 한 가지를 기억하였다. 아버지는 그녀가 반항한 것을 처벌하기 위해 토끼우리를 트럭 뒤에 싣고 강에 가서 물에 빠뜨리겠다고 선언하였다. 토끼들은 이틀이 지나 다시 나타났다. 그러나 위험이 사라진 것은 아니었다. 즉, Clarissa는 그 사건을 '악마'의 행동으로 기억하였고, 회복이 안 될 정도로 그녀의 신념을 깨뜨렸다고 생각했다.

Clarissa가 '약간의 온전한 정신'을 유지했던 유일한 방식은, 가정에 비해 자비심과 안정감 있는 안식처인 학교에 가는 것이었다. 그녀는 부지런히 공부하였고, 재능을 존중해 주는 선생님들의 지지를 받으며 쑥쑥 성장하였다. 그녀는 또래들에게 인기가 있었지만 우정 깊은 관계를 맺지 못했다. 그녀는 친구들을 집으로 데리고 올 수 없고, 친구들의 집을 방문하는 것이 허락되지 않는다는 것을 알았기 때문에 친구들과 학교에서만 잘 지내는 방식으로 관계를 맺었다. 그녀는 한 여자아이와 속을 털어놓고 지내는 관계가 되었는데, 그 여자 아이의 가정생활도 "마찬가지로 지옥 같았다." 그러나 그 아이는 이사를 갔고 Clarissa는 상실감에 빠졌다.

상담에서 Clarissa는 부모님을 증오하는 말을 거침없이 했고, 부모님을 '혐오하였으며', 도덕적이지 못한 것으로 간주하였다. 운이 좋게도 그녀의 학교생활 경험은 그녀가 고통과 박탈의 삶을 살지 않아도 된다는 것을 인식하게 만들었다. 그녀는 대학 진학이 탈출구가 되었다고 말하였다. 놀랄 것도 없이, 어머니의 '냉혹한 규칙' 아래 살던 이래로 그녀는 최고의 자유를 누렸다. 슬프게도 '파티에 참석한 것이' 그녀에게 문제를 일으켰다. 몇 달 뒤에 그녀는 임신 사실을 알게 되었고 유산하였다. 그녀는 임신 사실을 부모님께 숨겼다. 그러나 그녀는 어머니를 생각하면 불편한 마음을 느꼈다. 어머니의 예언이 그녀의 뇌리에서 떠나지 않았다. 그녀는 '더러운 여자'처럼 느꼈고, 이것이 그녀가 '악'하다는 신념을 갖게 하였으며, '비난받아야 한다'는 확신을 갖게 하였다.

유산 후에 놀라운 결단력으로, Clarissa는 마음을 잘 가다듬어 나갔다. 어느 정도 관대한 교회에 그녀를 참석하게 하였던 신뢰로운 친구의 손길이 도움이 되었다. Clarissa는 그녀가 아동기에 두려워했던 '괴물 같은 신'에 대한 대안을 마음속에 그릴 수 있게 되었다. 그리고 신이 결국에는 그녀가 회복하게 도울 것이라고 그녀는 믿었다. 그러나 그녀는 아동기의 기억들을 버릴 수 없었다. 그녀는 결혼을 해서 자녀를 가졌고, 빚지지 않고 살림을 꾸리기 위해 파트타임으로 일하였다. 그러나 그녀는 충분히 좋다고 느끼지 못했다. 그녀는 두 어린 아들과 지내다 때때로 생기는 폭발적인 좌절로 공포에 질렸다. 그럼에도 불구하고 이러한 폭발적인 좌절은 그녀가 참아야 했던 부모님의 잔악한 행동에 비교할 만한 것은 아니었다. 그녀는 또한 마음속으로 그릴 수 있는 사랑스러운 어머니가 없다는 것에 자기 자신을 비난하였다. 그녀는 삶에 대한 '열정'이 부족하다고 말했고, 종종 '의무감으로' 살아가도록 자신을 강요하였다. 그녀가 더욱 우울해졌을 때, 자신이 남편에게 짐이 된다고 느꼈다. 그녀는 낙심했고 아동기 심리적 기억을 극복할 수 없다는 것에 화가 났다. 그녀가 극복하고자 했던 노력은 나에게 거의 영웅들의 노력 수준으로 보였다. 그녀는 상담을 많이 받았고 약물처방도 여러 가지 시도하였다. 상담에서, 그녀는 신이 그녀를 포기한 것처럼 자신도 신을 포기했다고 나에게 말했다. 그녀가 더욱 우울해졌을 때, 부모님이 그녀에게 가했던 학대를 증오하느라 "시간을 낭비하고" 있다고 말하였다. 그녀는 누군가 자신을 돌볼 것이며 자신의 곁에 머물 것이라고 믿었는데, 지금은 사기를 당한 것 같다고 느꼈다. 그녀의 남편도 신도 그렇게 하지 않았다.

Clarissa의 경우처럼, 부모들이 명백히 악행의 문제와 씨름하고 있고, 게다가 수 세기 동안 철학 및 신학은 악행이 매우 심각한 외상을 입힐 수 있다고 강조하기 때문에, 이 장에서 나는 악행의 문제를 다룬다. 나는 약한 정도의 외상 사건은 다루지 않겠다는 의미가 아니다. 이 절에서 나의 초점은 악행이라는 극단적인 측면을 강조하는 데 있다. 상담자들은 Clarissa처럼 극단적인 사례들을 만나게 된다. 우리는 가장 사소한 것에서 극단적인 것에 이르기까지 모든 범위의 외상에 대해 알 필요가 있다. 특히 외상의 의미를 발견할 필요가 있다. 과거 수십 년간 외상이란 말이 사전과 전문 서적에서 너무 흔히 언급되어 우리는 그것에 습관화되었다. 우리는 다른 질병을 다루듯이 외상을 '다룰 수' 있는 것처럼 행동한다. 나는 그렇게 생각하지 않는다. Clarissa의 경험 같은 극단적인 애착 외상의 경우, 사회를 개선해서 개입하겠다는 치료적 태도는 너무 현실 안주적인 태도라고 나는 생각한다. 악행을 다루기 위해 신망 있는 체계(venerable framework of evil)[2]를 사용하는 것은 우리로 하여금 외상이라는 용어를 심각하게 받아들이게 한다. 즉, 어떤 사람은 반드시 '악행을 극복하는 것'이 아니며 혹은 '그만두지도' 못한다. 어쨌든 다양한 정도의 성공을 거두며, 사람들은 악행을 하면서도 살아가는 것을 학습한다.

악행이라는 용어를 역사적으로 함축된 의미로 사용함에도 불구하고, 나는 그 용어를 초자연적인 어떤 것을 뜻하는 것으로 사용하지 않는다. 반대로, 악행은 정말 자연 발생적인 것이다. 나는 악행이 강한 분노를 유발하는 위험한 단어여서, 그 용어를 사용하면 우리가 타인을 악마로 만들고 타인의 인간성을 말살시킬 수 있다는 것을 알아차리고 있다. 나는 악행이라는 용어를 사용하는 것이 매우 가혹하다는 것을 잘 인식하고 있다. 나의 경험에 의하면, 외상을 입은 많은 내담자는 악마라는 용어를 그들에게 해를 끼친 사람을 명명하기 위해서뿐 아니라 최악의 형태로는 자기비난의 한 방편으로 사용한다.[3] 다음의 논의에서 분명한 것처럼, 적절해 보일 때 악행에 책임을 지우는 것을 전적으로 싫어하지 아니하나 나는 이해하려는 노력을 더 많이 한다.

나는 악행과 외상의 관계에 근거해서 악행에 대한 나의 관심을 정당화하며 이 절을 시작한다. 그런 뒤에 나는 악행과 그것의 변형된 형태들을 정의한다. 나는 또한 종교적 관점과 세속적 관점 모두에서 우리가 악행을 받아들이는 법을 배워 그것을 이해하고자 시도해 온 방식들을 고찰할 것이다. 마지막으로, 나는 주눅이 들 정도로 매우 복잡한 문제인 용서를 다룬다.

악행, 극악무도한 악행, 영적 외상

Susan Neiman(2002)의 심오한 책 **현대 사상에서 악행**(Evil in Modern Thought)을 읽으면서 나는 악행이란 그것이 가하는 외상의 정도에 의해 악행이 된다는 것을 빠르게 깨달았다. Neiman의 주장에서 요점은 악행이란 아무 잘못을 하지 않았는데 무익한 고통을 가하는 것이다. 즉, "항상 우리는 이런 일은 **일어나서는 안 된다고** 판단하자마자, 곧바로 악행이란 문제 상황 속에 들어가게 된다"(p. 5. 강조는 원래대로). 나의 경험에 의하면, 우리 상담자는 외상을 입은 내담자가 일어나서는 안 되는 일이 어떻게 일어났는지 이해하려고 노력하며 씨름하는 것을 도와야 한다. "그가 어떻게 그렇게 행동할 수 있죠?" "그녀가 어떻게 그렇게 행동할 수 있죠?" "어떻게 그들이 그렇게 행동하죠?"라는 말을 내가 얼마나 자주 들었던가? 나는 이런 상황에서 우리가 무의미한 것을 이해하려는 시도를 하고 있다고 생각한다. 그리고 때때로 그렇게 말한다. Neiman은 "이해하려고 하면, 세상이 우리를 화나게 만들기 위해 존재한다는 결론을 내리게 된다."라고 언급하였다(p. 144).

잔혹 행위의 전형(The Atrocity Paradigm)이란 책에서 Claudia Card(2002)는 악행을 '비난받을 비행에 의해 발생하는 예측 가능하고 견디기 어려운 피해들'을 입히는 행위로 정의하였다. 그녀는 추가적으로 '가해자의 심리 상태보다 피해자의 본질과 심각성을 사용하여 악행을 나쁜 행동'과 구별하였다(p. 3). 결국 우리는 그 피해들을 하나의 연속선상에 나타내면 악행은 한쪽 극단에 위치하게 된다. "악행은 삶 혹은 삶의 중요한 부분을 폐허로 만드는 경향이 있다. 비록 때때로 사람들이 외상에서 회복하고 진전을 보이지만, 피해자가 결코 회복하지 못하거나 진전하지 못한다고 해도 놀랍지 않다"(pp. 3-4). Card는 잔혹 행위, 즉 대규모 악행들에 초점을 맞춘다. 그녀는 애착 외상을 포함해서, 잔혹 행위의 목록을 낙담스러울 정도로 길게 제시한다. 예를 들면, "집단학살, 노예 제도, 고문, 전쟁의 수단으로 사용되는 강간, 도시 지역에 집중 폭격하기, 치명적인 바이러스와 가스를 살포하는 생물 및 화학적 전투, 정부의 잘못된 공권력 행사가 계속되는 것, 스토킹, 아동학대"(p. 8) 등이 있다.

Card는 계속해서 극악무도한 악행을 "타인의 비난을 받을 만한 도덕적 부패를 고의로 찾는 것, 생존하려면 스스로의 선택으로 도덕적 타락 혹은 도덕적 죽음(death)을 무릅쓴 모험을 해야 하는 상황으로 타인을 밀어 넣는 것"(pp. 211-212)으로 간주한다. 그런 극악무도한 악행은 Antonia Bifulco와 동료들(2002)이 심리적 학대로 범주화한 것의 극단적 형태에 속한다. 이러한 심리적 학대의 형태에는 어린이를 매수하는 것도 포함이 된다. 즉, 애석하게도 어린이들이 성범죄, 범죄 행위, 물질남용을 하도록 만드는 사람들이 흔하게 있다는 것은 놀랍다.

우리 모두는 카톨릭 성직자들이 저지른 아동 성폭력을 잘 알고 있다. 이는 심리적 학대의 조건에 부합하고 Card의 극악무도한 악행(부패)의 개념에 일치한다. Ken Pargament(2007)는 그런 학대를 "생존자의 영혼에 대한 신성모독"(p. 95)으로 묘사하였다. 이런 맥락에서 Thomas Doyle(2003)은 영성의(spiritual) 외상이 정당하게 평가되지 못하고 있다고 강조하였다. Doyle은 성직자가 저지른 성폭력의 외상적 충격을 성직자 중심주의(clericalism)의 맥락과 연결시켰다. 왜냐하면 성직자의 힘과 영향력이 그들의 신과의 친밀한 관계에서 기인하기 때문이다. "성직자는 선택된 사람으로 간주되고 일반 사람과 구별된다. 그들은 아주 특별하게 천국의 선물을 받고, 축복받은 사람이다. 즉, 그들은 신성한 힘을 나누어 받은 사람이다. 간단하게 말하면, 또 다른 그리스도의 모습이다"(p. 219). 이에 상응되게 성직자는 최고의 존경과 복종을 누리는 위치에 있다.

Doyle이 종교적 압력이라 부르는 것은 성직자의 권위에서 나오며, 성직자의 권위는 교회가 아동에게 심어 주고 부모들이 강화한 것이다. 아동이 안정감의 안식처로 성직자에게 정서적 애착을 형성하였을 때, 성직자의 성폭력은 다른 형태의 애착 외상보다 아동이 더 심각하고 견디기 어려운 갈등 속에 빠져들게 만든다. 즉, 신이 학대의 심리적 경작지로 변화하게 된다. 교회는 성직자의 행동을 처벌하는 한편 암묵적으로 섹스가 죄라고 가르친다. 즉, "카톨릭 교회는 교회법에 어긋나는 섹스는 가장 심각한 범죄이며, 요즘 일부 '사제들'이 외부의 영향력에 쉽게 휘둘리는 피해자를 그 죄의 영역에 들어가게 만들고 있다."라고 일관성 있게 가르쳐 왔다(Doyle, 2003, p. 226). Patrick Carnes의 말을 인용하며 Doyle은 사제에 의한 성폭력을 실존적-영성적 외상의 영역으로 간주한다.

성령(the spirit)에 의한 배신[4]이 이루어졌다는 것은, 배신을 가한 그 사람이 또한 피해자가 삶의 의미를 정의하기 위해 의지하는 자원[5]으로 중요한 역할을 해 왔다는 것을 뜻한다. 모든 피해자가 스스로에게 답해야 하는 근본적인 질문은 "왜 나쁜 일이 좋은 사람에게 일어나는가?"이다. 이 질문에 답할 수 있는 사람이 그 문제의 원인일 때 그 질문은 가장 해결하기 어려운 질문이 된다.[6]

가해자를 관대하게 봐주는 교회는 학대를 비밀로 하는 정도에 비례해서 방임하는 부모의 역할을 하게 된다. 즉, 아버지의 학대에서 아동을 보호하지 못하는 어머니가 방임하는 것처럼 교회가 방임하는 역할을 하는 것이다. 대중에게 교회의 이미지를 보호하고, 심리적 영적 외상을 방임하는 것은 Doyle이 교회가 저지를 수 있는 최악의 실수라고 했던 것—외상을 입은 아동과 그들의 가족들에게 필요한 돌봄을 제공하지 못하는 것—에 해당이 된다.

교회가 죄라고 비난하는 '관계'에서 그 피해자가 아동일 때 우리는 분명히 극악무도한 악행의 영역을 마주한다. 그러나 그 정도로 끝나지 않는다. 나의 한 내담자는 자신에게 학대를 가한 성직자가 그런 '이상한 행동'을 했기 때문에 고백성사했다고 나중에 주장했을 때 또다시 심리적 고통을 경험했다. 나는 또 다른 남성과 상담한 적이 있는데, 그 남성의 성직자는 성폭력을 털어놓으면 부모님이 죽어서 지옥에 간다고 믿게 만들었다. 이런 맥락은 내가 외상에서 심리적으로 고립되는 것에 초점을 맞추는 것이 적절한 접근임을 잘 보여 준다. 그리고 우리는 성인도 신의 권위와 결부된 성직자 중심주의의 힘에 근거한 성적 착취에 취약하다는 것을 알아차려야 한다. 이것 또한 특별히 치명적인 형태의 애착 외상을 구성하며, 애착 외상은 그 성인을 해결할 수 없는 도덕적 갈등의 한가운데에 위치하게 만든다.

종교를 통해 악행을 이해하기: 신정론[7]

단순한 악행을 넘어 우리는 극단적인 악행을 마주치기도 한다. 즉, 잔혹 행위와 극악무도한 악행을 마주치기도 한다. 종교는 악행을 이해하기 위한 하나의 자원이다. 그러나 종교는 쉽게 이해할 수 있는 답변을 제공하지 않는다. "악행의 만연은 서양과 동양의 종교와 철학 모두에서 가장 널리 퍼져 있는 유신론에 반대하는 세력이 생겨나게 만드는 것처럼 보인다"(Taliaferro, 1998, p. 299). Neiman(2002)은 이런 도전에 간결한 설명을 하였다. 즉, "악의 문제는 서로 잘 맞지 않는 세 가지 전제를 당신이 유지하고자 노력할 때 발생한다. 1. 악은 존재한다, 2. 신은 자비롭다, 3. 신은 전능하다"(p. 119). 신정론은, 1) 악행의 만연을, 2) 전능하고, 전지하고, 완전히 선한 신의 존재와 양립(조화)시키는 것을 추구하는 신학의 한 분파이다(Peterson, 1997). 이런 식의 양립(조화)은 신은 존재하며, 악행은 쓸데없는 것이 아니라 오히려 아주 철저한 인간의 자유의지와 같은 더 큰 선을 위해 존재한다는 전제를 요구한다.

신이 사람에게 인위적이지 않고 실제로 중요한 일종의 자유를 부여한다면, 신은 인간이 폭넓은 선택권과 행위를 하는 것을 허용하여야 한다. 실제로 그런 종류의 자유가 위대하고 귀한 행동을 성취하는 데 기본이 된다면, 그러한 종류의 자유는 또한 가장 끔찍한 행위를 하는 것을 허용하게 된다. 사람을 창조하고 인간에게 자유의지를 준 신은 가치의 창조와 파괴 모두를 위한 놀랄 만큼의 많은 가능성을 창조하였다(Taliaferro, p. 306)

Fyodor Dostoevsky는 신정론에 항변한 적이 있는데 들어 볼 만하다. 카라마조프가의 형제들(The Brothers Karamazov)에서 Ivan은 악행에 다음과 같이 도전한다.

다섯 살 난 작은 소녀가 있었다. 소녀의 아버지와 어머니는 그녀를 미워하였다. 소녀의 부모는 '아주 괜찮고 존경받으며, 교육을 받은, 가정교육을 잘 받은 사람들'이었다. 당신이 알다시피… 어린이들, 어린이들만을 괴롭히는 이런 사랑은 많은 사람들의 특별한 특징이다. 모든 다른 종류의 인간성에 더불어, 이 괴롭히는 부모들은 따뜻하고 호의적으로 행동하는데 마치 세련되고 인간성 좋은 유럽인 같다. 그러나 그들은 어린이를 괴롭히는 것을 아주 좋아한다. 그런 의미에서 그들은 어린이 자체를 아주 좋아한다. 어린이들이 자신을 보호할 수 없다는 사실은 그 고문자들이 아이들을 괴롭히도록 부추긴다. 피난할 때가 없고 어려움을 호소할 때가 없는 아동들이 보이는 천사 같은 신뢰가 그 고문자의 (아이들을 괴롭히려는) 피를 불타게 만든다. 물론 모든 사람에게 악마가 숨겨져 있다. 즉, 분노의 악마, 고통받는 피해자의 절규를 염원하는 욕정의 열기로 가득 찬 악마, 무법의 악마가 사슬에서 풀려난다 … 이 연약한 다섯 살 소녀는 교양 있는 부모에게 받을 수 있는 모든 괴롭힘을 당했다. 그들은 이유 없이 그녀를 때리고, 맹렬히 비난하고, 발로 차서 결국에는 멍들게 만들었다. 그런 다음 그들은 더욱 계획적으로 잔인한 짓들을 했다. 즉, 그녀를 밤새 차갑고 축축한 옥외 화장실에 가두었다(천사 같은 온전한 잠을 자고 있는 다섯 살 소녀가 깨어나서 요청할 수 있는 훈련이라도 받은 것처럼 여기며). 밤새 그녀가 화장실 문을 열어 주라는 요청을 하지 않았다는 이유로, 그들은 배설물로 소녀의 얼굴을 더럽히고 배설물을 입에 집어넣었다. 이런 짓을 한 것이 소녀의 어머니와 아버지이다. 그리고 그 어머니는 연약한 아이의 신음 소리를 듣고도 잠을 잘 잤다. 당신은 이 작은 소녀가, 무슨 일이 일어나고 있는지를 이해할 수 없는 이 작은 소녀가 어둠과 추위 속에서 작은 주먹으로 자신의 아픈 작은 가슴을 쳐야만 하는 이유를 이해할 수 있는가? 그녀를 보호하는 사랑스러운 친절한 신을 향해 소녀가 온순하게 분개하지 않으며 눈물을 흘리는 이유를 이해할 수 있는가(Dostoevsky, 1912/2005/, pp.223-224)?[8)]

Ivan은 '그 이유를' 이해하기를 바랐고, 그는 모든 종교가 '그 이유를 이해하고 싶다는 바람에 근거'하여 세워졌다는 것을 인정하였고, "나는 신을 믿는다."라고 선언하였다. 그러나 그것만으로 부족했다. 즉, "여전히 어린이들이 겪는 고통의 문제가 남아 있다. 나는 그들을 위해 무엇을 해야 하나?"(p. 226). Ivan의 고통은 신정론으로 진정되지 않았다.

> 고상한 조화 따위는 완전히 포기하고 말겠어. 그런 것 따위는 자기 가슴을 주먹으로 두드리며 구린내 나는 화장실에서 보상받지 못할 눈물을 흘리며 하느님 아버지께 기도를 드린 그 고통받는 어린애의 눈물, 단지 그것 하나만의 가치도 없는 것 아니겠어! 정말 그럴 만한 가치가 없다고. 왜냐하면 그 애의 눈물은 보상받지 못한 채 버려졌기 때문이다. 그 애의 눈물은 보상받아야 해. 그렇지 않으면 조화란 불가능할 테니. 하지만 너라면 무엇으로, 무엇으로 그걸 보상할 수 있겠니? 그게 정말 가능할까? 그 눈물에 대한 복수가 될 수 있을까? 내게 그 눈물에 대한 복수도, 가해자들의 지옥도 아무 의미가 없어. 그들이 고통을 겪은 후에 지옥이 무엇을 고쳐 나갈 수 있겠니(pp. 226-227)?[9]

Ivan은 많은 외상을 입은 사람들이 겪는 영적 고통을 열정적으로 표현하였다. 생존자들은 운이 좋게도 선택할 수 있다. 즉, 신정론을 수용하거나, 신의 처분을 이해할 수 있는 능력이 없는 자신을 받아들이기, 신정론 밖에서 의미를 찾기 중에서 선택할 수 있다. 나는 Neiman(2002)의 광의의 신정론 개념을 지지한다. 광의의 신정론은 "우리가 절망에 맞서는 데 도움이 된다면 악행에 의미를 부여하는 모든 방식을 포용한다"(p. 239). 이런 광의의 의미를 갖는 신정론을 거부하는 것은 "이해 그 자체를 포기하는 것이 된다"(p. 325).

계몽운동은 우리에게 신정론을 대신할 세속적 대안을 제공하였다. 과잉단순화하는 위험을 무릅쓰고 말하자면, 우리는 신을 비난하는 것을 멈추고, 독자적으로 생각하고, 악행을 예방하는 책임을 져야 한다. 결국 악행을 예방하는 것은 우리에게 달려 있다. 즉, "최고의 과학자인 신은 자신의 이미지로 인간을 창조하였고, 단지 하나의 명령을 불어넣어 세상으로 인간을 보냈다라고 우리는 제안하고 싶다. 즉, 지금 이 모든 것이 어떻게 진행되었고, 그것이 어떻게 작동하는지 너희들 스스로 이해하려고 시도하라" (Arendt, 1971, p. 137). 이 말은 이 문제에 우리가 심리학으로 접근하도록 만든다.

과학으로 악행을 이해하기: 심맹(blindness)[10)]

Card(2002)는 악인의 마음 상태에 초점을 맞추는 대신에 악행의 피해 정도에 근거해서 악행을 정의하였다. 그러나 우리가 악행에 의미 부여를 추구하고, 뿐만 아니라 악행 사건을 경험하는 과정에서 우리는 그 위험을 가한 사람의 마음 상태를 무시할 수 없다. 비록 행위가 극단적이고 겉보기에 무자비해서 인간적으로 정신화하기를 실행하려는 우리의 진실한 노력을 방해하더라도, 우리는 정신화하기를 하려는 시도를 피할 수 없다. Card는 악행의 정의에서 악인의 과실을 포함시킨다. 악행의 정의는 의도, 즉 "어떤 사람에게 견디기 어려운 해를 가하려는 과실의 의도"(p. 20)뿐 아니라 부주의와 신중하지 못함을 포함한다.[11)]

큰 해를 끼친 악행과 그 악행을 저지른 악인 간에는 큰 격차가 있다. 우리는 자기도 모르는 사이에 이것을 저것으로 악화시켜서는 안 된다. 우리는 인물됨을 혹평해서 안 되는 것처럼 어떤 사람을 악한 것으로 간주하면 안 된다. 그리고 나는 외상 생존자들과 상담을 하면서 타인들뿐 아니라 자기와 관련해서 충분히 자주 악인이라는 용어를 사용하는 것을 들어 왔다. 나는 악행을 의미하는 것으로 사용되는 단어들을 자주 듣는다. 즉, '야비한, 잔인한, 무정한, 가학적인' 같은 용어들은 심리적 학대와 관련된 용어이다. Roy Baumeister(1997)는 "악행의 가해자들은 종종 평범하고, 그들의 행동에 대한 동기, 이유, 합리적 설명을 말할 수 있는 선의를 가진 인간들이다."라고 도발적 주장을 하였다. 그는 "악행을 이해하는 것은 우리 자신도 이런 많은 (악한) 일들을 할 수 있다는 깨달음에서 시작하는 것"이라고 말하였다(p. 5). 그런 이유로 우리가 듣고 싶지 않은 말은 "깨닫지 못하면 당신 혹은 나와 같은 많은 괜찮은 사람들이 악행에 참여할 수 있다."라는 것이다(p. 103).

강간범, 폭력 경찰, 다른 폭력범에 대한 연구들에 근거해서, Baumeister(1997)는 폭력 범죄를 저지른 사람들의 대략 5%만이 가학적인 쾌락을 추구하기 위해 폭력을 행했다는 결론을 내렸다. 더군다나 이 5% 중에 타인의 고통에서 쾌락을 얻는 사람(sadist)으로서 범죄를 저지르기 시작한 사람은 거의 없다. 반대로, 처음에 그들의 대부분은 자신들이 저지른 폭력의 결과를 보고 혐오하거나 공포에 질린다. 그러나 시간이 지나면서 가학적 쾌락은 마침내 획득된 취향(acquired taste)이 되어 중독 행동이 될 수 있다. Erich Fromm(1973)은 폭력 범죄자들이 타인의 고통에서 쾌락을 얻는 사람으로 변형되는 것을 설명하면서 악의적 공격 행동은 성격에 뿌리박혀 있는 욕정이라고 하였다. 그는 타인의 고통에서 쾌락을 얻는 가학쾌락주의(sadism)의 핵심은 "동물, 아동, 남성 혹은 여성이든 간에 **생물에 대한 절대적이고 제한받지 않고 통제를 하려는 욕정**"(p. 322, 강조는 원래대로)이라고 하였다.

악행이 악의(evil intent)를 갖고 거의 행해지지 않는다면, 우리는 그것을 어떻게 이해해야 되는가? John Kekes(2005)는 심층 사례 연구를 한 후에 몇 가지 공통된 동기들을 강조하였다. 즉, 신앙심, 이데올로기, 야망, 명예, 질투, 지루함을 강조하였다. 그러나 나는 이러한 동기 목록에 '누락된' 것이 있다고 보는 것이 유익하다고 생각한다. 나는 홀로코스트에 대한 Hannah Arendt(1963/1994)[12]의 논쟁이 많은 저서에서 언급된 악행의 정의와 관련해서 이전과 다른 방향의 정의를 제시한 것을 읽고 충격받았다. 그녀는 악행의 완전한 평범성을 강조하였는데, 그 전형을 나치 전범 Adolf Eichmann에게서 찾을 수 있다.

> 그의 유일한 개인적인 특별함은 아마도 매우 심한 천박함이다. 행위가 아무리 극악무도해도, 행위자는 극악무도하지 않고, 악마 같지 않을 수 있다. 행위자의 과거에서, 재판을 받는 동안 그리고 앞서 이루어진 경찰 조사에서 우리가 찾을 수 있는 유일한 특별한 특징은 전적으로 부정적인 어떤 것이었다. 즉, 그것은 어리석음이 아니라, 별나고, 완전 뼛속 깊은 사고 능력의 결손(inability to think)이다.

Baumeister(1997)와 유사하게, Arendt(2003)는 일부 전쟁 범죄들이 "범법자들, 잔악무도한 인간들, 혹은 미쳐 날뛰며 타인의 고통에서 쾌락을 얻는 사람들에 의해 저질러지는 것이 아님"(p. 42)을 관찰하였다. 그녀는 똑똑한 사람도 사고 능력에 결손이 있는 경우가 발견된다고 제안하였다. 그녀는 "사악함보다 생각이 모자라는 것(thoughtlessness)과 어리석음이 훨씬 더 자주 나타나는 현상이기 때문에, 사악함은 전쟁 범죄의 원인이 거의 아니다."라고 하였다. 그녀는 또한 "난처하게도 상대적으로 드물게 나타나는 현상인 사악한 마음이 큰 악행을 일으키는 데 반드시 필요하지 않다."라고 제안하였다(p. 164). Arendt(1963/1994)의 언급처럼, Eichmann을 평가했던 한 정신의학자는 "내가 그를 검사한 결과에 따르면 나보다 어쨌든 더 정상적이다."라고 선언하였다(p. 25).

내가 이 문단들을 처음 읽었을 때, 나는 즉각적으로 '사고 능력 결손(inability to think)'을 더 분명한 개념화를 위해 '정신화 능력 결손'으로 옮겼다. 나는 Simon Baron-Cohen(1995)의 심맹(mindblindness)이 그런 악행에서 나타나는 극단적인 정신화하기 실패의 특징을 명명하는 데 가장 적합하다는 것을 발견하였다(Allen, 2007). Baron-Cohen은 심맹을 자폐아의 정신화하기 능력의 부재를 명명하기 위해 사용하였다. 직관적으로 Arendt는 Eichmann의 심맹을 지각하였다. 마찬가지로, 심맹인 Eichmann의 변호사는 아유슈비츠에서 행해진 일을 '의학적인 문제'라고 언급하였다(Arendt, 2003, p.43). Kekes(2005)는 Treblinka 수용소[13] 소장이었던 Franz Stangl이 보인 놀랄 정도의 심맹을 기술하였다. Heinrich Himmler[14]는 폴란드계 유대인을 학살을 수행하는 일에서 Stangl이 보였던 원활한 효율성에 철십자 훈장(Iron Cross)을 수여하였다.

수천 명의 사람을 매일 살해하는 것을 감독하고, 가스실로 이동하고 있는 벌거벗은 남성, 여성, 아동 그리고 그들의 시체를 처리하는 그 사이에 낮잠을 잔 이 사람 Stangl은 어떤 사람인가? 지구상의 이 지옥을 주재하고 그 지옥이 원활하게 기능하게 조직화한 이 사람은 어떤 종류의 사람인가(p. 51)?

Stangl 자신의 말:

나는 그들을 한 사람의 개인으로 보지 않았다. 그것은 항상 거대한 군중이었다. 나는 때때로 벽 위에 서 있었고, (가스실로 가는 통로인) 관로에서 그들을 보았다. 그러나—내가 어떻게 설명할 수 있을 것인가?—그들은 벌거벗고, 서로 밀착되어, 달리며, (이탈한 복역수)처럼 채찍질에 몰이를 당하고 있었다. 몇 년 뒤에 내가 언제가 브라질 여행을 하고 있었을 때, 내가 탄 기차가 도축장 옆에서 멈췄다. 우리 속의 소들 … 이것은 내가 폴란드를 다시 떠올리게 하였다. 이것이 내가 포로수용소의 사람들을 본 것과 동일한 의미임을 믿어 의심치 않는다. 나를 보았던 그 사람들의 큰 눈들 … 당장에 그들이 죽을 것임을 나는 알지 못했다 … 화물 … 그들은 화물이었다(Kekes, 2005, pp. 61-62).

Baron-Cohen(2011)은 악행에 대한 자신의 책에서 공감 연구들에 근거하여 과학적 설명을 하였다. 이 시도는 정신화하기와 중첩되는 방식으로 설명되었다. 많은 연구들은 우리의 지능처럼 공감 능력이 수치로 측정될 수 있음을 보여 준다. Baron-Cohen은 공감의 정도를 0(도대체 공감 능력이 없는)에서 6(매우 공감 능력이 뛰어난)까지 7점 척도를 사용해서 등급을 나누었다. 그는 악행은 공감 능력 결손에서 기인한다고 제안한다. 그는 공감 능력 결손에 기여하는 신경생물학적 요인들에 대한 많은 증거들을 검토하였다. 이 증거들에는 공감 및 정신화하기에 관계된 다수의 뇌 영역에서 뇌 활동의 변화가 일어난다는 증거를 보여 주는 유전적 요인들이 포함된다. 그는 여러 가지 형태의 공감 능력 결손을 검토하였는데, 여기에는 여러 형태의 성격장애에서 자폐-스펙트럼 장애까지 포함되었다. 분명히, 악행을 하는 것이 공감 능력의 결손에 내재하는 것은 아니지만 —Arendt와 Kekes의 묘사가 보여 준 것처럼—공감 능력의 부족은 악행이 펼쳐질 기초가 된다. 즉, 타인의 마음 상태에 대한 조율의 부족, 최악의 경우에 타인의 마음 상태를 염두에 두지 않는 것이 해를 끼치게 된다.

Baron-Cohen(2011)은 공감 능력은 "우리 세상에서 가장 가치 있는 자원이다."(p. 153, 강조는 원래대로)라고 결론 내렸다. 그는 공감 능력이 제대로 활용되지 못하고 있는 자원이며, 세상을 부드럽게 해 주는 유화제라고 믿는다. "공감 능력에 흡수된 모든 문제는 해결이 된다"(p. 186). 그는 희망에 찬 관점을 갖고 있다. "아무리 악해 보여도, 아무도 100% 나쁜 사람으로, 인간적 접근으로 대응할 수 없는 사람으로 대우되면 안 된다"(p. 175). Baron-Cohen은 공감 능력이 결손된 사람의 공감 능력을 향상시키는 과정에서 겪을 수 있는 어려움을 알고 있었다. 우리가 애착 외상과 같은 환경적 역경들과 유전 및 다른 신경생물학적 기여 요인들이 서로 뒤얽혀 공감 능력의 결손을 가져올 때, 그들이 어떻게 공동으로 기여하는지를 잘 알게 될수록, 우리는 가장 가치 있는 이 자원을 더욱 잘 개발할 수 있는 입장에 있게 될 것이다.

우리의 정신화하기 능력은 우리가 다각도의 관점에서 현실을 지각하고, 사람들의 관점에 차이가 있다는 것을 인식하게 만든다. 악행을 논의하면서 나는 도덕 및 과학적 관점 모두를 사용하여 저글링하듯 최대한 효율적으로 조직화하고 있다. 처음에 언급했던 것처럼 나의 전문 지식은 악행을 비난하기보다 이해하려는 노력을 하게 만드는 경향이 있다. Arendt, Baumeister, Baron-Cohen의 저서들은 우리가 심맹일 때 해를 끼칠수 있는 우리의 타고난 보편적 인간 능력을 지적하여 우리 모두를 겸허하게 만들었다. Paul Pruyser(1974)는 "신정론이란 더 이상 관념적인 일(abstract business)이 아니라 아주 개인적인 탐구 문제(personal quest)이다."라고 지적하였다(p. 175). 자신이 아닌 타인과 외부를 비난하는, 최악의 경우에 악마로 간주하는 우리의 너무나 인간적인 모습을 반박하며, 그는 다음과 같이 말하였다.

> 나는 사람들이 선과 악을 통합하는 현실적 관점을 어떻게 갖게 되는지 알지 못한다. 그러나 정상의 (혹은 적절한) 심리 발달을 관찰한 결과는, 우리가 삶에서 자애로운 그리고 악의적인 경험들을 통합하는 방식에 몇 가지 조언을 제공한다. 통합의 첫 단계는 우리에게 중요한 인간 대상들에 대한 환상을 점진적으로 현실에 가깝게 수정하는 것으로 시작된다. 아버지와 어머니는 신도 악마도 아니다. 그들은 때때로 자애롭고, 때때로 악의 있는 사람이다. 그들은 사랑하고 미워한다. 그들은 인간일 뿐이다. 그들은 취약하고 불안정한 인간들로, 사랑과 증오의 혼합물이다. 그들의 부모와 조부모가 그들에게 그랬던 것처럼 불안정한 인간들이다. 그리고 나도 그렇다. 나는 신도 악마도 아니다. 나는 완전 자애로운 사람이 아니며 완전 악의적인 사람도 아니다(p. 175).

이 말은 우리가 용서란 것을 생각해 보게 한다.

용서

애착 관계에서 외상이 항상 극단적인 형태의 악행으로 일어나는 것은 아니다. 악행은 나쁜 행동의 연속선상에서 한쪽 극단에 위치한다. 우리는 분명하게 선을 그을 방법을 갖고 있지 않다. 해로움과 가해자의 과실 정도에 관계없이, 외상을 겪는 사람들은 의미를 찾고 신뢰를 회복하고자 투쟁하며, 외상을 겪게 만든 사람과 어떻게 관계할지 이해하려는 투쟁을 한다. 용서는 관계를 회복시키기 위한 한 가지 경로이다. 하지만 그것은 어쩌면 고통스러운 여행이다.

나는 분노의 다양한 그늘뿐 아니라 건설적 분노, 해를 끼치는 분노, 즉 괴롭고, 짜증나고, 좌절하고, 분개하고, 화나고, 격노하고, 몹시 화나고, 격분하는 것을 느끼는 것을 주제로 이야기를 나누었던 한 교육 집단을 생생하게 기억한다. 한 내담자가 큰소리로 말하며 내가 '잔학 행위(outrage)[15]'를 빠뜨렸다고 지적하였다. 이것은 실제로 외상을 논의하는 맥락에서 확연한 생략이었다. 외상은 틀림없이 도덕적 분개(indignation)를 불러일으킨다. "당신은 용서할 필요가 있어요."라고 말하며 외상을 입은 사람들을 허울 좋게 상담하는 것은 정당한 도덕적 분개를 간과하게 된다. 나는 용서가 바람직하지 않다는 의미를 전달하려는 것이 아니다. 용서를 하는 것이 이득이 된다는 증거들이 있다(Plante, 2009). 나는 단지 용서가 쉬운 일이 아니라고 주장한다. 그리고 용서할 것인가 아닌가는 개인의 선택의 문제가 되어야 한다. 우리는 사려 깊게 용서에 접근해야 한다. 어떤 사람은 그들이 용서할 수 있기 전에는 치유할 수 없다고 말한다. 연구 결과들은 용서와 외상의 회복 사이에 분명한 관계를 제시하지 않는다(Connor et al., 2003).

우리는 용서를 덕으로 간주하고 분개를 악으로 생각하는 데 익숙하다. 분개가 해를 끼친다는 것은 부정할 수 없다. 분개는 복수와 공격을 일으킨다. 반면에 용서는 화해와 평화로운 관계를 조장한다. 분개를 마음속에 쌓는 것은 외상을 겪는 한 가지 방식이 된다. 분개를 마음속에 쌓는 것은 그 사람의 관계와 행복에 독이 될 수 있다. 그래서 도덕 철학자 Jeffrie Murphy(2003)가 "빠르게 분개에서 빠져나와 용서를 해서는 안 된다."라고 한 충고는 매우 놀랍게 들릴 수 있다. 그의 도발적인 제목의 책 『보복하기: 용서와 그 한계』에서 Murphy는 악행에 대한 반응인 분개는 자존감을 유지하고, 자기보호를 증진하고, 도덕 질서에 대한 존경을 강화할 수 있다고 말한다. 그는 너무나 기꺼이 용서하는 것은 악행을 묵인하는 것이나 마찬가지라고 제안한다. 극단적인 예는 폭행을 당한 배우자가 폭행한 배우자에게 되돌아오는 것이다. 이는 폭행을 당한 배우자 자신을 존중하거나 보호하는 데 실패하게 만든다. 나의 교육 집단에서 이야기하였던 그 내담자가 우리 모두가 알아차리게 만들었던 것처럼, 우리는 격분하고 도덕적 분개를 할 여지를 갖는 게 나을 수 있다.

비슷한 맥락에서, 철학자 George Sher(2006) 또한 도발적 제목을 가진 책 『비난을 칭찬하며(In Praise of Blame)』라는 책을 출판하였다. Sher는 우리 정신건강 전문가들이 "비난에 반감을 갖고 있다."라고 비난하며, 허울 좋은 비판단적(nonjudgemental) 자세를 조장한다고 비난하였다. Sher는 비난은 도덕률에 내재한다고 간주한다. 즉, 우리가 도덕률을 수용한다면 '악행이 비난받아야 한다'는 생각은 자연스러운 반응이며, 그런 생각을 수용하는 게 맞다. 물론 우리의 비난 경향은 각자 다르며, 비난받는 것에 대한 우리의 반응 강도와 판단 또한 동일하지 않다. 비난받는 것에 대한 우리의 반응은 정신화하기 혹은 정신화하기 실패에 영향을 받는다.

Sher(2006)가 말하는 것처럼, 악인이 "이미 한 행동을 하지 말았어야 할 도덕적 이유를 인식할 수 없거나 이해할 능력을 갖고 있지 않을"(p. 118) 때 우리는 해로운 행동을 한 것에 변명을 한다. 우리는 이렇게 변명하는 식의 판단을 하지 않을 수 없다. 그러한 판단을 하는 것은 매우 심오할 정도로 어려운 일이 아니다. Baron Cohen(2011)은 공감에 실패하는 데는 신경생물학적 이유가 있다는 증거를 축적하였다. 내가 1장에서 말했던 것처럼 이 신경생물학적 이유는 어쩌면 애착 외상의 세대 간 전수와 밀접한 관련이 있다. 내가 앞에서 언급했던 것처럼, 나는 거의 불변적으로 비난하는 것에서 이해하는 것으로 옮겨 가는 경향이 있다. 그러나 나는 또한 도덕적 판단을 하는 우리의 타고난 경향성과 도덕적 판단에 따라 일어나는 감정들을 포기할 수 없고, 포기해서는 안 된다는 것을 또한 인식한다.

우리는 '정도의 문제'라는 관점에서 생각할 필요가 있다. Sher(2006)는, 1) 우리의 비난 감정과, 2) 우리가 비난 감정에 조치를 취하는 것, 예를 들어 우리가 그 감정을 이야기하는 것과 구별한다. 용서의 여지 이외에, 그는 비난의 수위를 낮추는 방식으로 우리의 관계를 개선시키는 것이 가치가 있다고 인식한다. 그는 자신의 책에서 우리 정신건강 전문가들에게 적합한 요점을 제시하며 다음과 같은 결론을 맺었다.

> 한편으로, '충분히 도덕적인 삶을 사는 것은 도덕률을 무시하고 어긴 사람들을 비난하는 것을 필요로 한다'고 말하는 것과, 다른 한편으로 '강한 분노는 장래의 조화로운 삶을 성취하는 것을 더욱 어렵게 만든다'고 말하는 것은 꽤 다르다. 만약 우리가 비난과 증오 사이의 관계를 약화시키는 것이 더 낫다고 여기는 것은 비난 반대(anti-blame) 사상의 핵심 진실이 되겠지만, 우리가 비난 그 자체를 포기하는 것이 더 낫다고 여기는 것은 매우 그릇된 생각이다(p. 138). [16]

외상을 겪은 많은 내담자는 용서하겠으나 잊지 않겠다는 입장을 취한다. 이런 관점의 연장선에서 나의 멘토 Len Horowitz(2005)는, 용서란 1) 응징에 대한 바람을 포기하는 것, 2) 피해에 대한 강박적 반추에서 벗어나는 것을 의미한다고 주장하였다. 이것은 관계 개선뿐 아니라 정신건강에 대한 처방전이다.

나는 용서란 한 번에 일어날 수 없는 장기 프로젝트라고 생각한다. Card(2002)는 용서란 흑백논리의 전제가 아니라 오히려 여러 측면들로 구성된 복잡한 과정이라 하였다. 여러 측면에는, 1) 가해자에게 자비를 베푸는 마음으로 적개심 단념하기, 2) 가해자의 뉘우침 수용하기, 3) 처벌할 수 있는 기회를 포기하기, 4) 관계(즉, 화해)를 재개하기 등을 포함한다. 이런 복잡한 구조는 불완전한(partial) 용서란 아이디어와 일치한다. 더군다나 나는 용서가 최종적으로 완성되는 게 아니라, 용서되다가 안 되다가 하는 것이라고 믿는다. 일생 동안 여러 사건들이 외상 기억을 불러일으킬 때 분노 감정은 다시 표면으로 올라올 것 같다. 결국 극단의 악행의 맥락과 관련된 글을 쓴 Card는 용서에 조심스럽게 접근하고, 어떤 행동은 용서될 수 없다는 생각을 진지하게 받아들일 것을 제안한다.

우리 심리건강 전문가들은 내담자에게 잘못된 행동을 하고 해를 끼친 사람을 용서하게 조력하기보다 내담자 자신을 용서하는 것을 옹호한다. 외상이 일어난 맥락에서 외상을 겪은 사람이 불필요하게 자신을 비난하는 일이 만연해 있다는 측면에서 자신을 용서하는 것은 중요하다. 비록 자신을 비난하는 것으로 자신을 통제하고 있다는 환상을 유지하는 한 가지 전략이 될지라도, 그것은 죄책감과 수치심을 일으키고, 외상 후 스트레스 장애를 지속시키는 치명적인 역할을 한다(Foa et al., 1999). 여기서 우리는 또다시 복잡해질 여지가 있다. 타인을 용서하는 일처럼, 자신을 용서하는 일 또한 복잡하다. Card(2002)가 지적한 것처럼, 자신을 용서하는 일은 당신이 자신을 향한 적개심을 접고, 동정하는 태도를 취할 것을 요구한다. 그러나 Murphy(2002)는 우리가 타인을 용서하는 행동보다 더 가볍게 자신을 용서해서는 안 되며, 그렇지 않으면 자신을 용서하는 일은 의미 없다고 말하였다.[17] 타인을 용서하는 것처럼, 자신을 용서하는 것은 불완전할(partial) 수 있다. 우리 모두는 우리가 행한 가해 때문에 죄책감을 갖고 살아야 한다. 그러나 우리는 진짜 죄(actual guilt)와 죄책감(guilt feelings) 사이에 중요한 차이가 있다는 것을 알아야 한다. 내가 상담한 외상 내담자의 경우에, 대개 전자보다 후자의 무게가 훨씬 더 크다. 그리고 우리는 도덕적 완벽주의의 위험과 정서적 혼란을 가져올 수 있는 도덕적 순결이란 염원을 경계해야 한다(Nussbaum, 2001, p. 234). 나는 내담자의 '도덕적 완벽주의'를 알아차릴 때 종종 그것을 지적한다. 죄책감은 도덕적 동기의 유용한 원천이 되는 반면에, 죄(guilt)와 수치심(shame)의 무게로 겪게 되는 강한 고통은 도덕적 피학증에 버금갈 수 있다. 도덕적 피학증은 우리를 더 나은 사람이 되게 하지 않는다. 반대로, "궁극적으로, 사람들은 인생사와 잘 어울릴 필요가 있다. 이는 자기를 비난하기보다 서로를 돌보는 것이다"(Tangney & Mashek, 2004, p. 163).

내가 대담하게 치료적 중립성을 덜 유지하는 것에 독자들은 적잖게 놀랐을지 모른다. 그러나 나는 상담이란 전문적인 과학적 노력이자 본질적으로 윤리적 노력이라는 관점을 수용한다(Allen, 2008). 나는 언제나, 1) 타인과, 2) 나 자신 모두를 판단한다. 그러나 나의 주요 염원은 치료적인데, 나의 염원은 개선(improvement)되기 위해 이해하는 것이 필요하다는 것이다. 여기서 나는 판단하는 한편 이해하는 것이 필요하다는 나의 입장이 완전히 모순처럼 보일 수 있음을 인정한다. 알아차리기와 정신화하기 태도의 맥락에서, 개선은 경험에 대한 비판단적 태도를 채택할 것을 요구한다. 마찬가지로 과학적 이해는 객관성(detachment)의 태도를 포함한다. 비판단적 태도는 우리가 하는 상담에서 필요하며 도움이 된다. 그러나 도덕적 태도에 대한 대안이지 대체물은 아니다. 요점을 강조하면 우리의 정신화하기 능력은 종교, 영성의 관점뿐 아니라 도덕을 포함하는 다각도의 관점에서 우리의 경험을 볼 수 있는 능력에 토대한다. 악행으로 외상을 겪은 내담자와 상담하는 것은 힘든 일이다. 어떤 매뉴얼도 그 절차대로 깔끔하게 진행되지 않는다.

신 애착과 영성의 연결

모든 외상 생존자가 종교적 관심사 혹은 신과의 관계 문제로 어려움을 겪는 것은 결코 아니다. 많은 사람이 종교가 없고, 신을 믿지 않는다. 그래서 많은 내담자는 종교 및 영성의 문제로 나의 관심을 필요로 하지 않는다. 그러나 이 종교 및 영성 문제는 우리 자신의 신념과 관계없이 상담자 모두에게 매우 관련되어 있다. 많은 외상 내담자는 그들의 종교 문제로 씨름한다. 그들은 다른 애착 관계에서 갈등을 경험한 것처럼 신과의 관계에서 심오한 갈등을 경험한다. 우리 모두는 일반적으로 내담자가 상담자보다 종교 및 영성에 관한 관심사를 더 많이 논의하는 경향이 있다는 것을 알아차려야 한다.

나의 관점을 분명히 하는 것이 당신에게 이 절을 소개하는 데 도움이 될 것이다. 내가 전문가로서 나의 권위를 부인하고, 인용하는 다른 전문가의 권위에 기대더라도, 그들을 선택한 책임이 나에게 있다. 왜냐하면 그 선택에 나의 편견이 반영되기 때문이다. 나는 정신화하기 접근에 매력을 느끼는데, 그 이유는 나는 확실성을 고집하지 않는 회의적 태도를 갖고 있기 때문이다. 그래서 나는 계속해서 더 많이 알고자 추구하는 한편 무지(not knowing)의 자세를 즐긴다.[18] 나는 이 장에서 신에 대한 이야기를 한다. 왜냐하면 외상을 입은 사람이 신과 관련된 씨름을 흔히 하고, 애착 연구가 이런 씨름에 대한 정보를 제공하며, 종교가 어떻게 치유의 원인이 되는지 알려 주기 때문이다. 나의 관점은 캔자스에 있는 메닝거 상담센터에서 나의 멘토였던 Pruyser(1974)가 쓴 책의 제목 『신앙과 비신앙 사이에서』에 잘 나타나 있다. 나는 종교를 믿는 가정에서 자랐지만 청소년기에 관심을 잃었다. 성인기 삶의 대부분 동안 나는 과학이 세상에 대해 우리가 알아야 할 모든 것과 세상 속에서 우리의 위치가 어디인지 알려 줄 것으로 믿었다. 더욱 최근에 나는 이 좁은 관점에 환멸을 느끼게 되었다. 그래서 나는 때때로 내 마음을 비집어 열 지렛대가 필요하다고 느낀다. 내가 인용하기로 선택한 권위자들은 지적인 지렛대로 볼 수 있다. 나는 신앙과 비신앙 사이에 위치하는 것이 여러 내담자와 상담할 때 나에게 도움이 된다고 생각한다. 최고로 좋은 경우에 나는 내담자들이 생각하고 믿는 것에 관심이 있다. 내가 분명하게 방향을 알 때, 내가 지렛대를 제자리에 위치시켜야 할 필요가 있을 때 과학은 경계심을 갖게 만들었다. 그렇게 하면서 나는 무신론자, 회의론자, 신자(believers), 극도로 혼란 상태에 있는 사람들을 편안하게 느낄 수 있었다. 이 불투명한 영역을 항해하는 데 중요한 것은 존중(respect)이다. 신앙 혹은 비신앙을 업신여기는 것은 치료적 탐색의 기반을 약화시킨다.

내가 애착과 정신화하기를 학습한 것이 외상 내담자가 갖고 있는 신과의 씨름거리를 이전과 다른 방식으로 상담할 수 있게 만들었다. 우리가 아동기부터 타인과 관계하는 것처럼, 우리는 또한 신과 애착 관계를 형성할 수 있다. 우리는 타인과 관계할 때, 정신화하기를 통해 이런 애착을 형성한다. 그렇게 하면서 우리는 좋건 나쁘건 우리의 애착의 내적 작동모델을 적용한다. 예를 들어, 아동기에서 성인기까지 애착 외상을 겪는 동안 신은 구원자, 고문자, 혹은 고통스럽게 방임하는 존재로 여겨질 수 있다. 나는 단순히 이와 같은 유사한 표현들을 나열하는 데 만족하지 않는다. 우리는 종교의 영역에 발을 들여놓기 전에 이 종교의 영역을 분명하게 생각해야 한다. 왜냐하면 우리가 사적이고 신성한 영역을 다룰 것이기 때문이다.

나는 애착 관계가 우리가 신과 관계하는 방식에 영향을 미친다는 논지를 탐색하는 것으로 이 절을 시작하였다. 다음에서 나는 신에 대한 외상적 애착을 형성한 내담자를 돕는 데 근본적으로 장벽이 된다고 내가 생각했던 것, 즉 상담 전문가의 입장에서 종교에 의지하는 것을 업신여겼던 과거 경험을 다룬다. 이런 업신여김은 우리의 전문 활동인 상담 실제를 형성하는 과학을 숭배하는 문화 정신에 널리 스며들어 있다. 이런 과학 숭배의 문화 맥락은 또한 애착을 향한 우리의 태도, 즉 정서적 안정감을 얻기 위해 신을 포함해 타인에게 의지하는 우리의 욕구를 수용하는 것에 영향을 미친다. 이런 무대 설정을 해 놓고 나는 신에 대한 안정 및 불안정 애착의 잠재력을 입증한 연구들을 요약한다. 이 연구들은 우리의 관심을 타당하게 만든다. 왜냐하면 인간관계처럼 신 애착은 또한 안정성과 변화의 가능성이 있으며, 외상적 애착에서 안정 애착으로 이동하는 것이 이익이 된다고 확인되고 있기 때문이다. 나는 신성하고 어쩌면 기만의 여지가 있는 이 주제를 탐색하는 전문가로서, 자유로워지기 위해서 신을 향한 정신화하기 태도를 갖는 것이 필요하다고 주장하는 것으로 이 절의 결론 내린다.

본격적으로 시작하기 전에 안내를 하기 위해 내가 주장하는 주요 원리를 〈표 6-1〉에 간략하게 설명한다. 신 애착을 논의한 후에 나는 치유를 위한 대안 자원으로 영성을 논의한다. 그리고 나는 상담에 종교와 영성을 통합하는 최근의 노력을 요약하는 것으로 이 절의 결론을 내린다. 나는 종교와 영성의 영역을 애착 외상의 창을 통해 시작하였다. 그러나 내가 획득한 종교와 영성에 관련된 이해는 더 넓게는 공통요인상담자로서 내가 하는 상담에 가치가 많은 것으로 판명되었다. 그런 이유로 나는 외상 영역에 국한하여 종교와 영성에 대한 논의를 한다.

〈표 6-1〉 신과 관계에서 애착과 정신화하기가 하는 역할

- 신과 관계하는 것은 상상력을 요구한다.
- 신은 인간적 자질들을 갖고 있을 수 있다. 즉 정신화하기가 가능하다.
- 외상은 의지를 고조시키는데, 잠재적으로 신에 대한 의지를 고조시킨다.
- 신은 애착인물이 될 수 있으며, 애착은 상대적으로 안정적 혹은 불안정적일 수 있다.
- 신 애착의 질은 다른 애착의 질들에 상응할 수 있다.(예: 부모에 대한 애착)
- 신에 대한 안정 애착은 다른 애착에서 불안정을 보완할 수 있다.
- 신에 대한 안정 애착은 내적 안전기지에 기여할 수 있다.
- 정신화하기의 태도는 내담자의 신과의 관계를 탐색할 수 있는 상담자의 능력을 촉진한다.

신과 사람

Karen Armstrong(1993)은 "모든 종교는 어떤 의인화로 시작한다"(p. 48.), 즉 인간의 특징을 비인간적 존재에게 귀인하는 것으로 시작한다고 주장하였다. 더욱 구체적으로 "유대교, 기독교, 이슬람교 모두는 인간을 닮은 신에 대한 생각을 발달시켰다. 인간을 닮은 신은 인간이 하는 모든 것을 한다. 그는 인간이 하는 것처럼 사랑하고, 판단하고, 처벌하고, 보고, 듣고, 창조하고, 파괴한다"(p. 209). 발달적 관점을 취한 Ana-Maria Rizzuto(1979)는 서양의 모든 아동은 신에 대한 이미지를 형성하고, 이 이미지는 아동이 부모와 경험한 것에 관계되어 있다고 제안하였다. 물론 Pruyser(1974)가 지적했던 것처럼, 신은 어쩌면 인간보다 더 큰 안정감을 제공한다. 즉, "신을 믿는 가족은 더 큰 힘, 더 큰 지혜, 더 큰 사랑, 더 큰 내구력과 인내를 갖고 있는 것으로 생각되며, 평범한 가족이 개인을 위해하지 못하는 것을 한다"(p. 159).

그러나 신 이미지는 Pruyser가 이상적으로 생각한 것보다 훨씬 더 다양하다. 우리의 애착 내적 작동모델은 우리가 형성하는 신 이미지에 영향을 미친다. 그래서 Pargament(2007)가 왜곡된 신들(small gods)이란 목록에서 제시했던 것처럼 우리의 신에 대한 이미지는, 1) 지금의 현실을 모르는 장로(the Grand Old Man), 2) 우리가 흠이 없기를 강요하는 절대적 완벽주의(Absolute Perfection)자인 신, 3) 끊임없는 돌봄을 제공하는 천국의 애정(the Heavenly Bosom), 4) 우리가 규칙을 지키게 하는 거주 경찰(the Resident Policemen), 5) 계획 없이 우리를 버리는 먼 항성(the Distant Star)과 같이 협소하게 왜곡되어 있을 가능성이 있다. 외상 내담자는 끊임없이 돌봄을 제공하는 천국의 애정을 바랄 수 있지만 항성 같은 신에게서 버려졌다고 느낄 수 있다.

신앙이 있는 사람이 애착 외상으로 겪게 되는 심각한 결과는 신과 멀어져 고립감을 느끼는 것이다. 이 고립감은 견디기 어려운 정서적 고통 속에서 혼자라고 느끼는 고통을 초래한다. 많은 인간 애착인물처럼, 신이 포기하고, 냉담하고, 정서적으로 방임하고, 고통을 의식하지 못하는 것으로 경험된다.

사례

Victoria는 '신앙심이 매우 깊은' 할머니가 관리하는 가족에서 자랐다. Victoria의 말에 의하면, 그녀가 할머니의 완벽주의 요구를 따르지 못했을 때 할머니는 "하느님 맙소사."라고 계속 말했다. 그녀는 어린 나이에 '신을 싫어하는 것'을 학습했으며, 신의 기준이 할머니의 기준이라고 여겼다고 말했다. 더군다나 "모든 고통이 신의 의지"라고 계속 말하는 할머니의 잔소리는 그녀를 매우 화나게 만들었다. 그녀는 대학에 입학해서 학교로 떠났을 때, 진보 성향의 교회에 참석하였다. 이때 그녀는 자신도 생각할 자유가 있다고 느꼈고, 그녀의 단점에도 불구하고 더욱 편안하게 살아가는 데 도움이 되는 자애로운 신 이미지를 개발하였다.

그러나 시간이 지나면서 Victoria는 연이어 발생된 배신과 상실로 고통을 겪었다. 그녀는 대학에서 매력적인 남학생과 '사랑에 푹' 빠졌다. 그러나 결국에 그가 다른 여학생과 함께 잔 사실을 알게 되었다. Victoria의 룸메이트도 그와 잤다. 그녀는 사랑을 포기했지만 성관계는 계속 가졌는데, 끔찍하게도 임신을 하게 되었다. 그녀의 오랜 종교 신념은 낙태를 금지하였다. 그녀는 아이를 키울 입장이 아니었다. 그녀는 삶에서 가장 큰 외상 사건이 아이를 포기하고 입양 보낸 일이라고 말하였다. 30대가 되었을 때 Victoria의 말을 빌리자면 그녀는 "자신의 느낌을 되찾았고", 교사로 만족스럽게 일하였다. 그녀는 욕구가 충족되는 이성 관계를 찾기 위해 노력하였다. 그러나 필연처럼 그녀의 관계는 깨졌고, 그녀는 착취당하고 이용당했다는 느낌을 받았다. 그녀는 또한 정서적으로 약간 거리를 둔 채 관계를 맺었다는 것을 깨달았는데 이런 거리감을 오래된 수치심과 연결시켰다.

40대 초반이 되었을 때 그녀는 점점 우울해졌다. 촉발 사건은 그녀가 좋아한 학교와 동료들을 떠나 '외롭고 표류한다는' 느낌을 갖게 만드는 새 학교에 비자발적으로 가게 된 전근이었다.

전근이 특히 고통을 일으켰는데, 왜냐하면 그녀가 근무하던 학교의 교장이 Victoria에게 전근 결정을 알릴 때 너무 '무정했기' 때문이었다. 그녀는 '오랫동안 절망감을' 경험하였고, 처음으로 자살하고 싶다는 마음을 느꼈고, 그 시점에 병원에 입원하였다.

Victoria와 나는 상담할 문제들이 많았다. 그러나 그녀의 신과의 관계가 가장 현저한 문제였다. 나는 Victoria의 냉소와 신랄함에 충격을 받았다. 그녀는 신에게 매우 깊은 분개를 느낀다고 말하였다. "모든 고통이 신의 의지"라는 그녀 할머니의 예언이 그녀에게 귀신이 나타나듯 출몰하였고, 그녀는 고통을 느꼈다. 더군다나 그녀의 마음속 깊은 곳에서 그녀는 만약 자신이 충분히 오래 이 고통들을 견뎌 내면 신이 그녀를 보상할 것이란 신념을 발달시켰다는 것을 깨달았다. 약간 당황한 그녀는 그 보상이 좋은 애정 관계일 것이라고 말하였다. 신에게 배신감을 느끼는 것은 그녀의 자살 시도 상태에 핵심 역할을 하였다. 그녀는 기도를 한참 하다가 그녀의 희망들이 '어리석고' '하찮다는' 것을 깨달았을 때 갑작스럽게 좌절했던 순간을 기억했다. 그 일이 있고 그녀는 삶을 끝내겠다고 생각하였다.

자애로운 신과의 유대감을 개발한 경험이 있는 Victoria는 학교에서 안정감을 상실한 일로 '퇴행했다'는 것을 깨달았다. 그녀는 통찰력이 좋았다. 즉, 그녀는 할머니의 치명적인 신념, 남자 친구 및 교장과의 경험들이 상기되어 신에 대한 관점을 어떻게 물들이는지 깨달았다. 그러나 나의 관점에서 이런 통찰은 신과의 더 견고한 유대감을 Victoria가 재획득하는 데 중요하지 않았다. 오히려 그녀가 같이 입원해 있던 동료 내담자, 병원 의료진과 유대감을 발달시켜 고립감을 극복하였을 때, 그녀의 기분은 향상되었고 자신에게 더 많은 자비심을 보였다. 이러한 변화가 신과의 관계를 포함해서 여러 관계에 그녀의 마음이 열리게 도왔다. 그때 그녀는 사람들과 신에 대한 그녀의 이미지들이 얼마나 왜곡되었는지를 알 수 있었다.

의지

William James(1902/1994)는 명백하게 진술하였다. 즉, "종교 문제의 진정한 핵심은 도와주세요! 도와주세요! 이다"(p. 181). Sigmund Freud도 동의하였다. 그러나 그는 이 심리적 전략에 대한 그의 절망감을 숨기지 않았다. 그는 신에 의지하는 심리적 전략을 소망적 및 일차적 사고와 동일시하였다.

우리는 세상을 창조한 신이 존재하고 자애로운 신의 섭리가 존재한다면, 그리고 세상과 사후 세상에 도덕 질서가 있다면 아주 좋을 텐데 하고 우리 자신에게 말할 것이다. 그러나 놀라운 사실은 이 모든 것이 정확하게는 우리가 그랬으면 하고 바라는 것이다. 만약 형편없는, 무지한, 폭정에 시달린 우리의 조상들이 이 어려운 우주의 수수께끼들을 모두 해결하는 데 성공했다면 그것은 아주 놀라운 일일 것이다(Freud, 1927/1964, pp. 52-53).

결국 Freud는 종교에 대한 환상을 강박 신경증에 유사한 것으로 생각하였고, 독실한 신앙인에 대해 "그들이 보편적(universal) 신경증을 수용함으로써 개인적 신경증을 겪는 것을 모면한다."라고 말하였다(p. 72).

Freud의 종교에 대한 관점은 2세기 전 계몽사상에 선례가 있었다. 즉, 이성과 과학에 의지함으로써 우리는 신에 의존하는 것을 멈출 수 있고, 우리 자신을 돌보는 것을 배울 수 있다는 것이다. Freud보다 앞선 선구자인 철학자 Ludwig Feurbach(1973/2004)는 "모두 함께 신을 포기하고, 당신 존재의 최후의 토대로 순수하고, 있는 그대로, 신이 없는 자연에 기댈 수 있는 용기와 일관성을 갖자."(p. 48)라고 말하였다.

나는 우리가 신에 대한 의지를 포기하는 용기를 성숙이라고 보는 계몽사상에 유혹될 수 있다고 생각한다. 그러나 우리는 그와 같은 유혹을 인식해야 한다(Taylor, 2007). 이 계몽사상은 우리의 초월하는 존재에 대한 관계보다 우리의 자율을 권장한다. 계몽사상은 과학에 근거한 탐색을 강조하는 한편, 우리가 우리의 초월적인 안식처 혹은 안전기지[19]와 단절되게 한다. 그럴 경우, 최악의 경우에 외상이 되는 애착의 조건으로 작용하는 두렵고 외로운 이 우주에서 우리는 편안해질 수 있는 방법을 찾기 위해 우리 스스로 투쟁해야 할 수 있다. 내가 이해한 대로라면, Freud가 인간의 유대들을 소중하게 여겼던 만큼, 그의 종교에 대한 입장은 회피 애착의 태도와 유사하다.

나는 우리가 더 나은 균형을 필요로 한다고 생각한다. Pruyser(1974)가 분명히 했던 것처럼, 신앙과 비신앙은 동등하게 성숙하거나 미성숙할 수 있다. 애착이론의 관점에서, 의지하는 것(dependency)을 수용하는 것은 자율(autonomy)을 성취하기 위한 발판으로 간주된다. 외상 사건은 우리가 무기력하고 취약하다고 느끼게 만들고, 우리의 의지하려는 태도를 고조시킨다. Pargament(20011)의 주장처럼 "종교는 인간의 결점(insufficiency)으로 생기는 문제에 대한 대응책을 제공한다"(p. 278. 강조는 저자가 첨가함). 나는 상상력이 우리가 맺는 모든 유대의 원천이라고 말한 Rizzuto(1979)에게 동의한다.[20] 그리고 우리가 돌봄에 대한 바람들, 우리의 두려움과 한계를 보완하기 위해 창의적 상상을 필요로 하는 한 우리는 계속 신에게 의지하게 될 것이다. 즉, "우주의 구석 구석을 컴퓨터화하려는 '진보적인' 노력들을 우리가 아무리 많이 해도, 자연과 세상은 계속해서 의인화될 것이다.[21] Freud가 말한 환상(illusions)을 갖지 않는 이상적인 인간은 새로운 종류의 인류가 나타나기를 기다려야 할 것이다. 즉, 신문명"(p. 54).

신과의 관계에서 애착 패턴의 연구

Pehr Granqvist와 Lee Kirkpatrick(2008)은 강한 주장을 하였다. 즉, "일반적으로 성인기 대인 관계, 특히 애착 관계 모델은 사람들의 대인 관계망에서 신과 다른 상상의 인물이 차지하는 역할을 명시적으로 인정하지 않고서 완전하지 않을 것이다"(p. 928). 많은 증거에 따르면, 신을 진실된 애착인물로 간주하는 것은 타당하다(Kirkpatrick, 2005). 종교를 믿는 많은 신앙인은 신과 상호작용하는 관계를 유지하고, 그 관계를 자애로운 모성 혹은 부성으로 경험한다. 그들은 신에게 근접성을 추구하고, 특히 불편감이 심할 때 그러하다(기도를 통해 또는 성전에 머무름으로써). 그들은 신과 분리되는 것을 고통스러워한다(예: 믿음의 상실 혹은 자신이 신에게서 버림받았다는 느낌). 그 관계는 상실에 직면한 불편감을 경험하는 시기에 신에게 근접하는 것을 가능하게 하고, 불편감에 위로로 반응하는 안식처의 특징을 모두 갖고 있다. 게다가 그 관계는 불안에서 비교적 자유롭게 해 주는 안전기지를 제공하여 기운, 자신감, 유능함을 느끼게 한다. 나는 신과의 관계가 자기의지(self-dependence)와 자율을 증진시키는 내적 안전기지에 중요한 기여를 한다고 본다. 의심의 여지없이 신 애착과 인간 애착 간에는 중요한 차이가 있다. 가장 간단한 예로는 사람은 눈으로 관찰된다는 것이다. 더군다나 신은 최고의 애착인물이고, 매우 강하고 현명하며, 사랑과 보호를 계속 제공하는 것이 가용하다는 점에서 사람과 차이가 있다.[22] 즉, 신학적 용어로 신은 자애로우며, 언제 어디서든 존재하시며, 전지하시고, 전능하시다.

좋든 싫든, 연구들은 인간 애착에 근거한 내적 작동모델이 우리의 신과 관계하는 데 영향을 미친다는 결과를 일관성 있게 보여 주고 있다(Kirkpatrick, 2005). 부모와 긍정적 관계를 가진 아동은 신과 긍정적인 관계를 가질 것 같다. 이는 성인에게도 해당이 된다. 안정 애착의 사람은 그들 부모의 기준들을 더욱 동일시할 것 같다. 그래서 부모가 신앙이 있다면, 안정 애착의 사람들은 신을 사랑하는 관계를 형성할 것 같다. 더욱 구체적으로 긍정적인 자기 이미지는 신을 사랑스러운 존재로 경험하는 것과 관계가 있었다. 타인에 대한 긍정적 모델은 신과의 친밀한 개인적 관계와 관련이 있었다. 대조적으로 회피적 개인들은 신앙에 더 적대적이거나 무신론자였고, 신을 멀리 있고 접근하기 어려운 존재로 보는 경향이 있었다.

그러나 신과의 관계는 부모 애착의 연장선이 아니라 오히려 불안정 애착을 보완하는 역할을 할 수 있다. Kirkpatrick(2005)이 설명한 것처럼, "적절한 인간 애착 관계의 부족은 한 사람이 중요한 방식으로 자신의 인간 애착인물과 다른 신을 믿게 동기를 부여하거나 믿음을 갖게 할 것으로 기대할 수 있다"(p. 127, 강조는 원래대로). 다른 한편, 명백히 과거 애착 외상의 경험은 이런 식의 시나리오에 대한 취약성으로 작용할 수도 있다. 전자와 관련하여, 예를 들면 양가 애착의 맥락에서 신은 의지할 수 없는 부모와 냉혹한 대조를 이루는데, 즉 신은 무조건적 사랑을 제공하므로 신앙인은 거부당하거나 버림받을까 봐 두려워할 필요가 없다. 신과의 관계가 안정감을 제공하고 자기가치를 향상시키는 정도에 따라, 이 관계는 인간과 더 많은 안정 애착을 맺을 수 있는 징검다리를 제공할 수 있다. 그러나 후자와 관련하여, 예를 들면 불안정 애착에 토대한 신과의 보상적인 관계는 또 다른 양가 애착인 사람의 운명에 고통을 가할 수 있다. 우울이라는 위기 한가운데에 빠졌던 Victoria의 경험은 "불안 애착의 성인이 대리 애착인물로 신에게 의지하더라도, 그들은 또한 이후에 신과의 관계가 애착 욕구를 충족시키기에 적절하지 않다는 것을 가장 잘 발견할 것 같다"(pp. 141-142)라는 Kirkpatrick의 지적에 증거를 제공한다.

신과의 관계에서 정신화하기

열린 마음의 귀감인 James(1902/1994)는 협의적으로 과학적 사고를 가진 상담자들이 마음에 새겨야 할 경고문을 공표하였다. 즉, 그는 "우리가 스스로 어떤 현상들에 직접 참여할 수 있는 능력이 없다는 이유만으로, 우리의 인식에서 그 현상들을 제외시키는 것보다 더 어리석은 일은 없다"(p. 124)라고 공표하였다.[23] 상담에서 종교적 관심사보다 정신화하기의 태도를 더 많이 필요로 하는 관심사는 없다. 이와 같은 자세는 다양한 내담자와 상담한 상담자로서 내가 모든 가능한 범위의 신앙, 즉 신에 대해 회의하는 비신앙뿐 아니라 다양한 형태의 신앙 모두를 공평하게 탐색하는 것을 가능하게 한다. 정신화하기 접근은 굉장히 자유롭다. 나는 결코 종교적 의제를 강요하지 않는다. 그러나 나는 내담자들의 이야기를 꺼낼 때마다 그들이 신과 함께한 경험을 이야기하는 것을 즐긴다. 왜냐하면 나는 이 종교 이야기가 매력이 있다고 생각하기 때문이다. 그러나 나는 또한 악행에 대한 수 세기 간의 신학 및 철학 문헌뿐 아니라 불안정 애착의 신과의 관계에 대한 영향력을 살핀 연구들이 보여 주는 것처럼 극심하게 고통스럽고 혼란스러운 종교 이야기를 다루는 데 충분한 경험 또한 갖고 있다.

신과의 관계를 탐색하는 동안 나의 정신화하기 태도(stance)는 신과의 관계가 정신화하기에 기반한다는 나의 신념에 의해 촉진된다.[24] 우리의 공감 능력이 하나의 예가 되는 것처럼 정신화하기는 상상을 필요로 한다. Karen Armstrong(1993)은 신앙 생활을 시작했을 때 만약 자신이 "한 가지 중요한 의미로서 신이 창조적 상상의 산물이고, 내가 스스로 신의 의미를 의도적으로 창조해야 한다."라는 것을 알았다면 상당한 불안을 피했을 것이라고 썼다. 정신화하기의 대가인 Armstrong은 상상에 대한 자신의 관점을 다음과 같이 확장시켰다.

> 오늘날 서양의 많은 사람은 만약 뛰어난 신학자가 심오한 의미로 보면 신은 상상의 산물이라고 제안하면 실망할 것이다. 그러나 상상이 신앙의 주요한 능력인 것은 분명하다.[25] Jean-Paul Sartre는 상상이란 존재하지 않는 것을 생각할 수 있는 능력이라고 정의하였다. 인간은 존재하지 않는 것, 혹은 아직 존재하지 않지만 존재 가능성이 있는 것을 상상할 능력을 가진 유일한 동물이다. 그래서 상상은 과학과 기술뿐 아니라 예술과 종교에서 우리가 획득한 주요 성취의 근간이다. 어떻게 정의되든, 신에 대한 생각은 아마도 추상적 현실(absent reality)의 주요한 사례이며, 추상적 현실에 내장되어 있는 문제에도 불구하고 추상적 현실은 수천 년 동안 남성과 여성을 계속 고무시켜 왔다. 감각으로 감지할 수 없고 논리적 증명이 어려운 신에 대해 우리가 생각할 수 있는 유일한 방식은 상징을 사용하는 것이다. 상상이 풍부한 마음의 주요한 기능은 상징을 해석할 수 있는 능력이다(p. 233, 강조는 원래대로).

이런 방식으로 나는 신을 신비스러운 상징으로 간주하는 것을 좋아한다. 이런 입장은 "신을 신이 되게 하면서 우리가 생물학적 존재로서 가진 한계들을 수용하는 입장에 이르게 하는 종교적으로 겸손한 정신"을 주창한 Pruyser의 관점과 일치한다(p. 6).

이러한 관점에서 보면 신의 사랑, 혹은 신에게서 증오, 방임, 버림을 경험하는 것은 상상력이 풍부한 정신화하기를 요구한다. 기도하는 것도 마찬가지이다. 그런 이유로 신과 관계하는 것은 대인 관계를 하는 동안 정신화하기를 관장하는 것과 관계된 동일한 뇌 영역을 활성화시킨다(Schjoedt et al., 2009). 게다가 이제까지 검토했던 애착 연구들이 보여 준 것처럼, 당신이 신을 정신화하는 방식은 다른 관계를 정신화하는 방식의 영향을 받는다. 애착 외상은 정신화하기를 약화시키고, 그 결과로 당신은 경직된 사고에 빠질 수 있다. 예를 들어, 당신은 마치 신의 마음을 읽을 수 있는 것처럼, 신이 고통을 겪고 있는 당신을 비난한다고 확신할 수 있다. 그래서 상실과 우울한 상황에서 Victoria는 신이 그녀에게 고통을 주었고, 고통에 빠진 자신을 버렸다고 생각하는 쪽으로 퇴행하였다. 상담에서 잘 성찰해서 정신화하기 능력을 재획득한 그녀는 집을 떠나 대학에 진학했을 때 그랬던 것처럼 다른 가능성이 있다는 것에 마음을 열게 되었다.

Mario Mikulincer와 동료들(2004)은 회피 애착과 양가 애착을 안정 애착과 비교해서, 안정 애착의 사람이 실존적 문제들과 씨름하고 종교와 영성을 하나의 탐색(a quest)으로 여기는 데 더 편안해한다는 증거를 제시하였다. 나는 안정감이 신을 향한 정신화하기 태도를 촉진하는지 궁금하다. 즉, 정신화하기가 다른 애착 관계들에서 변화에 대한 개방성을 촉진하는 것처럼, 안정감이 신을 향한 정신화하기 태도의 여러 측면인, 1) 상상력이 풍부한 사고를 할 수 있는 능력, 2) 신앙을 유예할 수 있는 능력, 3) 모호성과 불확실성에 대한 인내력, 4) 신에 대한 작동모델을 재검토해서 수정할 수 있는 능력을 촉진하는지 궁금하다. 나는 또한 더욱 일반화해서 정신화하기가 다양한 관점들이 존재하는 것에 인내력을 갖게 한다고 생각한다. 예를 들어, 애착 안정감에 토대해서 확실성을 고집하지 않고 생각할 수 있는 자유는 유신론, 무신론, 신앙과 비신앙 사이의 중간 지대 모두가 양립 가능하다는 것을 수용하게 한다.[26]

내 생각으로 정신화하기는 우리가 무지하지만 지식을 추구하는 방식으로 난국에 대처하게 한다. 나는 신앙이 매우 깊은 가족에서 성장하였으나 신에 대한 회의로 죄책감과 수치심을 느끼는 한 젊은이와 상담한 적이 있다. 그의 회의는 지적 호기심에 뿌리를 두고 있었다. 그의 신앙심과 감정을 탐색한 후에, 나는 그를 목회상담에 의뢰하였다. 그는 목회상담이 도움이 될 것으로 생각했다. 그리고 나는 나의 견해를 말하는 것을 삼가지 않았다. 즉, 나는 그가 신을 회의하는 것에 죄책감을 느끼기보다 그가 그 당황스러움을 즐기게 될지 모른다는 희망을 표현하였다. 나는 Armstrong(2009)이 말한 다음의 정신에 입각해 그렇게 말했다. 즉, "인간은 자신이 해결할 수 없는 문제를 자신에게 부과하고, 아직 발생되지 않은 현실(uncreated reality)의 어두운 세계에 맞서고, 그 과정에서 불확실성(unknowing)을 갖고 사는 것이 놀람과 기쁨의 원천이 된다는 것을 발견하도록 프로그램화되어 있는 것 같다"[27](p. 311). 나중에 판명된 것처럼, 나의 내담자는 가족에게 솔직히 이야기하는 것을 편안하게 느꼈을 때 자신의 결정에 가족들이 반대하지 않는다는 것을 발견하였다.

영성

● 사례 ●

나는 Eddie를 상담하게 되었다. 그는 50대에 외상 후 스트레스 장애를 겪었다. Eddie의 의붓아버지는 훈련 담당 하사관이었다. 그는 아동기 내내 의붓아버지의 심한 통제와 폭력적 훈계와 매질을 당하며 자랐다. 그는 자신을 '고독한 사람'으로 칭하였다. 그럼에도 불구하고 그는 결혼을 했다. 하지만 아내와 그의 관계는 약간의 거리가 있었다. 그의 말에 의하면, 친근하지 않은 이웃 동네에서 길을 잃고 길을 물어보기 위해 차를 멈췄을 때 강도의 맹렬한 공격을 받고 금품을 갈취당한 뒤에 '사이가 멀어졌다'고 한다. 그 다음 주에 그는 강도가 공포스러운 폭력을 가하는 이미지로 고통을 받기 시작하였고, 청천벽력으로 그는 다른 강도의 습격을 받거나 습격 장면을 상상하게 되었다. 그는 '미쳐 가고 있다'고 느꼈다. 왜냐하면 때때로 의지와 상관없이 불쑥 떠오르는 이미지들이 너무 생생해서, 그는 거리에서 만나는 낯선 사람이 그를 습격할지 모른다고 느꼈다.

Eddie의 말에 의하면, 그는 자연과 함께하면서 어린 시절을 보냈다. 그는 인근 공원의 숲에서 안정감을 얻었다. 이 아동기의 호기심은 성인기에 영성의 호기심으로 변형되어 지속되었다. 그는 성인이 되어 영적 묵상에서 평화를 찾았다. 그는 미에 대한 예리한 눈을 개발하였고, '자연과 소통할 수 있다'고 느꼈다. 이런 영적 삶이 친밀한 인간관계보다 더 안전하게 느껴진다는 것을 그는 인정하였다. 그는 또한 영적 지도자와의 관계를 상당히 신뢰하였다. 영적 지도자의 침착함과 자비심은 의붓아버지와 극적인 대조를 이루었다.

Eddie의 영성은 그의 증상으로 궤도를 이탈하였다. 그는 잠을 잘 못 잤고, 집중이 어려웠다. 그래서 그는 명상에 의지할 수 없었다. 그는 폭력에 대한 생각과 이미지가 너무나 수치스러워 아무에게 꺼내 놓고 이야기할 수 없었다. 그는 사람들로부터 고립되었으며, 자신이 이상해졌다고 느꼈다. 자포자기와 용기 사이를 오락가락하며, 그는 마음속에 떠오르는 것들을 상담에서 말할 수 있게 되었다. 좋지 못한 양육을 받았어도 그의 마음씨는 분명 고왔고, 그의 폭력 이미지들은 그가 키워 왔던 성격과 완전 달랐다. 물론 그가 최고로 두려워하는 것은 의붓아버지를 닮지 않으려 한 긴 노력에도 불구하고 그를 닮는 것이다. 상담에서 그는 강도의 습격이 오랫동안 묻혀 있었던 의붓아버지에게 폭력을 가하는 상상들을 불러일으켰다는 것을 이해하게 되었다. 불안이 약해지고 집중 능력이 되살아나면서 그는 명상을 재개하였고, 의지와 상관없이 떠오르는 이미지에 대해 알아차림의 태도를 발휘할 수 있었다. 즉, 자신을 자비롭게 대하고자 하던 그는 폭력적인 이미지와 자신을 동일시하지 않고 거리를 둘 수 있었다. 따라서 그는 폭력적인 이미지로 고통을 심하게 받지 않고 마음속에 왔다가 지나가게 내버려 둘 수 있었다. 중요하게도 그는 이 모든 경험을 영적 조언자와 함께 이야기할 수 있게 되었다. 결국 더 나은 치유를 위한 문을 열었다.

나는 Thomas Plante(2009)의 영성에 대한 광의의 정의를 좋아한다. 그는 영성을 "신성한 것에 주의를 기울이고 자기보다 더 위대한 개념, 신념, 힘에 연결되는 것"(p. 4)으로 정의한다.[28] 나는 이 장에서 영성을 중요하게 다루는데, 왜냐하면 종교와 유사하게 영성은 외상과 관련해서 의미를 찾고 치유할 수 있는 자원, 즉 외로움과 고립감을 덜 느끼고 세상에서 더 편안함을 느끼게 하는 잠재적 경로가 될 수 있기 때문이다. 천성, 양육, 교육, 혹은 환멸 같은 이유로 신을 믿지 않는 사람에게 영성은 '연결된 느낌(feeling of connection)'을 제공하는 또 다른 통로이다. 나는 영성이 양극으로 구성된다고 생각한다([그림 6-1] 참조). 첫째, 영성은 자기 몰두의 반대극이다. André Comte-Sponville(2007)는 도발적인 제목을 가진 『무신론자의 영성에 대한 작은 책』에서 "자기는 감옥이다. 우리 자신의 미약함을 알아차리기 위해서 … 그 감옥에서 탈출해야 한다. 이것이 거대한 자연을 지각하는 것이 영성 경험이 되는 이유이다"(pp. 147-148)라고 말했다. 둘째, 영성은 Pruyser(1987a)가 말한 "단호한 사실주의(flat-footed realism)"(p. 197)의 반대이다. 이런 방식으로 Nagel(2010)은 대중의 세속적 태도로서 '완고한 무신론'을 다음과 같이 정의한다. 즉, "우주는 존재하며, (과학적) 진술로 확실하게 표현된다. 우주가 생성한 사물 중의 하나는 우리이다. 이야기 끝"(p. 8). 계몽사상의 전폭적인 지원에 힘입은 충분히 공정한 정의이다.

그러나 저속한 말을 사용하는 단호한 사실주의는 외상 생존자들을 소득 없는 신정론에 의존하게 만든다. 즉, "예기치 못한 일들이 일어나기도 하지(shit happens)". 거의 만족스럽지 못한 이런 관점은, Charles Taylor(2002)가 "사람들은 비신앙의 세계에서 계속 불편감을 느낀다. 즉, 어떤 사람은 크고 중요한 어떤 것이 빠졌다고 느끼고, 어떤 사람은 심오한 수준의 욕망이 무시되고 있다고 느끼고, 어떤 사람은 우리 밖의 더 큰 현실이 차단되었다고 느낀다."(p. 56)와 같이 분명히 말했던 관점을 더욱 필요하게 만든다. 내가 아는 바에 의하면, 영성은 유신론의 신앙이 없으나, 자신을 넘어서는 어떤 것, 즉 신성하고 초월적인 것을 필요로 하는 사람에게 중간 지대를 제공한다. 그러나 영성 내에서도 다양한 수준의 초월이 있다(Pargament, 2007). 회의주의자를 위한 영성이란 책에서 Robert Solomon(2002)은 타고난 영성은 생명에 대한 사려 깊은 사랑이자 관계에 뿌

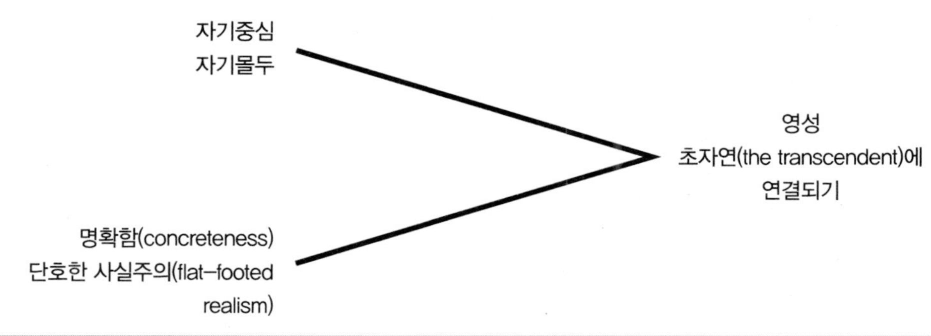

그림 6-1 **영성과 그것의 반대 극들**

리를 두고 있는 것으로 요약된다고 제안한다. 즉, "영성은 사회적이다. 영성은 개인 그 자체보다 훨씬 더 큰 인간애나 세상에 참여하고 소속된다는 느낌을 뜻한다"[29](p. 9).

Nagel(2010)의 관점에서 보면 그러한 인본주의적 영성이 "우주는 우리 삶에 의미를 제공하지 않는다. 그러나 우리는 우주에서 혼자가 아니다."(p. 10)라는 의미라면, 이는 신의 존재에 대한 부분적 해결책이 될 뿐이다. Nagel은 더 넓은 어떤 것을 추구하며, "단지 우주에서 사는 것이 아니라, 우주와 조화를 이루며 살 수 있는 방법이 있는가?"라고 질문한다(p. 5). 그는 내가 생각하기에 숭배와 영성의 의미를 잘 전달하는 조화에 대해 이야기하였다. 조화에 대한 바람과 종교적인 속성이 관계가 있다고 본 Nagel은 조화에 대해 다음과 같이 말한다.

> 놀랍게도 갑자기 존재하게 된, 우리는—전체 존재 중의—존재 자체에 대한 한 가지 표상일 뿐이다. 이것은 우리가 존재의 부분이기 때문이 아니라, 존재가 우리의 의식에 존재하기 때문이다. 우리 각자에게 우주가 의식에 출현하였고, 그래서 우리의 존재는 단지 우리 자신의 것이 아니다[30] (p. 6, 강조는 첨가함).

결국 Nagel은 "이러한 관점에 의하면, 우리 각자는 점진적으로 깨어나고 있는 우주의 긴 과정의 한 부분이다."(p. 17)라고 제안한다.

어떤 방식으로든 우리는 영성을 이해하기로 선택할 수 있고, 영성의 가장 높은 수준에서 우리가 우주에 의지하고 있다는 것을 수용하고, 또한 우리는 우주에서 편안하게 느끼는 방법을 찾아야 한다. 이런 은유는 내가 이해했던 외상, 즉 정서적 고통 속에서 외로움과 고립감을 느끼는 것과 반대되는 연결감 혹은 소속감을 포착한다.

Pruyser(1974)는 우주가 '우호적인 거주지'로 보일 가능성을 지적하였다. 그는 이런 영성을 다음과 같은 말로 포착하면서 실존주의 철학자이자 정신의학자인 Karl Jaspers[31]를 언급하였다. "Jaspers는 언젠가 '세상'(the world)을 완전히 '둘러싸고 있는 것(the encompassing)'이라고 말하였다 … 나는 그 말이 좋다고 생각한다. 나는 그 말을 약간 더 은유적이고 온정적으로 바꿔서 표현하는 경향이 있다. 즉, 나는 세상을 '껴안는 것(the embracing)'으로 부른다"(p. 224, 강조는 첨가함).

나는 안정 애착과 영성을 관련짓기 위해 연결(connection)을 강조하고, Pruyser의 따뜻한 용어인 '껴안는 것'을 강조한다. 그러나 나는 애착의 개념을 너무 지나치게 확장하는 것을 원치 않는다.[32] 이전의 절에서 기술했던 것처럼 신은 애착 관계에 필요한 모든 주요 기준을 충족하는 매우 적합한 애착인물이 될 수 있다. 있는 그대로 껴안는 '우주'는 사람 혹은 의인화된 신과 같은 애착의 기능을 할 수 없다. 그러나 Eddie의 경험이 보여 주듯이 영성이 외상과 관련하여 중요한 실존적 자원이 될 수 있음은 의심의 여지가 없다. 즉, 의미와 수용을 위한 자원일 뿐 아니라 또한 정서적 안정감의 자원이다. 이것은 나를 다시 나의 주요 관심사인 상담으로 돌아가게 한다.

종교와 영성을 상담과 통합하기

많은 내담자에게 종교와 영성은 현저한 관심사가 아니다. 우리 상담자는 확실히 상담 실제에서 종교적 관심사를 강요해서는 안 된다. 그러나 우리는 종교적 관심사가 나타날 때 그에 대처할 수 있어야 한다. Pargament(2007)는 과거 외상 경험을 한 내담자에게 영적으로 통합된 상담의 적합성을 보여 주는 멋진 사례를 제시하였다. 그는 외상 경험은 사람들로 하여금 크든 적든 간에 종교에 관심을 갖게 한다는 것을 관찰하였다. 애착 연구와 일관성 있게 아동기 학대는 가족 내에서 가르쳐진 종교적 신앙을 유지할 가능성을 낮게 하고, 신에 대한 부정적인 인상을 갖게 만든다. 그는 영성은 "양날의 칼"(p. 276)이며, 영성은 "최고 시기의 삶과 최악 시기의 삶"(p. 128) 모두에 관련이 있다고 지적하였다.

Pargament(2007)는 종교적 씨름을 세 유형으로 구별하였다. 1) 내적인 씨름, 예를 들면 신앙의 회의, 자기의 상전과 하인 측면 간의 갈등, 2) 대인 간 씨름, 예를 들어 영적 신앙과 관련해 친구, 가족, 신도와 겪는 갈등, 3) 신과의 씨름, 예를 들어 신을 향한 부정적인 감정들이다. 그는 또한 긍정적 종교적 대처(예: 신과의 연대감, 적극적인 문제해결

중에 신에게 지지받는다는 느낌)와 부정적 종교적 대처(예: 종교적 문제로 씨름하는 가운데 교착 상태에 빠지는 것)를 구별한다. 외상과 관련된 씨름은 영적 성장 및 변혁(예: 수용하고 지나가게 두는 더 큰 능력)에 이르게 할 수 있다. 그러나 이런 씨름이 항상 성공하는 것은 아니며, 영성과 종교에서 멀어지게 할 수도 있다. 그러나 모든 것을 감안할 때, "영성은 해보다 득이 더 많다." 그리고 "영성은 심리적 문제를 심각하게 만들기보다 해결하는 데 종종 기여한다"(Pargament, 2007, p. 182).

그런 이유로 우리 상담자는 내담자의 종교적 관심사와 씨름을 다루어야 할 이유가 충분하다. 타인과의 애착 갈등을 상담에서 탐색할 가치가 있는 것처럼 신과의 애착 갈등도 탐색할 가치가 있다. 즉, 과거의 현재에 대한 영향력을 인정하는 것은 두 영역에서 더 큰 안정감의 길을 여는 것을 촉진할 수 있다. 많은 증거는 종교적 헌신과 긍정적 신과의 긍정적인 유대감 사이에 유의한 관계가 있다는 것을 보여 주는 한편, 종교적 헌신과 좋은 정신건강 및 신체 건강 사이에 유의한 관계가 있다는 것을 보여 준다(Plante, 2009). 물론 긍정적 종교 경험뿐 아니라 건강 관련 이득들은 안정 애착에 뿌리를 두고 있다.

Pargament(2007)는 영적인 관심사들을 꺼내기 위한 매우 쉬운 방법을 제안하였다.

> 상담에서 영성이 두드러져 보일 때 나는 내담자에게 다음과 같이 말한다. "당신의 문제에는 영성의 차원이 있는 것처럼 보이는군요." 혹은 "영성이 당신의 문제를 다루는 데 당신을 위한 자원이 될 수 있는 것처럼 들리는군요." 그런 뒤 나는 다음의 질문을 한다. "당신이 처한 상황에서 영성의 측면을 탐색해 보는 것을 당신은 어떻게 느끼나요?" 이러한 종류의 진술과 질문은 출발점이 될 뿐이다(pp. 208-209).

영성을 다정하게 탐색하는 것을 보여 주는 멋진 예는 내가 좋아하는 동료인 Jim Lomax의 상담 실제에 나타나 있다(Lomax et al., 2001). 그의 내담자는 매우 의미 있고 지극히 개인적인 영성 경험을 이야기할 수 없었다. 그녀는 그 일이 있고 몇 달 지나 이야기를 꺼냈다. 이렇게 된 것은 놀랄 일이 아닌데, 부모가 그녀의 생각과 감정을 이상할 정도로 비난하고 처벌하며 무시하는 반응을 일관성 있게 보였기 때문이다. 당연히 그녀는 '기이한' '초자연적' 경험으로 느낀 일들을 드러내기를 꺼렸다. 결국 그녀는 그 주제를 꺼내 놓을 만한 충분한 신뢰가 쌓인 뒤, 초자연적 경험처럼 보이는 아동기 이야기를 말하였다. 그리고 익사하지는 않았으나 물에 빠진 사람이 허우적대는 것처럼, 고통스러운, 비밀로 하고 있던 성인기 경험들을 이야기하였다. 이 경험은 그녀가 멘토에게 형성한 자애로운 애착과 관련 있는데, 그 멘토는 말기 단계의 질병에 걸렸다. 그녀는 그가 세상을 떠났을 때 먼 곳에서 휴가 중이었고, 며칠 뒤에 그가 세상을 떠났다는 것을 알았다. 그러나 그가 실제로 죽은 시간 즈음에 그녀는 그의 목소리를 들었다. 이 목소리가 그녀에게 그가 죽었다는 것을 알렸고 그녀에 대한 그의 사랑을 표현하였다. 그녀가 Jim의 반응을 물었을 때 Jim은 부모가 그녀에게 보였던 태도를 결코 반복하지 않고[33], "아름다운 사랑 이야기"라고 응답했다. 그러자 그녀는 계속 초자연적 경험을 이야기하였고, 그 경험은 죽은 멘토에게 그녀가 연결된 느낌을 단단히 하였고, 그녀는 다른 사람도 유사한 경험을 한 적이 있는지 물었다. Jim은 "그들이 매우 운이 좋다면"이라고 반응하였다. Jim의 반응은 상담에서 효율적인 정신화하기란 결국 인간이 되는 기술이라고 주장한 이상적 반응을 보여 준다.

우리 상담자들[34]이 영성과 종교를 탐색할 때 능력 범위 내에서 상담하는 게 좋다는 것을 알아차려야 한다. 우리는 종교 권위자가 아니며 종교 관련 질문에 답을 제공할 수 없다. Pargament(2007)가 제안하는 것처럼, 우리는 "내담자가 자신의 삶의 진실을 지각하고 경험할 때 그 진실을 발견해서 실행할 수 있게" 돕는 것을 목표로 삼는 게 좋다(p. 19, 강조는 원래대로). 우리는 내담자가 영성과 종교라는 자원을 사용하게 격려할 수 있다. 그러나 우리는 그렇게 할 방법을 가르칠 수는 없다. 결국 우리는 그들을 성직자, 종교 전문가에게 의뢰하는 방식으로 도울 수 있다. 우리 심리건강 전문가는 성직자에게 자문을 구하고 협동하는 것에서 이득을 얻을 수 있고, 마찬가지로 성직자도 우리와의 협동에서 이득을 얻을 수 있다(Plante, 2009).

영성을 통합한 상담은 폭이 매우 넓다. 연속선의 한쪽 끝에서 상담자들은 영성 수련에서 파생된 개입들을 상담에서 활용할 수 있다. 예를 들어, 알아차림 상담이 흔히 활용되는 사례이다. 이 연속선의 중간 지대에서 상담자는 내담자가 폭넓은 영성 및 종교 활동에 참여하게 격려할 수 있다(Plante, 2009). 연속선의 다른 쪽 극에서 상담자는 영성에 초점을 둔 상담이 출현하고 있음을 인식해야 한다(Pargament, 2007). 연구가 초기 단계에 있으나 Everett Worghingto Jr.와 동료들(2011)은 이 전문화된 처치들, 즉 영성에 초점을 둔 상담이 영성에서 도출된 개입을 활용하는 상담과 동등한 효과가 있다고 결론을 내렸다. 영성에 초점을 둔 전문화된 처치들은 영성을 향상시키는 데 더 큰 효과를 보였다. 내담자의 선호 사항을 존중하는 것의 이득[35]을 고려하면, 영성에 초점을 둔 전문화된 개입은 생각해 볼 가치가 있으며, 매우 종교적이거나 영성에 관심이 있는 사람에게 특히 그렇다.

희망을 일구기

외상과 우울 교육 집단을 실시하는 동안 내가 선호하는 주제 중의 한 가지는 희망이다. 나는 Aristotle의 관점으로 시작하는데, 그는 우리가 목표가 있다면 더 성취할 수 있다고 말하였다(Bartlett & Collins, 2011). 그래서 우리는 희망을 명백하게 생각해 보는 활동을 한다. 나는 집단에 참여한 각 내담자에게 "무엇이 당신에게 희망을 줍니까?"라는 질문에 답하도록 요청한다. 극도로 절망을 느끼는 내담자가 "아무것도!"라고 답변하는 것은 명백히 타당한 답변이다. 그러나 내담자가 가장 극단적으로 절망해 있는 입원 상황에서조차 "아무것도!"라는 답변은 잘 나오지 않는다.

때때로 나는 나에게 희망을 주는 것이 무엇인지 묻는 질문을 받기도 한다. 내가 내담자들에게 "무엇이 당신에게 희망을 줍니까?"라고 질문을 했을 때, 그들이 이 질문에 몇 년간 답한 많은 긍정적 답변들이 나에게 희망을 준다. 그러나 나의 희망에 대한 가장 심오한 토대는 극도로 절망을 느끼고 오랜 기간 동안 자살하겠다고 굳게 결심해 온 내담자들에게서 기인한다. 그들은 상담을 변화를 위한 기회로 삼기보다 오히려 상담에서 '죽기 바란다'는 공통점을 가진 동반자를 찾고자 하였다. 나는 지난 몇 년간 그런 내담자들의 이야기를 들으면서 그들이 살아 있는 것을 기뻐한다는 것을 알게 되는 특권을 누렸다. 실제로 한 내담자는 자살 절망에 직면해서 희망을 유지할 이유를 갖고 있었다.

우리는 희망에 대해 분명하게 생각해 볼 이유가 있다. 그러나 반세기 전에 Karl Menninger(1959/1987)가 다음과 같이 지적했던 것처럼, 슬프게도 희망은 심리건강 분야의 문헌에서 관심을 많이 받지 못했고 아직도 그렇다.

> 우리의 책장에는 현재의 과학과 정신의학 분야에서 연구된 신념(faith)에 대한 책이 많이 꽂혀 있다. 그리고 사랑하고 사랑받고자 하는 인간의 노력의 우여곡절을 이야기한 책이 많이 있다. 그러나 우리는 희망과 관련해서 우리의 책장은 텅 비어 있다. 학술지들은 침묵하고 있다. 브리태니커 백과사전은 사랑이라는 주제에 많은 지면을 할애하고 있다. 그리고 신념에는 더 많은 지면을 할애하고 있다. 그러나 희망은 거의 그렇지 않다! 희망은 목록에 포함조차 되지 않았다(pp. 447-448, 강조는 원래대로).

아래에서, 나는 문헌에 나오는 두 가지 주요 주제, 1) 희망을 장래에 대한 건전한 기대에 연결시키기, 2) 희망을 실존의 태도로 간주하기를 다룬다. 나는 애착의 요람에 희망을 위치시키는 것으로 결론을 맺고자 한다. 〈표 6–2〉는 내가 보기에 희망에 기여하는 요인들을 개관한 것이다.

〈표 6-2〉 희망을 조장하는 요인들

- 불확실해도 견디는 능력
- 의문, 두려움, 절망이 희망과 번갈아 나타나도 견디는 능력
- 현실적인 기대들을 갖고 현실과 부딪히는 능력
- 대안의 장래들을 상상할 수 있는 능력
- 주체성(agency: 적극적인 참여)과 방책(pathways: 방향 감각)
- 당신에게 희망을 보이는 다른 사람에게 희망을 빌릴 수 있는 능력
- 외상에서 개인적인 성장을 도출할 수 있는 능력
- 자비심(benevolence)에 대한 연결, 안정 애착

건전한 기대들

내가 교육 집단에서 내담자들에게 희망을 어떻게 이해하고 있는지를 물으면, 그들의 첫 번째 반응은 거의 장래에 대한 긍정적 기대로 진술된다. 장래를 지향하는 희망은 소망(wishing)과 낙관주의(optimism)와 개념이 중복되는 면이 있다. Pruyser(1987b)처럼 나는 희망을 이 두 개념과 구별하여 정의한다. 소망은 바람직한 대상 혹은 사건—복권에 당첨되기 바라는 것, 새로운 집, 혹은 이상적인 파트너—에 초점을 둔다. 종종 그 첫머리는 "나는 ________을 희망한다."의 형식을 취하는데, ________에 소망이 표현된다. 소망을 갖는 것에 잘못된 것은 없다. 우리 모두 소망하는 것이 있다. 그러나 나는 몇 가지 중요한 구별을 하는 방향으로 집단 토의를 이끌어 나간다. '소망'하는 것은 쉽다. 하지만 '희망'은 유지하기 어렵다. 소망은 비현실적일 수 있다. 희망은 그렇지 않다. 소망은 수동적이다. 희망은 적극적이다. 소망은 현실을 도피하기 위한 수단이 될 수 있다. 희망은 현실을 직면할 것을 요구한다.

우리는 낙관주의를 지지할 이유가 있다. 많은 연구들은 낙관주의를 좋은 기분, 좋은 건강, 인기, 인내, 성공과 관계있다고 본다(Peterson & Chang, 2003). 역으로, 우울의 핵심이 되는 염세주의는 고립, 수동적 자세, 실패, 나쁜 건강과 관계가 있다. 좋건 나쁘건

낙관주의와 염세주의는 자기중촉적 예언과 관계가 있다. 낙관주의자는 목표를 추구해서 성공할 것 같다. 염세주의자는 시도하지 않거나 쉽게 포기하며, 결국에는 실패한다. 비록 가치가 있더라도 낙관주의는 희망과 동일한 개념은 아니다. 내 견해로 낙관주의는 속이 편안하다는 뜻을 나타내는 단어이며, 종종 외상을 치유하기 위한 힘든 과정에서 필요한 것을 포착하지 못한다.

외상을 입은 내담자는 완전 엄청난 정도는 아니어도 매우 어려운 환경 속에서 병원에 온다. 비록 일부 내담자는 낙관적 태도를 갖고 어쩌면 도움이 될지 모를 상담에서 자신의 길을 찾고 충분히 기분이 좋아져도, 낙관주의는 외상 상담에 거의 적절해 보이지 않는다. 그러나 대부분의 내담자는 너무나 자신감이 없고 낙관적이지 못하다. 그들은 희망을 필요로 한다. 그러나 우리는 희망을 증진시키려 할 때, Menninger(1959/1987)가 경계하였던 것처럼 아슬아슬한 곡예를 한다. 즉, "적당한 정도의 희망을 고무시키는 것이 환자를 진료하는 의사의 책임인 것처럼, 학생에 대해서는 교사가 책임이 있다. 그러나 어느 정도의 희망이지 너무 많은 정도의 희망은 아니다. 지나친 희망은 주제넘은 것이며 재앙에 이르게 할 수 있다. 희망의 부재는 절망이고 쇠퇴에 이르게 한다"(p. 449). Menninger는 다음과 같이 말하였다.

> 우리의 전문 지식이 우리 치료자들로 하여금 치료적 허무주의를 건설적 노력으로 대체하는 것을 가능하게 하고, 건전하지 못한 기대들을 먼저 희망으로 대체하는 것을 가능하게 하고, 그런 다음 비참하고 불안하고 낙담하고 종종 절망에 찬 우리의 내담자들이 건전하지 못한 기대들을 건전한 기대들로 대체하는 것을 가능하게 한다. 우리는 이것보다 무엇을 더 잘 할 수 있을까? 우리는 내담자들이 좋은 것이든 나쁜 것이든 잘못된 기대들을 떨쳐 버리게 하는 것보다 더 나은 무엇을 할 수 있는가? 그런 다음 잘못된 기대들을 건전한 기대들로 대체할 수 있다는 가능성들을 보여 주기 위해 희망의 촛불을 밝히는 것보다 더 나은 무엇을 할 수 있는가(p. 461, 강조는 첨가함)?

전문가로서 내가 직면하는 가장 큰 도전은 내담자가 건전한 기대들을 발달시키게 하는 것이다. 나는 외상에 대한 책을 쓰기 시작한 후에, 뒤늦게 깨달은 것이 있는데 나의 노력 이면에 있는 중요한 추진력 중의 하나는 내가 현실적인 기대를 발달시킬 수 있게 가능한 많이 배우고자 하는 나의 바람이었다. 이 책도 예외는 아니다. 상담 경험이 도움이 되는 것처럼 지식은 도움이 된다. 그러나 얼마나 많이 기대해야 하는지를 아는 것은 쉽지 않다. 희망을 일구는 것은 몇 년간 제대로 된 처치를 받으며 열심히 상담을 받았음에도 불구하고 내담자들이 이 책 전체에서 논의된 외상 관련 문제들에 직면해서 계속 실패해고, 자살 생각을 하며, 절망을 표현할 때 가장 어렵다. 종종 "나는 지쳤어요." "나는 포기하고 싶어요." "나는 계속 싸울 수 없어요."라는 말을 듣는다. 나는 이런 식으로 느끼며 계속 씨름해서, 결국에는 해내고서 기뻐하는 내담자들을 기억한다. 이런 경험은 내담자의 포기하려는 소망에 내가 함께 동참하는 것을 삼가게 한다.

희망은 우리가 불확실함에 직면해서 계속 인내하는 것을 가능하게 한다. 이런 점에서 희망은—구체적인 근거에 토대하지 않은 자신감을 뜻하는—믿음(faith)과 공통되는 면이 있다. 또 다시 믿음은 신뢰와 공통되는 면이 있다. 즉, 애착과 관련이 있다. 종종 나는 겉으로 보기에 정복할 수 없는 장애물이 있는 매우 심한 스트레스 환경 때문에 심각한 우울을 호소하며 병원에 입원하는 내담자와 상담을 한다. 내담자가 돌파구를 찾을 수 없는 것처럼, 나도 돌파구를 상상할 수 없을 때가 있다. 모든 접근 방법이 실패할 때, "당신에게 희망을 주는 것은 무엇입니까?" 하고 내가 질문하자 한 여성이 했던 대답을 나는 명심하고 있다. 매우 지혜롭게 그녀는 "나는 깜짝 놀랄 수 있어요!"라고 응답하였다.[36] 그래서 나는 살아 있는 내담자가 행동하고 있을 때 인내심을 갖고 상담한다. 나는 John Dewey(1922/1988)의 다음 말에서 위안을 받는다.

> 사람은 이성이 장래의 행복과 성취가 확실하다고 확신시키기 때문이 아니라 살아 있는 생물이기 때문에 계속 살아간다. 사람은 움직이면 활기가 넘친다. 여기저기서 사람들이 무너지고, 약해지고, 철수하며, 이 시점 저 시점에서 피난처를 찾는다. 그러나 인간은 여전히 동물적인 지독한 용기(dumb pluck)를 갖고 있다. 인간은 인내, 희망, 호기심, 열정, 행동에 대한 사랑을 갖고 있다. 이러한 특성들은 인간의 구조에 내장되어 있는 것이지 생각에 의한 것이 아니다(pp. 199-200, 강조는 첨가함).

'지독한 용기'는 상담자와 내담자가 절망과 불확실함에 직면해서 활용해야 하는 사고방식(mentality)을 한 번에 한 걸음씩 점유해 나간다. 나는 종종 내담자들에게 '절망은 장래가 불확실하다'는 느낌을 함의하고 있기 때문에 절망스럽다고 말하는 것은 오만의 한 형태라고 도발적 지적을 한다.[37] 희망은 정신화하기 태도의 가장 중요한 특징인 무지(not knowing)라는 겸손뿐 아니라 불확실함에 대한 인내 모두를 요구한다.

몇 년 동안 나는 매주 메닝거 상담센터에서 동료-슈퍼비전 집단을 운영한 적이 있다. 그 집단에서 우리 상담자들은 함께 모여 우리를 가장 좌절시키고, 불안하게 만들고, 당황스럽게 만들고, 낙담시키는 내담자와 그 가족에 대해 논의한다. 나는 개인상담에서 내담자들과 처음에 절망을 경험할 때, 상담이 만족스러운 결과를 낳을 것이라 상상하기 어렵다. 이 집단에서 우리가 내담자들에게 행하던 것을 우리 자신에게 실행하는[38] 우리는 서로 이야기를 나누는 것, 즉 상담자를 위한 공통요인상담이 도움이 된다는 것을 발견한다. 이 집단에서 우리는 확실히 이해, 공감, 지지, 격려, 때때로 약간의 좋은 충고를 얻는다. 그러나 우리는 종종 시작할 때와 달라진 것 없이 어수선하게 집단 회기를 끝내기도 한다. 하지만 우리 상담자들은 쉽게 포기하지 않는다. 즉, 실제로 이것이 지독한 용기이다. 놀랍게도 예측하지 못한 방식으로 내담자와 상담자의 관계가 깨진다. 항상 그렇진 않아도 때때로 내담자는 처치를 그만두고, 때때로 상담자는 내담자가 처치받고 싶어 하는 의사가 없으니 그 밖의 다른 도움을 받아야 한다고 결론 내린다. 그러나 종종 희망이 넘칠 만큼 그 상황은 개선되며, 때때로 극적으로 개선된다. 만약 내가 이 과정에서 배운 것이 있다면, 그것은 일들이 어떻게 될지 예측할 능력이 우리에게 없다는 것이고, 예견할 수 없는 조건, 즉 신념의 영역 속에서 우리가 자신감을 유지하는 것이 너무나 중요하다는 것이다.[39]

지독한 용기를 갖고 상담을 진행하여도, 우리는 맹목적 낙관주의로 그렇게 하지는 않는다. Kaethe Weingarten(2010)은 Karl Menninger가 주장한 건전한 기대들을 상기시키는 멋진 논문에서, 우리 상담자들이 이성적인 희망, 즉 현실적이며 "분별 있고 적절한"(p. 7) 희망을 일구어 나갈 것을 제안하였다.

실존적 태도

Pruyser(1987b)를 따라 나는 희망을 실존적 태도로 간주하게 되었다.

> 희망을 갖기 위해 … 우리는 삶에 대한 비극적인 느낌, 현실에 대한 왜곡되지 않은 관점, 자연 혹은 우주의 힘과 움직임에 대한 적절한 겸손함, 교감은 아니더라도 타인들과 약간의 공통분모를 갖고 있다는 느낌, 충동적인 비현실적 소망을 삼갈 수 있는 약간의 능력을 갖고 있는 게 좋다(p. 465).

나는 희망이란 언제나 의구심을 수반한다고 믿는다. Weingarten(2010)은 희망이 절망도 수반한다고 본다. 즉 "의구심과 절망은 이성적인 희망에 정반대가 아니라 오히려 희망에 동반한다"(p. 10). 마찬가지로, 두려움도 희망의 동반자이다. 이런 정서적 복잡성은 희망을 필요로 하는 비극적 상황에 일치한다. 즉, 두려움, 의문, 절망 없이 우리는 희망을 필요로 하지 않는다. Weingarten이 말한 것처럼, "이성적 희망이란 삶이 엉망일 수 있다는 것을 수용하는 것이다. 희망은 모순을 끌어안는다"(p. 10).[40]

희망은 수동적인 소망(passive wishing)에 비교했을 때 능동적인 과정(active process)임을 고려하면 희망은 실존적 태도에 포함이 된다. Weingarten(2010)의 말로, "이성적인 희망이 있으면, 현재는 기다리는 게 아니라 할 수 있는 일로 가득 찬다.[41] 이때 우리 자신이 우리의 장래를 준비하기 위한 발판이 되는 것이다"(p. 7). 그녀는 계속해서 다음과 같이 제안한다. "이성적인 희망은 실행하는 것이다. 그것은 다른 사람과 함께하는 어떤 것이다"(p. 8). 그녀의 관점은 Menninger(1959/1987)의 "희망은 과정을 포함한다. 희망은 모험이며, 앞으로 나아가는 것이며, 자신감 있는 추구이다."(p. 452)라는 지적과 일치한다. Menninger는 다음과 같이 자세히 설명하였다.

> 어떤 면에서, 너무나 명백하게 진단적인 특징을 갖는 정신분석 과정이 일반적으로 처치라고 불리게 된 것은 기이하게 보인다. 진단이란 희망을 주는 탈출구를 찾는 것이다. 그러나 누군가 찾은 그 탈출구는 출발점일 뿐이고 수그러들지 않는 노력을 지속하는 것이 중요하다. **그것이** 처치이다. 그것은 자발적(self-directed)이고 몸소 실행하는 변화이다(p. 460, 강조는 원래대로).

이러한 맥락으로 계속해서, Menninger는 희망은 행동 계획을 세우게 만드는 동기라고 제안하였다. 유사하게, Rick Snyder(1994)는 희망을 주체성과 방책(agency and pathways)[42] 모두를 요구하는 것으로 보았다. 주체성은 결단력과 책임을 뜻하며, 실제로는 어떤 것을 행하는 것이다. 그러나 Snyder는 주체성으로 충분하지 않다고 하였다. 즉, 희망은 방책들, 다시 말해 방향 감각을 필요로 한다는 것이다. 에너지와 의지를 갖는 것[43]만으로 충분하지 않다. 당신은 또한 계획들을 필요로 한다. 이런 의미에서 나는 희망을 상담의 결과로 간주한다. 즉, 희망은 계속 전진해 나갈 능력을 유지한다. 나는 교육 집단에서 계획의 필요성을 주장했던 것을 기억한다. 그 점에서 나의 한 내담자는 "당신은 맹목적인 신념(blind faith)을 어떻게 생각하나요?"라고 질문하였다. 나는 "맹목적 신념만으로 충분하지 않다."라고 답하였다. 이 대답은 나의 전문가 경력에서 내가 했던 무수한 어리석은 말 중의 하나이다. 이 순진한 반응의 여파로 나는 Dewey(1922/1988)의 지독한 용기(dumb pluck)에 대한 주장을 알게 되었다. Weingarten(2010)은 더 유창하게 그것에 대해 말하였다. 즉, "이성적인 희망은 장래에 대한 일관성 있는 이미지보다 앞서 번창한다"(p. 9). 당신은 계획이 없어도 당신이 계획을 개발할 때까지 계속 견뎌야 한다.

희망은 또한 상상력을 요구하는 적극적인 과정이다. 여기서 우리는 역설(paradox)에 직면한다. 즉, 절망은 전형적으로 우울에 뿌리를 두고 있다. 그리고 우울한 사람은 구체적인 반추들 속에서 느릿느릿 움직이고, 수렁에 빠진 마음으로 매우 무거운 수많은 짐을 느낄 가능성이 있다. 절망에 직면해서 희망을 일구는 것은 매력적인 정신적 묘기를 요구한다. 정신화하기가 그 묘기에 포함이 된다. 즉, 내담자는 절망을 느끼는 것(feeling hopeless)과 절망적인 것(being hopeless)의 차이를 분명하게 이해해야 한다. 내담자들이 절망을 덜 느끼게 될 때, 그들은 상상력을 사용해서 그들이 절망적이지 않다는 것을 알게 된다. 그들의 외부 상황은 변할 것 같지 않다. 그러나 그들은 자신들의 우울한 절망감에 의해 가려졌던 가능성들을 볼 수 있게 된다.

나는 우울 교육 집단에서 우울에서 회복하는 것은 어렵지만 불가능하지 않기 때문에, 실제로 대부분의 우울한 사람들은 회복하므로 절망은 정당한 사유가 되지 못한다고 말했던 것을 기억한다. 한 현명한 젊은 남성이 큰 소리로 항변했다. "박사님, 제가 한 말씀 드려도 될까요. 나는 나만의 힘으로 회복하는 것은 불가능했습니다!" 나는 그 말에 대찬성하였다. 나는 희망은 우리가 다른 사람과 함께하는 어떤 것이라고 말했던 Weingarten의 주장을 다시 말하고 싶다. 상상력[44]이 속박되지 않은 타인들은 절망을 느끼는 내담자가 볼 수 없는 가능성들을 볼 수 있다. 다른 사람들[45]은 문제해결을 도울 수 있다. 다른 사람들은 우리가 '빌려 온 희망(borrowed hope)'이라고 부르는 것을 제공할 수 있다. 즉, 절망을 느끼는 많은 사람들은 다른 사람들, 즉 가족, 친구, 우리와 같은 상담자가 그들에게 갖는 희망에 근거하여 지탱할 수 있다. 다른 사람은 내담자가 볼 수 없는 것을 볼 수 있고, 내담자는 다른 사람이 옳을 수 있다는 것을 그대로 믿을 수 있다.

내가 "당신에게 희망을 주는 것이 무엇이냐?"라고 내담자들에게 질문을 할 때, 꽤나 종종 그들은 희망하는 어떤 것을 말하는 것으로 반응한다. 즉, "가족과 재회하는 것" "딸에게 더 좋은 엄마가 되는 것" "예전의 나 자신을 되찾는 것" "직장에 복귀할 수 있게 되는 것" 등등을 말한다. 이러한 맥락에서 나는 외상을 입은 한 내담자가 자신이 생존하는 것만으로 충분하지 않다고 말했던 것을 기억한다. 그녀는 번성하기를 바랐다. 여기서 우리는 외상이 손상뿐 아니라, 우리가 간과해서는 안 될(Ryff & Singer, 2003) 성장에 이르게 한다는 흔한 관찰에서 희망의 근거를 갖게 된다. Janoff-Bulman과 Yopyk(2004)이 선행 연구들을 요약한 바에 따르면, 생존자의 75~90%가 외상 경험에서 얻은 이익이 있다고 보고한다. Armstrong(2010)이 입증했던 것처럼 자비는 고통에서 태어난다. 나는 타인에 대한 관심, 돌봄, 공감, 친밀감이라는 그들의 능력으로 외상을 이겨 낸 내담자들을 상담해 왔다. 그들은 자신들의 회복력(resilience)을 자랑스러워했다. 나는 지독하든(dumb) 아니든, 그것을 용기(pluck)이라고 부르고 싶다.

외상 경험으로 위험을 겪고 있는 내담자를 상담할 때 나는 외상 후 성장이라는 아이디어를 독려하는 것을 꺼린다. 그러나 도발적이거나 고통스러운 경험에서 얻을 수 있는 이득에 대해 주의를 기울이는 과정에 대해 말해야 할 측면이 있다. 이 장이 주장하는 것처럼 외상은 더 큰 의미감을 발달시킨다는 측면에서 영성, 더 분명한 삶의 철학, 삶에 대한 새로운 평가를 개발할 수 있는 통로가 될 수 있으며, 아마도 언젠가 죽어야 할 운명이란 것을 알고 삶에 전심전력하는 태도를 겸비하게 만들 것이다. 외상을 겪게 되면 이제까지 품었던 삶에 대한 가정이 산산이 부서진다는 사고의 맥락에서 Janoff-Bulman과 Yopyk(2004)은 다음과 같이 언급한다.

> 생존자들의 가장 큰 강점은 세상을 더 유연하게, 덜 경직되게 가정하는 것이 심리적으로 이득이 된다는 사실을 알아차리게 된다는 것이다. 그들은 [자기, 세상, 미래에 대한] 근본 가정을 재구축함으로써, 이전에 가졌던 가정이 단점이 있고 순진한 가정이었음을 인식한다. 그들은 완전히 부정적이지 않으면서 그들이 겪은 외상 경험을 설명할 수 있는 근본 도식들을 재구성한다(pp. 128-129, [ ]는 역자가 첨가함)

Janoff-Bulman과 Yopyk(2004)은 또한 외상이 '실존적 재평가를 통해서' 올바른 이해를 촉진하는 효과를 가질 수 있다고 말한다. 실존적 재평가는 "'의미란 무엇인가?'와 같은 질문에 답하는 과정이고, 특히 "중요하다는 느낌을 주는 가치 있는 것이 무엇인가?"와 같은 질문에 답하는 과정이다"(p. 128). 이런 재평가는 삶에 더욱 전심전력하게 만들며, 여기에는 친밀한 관계뿐 아니라 자연 및 영성과 연결되는 것이 포함될 수 있다. 더욱 전심전력하는 삶을 산다는 것은 실제로 긍정적인 결과이다. 삶이 너무 짧다고 계속 반복되는 불평에 스토아학파 철학자 Seneca는 인간의 삶은 충분히 길지만, "우리가 사는 삶의 상당부분이 보잘 것 없을" 뿐이라고 반박하였다(Hadas, 1958, p. 49).

애착

이 지점에서 내가 애착이론과 연구에서 희망을 찾는다는 것은 놀랍지 않다. 안정 애착은 희망을 일으킨다. 비록 애착 외상이 안정 애착에 대한 가장 큰 위협일지라도, 우리는 또한 신뢰로운 관계가 제공하는 기회를 고려하면, 애착 안정감이 변화할 수 있다는 것을 알고 있다. 나는 메닝거 상담센터에서 외상 전문 프로그램을 수행한 연구를 통해 자신감을 얻었다. 우리는 여성 내담자들에게 단순히 그들이 상대적으로 안정 애착 관계를 가졌다고 느낀 사람들의 수를 열거하라고 요청하였다(Allen et al., 2001). 그 반응들을 살핀 결과, 거의 모든 가능한 애착 관계들이 망라되어 있었다. 파트너(배우자 및 연인), 결혼으로 맺어진 확대가족, 원가족의 확대가족, 친구, 전문가(예: 성직자 및 상담자). 일부 참가자들은 또한 자녀들을 열거하였고, 다수의 사람들은 그들이 친밀한 정서적 유대를 가진 애완동물을 열거하였다. 일부는 신을 열거하였다. 이 여성들이 보고한 상대적으로 안정된 인간 애착 관계의 평균 수치는 4명이었다. 이 수치는 지역사회의 통제 집단이 보고한 평균 6명과 크게 다르지 않았다. 나는 많은 외상을 입은 사람들이 상당 기간 동안 안정 애착 관계를 맺지 않고 지낸다는 것을 정확하게 알고 있다. 그러나 나는 거의 대부분의 사람들이 그들의 학대, 방임, 배신의 경험에도 불구하고 애착을 포기하지 않는다고 결론을 내린다. 그러나 나는 우리 상담자들이 편향된 집단의 내담자들과 상담하고 있다는 것을 인식한다. 우리의 도움을 추구하는 것이 그들이 애착을 포기하지 않았다는 사실을 증명한다. 많은 경우에 이러한 끈기는 신념의 행위이다.

이 장 전체에서 많은 인용문들을 제공한 나는 마지막을 위해 내가 가장 좋아하는 인용문을 아껴 두었다. Pruyser(1987b)는 "희망은 세상의 어딘가에서 자신을 향해 오는 자애로운 신의 섭리가 존재하며, 이는 돌봄을 제공하는 사람에 의해 전달된다는 믿음에 근거한다."(p. 467, 강조는 원래대로)라고 결론을 내렸다. 나는 Pruyser가 애착 관점, 즉 '돌보는 사람에 의해 예증되는 자애로운 신의 섭리'를 매우 확장 가능한 틀, 즉 '세상의 어딘가'와 연결시킨 것을 좋아한다. 희망에 대한 이 실존적 관점은 인간관계, 영성, 종교를 포함한다. 즉, "자기를 돌보고, 돌봄을 받는 대상으로 경험하고, 타인도 돌보고, 돌봄을 받는 대상으로 경험하는 것에서, 현실의 다른 부분, 우리의 형이상학적 사색(metaphysical speculations), 창의적인 상상력, 우리를 이끄는 사상들, 종교적인 생각에 대한 우리의 인지적 탐색이 발생한다”(Pruyser, 1974, p. 180).

Pruyser가 이해한 대로 희망의 원천은 역사가 깊다. 진화생물학에 애착의 토대를 둔 John Bowlby(1982)는 우리가 자연에 의해(즉, 자연선택) 애착을 형성하도록 만들어져 있다고 분명히 하였다. 우리는 이런 점에서 수많은 포유동물 종들과 유사하다. 물론 우리가 형성하는 유대들을 스스로 의식한다는 점에서 우리는 다른 포유동물들보다 독특하다. 외상적인 애착 관계에 초점을 맞춘 나는 애착이 잘못될 수 있는 방식에 집중해 왔다. 그러나 안정 애착은 정상이다. 마찬가지로 아동이 삶의 초기부터 배려하고 공감하는 자연스러운 경향성에서 증명된 것처럼 자애로움은 정상적인 현상이다(Tomasello, 2009). 공동체에 자애로움이 없다면 우리의 인간성은 순조롭게 출발하지 못할 것이다. 즉, Sara Hrdy(2009)의 아주 적절한 설명에 의하면, 우리의 공감적인 연대 능력은 엄마와 타인들에 의한 심리적인 조율이 제공되는 맥락에서 진화하였다. 좀 더 쉽게 말하면, 한 종으로서 우리의 존재 그 자체는 애착 관계의 맥락에서 제공되는 정신화하기에 토대하고 있다.

이러한 성찰들은 나를 다시 5장에서 언급하였던 Mikulincer의 신념으로 돌아오게 만든다(“내적 안전기지의 개발”을 보라). 즉, 우리 모두는 안정감의 섬들을 갖고 있다(Shaver & Mikulincer, 2011). 아마도 그 섬들은 우리의 외상 처치 프로그램에 참여했던 여성들이 그들의 과거 외상 경험에도 불구하고 약간의 안정 애착을 발달시키게 했다(Allen et al., 2001). 그리고 이 섬들은—내가 내적 안전기지의 존재를 추론했던 것처럼 —또한 자신과의 안정 애착 관계의 토대일 수 있다. 이런 정도로 희망은 외부뿐 아니라 내부에서 발생할 수 있다. 희망의 원천은 다양하다는 Pruyser(1987b)의 관점을 채택한 나는 이 장에서 외상으로 씨름하는 데 도움이 될 많은 범위의 자원들을 제시하려고 노력하였다. 그러나 또한 삶의 초기부터 마지막까지 돌봄을 제공하는 사람을 대신할 대체물은 없다는 뜻을 전달하고자 하였다.

요점

◆외상은 심리적 장애 이상의 의미를 갖는 사건이다. 즉, 내담자와 상담자는 외상의 상담 과정에서 의미와 연대를 추구하게 만드는 실존적–영성적 관심사에 직면하게 한다. 상담자들은 전형적으로 이 실존적–영성적 문제들과 씨름할 수 있는 전문 훈련을 받지 못했다. 그들은 내담자보다 실존적–영성적 문제들을 다루는 것을 꺼려하는 경향이 있다.

◆애착 관계에서의 외상을 포함해서, 악행의 문제는 가장 극심한 형태의 외상에 해당된다. 그래서 상담자들은 잠재적으로 악행에 대한 문헌을 충분히 공부해야 한다. 견디기 어려운 피해를 일으키는 행동의 근원이 정신화하기의 실패라는 것을 보여 주는 철학 및 과학 문헌을 조금 공부하는 것으로는 부족하다.

◆종교가 있는 내담자의 경우에, 애착 외상은 신과의 관계에서 불안정 애착들을 일으킬 수 있다. 이 문제가 되는 애착들을 탐색하는 데 상담이 도움이 될 수 있고, 목회상담은 긍정적 종교적 대처를 조장하는 데 중요한 부가 접근이 될 수 있다. 정신화하기 태도는 상담자들이 다양한 종교 신념들을 적절히 다루는 데 도움이 된다.

◆희망을 일구는 것은 외상 처치의 중심이다. 희망은 중요한 처치 결과이다. 희망은 현실적인 기대에 토대하는 게 좋다. 그러한 기대들은 외상의 복잡한 심리적 후유증과 실존적 사안들 때문에 쉽게 성취되지 않는다. 궁극적으로, 희망을 갖느냐 아니냐는 자애로움에 대한 믿음에 달려 있다. 안정 애착의 관계가 자애로움과 희망에 대한 모델이다.

후주

1장

1) mentalizing은 문맥의 필요에 따라 정신화하기, 정신화로 옮겼다. 명심보감에 성심(省心) 편이 있다. 성심은 마음을 살핀다는 뜻인데, '정신화하기'를 대체할 용어로 성심(省心)도 괜찮은 듯하다.

2) secure attachment는 안정 애착(安靜 愛着)으로 옮겼다. Bowlby(1973)는 secure와 safe라는 영단어를 구별하고자 하였다.

3) mindfulness는 알아차리기 혹은 알아차림, awareness는 인식하기 혹은 인식으로 옮겼다.

4) plain old therapy에서 plain은 '명료한, 알기 쉬운', old는 '유서 깊은, 전통 있는'이란 뜻을 갖고 있다. 모든 상담이론에서 사용되는 근본적이고 유서 깊은 개념은 상담자–내담자 관계이다. 이 관계는 상담효과에 중요한 영향을 미친다. Allen은 이 책에서 상담관계의 중요성을 '정신화하기'란 개념으로 강조하였다. 상담효과 연구에서 상담관계는 '공통요인'으로 불리므로 역자는 plain old therapy를 공통요인상담으로 옮겼다.

5) Bowlby(1973)는 애착인물과 정서의 관계에 대해 다음과 같이 말하였다. 어머니로부터 유아가 분리될 때 '1. 강한 항변, 절망, 무심함으로 이어지는 반응 연쇄는 … 여러 요인들 때문이다. 그 요인들 중에 핵심은 낯선 사람, 낯선 사건들, 어머니 혹은 가능한 대안 인물의 양육(mothering)의 부재와 혹은 세 요인들 사이의 결합이다. 2. 이 낯선 사람, 낯선 사건들이 부재할 때조차 어머니와 분리되는 것은 2세 아동이 … 슬픔, 분노, 불안을 느끼게 할 수 있다. 엄마인물(mother figure)과 분리되는 것은 그 자체로 아동의 정서 상태와 행동을 결정하는 중요한

변인이다'(p. 23).

6) 강조는 역자가 첨가하였다.

7) Bowlby(1969/1982)는 사람이 '효과적인 계획을 수립하려면 세상에 대한 지식과 더불어, 자신의 능력에 관한 지식이 필요하다'(p. 60)고 하였다. 그는 세상에 대한 지식, 자신에 대한 지식을 인지적 지도(cognitive map)라는 용어로 표현하면 단순히 지형에 대한 정적인 표상(static representation of topography)을 상기시킨다고 지적하였다. 대신에 그는 사람들의 '머릿속에서 작은 규모의 실험을 수행하는 것이 가능하다'(p. 81)는 의미를 전달하기 위해 작동모델이라는 용어를 사용하였다. 그는 작동모델의 용도는 애착이론에서 설정 목표(set-goals)라 불리는 것이 어떻게 성취될지 예측하는 데 도움이 되는 정보를 전송, 저장, 조작하는 것이라고 하였다. Bowlby(1973, p. 203)는 작동모델에 대하여 다음과 같이 기술하였다.

"사람들은 세상에 대한, 그리고 세상 속에 있는 자신에 대한 작동모델을 형성하고, 이 작동모델의 도움으로 사건들을 지각하고, 장래를 예측하며, 자신의 계획들을 구성한다. 각각의 사람이 형성하는 **세상에 관한 작동모델**에서 한 가지 중요한 특징은, 자신의 애착인물들이 누구인지, 그들이 어디에서 발견될 것인지, 그들이 어떻게 반응할 것으로 기대되는지에 관한 그 사람의 인식이다. 마찬가지로 누구나 형성하는 **자기에 관한 작동모델**에서 한 가지 중요한 특징은, 애착인물들의 눈에 그 사람이 얼마나 수용되고 수용되지 않는지에 대한 그 사람의 인식이다. 만약 그 사람이 지지받기 위해 애착인물들에게 의지하면, 애착인물들이 얼마나 접근 가능하고 반응적일지에 대한 애착된 사람의 예측들은 이들 상호보완적인 모델들의 구조에 근거한다. 그리고 지금 여기에서 진술되고 있는 이론의 관점에서, 애착인물들이 일반적으로 기꺼이 가용하다고 자신감을 느끼는지 혹은 애착인물들이 가용하지 않을 것이라고 다소 두려워하는지는 때때로, 자주, 혹은 거의 이 모델들의 구조들에 달려 있다"(강조는 첨가함).

8) Bowlby(1973, p. 201-202)는 "애착인물이 접근 가능하고 잠재적으로 반응적일 때, 그 또는 그녀는 정말로 가용성이 있다고 말할 수 있다."라고 하였다. 다시 말해, 가용성이란 접근 가능성과 반응성을 합한 개념이다.

9) 진한 강조가 인용문의 원저자 표기인 경우 "강조는 원래대로"로 옮겼고, Allen이 표기한 경우 "강조는 첨가함"으로 옮겼음.

10) 저자는 이를 felt security, security 등으로 다양하게 표현한다.

11) Bowlby(1988)는 부모의 중요한 양육 역할 중 하나는 자녀에게 안전기지가 되어 주는 것이라고 하였다. 안전기지가 되어 주는 부모는, 첫째, 자녀가 부모의 곁을 잠시 떠나 외부 환경으로 진출하는 것을 기꺼이 수용한다. 둘째, 자녀가 주변 환경을 탐색하다가 부모의 곁으로 복귀할 때 아동 또는 청소년을 환영한다. 셋째, 자녀가 부모의 곁으로 복귀하였을 때 신체적 및 정서적 자양분을 공급한다. 넷째, 자녀가 불편감이 심하면 위로를 제공하고, 위협을 받았거나 놀란 상태라면 그들을 안심시키는 방식으로 양육을 한다(Bowlby, 1988). 다섯째, 자녀에게 '안전기지'가 되어 주는 부모는 자녀가 필요로 할 때 도움을 제공할 것이라고 기대할 수 있는 대상이며, 요청이 있으면 기꺼이 반응하거나 도움을 제공한다. 여섯째, 그럼에도 불구하고 안

전기지가 되어 주는 부모는 자녀가 명백하게 필요로 할 때만 적극 개입한다. Bowlby(1988)는 부모가 자녀에게 '안전기지'가 되어 주는 것의 중요성을 군대의 본부 기지와 파견 특공대의 관계에 비유하며 본부 기지의 역할을 강조하였다. 파견 특공대가 출격을 한 뒤에 본부 기지의 역할은 주로 기다리는 것이지만, 파견 특공대의 지휘관은 본부 기지가 안전하다는 것을 자신할 때에만 단호하게 진격하여 싸워 이기려는 모험을 실행할 수 있다. 이처럼 아동 또는 청소년도 부모가 '안전기지'가 되어 줄 것이란 자신감을 가질 때 부모의 곁을 잠시 떠나 외부 환경으로 진출할 수 있다는 것이다.

12) 범주로 분류하는 방식은 한 사람이 한 범주(예: 안정 애착)에 속하면 다른 범주(예: 회피 애착)의 속성을 갖고 있지 않다는 오해를 낳을 수 있다. 한 사람이 남성으로 분류되어도 여성과 많은 속성을 공유하듯, 안정 애착의 사람도 다른 유형의 애착의 속성을 갖고 있다. 애착의 차원론적 관점에 대한 연구물을 찾아 읽어 보기 바란다.

13) 안정성(stability)과 안정감(security)을 혼동하면 안 된다. 전자는 애착 패턴이 시간이 경과해도 유지되는 것을 의미한다. 후자는 필요로 할 때 애착인물이 가용할 것이란 자신감을 뜻한다.

14) romantic relationship의 사전적 의미는 낭만적 사랑 관계이다. 애착이론에서 낭만적인 사랑 관계란 미혼, 기혼구별 없이 커플 관계 모두를 뜻한다. 낭만적 사랑 관계가 결혼 전 연인 관계만 뜻한다는 인상을 주지 않기 위해 커플 관계로 옮겼다. romantic attachment는 커플 애착으로 옮겼다.

15) Allen은 혼란된 애착을 disorganized attachment, disorganization 등으로 혼용하여 표현한다. 전자는 혼란된 애착으로, 후자는 혼란 애착으로 옮겼다.

16) 성인 커플 애착을 측정하기 위해 자주 사용되는 질문지는 친밀한 관계 경험 척도(Experiences in Close Relationships Scale)이다. 이 질문지는 Brennan, Clark와 Shaver(1998)에 실려 있다.

17) [그림 1-1]에서 (　　) 속은 역자가 첨가함.

18) 의견 차이가 큰 말다툼이 되면, 양가 애착의 사람은 '자신이 사랑스럽지 않기 때문에 파트너가 자신을 함부로 대할 것이란 짐작', 즉 왜곡된 작동모델을 사실인 양 확증하게 된다.

19) avoidant attachment는 회피 애착, avoidance는 회피, avoidant person은 회피 애착인 사람으로 옮겼다.

20) 애착의 보편성은 엄마와 같은 주요 애착인물에게 형성된 애착 패턴으로 인해 이외의 다른 애착인물에게도 동일한 애착 패턴을 형성할 것이란 가정이다. 반면, 한 사람이 애착인물에 따라 상이한 애착 패턴을 형성할 수 있다는 것이 애착의 관계 특이성이다.

21) 영어사전에 mentalize란 단어는 없다. 정신화하기 혹은 정신화라는 번역 용어 또한 Holmes의 말처럼 그리 정이 가지 않는다. 앞서 말했듯이 이 용어들이 불편하면 성심으로 대체해 보기 바란다. 혹은 마음 헤아리기로 대체해 보기 바란다.

22) 인지치료는 고통스러운 정서 경험을 줄이는 데 초점이 있으나, 수용전념치료는 고통스러운 경험을 수용하는데 초점이 있다.

23) 강조는 역자가 첨가함.

24) '사로잡다'의 뜻에는 "생각이나 마음을 온통 한곳으로 쏠리게 하다."가 있다.

25) 예를 들어, 알아차리기 문헌은 불교 영성에 뿌리를 두고 궁극적으로 자기만이 아닌 모든 사람을 향한 자비를 추구하는 방식으로 도덕철학의 관점을 받아들인다.

26) 알아차리기와 마음을 알아차리기로 구별한 것은 알아차리기는 마음 이외의 상황과 맥락 등을 알아차리는 것도 포함되기 때문임.

27) 정신화하기는 애착 관계에서 발달하여 사회관계에서 사용됨.

28) narrative와 story는 둘 모두 이야기로 번역되는 경우가 많은데, 독자가 읽는 동안 원어를 떠올리기 쉽게 하기 위하여 전자는 묘사로 후자는 이야기로 옮겼다.

29) 정신화하기는 엄마-유아 관계에서 발달되며, 정신화하기의 적용을 인류에게 확장할 필요성을 명시적으로 강조하지 않는다. 반면에 알아차리기의 적용과 관련해서 Kabat-Zinn은 알아차리기를 당신이 접촉하는 사람들을 대상으로 생각, 감정, 신체에 주의를 기울이는 방법을 가르치는 것이 유익하다고 명시적으로 표현하고 있다[Kabat-Zinn, J. (2011). *Mindfulness for beginners*. Boulder, CO: Sound Tree. 참조].

30) 예를 들면, 까다로운 기질

31) 예를 들면, 다루기 쉬운 기질

32) 강조는 역자가 첨가함.

33) 강조는 역자가 첨가함.

34) [Sroufe, L. A., Carlson, E. A., Collins, W. A., & Egelande, B. (2005). **인간의 발달: 출생부터 성인기까지 위기와 적응에 대한 미네소타 연구**(The development of the person: The Minnesota Study of risk and adeption from birth to adulthood). 방희정, 김동민, 노경란, 박현정, 박혜근, 옥정, 윤진영, 이순행, 이은경, 이혜란, 최은실, 최해훈 (역). 서울: 학지사(원전은 2005년 출판). 참조]

35) 비특이적 위험 요인 원리는 혼란 애착이 장래의 불특정 장애에 영향을 미칠 수 있다는 의미를 갖고 있다. 하지만 유아기 혼란 애착에서 해리의 속성이 발견되는데, 이것이 장래의 해리 증상과 관계가 있었다. 이는 혼란 애착과 장래의 특정 장애 사이에 연속성이 있다는 것을 보여주는 것이므로 비특이적 위험 요인 원리의 예외가 되는 것이다.

2장

1) stress는 스트레스로 stressor은 스트레스 사건으로 옮겼다.

2) Allen은 EMDR, MBSR 등의 영어 이니셜로 불리며 특정 상담방법에 초점을 두는 상담자를 specialist라고 부른다. 한편, 상담자 내담자 사이의 관계에 초점을 두는 상담자를 generalist라고 부른다.

3) Allen은 인간중심접근을 옹호하며, 이 책의 6장에서 상담자가 '인간이 되는 기술'을 제시하고 있다. 일찍이 Rogers는 상담자가 인간으로서 내담자를 인간으로 대하지 않고 대상으로 대

하는 것에 화를 낸 적이 있다. Rogers가 내담자를 사람으로 대하는 것에 관심이 있는 독자는 [Rogers, C. R. (2007). **로저스의 사람-중심 상담**(A way of being). 오제은 (역). 서울: 학지사(원전은 1980년 출판).]의 8장 "엘렌웨스트-그리고 외로움"을 읽어 보기 바란다.

4) traumatic은 'extremely stressful'이란 의미를 갖는다는 것을 염두에 두면 좋을 듯하다.

5) Allen은 성 학대, 강간, 전투 외상과 같은 신체의 온전함에 위협이 되는 사건들만 외상으로 볼 것이 아니라 양육자의 방임, 심리적 학대 등도 외상에 포함되어야 한다고 본다. 이러한 내용은 아래에서 더 자세히 다뤄진다.

6) 즉, 외상 후 스트레스 장애의 증상들

7) DSM은 외상 스트레스가 심각한 것을 외상 후 스트레스 장애의 첫 번째 조건으로 보지만, Allen은 생명을 위협할 정도가 아닌 스트레스 사건들도 누적되면 외상 후 스트레스 장애를 경험할 수 있다는 주장을 하고 싶은 것이다. 그는 스트레스 누적 모델(stress pileup models)을 제안한다.

8) 강조는 역자가 첨가함.

9) 강조는 역자가 첨가함.

10) 강조는 역자가 첨가함.

11) 내담자가 의식하고 있는 혹은 명시적으로

12) 내담자가 의식하지 못하는, 자신도 모르는 사이에, 혹은 암묵적으로

13) DSM-V의 외상 후 스트레스 장애의 진단 기준 D의 '외상성 사건(들)'과 관련이 있는 인지와 감정의 부정적 변화와 관련된 증상들을 의미한다.

14) 이 부분을 이해하려면 통계학 지식이 필요하다. 일 연속선상, 수직선, 혹은 한 차원의 낮은 수준에서 높은 수준 사이에 각기 배열되는 어떤 증상들이 있다면 그 증상들은 하나의 요인 혹은 차원에서 서로 다른 수준의 위치를 구성하고 있는 요소로 볼 수 있다. 다시 말해, 외상 후 스트레스 장애와 우울장애는 다른 범주로 보기보다 한 차원에서 심각성에서의 차이를 나타낸다고 볼 수 있다.

15) DSM의 장애를 기술한 증상들이 글 상자 속으로 포함되어 다른 장애의 증상들과 완전히 관계없고, 서로 다르다는 인상을 주는 것에 저자는 만족스러워하지 않는 것 같다.

16) cutoff points는 절단점, 임계치, 임계점을 뜻한다. 물은 100℃에서 끓지만, 장애를 진단하기 위한 분명한 절단점은 증상의 정도의 어느 수준에서 정해진다.

17) 고혈압의 기준은 수축기 140, 이완기 100이다. 이 기준으로 보면 사람들은 자신의 혈압이 그에 도달하지 않으면 혈압이 정상인 것으로 여긴다. 수축기 혈압이 140인 사람과 135인 사람의 차이는 뭘까? 135는 정상이 아니라 언제든 140을 넘는 수치로 바뀔 수 있다. 따라서 수축기 135와 이완기 90의 혈압을 가진 사람은 관리를 할 필요가 있다. 이처럼 외상 후 스트레스 장애를 범주 접근으로 진단하면 증상의 수가 적더라도 어려움을 겪을 수 있는 사람을 돕지 못할 수 있다는 우려를 나타내고 있다.

18) DSM의 다축 체계를 떠올리면 이 부분이 쉽게 이해될 수 있다. 당신이 I축에만 의지해서 심리

장애 진단에 접근하면 당신은 범주화에 익숙한 것이다. 반면, II, III, IV, V 모두를 사용하면 훨씬 더 다차원적 사고를 하고 있는 것이다.

19) 너무 과한: 예를 들어, 반복적이고 불수의적이며 침습적인 고통스러운 기억
너무 적은: 예를 들어, 외상성 사건들의 중요한 부분을 기억할 수 없는 무능력

20) fragmented는 '파편화된'으로 번역되기도 한다. 기억들에 일관성이 없고, 부분적으로 기억나거나 뒤얽혀 있는 것을 뜻하기 위해 사용되므로 이해하기 쉬운 쪽으로 독자가 읽기를 바란다.

21) 바늘만 한 작은 것을 몽둥이처럼 크다고 말하는 것. 작은 일을 크게 불리어 말함을 뜻한다.

22) 체계가 있는, 혹은 잘 조직화된 정체성

23) 이후 gender는 성으로, sex는 성별로 번역하였다.

24) Bowlby(1969/1982)는 『애착』 1권에서 회상적 방법과 예기적 혹은 전망적(prospective) 방법에 대해 기술하고 있다. 참고하기 바란다. 이는 Freud의 업적을 넘어 Bowlby가 공헌한 가장 뚜렷한 업적인 것으로 생각된다.

25) Bowlby는 attachment figure와 trusted companion을 혼용하여 사용한다. 여기서는 신뢰할 수 있는 동반자로 옮겼으나, 이는 곧 애착인물을 뜻한다.

26) 이후의 부분을 잘 이해하려면 이 부분을 염두에 두고 있어야 한다.

27) 저자 Allen은 '한 가지 이상의 실제적이거나 위협적인 죽음, 심각한 부상, 또는 성폭력에 노출된 경험'을 진단 기준에 포함하는 것에 회의적이다. 우울의 진단 기준에는 스트레스 사건이 진단 기준으로 포함되지 않는다는 것을 상기하면 외상 후 스트레스 장애의 이 기준은 이상해 보인다. 그리고 외상 사건을 진단 기준에 포함시키는 것은 외상 사건이 외상 후 스트레스 장애만을 일으킨다는 인상을 준다.

28) 강조는 역자가 첨가함. 결론적으로 이 문단은 가혹한 경험, 역경 등을 겪어야만 외상 후 스트레스 장애 진단에 포함된 증상들을 경험하는 것이 아니며, 가혹한 경험 역경 등으로 겪는 장애가 외상 후 스트레스 장애만 있는 것이 아님을 강조하고 있다.

29) 이 문장은 Allen이 3장에서 외상 스트레스 사건과 관련된 외상 후 스트레스 장애 이외의 여러 가지 다른 장애들을 묶어 '복합 외상 스트레스 장애'를 강조할 것임을 시사한다.

30) 遁走(숨을 둔, 떠날 주): 사전적 의미는 "정체성을 상실하고 여행을 하는 것"

31) 알라딘(www.aladin.co.kr)에서는 Richard Adams와 그의 책을 다음처럼 소개하고 있다. Adams는 1920년 영국 버크셔에서 태어나, 옥스퍼드 대학교에서 역사를 공부하였다. 그는 제2차 세계대전에 종군한 뒤 환경청에 재직했다. 1972년 딸들에게 들려준 이야기를 바탕으로 『워터십 다운의 열한 마리 토끼』를 발표하였다(사계절 출판사에서 번역되어 출판됨). 이 외에 그는 『샤딕』, 『돌림병 개』, 『그네 타는 소녀』, 『여행자』, 『이국의 기사』 등의 작품을 발표하였다. 『워터십 다운의 열한 마리 토끼』는 재앙이 닥친 고향 마을을 탈출해 이상향을 찾아가는 과정을 그린 모험담이다. 1부는 택지 개발로 위험해진 고향을 떠나 새로운 보금자리에 정착하는 이야기를, 2부는 토끼들의 이상향 '워터십 다운'에 이르는 과정을, 3부는 에프라파 잠입 작전과 탈출담을, 4부는 에프라파 토끼들에게 맞서 마을을 지킨 무용담을 담았다. 긴 이

야기가 지루하지 않은 것은 개성 넘치는 토끼들의 덕이다. 앞일을 예지하는 능력을 가진 파이버, 탁월한 지도력을 발휘하는 헤이즐, 용맹스러운 빅윅, 잔머리의 대가 블랙베리, 뛰어난 이야기꾼 댄더 라이언, 소심한 에이콘 등 열한 마리의 토끼들이 서로를 이해하는 과정이 섬세하게 그려진다.

32) urban dictionary(www.urbandictionary.com)에 따르면, tharn이라는 단어는 공포에 질려 얼어붙은 사람이나 동물의 행동을 기술하는 것이다. 예를 들면, 전조등 불빛에 사로잡힌 사슴처럼. 이 단어의 기원은 Richard Adams의 소설 『워터십 다운의 열한 마리 토끼』이다.

33) 동물자기(磁氣): 최면술을 실시하였을 때 시술자로부터 피술자에게 흐른다고 생각되는 가상의 액체 또는 힘. 최면 요법의 창시자로 간주되는 독일인 의사 Friedrich Anton Mesmer(1734~1815)가 처음 사용한 용어. 그는 해와 별이 우주에 충만한 에너지를 통해 사람과 모든 생명체에 영향을 준다는 이론을 발표했다. 우주에 숨겨진 미지의 에너지가 기(중국), 프라나(인도) 등으로 설명된 바 있는데, 그는 동물자기라는 생체 에너지 개념을 제시하였다. 그는 동물자기 이론을 환자를 치료하는 데 적용했다. 그는 이 액체 또는 힘이 자기와 어떤 관계가 있을 것이라는 신념에서 이 용어를 사용하였다. 그는 사람의 몸은 동물자기로 가득 차 있으며, 신체 접촉으로 동물자기가 시술자에서 환자에게 전달되면 환자의 심신에 평상시와 다른 상태가 야기될 수 있다고 가정한다. 예컨대, 산모가 온몸의 감각을 잃게 되면 무통분만이 가능하고, 환자가 깊은 최면 상태에 빠지면 시술자의 의도대로 행동을 유도하기 쉽다는 것이다(네이버 지식백과).

34) 복수의 관점들에서 고심하고 성찰하지 못하는 사람들은 그것을 요구하는, 다시 말해 정신화하기 능력을 발휘하라는 상황에 처하면 익숙치 않아 반감을 보일 수 있다.

3장

1) 스트레스 사건들에는 대인 간 갈등, 스트레스가 되는 삶의 양식: '가동되고 있는', 내적 갈등(스트레스)이 포함된다.

2) 강조는 역자가 첨가함.

3) 스트레스 사건들에는 대인 간 갈등, 스트레스가 되는 삶의 양식: '가동되고 있는', 내적 갈등(스트레스)이 포함된다.

4) 몸을 단순히 자기의 한 부분으로 보는 게 좋으며, 몸을 바탕으로 전체로서의 자기를 평가하는 것은 정신화하기의 실패를 뜻한다는 의미임.

5) 섭식장애가 애착 관계에서 생긴 정서 문제를 조절하기 위한 증상임을 알아차리게 조력하고, 애착 관계에서의 갈등이나 심리적 문제를 다루도록 촉진함.

6) 접인(接人)은 격몽요결에 나오는 용어이다.

7) 예를 들면, 칼로 베어 아픈 것

8) ' '는 역자가 첨가함.

9) 즉, 부모의 방임, 거부, 통제, 지지가 부족한 관계, 비일관성, 의사소통의 혼란으로 공감받지 못

한, 다시 말해 정신화하기를 경험하지 못한 아동은 정신화하기 능력의 발달에 손상을 입는다.

10) 이러한 식으로 암묵적 · 자동적 정서에 얽매인 정신화하기를 하고, 상대방의 "약간 놀란 듯한 인상은 나를 적대시하는 것이므로, 나는 거부당했다."라는 반응이 적절한지, 다른 대안 반응은 없는지 따져 보는 외현적 · 내면적 · 인지적 정신화하기를 하는 데 종종 실패한다.

11) 감정 전염으로 옮길 수도 있다. 다른 사람의 얼굴 인상, 말투, 목소리, 자세 등을 무의식 중에 모방하고 자신과 일치시켜 감정적으로 동화되는 경향을 뜻한다.

12) complex traumatic stress disorders

13) 강조는 역자가 첨가함.

14) 애착 외상의 결과로 생긴 여러 가지 손상의 종류에 맞춰 품행장애, 양극성 장애, 주의력 결핍 및 과잉행동장애 진단이 내려졌다는 것을 시사한다.

15) 애착 외상과 관련된 스트레스 사건에는 애착 관계에서 발생하는 학대에 해당되는 신체적 · 성적 · 정서적(적대감, 심리적 학대) 학대가 있고, 방임에 해당되는 신체적 · 심리사회적(정서적 방임, 인지적 방임, 사회적 방임) 방임이 있다. 외상의 결과들은 [그림 3-1]을 참조하라.

16) 이러한 의구심으로 DSM-V의 체계는 DSM-IV와 다른 면을 갖고 있다.

17) '자연종(natural kinds)'은 분석철학(analytic philosophy)의 용어이다. 이 용어는 항상 특별한 속성들을 공유하는 특이한 대상들의 집단을 뜻한다. 자연종은 인간 추론의 인위적인 결과가 아닌 자연 세계에서 '실제하는(real)' 구조를 의미한다. 자연종을 믿는 사람들은 자연종의 구조와 그 구조를 어떻게 알 수 있는지에 대해 논쟁한다. 자연종의 구조는 끊임없는 변화의 경험에도 불구하고 안정적(stable)인 것으로 가정된다. 자연종은 두 가지 방식으로 알려진다. 하나는 종(kinds)에 관한 일반적인 생각의 지식으로서 연역적 추론에 의해 획득되고, 다른 하나는 종의 관찰 가능한 사례들에 관한 지식으로서 귀납적 추론에 의해 획득된다. 연역적 추론과 귀납적 추론의 결과는, 1) 대상과, 2) 대상의 속성 사이의 관계를 설명하는 명제로 진술된다. 예를 들어, "모든(all) 사람은 죽는다." "모든 물은 H_2O로 구성된다."와 같이 진술된다. 자연종을 믿는 사람들은 그러한 명제들이, 1) 대상과, 2) 대상에 존재하는 속성들을 기술한다고 주장한다. 그러나 그들은 연역적 추론의 한 종에 대해 'all'이라고 진술하는 방식에 문제가 있다고 인정하는데, 왜냐하면 아무도 어떤 것의 '모두'를 관찰할 수 없기 때문이다. 일부 표집을 관찰한 뒤에 그 종의 모든 구성원들에 대한 결론을 도출하는 것은 비논리적이기 때문이다. 과학의 학문 분야들은 종종 그들이 연구하는 특별한 것들을 종들(kinds)로 나누어, 그 종들에 대한 이론을 만든다. "종이 자연적이다."라고 말하는 것은 인간의 관심과 행위가 아니라 자연 세계의 구조를 반영하여 한 그룹으로 묶었다는 것을 의미한다(https://en.m.kikipedia.org/wiki/Natural_kind에서 인출함). 반면에 심리장애의 진단은 자연 세계의 구조를 반영한 것이 아니라 인간의 관심과 행위를 반영하여 증상들을 한 그룹으로 묶었다고 볼 수 있다.

18) 예를 들면, [Cozolino, L. (2018). 정신치료의 신경과학: 사회적인 뇌 치유하기(The neuroscience of psychotherapy: Healing the social brain). 강철민, 이영호 (역). 서울: 학지사 (원전은 2017년 출판).]가 있다.

19) 강조는 역자가 첨가함.

20) 저자는 심리장애들이 관계맺기와 자기정의를 경계로 하여, 즉 둘 중 어느 것과 더 관련되었느냐에 따라 구분될 수 있다는 Blatt과 Luyten(2010)의 의견에 동조하고 있다.

21) 즉, 증상이 관계맺기 또는 자기정의에 문제가 있어서 나타나는 것인지?

22) 강조는 역자가 첨가함.

23) 예를 들어, 불안에 대한 체계적 둔감화와 같은 처치는 애착 경험을 중요시 여기지 않고, 상호억제의 원리에 의하여 불안 유발 자극과 신체의 긴장 이완 상태의 연합을 강화하여 불안에서 벗어나게 한다. 한편, 애착이론은 불안 자극이 존재할 때 불안을 느끼나, 불안 자극이 존재하여도 애착인물이 함께 있으면 불안이 줄어드는 것을 강조한다. 이것은 불안 자극보다 애착 인물의 존재 여부가 불안에 중요한 역할을 한다는 것을 의미한다. 그리고 애착이론은 애착인물과의 관계 경험이 내면화되어 발생하는 애착 안정감의 부재가 불안을 경험하는 데 문제가 된다고 여긴다. 이러한 관점에서 Allen은 내담자가 상담자를 애착인물로 경험할 수 있는 기회를 제공하는 인간중심의 처치를 더 중요하게 여기는 것이다. 그리고 애착 안정감이 형성되면 애착인물의 실제적인 존재 여부와 관계없이 상징적으로 언제든 접근 가능하다는 장점이 있다. 앞서 계속 언급되었듯이 애착 불안정은 여러 가지 장애들과 관련된 비특이적 요인으로 가정된다. 이런 관점에서 보면 애착기반의 인간중심의 처치가 중요해지게 된다. 애착인물과의 안정 애착 경험은 관계맺기와 자기정의 모두를 향상시키므로 이들로 인한 장애들 모두를 호전시킬 가능성이 있다. 그러면서도 그는 4장에서 장애특이적 접근도 진지하게 다루고 있다.

4장

1) 처치개입들(treatment interventions)이란 상담, 약물치료, 자조 집단 등을 모두 포함하는 의미로 사용되고 있다. 처치개입들은 이후로 처치들(treatments) 혹은 처치로 표현되기도 한다.

2) 그 상황을 떠남으로서 불편감이라는 혐오자극을 피할 수 있게 되는 것은 부적강화에 해당된다.

3) 언뜻 읽으면 문맥이 이상할 수도 있다. 그러나 일반적으로 상담 초기에 중도 탈락하는 비율이 40%를 넘는다는 것을 고려하면 20~30%는 낮은 것이다. 그런데도 노출-기반 처치를 과도하게 경계한다면 그게 더 아이러니한 것이다.

4) ① '폭력 + 비명 → 두려움, ② 비명 → 두려움'과 같이 고전적 조건화의 방식으로 두려움을 학습한 경우에, 이후에 비명은 있으나 폭력이 없는 장면에 계속 노출되면, 이전에 비명과 두려움 사이에 조건화된 학습이 소거될 수 있다.

5) 체계적 둔감화에서 불안 유발 자극과 긴장 이완을 연합시켜 불안을 억제하듯이, Allen은 상담자가 제공하는 안정감이 긴장 이완을 대체할 수 있는 역할을 할 수 있다는 것이다. 이것은 불안 자극의 존재 유무보다 안정감을 제공하는 애착인물이 불안을 줄이는 데 중요한 역할을 한다는 애착이론의 관점을 적용한 것이다.

6) 예를 들면, 내담자가 공포를 느끼는 상황이 어둠 속 상황이어서 밤이나 새벽 시간에 실생활 노출치료에 상담자가 동행한다면 이는 인간적인 모습 중의 하나일 것이다.

7) 분명한 절차를 갖고 있지 않은 상담방법들
8) EMDR이 눈동자를 왼쪽 오른쪽 즉, 양측으로 움직여 주는 자극인 것처럼
9) 실제 상담방법을 실행할 때 상담자–내담자의 관계적 측면이 작동하는데, 종종 이론적 설명에서 관계적 측면은 제외되고, 절차가 강조되기 때문에 관계적 측면이 소홀히 다뤄지고 있다고 지적하고 있다.
10) 복합 외상 문제들을 가진 내담자들
11) validation은 종종 타당화로 번역되므로, 타당화가 편한 독자는 '받아 주지 못하는' 대신에 '타당화를 제공하지 않는'으로 바꿔 읽기 바란다.
12) 전이에 대해서는 [Cabaniss, D. L., Cherry, S., Douglas, C. J., & Schwartz, A. R. (2015). **정신역동적 정신치료: 임상매뉴얼**(Psychodynamic psychotherapy: A clinical manual). 박용천, 오대영 (역). 서울: 학지사(원전은 2015년에 출판).]의 21장을 읽어 보면 유익하다.
13) 정신화 기반 상담으로 충분하다는 뜻
14) [그림 3–1]을 상기하거나 애착 외상은 심리 증상들에 대한 비특이적 위험 요인임을 상기하라.
15) 1997년에 출판된 『Trauma and recovery: The aftermath of violence』가 출판사 열린책들에서 『트라우마: 가정폭력에서 정치적 테러까지』라는 제목으로 번역되어 있다.
16) 혹은 '단일장애'로 이해하기 바람.
17) containment의 뜻은 포용하기로 이해해도 무방함.
18) 울고불고 난리를 침.
19) 안정감의 순환은 다음의 그림과 같이 두 부분으로 구성되는 것으로 간주된다. 위쪽은 탐색하기, 아래쪽은 위로를 추구하기이다.

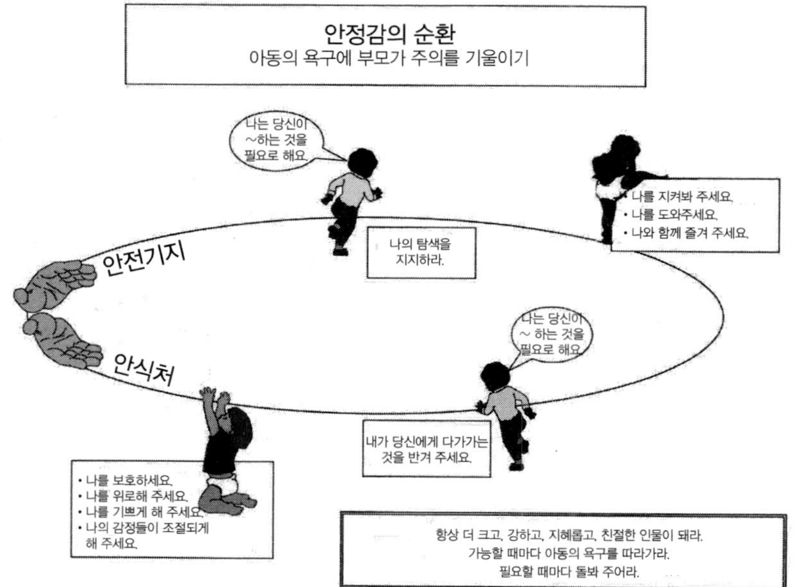

출처: Marvin, R., Cooper, G., Hoffman, K., & Powell, B. (2002). The circle of security project: Attachment-based intervention with care giver-pre-school child dyads. *Attachment and Human Development, 4*, 107-124.

20) 예를 들어, 커플 및 부부 상담자가 어떤 지역에는 없을 수도 있고, 참여할 수 있는 집단의 유형에 한계가 있을 수 있음.

21) 커플 관계, 부모-자녀 관계, 학생-교사 관계 등

5장

1) [Williams, M. B., & Poijula, S. (2009). **외상 후 스트레스 장애 워크북**(PTSD Workbook). 오수성, 신현균, 김상훈, 김정호, 최영미, 신경란, 정명인, 김해진, 박성록, 이진 (역). 서울: 학지사(원전은 2002에 출판).]의 2장에 다양한 이완 기법들이 제시되어 있으므로 참고하면 유익하다.

2) 강조는 역자가 첨가함.

3) 공병 또는 동반이환이 없는 장애들을 말한다.

4) 이후 의학 분야의 일반의와 전문의에 상담자를 비유하는 경우 일반의에 해당되는 상담자는 일반 상담자로 전문의에 해당되는 상담자는 전문 상담자로 옮긴다.

5) 이후로 공통요인상담은 plan old therapy를 뜻하고, 공통요인은 common factors를 뜻한다.

6) 예를 들어, MBSR, ACT, EMDR 등

7) 역설적으로, Allen은 내담자와 상담자의 역할 전도를 허용함으로써 구조화에서 벗어났다. 이는 내담자를 자연스럽게 따라간 것으로 그의 인간중심 접근을 보여 준다.

8) Allen은 다음에서 "다양한 관점을 이해할 수 있는 능력은 정신화하기의 핵심"이라고 진술한다. 이런 관점에서 보면, 게슈탈트 상담의 빈 의자 기법, REBT, 인지행동치료나 의미상담에서 사용되는 재구조화 등 다양한 전통 상담이론의 방법은 이미 내담자가 다양한 관점을 이해할 수 있는 능력을 향상시키려는 요소들을 포함하고 있다.

9) 예를 들면, 자신에 대한 긍정 혹은 비난

10) 예를 들어, 정신화의 한 측면인 공감은 MBT가 제안되기 전부터 상담에서 활용되고 있었다. 인지치료나 REBT와 같은 인지 접근에서 사건에 대한 해석인 자동적 사고나 비합리적 사고를 알아차리게 하고, 감정과 어떻게 연결되는지 알아차리게 하는 것도 결국은 내담자의 정신화하기 능력을 향상시키는 접근이다.

11) MBT는 장애 특이적인 접근인데, 공통요인상담에서도 장애 특이적인 MBT의 핵심 요소인 정신화하기를 마찬가지로 사용하기 때문이다.

12) 여러 상담이론을 절충하다 보면 일관성이 부족할 수 있다는 뜻

13) 예를 들면, 논박하기는 합리정서행동상담의 주요 특징이며, 자기부분 간의 대화는 게슈탈트 상담의 주요 특징이며, WDEP 변화 절차는 현실상담의 주요 특징으로 각 상담이론이 구별되게 함.

14) 상담목표, 상담과제 등에서 상담자와 내담자 간에 의견이 일치되지 않거나 혹은 저항 등으로 관계를 갈등이 생기거나, 내담자의 성격장애, 정서조절 실패 등으로 상담자와 내담자의 관계에 문제가 생기는 경우

15) 감정의 기복이 심하거나 불편한 감정이 오래 지속되는 등의 상태뿐 아니라, 반대로 오랫동안 냉담한 감정이 지속되는 상태 등

16) Rogers(1957)가 말한 무조건적 긍정적 존중 및 수용에 대한 원문은 다음과 같다. "상담자 자신이 마치 내담자의 한 부분이 된 것처럼, 내담자가 하고 있는 경험의 각 측면에 따뜻한 수용(warm acceptance)을 경험하고 있다고 생각하면, 상담자는 내담자를 향한 무조건적 긍정적 존중을 경험하고 있는 것이다. 이 개념을 개발한 것은 Standal(1954)이다. 무조건적 긍정적 존중이란 수용을 하기 위한 조건들이 필요하지 않다는 것을 뜻하는 것으로, "만약 당신이 그래서 그렇게 하는 경우에만 나는 당신을 좋아할 것이다."라는 식의 느낌이 아니다. 무조건적 긍정적 존중은 Dewey가 말한 것처럼, 사람을 '소중하게 여기는 것(prizing)'을 의미한다. 무조건적 긍정적 존중은 선택적인 평가적 태도-"당신은 이런 점에서는 나빠, 이런 점에서는 좋아."-의 반대 극(opposite pole)의 개념이다. 무조건적 수용은 '좋은', 긍정적인, 성숙한, 자신감 있는, 사교적인 감정들을 내담자가 표현하는 것을 수용하는 만큼이나 부정적인, '나쁜', 고통스러운, 두려운, 방어적인, 이상적인 감정들을 표현하는 것을 수용하고, 내담자가 보이는 일관성 있는 행동 방식들을 수용하는 만큼이나 일관성이 없는 행동 방식들을 수용하는 느낌을 뜻한다. 무조건적 긍정적 존중은 내담자를 돌보는 것을 뜻하지만 내담자를 통제하는 방식으로, 혹은 상담자 자신의 욕구들을 충족시키는 방식으로 돌보는 것을 뜻하는 것은 아니다. 무조건적 긍정적 존중은 내담자를 분리된(separate) 사람으로 돌보는 것을 의미하는 것으로, 내담자가 자신의 감정들과 경험들을 갖는 것을 인정하는 것이다. 한 내담자는 상담자를 "내가 나 자신의 경험을 소유하는 것을 촉진한다 … 즉, (이것이) 나의 경험이고, 실제로 내가 그 경험을 갖게 한다. 다시 말해, 내가 생각하는 것을 생각하게끔, 내가 느끼는 것을 느끼게끔, 내가 원하는 것을 바라게끔, 내가 두려워하는 것을 두려워하게끔 하며, '만약이라면…' '그러나…' '설마…'와 같은 말을 하지 않는다."라고 기술하였다. 이것이 만약 성격 변화가 발생하려면 필요한 것으로 가정되는 수용의 유형이다[Rogers, C. R. (1957). The necessary and sufficient conditions of therapeutic personality change. *Journal of Consulting and Clinical Psychology, 21*, 95-103. 참조].

17) 인간중심이론에 대한 연구의 주요 발견 결과에 관심이 있으면 [Ivey, A. E., D'Andrea, M. J., & Ivey, M. B. (2015). **상담이론과 실제: 다문화적 관점의 통합적 접근**(Theories of Counseling and Psychotherapy: A Multicultural Perspective: A Multicultural Perspective). 김병석, 김지현, 최희철, 선혜연(역). 서울: 학지사(원전은 2012년 출판).]의 pp. 318-319를 읽어 보면 좋다.

18) 강조는 역자가 첨가함.

19) 가장 간단하게 자기 자신이 된다는 것은 타인이 아닌 자기가 좋아하는 것을 추구하고, 자기의 감정과 생각을 경험할 수 있는 것이다.

20) Rogers는 상담관계에서 내담자의 자기변화에 초점을 두었지만, Allen은 상담관계에서 내담자의 자기변화뿐 아니라 내담자를 둘러싼 변화, 이 둘 사이의 관계 변화 모두에서 균형된 변화가 필요하다고 강조한다. 그래서 그는 개인상담이 커플상담, 가족상담, 집단상담으로 보완

될 필요가 있다고 강조한다.

21) 강조는 역자가 첨가함. 상담자는 상담관계와 상담기법 모두에 관심을 기울일 필요가 있다.

22) 강조는 역자가 첨가함.

23) 예를 들어, 전화에 즉각 응답하지 못한 것에 대해 내담자에게 사과하고, 즉각 응답이 없을 경우 '내담자가 타인에 대해 어떤 생각을 했는지, 타인의 그런 반응이 자신에 대해 어떻게 생각하게 만들었는지?' 등을 탐색해 볼 수 있다. 그리고 대안적 견해를 도출하도록 안내할 수 있다.

24) 안정 전략은 위협 시에 근접성 추구로 나타나며, 불안정 전략으로 1) 불안-양가 애착 유형은 1차 애착 전략인 근접성 추구가 실패하면 불편감을 과잉활성화시키는 전략, 2) 회피 애착 유형은 근접성 추구가 실패하면 애착 욕구를 과소활성화시키는 전략을 보일 수 있다.

25) 전문 서비스 본질의 예로는, Rogers가 말한 상담자의 세 가지 태도를 제공하면서 윤리를 위반하지 않는 범위 내에서 내담자와 상담자 사이의 경계를 유지하는 상담 실제가 있다.

26) 상담관계를 탐색을 위한 안전기지로 활용할 수 있는 내담자는 낯선 사람, 즉 상담자에게 근접성을 추구하고 의지할 수 있기에 안정 애착의 사람일 수 있고, 이외에 활용할 수 있는 다수의 애착 관계가 있거나 내적 안전기지가 잘 구축되어 있는 사람이다.

27) 내담자의 견디는 능력도 중요하나 상담자로서 당신의 애착 유형이 무엇인지 알고, 당신이 내담자와의 관계에서 경험할 수 있는 실망, 좌절, 불안 등을 견뎌 내는 것도 중요하다.

28) 그러므로 상담자 쪽에서 더 적극적인 공을 들여야 할 필요가 있다. 예를 들어, 이런 내담자의 자율성을 수용하고 존중할 수 있다.

29) 상담자는 천천히 일어나는 이 과정을 견딜 수 있으면 좋다. 반면에 예후가 좋지 않은 것으로 편견을 가지면 자기충족적 예언이 실현될 수 있으므로 조심하는 것이 좋을 수 있다.

30) 회피형 내담자에게 적절한 정도의 상담관계는 자신들이 바라는 것보다 친밀한 것일 수 있으므로 긴장과 불편감을 경험할 수 있고, 양가형 내담자는 자신들이 바라는 것보다 덜 친밀하므로 좌절감을 경험할 수 있다.

31) 애착의 차원에 대한 평가에서 애착 불안 차원이 낮을수록, 애착 회피 차원이 낮을수록 안정 애착임을 나타낸다.

32) 관계의 다차원적 속성에 대한 실존주의-인본주의 관점을 이해하는 것은 유익하다. 관심이 있으면 [Ivey, A. E., D'Andrea, M. J., & Ivey, M. B. (2015). **상담이론과 실제: 다문화적 관점의 통합적 접근**(Theories of Counseling and Psychotherapy: A Multicultural Perspective: A Multicultural Perspective). 김병석, 김지현, 최희철, 선혜연 (역). 서울: 학지사(원전은 2012년 출판).]의 9장을 읽어 보기 바란다.

33) 펌프로 우물물을 퍼서 올리려면 펌프에 한 바가지의 물, 즉 마중물을 먼저 부어야 우물물을 퍼 올릴 수 있듯 안정 애착 관계를 상기시키는 단어들을 암묵적으로 제공하면 애착 안정감이 점화된다.

34) 애착이론은 애착 행동 체계 이외에 보살핌 행동 체계, 탐색 행동 체계, 성행동 체계, 친교 행동 체계 등을 가정한다.

35) Victor Frankl에 의하면, 한 정신분석자가 자신이 다루고 있는 치료법에 대해 "이 테크닉이 내 성격에 맞는 유일한 방법이라는 사실이 입증되었다. 하지만 나는 각기 다른 성격을 가진 의사가 자기 앞에 앉아 있는 환자나 자기에게 주어진 과제에 대해 다른 태도를 취해야 하겠다는 생각을 할 수도 있다는 사실을 감히 부인하지 않겠다."라고 말한 적이 있다. 이 고백을 한 사람은 다른 아닌 Sigmund Freud이다[Frankl, V. E. (2012). **빅터 프랭클의 삶의 의미를 찾아서: 실패를 승리로 바꾸는 절대적 의미에 대한 믿음**(The will to meaning: Foundations and applications of Logotherapy). 이시형 (역). 서울: 청아출판사(원전은 1988년에 출판). p.173. 참조].

36) 예를 들면, 체계적 둔감화, 안구 운동 둔감화와 같은 전문화된 방법

37) 마음에는 외상의 기억들이 존재하므로, 이 외상 기억들에 대해 생각하고 느끼며 상상하는 것은 마음이므로

38) 최근에 정신화하기 능력을 측정할 수 있는 자기보고식 성찰 기능 척도가 번안 타당화되었다 [김홍주, 김은영(2018). 한국판 성찰 기능 척도의 타당화. **한국심리학회지: 상담 및 심리치료, 30**(2), 297-316. 참조].

39) 우리는 한 사람에게만 애착을 하는 것이 아니라 다수의 애착인물에게 애착을 형성하며, 각각의 인물에 대한 내적 작동모델과 애착의 패턴이 다를 수 있다는 것을 말하려는 것이다.

40) 심리장애들에 대한 적절한 지식이 없으면, 그 장애들로 인해 나타나는 역기능적인 모습을 주변 사람들은 내담자의 진정한 모습으로 받아들이는 오류를 범할 수 있다.

41) 이런 증상들은 내담자뿐 아니라 상담자도 불편하게 만들기 때문에 상담자는 이들이 정신화하기의 실패로 나타나는 증상이란 것을 알아차리는 데 실패할 수 있다.

6장

1) 역자가 인용함.

2) 예를 들어, 종교제도

3) 예를 들면, 내담자 자신이 신의 저주를 받은 몹쓸 사람으로 간주하는 것

4) 예를 들면, 성직자에 의한 외상

5) 안식처 혹은 안전기지 역할을 하는 성직자 혹은 신

6) 실존적-영성적 물음에 답해 줄 위치에 있는 성직자가 가해자이기 때문에 피해자는 그 대답을 받아들이기 어렵다.

7) 신정론은 악의 존재를 신의 섭리라고 보는 입장이다.

8) 당신은 이 아이가 고통받는 것이 신의 섭리라고 생각할 수 있는가?

9) 이 부분은 [이대우 옮김(2000). **까라마조프 씨네 형제들: 상**. 서울: 열린책들.]의 번역을 활용하였다.

10) 심맹은 마음을 알아차리지 못하는 것을 뜻한다. 다른 말로 하면 정신화하기 능력이 없는 것이

라 말할 수 있다.

11) 악행을 피해의 정도에 근거해 정의하면 의도가 없었어도 부주의하고 신중하지 못해서 피해가 크면 악행이 될 수 있음.

12) 이 책의 번역서는 다음과 같다[Arendt, H. (2006). **예루살렘의 아이히만: 악의 평범성에 대한 보고서**(Eichmann in Jerusalem: A report on the banality of evil). 김선욱 (역). 서울: 한길사(원전은 1963년에 출판).]. 출판사는 이 책을 다음과 같이 소개하고 있다.

"아렌트의 저작 가운데 가장 중요한 작품. 이 책의 '악의 평범성'에 대한 고찰은 '악의 문제에 대한 20세기의 가장 중요한 철학적 기여'로 평가받는다. 1942년 1월 독일 베를린 근교, 나치의 고위 관리들이 모여 유대인 문제의 '마지막 해결'에 필요한 계획을 논의한다. 여기서 아돌프 아이히만(Adolf Eichmann,.1906~1962)은 책임을 맡아 '마지막 해결책'인 대량 학살의 집행자가 됐다. 제2차 세계대전 후 중동을 전전하다 1960년 5월 부에노스아이레스 인근에서 이스라엘 비밀경찰에 체포된 아이히만은 예루살렘으로 이송돼 특별 법정에서 재판받고, 교수형 선고를 받는다. 재판 소식을 들은 철학자 아렌트는 예정됐던 대학 강의를 모두 취소하고 잡지 『뉴요커』의 지원을 받아 특파원 자격으로 예루살렘의 재판을 참관한다. 그리고 보고서 형식의 「예루살렘의 아이히만」을 뉴요커에 연재했다. 아렌트에 따르면 아이히만은 '자기가 무슨 일을 하고 있었는지 전혀 깨닫지 못한 자'였다. 심지어 그는 전혀 도착적이거나 가학적이지 않았다. 그는 머리에 뿔이 난 '괴물'이 아닌 평범한 인간이었던 것. 책은 이러한 아이히만의 행동을 세 가지의 무능성, 1) 말하기의 무능성, 2) 생각의 무능성, 3) 타인의 입장에서 생각하기의 무능성으로 구분하고, 이로부터 '악의 평범성'이 생겨나는 과정을 분석한다"(http://www.aladin.co.kr/shop/wproduct.aspx?ItemId=828856에서 인출함).

13) 폴란드계 유대인을 학살하기 위한 나치의 수용소

14) 나치에 입당하여 친위대장이 되었고, 유대인 강제수용소를 친위대의 감독하에 두고 제2차 세계대전 중 유대인 학살에 광분했던 나치

15) 격분, 격노, 잔학 행위, 극악무도한 일 등의 뜻을 갖고 있다.

16) 요지는 도덕적인 삶을 살려면 비난이 필요하나, 비난이 증오가 되면 곤란하다는 것이다. 상담 이론은 종종 비난 대신에 비판단적 자세로 임하려는 경향이 있다.

17) 우리 상담자는 자신을 가혹하게 대하는 내담자를 자주 만나기 때문에 자기를 수용하고, 용서하고, 자기에게 관대해지는 것을 옹호한다. 그러나 용서라는 현상에서 균형을 잡으려면 『명심보감』 "존심" 편의 3절을 읽어 보는 것이 도움이 된다. "범충선공(북송의 명신 범중엄의 아들로서 이름은 순인)이 자기 아들을 경계하여 말씀하셨다. 지극히 어리석은 사람도 남을 책망하는 데는 밝고, 지혜를 지닌 이도 자신을 용서하는 데 어두워지는구나. 너희는 모름지기 남을 책망하는 마음으로 자신을 책망하고, 자신을 용서하는 마음으로 남을 용서하라. 그렇게 하면 성현의 경지에 이르지 못함을 걱정할 것 없으리라" [안병욱 외 해설(1996) **명심보감**. 서울: 현암사, p. 97. 참조]. 이러한 진술을 본문과 연결지어 다음과 같이 생각해 볼 수 있다. 1) 자신을 쉽게 용서하는 사람은 본문에서 인용된 '우리가 타인을 용서하는 행동보

다 더 가볍게 자신을 용서해서 안 되며, 그렇지 않으면 자신을 용서하는 일은 의미가 없다'는 Murphy(2003)의 관점에 귀 기울일 필요가 있다. 2) 자신을 쉽게 용서하되 타인을 쉽게 용서하지 못하는 사람은 '자신을 용서하는 마음으로 타인을 용서하라'는 명심보감의 관점에 귀를 기울일 필요가 있다. 3) 타인을 쉽게 용서하는 사람은 '용서란 한 번에 일어나는 것이 아닌 장기적인 프로젝트라고 생각'하는 Allen의 관점에 귀 기울일 필요가 있다. 4) 타인을 쉽게 용서하되 자신을 용서하지 못하는 사람은 '자신을 관대하게 대하라'는 우리 상담자의 관점에 귀 기울일 필요가 있다.

18) Allen의 겸손함을 알 수 있는 부분이다. 그는 실존적-영성적 관점에 자신이 최고 권위자가 아니므로 공부한 바 없는 것을 부끄러워하기보다 모르니 배우겠다는 의지를 보이고 있다. 공자는 제자 유에게 이렇게 말했다. "유야! 너에게 안다는 것이 무엇인지 가르쳐 줄까? 아는 것을 안다고 하고 모르는 것을 모른다고 하는 것, 이것이 아는 것이다."

19) 예를 들면, 신(god)

20) 신이 되었든 부모님이 되었든 그들에게 기댈 수 있을지 없을지는 우리의 상상 혹은 기대에서 출발한다.

21) Karen Armstrong(1993)의 "모든 종교는 어떤 의인화로 시작함에 틀림없다."(p. 48)라는 부분을 상기하라.

22) 인간 애착인물은 아프거나, 신체 조건이 좋지 않거나, 자신의 심리적 문제가 있을 경우 사랑과 보호를 계속 제공하지 못할 수 있다.

23) 상담자가 종교가 없다고 해서 내담자의 종교에 관심을 갖지 않는 것은 어리석은 일이 될 수 있음을 의미한다.

24) 자기와 타인의 마음에 정신화하기를 하려면 다각도의 관점을 취할 수 있어야 하는데, 이때 중요한 것은 상상력이다. 인간 이외의 신의 존재를 가정하고 신과 관계하기 위해서는 또한 상상력이 필요하다.

25) 예를 들어, 신이 지금 여기에 임재하였다고 믿는 것은 상상을 통해 가능하다.

26) 신의 존재에 대한 다양한 관점들이 가능하다는 것을 받아들이는 것은 정신화하기의 한 측면이다.

27) 인간은 종종 아직 일어나지 않은 일이 일어날 것이라 상상하고 맞선다. 그 일에 대한 결과를 우리는 모른다. 그런 일이 상상과 다르게 실제로 일어나지 않을 때, 혹은 기대와 다르게 좋은 결과가 생긴다면 우리는 기뻐한다.

28) 예를 들어, 자기보다 더 위대한 개념이란 인(仁), 더 위대한 신념이란 인류애, 힘이란 법제도 등을 뜻할 수 있다.

29) 강조는 역자가 첨가함.

30) 사람들은 종종 우주가 자신과 다른 것처럼 말한다. 우리도 우주의 한 부분이다.

31) Karl Jaspers는 앞서 나왔던 Hannah Arendt의 박사 논문 지도교수이다.

32) Bowlwy는 『애착』 1권에서 "청소년기와 성인기에 일정 정도의 애착 행동은 보통 가족 외의

사람들뿐 아니라 가족 이외의 집단이나 단체에게 지향되기도 한다. 학교 혹은 대학, 업무 집단 혹은 정치 집단은 많은 사람들에게 하위 애착인물이 될 수도 있고 어떤 사람들에게는 주요 애착인물이 될 수도 있다. 이런 경우에 집단에 대한 애착의 발달은, 최소한 처음에는 그 집단에서 주요한 지위를 차지하고 있는 사람에 대한 애착에 의해 매개될 가능성도 있어 보인다. 그래서 많은 시민들에게 국가에 대한 애착은 이들이 국가원수 혹은 대통령에 대한 애착에서 파생된 것이며 최초에는 이러한 애착에 의존한다."라고 하였다[Bowlby, J. (2009). **애착: 인간 애착 행동에 대한 과학적 탐구**(Attachment and loss: Vol. I: Attachment). 김창대 (역). 서울: 나남(원전은 1982에 출판). pp. 316-317. 참조].

33) 과학에만 귀를 기울이는 사람은 "죽은 멘토의 목소리를 들었다."라는 내담자의 말에 그녀의 부모와 같이 무시하는 반응을 보일 것이다.

34) '상담자들'이라고 해도 될 것 같은데 저자는 '우리 상담자들'이라는 말을 계속 쓴다. 영성의 관점에서 독자 가 연결감을 느끼기를 바라는 저자의 의도일까?

35) 내담자가 원하면 원하는 대로, 내담자가 원치 않으면 원치 않는 대로 존중하는 것이 좋을 수 있다.

36) 우울한 사람일지라도, 우울한 때만 있는 것이 아니라 생기가 있을 때도 있는데, 이것이 희망을 준다는 뜻이다.

37) 장래가 어떻게 펼쳐질지 알기 어려운데 절망스럽다고 단정 짓는 것은 자기의 판단 능력을 과대하게 여기는 오만일 수 있다.

38) 내담자가 이야기를 하는 것이 도움이 된다고 간주하며 상담하는 것처럼, 상담자가 다른 상담자와 자신의 이야기를 하는 것

39) 예견할 수 없다면 우리의 신념이 중요한 역할을 할 것이다.

40) 한비자에 복은 화를 기대고 온다는 말이 나온다. 이 말이나 희망에 대한 Allen의 주장은 양극은 따로 존재하는 게 아니라 함께 존재한다는 것을 시사하고 있다.

41) 복권 당첨을 소망하면 복권을 산 뒤 기다리기만 하지만 현실적인 목표가 세워지면 목표를 달성하기 위해 실천할 일들이 많이 생긴다.

42) 주체성

43) pathways는 방책으로 옮겼으며, 이후의 진술에서 plan을 계획으로 옮겼다. 동의어로 보아도 무방하다.

44) 상상력과 관련된 William Styron의 흥미로운 이야기가 있다. 하지만 이 이야기는 상상력을 동원하기 위한 잘못된 방법은 오히려 폐해를 낳는다는 것을 보여 주고 있다. "나를 휩쓸고 지나가 결국 12월에는 입원하게 만들었던 폭풍우는, 6월쯤에는 포도주 잔 정도의 구름에 지나지 않았다. 그런데 그 구름-표면적인 위기-은 내가 사십 년 동안이나 남용해 왔던 술과 관계가 있었다. 홍수처럼 쏟아져 나온 논문과 책에서 볼 수 있듯, 전설적일 만큼 치명적으로 술에 의존했던 수많은 미국 작가들과 마찬가지로, 나는 환상과 몽롱한 행복감으로 안내하고 상상력을 고양시키는 마술적인 유도물로 술을 애용했다. 진정제나 승화의 도구로 술을 사용한 것을

후회하거나 변명할 마음은 없다. 술은 글을 쓰는 데 많은 도움을 주었다. 술에 취한 상태로는 단 한 줄의 글도 쓴 적이 없었지만, 나는 글을 쓰기 위한 수단으로 음악과 더불어 종종 술을 이용했다. 술은 정신이 말짱한 상태로는 전혀 접근할 수 없었던 비전을 제시해 주었다. 술은 나의 오랜 지적 동반자였다. 게다가 날마다 봉사를 요구했던 절친한 친구로서 내 영혼 깊은 토굴 속 어딘가에 오랜 세월 동안 감춰 두었던 불안과 싹트는 공포를 진정시키는 수단이었다." 알코올은 작가에게 필요한 상상력을 가져다줄지 모르지만, 알코올은 우울을 유발하기도 한다. 상상력을 위해 사용했던 물질이 우울을 유발해서 상상력을 방해함으로써 절망 상태에 빠지게 할 수 있는 것이다[Styron, W. (2002). **보이는 어둠: 우울증에 대한 회고**(Darkness visible). 임옥희 (역). 서울: 문학동네(원전은 1990에 출판), pp.49-50. 참조].

45) 다른 사람들이란 Bowlby가 말하였듯이 더 강하고 현명한 사람일 때가 더 좋다.

참고문헌

Adams R: Watership Down. New York, Scribner, 1972

Ainsworth MDS, Blehar MC, Waters E, et al: Patterns of Attachment: A Psychological Study of the Strange Situation. Hillsdale, NJ, Erlbaum, 1978

Ainsworth MDS: Attachments beyond infancy. Am Psychol 44:709-716, 1989

Allen JG, Coyne L, Console DA: Course of illness following specialized inpatient treatment for women with trauma-related psychopathology. Bull Menninger Clin 64:235-256, 2000

Allen JG, Fonagy P, Bateman AW (eds): Mentalizing in Clinical Practice. Washington, DC, American Psychiatric Publishing, 2008

Allen JG, Fonagy P: Constructing an evidence base for a psychodynamic approach to treating trauma, in Handbook of Contemporary Psychodynamic Approaches to Psychopathology. Edited by Luyten P, Mayes LC, Fonagy P, et al. New York, Guilford (in press)

Allen JG, Fonagy P: Preface, in Handbook of Mentalization-Based Treatment. Edited by Allen JG, Fonagy P. Chichester, UK, Wiley, 2006, pp ix-xxi

Allen JG, Huntoon J, Evans RB: Complexities in complex posttraumatic stress disorder in inpatient women: evidence from cluster analysis of MCMI-III personality disorder scales. J Pers Assess 73:449-471, 1999

Allen JG, Huntoon J, Fultz J, et al: A model for brief assessment of attachment and its application to women in inpatient treatment for trauma-related psychiatric disorders. J

Pers Assess 76:420–446, 2001

Allen JG, Newsom GE, Gabbard GO, et al: Scales to assess the therapeutic alliance from a psychoanalytic perspective. Bull Menninger Clin 48:383–400, 1984

Allen JG, O'Malley F, Freeman C, et al: Brief treatment, in Handbook of Mentalizing in Mental Health Practice. Edited by Bateman AW, Fonagy P. Washington, DC, American Psychiatric Publishing, 2012, pp 159–196

Allen JG: Coping With Depression: From Catch-22 to Hope. Washington, DC, American Psychiatric Publishing, 2006

Allen JG: Coping With Trauma: A Guide to Self-Understanding. Washington, DC, American Psychiatric Press, 1995

Allen JG: Coping With Trauma: Hope Through Understanding, 2nd Edition. Washington, DC, American Psychiatric Publishing, 2005

Allen JG: Evil, mindblindness, and trauma: challenges to hope. Smith Coll Stud Soc Work 77:9–31, 2007

Allen JG: Mentalizing suicidal states, in Building a Therapeutic Alliance With the Suicidal Patient. Edited by Michel K, Jobes DA. Washington, DC, American Psychological Association, 2011, pp 81–91

Allen JG: Psychotherapy: the artful use of science. Smith Coll Stud Soc Work 78:159–187, 2008

Allen JG: The spectrum of accuracy in memories of childhood trauma. Harv Rev Psychiatry 3:84–95, 1995

Allen JG: Traumatic Relationships and Serious Mental Disorders. Chichester, UK, Wiley, 2001

Allen JG: What stabilizes stable instability? Commentary on "Plausibility and possible determinants of sudden 'remissions' in borderline patients." Psychiatry 66:120–123, 2003

American Psychiatric Association: Diagnostic and Statistical Manual of Mental Disorders, 3rd Edition. Washington, DC, American Psychiatric Association, 1980

American Psychiatric Association: Diagnostic and Statistical Manual of Mental Disorders, 4th Edition, Text Revision. Washington, DC, American Psychiatric Association, 2000

American Psychiatric Association: Diagnostic and Statistical Manual of Mental Disorders, 4th Edition. Washington, DC, American Psychiatric Association, 1994

Andreski P, Chilcoat H, Breslau N: Post-traumatic stress disorder and somatization symptoms: a prospective study. Psychiatry Res 79:131–138, 1998

Andrews B, Brewin CR, Philpott R, et al: Delayed-onset posttraumatic stress disorder: a systematic review of the evidence. Am J Psychiatry 164:1319–1326, 2007

Andrews B, Brewin CR, Stewart L, et al: Comparison of immediate-onset and delayed-onset posttraumatic stress disorder in military veterans. J Abnorm Psychol 118:767–777, 2009

Andrews G, Charney DS, Sirovatka PJ, et al (eds): Stress-Induced and Fear Circuitry Disorders: Refining the Research Agenda for DSM-V. Washington, DC, American Psychiatric Publishing, 2009

Arendt H: Eichmann in Jerusalem: A Report on the Banality of Evil (1963). New York, Penguin, 1994

Arendt H: Responsibility and Judgment. New York, Schocken, 2003

Arendt H: The Life of the Mind: I. Thinking. New York, Harcourt, 1971

Armstrong K: A History of God: The 4,000-Year Quest of Judaism, Christianity, and Islam. New York, Knopf, 1993

Armstrong K: The Case for God. New York, Knopf, 2009

Armstrong K: Twelves Steps to a Compassionate Life. New York, Knopf, 2010

Arnsten AF: The biology of being frazzled. Science 280:1711-1712, 1998

Asen E, Fonagy P: Mentalization-based family therapy, in Handbook of Mentalizing in Mental Health Practice. Edited by Bateman AW, Fonagy P. Washington, DC, American Psychiatric Publishing, 2012, pp 107-128

Asmundson GJ, Stapleton JA, Taylor S: Are avoidance and numbing distinct PTSD symptom clusters? J Trauma Stress 17:467-475, 2004

Ball JS, Links PS: Borderline personality disorder and childhood trauma: evidence for a causal relationship. Curr Psychiatry Rep 11:63-68, 2009

Barlow MR, Freyd JJ: Adaptive dissociation: information processing and response to betrayal, in Dissociation and the Dissociative Disorders: DSM-V and Beyond. Edited by Dell PF, O'Neil JA. New York, Routledge, 2009, pp 93-105

Baron-Cohen S: Mindblindness: An Essay on Autism and Theory of Mind. Cambridge, MA, MIT Press, 1995

Baron-Cohen S: The Science of Evil: On Empathy and the Origins of Cruelty. New York, Basic Books, 2011

Bartlett RC, Collins SD: Aristotle's Nicomachean Ethics. Chicago, IL, University of Chicago Press, 2011

Bateman A, Fonagy P (eds): Handbook of Mentalizing in Mental Health Practice. Washington, DC, American Psychiatric Publishing, 2012a

Bateman A, Fonagy P: 8-year follow-up of patients treated for borderline personality disorder: mentalization-based treatment versus treatment as usual. Am J Psychiatry 165:631-638, 2008

Bateman A, Fonagy P: Effectiveness of partial hospitalization in the treatment of borderline personality disorder: a randomized controlled trial. Am J Psychiatry 156:1563-1569, 1999

Bateman A, Fonagy P: Individual techniques of the basic model, in Handbook of Mentalizing in Mental Health Practice. Edited by Bateman AW, Fonagy P. Washington, DC, American Psychiatric Publishing, 2012b, pp 67–80

Bateman A, Fonagy P: Mentalization-Based Treatment for Borderline Personality Disorder: A Practical Guide. New York, Oxford University Press, 2006a

Bateman A, Fonagy P: Mentalizing and borderline personality disorder, in Handbook of Mentalization-Based Treatment. Edited by Allen JG, Fonagy P. Chichester, UK, Wiley, 2006b, pp 185–200

Bateman A, Fonagy P: Randomized controlled trial of outpatient mentalization-based treatment versus structured clinical management for borderline personality disorder. Am J Psychiatry 166:1355–1364, 2009

Bateman A, Fonagy P: Treatment of borderline personality disorder with psychoanalytically oriented partial hospitalization: an 18-month follow-up. Am J Psychiatry 158:36–42, 2001

Baumeister RF: Evil: Inside Human Violence and Cruelty. New York, Freeman, 1997

Beck AT, Rush AJ, Shaw BF, et al: Cognitive Therapy of Depression. New York, Guilford, 1979

Beck AT: Cognitive Therapy and the Emotional Disorders. New York, International Universities Press, 1976

Becker CB, Zayfert C: Eating disorders, in The Encyclopedia of Psychological Trauma. Edited by Reyes G, Elhai JD, Ford JD. New York, Wiley, 2008, pp 240–241

Bedics JD, Atkins DC, Comtois KA, et al: Treatment differences in the therapeutic relationship and introject during a 2-year randomized controlled trial of dialectical behavior therapy versus nonbehavioral psychotherapy experts for borderline personality disorder. J Consult Clin Psychol November 7, 2011 [Epub ahead of print]

Beebe B, Jaffe J, Markese S, et al: The origins of 12-month attachment: a microanalysis of 4-month mother-infant interaction. Attach Hum Dev 12:3–141, 2010

Belsky J, Fearon RMP: Precursors of attachment security, in Handbook of Attachment: Theory, Research, and Clinical Applications, 2nd Edition. Edited by Cassidy J, Shaver PR. New York, Guilford, 2008, pp 295–316

Belsky J: Attachment theory and research in ecological perspective: insights from the Pennsylvania Infant and Family Development Project and the NICHD study of early child care, in Attachment From Infancy to Adulthood: The Major Longitudinal Studies. Edited by Grossman KE, Grossman K, Waters E. New York, Guilford, 2005, pp 71–97

Bender DS, Oldham JM: Psychotherapies for borderline personality disorder, in Understanding and Treating Borderline Personality Disorder. Edited by Gunderson J, Hoffman PD. Washington, DC, American Psychiatric Publishing, 2005, pp 21–41

Berant E, Obegi JH: Attachment-informed psychotherapy research with adults, in Attachment Theory and Research in Clinical Work With Adults. Edited by Obegi JH, Berant E. New York, Guilford, 2009, pp 461–489

Berlin LJ, Cassidy J, Appleyard K: The influence of early attachments on other relationships, in Handbook of Attachment: Theory, Research, and Clinical Applications, 2nd Edition. Edited by Cassidy J, Shaver PR. New York, Guilford, 2008, pp 333–347

Bernet CZ, Stein MB: Relationship of childhood maltreatment to the onset and course of major depression in adulthood. Depress Anxiety 9:169–174, 1999

Berntsen D, Rubin DC: When a trauma becomes a key to identity: enhanced integration of trauma memories predicts posttraumatic stress disorder symptoms. Appl Cogn Psychol 21:417–431, 2007

Berntsen D, Willert M, Rubin DC: Splintered memories or vivid landmarks? Qualities and organization of traumatic memories with and without PTSD. Appl Cogn Psychol 17:675–693, 2003

Beutler LE, Blatt SJ: Participant factors in treating dysphoric disorders, in Principles of Therapeutic Change That Work. Edited by Castonguay LG, Beutler LE. New York, Oxford University Press, 2006, pp 13–63

Beutler LE, Castonguay LG: The task force on empirically based principles of change, in Principles of Therapeutic Change That Work. Edited by Castonguay LG, Beutler LE. New York, Oxford University Press, 2006, pp 3–10

Bifulco A, Harris T, Brown GW, et al: Mourning or early inadequate care? Reexamining the relationship of maternal loss in childhood with adult depression and anxiety. Dev Psychopathol 4:433–439, 1992

Bifulco A, Moran PM, Baines R, et al: Exploring psychological abuse in childhood II: association with other abuse and adult clinical depression. Bull Menninger Clin 66:241–258, 2002

Bifulco A, Moran PM: Wednesday's Child: Research Into Women's Experience of Neglect and Abuse in Childhood, and Adult Depression. London, Routledge, 1998

Blatt SJ, Luyten P: Reactivating the psychodynamic approach to the classification of psychopathology, in Contemporary Directions in Psychopathology: Scientific Foundations of the DSM-V and ICD-11. Edited by Millon T, Krueger RF, Simonson E. New York, Guilford, 2010, pp 483–514

Blatt SJ: Experiences of Depression: Theoretical, Clinical, and Research Perspectives. Washington, DC, American Psychological Association, 2004

Blatt SJ: Polarities of Experience: Relatedness and Self-Definition in Personality Development,

Psychopathology, and the Therapeutic Process. Washington, DC, American Psychological Association, 2008

Blumenthal SJ: An overview and synopsis of risk factors, assessment, and treatment of suicidal patients over the life cycle, in Suicide Over the Life Cycle: Risk Factors, Assessment, and Treatment of Suicidal Patients. Edited by Blumenthal SJ, Kupfer DJ. Washington, DC, American Psychiatric Press, 1990, pp 685–723

Bowlby J: A Secure Base: Parent–Child Attachment and Healthy Human Development. New York, Basic Books, 1988

Bowlby J: Attachment and Loss, Vol 1: Attachment. London, Hogarth Press and the Institute of Psycho–Analysis, 1969

Bowlby J: Attachment and Loss, Volume I: Attachment, 2nd Edition. New York, Basic Books, 1982

Bowlby J: Attachment and Loss, Volume II: Separation. New York, Basic Books, 1973

Bowlby J: Attachment and Loss, Volume III: Loss, Sadness, and Depression. New York, Basic Books, 1980

Bowlby J: The nature of the child's tie to his mother. Int J Psychoanal 39:350–373, 1958

Brady KT, Dansky BS, Sonne SC, et al: Posttraumatic stress disorder and cocaine dependence. Order of onset. Am J Addict 7:128–135, 1998

Bremner JD, Southwick SM, Johnson DR, et al: Childhood physical abuse and combat–related posttraumatic stress disorder in Vietnam veterans. Am J Psychiatry 150:235–239, 1993

Bremner JD: Neurobiology of dissociation: a view from the trauma field, in Dissociation and the Dissociative Disorders: DSM–V and Beyond. Edited by Dell PF, O'Neil JA. New York, Routledge, 2009, pp 329–336

Brennan KA, Clark CL, Shaver PR: Self–report measurement of adult attachment: an integrative overview, in Attachment Theory and Close Relationships. Edited by Simpson JA, Rholes WS. New York, Guilford, 1998, pp 46–75

Bretherton I, Munholland KA: Internal working models in attachment relationships: elaborating a central construct in attachment theory, in Handbook of Attachment: Theory, Research, and Clinical Applications, 2nd Edition. Edited by Cassidy J, Shaver PR. New York, Guilford, 2008, pp 102–127

Brewin CR, Lanius RA, Novac A, et al: Reformulating PTSD for DSM–V: life after Criterion A. J Trauma Stress 22:366–373, 2009

Brewin CR, Reynolds M, Tata P: Autobiographical memory processes and the course of depression. J Abnorm Psychol 108:511–517, 1999

Brewin CR: Encoding and Retrieval of Traumatic Memories, in Neuropsychology of PTSD:

Biological, Cognitive, and Clinical Perspectives. Edited by Vasterling JJ, Brewin CR. New York, Guilford, 2005, pp 131–150

Brewin CR: Posttraumatic Stress Disorder: Malady or Myth? New Haven, CT, Yale University Press, 2003

Brewin CR: The nature and significance of memory disturbance in posttraumatic stress disorder. Annu Rev Clin Psychol 7:203–227, 2011

Brodsky BS, Oquendo M, Ellis SP, et al: The relationship of childhood abuse to impulsivity and suicidal behavior in adults with major depression. Am J Psychiatry 158:1871–1877, 2001

Broman-Fulks JJ, Ruggiero KJ, Green BA, et al: Taxometric investigation of PTSD: data from two nationally representative samples. Behav Ther 37:364–380, 2006

Brown D, Hammond DC, Scheflin AW: Memory, Trauma Treatment, and the Law. New York, WW Norton, 1998

Brown GW, Bifulco A, Veiel HO, et al: Self-esteem and depression. II. Social correlates of self-esteem. Soc Psychiatry Psychiatr Epidemiol 25:225–234, 1990

Brown GW, Harris TO, Hepworth C: Loss, humiliation and entrapment among women developing depression: a patient and non-patient comparison. Psychol Med 25:7–21, 1995

Brown GW, Harris TO: Social Origins of Depression: A Study of Psychiatric Disorder in Women. New York, Free Press, 1978

Brown GW: Psychosocial origins of depressive and anxiety disorders, in Diagnostic Issues in Depression and Generalized Anxiety Disorder: Refining the Research Agenda for DSM-V. Edited by Goldberg D, Kendler KS, Sirovatka PJ, et al. Washington, DC, American Psychiatric Publishing, 2010, pp 303–331

Bryant RA: Treating the full range of posttraumatic reactions, in Clinician's Guide to Posttraumatic Stress Disorder. Edited by Rosen GM, Frueh BC. New York, Wiley, 2010, pp 205–234

Burgess AW, Holmstrom LL: Rape trauma syndrome. Am J Psychiatry 131:981–986, 1974

Cahill SP, Foa EB: Psychological theories of PTSD, in Handbook of PTSD: Science and Practice. Edited by Friedman MJ, Keane TM, Resick PA. New York, Guilford, 2007, pp 55–77

Cahill SP, Rothbaum BO, Resick PA, et al: Cognitive-behavioral therapy for adults, in Effective Treatments for PTSD: Practice Guidelines From the International Society for Traumatic Stress Studies. Edited by Foa EB, Keane TM, Friedman MJ, et al. New York, Guilford, 2009, pp 139–222

Card C: The Atrocity Paradigm: A Theory of Evil. New York, Oxford University Press, 2002

Carlson EA, Egeland B, Sroufe LA: A prospective investigation of the development of borderline personality symptoms. Dev Psychopathol 21:1311–1334, 2009a

Carlson EA, Yates TM, Sroufe LA: Dissociation and the development of the self, in Dissociation and the Dissociative Disorders: DSM-V and Beyond. Edited by Dell PF, O'Neil JA. New York, Routledge, 2009b, pp 39–52

Carlson EA: A prospective longitudinal study of attachment disorganization/disorientation. Child Dev 69:1107–1128, 1998

Carnes P: The Betrayal Bond. Deerfield Beach, FL, Health Communications, 1997

Cassidy J, Shaver PR, Mikulincer M, et al: Experimentally induced security influences responses to psychological pain. J Soc Clin Psychol 28:463–478, 2009

Cassidy J: The nature of the child's ties, in Handbook of Attachment: Theory, Research, and Clinical Applications, 2nd Edition. Edited by Cassidy J, Shaver PR. New York, Guilford, 2008, pp 3–22

Castonguay LG, Beutler LE (eds): Principles of Therapeutic Change That Work. New York, Oxford University Press, 2006

Castonguay LG, Holtforth MG, Coombs MM, et al: Relationship factors in treating dysphoric disorders, in Principles of Therapeutic Change That Work. Edited by Castonguay LG, Beutler LE. New York, Oxford University Press, 2006, pp 65–81

Chambless DL, Ollendick TH: Empirically supported psychological interventions: controversies and evidence. Annu Rev Psychol 52:685–716, 2001

Chekhov A: The Cherry Orchard (1904). London, Nick Hern, 1998

Cicchetti D, Valentino K: An ecological-transactional perspective on child altreatment: failure of the average expectable environment and its influence on child development, in Developmental Psychopathology, 2nd Edition, Vol 3. Edited by Cicchetti D, Cohen DJ. New York, Wiley, 2006, pp 129–201

Clarkin JF, Levy KN, Lenzenweger MF, et al: Evaluating three treatments for borderline personality disorder: a multiwave study. Am J Psychiatry 164:922–928, 2007

Clarkin JF, Yeomans FE, Kernberg OF: Psychotherapy for Borderline Personality. New York, Wiley, 1999

Coan JA, Schaefer HS, Davidson RJ: Lending a hand: social regulation of the neural response to threat. Psychol Sci 17:1032–1039, 2006

Coan JA: Toward a neuroscience of attachment, in Handbook of Attachment: Theory, Research, and Clinical Applications, 2nd Edition. Edited by Cassidy J, Shaver PR. New York, Guilford, 2008, pp 241–265

Comte-Sponville A: The Little Book of Atheist Spirituality. London, Penguin, 2007

Connor KM, Davidson JR, Lee LC: Spirituality, resilience, and anger in survivors of violent trauma: a community survey. J Trauma Stress 16:487-494, 2003

Connors R: Self-injury in trauma survivors: 1. Functions and meanings. Am J Orthopsychiatry 66:197-206, 1996

Coons PM: Depersonalization and derealization, in Handbook of Dissociation: Theoretical, Empirical, and Clinical Perspectives. Edited by Michelson LK. Ray WJ. New York, Plenum, 1996, pp 291-305

Cormier JF, Thelen MH: Professional skepticism of multiple personality disorder. Professional Psychology: Research and Practice 29:163-167, 1998

Courtois CA, Ford JD (eds): Treating Complex Traumatic Stress Disorders: An Evidence-Based Guide. New York, Guilford, 2009

Courtois CA, Ford JD, Cloitre M: Best practices in psychotherapy for adults, in Treating Complex Traumatic Stress Disorders: An Evidence-Based Guide. Edited by Courtois CA, Ford JD. New York, Guilford, 2009, pp 82-103

Craske MG, Kircanski K, Zelikowsky M, et al: Optimizing inhibitory learning during exposure therapy. Behav Res Ther 46:5-27, 2008

Critchfield KL, Benjamin LS: Integration of therapeutic factors in treating personality disorders, in Principles of Therapeutic Change That Work. Edited by Castonguay LG, Beutler LE. New York, Oxford University Press, 2006, pp 253-271

Crowell JA, Fraley RC, Shaver PR: Measurement of individual differences in adolescent and adult attachment, in Handbook of Attachment: Theory, Research, and Clinical Applications, 2nd Edition. Edited by Cassidy J, Shaver PR. New York, Guilford, 2008, pp 599-634

Crowell JA, Waters E: Attachment representations, secure-base behavior, and the evolution of adult relationships: The Stony Brook Adult Relationship Project, in Attachment From Infancy to Adulthood: The Major Longitudinal Studies. Edited by Grossman KE, Grossman K, Waters E. New York, Guilford, 2005, pp 223-244

Dalenberg C, Paulson K: The case for the study of "normal" dissociation processes, in Dissociation and the Dissociative Disorders: DSM-V and Beyond. Edited by Dell PF, O' Neil JA. New York, Routledge, 2009, pp 145-154

Davidson J, Allen JG, Smith WH: Complexities in the hospital treatment of a patient with multiple personality disorder. Bull Menninger Clin 51:561-568, 1987

Deklyen M, Greenberg MT: Attachment and psychopathology in childhood, in Handbook of Attachment: Theory, Research, and Clinical Applications, 2nd Edition. Edited by Cassidy J, Shaver PR. New York, Guilford, 2008, pp 637-665

Dell PF: The long struggle to diagnose multiple personality disorder (MPD): MPD, in

Dissociation and the Dissociative Disorders: DSM-V and Beyond. Edited by Dell PF, O'Neil JA. New York, Routledge, 2009a, pp 383-402

Dell PF: The phenomena of pathological dissociation, in Dissociation and the Dissociative Disorders: DSM-V and Beyond. Edited by Dell PF, O'Neil JA. New York, Routledge, 2009b, pp 225-237

Dell PF: Understanding dissociation, in Dissociation and the Dissociative Disorders: DSM-V and Beyond. Edited by Dell PF, O'Neil JA. New York, Routledge, 2009c, pp 709-825

Dewey J: Human Nature and Conduct (1922). Carbondale, Southern Illinois University Press, 1988

Diamond D, Stovall-McClough C, Clarkin JF, et al: Patient-therapist attachment in the treatment of borderline personality disorder. Bull Menninger Clin 67:227-259, 2003

Doering S, Hörz S, Rentrop M, et al: Transference-focused psychotherapy v. treatment by community psychotherapists for borderline personality disorder: randomised controlled trial. Br J Psychiatry 196:389-395, 2010

Dohrenwend BP, Turner JB, Turse NA, et al: The psychological risks of Vietnam for U.S. veterans: a revisit with new data and methods. Science 313:979-982, 2006

Dohrenwend BP: Toward a typology of high-risk major stressful events and situations in posttraumatic stress disorder and related psychopathology. Psychol Inj Law 3:89-99, 2010

Dostoevsky F: The Brothers Karamazov (1912). New York, Barnes & Noble Classics, 2005

Doyle TP: Roman Catholic clericalism, religious duress, and clergy sexual abuse. Pastoral Psychol 51:189-231, 2003

Dozier M, Stovall-McClough KC, Albus KE: Attachment and psychopathology in adulthood, in Handbook of Attachment: Theory, Research, and Clinical Applications, 2nd Edition. Edited by Cassidy J, Shaver PR. New York, Guilford, 2008, pp 718-744

Dubo ED, Zanarini MC, Lewis RE, et al: Childhood antecedents of self-destructiveness in borderline personality disorder. Can J Psychiatry 42:63-69, 1997

Dutra L, Bianchi I, Siegel DJ, et al: The relational context of dissociative phenomena, in Dissociation and the Dissociative Disorders: DSM-V and Beyond. Edited by Dell PF, O'Neil JA. New York, Routledge, 2009, pp 83-92

Eagle MN, Wolitzky DL: Adult psychotherapy from the perspectives of attachment theory and psychoanalysis, in Attachment Theory and Research in Clinical Work With Adults. Edited by Obegi JH, Berant E. New York, Guilford, 2009, pp 351-378

Ehlers A, Clark DM, Hackmann A, et al: Cognitive therapy for post-traumatic stress disorder: development and evaluation. Behav Res Ther 43:413-431, 2005

Elhai JD, Biehn TL, Armour C, et al: Evidence for a unique PTSD construct represented by

PTSD's D1-D3 symptoms. J Anxiety Disord 25:340-345, 2011a

Elhai JD, Carvalho LF, Miguel FK, et al: Testing whether posttraumatic stress disorder and major depressive disorder are similar or unique constructs. J Anxiety Disord 24:404-410, 2011b

Ellenberger HF: The Discovery of the Unconscious: The History and Evolution of Dynamic Psychiatry. New York, Basic Books, 1970

Elliott R, Bohart AC, Watson JC, et al: Empathy, in Psychotherapy Relationships That Work: Evidence-Based Responsiveness. Edited by Norcross JC. New York, Oxford University Press, 2011, pp 132-152

Epstein JN, Saunders BE, Kilpatrick DG, et al: PTSD as a mediator between childhood rape and alcohol use in adult women. Child Abuse Negl 22:223-234, 1998

Erickson MF, Egeland B: Child neglect, in The APSAC Handbook on Child Maltreatment. Edited by Briere J, Berliner L, Bulkley JA, et al. Thousand Oaks, CA, Sage, 1996, pp 4-20

Fanselow MS, Lester LS: A functional behavioristic approach to aversively motivated behavior: predatory imminence as a determinant of the topography of defensive behavior, in Evolution and Learning. Edited by Bolles RC, Beecher MD. Hillsdale, NJ, Erlbaum, 1988, pp 185-212

Farber BA, Doolin EM: Positive regard and affirmation, in Psychotherapy Relationships That Work: Evidence-Based Responsiveness. Edited by Norcross JC. New York, Oxford University Press, 2011, pp 168-186

Favazza AR: A cultural understanding of nonsuicidal self-injury, in Understanding Nonsuicidal Self-Injury: Origins, Assessment, and Treatment. Edited by Nock MK. Washington, DC, American Psychological Association, 2009, pp 19-35

Favazza AR: Bodies Under Siege: Self-Mutilation in Culture and Psychiatry. Baltimore, MD, Johns Hopkins University Press, 1987

Feeney JA: Adult romantic attachment: developments in the study of couple relationships, in Handbook of Attachment: Theory, Research, and Clinical Applications, 2nd Edition. Edited by Cassidy J, Shaver PR. New York, Guilford, 2008, pp 456-481

Felitti VJ, Anda RF: The relationship of adverse childhood experiences to adult medical disease, psychiatric disorders and sexual behavior: implications for healthcare, in The Impact of Early Life Trauma on Health and Disease: The Hidden Epidemic. Edited by Lanius RA, Vermetten E, Pain C. New York, Cambridge University Press, 2010, pp 77-87

Fergusson DM, Horwood LJ: Generalized anxiety disorder and major depression: common and reciprocal causes, in Diagnostic Issues in Depression and Generalized Anxiety Disorder: Refining the Research Agenda for DSM-V. Edited by Goldberg D, Kendler KS, Sirovatka

PJ, et al. Washington, DC, American Psychiatric Publishing, 2010, pp 179–189

Feuerbach L: The Essence of Religion (1873). Amherst, NY, Prometheus, 2004

First MB, Spitzer RL, Gibbon ML, et al: User's Guide for the Structured Clinical Interview for DSM-IV Axis I Disorders: Clinician Version, SCID-I. Washington, DC, American Psychiatric Press, 1997

Fischer S, Stojek M, Hartzell E: Effects of multiple forms of child abuse and sexual assault on current eating disorder symptoms. Eat Behav 11:190–192, 2010

Florsheim P, McArthur L: An interpersonal approach to attachment and change, in Attachment Theory and Research in Clinical Work With Adults. Edited by Obegi JH, Berant E. New York, Guilford, 2009, pp 379–409

Foa EB, Ehlers A, Clark DN, et al: The posttraumatic cognitions inventory (PTCI): Development and validation. Psychol Assess 11:303–314, 1999

Foa EB, Hembree EA, Rothbaum BO: Prolonged Exposure Therapy for PTSD: Emotional Processing of Traumatic Experiences. New York, Oxford University Press, 2007

Foa EB, Huppert JD, Cahill SP: Emotional processing theory: an update, in Pathological Anxiety: Emotional Processing in Etiology and Treatment. Edited by Rothbaum BO. New York, Guilford, 2006, pp 3–24

Foa EB, Keane TM, Friedman MJ, et al (eds): Effective Treatments for PTSD: Practice Guidelines From the International Society for Traumatic Stress Studies. New York, Guilford, 2009a

Foa EB, Keane TM, Friedman MJ, et al: Introduction, in Effective Treatments for PTSD: Practice Guidelines from the International Society for Traumatic Stress Studies. Edited by Foa EB, Keane TM, Friedman MJ, et al. New York, Guilford, 2009b, pp 1–20

Foa EB, Kozak MJ: Emotional processing: theory, research, and clinical implications for anxiety disorders. Emotion, Psychotherapy, and Change. Edited by Safran JD, Greenberg LS. New York, Guilford, 1991, pp 21–49

Foa EB, Rothbaum BO: Treating the Trauma of Rape: Cognitive-Behavioral Therapy for PTSD. New York, Guilford, 1998

Follette VM, Iverson KM, Ford JD: Contextual behavior trauma therapy, in Treating Complex Traumatic Stress Disorders: An Evidence-Based Guide. Edited by Courtois CA, Ford JD. New York, Guilford, 2009, pp 264–285

Fonagy P, Bateman A, Luyten P: Introduction and overview, in Handbook of Mentalizing in Mental Health Practice. Edited by Bateman AW, Fonagy P. Washington, DC, American Psychiatric Publishing, 2012, pp 3–42

Fonagy P, Bateman A: The development of borderline personality disorder: a mentalizing model. J Pers Disord 22:4–21, 2008

Fonagy P, Gergely G, Jurist EL: Affect Regulation, Mentalization, and the Development of the Self. New York, Other Press, 2002

Fonagy P, Gergely G, Target M: Psychoanalytic constructs and attachment theory and research, in Handbook of Attachment: Theory, Research, and Clinical Applications, 2nd Edition. Edited by Cassidy J, Shaver PR. New York, Guilford, 2008, pp 783–810

Fonagy P, Gergely G, Target M: The parent–infant dyad and the construction of the subjective self. J Child Psychol Psychiatry 48:288–328, 2007

Fonagy P, Leigh T, Steele M, et al: The relation of attachment status, psychiatric classification, and response to psychotherapy. J Consult Clin Psychol 64:22–31, 1996

Fonagy P, Luyten P: A developmental, mentalization–based approach to the understanding and treatment of borderline personality disorder. Dev Psychopathol 21:1355–1381, 2009

Fonagy P, Steele H, Steele M: Maternal representations of attachment during pregnancy predict the organization of infant–mother attachment at one year of age. Child Dev 62:891–905, 1991a

Fonagy P, Steele M, Steele H, et al: Attachment, the reflective self, and borderline states: the predictive specificity of the Adult Attachment Interview and pathological emotional development, in Attachment Theory: Social, Developmental, and Clinical Perspectives. Edited by Goldberg S, Muir R, Kerr J. New York, Analytic Press, 1995, pp 233–278

Fonagy P, Steele M, Steele H: The capacity for understanding mental states: the reflective self in parent and child and its significance for security of attachment. Infant Ment Health J 12:201–218, 1991b

Fonagy P, Target M: Attachment and reflective function: their role in self–organization. Dev Psychopathol 9:679–700, 1997

Fonagy P, Target M: Bridging the transmission gap: an end to an important mystery of attachment research? Attach Hum Dev 7:333–343, 2005

Fonagy P: Early life trauma and the psychogenesis and prevention of violence. Ann N Y Acad Sci 1036:181–200, 2004

Ford JD, Courtois CA: Defining and understanding complex trauma and complex traumatic stress disorders, in Treating Complex Traumatic Stress Disorders: An Evidence–Based Guide. Edited by Courtois CA, Ford JD. New York, Guilford, 2009, pp 13–30

Ford JD, Fallot RD, Harris M: Group therapy, in Treating Complex Traumatic Stress Disorders: An Evidence–Based Guide. Edited by Courtois CA, Ford JD. New York, Guilford, 2009, pp 415–440

Ford JD: Dissociation in complex posttraumatic stress disorder or disorders of extreme stress not otherwise specified (DESNOS), in Dissociation and the Dissociative Disorders: DSM-V and Beyond. Edited by Dell PF, O'Neil JA. New York, Routledge, 2009, pp 471-483

Frank JD, Frank JB: Persuasion and Healing: A Comparative Study of Psychotherapy. Baltimore, MD, The Johns Hopkins University Press, 1991

Frank JD: Persuasion and Healing. New York, Schocken Books, 1961

Frank JD: Specific and non-specific factors in psychotherapy. Curr Opin Psychiatry 1:289-292, 1988

Freud S: The Future of an Illusion (1927). Translated by Robson-Scott WD. Revised and edited by Strachey J. Garden City, NY, Doubleday Anchor, 1964

Freyd JJ: Betrayal Trauma: The Logic of Forgetting Childhood Abuse. Cambridge, MA, Harvard University Press, 1996

Friedman MJ, Cohen JA, Foa EB, et al: Integration and summary, in Effective Treatments for PTSD: Practice Guidelines From the International Society for Traumatic Stress Studies. Edited by Foa EB, Keane TM, Friedman MJ, et al. New York, Guilford, 2009, pp 617-642

Friedman MJ, Karam EG: Posttraumatic stress disorder, in Stress-Induced and Fear Circuitry Disorders: Refining the Research Agenda for DSM-V. Edited by Andrews G, Charney DS, Sirovatka PJ, et al. Washington, DC, American Psychiatric Publishing, 2009, pp 3-29

Friedman MJ, Resick PA, Keane TM: Key questions and an agenda for future research, in Handbook of PTSD: Science and Practice. Edited by Friedman MJ, Keane TM, Resick PA. New York, Guilford, 2007, pp 540-561

Friedman MJ: Interrelationships between biological mechanisms and pharmacotherapy of posttraumatic stress disorder, in Posttraumatic Stress Disorder: Etiology, Phenomenology, and Treatment. Edited by Wolf ME, Mosnaim AD. Washington, DC, American Psychiatric Press, 1990, pp 204-225

Fromm E: The Anatomy of Human Destructiveness. New York, Holt, Rinehart, & Winston, 1973

Frueh BC, Elhai JD, Gold PB, et al: The future of posttraumatic stress disorder in the DSM. Psychol Inj Law 3:260-270, 2010

Frueh BC, Grubaugh AL, Cusack KJ, et al: Exposure-based cognitive-behavioral treatment of PTSD in adults with schizophrenia or schizoaffective disorder: a pilot study. J Anxiety Disord 23:665-675, 2009

Gabbard GO: Psychodynamic Psychiatry in Clinical Practice. Washington, DC, American Psychiatric Press, 2000

George C, Solomon J: The caregiving system: a behavioral systems approach to parenting, in Handbook of Attachment: Theory, Research, and Clinical Applications, 2nd Edition. Edited by Cassidy J, Shaver PR. New York, Guilford, 2008, pp 833-856

Geraerts E: Posttraumatic memory, in Clinician's Guide to Posttraumatic Stress Disorder. Edited by Rosen GM, Frueh BC. New York, Wiley, 2010, pp 77-95

Ginzburg K, Butler LD, Saltzman K, et al: Dissociative reactions in PTSD, in Dissociation and the Dissociative Disorders: DSM-V and Beyond. Edited by Dell PF, O'Neil JA. New York, Routledge, 2009, pp 457-469

Glodich A, Allen JG, Fultz J, et al: School-based psychoeducational groups on trauma designed to decrease reenactment, in Handbook of Community-Based Clinical Practice. Edited by Lightburn A, Sessions P. New York, Oxford University Press, 2006, pp 349-363

Gold SD, Marx BP, Soler-Baillo JM, et al: Is life stress more traumatic than traumatic stress? J Anxiety Disord 19:687-698, 2005

Goldberg D: The relationship between generalized anxiety disorder and major depressive episode, in Diagnostic Issues in Depression and Generalized Anxiety Disorder: Refining the Research Agenda for DSM-V. Edited by Goldberg D, Kendler KS, Sirovatka PJ, et al. Washington, DC, American Psychiatric Publishing, 2010, pp 355-361

Granqvist P, Kirkpatrick LA: Attachment and religious representations and behavior, in Handbook of Attachment: Theory, Research, and Clinical Applications, 2nd Edition. Edited by Cassidy J, Shaver PR. New York, Guilford, 2008, pp 906-933

Grey N, Holmes EA: "Hotspots" in trauma memories in the treatment of posttraumatic stress disorder: a replication. Memory 16:788-796, 2008

Grienenberger J, Kelly K, Slade A: Maternal reflective functioning, mother-infant affective communication, and infant attachment: exploring the link between mental states and observed caregiving behaviour in the intergenerational transmission of attachment. Attach Hum Dev 7:299-311, 2005

Griffin MG: A prospective assessment of auditory startle alterations in rape and physical assault survivors. J Trauma Stress 21:91-99, 2008

Groat M, Allen JG: Promoting mentalizing in experiential psychoeducational groups: from agency and authority to authorship. Bull Menninger Clin 75:315-343, 2011

Grossman K, Grossman KE, Kindler H, et al: A wider view of attachment and exploration: the influence of mothers and fathers on the development of psychological security from infancy to young adulthood, in Handbook of Attachment: Theory, Research, and Clinical Applications, 2nd Edition. Edited by Cassidy J, Shaver PR. New York, Guilford, 2008, pp 857-879

Grossman KE, Grossman K, Waters E (eds): Attachment From Infancy to Adulthood: The Major

Longitudinal Studies. New York, Guilford, 2005

Grubaugh AL, Magruder KM, Waldrop AE, et al: Subthreshold PTSD in primary care: prevalence, psychiatric disorders, healthcare use, and functional status. J Nerv Ment Dis 193:658-664, 2005

Hadas M: The Stoic Philosophy of Seneca: Essays and Letters. New York, WW Norton, 1958

Hammen C: Stress and depression. Annu Rev Clin Psychol 1:293-319, 2005

Harkness KL, Monroe SM: Childhood adversity and the endogenous versus nonendogenous distinction in women with major depression. Am J Psychiatry 159:387-393, 2002

Harris EC, Barraclough B: Suicide as an outcome for mental disorders: a metaanalysis. Br J Psychiatry 170:205-228, 1997

Hayes SC, Strosahl KD, Wilson KG: Acceptance and Commitment Therapy: An Experiential Approach to Behavior Change. New York, Guilford, 1999

Hazan C, Shaver P: Romantic love conceptualized as an attachment processes. J Pers Soc Psychol 52:511-524, 1987

Hembree EA, Foa EB: Cognitive behavioral treatments for PTSD, in Clinician's Guide to Posttraumatic Stress Disorder. Edited by Rosen GM, Frueh BC. New York, Wiley, 2010, pp 177-203

Herink R (ed): The Psychotherapy Handbook. New York, New American Library, 1980

Herman JL: Complex PTSD: a syndrome in survivors of prolonged and repeated trauma. J Trauma Stress 5:377-391, 1992a

Herman JL: Father-Daughter Incest. Cambridge, MA, Harvard University Press, 1981

Herman JL: Foreword, in Treating Complex Traumatic Stress Disorders: An Evidence-Based Guide. Edited by Courtois CA, Ford JD. New York, Guilford, 2009, pp xiii-xvii

Herman JL: Sequelae of prolonged and repeated trauma: evidence for a complex posttraumatic syndrome (DESNOS), in Posttraumatic Stress Disorder: DSM-IV and Beyond. Edited by Davidson JRT, Foa EB. Washington, DC, American Psychiatric Press, 1993, pp 213-228

Herman JL: Trauma and Recovery. New York, Basic Books, 1992b

Hesse E: The Adult Attachment Interview: protocol, method of analysis, and empirical studies, in Handbook of Attachment: Theory, Research, and Clinical Applications, 2nd Edition. Edited by Cassidy J, Shaver PR. New York, Guilford, 2008, pp 552-598

Hoffmann SG, Sawyer AT, Witt AA, et al: The effect of mindfulness-based therapy on anxiety and depression: a meta-analytic review. J Consult Clin Psychol 78:169-183, 2010

Holmes EA, Brown RJ, Mansell W, et al: Are there two qualitatively distinct forms of dissociation? A review and some clinical implications. Clin Psychol Rev 25:1-23, 2005a

Holmes EA, Grey N, Young KA: Intrusive images and "hotspots" of trauma memories in posttraumatic stress disorder: an exploratory investigation of emotions and cognitive themes. J Behav Ther Exp Psychiatry 36:3–17, 2005b

Holmes J: Attachment theory and the suicidal patient, in Building a Therapeutic Alliance With the Suicidal Patient. Edited by Michel K, Jobes DA. Washington, DC, American Psychological Association, 2011, pp 149–167

Holmes J: Exploring in Security: Towards an Attachment-Informed Psychoanalytic Psychotherapy. New York, Routledge, 2010

Holmes J: From attachment research to clinical practice: getting it together, in Attachment Theory and Research in Clinical Work With Adults. Edited by Obegi JH, Berant E. New York, Guilford, 2009, pp 490–514

Holmes J: The Search for the Secure Base: Attachment Theory and Psychotherapy. London, Routledge, 2001

Horvath AO, Del Re AC, Flükiger C, et al: Alliance in individual psychotherapy, in Psychotherapy Relationships That Work: Evidence-Based Responsiveness. Edited by Norcross JC. New York, Oxford University Press, 2011, pp 25–69

Horwitz L, Gabbard GO, Allen JG, et al: Borderline Personality Disorder: Tailoring the Therapy to the Patient. Washington, DC, American Psychiatric Press, 1996

Horwitz L: The capacity to forgive: intrapsychic and developmental perspectives. JAMA 53:485–511, 2005

Hrdy SB: Mothers and Others: The Evolutionary Origins of Mutual Understanding. Cambridge, MA, Harvard University Press, 2009

Insel TR, Cuthbert B, Garvey M, et al: Research Domain Criteria (RDoC): toward a new classification framework for research on mental disorders. Am J Psychiatry 167:748–751, 2010

Insel TR: Is social attachment an addictive disorder? Physiol Behav 79:351–357, 2003

Jackson C, Nissenson K, Cloitre M: Cognitive-behavioral therapy, in Treating Complex Traumatic Stress Disorders: An Evidence-Based Guide. Edited by Courtois CA, Ford JD. New York, Guilford, 2009, pp 243–263

Jacques-Tiura AJ, Tkatch AJ, Abbey A, et al: Disclosure of sexual assault: characteristics and implications for posttraumatic stress symptoms among African American and Caucasian survivors. J Trauma Dissociation 11:174–192, 2010

James W: The Varieties of Religious Experience (1902). New York, Modern Library, 1994

Jamison KR: Night Falls Fast: Understanding Suicide. New York, Random House, 1999

Janoff-Bulman R, Yopyk DJ: Random outcomes and valued commitments: existential dilemmas and the paradox of meaning, in Handbook of Experimental Existential Psychology.

Edited by Greenberg J, Koole SL, Pyszczynski T. New York, Guilford, 2004, pp 122-138

Janoff-Bulman R: Shattered Assumptions: Towards a New Psychology of Trauma. New York, The Free Press, 1992

Jelinek L, Randjbar S, Seifert D, et al: The organization of autobiographical and nonautobiographical memory in posttraumatic stress disorder (PTSD). J Abnorm Psychol 118:288-298, 2009

Jobes DA, Nelson KN: Shneidman's contributions to the understanding of suicidal thinking, in Cognition and Suicide: Theory, Research, and Therapy. Edited by Ellis TE. Washington, DC, American Psychological Association, 2006, pp 29-49

Jobes DA: Managing Suicidal Risk: A Collaborative Approach. New York, Guilford, 2006

Johnson JG, Cohen P, Brown J, et al: Childhood maltreatment increases risk for personality disorders during early adulthood. Arch Gen Psychiatry 56:600-606, 1999

Johnson JG, Cohen P, Chen H, et al: Parenting behaviors associated with risk for offspring personality disorder during adulthood. Arch Gen Psychiatry 63:579-587, 2006

Johnson SM, Courtois CA: Couple therapy, in Treating Complex Traumatic Stress Disorders: An Evidence-Based Guide. Edited by Courtois CA, Ford JD. New York, Guilford, 2009, pp 371-390

Johnson SM: Attachment theory and emotionally focused therapy for individuals and couples, in Attachment Theory and Research in Clinical Work With Adults. Edited by Obegi JH, Berant E. New York, Guilford, 2009, pp 410-433

Johnson SM: Couple and family therapy: an attachment perspective, in Handbook of Attachment: Theory, Research, and Clinical Applications, 2nd Edition. Edited by Cassidy J, Shaver PR. New York, Guilford, 2008, pp 811-829

Joiner TE, Sachs-Ericsson NJ, Wingate LR, et al: Childhood physical and sexual abuse and lifetime number of suicide attempts: a persistent and theoretically important relationship. Behav Res Ther 45:539-547, 2007

Joiner TE: Depression in its interpersonal context, in Handbook of Depression. Edited by Gotlib IH, Hammen C. New York, Guilford, 2002, pp 295-313

Joiner TE: Why People Die by Suicide. Cambridge, MA, Harvard University Press, 2005

Kabat-Zinn J: Full Catastrophe Living: Using the Wisdom of Your Body and Mind to Face Stress, Pain, and Illness. New York, Delta, 1990

Kaplan LJ: Female Perversions: The Temptations of Emma Bovary. New York, Doubleday, 1991

Karen R: Becoming Attached: First Relationships and How They Shape Our Capacity to Love. New York, Oxford University Press, 1998

Kazdin AE, Blasé SL: Rebooting psychotherapy research and practice to reduce the burden of mental illness. Perspect Psychol Sci 6:21-37, 2011

Kazdin AE: Mediators and mechanisms of change in psychotherapy research. Annu Rev Clin Psychol 3:1-27, 2007

Kazdin AE: Understanding how and why psychotherapy leads to change. Psychother Res 19:418-428, 2009

Keane TM, Brief DJ, Pratt EM, et al: Assessment of PTSD and its comorbidities in adults, in Handbook of PTSD: Science and Practice. Edited by Friedman MJ, Keane TM, Resick PA. New York, Guilford, 2007, pp 279-305

Kekes J: The Roots of Evil. Ithaca, NY, Cornell University Press, 2005

Kempe CH, Silverman FN, Steele BF, et al: The battered-child syndrome. JAMA 181:105-112, 1962

Kendler KS, Gardner CO, Prescott CA: Toward a comprehensive developmental model of major depression in women. Am J Psychiatry 159:1133-1145, 2002

Kendler KS, Kessler RC, Walters EE, et al: Stressful life events, genetic liability, and onset of an episode of major depression in women. Am J Psychiatry 152:833-842, 1995

Kernberg OF, Diamond D, Yeomans F, et al: Mentalization and attachment in borderline patients in transference focused psychotherapy, in Mind to Mind: Infant Research, Neuroscience, and Psychoanalysis. Edited by Jurist EL, Slade A, Bergner A. New York, Other Press, 2008, pp 167-198

Kessler RC, Gruber M, Hettema JM, et al: Major depression and generalized anxiety disorder in the National Comorbidity Survey follow-up survey, in Diagnostic Issues in Depression and Generalized Anxiety Disorder: Refining the Research Agenda for DSM-V. Edited by Goldberg D, Kendler KS, Sirovatka PJ, et al. Washington, DC, American Psychiatric Publishing, 2010, pp 139-170

Kessler RC, Sonnega A, Bromet E, et al: Posttraumatic stress disorder in the National Comorbidity Survey. Arch Gen Psychiatry 52:1048-1060, 1995

Kimerling R, Ouimette P, Weitlauf JC: Gender issues in PTSD, in Handbook of PTSD: Science and Practice. Edited by Friedman MJ, Keane TM, Resick PA. New York, Guilford, 2007, pp 207-228

Kirkpatrick LA: Attachment, Evolution, and the Psychology of Religion. New York, Guilford, 2005

Kleim S, Kroger C, Kosfelder J: Dialectical behavior therapy for borderline personality disorder: a meta-analysis using mixed-effects modeling. J Consult Clin Psychol 78:936-951, 2010

Kluft RP: Basic principles in conducting the psychotherapy of multiple personality disorder, in Current Perspectives on Multiple Personality Disorder. Edited by Kluft RP, Fine CG. Washington, DC, American Psychiatric Press, 1993, pp 19–50

Koenen KC, Moffitt TE, Poulton R, et al: Early childhood factors associated with the development of post-traumatic stress disorder: results from a longitudinal birth cohort. Psychol Med 37:181–192, 2007

Kolden GG, Klein MH, Wang CC: Congruence/genuineness, in Psychotherapy Relationships That Work: Evidence-Based Responsiveness. Edited by Norcross JC. New York, Oxford University Press, 2011, pp 187–202

Lanius RA, Vermetten E, Loewenstein RJ, et al: Emotion modulation and PTSD: clinical and neurobiological evidence for a dissociative subtype. Am J Psychiatry 167:640–647, 2010

Lebell S: Epictetus: The Art of Living. New York, HarperCollins, 1995

Lee CW, Taylor G, Drummond PD: The active ingredient in EMDR: is it traditional exposure or dual focus of attention? Clin Psychol Psychother 13:97–107, 2006

Leibenluft E, Gardner DL, Cowdry RW: The inner experience of the borderline self-mutilator. J Pers Disord 1:317–324, 1987

Leichsenring F: Applications of psychodynamic psychotherapy to specific disorders: efficacy and indications, in Textbook of Psychotherapeutic Treatments. Edited by Gabbard GO. Washington, DC, American Psychiatric Publishing, 2009, pp 97–132

Levy KN, Ellison WD, Scott LN, et al: Attachment style, in Psychotherapy Relationships That Work: Evidence-Based Responsiveness. Edited by Norcross JC. New York, Oxford University Press, 2011, pp 377–401

Levy KN, Meehan KB, Kelly KM, et al: Change in attachment patterns and reflective function in a randomized control trial of transference-focused psychotherapy for borderline personality disorder. J Consult Clin Psychol 74:1027–1040, 2006

Levy KN: Psychotherapies and lasting change. Am J Psychiatry 165:556–559, 2008

Lewis L, Kelly KA, Allen JG: Restoring Hope and Trust: An Illustrated Guide to Mastering Trauma. Baltimore, MD, Sidran Press, 2004

Linehan MM, Armstrong HE, Suarez A, et al: Cognitive-behavioral treatment of chronically parasuicidal borderline patients. Arch Gen Psychiatry 48:1060–1064, 1991

Linehan MM, Comtois KS, Murray AM, et al: Two-year randomized controlled trial and follow-up of dialectical behavior therapy vs therapy by experts for suicidal behaviors and borderline personality disorder. Arch Gen Psychiatry 63:757–766, 2006

Linehan MM: Cognitive-Behavioral Treatment of Borderline Personality Disorder. New York, Guilford, 1993a

Linehan MM: Skills Training Manual for Treating Borderline Personality Disorder. New York,

Guilford, 1993b

Liotti G: Attachment and dissociation, in Dissociation and the Dissociative Disorders: DSM-V and Beyond. Edited by Dell PF, O'Neil JA. New York, Routledge, 2009, pp 53-65

Liotti G: Attachment disorganization and the clinical dialogue: theme and variations, in Disorganized Attachment and Caregiving. Edited by Solomon J, George C. New York, Guilford, 2011, pp 383-413

Littleton HL: The impact of social support and negative disclosure reactions on sexual assault victims: a cross-sectional and longitudinal investigation. J Trauma Dissociation 11:210-227, 2010

Livesley WJ: Confusion and incoherence in the classification of personality disorder: commentary on the preliminary proposals for DSM-5. Psychol Inj Law 3:304-313, 2010

Loftus EF: The reality of repressed memories. Am Psychol 48:518-537, 1993

Lomax JW, Kripal JJ, Pargament KI: Perspectives on "sacred moments" in psychotherapy. Am J Psychiatry 168:1-7, 2011

Long ME, Elhai JD, Schweinle A, et al: Differences in posttraumatic stress disorder diagnostic rates and symptom severity between Criterion A1 and non-Criterion A1 stressors. J Anxiety Disord 22:1255-1263, 2008

Luyten P, Fonagy P, Lemma A, et al: Depression, in Handbook of Mentalizing in Mental Health Practice. Edited by Bateman AW, Fonagy P. Washington, DC, American Psychiatric Publishing, 2012, pp 385-417

Luyten P, van Houdenhove B: Common versus specific factors in the psychotherapeutic treatment of patients suffering from chronic fatigue and pain. J Psychother Integr (in press)

Luyten P, Vliegen N, Blatt SJ: Equifinality, multifinality, and the rediscovery of the importance of early experiences: pathways from early adversity to psychiatric and (functional) somatic disorders. Psychoanal Study Child 63:27-60, 2008

Lynn SJ, Rhue JW: Fantasy proneness: hypnosis, developmental antecedents, and psychopathology. Am Psychol 43:35-44, 1988

Lyons-Ruth K, Jacobvitz D: Attachment disorganization: genetic factors, parenting contexts, and developmental transformation from infancy to adulthood, in Handbook of Attachment: Theory, Research, and Clinical Applications, 2nd Edition. Edited by Cassidy J, Shaver PR. New York, Guilford, 2008, pp 666-697

Lyons-Ruth K, Yellin C, Melnick S, et al: Expanding the concept of unresolved mental states: hostile/helpless states of mind on the Adult Attachment Interview are associated with disrupted mother-infant communication and infant disorganization. Dev Psychopathol

17:1-23, 2005

MacDonald HZ, Beeghly M, Grant-Knight W, et al: Longitudinal association between infant disorganized attachment and childhood posttraumatic stress symptoms. Dev Psychopathol 20:493-508, 2008

Main M, Hesse E, Goldwyn R: Studying differences in language usage in recounting attachment history: an introduction to the AAI, in Clinical Applications of the Adult Attachment Interview. Edited by Steele H, Steele M. New York, Guilford, 2008, pp 31-68

Main M, Hesse E, Kaplan N, et al: Predictability of attachment behavior and representational processes at 1, 6, and 19 years of age, in Attachment From Infancy to Adulthood: The Major Longitudinal Studies. Edited by Grossman KE, Grossman K, Waters E. New York, Guilford, 2005, pp 245-304

Main M, Hesse E: Parents' unresolved traumatic experiences are related to infant disorganized attachment status: is frightened and/or frightening parental behavior the linking mechanism? In Attachment in the Preschool Years: Theory, Research, and Intervention. Edited by Greenberg MT, Cicchetti D, Cummings EM. Chicago, IL, University of Chicago Press, 1990, pp 161-182

Main M, Kaplan N, Cassidy J: Security in infancy, childhood, and adulthood: a move to the level of representation, in Growing Points of Attachment Theory and Research. Edited by Bretherton I, Waters E. Monographs of the Society for Research in Child Development 50:66-104, 1985

Main M, Morgan H: Disorganization and disorientation in infant Strange Situation behavior: phenotypic resemblance to dissociative states, in Handbook of Dissociation: Theoretical, Empirical, and Clinical Perspectives. Edited by Michelson LK. Ray WJ. New York, Plenum, 1996, pp 107-138

Main M, Solomon J: Procedures for identifying infants as disorganized/disoriented during the Ainsworth Strange Situation, in Attachment in the Preschool Years: Theory, Research, and Intervention. Edited by Greenberg MT, Cicchetti D, Cummings EM. Chicago, IL, University of Chicago Press, 1990, pp 121-160

Malik ML, Beutler KE, Alimohamed S, et al: Are all cognitive therapies alike? A comparison of cognitive and noncognitive therapy process and implications for the application of empirically supported treatments. J Consult Clin Psychol 71:150-158, 2003

Mallinckrodt B, Daly K, Wang CDC: An attachment approach to adult psychotherapy, in Attachment Theory and Research in Clinical Work With Adults. Edited by Obegi JH, Berant E. New York, Guilford, 2009, pp 234-268

Mallinckrodt B, McCreary BA, Robertson AK: Co-occurrence of eating disorders and incest:

the role of attachment, family environment, and social competencies. J Counsel Psychol 42:178–186, 1995

Marvin R, Cooper G, Hoffman K, et al: The Circle of Security project: attachment-based intervention with caregiver-pre-school child dyads. Attach Hum Dev 4:107–124, 2002

McBride C, Atkinson L: Attachment theory and cognitive-behavioral therapy, in Attachment Theory and Research in Clinical Work With Adults. Edited by Obegi JH, Berant E. New York, Guilford, 2009, pp 434–458

McCauley J, Kern DE, Kolodner K, et al: Clinical characteristics of women with a history of childhood abuse. JAMA 277:1362–1368, 1997

McFarlane AC: Epidemiological evidence about the relationship between PTSD and alcohol abuse: the nature of the association. Addict Behav 23:813–825, 1998

McNally RJ: On eye movements and animal magnetism: a reply to Greenwald's defense of EMDR. J Anxiety Disord 13:617–620, 1999

Meins E, Fernyhough C, Johnson F, et al: Mind-mindedness in children: individual differences in internal-state talk in middle childhood. Br J Dev Psychol 24:181–196, 2006

Melnick S, Finger B, Hans S, et al: Hostile-helpless states of mind in the AAI: a proposed additional AAI category with implications for identifying disorganized infant attachment in high-risk samples, in Clinical Applications of the Adult Attachment Interview. Edited by Steele H, Steele M. New York, Guilford, 2008, pp 399–423

Menninger KA: Hope (1959). Bull Menninger Clin 51:447–462, 1987

Menninger KA: Man Against Himself. New York, Harcourt, Brace, 1938

Michel K, Valach L: The narrative interview with the suicidal patient, in Building a Therapeutic Alliance With the Suicidal Patient. Edited by Michel K, Jobes DA. Washington, DC, American Psychological Association, 2011, pp 63–80

Michelson LK, Ray WJ (eds): Handbook of Dissociation: Theoretical, Empirical, and Clinical Perspectives. New York, Plenum, 1996

Mikulincer M, Florian V, Hirschberger G: Terror of death and the quest for love: an existential perspective on close relationships, in Handbook of Experimental Existential Psychology. Edited by Greenberg J, Koole SL, Pyszczynski T. New York, Guilford, 2004, pp 287–304

Mikulincer M, Shaver PR: Attachment in Adulthood: Structure, Dynamics, and Change. New York, Guilford, 2007a

Mikulincer M, Shaver PR: Reflections on security dynamics: core constructs, psychological mechanisms, relational contexts, and the need for an integrative theory. Psychol Inq 18:197–209, 2007b

Mikulincer M, Shaver PR: Security-based self-representations in adulthood: contents and processes, in Adult Attachment: Theory, Research, and Clinical Implications. Edited by Rholes WS, Simpson JA. New York, Guilford, 2004, pp 159-195

Moffitt TE, Caspi A, Harrington H, et al: Generalized anxiety disorder and depression: childhood risk factors in a birth cohort followed to age 32 years, in Diagnostic Issues in Depression and Generalized Anxiety Disorder: Refining the Research Agenda for DSM-V. Edited by Goldberg D, Kendler KS, Sirovatka PJ, et al. Washington, DC, American Psychiatric Publishing, 2010, pp 217-239

Mohr JJ: Same-sex romantic attachment, in Handbook of Attachment: Theory, Research, and Clinical Applications, 2nd Edition. Edited by Cassidy J, Shaver PR. New York, Guilford, 2008, pp 482-502

Morgan HG, Burns-Cox CJ, Pocock H, et al: Deliberate self-harm: clinical and socioeconomic characteristics of 368 patients. Br J Psychiatry 127:564-574, 1975

Morrison JA: The therapeutic relationship in prolonged exposure therapy for posttraumatic stress disorder: the role of cross-theoretical dialogue in dissemination. Behavior Therapist 34:20-26, 2011

Moss E, Bureau J-F, St-Laurent D, et al: Understanding disorganized attachment at preschool and school age: examining divergent pathways of disorgnaized and controlling children, in Disorganized Attachment and Caregiving. Edited by Solomon J, George C. New York, Guilford, 2011, pp 52-79

Murphy JG: Getting Even: Forgiveness and Its Limits. New York, Oxford University Press, 2003

Nagel T: Secular Philosophy and the Religious Temperament. New York, Oxford University Press, 2010

Nagel T: The View From Nowhere. New York, Oxford University Press, 1985

Najavits LM, Ryngala, Back SE, et al: Treatment of PTSD and comorbid disorders, in Effective Treatments for PTSD: Practice Guidelines From the International Society for Traumatic Stress Studies. Edited by Foa EB, Keane TM, Friedman MJ, et al. New York, Guilford, 2009, pp 508-535

Neff KD: Self-Compassion. New York, HarperCollins, 2011

Neiman S: Evil in Modern Thought: An Alternative History of Philosophy. Princeton, NJ, Princeton University Press, 2002

Newman MG, Stiles WB, Janeck A, et al: Integration of therapeutic factors in anxiety disorders, in Principles of Therapeutic Change That Work. Edited by Castonguay LG, Beutler LE. New York, Oxford University Press, 2006, pp 187-200

Nijenhuis ER, Vanderlinden J, Spinhoven P: Animal defensive reactions as a model for trauma-induced dissociative reactions. J Trauma Stress 11:243-260, 1998

Nock MK (ed): Understanding Nonsuicidal Self-Injury: Origins, Assessment, and Treatment. Washington, DC, American Psychological Association, 2009

Nock MK, Cha CB: Psychological models of nonsuicidal self-injury, in Understanding Nonsuicidal Self-Injury: Origins, Assessment, and Treatment. Edited by Nock MK. Washington, DC, American Psychological Association, 2009, pp 65–77

Nock MK, Favazza AR: Nonsuicidal self-injury: definition and classification, in Understanding Nonsuicidal Self-Injury: Origins, Assessment, and Treatment. Edited by Nock MK. Washington, DC, American Psychological Association, 2009, pp 9–18

Nolen-Hoeksema S: The role of rumination in depressive disorders and mixed anxiety/depressive symptoms. J Abnorm Psychol 109:504–511, 2000

Norcross JC (ed): Psychotherapy Relationships That Work: Evidence-Based Responsiveness. New York, Oxford University Press, 2011

Norcross JC, Lambert MJ: Evidence-based therapy relationships, in Psychotherapy Relationships That Work: Evidence-Based Responsiveness. Edited by Norcross JC. New York, Oxford University Press, 2011, pp 3–21

Norcross JC, Wampold BE: Conclusions and guidelines, in Psychotherapy Relationships That Work: Evidence-Based Responsiveness. Edited by Norcross JC. New York, Oxford University Press, 2011, pp 423–430

Norris F: Epidemiology of trauma: frequency and impact of different potentially traumatic events on different demographic groups. J Consult Clin Psychol 60:409–418, 1992

Nussbaum MC: Upheavals of Thought: The Intelligence of the Emotions. Cambridge, UK, Cambridge University Press, 2001

O'Donnell ML, Creamer M, Cooper J: Criterion A: controversies and clinical implications, in Clinician's Guide to Posttraumatic Stress Disorder. Edited by Rosen GM, Frueh BC. New York, Wiley, 2010, pp 51–75

Obegi JH, Berant E (eds): Attachment Theory and Research in Clinical Work With Adults. New York, Guilford, 2009a

Obegi JH, Berant E: Introduction, in Attachment Theory and Research in Clinical Work With Adults. Edited by Obegi JH, Berant E. New York, Guilford, 2009b, pp 1–14

Oldham JM, Skodol AE, Kellman HD, et al: Diagnosis of DSM-III-R personality disorders by two structured interviews: patterns of comorbidity. Am J Psychiatry 149:213–220, 1992

Oldham JM: Epilogue, in Mentalizing in Clinical Practice. Edited by Allen JG, Fonagy P, Bateman AW. Washington, DC, American Psychiatric Publishing, 2008, pp 341–346

Oldham JM: Psychodynamic psychotherapy for personality disorders. Am J Psychiatry 164:1465–1467, 2007

Orbach I: Taking an inside view: stories of pain, in Building a Therapeutic Alliance With the Suicidal Patient. Edited by Michel K, Jobes DA. Washington, DC, American Psychological Association, 2011, pp 111-128

Orbach I: Therapeutic empathy with the suicidal wish: principles of therapy with suicidal individuals. Am J Psychother 55:166-184, 2001

Ozer EJ, Best SR, Lipsey TL, et al: Predictors of posttraumatic stress disorder and symptoms in adults: a meta-analysis. Psychol Bull 129:52-73, 2003

Pargament KI: Religion and coping: the current state of knowledge, in Oxford Handbook of Stress, Health, and Coping. Edited by Folkman S. New York, Oxford University Press, 2011, pp 269-288

Pargament KI: Spiritually Integrated Psychotherapy: Understanding and Addressing the Sacred. New York, Guilford, 2007

Pennebaker JW: Writing to Heal: A Guided Journal for Recovering From Trauma and Emotional Upheaval. Oakland, CA, New Harbinger, 2004

Peterson C, Chang EC: Optimism and flourishing, in Flourishing: Positive Psychology and the Life Well-Lived. Edited by Keyes CL, Haidt J. Washington, DC, American Psychiatric Publishing, 2003, pp 55-79

Peterson M: The problem of evil, in A Companion to Philosophy of Religion. Edited by Quinn PL, Taliaferro C. Malden, MA, Blackwell, 1997, pp 393-401

Philips B, Kahn U, Bateman AW: Drug addiction, in Handbook of Mentalizing in Mental Health Practice. Edited by Bateman AW, Fonagy P. Washington, DC, American Psychiatric Publishing, 2012, pp 445-461

Pillemer DB: Momentous Events, Vivid Memories. Cambridge, MA, Harvard University Press, 1998

Plante TG: Spiritual Practices in Psychotherapy. Washington, DC, American Psychological Association, 2009

Pope HG Jr, Oliva PS, Hudson JI, et al: Attitudes toward DSM-IV dissociative disorder diagnoses among board-certified American psychiatrists. Am J Psychiatry 156:321-323, 1999

Porges SW: Reciprocal influences between body and brain in the perception and expression of affect, in The Healing Power of Emotion: Affective Neuroscience, Development, and Clinical Practice. Edited by Fosha D, Siegal DJ, Solomon MF. New York, WW Norton, 2009, pp 27-54

Porges SW: The Polyvagal Theory: Neurophysiological Foundations of Emotions, Attachment, Communication, and Self-Regulation. New York, WW Norton, 2011

Powers MB, Halpern JM, Ferenschak MP, et al: A meta-analytic review of prolonged exposure for posttraumatic stress disorder. Clin Psychol Rev 30:635-641, 2010

Prinstein MJ, Guerry JD, Browne CB, et al: Interpersonal models of nonsuicidal self-injury, in Understanding Nonsuicidal Self-Injury: Origins, Assessment, and Treatment. Edited by Nock MK. Washington, DC, American Psychological Association, 2009, pp 79-98

Pruyser PW: A transformational understanding of humanity, in Changing Views of the Human Condition. Edited by Pruyser PW. Macon, GA, Mercer University Press, 1987c, pp 1-10

Pruyser PW: Between Belief and Unbelief. New York, Harper & Row, 1974

Pruyser PW: Epilogue, in Changing Views of the Human Condition. Edited by Pruyser PW. Macon, GA, Mercer University Press, 1987a, pp 196-200

Pruyser PW: Maintaining hope in adversity. Bull Menninger Clin 51:463-474, 1987b

Resick PA, Monson CM, Rizvi SL: Posttraumatic stress disorder, in Clinical Handbook of Psychological Disorders: A Step-by-Step Treatment Manual, 4th Edition. Edited by Barlow DH. New York, Guilford, 2008, pp 65-122

Resick PA, Schnicke MK: Cognitive processing therapy for sexual assault victims. J Consult Clin Psychol 60:748-756, 1992

Resnick HS, Yehuda R, Acierno R: Acute post-rape plasma cortisol, alcohol use, and PTSD symptom profile among recent rape victims. Ann N Y Acad Sci 821:433-436, 1997

Riggs DS, Monson CM, Glynn SM, et al: Couple and family therapy for adults, in Effective Treatments for PTSD: Practice Guidelines From the International Society for Traumatic Stress Studies. Edited by Foa EB, Keane TM, Friedman MJ, et al. New York, Guilford, 2009, pp 458-478

Rizzuto A-M: The Birth of the Living God: A Psychoanalytic Study. Chicago, IL, University of Chicago Press, 1979

Robins CJ, Ivanoff AM, Linehan MM, et al: Dialectical behavior therapy, in Handbook of Personality Disorders: Theory Research, and Treatment. Edited by Livesley WJ. New York, Guilford, 2001, pp 437-459

Rodham K, Hawton K: Epidemiology and phenomenology of nonsuicidal self-injury, in Understanding Nonsuicidal Self-Injury: Origins, Assessment, and Treatment. Edited by Nock MK. Washington, DC, American Psychological Association, 2009, pp 37-62

Roemer L, Orsillo SM: Mindfulness- and Acceptance-Based Behavioral Therapies in Practice. New York, Guilford, 2009

Rogers CR: Client-Centered Therapy: Its Current Practice, Implications, and Theory. Boston, MA, Houghton Mifflin, 1951

Rogers CR: The necessary and sufficient conditions of therapeutic personality change (1957). J

Consult Clin Psychol 60:827-832, 1992

Rosen GM, Frueh BC, Lilienfeld SO, et al: Afterword: PTSD's future in the DSM: implications for clinical practice, in Clinician's Guide to Posttraumatic Stress Disorder. Edited by Rosen GM, Frueh BC. New York, Wiley, 2010, pp 263-276

Ross C: Dissociative amnesia and dissociative fugue, in Dissociation and the Dissociative Disorders: DSM-V and Beyond. Edited by Dell PF, O'Neil JA. New York, Routledge, 2009, pp 429-434

Roth A, Fonagy P: What Works for Whom? A Critical Review of Psychotherapy Research, 2nd Edition. New York, Guilford, 2005

Rudd MD, Brown GK: A cognitive theory of suicide: building hope in treatment and strengthening the therapeutic relationship, in Building a Therapeutic Alliance With the Suicidal Patient. Edited by Michel K, Jobes DA. Washington, DC, American Psychological Association, 2011, pp 169-181

Rudd MD: Fluid vulnerability theory: a cognitive approach to understanding the process of acute and chronic suicide risk, in Cognition and Suicide: Theory, Research, and Therapy. Edited by Ellis TE. Washington, DC, American Psychological Association, 2006, pp 355-368

Ruzek JI, Polusny MA, Abeug FR: Assessment and treatment of concurrent posttraumatic stress disorder and substance abuse, in Cognitive-Behavioral Therapies for Trauma. Edited by Follette VM, Ruzek JI, Abueg FR. New York, Guilford, 1998, pp 226-255

Ryff CD, Singer V: Flourishing under fire: resilience as a prototype of challenged thriving, in Flourishing: Positive Psychology and the Life Well-Lived. Edited by Keyes CL, Haidt J. Washington, DC, American Psychiatric Publishing, 2003, pp 15-36

Sadler LS, Slade A, Mayes LC: Minding the Baby: a mentalization-based parenting program, in Handbook of Mentalization-Based Treatment. Edited by Allen JG, Fonagy P. Chichester, UK, Wiley, 2006, pp 271-288

Safran J, Segal ZV: Interpersonal Processes in Cognitive Therapy. New York, Basic Books, 1990

Safran JD, Muran JC, Eubanks-Carte C: Repairing alliance ruptures, in Psychotherapy Relationships That Work: Evidence-Based Responsiveness. Edited by Norcross JC. New York, Oxford University Press, 2011, pp 224-238

Sahdra BK, Shaver PR, Brown KW: A scale to measure nonattachment: a Buddhist complement to Western research on attachment and adaptive functioning. J Pers Assess 92:116-127, 2010

Schjoedt U, Stodkilde-Jorgenson H, Geertz AW, et al: Highly religious participants recruit areas of social cognition in personal prayer. Soc Cogn Affect Neurosci 4:199-207, 2009

Schore AN: Attachment trauma and the developing right brain: origins of pathological dissociation, in Dissociation and the Dissociative Disorders: DSM-V and Beyond. Edited by Dell PF, O'Neil JA. New York, Routledge, 2009, pp 107-141

Segal ZV, Bieling P, Young T, et al: Antidepressant monotherapy vs sequential pharmacotherapy and mindfulness-based cognitive therapy, or placebo, for relapse prophylaxis in recurrent depression. Arch Gen Psychiatry 67:1256-1264, 2010

Segman R, Shalev AY, Gelernter J: Gene-environment interactions: twin studies and gene research in the context of PTSD, in Handbook of PTSD: Science and Practice. Edited by Friedman MJ, Keane TM, Resick PA. New York, Guilford, 2007, pp 190-206

Seidler GH, Wagner FE: Comparing the efficacy of EMDR and trauma-focused cognitive-behavioral therapy in the treatment of PTSD: a meta-analytic study. Psychol Med 36:1515-1522, 2006

Shapiro F: Eye Movement Desensitization and Reprocessing (EMDR): evaluation of controlled PTSD research. J Behav Ther Exp Psychiatry 27:209-218, 1996

Shaver PR, Lavy S, Saron C, et al: Social foundations of the capacity for mindfulness: an attachment perspective. Psychol Inq 18:264-271, 2007

Shaver PR, Mikulincer M: Clinical implications of attachment theory. Lecture presented at Creating Connections: International Conference on Attachment, Neuroscience, Mentalization Based Treatment, and Emotionally Focused Therapy, Kaatsheuvel, The Netherlands, April 19-20, 2011

Shea MT, McDevitt-Murphy M, Ready DJ, et al: Group therapy, in Effective Treatments for PTSD: Practice Guidelines From the International Society for Traumatic Stress Studies. Edited by Foa EB, Keane TM, Friedman MJ, et al. New York, Guilford, 2009, pp 306-326

Shea MT, Stout R, Gunderson J, et al: Short-term diagnostic stability of schizotypal, borderline, avoidant, and obsessive-compulsive personality disorders. Am J Psychiatry 159:2036-2041, 2002

Sher G: In Praise of Blame. New York, Oxford University Press, 2006

Sher L, Stanley B: Biological models of nonsuicidal self-injury, in Understanding Nonsuicidal Self-Injury: Origins, Assessment, and Treatment. Edited by Nock MK. Washington, DC, American Psychological Association, 2009, pp 99-116

Siegel DJ: The Developing Mind: Toward a Neurobiology of Interpersonal Experience. New York, Guilford, 1999

Simeon D: Depersonalization disorder, in Dissociation and the Dissociative Disorders: DSM-V and Beyond. Edited by Dell PF, O'Neil JA. New York, Routledge, 2009, pp 435-444

Skårderud F, Fonagy P: Eating disorders, in Handbook of Mentalizing in Mental Health Practice. Edited by Bateman AW, Fonagy P. Washington, DC, American Psychiatric Publishing, 2012, pp 347–383

Slade A, Grienenberger J, Bernbach E, et al: Maternal reflective functioning, attachment, and the transmission gap: a preliminary study. Attach Hum Dev 7:283–298, 2005

Slade A, Sadler LS, de Dios-Kenn C, et al: Minding the Baby: A Manual. New Haven, CT, Yale Child Study Center, 2004

Slade A: Mentalization as a frame for working with parents in child psychotherapy, in Mind to Mind: Infant Research, Neuroscience, and Psychoanalysis. Edited by Jurist EL, Slade A, Bergner A. New York, Other Press, 2008b, pp 307–334

Slade A: Reflective parenting program: theory and development. Psychoanal Inq 26:640–657, 2006

Slade A: The implications of attachment theory and research for adult psychotherapy: research and clinical perspectives, in Handbook of Attachment: Theory, Research, and Clinical Applications, 2nd Edition. Edited by Cassidy J, Shaver PR. New York, Guilford, 2008a, pp 762–782

Smith TL, Barrett MS, Benjamin LS, et al: Relationship factors in treating personality disorders, in Principles of Therapeutic Change That Work. Edited by Castonguay LG, Beutler LE. New York, Oxford University Press, 2006, pp 219–238

Snyder CR: The Psychology of Hope. New York, Free Press, 1994

Solomon J, George C: Disorganization of maternal caregiving across two generations: the origins of caregiving helplessness, in Disorganized Attachment and Caregiving. Edited by Solomon J, George C. New York, Guilford, 2011, pp 25–51

Solomon RC: Spirituality for the Skeptic: The Thoughtful Love of Life. New York, Oxford University Press, 2002

Somer E: Opioid use disorder and dissociation, in Dissociation and the Dissociative Disorders: DSM-V and Beyond. Edited by Dell PF, O'Neil JA. New York, Routledge, 2009, pp 511–518

Spangler G: Genetic and environmental determinants of attachment disorganization, in Disorganized Attachment and Caregiving. Edited by Solomon J, George C. New York, Guilford, 2011, pp 110–130

Spates CR, Koch E, Pagoto S, et al: Eye movement desensitization and reprocessing, in Effective Treatments for PTSD: Practice Guidelines From the International Society for Traumatic Stress Studies. Edited by Foa EB, Keane TM, Friedman MJ, et al. New York, Guilford, 2009, pp 279–305

Spitzer RL, First MB, Wakefield JC: Saving PTSD from itself in DSM-V. J Anxiety Disord 21:233-241, 2007

Sroufe LA, Egeland B, Carlson EA, et al: The Development of the Person: The Minnesota Study of Risk and Adaptation From Birth to Adulthood. New York, Guilford, 2005

Sroufe LA, Waters E: Attachment as an organizational construct. Child Dev 48:1184-1199, 1977

Steele H, Steele M, Fonagy P: Associations among attachment classifications of mothers, fathers, and their infants. Child Dev 67:541-555, 1996

Steele K, Dorahy MJ, van der Hart O, et al: Dissociation versus alterations in consciousness: related but different concepts, in Dissociation and the Dissociative Disorders: DSM-V and Beyond. Edited by Dell PF, O'Neil JA. New York, Routledge, 2009a, pp 155-169

Steele K, van der Hart O, Nijenhuis ERS: The theory of trauma-related structural dissociation of the personality, in Dissociation and the Dissociative Disorders: DSM-V and Beyond. Edited by Dell PF, O'Neil JA. New York, Routledge, 2009b, pp 239-258

Steinberg M: Interviewer's Guide to the Structured Clinical Interview for DSM-IV Dissociative Disorders (SCID-D). Washington, DC, American Psychiatric Press, 1993

Stewart SH, Pihl RO, Conrod PJ, et al: Functional associations among trauma, PTSD, and substance-related disorders. Addict Behav 23:797-812, 1998

Stiles WB, Wolfe BE: Relationship factors in treating anxiety disorders, in Principles of Therapeutic Change That Work. Edited by Castonguay LG, Beutler LE. New York, Oxford University Press, 2006, pp 155-165

Stovall-McClough KC, Cloitre M, McClough JL: Adult attachment and posttraumatic stress disorder in women with histories of childhood abuse, in Clinical Applications of the Adult Attachment Interview. Edited by Steele H, Steele M. New York, Guilford, 2008, pp 320-340

Strathearn L: Maternal neglect: oxytocin, dopamine and the neurobiology of attachment. J Neuroendocrinol 23:1054-1065, 2011

Swanton C: Virtue Ethics: A Pluralistic View. New York, Oxford, 2003

Swift JK, Callahan JL, Vollmer BM: Preferences, in Psychotherapy Relationships That Work: Evidence-Based Responsiveness. Edited by Norcross JC. New York, Oxford University Press, 2011, pp 301-315

Swirsky D, Mitchell V: The binge-purge cycle as a means of dissociation: somatic trauma and somatic defense in sexual abuse and bulimia. Dissociation 9:18-27, 1996

Taliaferro C: Contemporary Philosophy of Religion. Malden, MA, Blackwell, 1998

Tangney JP, Mashek DJ: In search of the moral person: do you have to feel really bad to be good? In Handbook of Experimental Existential Psychology. Edited by Greenberg J,

Koole SL, Pyszczynski T. New York, Guilford, 2004, pp 156-166

Taylor C: A Secular Age. Cambridge, MA, Harvard University Press, 2007

Taylor C: Varieties of Religion Today: William James Revisited. Cambridge, MA, Harvard University Press, 2002

Tellegen A, Atkinson G: Openness to absorbing and self-altering experiences ("absorption"), a trait related to hypnotic susceptibility. J Abnorm Psychol 83:268-277, 1974

Terr L: Unchained Memories: True Stories of Traumatic Memories, Lost and Found. New York, Basic Books, 1994

Thompson R: Early attachment and later relationships: familiar questions, new answers, in Handbook of Attachment: Theory, Research, and Clinical Applications, 2nd Edition. Edited by Cassidy J, Shaver PR. New York, Guilford, 2008, pp 348-365

Tomasello M: Why We Cooperate. Cambridge, MA, MIT Press, 2009

Toth SL, Rogosch FA, Cicchetti D: Attachment-theory-informed intervention and reflective functioning in depressed mothers, in Clinical Applications of the Adult Attachment Interview. Edited by Steele H, Steele M. New York, Guilford, 2008, pp 154-172

Ullman SE, Foynes MM, Tang SS: Benefits and barriers to disclosing sexual trauma: a contextual approach. J Trauma Dissociation 11:127-133, 2010

van der Hart O, Dorahy M: History of the concept of dissociation, in Dissociation and the Dissociative Disorders: DSM-V and Beyond. Edited by Dell PF, O'Neil JA. New York, Routledge, 2009, pp 3-26

van der Kolk BA, d'Andrea W: Towards a developmental trauma disorder diagnosis for childhood interpersonal trauma, in The Impact of Early Life Trauma on Health and Disease: The Hidden Epidemic. Edited by Lanius RA, Vermetten E, Pain C. New York, Cambridge University Press, 2010, pp 57-68

van der Kolk BA: The body keeps the score: memory and the evolving psychobiology of posttraumatic stress. Harv Rev Psychiatry 1:253-265, 1994

van der Kolk BA: The separation cry and the trauma response: developmental issues in the psychobiology of attachment and separation, in Psychological Trauma. Edited by van der Kolk BA. Washington, DC, American Psychiatric Press, 1986, pp 31-62

van IJzendoorn MH, Bakermans-Kranenburg MJ: The distribution of adult attachment representations in clinical groups: a meta-analytic search for patterns of attachment in 105 AAI studies, in Clinical Applications of the Adult Attachment Interview. Edited by Steele H, Steele M. New York, Guilford, 2008, pp 69-96

van IJzendoorn MH, Schuengel C, Bakermans-Kranenburg MJ: Disorganized attachment in early childhood: meta-analysis of precursors, concomitants, and sequelae. Dev

Psychopathol 11:225–249, 1999

Vaughn BE, Bost KK, van IJzendoom MH: Attachment and temperament: additive and interactive influences on behavior, affect, and cognition during infancy and childhood, in Handbook of Attachment: Theory, Research, and Clinical Applications, 2nd Edition. Edited by Cassidy J, Shaver PR. New York, Guilford, 2008, pp 192–216

Vermote R, Lowyck B, Luyten P, et al: Patterns of inner change and their relation with patient characteristics and outcome in a psychoanalytic hospitalization-based treatment for personality disordered patients. Clin Psychol Psychother 18:303–313, 2011

Vermote R, Lowyck B, Luyten P, et al: Process and outcome in psychodynamic hospitalization-based treatment for patients with a personality disorder. J Nerv Ment Dis 198:110–115, 2010

Vermote R, Lowyck B, Vandeneede B, et al: Psychodynamically oriented therapeutic settings, in Handbook of Mentalizing in Mental Health Practice. Edited by Bateman AW, Fonagy P. Washington, DC, American Psychiatric Publishing, 2012, pp 247–269

Vogt DS, King DW, King LA: Risk pathways for PTSD: making sense of the literature, in Handbook of PTSD: Science and Practice. Edited by Friedman MJ, Keane TM, Resick PA. New York, Guilford, 2007, pp 99–115

Wachtel PL: Relational Theory and the Practice of Psychotherapy. New York, Guilford, 2008

Waelde LC, Silvern L, Carlson E, et al: Dissociation in PTSD, in Dissociation and the Dissociative Disorders: DSM-V and Beyond. Edited by Dell PF, O'Neil JA. New York, Routledge, 2009, pp 447–456

Walker LE: The Battered Woman. New York, Harper & Row, 1979

Watson D: Differentiating the mood and anxiety disorders: a quadripartite model. Annu Rev Clin Psychol 5:221–247, 2009

Weiner H: Perturbing the Organism: The Biology of Stressful Experience. Chicago, IL, University of Chicago Press, 1992

Weinfield NS, Sroufe LA, Egeland B, et al: Individual differences in infant-caregiver attachment: conceptual and empirical aspects of security, in Handbook of Attachment: Theory, Research, and Clinical Applications, 2nd Edition. Edited by Cassidy J, Shaver PR. New York, Guilford, 2008, pp 78–101

Weingarten K: Reasonable hope: construct, clinical applications, and supports. Fam Process 49:5–25, 2010

Welch SS, Rothbaum BO: Emerging treatments for PTSD, in Handbook of PTSD: Science and Practice. Edited by Friedman MJ, Keane TM, Resick PA. New York, Guilford, 2007, pp 469–496

Wenzel A, Beck AT: A cognitive model of suicidal behavior: theory and treatment. Appl Prev Psychol 12:189-201, 2008

Wenzel A, Brown GK, Beck AT: Cognitive Therapy for Suicidal Patients: Scientific and Clinical Applications. Washington, DC, American Psychological Association, 2009

Whitlock J, Purington A, Gershkovich M: Media, the Internet, and nonsuicidal self-injury, in Understanding Nonsuicidal Self-Injury: Origins, Assessment, and Treatment. Edited by Nock MK. Washington, DC, American Psychological Association, 2009, pp 139-155

Wilson SA, Becker LA, Tinker RH: Eye Movement Desensitization and Reprocessing (EMDR) treatment for psychologically traumatized individuals. J Consult Clin Psychol 63:928-937, 1995

Wilson SA, Becker LA, Tinker RH: Fifteen-month follow-up of Eye Movement Desensitization and Reprocessing (EMDR) treatment for posttraumatic stress disorder and psychological trauma. J Consult Clin Psychol 65:1047-1056, 1997

Wilson SC, Barber TX: The fantasy-prone personality: implications for understanding imagery, hypnosis, and parapsychological phenomena, in Imagery: Current Theory, Research, and Application. Edited by Sheikh AA. New York, Wiley, 1983, pp 340-387

Worthington EL Jr, Hook JN, Davis DE, et al: Religion and spirituality, in Psychotherapy Relationships That Work: Evidence-Based Responsiveness. Edited by Norcross JC. New York, Oxford University Press, 2011, pp 402-419

Yalom ID: The Theory and Practice of Group Psychotherapy. New York, Basic Books, 1970

Yates TM: Developmental pathways from child maltreatment to nonsuicidal self-injury, in Understanding Nonsuicidal Self-Injury: Origins, Assessment, and Treatment. Edited by Nock MK. Washington, DC, American Psychological Association, 2009, pp 117-137

Yudofsky SC: Fatal Flaws: Navigating Destructive Relationships With People With Disorders of Personality and Character. Washington, DC, American Psychiatric Publishing, 2005

Zanarini MC, Williams AA, Lewis RE, et al: Reported pathological childhood experiences associated with the development of borderline personality disorder. Am J Psychiatry 154:1101-1106, 1997

Zanetti CA, Powell B, Cooper G, et al: The Circle of Security intervention: using the therapeutic relationship to ameliorate attachment security in disorganized dyads, in Disorganized Attachment and Caregiving. Edited by Solomon J, George C. New York, Guilford, 2011, pp 318-342

Zeifman D, Hazan C: Pair bonds as attachments: reevaluating the evidence, in Handbook of Attachment: Theory, Research, and Clinical Applications, 2nd Edition. Edited by Cassidy J, Shaver PR. New York, Guilford, 2008, pp 436-455

찾아보기

인명

Adams, R. 110
Ainsworth, M. 29, 32
Armstrong, K. 298

Bateman, A. 168, 197, 246, 250
Baumeister, R. 288
Beebe, B. 66
Berntsen, D. 97
Beutler, L. 217
Bifulco, A. 136
Binet, A. 121
Blase, S. 268
Blatt, S. 75, 77, 135, 219
Bowlby, J. 31, 133, 226
Brewin, C. 84, 93, 278
Brown, G. 134
Bulman, J. 319
Bulman, R. 100, 278

Card, C. 283
Carnes, P. 284
Carson, E. 122, 166
Castonguay, L. 217
Clark, D. 187
Coan, J. 45
Cohen, B. 290
Courtois, C. 171, 200

Davidson, J. 120
Dostoevsky, F. 286
Doyle, T. 284
Dutra, L. 123

Ehlers, A. 187
Eichmann, A. 289
Ellenberger , H. 117

Favazza, A. 148, 154
Foa, E. 93, 180, 192
Fonagy, P. 29, 59, 166, 192, 246
Ford, J. 125, 169, 171, 200
Freud, S. 134, 300
Frey, J. 122
Friedman, M. 192

George, C. 66
Granqvist, P. 302

Hazan, C. 39

Hazan, H. 40
Hembree, E. 192
Herman, J. 179
Himmler, H. 290
Holmes, J. 56, 211

Insel, T. 173

Jackson, C. 201
James, W. 121, 300
Janet, P. 120
Jaspers, K. 309
Jobes, D. 159
Johnson, J. 165
Johnson, S. 190, 243

Kant, I. 76
Kaplan, L. 150
Kazdin, A. 268
Kelly, K. 94
Kendler, K. 133
Kirkpatrick, L. 302
Kluft, R. 128

Lambert, M. 213
Leibenluft, E. 152
Linehan, M. 193
Liotti, G. 122, 236
Lomax, J. 310
Luyten, P. 77, 216

Main, M. 42
McClough, S. 242
Menninger, K. 312, 316
Mikulincer, M. 229, 305
Morrison, J. 186
Murphy, J. 293

Nagel, T. 278
Najavits, L. 144
Neiman, S. 283
Norcross, J. 213

Oldham, J. 163

Pargamen, K. 284
Plante, T. 307
Prince, M. 121
Pruyser, P. 291, 296

Resick, P. 187
Rizzuto, A. 298
Rogers, C. 220
Rosen, G. 107
Roth, A. 192, 212
Rothbaum, B. 190
Ruth, K. 65

Sartre, J. 304
Shapiro, F. 188
Shaver, P. 40, 229
Sher, G. 293
Simeon, D. 115
Skarderud, F. 147
Slade, A. 69, 202
Smith, B. 120
Smith, T. 221
Snyder, R. 317
Solomon, J. 66
Solomon, R. 307
Somer, E. 142
Sponville, A. 307
Stein, H. 48
Swanton, C. 76

Taylor, C. 307

Wachtel, P. 271
Weingarten, K. 316
Welch, S. 190
Whitlock, J. 150

Zeifman, D. 39

내용

DSM-IV 119
DSM-V 87, 119
EMDR 188, 189
Foa의 이론 185
가장 양식 71
가족 역기능의 이정표 165

가학쾌락주의 289
감각 기억들 187
감정 견디기 201
감정 물들기 167
감정기반 혹은 공감 반응 240
강박적 반추 294
강화 181
강화 기능 151
개념화 215
개선 295
개인상담 243, 272
개인적 신경증 301
거대한 자연 307
거식증 146
격정 139
건강 위협 행동 145
건전한 기대 314
결함이 있는 정신화하기 능력 70
경계선 성격장애 165, 168, 193
경계선 성격장애 내담자 224, 242
경계선 성격장애를 위한 표준 상담방법 195
경계선 성격장애에 대한 두 가지 핵심 기준 198
경계선 성격장애에 대한 상담 방법들 193
경계선 성격장애와 아동기 학대의 관계 165
경계선 성격장애의 핵심 문제 167
경직된 사고 305
경청 185, 251
경청자와 동반자 158
경험 수용 243
경험 회피 57, 126, 142, 181, 243
경험에 대한 개방성 271
경험적으로 지지되는 상담방법 217
계몽사상 307
고립감 299
고립과 소외에 해독제 138
고질적인 피로 증후군 146
고통스러운 정서 속에서 혼자라고 느끼는 것 155
공감 158, 164, 220, 290, 293
공감 능력 291
공감 능력의 결손 291
공감 능력의 부족 291
공감 실패 123
공감과 일치됨 221
공감적 이해 220
공감적인 연대 능력 321
공감하는 보살핌 274
공동 보살핌 36
공식화 253
공식화한 진술 253
공통요인 213, 217, 246
공통요인상담 128, 158, 172, 272, 274
공통요인상담 스타일 247
공통요인상담과 MBT 215
공통요인상담을 필요로 하는 이유 217
공통요인상담의 투명함 251
공통요인상담의 포부 129
공통요인상담의 필수 요소 217
공통요인상담의 해결책 159
과거의 회피가 현재에 영향을 미치는 방식 260
과잉 각성 88, 89
과잉 경계 88
과장된 놀람 88
과학과 윤리학 75
관계 안정성 55
관계 요인 217
관계 특이성 54
관계맺기 173, 174
관계맺기 문제에 관련된 어려움을 가진 성격장애 174
관계맺기와 자기정의 75, 139, 164
관계와 자율 239
관계의 복잡성 195
관계-자율의 차원 233
관계-특이적 모델들 266
관계-특이적인 양자 관계 266
관점 291
교육 집단 194
교회 285
구조화 214, 215
구조화가 느슨한 상담방법들 186
구조화된 상담 272
구획화 109, 117, 118, 121, 122, 126, 129
굴욕 사건 135

균형을 유지하는 정신화하기 254
극단적인 사례 282
극악무도한 악행 283
근본적인 수용의 태도 194
근본적인 정신 상태 203
근접성 33
급속으로 얼어붙는 반응 111
긍정적 내적 작동모델 231
긍정적 동맹 224
긍정적 사회적 강화 152
긍정적 정서 141, 143
긍정적 정서 유대 223
긍정적 정서성 140
긍정적 존중 220
긍정적 종교 경험 310
기분 증상들 90
기억 상실 118, 125
기억 재구성 201
기억-회복 기법 92
기질 35
긴장 완화 153
긴장성 부동자세 111, 112, 116, 119
겪안는 것 309

낙관주의 313
낙관주의자 314
낯선 상황 32
낯선 상황 절차 33, 64, 123
내담자-상담자 관계 185, 188, 198, 216, 256
내담자-상담자 관계 연구 212
내담자의 관계 방식 224
내담자의 관점 222
내담자의 상담 중의 협력 223
내담자의 애착 행동 239
내담자의 자기의 변화 222
내담자의 특정 애착 패턴 228
내담자중심 상담 220, 221
내면화 245
내면화된 애착 관계 244
내적 스트레스 134
내적 안전기지 229, 243, 271, 321
내적 안전기지의 개발 243
내적 작동모델 31, 101, 166, 244, 271
내향성 162
너무 과한 기억 96
너무 많은 관계와 의존 239
너무 많은 자율과 거리 239
너무 적은 기억 96
노출 105, 180
노출 치료 180, 192, 196
녹음 181

다루기 어려운 유아 35
다중 개입 184
다중인격장애 119
대리 애착인물 191, 303
대물림 124
대안이 되는 관점 222
대안적인 이야기들 159
대인 간 스트레스 133
대화 270
대화상담 214, 270
덕 293
도덕적 분개 292
도덕적 순결 295
도덕적 실패 76
도덕적 완벽주의의 위험 295
도덕적 태도 295
도덕적 판단 294
동맹 223
동물 방어기제 111
동물자기 117
두려운 애착 41
두려움 317
두려움 인내도 184
둔감화 94, 209

마음을 잘 이해하는 말 60
마음-현실 일치 71
마음-현실 일치 양식 157
만성 92
망연자실 88
매뉴얼 상담방법 216
매뉴얼화된 상담 273
맹목적인 신념 317
멍 때리는 증상 125
명시적 모델 31
목적 양식 72
목적 없는 배회 124
목표 223
목표 수정적 동반자 관계 30
목표를 성취하기 위한 수단의 합의 223
목회상담 305

몰두 112, 113
몰두 애착 47
몸 알아차리기 147
무기력한 철회 65
무시 애착 53
무조건적 사랑 303
문제가 되는 마음속의 이미지 261
문제해결자 213
물질남용 140, 142, 143, 144, 202
물질남용 처치 141
물질남용: 우울의 촉매 143
미술 198
미해결된 외상 및 상실 67
미해결-혼란 애착 69, 74
민감해진 신경계 95
민감화 94

바람직한 애착 관련 목적 152
반영 과정 75
반응성 191
반추 137
받아 주는 것과 변화하라고 영향력을 행사하는 것 195
받아 줌의 부족 193
발달 경로의 전형: 몰두된 양가 애착 50
발달 경로의 전형: 무시-회피 애착 53
발달 경로의 전형: 미해결-혼란 애착 68
발달 경로의 전형: 안정 애착 47
발달적 외상 장애 170
발달적 외상 장애의 증상들 170
방임 42, 63, 65
방임과 학대 76
배신 외상 122
버림과 거부 240
번성 319
범주 접근 90
베트남 전쟁 시 반전 운동 82
변별 181
변증법적 행동상담 242
변증법적 행동치료 193, 197
변증법적 행동치료의 1순위 194
변증법적 행동치료의 기술 집단 195
변화 기제 270
변화를 위한 도움 222
보살핌 246
보살핌 능력 244
보살핌 행동 체계 30
보상 감각 151
보편성 53
보편성의 느낌 189
보편적 신경증 301
보편적 인간성 274
복수의 관점 198
복용-반응 관계 101, 121
복합 스트레스 장애 상담 200
복합 심리 외상 171
복합 외상 131, 170
복합 외상 스트레스 상담방법 200
복합 외상 후 스트레스 장애 169, 170
복합 외상을 다루기 위한 3단계 접근 방법 200
복합적 원인 83
부모 발달 면접 69
부모-아동 개입들 201
부모의 심리적 비가용성 167
부모의 애정과 양육 수준 166
부모의 애착 안정감 60
부적응적 두려움 구조 94
부적절한 돌봄 체계 66
부적절한 보살핌 65
부정 정서 141
부정적 정서성 139
부정적인 인지 90
분개 293
분노 292
분열 123
불안 138, 139, 140, 156, 174
불안과 높은 각성 88
불안과 우울 140
불안과 회피 40
불안-양가 애착 168
불안장애 138, 174
불안정 애착 135, 156
불안정 애착 관계 174
불안정 애착 내담자 241
불안정 애착 유형 상담자 240
불안정 애착 패턴 76
불안정 애착의 내담자들 232

불안정 점화 245
불안정감 239
불안정감의 섬들 266
불안한 각성 140
불완전한 용서 294
불편감 인내도 194
불확실성 305
붕괴된 의사소통 70
비난 135, 243
비언어적 기억들 95
비언어적 상호작용 270
비조직화된 애착 패턴 205
비특이적 위험 요인 73, 80, 175
비판단적 태도 295
비판단적 호기심 221
비현실감 71

사고능력에 결손 289
사고의 왜곡 137
사랑 76
사랑 퀴즈 40
사랑받는 것 223
사제에 의한 성폭력 284
사회 연결망 151
사회적 지지 167, 185, 190
사회학습 32
살아 있다는 보상적 느낌 151
삶의 스트레스 사건 134
삶의 함정 135
상담 247, 268, 271, 273
상담 경험 219
상담 과정의 대인 간 차원 220
상담 매뉴얼 220
상담 성과 217, 242
상담 초점 질문지 253
상담과 개선된 애착 안정감 사이의 관계 242
상담과 정신화하기 246
상담관계 188, 195, 229, 256
상담관계 이론 체계 222
상담관계에 대한 내담자와 상담자의 공헌 224
상담관계의 구성 227
상담관계의 역설 230
상담동맹 185, 218, 223, 239, 270
상담실 밖 자연 상태의 애착 관계 243
상담의 변화 기제 270
상담의 보조 수단 269
상담의 초점 214, 242
상담의 핵심 공통요인 221
상담이 애착 안정감을 향상시키는 정도 228
상담이라는 전문적 관계 268
상담이론 간의 대립 216
상담자가 내담자와 관계하는 방식 217
상담자-내담자 관계 227
상담자를 위한 공통요인상담 316
상담자의 가용성 229
상담자의 개성 213
상담자의 공감 158
상담자의 돌봄 234
상담자의 불안정감 240
상담자의 안정 애착 241
상담자의 애착 경향성 239
상담자의 애착 양식 228
상담자의 태도 220
상담자의 특징 219
상상 113, 304
상상 노출 181, 209
상상 성향 속으로 회피 113
상상력 318
상상이 풍부한 마음 304
상실 139
상실과 실패 136
상실과 위험 139
상실이 있는 주요한 삶의 주제 134
상호작용하기 251
상황 회피 57, 181
상황적 기억 95
새로운 연합 184
생각과 감정 251
생각이 모자라는 것 289
생명을 위협하는 스트레스 사건들 87
생물학적 기능 정지 반응 111
생물학적 수준 173
생애 경험 관점 174
생존 318
생존 본능 155
생존자들의 가장 큰 강점 319
생존자의 영혼에 대한 신성모독 284
선과 악을 통합하는 현실적 관

점 292
선택적 세로토닌 재흡수 억제제 183
섭식장애 146, 147
섭식장애 내담자를 위한 특별 처치 프로그램 147
섭식장애 행동의 긍정적 효과 147
성 219, 246, 254
성 학대 165
성격 구조의 해리 121
성격 특성 163
성격의 개인차 162
성격장애 162, 163
성격장애 진단 기준 163
성격장애의 연속선 163
성과 외상 노출 103
성인 애착 40
성인 애착 면접 42, 46, 67, 68, 124
성인 애착의 관계 특이성 53
성인 양가-몰두 애착 47
성인기 자살 시도의 위험 156
성인기 혼란 애착 67
성인기 혼란 애착과 심리장애 74
성인의 부모 애착 42
성인의 양가 애착 48
성인의 회피-무시 애착 50
성적 착취 285
성직자 284
성직자의 권위 284
성찰 62, 167, 204
성찰적인 사고 157
성찰하는 자세 203
세 가지 기본 가정 278
세상 속 자기지각 100
세심한 반응 33, 34
세심한 양육 122
소망 313
소망적 및 일차적 사고 300
소속감 308
손상된 대인 관계 문제해결 능력 156
손상된 엄마의 의사소통 123
손상된 정신화하기 능력 69, 156
송신자 234
수신자 234
수용 185
수용과 받아 줌 193
수용하는 관계 271
숙제 181
순수함 221
스트레스 누적 93, 132, 143
스트레스 사건들과 관계된 두 가지 의미 139
스트레스 생활 사건 133
스트레스를 유발하는 삶의 양식 134
신 284, 299, 304
신 애착 297
신 애착과 영적 연결 279
신경증적 경향성 139
신과 함께한 경험을 이야기하는 것 303
신과의 관계 303
신과의 애착 갈등 310
신뢰로운 관계 223
신뢰로운 동반자 105, 226
신변 위협 85
신앙 299
신앙과 비신앙 301
신앙인 303
신에 대한 안정 및 불안정 애착의 잠재력 297
신에 대한 외상적 애착 297
신에 대한 의지를 포기하는 용기 301
신을 향한 정신화하기 태도 297, 305
신정론 285, 287, 291
신체 접촉 230
신체 학대 65
신체와 심리 간의 관계를 정신화할 수 있는 능력 146
실생활 노출치료 185
실존적 문제 305
실존적 태도 316
실존적-영성적 관심사 322
실존적-영성적 문제 278, 279
실존적-영성적 외상 284
심각성 218
심리장애 진단을 위한 양극 접근 173
심리적 단절 66
심리적 망연자실 89
심리적 비가용성 63, 168
심리적 아교 74

심리적 위협 85, 174
심리적 조율 230, 245
심리적 조율의 부족 63
심리적 학대의 몹쓸 결과 167
심리적 해리 142
심리적인 비가용성 65
심리학적 접점들 173
심맹 288, 289, 291
싸움 혹은 도주 반응 140

아기의 마음 읽기 프로그램 203
아동 성폭력 284
아동기 성적 외상 142
아동기 외상 145
아동기 학대 121, 136
아동기 학대 및 방임과 자해의 관계 148
아동기 학대와 성인기 성격장애 164
아동기 학대와 성인기 자살 행동 155
아동의 강한 정서적 불편감 193
아이패드 상담 269
악 288, 293
악순환 144, 145, 154, 161
악순환 과정 175
악의 289
악행 282, 283, 288, 290, 322
악행의 문제 279
악행의 정의 288
안구운동 둔감화 및 재처리 188
안도감을 바라는 애착 욕구 122
안식처 31, 191, 204, 222, 230
안식처와 안전기지 229
안전기지 32, 191 203, 229, 231
안정 애착 30, 122, 214, 244, 321
안정 애착 관계 200
안정 애착 관계 경험 245
안정 애착 관계의 정신 표상을 활성화시키는 것 244
안정 애착 내담자 197, 231
안정 애착 상담자 239
안정 애착 아동 33, 37
안정 애착 커플 관계의 주 특징 45
안정 애착의 경험 245
안정 작동모델 245
안정감 221, 242, 271, 284, 310
안정감 순환 면접 204
안정감 있는 관계의 맥락 186
안정감 점화 244
안정감과 독립 37
안정감을 형성하고 상담동맹을 획득하는 과제 200
안정감의 섬들 245
안정감의 섬들을 재경험 245
안정감의 순환 204
안정성과 변화 55, 297
안정-자율 애착 46
알아차리기 56, 57, 61, 77, 185
알아차리기와 정신화하기를 통합하기 61
알아차리는 태도 138
알코올 중독 156
암묵기억 95
암묵적 모델 31
암시 92
애착 29, 273, 320
애착 관계 162, 196, 198, 213, 268
애착 관계 내에서 정신화하기 56
애착 관계 형성의 실패 151
애착 관계로서 상담 229
애착 관계에 존재하는 외상 경험 80
애착 관계에서 발생하는 악순환 152
애착 관계에서 일어나는 자해와 악순환 153
애착 관계와 자해 153
애착 관계의 평균 수치 320
애착 분류에 사용되는 용어의 정리 39
애착 불안과 회피의 정도와 상담에서 얻은 성과 241
애착 불안정감 162
애착 안정감 152, 201, 239, 243, 265
애착 안정감의 관계-특이적 측면 54
애착 안정감의 발달상의 이득들 37
애착 안정감의 변화 242

애착 외상 62, 193, 231, 299, 322
애착 외상 및 상실 67
애착 외상 상담 270
애착 외상과 정신화하기의 실패 81
애착 외상에 관련된 장애 80
애착 외상의 핵심 66
애착 욕구 228
애착 전략 52
애착 정보 활용 상담 227
애착 패턴 238
애착 패턴과 상담관계 231
애착 패턴들과 상담 성과 사이 241
애착 평가 전통 43
애착 행동 체계 30
애착과 물질남용 144
애착과 정신화하기 197
애착기반 상담 227
애착에 대한 상담자의 기여 239
애착의 맥락에서 정신화하기 200
애착의 변화 229
애착의 변화 가능성 36
애착의 안식처 204
애착의 안정성 36
애착의 원형들 238
애착이론 221, 227, 228
애착이론의 기본 개념 30
애착이론의 한계 246
약물 과다 복용의 가장 큰 목적 150
약물처치 183
양가 내담자 239
양가 애착 40, 49, 77, 139, 174,
양가 애착 유아 34
양가 애착의 긍정의 측면 50
양가감정 34, 150, 154, 159
양가-저항 애착 34
양가-집착 233
양가-집착 내담자 234
양가형 상담자 240
양극모델 173
양육 붕괴 170
양육의 공식 204
양자 관계의 과정 266
언어적 기억 95
얼어붙기 111
엄마의 혼란스러운 의사소통 166
역기능적 정서조절 전략 151
연결 311
연결감 308
연결감과 안정감 138
연구에서 도출된 정보 193
염세주의자 314
영성 307, 308, 309, 310
영성 수련 311
영성에 초점을 둔 상담 311
영성에 초점을 둔 전문화된 처치들 311
영성은 양날의 칼 309
영성의 외상 284
영적으로 통합된 상담 309
예방 269
완벽주의 134, 174
외부 현실 113
외상 70, 167, 190, 215, 282
외상 경험 278
외상 관련 물질남용 처치를 위한 통합 접근 144
외상 관련 신념 100
외상 기억 83, 94
외상 기억을 처리하는 것의 목적 201
외상 상담의 목적 260
외상 스트레스 90, 131
외상 자료를 회피하는 것 200
외상 전 요인들 102
외상 중 요인들 102, 104
외상 후 성장 319
외상 후 스트레스 장애 80, 87, 179, 188, 190
외상 후 스트레스 장애 관련 논쟁 81, 82
외상 후 스트레스 장애 진단 89
외상 후 스트레스 장애를 위한 인지치료 187
외상 후 스트레스 장애와 해리 125
외상 후 스트레스 장애와 해리 장애 처치의 핵심 129
외상 후 스트레스 장애의 원인 101
외상 후 스트레스 장애의 정의 87
외상 후 스트레스 장애의 증상

86
외상 후 스트레스 장애의 지연된 발생 92
외상 후 요인들 102
외상 후 위험 요인 104
외상과 관계된 부정적인 신념들 188
외상과 관련된 성격장애의 범위 165
외상과 물질남용 142
외상을 정신화하기 259
외상의 과열 지점 181
외상의 영향 167
외상의 자기에 대한 영향 101
외상의 정의 84
외상이 되는 스트레스 85
외향성 162
외현기억 95
용서 282, 292, 293, 294
우울 132, 137, 139, 156
우울 삽화 136
우울 진단 89
우울과 불안 간의 차이 138
우울과 불안 사이의 공통점 138
우울과 정신화 137
우주 308
원인과 증상 사이의 인과 관계 172
위로 205
위로 행동 205
위로가 되는 신체 접촉 191
위로가 되는 정서적인 조율 205
위로와 관심 152
위험 139
위협 140
유사 자살 행동 149
유아 및 아동에 대한 세심한 반응 204
유아기 혼란 애착 73, 74
유아의 애착 안정감 60
유연성 219, 240
유전 요인 67
유전적 취약성 요인 102
윤리적 토대 77
응집력 있는 집단상담 190
의도적 자해 149
의미 259
의미 있는 애착 관계 167
의식 변화 109
의식 분할 109
의식의 변화와 교체 65
의존 136
의존과 뒤섞인 억압된 분노 134
의존하는 우울 135
의지 300, 301
이라크와 아프카니스탄 지역의 전쟁 82
이성적인 희망 316, 317, 318
이야기 묘사의 일관성 242
이인화 113, 114, 115, 126
이인화 장애 114, 115
이중 불이익 62
이중의식 118
이탈 109, 113, 126, 129
이탈된 상태들 71
이탈하기 75
이해 251
이해중심의 진단 174, 175
인간다움 274
인간답지 못함 274
인간이 되는 기술 274, 275, 311
인간중심 발달 접근 216
인간중심의 처치 174
인내 315
인본주의적 영성 308
인지모델 156
인지상담 137
인지상담자 156
인지적 경직 156
인지적 두려움 구조 94
인지적 왜곡들 187
인지적 주제 187
인지적 취약성 156
인지처리치료 187
인지처리치료의 노출 요소 187
인지처리치료의 인지적 요소 187
인지치료 187, 188
인지행동 전략 240
일관성 있는 이야기 167
일반 상담자 79, 216
일반화 231
일반화된 불안장애의 특징 138
일치됨 221
일치성 220

자극과 반응 사이의 새로운 연합 184
자극제 141
자기 122
자기 자신이 되기 75
자기내성 135
자기방향 164
자기보호 기능 116
자기비난 135, 136
자기비난을 하는 우울 135
자기사랑 223, 243
자기수용 222, 271
자기에 관한 개념적 지식 99
자기와 타인의 정신 상태 198
자기의 통일성 100
자기절단 149
자기정의 85, 173, 174
자기조절 능력 122
자기지각 100, 223
자기지각에 관련된 어려움을 가진 성격장애 174
자기치유 148
자기표상 166
자비심 244
자비하는 태도 259
자살 가능성 157
자살 계획 154
자살 사고 154
자살 상태 154, 155, 159, 161
자살 상태에 기여하는 요인 159
자살 생각 159
자살 소망 공감 158
자살 시늉 154
자살 시도 154, 197
자살 양식 156
자살 예방 157
자살 위험 요인 155
자살 위협 154
자살 유서 157
자살 의도가 없는 약물 과다 복용 149
자살 의도가 없는 자해 148, 149, 150, 151, 154
자살 조건 156
자살 준비 154
자살 추동 159
자살 행동 149, 154
자살에 대해 생각하고 말할 수 있는 능력 157
자살-초점 처치 159
자서전 97
자신과 타인의 정신 상태 197
자신과의 관계 243
자신을 용서하는 일 295
자애로운 신의 섭리 301
자애로움 321, 322
자율 234, 301
자율성 76
자존감 162
자해 148, 150, 195
자해 역사 기록 148
자해 행동 148, 149, 154
자해와 자살 행동 149
자해의 네 가지 기본 기능 151
자해의 문제 152
자해의 악순환 153
자해의 최고 기능 151
작동모델 31, 46
작화 96
잘못 적용된 기억-회복 상담 92
장기 상담 241
장애 특이적인 상담방법 216
장애 특이적인 증거기반 상담 212
장애 특이적인 처치 174
장애의 심각성 218
장애중심 접근 216
재경험 106
적대적-무기력한 마음 상태 68
적대적-무기력한 부모 행동 68
적대적-무기력한 상호작용 68
적대적인 침해 65
적절한 균형 76
전망적 종단연구 103
전문 상담자 79
전문 지식 219, 274
전문적 관계 230
전문적인 경계들 230
전문화된 상담 216
전문화된 처치 179
전이 196, 231
전이 작업 255
전이초점 상담 196, 197, 242, 265
전인 200

전화상담 269
전환장애 146
절단점 90
절망 159, 317
접근 가능성 31
접인을 통한 물들기 150
정교화 62
정상 적응의 실패 106
정서 각성의 조절 실패 193
정서 표현 191
정서관리 능력 248
정서들을 공감하며 받아 주는 것 193
정서를 견디는 인내력 195
정서적 관여를 촉진하는 전략 240
정서적 유대 30, 232
정서적 지지 185
정서적인 받아 줌 195
정서적인 비가용성 191
정서조율 191, 230
정서조율의 부족 66
정서조절 142, 189, 239
정서조절 기술 193
정서조절 능력 196, 200
정서조절 훈련 194
정서초점 상담 190
정신 상태들과 행동 사이의 관계 202
정신역동 상담방법 196
정신화 274
정신화 기반 가족상담 243
정신화 기반 상담 197, 198, 264
정신화 기반 상담의 장기 효과 199
정신화 기반 상담의 효과 199
정신화 기반 양육 프로그램 202
정신화 능력 결손 289
정신화되지 않은 정서 145
정신화하기 56, 140, 222, 255, 305
정신화하기 과정 251
정신화하기 기능 175
정신화하기 능력 75, 166, 214, 265, 291
정신화하기 능력과 물질남용 144
정신화하기 능력의 결여 151
정신화하기 능력의 발달 58
정신화하기 상담 221, 272
정신화하기 상담의 주요한 특징 250
정신화하기 실패 168
정신화하기 양식 251
정신화하기 접근 303
정신화하기 태도 304
정신화하기가 결여된 경험 양식 71
정신화하기를 약화시키기 257
정신화하기를 증진시키기 256
정신화하기에 결함이 있는 아동 70
정신화하기와 경계선 성격장애 사이의 관계 166
정신화하기와 안정 애착 사이의 관계 267
정신화하기와 알아차리기의 공통점 61
정신화하기의 실패 147, 167
정신화하기의 실패에 대한 해독제 159
정신화하기의 여러 측면들 59
정적 강화 153
정체성 100, 118, 162, 164, 278
제압 169
조율 291
조율 실패 69
조율 실패 패턴 65
조직화된 통제하는 패턴 72
조화 308
존중 76, 297
종교 296
종교 및 영성의 문제 296
종교의 영역 297
종교적 관심사 309
종교적 관심사와 씨름 310
종교적 씨름 309
좋지 못한 건강 145
주목받지 못했다는 느낌 63
주변 외상성 해리 109
주의 고착 156
주의를 다른 곳으로 돌리기 189
주체성 317
중간 지대 307
중독 물질 141
중독과 심리장애 144

증거기반 상담 213
증상이 갖는 심리적 의미 146
증상중심의 진단 174
지나친 희망 314
지속되는 어려움들 134
지연된 발생 92
지연된 외상 후 스트레스 장애 91
지적인 혹은 구조화하는 반응 240
지지상담 197
지지치료 242
직면의 필요와 변화에 대한 격려 193
진단 79
진단 범주 80
진단을 이해하기 171
진단의 절단점 90
진실한 돌봄 230
진실함 221
진정제 141
진정제 중독 142
집단상담 189
집중 노출 180, 182
집중 노출치료 185
집중 노출치료가 갖고 있는 단점 184
집중 노출치료의 여러 가지 특징들 186
집중 노출치료의 효과 183
집착형 내담자 240
집행 기능 125

차원 접근 90
참여하기 75
창의성 113
처리하기와 감정 견디기 사이의 균형 200
철회 및 요구하는 반응 162
체계가 있는 애착 패턴 63
초기 애착 관계 201
초기 외상 70
최면 118
최면 민감성 113, 121
최면술사 118
충분히 기능하는 정신화하기 능력 157
취약성 요인 102
치료적 거리 240
치료적 중립성 295
치명적인 자살 시도 155
친교 246
친밀감 164
침투적 기억 93
침투적 기억들과 이미지 89
침투하는 기억 86

커플 관계에서 애착 39
커플 및 가족상담 190
컴퓨터와 인터넷을 사용하는 상담방법 269

타당화 222, 224
타인의 공감 159
타인의 주의 152
타인이 제공하는 정신화하기 70
탐색 246
탐색을 위한 안전기지 231
통제 169
통제력 147, 184
통제-보살피는 아동들 73
통제-처벌하는 아동들 73
통찰 271
통합 122, 123
통합 능력 124
통합 처치 141, 147
통합된 인식 124
특이성 원리 212

파열 224, 239, 241
파트너 사이의 애착 패턴의 조합 54
파트너십 239
판단하는 한편 이해하는 것 295
판단하지 않는 태도 57
편집성의 망상들 71
폭식 146
폭식하기와 게워 내기 147
표상 세계 196
표현적 글쓰기 198
필수적인 세 가지 상담자 태도 220
필요충분조건 222

학대 42, 65, 73, 136, 167
학대 경험 167
학대와 방임 165

학대의 총량 166
함께 일하는 느낌 223
항자살 149
해결되지 않는 무서움 64
해결책이 없는 두려움 236
해결할 수 없는 갈등 64
해리 64, 74, 108, 118, 121, 123, 124, 126
해리 기억 상실 118
해리 상태 67, 73, 74
해리 이탈 127, 151, 189
해리 정체성 장애 108, 119, 120, 122, 128
해리 증상 125
해리 플래시백과 이탈에 대한 해독제 127
해리성 둔주 상태 118
해리에 대한 해독제 125
해리의 목적 127
해리의 전형 125
해리장애 74, 108
해석 196
핵심 갈등 204
행동 지향의 목적 양식 153
행함으로써 배우는 것 271
행함으로써 학습되는 과정 274
현실 감각 113
현실감 상실 113, 114
현실에 발을 딛는 기법 127
현실적이고 대안적인 신념들 188
현장 관리 상담 199
협력 224
협력 관계 232
협력적인 정신화하기 관계 159
협력정신 223
호소 문제에 대한 명시적인 공식화 257
호흡 기법 181
혼란 애착 67, 73, 121, 150, 168
혼란 애착의 비율 74
혼란 애착의 역기능적인 함의 66
혼란 애착이 발달에 끼치는 영향 72
혼란된 애착 63, 69, 70, 236
혼란된 유아 애착 122
혼란된 행동 64
혼란된-두려운 내담자 236
화상상담 269
화학적 형태의 해리 142
환멸 278
활달한 접촉 유지 112
활발한 기억 85
회복 92
회복력 92
회상적 방법 103
회피 52, 88, 89, 96
회피 내담자 239
회피 애착 34, 77, 139, 174, 233
회피 애착 아동들 52
회피 애착 유아 34
회피 증상 125
회피-무시형 애착 232
회피형 내담자 240
회피형 상담자 240
획득된 유능성 155
효과를 보인 상담자 220
효율적인 상담 274
효율적인 의지 37
효율적인 정신화하기 311
흑백의 속성 93
희망 159, 312, 315, 317, 320
희망 경작하기 279
희망을 일구는 것 322
희망을 조장하는 요인들 313
희망의 부재 314
희생자 문화 83

저자 소개

Jon G. Allen은 메닝거 상담센터 정신건강 연구소의 선임 심리학자이며, Helen Malsin Palley 의장직을 맡고 있다. Baylor 의과대학의 메닝거 정신의학 및 행동과학부의 정신의학 교수이며, Houston-Galveston 정신분석 연구소 및 Texas 의료센터의 영성 및 건강 연구소의 비상근 교수이다. Allen은 Connecticut 대학에서 심리학 학사를, Rochester 대학에서 박사학위를 받았다. 그는 메닝거 상담센터에서 박사 후 과정을 수료하였고 심리치료, 진단 자문, 심리교육 프로그램 연구를 하며, 전문 분야는 외상 관련 장애들과 처치 성과이다. 그는 학부, 대학원, 박사 후 과정에서 강의를 하였고 The Bulletin of The Menninger Clinic의 전 편집장이며, Journal of Trauma and Dissociation의 부편집자이고 Psychological Trauma: Theory, Research, Practice와 Policy and Psychiatry: Interpersonal and Biological Processes의 부편집장이다. 그는 『외상에 대처하기: 이해를 통한 희망 갖기』[1] 『우울에 대처하기: 역설에서 희망으로』[2]를 저술하였고, Peter Fonagy, Anthony Bateman과 함께 『상담 실제에서 정신화하기』를 저술하였는데, 이 책들은 모두 미국 정신의학 출판사에서 출판되었다. 그는 또한 『외상 관계와 심각한 정신장애』의 저자이며, 『정신화 기반 처치 핸드북』을 Peter Fonagy와 공동 편집하였다. 이 두 책은 Jon Wiley & Sons에서 출판되었다. 그는 외상 관련 문제, 심리치료, 작업동맹, 병원처치, 심리평가에 대한 많은 학회지 논문, 다수 책의 여러 개의 장(chapters)을 썼다.

1) 『트라우마 치유하기』란 제목으로 학지사 출판사에서 출판되어 있다.
2) 이 책은 2019년 본 역자에 의해 학지사 출판사에서 출판될 예정이다.

역자 소개

최희철(Choi, Heecheol)은 대구교육대학교를 졸업하고, 단국대학교 대학원 교육학과에서 석사학위와 박사학위를 취득하였다. 현재 광주여자대학교 상담심리학과 교수로 재직 중이며, 학부 학과장, 교육대학원, 일반대학원 주임교수를 겸하고 있다. 사랑의 전화, 아하! 청소년 성문화센터, 심향상담연구소 등에서 상담원으로 일하였고, 광주여자대학교 학생생활상담센터장을 역임하였다. 아동, 청소년, 대학생, 성폭력 가해자, 외상을 겪은 내담자들을 상담해 왔다. 아동·청소년기 애착 경험 혹은 애착 외상이 개인의 인지 형성과 장래의 행복에 어떻게 관련되는지, 자존감과 우울의 발달 궤적과 잠재 계층이 어떠한지를 살피는 종단연구들을 지속해서 수행하고 있다. 최근에는 애착이론, 신경과학, 상담 실제의 연결고리를 살피는 데 관심을 기울이고 있다.

심리상담효과의 비밀
애착 정신화하기 인간중심의 상담
Restoring Mentalizing in Attachment Relationships: Treating Trauma With Plain Old Therapy

2019년 2월 20일 1판 1쇄 발행
2022년 3월 10일 1판 3쇄 발행

지은이 • Jon G. Allen
옮긴이 • 최 희 철
펴낸이 • 김 진 환
펴낸곳 • (주) 학지사
04031 서울특별시 마포구 양화로 15길 20 마인드월드빌딩 5층
대표전화 • 02) 330-5114 팩스 • 02) 324-2345
등록번호 • 제313-2006-000265호
홈페이지 • http://www.hakjisa.co.kr
페이스북 • https://www.facebook.com/hakjisabook

ISBN 978-89-997-9255-7 93180

정가 19,000원

이 도서의 국립중앙도서관 출판시도서목록(CIP)은 서지정보유통지원시스템 홈페이지(http://seoji.nl.go.kr)와 국가자료공동목록시스템(http://www.nl.go.kr/kolisnet)에서 이용하실 수 있습니다.
(CIP제어번호: CIP2019001630)